# Der Radfahrsport in Bild und Wort

Unter Mitwirkung zahlreicher Fach- und Sportsleute

herausgegeben

von

Dr. Paul von Salvisberg

Mit einem Vorwort von Hans-Erhard Lessing

1980
Olms Presse
Hildesheim · New York

Dem Nachdruck liegt das Exemplar der Bibliothek des
Deutschen Museums München zugrunde.

Signatur: 1932 B 87

Das Format des Nachdrucks wurde gegenüber der Originalvorlage
geringfügig verkleinert.

Nachdruck der Ausgabe München 1897
Printed in Germany
Herstellung: Voigt-Druck, Gifhorn
ISBN 3 487 08216 0

Wenige Artikel, die der Mensch je benutzte, haben eine derartige Revolution
in den gesellschaftlichen Bedingungen geschaffen wie das Fahrrad

U.S. Bureau of the Census, Washington
(Elfte Volkszählung, Band X, 1900)

## VORWORT

„Diese blasenrädrigen Fahrräder sind diabolische Werkzeuge des Dämons der Finsternis. Teuflische Erfindungen sind's, den Fuß des Unbedachten zu fangen und die Nase des Einfäl-tigen zu häuten. Nichts als Lug und Trug sind sie. Wer da glaubet, er hat eins in der Gewalt und die wilde Satansnatur besiegt, sieh da, es werfet ihn auf die Straße und reißet ein großes Loch in seine Hosen. Schaut nicht hin, wenn das Rad auf seinen Reifen durchbrennt, denn am Ende bocket es wie eine Schindmähre und schmerzet wie der Donner. Wer hat aufge-schlagene Kniee? Wer hat eine blutige Nase? Wer hat zerrissene Hosen? Jene, die mit dem Fahrrad herumtändeln." So polterte ein Prediger im amerikanischen Baltimore an einem Sonntag des Jahres 1896 von der Kanzel. Seismisch hatten die Kirchenmänner des ausgehen-den neunzehnten Jahrhunderts erfaßt, wohin der Zug der Zeit ging. Denn das Fahrrad war der erste Schlag der Technik gegen die hehrste Einrichtung der Religionen, den sonntägli-chen Kirchgang. Der Tag des Herrn war vor allem in den angelsächsischen Ländern eine kal-vinistische Angelegenheit, wobei wenig erlaubt war: Der Morgen war für den Kirchgang re-serviert, nach dem Mittagessen saß alles gelangweilt herum, Kinder durften nicht laut spie-len, und auch den Erwachsenen waren nur allerbeschaulichste Tätigkeiten zugestanden. Und dann kam das Sicherheitsniederrad (von der deutschen Hochradelite als „Teckel" verhöhnt), und wer es sich leisten konnte, benutzte es sonntags, um dem Gruppenzwang zu entfliehen. Kein Wunder, daß die amerikanischen Gemeinderäte radfahrende Gemeindemitglieder reihenweise aus der Kirche ausschlossen!

Waren die deutschen Kirchen ähnlich rabiat? Wir wissen es nicht. Denn die vorliegende Festgabe zum Radfahrkongreß 1897 in München bemühte sich natürlich, den fashionablen Sport im besten Lichte darzustellen. Lediglich in dem anrührenden Beitrag über das Damen-fahren (Seite 111) kann man zwischen den Zeilen lesen, daß es damals ganz hübsch kontro-vers hergegangen sein muß - erkennbar auch daran, daß der Herausgeber das Ungestüm der jungen Autorin mit mehreren Fußnoten bedenken mußte. Die Sozialgeschichte des Fahr-rads muß sich auf andere Quellen stützen: Tageszeitungen, Fahrradzeitschriften, Leser-briefe in beiden, Predigttexte, Gerichtsurteile.

Vielleicht war aber auch im Land der unbegrenzten Möglichkeiten die Entwicklung viel stürmischer, so daß sich die sozialen, technischen und wirtschaftlichen Folgen der Innova-tion schärfer abzeichneten. 1896 schätzte das New York Journal of Commerce, daß die Fahrradbegeisterung anderen Wirtschaftszweigen 112 Millionen Dollar Verlust im Jahr ein-brachte. Schlimm traf es die Pferde und das Geschäftsleben drumherum. 1895 wurden in sieben amerikanischen Großstädten 240 000 Pferde weniger gezählt als im Vorjahr. Pferdezüchter und -händler, Stallvermieter und Lohnkutscher standen vor dem Nichts. Während die neue Kaste der Radfahrer wie die Heuschrecken in die ländlichen Gebiete einfiel und die durch die Eisenbahn stillgelegten Landgasthöfe neu belebte, hatten Süßigkeiten- und Zigarrenhersteller, Kneipenwirte in der Stadt, aber auch Schneider, Hutmacher und Schuhmacher gewaltige Umsatzeinbrüche. Denn wer sportlich radfuhr, lebte gesund, trank keinen Alkohol, rauchte keine Zigarren und aß keine Süßigkeiten. Die guten Kleider hielten lange im Schrank, Hüte waren unpraktisch und die Sohlen überdauerten auch länger.

Zerstreuungen am Ort waren nicht länger gefragt. Theaterbesitzer klagten 1896 über die niedrigste Besucherzahl. Das traditionelle Samstagnachmittagsgeschäft der Barbiere litte, bei denen sich vor dem Theaterbesuch mit ihren Damen die Herren frisch rasieren ließen. Verleger klagten über nachlassendes Interesse an Büchern. Bei den Juwelieren ging der Verkauf von Uhren zurück, da als Festgeschenk das Fahrrad attraktiver war.

Überdies versetzte das Radfahren der Taschenuhr den Todesstoß. Zunächst wurde sie auf der Lenkertasche, dann auf einem Armband befestigt, denn während der Fahrt sie aus der Tasche zu ziehen, war umständlich. Warum sollte man die Uhr nach der Fahrt wieder in die Tasche stecken? Die so entstandene Armbanduhr war viel praktischer.

Selbst ein Klavierverkäufer jammerte 1895 im Minneapolis Tribune: „Ich habe viele Pianos an jung verheiratete Paare verkauft. Manchmal haben sie es auf Raten gekauft. Oft hatten sie genug gespart, um es auf die Hand zu bezahlen. Das war eine gute Einnahmequelle für den Pianoverkäufer. Und was ist jetzt, nachdem das Fahrrad in die Volksgunst kam? Nun, die jungen Leute, die sonst auf ein Piano sparten, sparen für zwei Fahrräder. Zwei Fahrräder können zum Preis eines Pianos angeschafft werden und möglicherweise gereichen sie zum Amüsement oder vielleicht auch nicht."

Freunde des Fahrrads lobten seinen gleichmacherischen Effekt, so 1896 ein Journalist im Scientific American: „Als Sozialrevolutionär hat es niemals seinesgleichen gegeben. Es hat die menschliche Rasse auf Räder gesetzt und damit viele der gewohntesten Prozesse und Formen des Gesellschaftslebens verändert. Es ist der große Gleichmacher, denn erst seit alle Amerikaner auf Fahrrädern sitzen, war das großartige Prinzip zu verwirklichen, daß jeder Mensch jedem anderen Menschen gleich sei oder, genaugenommen, generell ein bißchen gleicher." Oder sieben Jahre zuvor in Deutschland: „Wir dürfen der engherzigen Auffassung, als solle das Radfahren ein Vorrecht der oberen Zehntausend oder Hunderttausend bleiben, gerade in anbetracht der ethischen Momente, die ihm (wir sagen nicht zu viel) anerkanntermaßen innewohnen, nicht das Wort reden."

Während bisher Arbeiter die Straßenbahn und Reiche den Vierspänner benutzten, mag es kurzzeitig ein Gefühl der Gleichheit gegeben haben, wenn sich beide auf Fahrrädern begegneten. H.G. Wells beschrieb es in seinem Roman „Räder des Glücks" (1896). Rockefeller fuhr selbst Rad und schenkte seinen leitenden Angestellten Fahrräder, wenn ihre Gesundheit zu wünschen übrig ließ. Freilich war diese Egalität vorüber, als sich die Reichen dem nächstteureren Spielzeug, dem Motorrad, zuwandten.

Die Emanzipation der Frauen ging mit dem Fahrrad ein gut Stück weiter. Junge Mädchen, die nie ohne Anstandsdame ins Theater durften, wurden von den Eltern zögernd alleine auf dem Fahrrad entlassen - vermutlich weil die Anstandsdamen selbst nicht so schnell die Fahrschule machen konnten. Und wir lesen (S. 116), daß da als erstes unbedingt das Korsett in die Rumpelkammer mußte. „Das Radfahren bringt rasch eine veränderte Einstellung gegenüber den Frauen und ihren Fähigkeiten. Eine Frau zu Rade ist ein unabhängiges Geschöpf, frei überall hinzugehen, wo sie nur will. Dies wurde ihr vor der Ankunft des Fahrrads bestritten," beobachtete die Minneapolis Tribune 1894. Erhebliche Erschütterungen brachte die Frage, ob Rock oder Hose auf dem Fahrrad schicklich seien, wobei unter letzterer der heutige Hosenrock oder bauschige Knickerbocker-Hosen verstanden wurden. Den Lehrerinnen wurde verboten, mit Radfahrerhosen zum Unterricht zu kommen. Als aber selbst Millionärinnen im Alltag die Bloomerhose trugen, konnte der Mittelstand nicht länger widersprechen, denn Reichtum galt als Anerkennung Gottes.

Auch in Scheidungssachen begann das Fahrrad eine Rolle zu spielen, zum Beispiel wenn es beim Tandemfahren zu Streit kam. An den Grundfesten der amerikanischen Gesellschaft rüttelte aber Ann Strong 1895 im Minneapolis Tribune: „Ich sehe nicht ein, warum ein Fahrrad nicht ebensogute Gesellschaft leisten kann wie die meisten Ehemänner nach zwei Jahren. Mir wäre es genauso lieb, zu dem einen wie zu dem anderen leblosen Gegenüber zu sprechen. Und sehr viel lieber mit einem, der nicht antworten kann statt nicht antworten zu wollen. Ich kann mir eine sympathische Rückantwort von einem spiegelnden Lenker eher vorstellen als die Gewißheit, daß es von einem stirnrunzelnden Mann (der gähnt oder zu gähnen anfängt, wenn ich ihn etwas frage) keine geben kann. Was die Gesundheit betrifft, bin ich sicher, daß eine Menge alter Maiden die Ankunft des Fahrrads als kostbaren Ersatz für das Rezept manchen Arztes begrüßen werden: ‚Würden Sie nur heiraten und eine Familie zu versorgen haben, dann wäre Ihre Gesundheit in Ordnung!' Man vergleiche doch mal das Rad in dieser Hinsicht mit einer Familie. Man kann sein Rad abends sauber machen, und es schleudert nie in der allerletzten Minute seine Schuhe weg und schmiert sich nie mit Sirup voll. Wenn man fertig ist, kann man losfahren. Keine kleinen Ellbogen bohren sich einem in die Rippen; es gibt kein Motzen; kein Geschrei vor Straßenbahnen oder Süßigkeitenläden. Ruhig gleitet man dahin, geschmeidig und schnell. Erheiterung und Nervenstärkung mischen sich mit der Würze der Gefahr, der Notwendigkeit scharf zu beobachten und der Aussicht auf Abenteuer. Wenn man zur Gesundheitsfrage kommt, ist sicher kein Vergleich zwischen Radfahren und der Ehe.

Ein weiterer großer Vorzug des Fahrrads ist die Tatsache, daß man es immer loswerden kann, wann man nur will. Man kann es ins Haus rollen und in eine Ecke stellen, und da bleibt es. Es läuft einem weder nach, noch will es ständig in den unmöglichsten Augenblicken betreut werden. Wenn es schäbig oder alt wird, kann man es versetzen und ein neues nehmen, ohne die ganze Gemeinde zu schockieren."

Es gab aber auch verheiratete Frauen, die das Fahrrad zusätzlich in ihr Leben einbinden konnten. Und wenn sonst nichts mehr auf Erden an Grace E. S. erinnert, so hat sie sich doch durch ihren Leserbrief mit dem Lob des Fahrrads unsterblich gemacht: „Ich fahre erst seit letzten Juni, aber ich bin schon viel stärker und genieße das Leben viel mehr als je zuvor. Schmerzen und Ärzte sind verschwunden, ich weiß nicht wohin, und es ist mir auch egal, solang sie nur weg sind und solang ich mein Fahrrad habe und jeden Tag mein Fährtchen machen kann. Es scheint mir neues Leben zu geben, und wenn ich fünf Meilen um die Stadt oder vielleicht durch die Landschaft gefahren bin, fühle ich so eine belebende Erheiterung durch diese prächtige Übung. Es ist ein richtiger Sport, schnelltrabende Pferde hinter sich zu lassen, oder auch die Männer und Frauen, die für jedes Ziel die Straßenbahn nehmen müssen. Und was könnte amüsanter sein, als die ganzen Leute in der Straßenbahn auf eine Seite drängeln zu sehen, bloß um ‚eine Frau auf einem Fahrrad' erblicken zu können. Manchmal kann es mich schon eine Spur ärgern, wenn ich irgendwelche alte Klatschtanten sagen höre ‚O Gott, ist das nicht *schimpflich*, eine *Frau* auf einem *Herren*fahrrad fahren zu sehen!' Sie - vermute ich - lesen niemals die Zeitung, wozu sie neben dem Meißeln, Quengeln und Nörgeln an ihren Männern (wenn das Glück ihnen einen geschenkt hat) wohl kaum die Zeit finden. Wenn sie bloß eine Stunde lang das Vergnügen zu fahren hätten wie ich, wären - glaube ich - die widerwärtigen, ärgerlichen und quälenden Szenen kürzer und seltener. Ich könnte ohne mein Fahrrad jetzt nicht mehr auskommen. Manchmal komme ich nach einer Ausfahrt lachend heim und wenn ich dann meinen fünf Jahre alten Sprößling auf den Knieen schaukle, sagt sie oft; ,,Was ist los? Was ist denn so lustig? Sag's mir!'' Und wenn ich ihre kleinen Hände nehme und wir im Zimmer herumwirbeln, spüre ich, daß keine Frau auf Erden so glücklich ist wie ich. Manchmal denke ich wirklich, daß mein Fahrrad mich zu jung erhält und ich nicht mit Würde alt werden kann, wie ich sollte.''

Ulm, März 1980                                                                                              *Hans-Erhard Lessing*

Zitate größtenteils aus: W. Wolf, ,,Fahrrad und Radfahrer'', 1890. (Die bibliophilen Taschenbücher, Harenberg, Dortmund 1979); Robert A. Smith, ,,A Social History of the Bicycle'', American Heritage Press, New York, 1972.

Der

# RADFAHRSPORT

in

## Bild und Wort.

———

Ihre Königlichen Hoheiten
Prinz Ludwig Ferdinand und Prinz Alfons von Bayern.

# Der

# RADFAHRSPORT

in

# Bild und Wort.

---*---

Unter Mitwirkung zahlreicher Fach- und Sportsleute

herausgegeben

von

Dᴿ· PAUL ᴠᴏɴ SALVISBERG.

ACADEMISCHER VERLAG MÜNCHEN
1897.

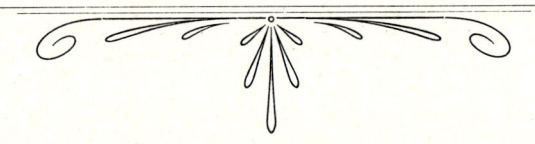

Druck: Nationale Verlagsanstalt, München-Regensburg.

Die Original-Clichés sind aus der Hofkunstanstalt
von Franz Hanfstaengl, München.

Das Papier erstellte die München-Dachauer Aktiengesellschaft
für Papierfabrikation in München.

# Vorwort.

S ist ein eigenartiges Zusammentreffen, dass am Schlusse unseres denkwürdigen Jahrhunderts das unaufhaltsame, kraftverzehrende und kraftgebärende Hasten, Jagen, Treiben und Rennen aller Berufs- und Gesellschaftsklassen eine ebenso charakteristische als zeitgemässe Versinnbildlichung erhalten hat durch ein modernes Verkehrsmittel, durch das Fahrrad, das dem Menschen in diesem Kampfe mit Raum und Zeit sogar noch zu Hilfe kommt, seine Geschwindigkeit vervielfacht, und, seinem alleinigen Willen unterthan, von seiner eigenen Kraft getrieben, unabhängig von allen anderen Beförderungsmitteln, ja schneller als die meisten derselben, die grössten Strecken mit ihm sausend durchmisst.

Es verdient als phänomenale Erscheinung in der Kulturgeschichte der Menschheit verzeichnet zu werden, dass aus einstmals bizarren Versuchen, aus einem vielfach verdächtigten, verlachten, ja verachteten Sport eine die ganze civilisierte Menschheit erfassende Bewegung sich entwickelte, die weit über Umfang und Bedeutung eines Sports hinaus in zwingender Weise in die Thätigkeit der Völker und in unser tägliches Leben eingegriffen hat.

Vor kurzem noch fragte man skeptisch: „Was, Sie — radeln!" — Heute heisst es: „Ja was, ist's möglich, Sie radeln nicht?! — und im Stillen zieht der mitleidige Frager bereits seine Schlüsse über die offenbar gestörte Gesundheit oder das — Spiessbürgertum des oder der Gefragten!

Auch auf Litteratur und Publizistik hat der Fahrradsport seinen Einfluss geltend gemacht, aber namentlich die Organe der letzteren haben in der neuesten Phase dieses Sportaufschwunges in ihren Leistungen nicht überall Schritt zu halten vermocht mit den nunmehr aus wesentlich anderen Kreisen an sie gestellten Ansprüchen, und in dem Wenigen, was ferner die sonstige Fahrradlitteratur bislang an beachtenswerten Leistungen auf den Büchermarkt gebracht hat, waren vielfach die Autoren nicht genügend Herr des Stoffes bezw. des Rades, oder sie übersahen, dass der Vielseitigkeit der grossen Bewegung gegenüber die Kräfte eines Einzelnen nicht mehr genügen.

Das empfindet man in den grossen Sportverbänden am allermeisten und gerade da wurde die Idee des Herausgebers, mit einem Konsortium berufener Fach- und Sportleute, dem Radfahrsport ein schön ausgestattetes, für den Laien nicht weniger als für den geübten Radfahrer berechnetes Handbuch encyclopädischen Charakters zu widmen, nicht nur freudig begrüsst, sondern sofort auch wohlwollend und thatkräftig unterstützt.

So gingen wir denn zu Anfang dieses Jahres schaffensfroh ans Werk; als aber im April die Manuskripte der ersten Hauptartikel in den Setzersaal wanderten, war für manches des zweiten Teiles noch nicht einmal der Autor entdeckt. Der Apparat war grösser und seine Handhabung komplizierter, als man es je gedacht, denn „es wuchs das Werk mit seinen Zielen", Kapitel reihte sich an Kapitel, neue Gesichtspunkte mussten berücksichtigt, verschiedene zweckmässige Aenderungen im Plane vorgenommen werden.

Erfreulich war aber schon damals das geradezu aussergewöhnliche Interesse, das man nicht nur aus industriellen Kreisen, sondern auch im radfahrenden Publikum der Sache entgegengebracht hat.

Das war ein Sporn für Herausgeber und Mitarbeiter! Nun stehen die grossen Radfahrer-Kongresse und Bundestage vor der Thüre, und das Werk geht mit dem letzten Glockenzeichen in angestrengtestem „Endspurt" vollendet durch das Ziel. Welches ist sein Rekord?

Die deutschen Radfahrer und die grosse Oeffentlichkeit haben denselben festzustellen, und wenn der eine oder andere der „Fahrtbeobachter" dieses oder jenes auszusetzen haben wird, so darf er überzeugt sein, dass auch die Verfasser wie der Herausgeber nicht unempfänglich waren für manche während der scharfen Fahrt gemachte nützliche und lehrreiche Beobachtung oder Wahrnehmung, und dass sie sich selbst nichts besseres wünschen, als in absehbarer Zeit mit einer weiteren Auflage oder mit einer zweckentsprechenden Fortsetzung des Werkes den eigenen Rekord zu verbessern . . . . .

In Erfüllung einer angenehmen Ehrenpflicht giebt der Herausgeber zunächst jedoch seinem aufrichtigen Danke allen Denjenigen gegenüber herzlichen Ausdruck, welche in dieser oder jener Weise das Zustandekommen dieses Werkes förderten:

In allbekannter Liebenswürdigkeit haben sich Ihre Königlichen Hoheiten Prinz Ludwig Ferdinand und Prinz Alfons von Bayern für das vorliegende Werk als Radler eigens aufnehmen lassen, und in manch' weiterem Bilde wird der Leser ebenso tüchtige Mitarbeiter als eifrige Sportgenossen oder Radfahrerinnen erkennen. Diesen hervorragenden Gönnern und Gönnerinnen in erster Linie, nicht weniger den mitwirkenden Verbänden und Korporationen, den so bedeutsam beteiligten Firmen der Fahrradindustrie und anderer interessierter Geschäftszweige, den künstlerisch und technisch beteiligten Instituten und Hilfskräften und Jedem, der mit Rat und That die Hand geboten, allen sage ich meinen besten Dank, beseelt zugleich von der freudigen Erwartung, dass unser Werk, seinem Zwecke treu, in möglichst weiten Kreisen dem schönen und gesunden Radfahrsport recht zahlreiche Anhänger und Freunde werben, sein Ansehen dauernd fördern möge! All Heil!!!


MÜNCHEN, im Juli 1897.

Der Herausgeber.

# Inhalts-Verzeichnis.

Seite

**I. All Heil!**
Eine Plauderei aus der Schule des Radfahrens
von *Ludwig Ganghofer* . . . . . . .   1

**II. Geschichte des Fahrrades.**
Von *Dr. Karl Biesendahl*-Stuttgart . . . .   7

**III. Das Fahrrad, seine Einzelteile und Zubehöre.**
Von *Dr. Ernst G. Häfner*-München . . . .   25
I. Benennung der äusseren Bestandteile
eines modernen Zweirades, 25. — II. Systematische Beschreibung und Darstellung des
modernen Rades, 26. — III. Behandlung
des Rades, 41. — IV. Mehrsitzerräder, 46.

**IV. Die Fahrschule.**
Von Premierlieutenant *Gerh. Frhr. v. Puttkamer*   49
I. Vorschriften für Lehrer und Lernende, 49.
II. Praktische Winke und Ratschläge für
den Ankauf von Fahrrädern, 55.

**V. Das Tourenfahren.**
Von *August Geisser*-Regensburg . . . . .   57
I. Vorzüge einer Radreise. Verhaltungsmassregeln auf derselben, 57. — II. Erleichterungen des Grenzverkehrs, 65.

**VI. Radsport und Rennfahren.**
Von *Detlev Sierck*-Hamburg . . . . .   69
I./II. Zur Geschichte des Rad-Rennsports.
Leistungen der Meisterfahrer von Deutsch-
land und dem Bundesgebiete des Deutschen
Radfahrer-Bundes, 69. — III. Die Renn-
bahn, 80. — IV. Der Rennfahrer, 81. —
V. Renntechnik, 84. — VI. Das Schritt-
machen, 87. — VII. Das Training, 89. —
VIII. Allgemeine Wettfahrbestimmungen
und Rennen, 93. — IX. Noch einiges vom
Rennen, 100. — X. Distanzfahrt, 102. —
XI. Das Reigenfahren, 104. — XII. Korso-
fahren, 106. — XIII. Kunstfahren, 106.

Seite

**VII. Das Damenfahren.**
Von Frau *A. Rother*-Berlin . . . . . .   111
Erste Versuche in der Oeffentlichkeit, 112.
— Allgemeine Ratschläge, 114. — Toiletten-
fragen, 116. — Rock oder Hose?, 118. —
Damenrekorde, 120. — Damenrennen, 121.
— Saal- und Reigenfahren, 123. — Touren-
fahren, 124. — Verhalten auf Touren, 126.
— Maschine und Zubehör, 128. — Rechts-
fragen, 130. — Damen-Vereinswesen, 133.
— Vom Kinderfahren, 134.

**VIII. Das Rad im Dienste der Wehrkraft.**
Von Hauptmann und Batteriechef *Julius Burckart*-
München . . . . . . . . .   137
I. Einleitung, 137. — II. Entwicklung des
Militär-Radfahrwesens vom Jahre 1894 an,
140. — III. Erfahrungen und Folge-
rungen, 148. — IV. Die Radfahrtruppe
der Zukunft, 152.

**IX. Die Hygiene des Radfahrers.**
Von *Dr. med. Mart. Siegfried*-Berlin, Bad Nauheim   157
I. Allgemeines, 157. — II. Die Hygiene
des Damenradfahrens, 164.

**X. Recht und Gesetz im Radfahrwesen.**
Von Rechtsanwalt u. Notar *v. Schimmelfennig*-
Bartenstein i. Ostpr. . . . . . . . .   171

**XI. Das radsportliche Versicherungs-
wesen.**
Von *Ed. Panzerbieter*-München . . . . .   177

**XII. Publizistik, Bibliographie und Karto-
graphie.** . . . . . . . . . .   185
I. Unsere Fachpresse. Von *August Geisser*, 185.
II. Die Litteratur des Wanderfahrers. Von
*August Geisser*, 187. — III. Sonstiges für
die Bibliothek des Radfahrers, 192.

Seite

### XIII. Die grossen Radfahrer-Verbände. Vereinswesen. . . . . . . . . . . 195

1. Geschichtlicher Ueberblick. Von *Waentig-Haugk* in Meiningen, 195. — 2. Schutzverbände. Von *August Geisser*-Regensburg, 201. — 3. **Der Deutsche Radfahrer-Bund.** Mitteilungen des Bundes-Vorstandes, 202. — 4. **Die Allg. Radfahrer-Union, nunmehr «Deutscher Touren-Club».** Mitteilungen der Vorstandschaft, 204. — 5. **Der Sächsische Radfahrer-Bund.** Mitteilungen des Bundes-Vorstandes, 205. — 6. **Die übrigen Verbände Deutschlands,** 206. — 7. **Die Radfahrer-Verbände der Deutschen in**

Seite

Oesterreich Von *Hans Czermak*-Wien, 207. — 8. **Die schweizerischen Verbände,** 211. — 9. **Die ausserdeutschen radtouristischen Verbände.** Von *Aug. Geisser*, 211.

### XIV. Die Fahrradindustrie und die zugewandten Geschäftszweige in den Ländern deutscher Zunge.

Von Ingenieur *R. Ritter von Paller*-München . 213

Der Kautschuk und die Kautschuk-Industrie 223

Verzeichnis der in diesem Werke vertretenen Firmen der Fahrradbranche . . . . . 226

### XV. Besprechungen, Versuchsergebnisse, Neuheiten . . . . . . . . . . . 228

## XVI. Geschäftliche Ankündigungen und Miscellen.

### A) Geschäftliche Ankündigungen.

**Berlin:** Frister & Rossmann, A.-G., 262. — Deutsche Gummiwarenfabrik, A.-G., vorm. Volpi & Schlüter, 262. — Vereinigte Berlin-Frankfurter Gummiwarenfabriken, A.-G., 265. — C. P. Goerz, Optisches Institut, 258 und 267. — J. Schwarz, 269. — Hartzendorff & Lehmann, 279. — «Die Radlerin», 278. — **Bielefeld:** Bielefelder Maschinenfabrik, A.-G., vorm. Dürkopp & Co., 280 — Bielefelder Nähmaschinen- und Fahrradfabrik, A.-G., vorm. Hengstenberg & Co., 258. — **Brandenburg a. H.:** Brennabor-Fahrradwerke Gebr. Reichstein, 264/265. — **Braunschweig:** Braunschweiger Fahrradwerke, A.-G., 266. — **Chemnitz:** Wanderer-Fahrradwerke, A.-G., 259. — H. Riemann, 261. — **Dortmund:** Regentfahrräderwerke, W. Stutznäcker, 267. — **Dresden:** Seidel & Naumann, A.-G., Umschlagseite 2. — Aktienges. Fahrräder- und Maschinenfabrik, vormals Schladitz, 272. — Kirschner & Co., 245. — E. Kretzschmar & Co., 248. — Sächsisch-böhmische Gummiwarenfabrik, A.-G., 244. — **Düsseldorf:** Mannesmannröhren-Werke, 271. — **Frankfurt a. M.:** Adlerfahrradwerke, A.-G., 242. — Louis Peter, Mitteldeutsche Gummiwarenfabrik, Umschlagseite 3. — Ellis Menke, 252. — **Hamburg:** P. Beiersdorf & Co., 276. — **Hannover:** Continental Caoutchouc- und Guttaperchafabrik, A.-G., Kunstbeilage, 48. — Hannov. Gummi-Kamm-Co., 260. — **Harburg:** Vereinigte Gummiwarenfabriken Harburg-Wien, A.-G., 275. — **Heilbronn:** Triumphfahrradwerke, L. Boie, 266. — **Jena:** Carl Zeiss, Optische Werkstätte, 273. — **Köln:** Cito-Fahrradwerke, 260. — Franz Clouth, Rhein. Gummiwarenfabrik, 249. — **Leipzig:** Bruno Zirrgiebel, 272. — Thomann & Büttner, 263. — **Magdeburg:** Pantherfahrräder, E. Kuhlemann, 259. — Beisser & Fliege, 243. — **Mannheim:** Drais-Fahrradwerke, G. m. b. H., 263. — **Mühlhausen i. Th.:** Fr. Stephan, 255. — Claes & Flentje, 276. — **München:** E. Härting, 268. — Chr. N. Schad, 280. — Fahrradwerke Riesenfeld, 250. — «Velo», 257. — J. Schettler, 274. — Gebr. Pirzer, 274. — Justus Waldthausen, 256. — August Tochtermann, Fahrradhandlung, 246. — A. Hellmuth & Co., 277. — Metzeler & Co., Hof-Gummiwarenfabrik, Kunstbeilage, 240. — Anton Anwander, 253. — F. Hirschberg & Co., 260. — Johann Deininger, 244. — M. Obergassner, 240. — Fritz Schulze, 251. — Heinrich Schwaiger, 247. — Dr. O. Kuntze Nachf., 250. — A. Reiter & Co., 242. — Württemb. Metallwarenfabrik Geislingen, 256. — «Allianz», Versicherungs-Gesellschaft, 241. — **Nürnberg:** Deutsche Triumphfahrradwerke. A.-G., 239. — Marsfahrradwerke, Paul Reissmann, 240. — Nürnberger Velocipedfabrik Hercules, vorm. Marschütz & Co., 248. — The Premier Cycle Co., 270. — Sirius-Fahrradwerke, G. m. b. H., 240. — Victoria-Fahrradwerke, 277. — Wölfel & Kropf, 252. — Georg Stützel, 245. — **Offenbach a. M.:** Veith & Co., 264. — **Rüsselsheim:** Adam Opel, Fahrradfabrik, Umschlagseite 4. — **Stettin:** Bernh. Stoewer, Nähmaschinen- und Fahrräderfabrik, A.-G., 269. — **Steyr:** Oesterreichische Waffenfabriks-Gesellschaft, 257. — **Stuttgart:** Deutsche Verlags-Anstalt, 254. — **Wien:** Gebr. Böhler & Co., 255. — Jos. Reithoffer's Söhne, 271. — Carl Schug, 279.

Dritte Kunstbeilage: Ein Ausschnitt aus Mittelbach's Deutscher Strassenprofilkarte für Radfahrer, 192.

### B) Miscellen.

Radfahrer-Poesie aus früherer Zeit, 24. — Ein modernes Normal-Rad, 47. — Die neue Rad-Rennbahn im Nymphenburger Volksgarten bei München, 72. — Eine Zimmer-Rennbahn, 109. — Eine neue Radfahrordnung für Niederösterreich, 184. — Geschwindigkeiten in einer Stunde, 240. — Tod eines Weltumfahrers, 242. — Der Kilometerweltrekord, 242. — Eine Schnelligkeit von 61 Kilometern in der Stunde, 242. — Der Radsport in Amerika, 242. — Ziffern und Daten aus dem englischen, amerikanischen, französischen und schweizerischen Radsport, 245. — Wie Damen das Radfahren erlernen, 246. — Radfahrer-Unfall-Statistik, 248. — Warnung für Radfahrer wegen Hundequälerei, 248. — Radler-Verdienste im Jahre 1896, 252. — Praktisches Beispiel für die Kraftersparnis durch Kugellager, 252. — Ein Schutzheiliger der Radfahrer, 255. — Die Schädlichkeit des sportmässig betriebenen Radfahrens, 256. — Fahrrad-Aktien in England, 258. — Menschenquälerei, 260. — Die Besteuerung der Fahrräder in Italien, 263. — Export deutscher Fahrräder, 263. — Der Fahrradverkehr im Grossherzogtum Hessen, 263. — Zur Frage der Radunfall-Versicherung, 266. — Steigen der Gummipreise, 269. — Der enorme Gummiverbrauch für Fahrräder, 269. — Die Erfindung der pneumatischen Reifen, 270. — Der radelnde Stierkämpfer, 272. — Zweirad oder Einrad, 274. — Reiter und Radfahrer, 274. — Fahrradsteuer in Berlin, 276. — Neue Rekorde und Zeiten, 276. — Relais-Radfahrt von Triest nach Hamburg, 276. — Die Sprengung des amerikanischen Bicycle-Preis-Kartells, 278. — Belästigungen von Radfahrerinnen, 278.

# I. All Heil!

*Eine Plauderei aus der Schule des Radfahrens*

von

## Ludwig Ganghofer.

WELCH ein Siegeslauf, den das leicht und lautlos dahinjagende Zweirad innerhalb weniger Jahre durch die alte und neue Welt genommen! Wohl sind, genau gezählt, bis heute schon achtzig Jahre vergangen, seit für die Zukunft des Zweirades der erste Same keimte — seit der badische Oberforstmeister Freiherr von Drais, dem das Schleichen im Staube und das träge Fahren mit Schustersrappen nicht behagte, jene plumpe, hölzerne Maschine erfand, die man auf seinen Namen taufte: die Draisine. Und volle dreissig Jahre sind hinuntergeradelt ins Thal der Vergangenheit, seit die beiden Pariser Michaux und Lallement, weiterbauend auf einem glücklichen Einfall des Engländers Johnson, die Welt mit dem «Flinkfuss» beschenkten, mit dem Velociped! Diese Erfindung machte nicht gerade ein übermässiges Aufsehen, aber wenn auch jene Sorte von Philistern, welche lieber im gepolsterten Lehnstuhl ihr Mittagsschläfchen abschnarcht, als eine Beule mit blauem Fleck riskiert, bedenklich und verneinend die superklugen Köpfe schüttelte, so fand das neue Vehikel dennoch zahlreiche Freunde, und es wurden Stimmen laut, welche dieser Erfindung eine grosse Zukunft prophezeiten. Freilich liess diese Zukunft zwanzig volle Jahre auf sich

warten; dann plötzlich aber kam der Umschwung — und diesem unerhörten Erfolg gegenüber wirkt es mit geradezu drastischer Komik, wenn wir in einer der letzten Auflagen eines allbekannten Konversationslexikons den lapidaren Satz zu lesen bekommen: «Nach seiner Erfindung schrieb man dem Velociped eine grosse Bedeutung für die gesamten Verkehrsverhältnisse zu; nach und nach aber scheint die Begeisterung dafür etwas gedämpft zu sein!» Der Schreiber dieses Artikels hat sich augenscheinlich nur in dem vom Dampfe abgeleiteten Wort vergriffen. Nein, nicht gedämpft ist die Begeisterung — in tausend und abertausend frohgemuten Radlerherzen treibt und wirkt sie heute wie mit Dampf!

Wohl ist es richtig, dass die Entwicklung des Zweirades, um zur Strasse des unaufhaltsamen Erfolges zu gelangen, einen gefährlichen Umweg einschlug und durch die Ausbildung des Hochrades sich in sportliche Spielerei zu verlieren drohte. Aber auch diese Missform — ein gesunder Kern treibt ja seine Blüte auch durch die rauheste Schale — erwarb sich Hunderte von Freunden, das Hochrad suchte von der Rennbahn den Ausweg auf die Strasse, und junge Wagehälse unternahmen auf dieser schwankenden, unheimlichen Drehspinne weite Touren. Nicht jeder von ihnen hat von solch einer Tour mit heilen Gliedern wieder den Heimweg ge-

funden, und manch einem fröhlichen jungen Blut wurde die lustige Fahrt zu einer stillen Reise in jenes dunkle, unerforschte Land, «aus dess' Bezirk kein Wandrer wiederkehrt» — und auch kein Radler! Wir von heute, die wir auf leichtbeschwingter, meilenschluckender Maschine sicher dahinfliegen, haben alle Ursache, jenem jugendlichen Tollmut, der auf dem Hochrad mit Leib und Leben spielte, eine gute Nachrede zu halten Legt grüne Zweige auf die Gräber der Gefallenen! Sie haben als Märtyrer einer guten Sache mitgeholfen am siegenden Werk, denn die Unglücksfälle, deren Opfer sie wurden, waren mit eine Ursache, dass man vom Typus des für den Allgemeinverkehr unbrauchbaren Hochrades wieder zurückgriff auf jene Form, welche Drais schon vor achtzig Jahren mit echtem Erfindergeiste als die einzig richtige und entwicklungsfähige vorausgeahnt hatte. Mit dieser Rückkehr zum Niederrad, und mehr noch mit der Erfindung des Pneumatik und der die Kraft der gesunden «Strampelbeine» in Schnelligkeit übersetzenden Kette, begann dieser epochale Umschwung in der Entwicklung des Zweirades, dieser Siegeslauf, der in der Geschichte der Erfindungen kaum seines gleichen hat! Zehn Jahre nur — und das Zweirad hat sich im Sturm die civilisierte Welt erobert, ist der ausgesprochene Liebling von Alt und Jung geworden, von Männlein und Weiblein in Stadt und Dorf, ein Mittel des sportlichen Vergnügens wie des praktischen Gebrauches, ein unentbehrlicher Faktor des modernen Lebens und ein reichsprudelnder Arbeitsquell für hunderte von Industrien. Es ist noch gar so lange nicht her, dass ein Tourenfahrer das Gaudium der lieben Dorfjugend und das Ziel für Steinwürfe und Peitschenhiebe abgeben musste, oder dass eine radfahrende Dame, sogar in der Grossstadt, der Gegenstand brutaler und

cynischer Insulten war — und heute ist die Zeit nicht mehr allzuferne, in der man das Radfahren als etwas Selbstverständliches erlernen wird, wie man in seiner Kindheit das Gehen lernt, das Lesen und Schreiben.

Vorerst freilich werden der Fahrschule die Schüler und Schülerinnen noch aus den unterschiedlichsten Motiven zugeführt. Die Jugend fühlt sich zum Rade hingezogen aus Freude an der Sache, aus Lust am sportlichen Vergnügen und an dem flotten Sausen auf schöner Strasse. Der vierzig- bis siebzigjährige Beamte, dem das geduldige Sitzen im Bureau alle Lebenssäfte stocken machte, schwingt sich seufzend auf das Rad, weil ihm der Arzt das «Strampeln» verordnete — doch sind die ersten Bitternisse der Schule überwunden, so findet er Vergnügen an dieser «Kur», denn er fühlt, dass er ein anderer, verjüngter Mensch zu werden beginnt. Die schöne Frau X. bekehrt sich widerstrebend zu dem «unweiblichen» Sport, nur weil ihre Freundin, Frau Y., die doch fast um zwei Jahre älter ist, «das Kunststück auch noch fertig brachte» — und da duldet es der Ehrgeiz nicht, dass man zurücksteht. Der Handwerker greift zum Rade, weil es ihm das lohnbringende Arbeiten in der Stadt und zugleich das billige Wohnen auf dem Lande ermöglicht. Der «Gendarm zu Rad» will flinker sein als der ausreissende Dieb oder als der Radfahrer, der «auf verbotenen Wegen wandelt»; der Soldat hat das Rad in den Dienst der Vaterlandsvertheidigung gestellt, der Dorfpfarrer radelt nach einem stundenweit entfernten Einödhof hinaus, um einem Schwerkranken den tröstenden Zuspruch zu reichen; ihm begegnen der Doktor und der Briefbote und jagen an ihm vorüber mit «All Heil!» — aber neben all diesem Ernst und praktischen Bedürfnis werden nicht die wenigsten der Fahrschule nur deshalb zugeführt, weil

Lolo Ganghofer — München.

das Radeln, wie sie mit verschämter Entschuldigung sagen, «nun einmal eine Mode wurde, der man sich beugen muss!» Aber gleichviel, aus welchen Motiven der eine und andere den ersten Schritt in die Fahrschule machte — hat er nur erst die zwei bitteren Lehrwochen überstanden und die Sache leidlich los bekommen, so ist er auch mit Leib und Seele dabei und hütet und bewahrt seine Maschine wie eine Freundin, die ihm für Lebenszeit ans Herz gewachsen!

Die Fahrschule! Mag das nun die sportlich geleitete Fahrschule des Städters sein, oder die «wilde» der Vorstadt und des Dorfes, wo sich der «Radlerlehrbub» frei in den Sattel schwingt und so lange oben bleibt, bis er wieder unten liegt, bald links im Strassengraben und bald rechts in einer Pfütze, bald links an einer Mauer und bald rechts an einem Baum — Fahrschule bleibt Fahrschule! Und was liegt nicht alles in diesem Worte an Ernst und Humor, an Lust und Aerger, an Eifer und Verzagen, an rot glühenden Wangen und blauen Flecken!

Der eine betritt die Fahrschule mit zaghafter Scheu und schämt sich bereits des ersten Sturzes, bevor er noch auf das Rad gestiegen. Der andere tritt stolz erhobenen Hauptes ein, und sein selbstbewusstes Lächeln scheint zu sagen: «Die Müh' ist klein, der Spass ist gross!»

Dr. Ludwig Ganghofer — München.

Aber gar so klein ist diese Mühe denn doch nicht. Wie zu allem in der Welt, so gehört auch zum Radfahren ein gewisses Talent. Der eine scheint wie für das Rad geboren und avanciert schon nach wenigen Stunden zum «Freifahrer links herum», zu dieser ersten Gefreitenwürde des angehenden Radlers — der andere quält sich im Schweisse seines Angesichtes Wochen und Monate lang, ohne dass es ihm gelingen will, dieser kapriciösen Teufelsmaschine Herr zu werden.

Ganz merkwürdig erschien mir die in der Fahrschule gemachte Beobachtung, dass gute Turner, und besonders gewandte Reiter und Reiterinnen mit dem Radfahren manchmal ihre liebe lange Not hatten und sich mit dem Rade raufen mussten wie der Satan mit einer armen Sünderseele, die überall hin will, nur nicht in die Hölle — während junge Damen, welche nie in ihrem Leben eine Turnstunde besucht hatten, in kürzester Zeit ganz überraschende Fortschritte machten. Ganz auffallend scheint das Talent und die Liebe zum Radfahren bei den Damen dadurch gefördert zu werden, dass ein freundlicher Zufall sie einem jungen, liebenswürdigen Fahrlehrer in die Hände giebt, welcher, ohne Goethe gelesen zu haben, dessen Mahnung befolgt:

«Geh den Weibern zart entgegen,
Du gewinnst sie auf mein Wort!»

Freilich muss sich diese «Zartheit» zuweilen in Formen bewegen, welche den besorgten Vätern junger Schülerinnen oder den wachsamen Ehemännern hübscher Frauen ein bedenkliches Schütteln des Kopfes abringt. Aber

«Honny soit, qui mal y pense!»

Was beim Gehen der erste, taumelnde Schritt des Kindes, das ist beim Radfahren die erste Runde in dem — Gott sei es geklagt! — mit Wänden und Säulen versehenen Saal!

Schon der Anblick der «Schulmaschine», — dieses mysteriösen Ungeheuers aus grauer Vorzeit, dieses schwerblessierten Veteranen aus hundert Fahrschulschlachten — jagt dem zagenden Novizen die erste Gänsehaut über den Rücken. Lang atmend hebt er sich auf den Sattel, fasst die Lenkstange, sucht mit den Füssen die Pedale — und nun geht's los! Langsam und ruhig gleitet das brave Rad von dannen, und da denkst du dir schmunzelnd: «Na also, es geht ja prächtig! Das kann doch nicht so schwer sein!» Aber —

«Du glaubst zu schieben, und du wirst geschoben!»

Und kaum lässt der Fahrlehrer seine stützende Hand vom Sattel, da beginnt es schon, dieses herzbeklemmende

«Hangen
Und Bangen
In schwebender Pein!»

Da gaukelst du hin und her, als hättest du ein Gläschen über den Durst getrunken, und bei den verzweifelten Versuchen, die gaukelnden Griffe in leidliche Ruhe zu bringen, möchtest du mit dem Volkslied singen:

«Ach, wie ist's möglich dann,
Dass ich dich lenken kann!»

Doch ehe du noch über die Lösung dieses schwierigen Rätsels zu einiger Klarheit gelangst, liegst du schon «im Staube», in dem sich nicht nur der bekannte Wurm zu krümmen pflegt, sondern auch der angehende Radler. Verbeisse lachend den Schmerz, den du in allen Knochen verspürst, und schäme dich dieses ersten Sturzes nicht!

«Auch Patroklus ist gefallen
Und war mehr als du!»

Saust mit schadenfrohem Lächeln, während du deine Glieder zusammensuchst, ein Freifahrer an dir vorüber, so grolle dem herzlosen Spötter nicht, sondern rufe ihm mit philosophischem Gleichmut die Warnung des Dichters nach:

«Warte nur, balde
Liegst du auch!»

Etwas verstaubt an Ellenbogen und Knien, schwingt sich der Mutige von neuem in den Sattel. Und da merkt er zu seiner Befriedigung, dass er das Lehrgeld des ersten Sturzes nicht umsonst bezahlte. Jetzt geht es schon besser, und ohne sonderlichen Unfall gelingt ihm eine halbe Runde. Aber nun macht er unerwartet eine wissenschaftliche Entdeckung, die er, und wenn er auch der gelehrteste Physiker wäre, bisher noch in keinem Lehrbuch der Naturwissenschaften verzeichnet fand — er entdeckt den «Fahrschul-Magnetismus», die unwiderstehliche Anziehungskraft, welche alle Wände und Säulen, alle Tischecken und Stühle, alle ruhenden Räder und pausierenden Radler auf ihn ausüben. Besonders e i n e Säule hat es ihm angetan: Sie steht so still und regungslos, so scheinbar ungefährlich! Doch von ihrem Innern geht ein wundersamer Zauber aus, der ihn bei jeder neuen Runde immer näher zieht und näher. Gewaltsam will er sich diesem Bann entwinden und vorüberhuschen — fast scheint es ihm zu gelingen, und er wirft einen triumphierenden Blick auf die getäuschte Zauberin, aber —

«Halb zog sie ihn, halb sank er hin,»

da liegt er schon an ihrem gusseisernen, mit dicken Strohmatten bekleideten Busen und hält die Verführerin mit beiden Armen umklammert. Diese Zärt-lichkeit, die allein ihn vor dem völligen Sturz bewahrte, ist ihm gar nicht zu verdenken.

«Der ist ein Rasender, der nicht das Glück
Festhält in unauflöslicher Umarmung,
Wenn es ein Gott in seine Hand gegeben!»

So sagt der Dichter. Aber der Fahrlehrer behauptet: «Ja mein lieber Herr! Wie wollen Sie denn fahren, wenn Sie nicht treten? Von selber läuft doch das Radl nicht! Treten ist die Hauptsache, treten, treten und immer treten! Also probieren wir's einmal, recht schön im Takt! Eins, zwei — eins, zwei! Aber so schauen Sie doch nicht immer die Säulen an! Die Augen grad aus — das Radl läuft hin, wo Sie hinschauen! Und treten! treten! treten! Eins, zwei — eins, zwei! Soooo! Es geht ja!» Und wirklich, es geht — ganz famos sogar, und plötzlich ist es wie eine Erleuchtung über den Novizen gekommen, dass die ganze Kunst wirklich nur im «Treten, treten und treten» besteht.

«Rastlos vorwärts musst du streben,
Nie ermüdet stille stehn,
Willst du die Vollendung sehn!»

Endlich ist sie gekommen, die Stunde der beginnenden Vollendung. Der Anfänger ist Freifahrer in der Schule geworden, freilich vorerst nur «links herum!» Aber auch dieses einseitige Vergnügen geniesst er mit stolzer Freude, wird kühn und versucht die erste Kurve «rechts herum». Plautz, da liegt er! Und wieder beginnt die Schule; doch eine Stunde genügt, um diese zweite Stufe zu erklimmen. Jetzt noch das Absteigen, das sich spielend erlernt, dann das Aufsteigen, welches nicht nur der Kummer aller Unbegabten ist, sondern auch den Schweiss der Edlen fordert — und «selbst ist der Mann!» Aber auch die Freiheit hat ihre Gefahren, namentlich wenn sie von anderen «Freien» in der Schule geteilt wird.

«Leicht bei einander wohnen die Gedanken,
Doch hart im Raume stossen sich die Sachen.»

Da sind vor allem die «wilden Jäger» zu fürchten, die in toller Fahrt ihre «Kreise ziehen», schneller und immer schneller, «der Not gehorchend, nicht dem eigenen Trieb», bis sie hilf- und ratlos gegen eine Wand sausen, dass es klatscht und hallt, und dass das schöne, kreisrunde Vorderrad sich in einen zierlich geschlungenen Achter oder bei dem Bruch von einem halben Dutzend Speichen in eine langgezogene Null verwandelt — so lang wie das Gesicht des Fahrlehrers, der das misshandelte Rad wieder kurieren soll. Doch wehe, wenn der «wilde Jäger» auf seiner Teufelsfahrt nicht einer widerstandskräftigen Wand, sondern einem ahnungslosen Radgenossen begegnet. Ein doppelter Jammerschrei — und da liegen zwei Reiter und zwei Rosse, «scheusslich zum Klumpen geballt», und es kostet Mühe, diese Konfusion von Gliedmassen und Rädern langsam wieder zu entwirren. Bei Gott, über uns Radfahrern scheint ein Schutzengel zu wachen — das Volkswort sagt: wie ein Hausknecht! Ich habe selbst schon manch einen Sturz erlebt, bei dem mir Hören und Sehen verging — aber wenn ich die Unfälle der Rennbahn ausnehme, so ist, von einer leichten Schürfung und einem «blauen Auge» abgesehen, die Sache noch immer heil und ungefährlich verlaufen.

Nicht nur die «wilden Jäger» der Fahrschule sind zu fürchten, sondern auch die sanften Seelen, die so still und gemächlich dahinschweben, dass sie nicht genügende Fahrt im Rade haben, um im Notfall durch rasches Ausweichen eine Kollision vermeiden zu können. Hier haben aber gewöhnlich nur die Räder zu leiden, während die beiden Reiter sich lachend in die Arme sinken.

«Ein edler Mensch zieht edle Menschen an
Und weiss sie festzuhalten!»

Besteht das sich umarmende Pärchen nun gar aus einem Männlein und Weiblein, so weckt der «Unfall» die gesteigerte Heiterkeit der gesamten Korona — und solch ein Unfall hat sich schon zuweilen unter dem geheimen Walten der schicksalwebenden Radlergöttin in einen rosigen Glücksfall verwandelt. Wie die Tanzschule, so ist auch die Fahrschule ein guter Boden zur Kultivierung zärtlicher Herzenstriebe. Schon manch ein angehender Radler hat die Fahrschule als eingefleischter Hagestolz betreten, um sie als ein rettungslos Verlobter wieder zu verlassen — und wenige Monate später erfolgte mit prompter Sicherheit die Bestellung eines Tandems für die Hochzeitsreise. Hört es, ihr guten Mütter! Und bestreuet euren holden Kindlein den Weg zur Fahrschule mit Rosen! —

Freigesprochen! Der Novize hat die Schule absolviert, und nun heisst es: Hinaus in die freie Gotteswelt, die im lichten Gewande des Frühlings prunkt! Die Leiden und Aufregungen des behördlichen Examens wollen wir mit Schweigen übergehen, denn es scheint uns, dass die Tage der polizeilichen Rad-

Dr. Paul v. Salvisberg — München.

fahrer-Prüfung auch in den wenigen Städten, in denen diese zwecklose Folter noch besteht, bereits gezählt sind.

Ein wichtiges Uebergangsstadium aus der Schule in die schrankenlose Freiheit ist der Ankauf des eigenen Rades. Das ist ein Fragen und Wählen, ein Entschliessen und Verwerfen ohne Ende. Die Wahl ist gross, also auch die Qual. Endlich ist die Entscheidung gefallen — und ach, die Freude, die der schulentsprungene Radler an seinem funkelnagelneuen stählernen Rösslein findet! Und in Wahrheit,

«'s ist eine der grössten Himmelsgaben,
So ein lieb Rad unter sich zu haben!»

Hell glitzern in der Sonne alle die polierten Nickelteile, das tadellose Email des Gestelles leuchtet wie schwarzer Diamant, und gleich mattem Silber schimmern die unbefleckten Reifen. Acht Tage später aber, und wie sieht das arme Rädlein aus! Dass Gott erbarm'! Die Räder windschief, die Lenkstange halb geknickt und die Pedale verbogen! Unter schmerzlichen Gefühlen wird der beklagenswerte Patient zur Reparatur in die Werkstätte abgeschoben. Kommt er leidlich kuriert nach einer Woche wieder zum Vorschein, so ist er nach den abenteuerlichen Stadtfahrten, die ihm so übel bekamen, erst reif geworden für die erste, grössere Tour.

Ach diese erste Tour! Gemeinhin pflegt sie als sonniges Lustspiel zu beginnen, um als dunkle Tragödie zu enden. Da will ich noch gar nicht von den kleinen Fährlichkeiten reden, z. B. vom Regen, der sich auf der ersten Tour mit Sicherheit einstellt und den Heimweg zu einem Greuel und Schrecken macht. Schlimmer gestaltet sich die Sache schon, wenn gleich auf der ersten Fahrt das erste Malheur mit dem Schlauch passiert. Und es passiert besonders gerne im Frühling, wenn der Winter noch in dem spröden Gummi steckt. Da heisst's dann nach bekannter Weise:

«Im wunderschönen Monat Mai, | Da ist auch meinem Reifen
Als alle Schläuche sprangen, | Die Luft oft ausgegangen!»

Trostlos sitzt man am Rande der Chaussee und versucht seine Künste als Schlauchchirurg. Man hat's wohl in der Schule gelernt, aber grau ist alle Theorie — und führt ein guter Stern nicht einen kundigen und hilfreichen Radgenossen des Weges, so setzt es unter Stolpern und Seufzen bei sinkender Finsternis einen trübseligen Marsch. Versucht man aber mit halbgenesener Maschine die Weiterreise, so pflegt jene Katastrophe nicht auszubleiben, von der das melancholische Volkslied singt:

«In einem kühlen Grunde,
Da liegt ein Tourenrad.»

Und gar nicht weit davon, im ebenfalls kühlen Grase, liegt der von seinem Ross getrennte Reiter. War nur das Gras recht linde und der Rasen gut gepolstert, so ist der Fall des Helden nicht so schlimm, im Gegenteil,

«Selig muss ich ihn preisen,
Der in der Stille der ländlichen
Flur
Fern von des Lebens verworrenen
Kreisen,
Kindlich liegt an der Brust der
Natur!»

Was ein echter Radler werden will, lässt sich durch all diese Lehrlingsleiden nicht verdriessen. Sie sind ihm die unerlässlichen Vorstufen der Vollkommenheit, sie bilden seine Fertigkeit zur sicheren Vollendung aus, verfeinern das Gefühl seiner Hand und schärfen sein Auge für Weg und Gefahr. Aber man muss schon ein leidlich guter Tourenfahrer geworden sein, ehe man völlig eindringt in das tiefste Mysterium des Radfahrens und ein «Wissender» wird. Solch ein «Eingeweihter» mag dann auch von der geheimnisvollen «Seele» seines Rades reden. Gleichwie bei der Menschenseele, so weiss man auch bei der Radseele nicht, in welchem Glied der Maschine sie eigentlich steckt. Aber sie ist vorhanden, sie hat Leben und äussert sich, sie hat ihre guten und bösen

All Heil!

Eigenschaften, sie ist willig und gehorsam, hat aber auch ihre Launen und ihren Eigensinn. Erst wenn du diese Seele entdeckst und sie ganz verstehst, wenn du geheime Zwiesprache mit ihr zu halten lerntest und den ihr angeborenen Trotz dir so gefügig machtest, dass sie keinen anderen Willen mehr kennt, als nur den deinen, und sich leiten lässt von jedem leisen Druck deiner Hand, erst wenn du verwachsen bist mit ihr und dennoch frei — dann erst magst du dich völlig als Meister deines Rades fühlen! Und dann erst wirst du ganz und voll die herrliche Freude kosten, die eine sausende Fahrt ins Weite, solch eine ungebunden freie Reise auf deinem geflügelten Rade dir bereiten kann.

Der Morgen dämmert, wenn du in behaglichem Tempo die Stadt durcheilst, die erst mit schüchternem Leben aus ihrem müden Schlaf erwacht. Du bist ohne Last und Mühsal — alles, was drückt, hast du hinter dir gelassen. Jetzt die letzte Mauer, und du atmest auf. Offen liegt die Strasse vor dir, die ins Blaue zieht, und mit goldigem Lichte grüsst dich der werdende Tag: «All Heil!» Auf Laub und Gräsern funkelt in Myriaden Perlen der Tau, hundert Vögel hörst du, als wär es ein einziges Lied, Frische haucht dir von überall entgegen, und du trinkst sie in deine Brust mit dürstenden Zügen. Freundliche Dörfer huschen an dir vorbei; an lichten Feldern und Wiesen, an dunklem Wald, an blauen Seen und himmelhochragenden Bergen geht deine fliegende Fahrt vorüber — und all diesen Reichtum sammelt dein gleitender Blick. Wie unbeschreiblich ist der Gewinn solch eines Tages! Und wenn der Abend leuchtet in der Gluth seiner tiefen Farben, wenn du die Ruhe suchst, noch kaum ermüdet — was alles hast du genossen an tausendfältiger Schönheit, von der ein Nachglanz sich noch hinüberschleicht in deinen Traum! Ein gesunder Schlaf — und flink wieder auf, noch ehe der Morgen graut! Und weiter geht die schöne Reise!

«Bleibe nicht am Boden haften,
Frisch gewagt und frisch hinaus!
Kopf und Arm mit heitern Kräften,
Ueberall sind sie zu Haus;

Wo wir uns der Sonne freuen,
Sind wir jeder Sorge los —
Dass wir uns in ihr zerstreuen,
Darum ist die Welt so gross!»

# II. Geschichte des Fahrrades

von

*Dr. Karl Biesendahl-Stuttgart,*

Chef-Redakteur des «Deutscher Radfahrer».

DER Radler, welcher auf einem mit allen Neuheiten der Gegenwart ausgestatteten Niederrad durch die deutschen Gaue fliegt und sich aller Vorzüge seines geliebten Rades bewusst ist, weiss vielleicht trotz aller Begeisterung nicht einmal, mit wie vollem Rechte er darauf stolz sein kann, dass er sich einer Erfindung bedienen darf, und in einer Zeitepoche lebt, welche ihm diese Errungenschaft entgegentrug, die in dem uralten Kampfe der Menschheit gegen Raum und Zeit das letzte und siegreiche Glied einer vieltausendjährigen Epoche darstellt. Zweifelnde Laien, wie begeisterte Radfahrer mögen sich nicht scheuen, mit mir im Fluge die Hauptpunkte der Geschichte der Menschheit, soweit sie jenen Kampf gegen Raum und Zeit betrifft, jene beiden Gewalten, durch welche sich seit Anbeginn die Thatkraft der Menschheit eingeengt fühlte, in Augenschein zu nehmen.

Die menschliche Kraft war wohl überhaupt das erste Fortbewegungsmittel, aber natürlich wirkte sie nur von aussen, indem sie sich selbst vor die zu befördernden Lasten spannte, welche sie im rohesten Zustande des Beförderungswesens einfach von Ort zu Ort schleifte.

In unsäglich langer Zeit wurden die allergeringsten Strecken bewältigt und als beispielsweise etwa 4000 Jahre vor der christlichen Zeitrechnung der ägyptische Pharao Menes seine erste grosse Pyramide erbaute, erschien es bereits unmöglich, trotz des Vorspanns von tausenden von Arbeitern, die gewaltigen Felsenquader, welche man zu dem kolossalen Bau verwendete, von der Bruchstelle zum Bauplatz zu befördern. Vielleicht war es ein Zufall, der damals einen findigen ägyptischen Baumeister auf eine Idee kommen liess, aus welcher sich im Laufe der Zeiten alle weiteren Beförderungsmittel entwickeln sollten.

Sollten wir uns sehr weit irren, wenn wir uns etwa die Sache so vorstellen, dass die massigen Quader auf einige Baumstämme zu liegen kam, welche vielleicht zum Gerüst dienen sollten? Der früher kaum bewegliche Block wurde nun mit leichter Mühe von den tausenden von Händen bewegt und die bewegliche Rolle, das Prototyp des Rades, war erfunden.

Wie es aber mit unserer Hypothese auch beschaffen sein möge, so viel steht ausser Frage, dass

die Beförderung solcher gigantischer Quader, wie dieselben zur Pyramide des Menes Verwendung gefunden haben, ohne Anwendung von Rollen auch für das grösste Arbeiterheer ein Ding der Unmöglichkeit gewesen wäre.

Die Existenz derselben 4000 Jahre vor unserer Zeitrechnung wäre damit so gut wie nachgewiesen.

War nun hiermit die erste Erfindung gemacht, so war es nur eine Frage der Zeit, dass dieselbe, jedenfalls infolge ihrer Nutzbarkeit, als bedeutsam angesehen, mehr und mehr vervollkommnet wurde.

Zunächst suchte man gewiss das lästige Vorlegen neuer Rollen zu beseitigen und wodurch anders, als indem man die Rollen durchbohrte und die Achsen mit einander verband.

Da man nun aber bei einer grossen und langen Last das Gleiten der Rollen beeinträchtigt sah, so kam man wohl zunächst darauf, die Rollen in der Mitte dünner zu machen, um für die Gestalt der Last Raum zu schaffen. Da auch dies nicht immer genügend erschien, so schnitt man die Rollen in der Mitte ganz durch und legte die Last allein auf die Achsen und siehe, es ging auch ohne das Mittelteil. Hiermit war die älteste Gestalt eines rohesten Wagens erfunden. Seine Räder bestanden aus zwei oder vier Rollenblöcken mit runden Stangen als Achsen, welche durch eine Querstange verbunden waren. Dass in der That die primitivsten Wagen so beschaffen waren, geht am besten daraus hervor, dass noch während der Völkerwanderung die Wagen der Germanen Räder aus vollen Holzscheiben hatten.

So gross nun weiter der Fortschritt war, welcher damit in der allgemeinen Nutzbarkeit des «Wagens» gemacht wurde, als man die menschliche Kraft durch die der Tiere ersetzte, welche man inzwischen so weit zu zähmen gelernt hatte, dass man sie vor den Wagen spannen konnte, während man sich denselben, zumal dem Pferde selbst als Reiter noch lange nicht anzuvertrauen wagte, so war doch in dem Fortbewegungsprinzip als solchem eine Aenderung hierdurch nicht herbeigeführt worden. Man ersetzte einfach die von aussen wirkende Menschenkraft, wie sie in Japan noch heute bei der sog. «Menschendroschke» also bei Personenbeförderung üblich ist, durch eine andere, ebenfalls von aussen als Vorspann wirkende, die der Tiere.

**Kunstwagen mit Handantrieb von Stefan Farfler.**
Altdorf bei Nürnberg. Mitte des XVII. Jahrhunderts.

Laufmaschine.

Draisine mit Tretkurbeln.

Der Mensch nahm eine Arbeitsteilung zu seinen Gunsten vor, indem er den schwierigeren Teil des Beförderungswerks, die eigentliche Arbeitsleistung der bewegenden Kraft dem Tiere zuwies, während er sich nur die, wenngleich nicht weniger wichtige, so doch körperlich minder anstrengende des Lenkens vorbehielt.

Trotzdem aber könnte man diesen Gang der Entwicklung, auf dem sich nunmehr durch Jahrhunderte, ja Jahrtausende die vorwärtsbewegende Praxis bewegt, wenn wir als letztes Ziel der lokomotorischen Idee das moderne Fahrrad betrachten, wenn nicht direkt als Rückschritt, so doch als Seitenbewegung betrachten.

Von Interesse ist, dass in der Bibel der Wagen erstmals Erwähnung geschieht im ersten Buche Mose, wo von der Erhebung Josefs durch den Aegypterkönig die Rede ist. Josef wird ganz besonders dadurch geehrt, dass er auf des Pharao zweitem Wagen fahren darf. Er lässt dann später seinen alten Vater Jakob nach Aegypten holen und sendet dazu auch ägyptische Wagen nach Palästina.

Wahrscheinlich durch die Kriegszüge der Pharaonen nach Mesopotamien wurden die Wagen, deren sich dieselben als ihres vornehmsten Heergerätes, das gewissermassen zugleich unsere Kavallerie und Artillerie ersetzen musste, bedienten, den Assyriern und Babyloniern und durch deren Vermittlung auch den übrigen Asiaten bekannt. Besonders bei den Assyrern fanden dieselben sorgfältige Ausbildung, da die weiten Ebenen der Euphrat- und Tigrisgefilde ihre Verwendung ganz besonders gestatteten und ihren Wert noch in weiterem Umfange erkennen liessen.

Die Ausdehnung der assyrischen und babylonischen Weltreiche verbreitete wohl den Wagen auch über Kleinasien nach Europa.

Wenigstens schildert uns die ungefähr um 800 vor Christo verfasste Ilias die Wagenkämpfe der homerischen Helden sehr anschaulich.

Es sind die Führer der einzelnen Völker, die Könige der einzelnen griechischen Stämme, welche von dem mit zwei Pferden bespannten zweiräderigen Kriegswagen herabkämpfen, während die Lenkung des Wagens in der Regel einem besonderen Wagenlenker obliegt, auf dessen Geschicklichkeit hierbei natürlich ausserordentlich viel ankommt. Nur im Notfall, wenn dieser gefallen oder verwundet, übernimmt der Kämpfer selbst die Führung.

Der Kriegswagen, der nur dem Fürsten zusteht, steht in der Vorderreihe, hinter ihm folgt die geschlossene Schar der Streiter als Fussvolk. Es ist aus verschiedenen Stellen des herrlichen homerischen Gedichts von dem «Groll des Achilleus» klar ersichtlich, wie der Wagen so recht eigentlich auch hier vor allem den lokomotorischen Zweck hat, den König möglichst schnell an den Feind zu bringen.

Hat er den Gegner erreicht, so springt er meistens ab und der König kämpft zu Fuss weiter. Und je nach dem Ausgange des Zweikampfes der beiden Führer dient alsdann wieder der bereit harrende Wagen, den Unterlegenen oder Verwundeten dem Schwerte des Siegers schnell zu entziehen, oder auch dem Sieger, den fliehenden Feind zu verfolgen. Interessant ist es vor allem, dass an keiner Stelle das Besteigen des Pferdes selbst vorkommt, woraus hervorgeht, dass das Fahren früher geübt wurde als das Reiten.

Während aber nun die Griechen der historischen Zeit den Wagen als Kriegsgerät sehr bald fallen liessen, da trotz der lokomotorischen

Englischer Kunstwagen von Ververs.
circa 1769.
Die hintere Person tritt, die vordere lenkt.

Vorzüge seiner Verwendung, zumal in dem bergigen Hellas, zuviel Beschränkungen entgegenstanden und die Ausbildung des Reitens auch jene Vorzüge entbehrlich machte, während anderseits die militärisch-taktische Ausbildung der Griechen so vorgeschritten war, dass diese primitive Kampfesweise der trojanischen Helden schlechterdings nicht mehr angängig war, so bildeten die Perser, die Erben der assyrisch-babylonischen Weltreiche, gerade den Wagen als Kriegsgerät in besonderer Weise aus.

So sehen wir noch in der Schlacht bei Kunaxa, als die zehntausend Griechen unter dem jüngern Cyrus zum Angriff schreiten, eine gewaltige Reihe von persischen Kriegswagen, aus deren Radachsen bei jeder Umdrehung blitzschnell kreisende, scharf geschliffene Sicheln hervorblinken, während zwischen den gepanzerten Rossen ganze Bündel von scharfen Speerklingen sich vorstrecken, auf sie losfahren. Aber die schwerfällige Taktik dieser Sichelwagen, bestimmt, das

Aeltestes Hochradmodell
mit vertikalem Sitze.

Dreirad mit hinterem Steuerrad.

griechische Hilfskorps gleich bei seinem ersten Vorrücken zu zerschmettern, zu zermalmen und in Grund und Boden zu fahren, erwies sich der individuellen Ausbildung des hellenischen Kriegers gegenüber als wirkungslos.

Die Griechen machten in schnellstem Verständnis der Sachlage rechts- und linksum und bildeten so Gassen, durch welche sie die fürchterlichen Wagen passieren liessen, um dabei Rosse wie Lenker zu erlegen.

So war der gewaltige Ansturm dieser ungeordneten Asiatenhaufen so oft mörderischen «Artillerie» (nur dass hierbei Gefährt und Geschoss dasselbe waren), an der überlegenen griechischen Kriegskunst kläglich gescheitert.

Während aber die Kriegswagen der homerischen Helden aus den Kriegen verschwanden und nur noch bei den Wettrennen der griechischen Festspiele sich in unveränderter Form hielten, sollten die Wagen als Kriegsfahrzeuge im Laufe der Weltgeschichte noch oft wieder auftauchen.

Wir wollen nur an die Streitwagen der Gallier und Britannen erinnern, deren Cäsar mehrfach erwähnt, ebenso an die Wagenburgen der Germanen der Völker-

**Karl Freiherr von Drais mit seiner Schnelllaufmaschine.**
Nach einem Bilde von circa 1814.
Aus dem «Radfahr-Humor», Nr. 6 vom 15. Dezember 1889.

wanderung und an diejenigen mit einer Art Artillerie bewehrten Kriegswagen der Hussiten, denen ein Ziska seine Siege verdankte. Und ist unsere moderne Artillerie schliesslich etwas anderes als ein mit allen Fortschritten der Neuzeit versehener, verderbenschwangerer Kriegswagen?

Trotz allen Fortschritts aber und trotz der Bemühungen, mit welcher Jahrhunderte, ja Jahrtausende an der Vervollkommnung des Wagens an sich arbeiteten, blieb doch, wenn wir es genau betrachten, die Erfindung ihrem Prinzip nach auf dem gleichen Standpunkte.

Wenn auch aus den plumpen Holzrädern leichtere und zugleich dauerhaftere Speichenräder, aus den anfangs zweirädrigen Karren die zur Beförderung praktischeren vierrädrigen Wagen, der Sage nach durch die Phrygier, wurden, wenn auch ein mythischer König von Athen den ersten vierspännigen Wagen, die Quadriga, einführte, vor der übrigens die Pferde nebeneinander liefen, das Prinzip war trotz dieser Neuerung immer das gleiche, das des Vorspanns.

Um ein Beispiel zu geben, war zwischen der Beförderungsweise eines Cäsar, der etwa im Jahre 55 v. Chr. von Rom nach Gallien fuhr und Friedrichs des Grossen, als er um das Jahr 1745 von Berlin nach Königsberg reiste, prinzipiell gar kein Fortschritt zu verzeichnen. So verschieden der ziemlich plumpe römische Reisewagen von dem praktischeren Gefährt des grossen Königs sein mochte, obwohl 1800 Jahre dazwischen lagen, ein prinzipieller Fortschritt war in diesem langen Zeitraum nicht gemacht worden.

Wir können sogar noch weiter gehen: Die grosse Umwälzung, welche in der Raumbewältigung und im Reisen die Verwendung der gewaltigen Kraft des Dampfes auch mit sich brachte, welcher sich heutzutage auch die noch neuere Triebkraft der Elektricität anschliesst, selbst hier kann nicht wohl von einem neuen lokomotorischen Prinzip gesprochen werden.

So ungeheuer die wunderbaren Leistungen von Dampf und Elektricität in ihren Wirkungen und Kraftäusserungen sich erwiesen, es ist wiederum das Prinzip des Vorspanns, nur dass dabei die so viel schwächere und leicht erlahmende Kraft des bisher ausschliesslich als Vorspann dienenden Pferdes durch die unendlich überlegene und stärkere Naturkraft des

Dampfes und der Elektricität unter den Willen des Menschen gezwungen wurde, um demselben Willen gehorsam, früher undenkbare Lasten und ganze Scharen von Menschen mit Windeseile von Ort zu Ort zu befördern. Wer wollte die Grösse

**Dreiradtandem mit Vordersteuerung.** und Bedeutung dieser neuzeitlichen Errungenschaften und ihren fast unschätzbaren lokomotorischen Fortschritt zu verkleinern wagen?

Dennoch aber bewegt sich, wenn ich so sagen darf, den Schiengeleisen zum Trotz dieser Fortschritt noch immer in den alten Wagengeleisen.

Wenn den Griechen der homerischen Zeit, wenn Homer selbst noch die Erfindung des Wagens und die vorher unbekannte mit ihm erreichte lokomotorische Geschwindigkeit so staunenswert vorkam, dass sie dieselbe nur durch eine göttliche Abkunft der Rosse erklären zu können vermeinten, welche Götter und Geister würden sie erst heraufbeschworen haben, wenn ihnen die Leistungen der beiden Riesenkräfte der Natur auf lokomotorischem Gebiet entgegengetreten wären!

Uns aber, uns skeptischen Kindern der Neuzeit am Ende eines Jahrhunderts, das mehr der Erfindungen der Menschheit brachte, als alle übrigen seit Erschaffung der Welt zuvor, imponiert fast weniger als die der Menschheit dienstbar gemachten Naturgewalten, das endlich gelöste Problem der automobilen Fortbewegungs-Art.

Wer vermöchte es zu sagen, wem zuerst und zu welcher Zeit die erste Idee in den Kopf gekommen ist, das alte lokomotorische Prinzip, das einzige, welches man kannte, wenn wir von der Raumdurchmessung des Fussgängers absehen, dasjenige der Ausnützung einer fremden Vorspannkraft zu gunsten des zu Befördernden, welches Jahrtausende unbeanstandet geherrscht hatte, von Grund aus umzustürzen.

Thatsächlich erfahren wir von solchen Versuchen und Ideen zuerst durch einige alte deutsche Chroniken, deren Verfassern zum Glück der fremdartige Eindruck, den ihnen ein Gefährt ohne Vorspann machte, so nachhaltig im Gedächtnis haftete, dass sie nicht verfehlten, diese Merkwürdigkeit ihren Städtechroniken einzuverleiben.

So erzählt der Meininger Chronist, dass am 9. Januar 1447 eine unbespannte Karosse durch das Kalchsthor bis zum Markt und wieder zurück ge-

fahren sei, welche ganz den üblichen Reisewagen geglichen habe, aber statt durch Vorspann durch einen verborgenen Mechanismus von dem Erfinder bewegt und gelenkt worden sei. Der Name des Erbauers dieses interessanten Gefährts scheint dem Chronisten unbekannt geblieben zu sein, wenigstens finden wir ihn nicht erwähnt.

Erst etwa 200 Jahre später tritt uns eine weitere Ueberlieferung, diesmal aber mit weit bestimmteren Angaben entgegen, insofern auch der Name des Erfinders mitgeteilt und seine Erfindung ausführlicher geschildert wird.

Von Meiningen, wo erstmals des unbespannten Wagens Erwähnung geschieht, nicht gar so weit entfernt, liegt Nürnberg, diejenige deutsche Stadt, welche im Mittelalter der Hauptsitz der mechanischen Industrie war, und jener «Nürnberger Tand», welcher nach dem Volksausdrucke «ging in alle Land'», bestand zum grössten Teil in kleinen mechanischen Arbeiten und Kinderspielzeugen, womit die Nürnberger von jeher den Weltmarkt beherrschten.

Es ist daher kein Zufall, wenn es gerade ein Nürnberger Zirkelschmied, namens Johann Hautsch ist, von welchem uns die zweite Mitteilung erhalten blieb, dass er seinerseits um 1649 einen Wagen erfunden habe, der nicht durch Vorspann, sondern durch einen inneren Mechanismus bewegt wurde.*) Die Nürnberger Chronik fügt des weiteren bei, dass er mit dem Wagen habe nach Belieben fahren wie anhalten und in der Stunde bis zu 2000 Schritt habe zurücklegen können. Er habe später den Wagen an den schwedischen Prinzen Karl Gustav verkauft und noch ein ähnliches Gefährt in feinerer Ausstattung für den dänischen Hof gebaut.

Die dritte historische Mitteilung stammt ebenfalls ganz aus der nächsten Nachbarschaft Nürnbergs.

In Altdorf lebte nämlich um jene Zeit ein Uhrmacher mit Namen Stefan Farfler. Dieser baute sich, da er gelähmt war, besonders um die Kirche besuchen zu können, ein nur für sich selbst bestimmtes Wägelein mit einem für damals höchst sinnreich ausgedachten Mechanismus, welcher durch Handbetrieb auf das Vorderrad wirkte und so das Gefährt in Bewegung brachte. (Fig. pag. 7.)

Es ist wohl anzunehmen, dass Farfler, der noch zu Lebzeiten von Hautsch, (welcher von 1595—1670 lebte), nämlich 1663 geboren war, von der Hautsch-

**Freiherr von Drais.**
Büste von Bildhauer Karl Reps in Neustadt-Magdeburg.*)

**Kangaroo.**

---

*) Diese Büste kann in verschiedenen Grössen in Gips, Elfenbeinmasse, Bronce-Imitation und mit Wiener Bemalung von der Kunstanstalt Reps in den Preislagen von 5—60 Mark bezogen werden.

*) Die vorhandenen Abbildungen zeigen einen vierräderigen, reichverzierten Wagen — ähnlich einem kleinen Brückenwagen mit rings herumlaufender Brustwehr — auf welchem ein Mann steht. Das Triebwerk oder Teile des Mechanismus desselben sind aber aus diesen Abbildungen nicht ersichtlich, so dass hier von der Wiedergabe abgesehen wurde.

schen Maschine, welche grosses Aufsehen erregt hatte, wusste. Wahrscheinlich war sein Gefährt in ähnlicher Weise konstruiert.

Denn nicht nur hatte Hautsch bei den Herrschern des Nordens mit seinen Karossen, die wir wohl als die ersten «Automobilen» im eigentlichen Sinne des Wortes bezeichnen dürfen, Anklang gefunden, auch ein Franzose, Monconys sah, wie die Wiener Presse nachwies, die Hautsch'sche Maschine um 1650 in Nürnberg und hielt sie für so merkwürdig, dass er seinen Landsleuten davon erzählte.

Da dies eine Thatsache ist, welche selbst von den französischen Chauvinisten zugegeben werden muss, so ist hiermit die Priorität der deutschen Erfindung gegenüber der Konstruktion eines Gefährtes für Fussbetrieb durch den französischen Arzt Richard in La Rochelle schlagend bewiesen, wenn nicht etwa gar die deutsche Erfindung diesem durch Monconys' Vermittelung bekannt geworden war, was sehr leicht möglich ist.

Andrerseits war auch Nürnberg gerade seiner mechanischen Artikel wegen, für welche es damals weder geschütztes Patent oder Gebrauchsmuster, dem heutigen Recht nach, wenigstens für das Ausland gab, so berühmt, dass daselbst, zumal zu seinen Messen und Märkten, Leute aus aller Welt zusammenströmten, welche begierig nach Neuheiten umherspähten, um sich dieselben, zurückgekehrt in die Heimat, zunutze zu machen.

Es hilft daher auch den Engländern nicht, wenn sie ihren Landsmann Ververs ins Feld führen, welcher, jedoch erst im Jahre 1769 ein Gefährt erbaute, das durch eine besondere Person mittels Tretens auf einen Kurbelmechanismus bewegt wurde, der auf die Hinterräder wirkte, während der im Wagen Sitzende nur die Lenkung desselben zu versehen hatte. (Fig. pag. 8) Alle diese Konstruktionen sehen den Nürnberger Erfindungen, deren noch dazu etliche weitere im Germanischen Museum daselbst in Augenschein genommen werden können, allzu ähnlich, als dass sie die Vater-

schaft der alten Nürnberger Erfinder vor einem unparteiischen Gerichtshofe glaubhaft abzuleugnen imstande wären.

Wenn wir also von dem namenlosen Erfinder der in der Meininger Chronik erwähnten Karosse, die übrigens von auswärts kam und möglicherweise ebenfalls von Nürnberg stammte, sprechen, so können wir nicht umhin mit Felix Wäntig-Haugk in seinem kurzen, aber geistvollen «Rückblick über die ersten Erfindungen», welcher seine «Kurze Chronik der reichsdeutschen Radfahrer-Vereinigungen» einleitet (Neuwied und Leipzig 1895), Nürnberg als die Geburtsstätte des Fahrrades anzuerkennen und wir bezeichnen den alten Nürnberger Zirkelschmied Johann Hautsch als den ersten historisch bekannten Vorkämpfer der neuen Idee, statt des Vorspanns einer fremden Kraft die eigene Kraft des Fahrenden als Fortbewegungsmittel zu verwenden.

In dieser Idee, so plump, so roh und schwerfällig es ihm auch erst möglich gewesen sein mochte, dieselbe in seiner schweren und umfangreichen Karosse in die Wirklichkeit zu übersetzen, war ein neues Prinzip gefunden, das nach vieltausendjährigem Stillstand an die Stelle des fast für unveränderlich gehaltenen alten das Gebiet der Lokomotion von Grund aus umzugestalten bestimmt war, — — kurzum es war, wenn auch nur erst in noch so rohen Umrissen, das den ehemals passiv auf dem Gefährt Fahrenden zu einem aktiv das Gefährt Fahrenden machende lokomotorische Prinzip des modernen Fahrrades.

War nun aber auch das neue Prinzip aufgetreten, so verkannte man gewiss nicht und am wenigsten der Erfinder selbst, dass seine Durchführung noch überaus unvollkommen war. Für einen langsam und majestätisch sich durch die Strassen bewegenden königlichen Einzug, wofür ja in richtiger Erkenntnis der Zweckmässigkeitsgrenzen seines Gefährts, Johann Hautsch seine Karosse bestimmt und ausgerüstet hatte, mochte der noch unbeholfene Mechanismus immerhin genügen,

**Radfahrer aus dem Anfang unseres Jahrhunderts.**
Circa 1817.
Aus dem «Radfahr-Humor», Nr. 15 vom 9. Januar 1897.
Mit Grundplan und Massstab der Maschine.
Hinten Gepäckstelle oder Raum für einen Mitfahrer. Das Bild entstammt einer alten Modezeitung. Die Tracht ist diejenige der damaligen Studenten

umsomehr, als es bei einer solchen Gelegenheit an Dienern nicht fehlen konnte, welche in dem geräumigen Innern der Kutsche verborgen, dieselbe in genügende Bewegung zu setzen imstande waren.

Hierdurch wurde aber gerade der Tragweite der neuen Erfindung eine wenig entsprechende Beschränkung auferlegt, handelte es sich doch hauptsächlich darum, dass der Fahrer selbst imstande sein musste, den «Kunstwagen» ohne weitere Hilfe zu fahren.

In der That scheint von dieser Zeit an das Bestreben der Erfinder ausschliesslich darauf gerichtet, das so ungemein hinderliche Uebergewicht des Wagens nach Möglichkeit zu vermindern. Diesen Weg hatte schon Stephan Farfler beschritten, dem es ja besonders darauf ankommen musste, sich für seinen Krankheitszustand einen Wagen zu konstruieren, der ihn von fremder Hilfe unabhängig machte. Er wählte daher ein im Vergleich zu der Hautsch'schen Kutsche schon merklich leicht gebautes Dreirad. Noch weiter gingen hierin die Konstrukteure der nächsten Nürnberger Modelle, welche eigentlich nur die Idee des Wagens übrig liessen, indem sie nur zwei Räder hintereinander verwendeten, und so zu einer wagenartigen Maschine gelangten, welche allerdings eine ganz andere Beweglichkeit besass, als die schweren ehemaligen Kunstwagen.

Und doch schüttelten sie fast das neugeborne Kind der Erfindung mit dem Bade aus, denn diesen «Laufmaschinen» fehlte jeder Mechanismus und selbst eine Lenkvorrichtung war nicht vorhanden.

Wir stehen hier somit eher vor einer Seitenbewegung. Da die Nürnberger Mechaniker sich sagen mussten, dass die Schwere und die Weitläufigkeit des Hautsch'schen und anderer Mechanismen es waren, welche den Bau einer so umfangreichen und plumpen Karosse forderten, liessen sie den künstlichen Mechanismus ganz weg und nahmen als treibende Kraft die wechselnd von der Erde abstossenden Fussspitzen des Fahrers selbst, den sie gerade durch das Ruhen seines Oberkörpers im Sitz, mit den Armen auf dem Polster des Sattels genügend unterstützt und befähigt glaubten, auf diese Weise ohne Ermüdung grössere Strecken zu durchmessen und eine bedeutende Schnelligkeit zu entwickeln.

Es charakterisiert sich also die zweite Phase der Erfindung als eine ausschliessliche Arbeit an der Erleichterung des Gestells, verbunden mit einer vollständigen Vernachlässigung der eigentlichen Antriebsvorrichtung, welche bei den ersten Erfindern Hautsch und Farfler die Hauptsache gewesen war.

Die so entstandene «Laufmaschine», so unvollkommen sie war, hatte vor allem eine grossartige Neuheit zu Tage gefördert, welche man vorher nicht gekannt hatte. Wenn der Fahrer nach kräftig wiederholtem Abstossen die Laufmaschine in gehörige Bewegung versetzt hatte, so konnte er bei ebener oder etwas geneigter Strasse mit emporgezogenen Füssen schon eine gute Strecke weit mühelos fahren, es zeigte sich also hier zum ersten Male die bei dem mit zwei Rädern hintereinander ausgestatteten Gefährt gewiss überraschende Eigenschaft der Balance, sobald die Maschine im Gange war. Die Bedeutsamkeit dieser zweiten Phase der Erfindung leuchtet damit ein.

Dies war auf lange Zeit der ganz unbeachtete Stand einer der bedeutendsten Erfindungen der neueren Zeit, als dem damaligen Fürstl. Hof- und Regierungsrat Karl Wilhelm Friedrich Ludwig Baron von Drais und seiner Gemahlin Ernestine geb. Baronin von Kaltenthal zu Karlsruhe am 29. April 1785 ein Sohn geboren wurde, welcher in der am gleichen Tage bei Anwesenheit des ganzen markgräflichen Hofes stattgehabten Taufe die Namen Karl Friedrich Christian Ludwig erhielt. Der Träger dieses Namens aber sollte für die Erfindung des Fahrrades und seine Fortentwicklung für immer von Bedeutung werden.

Die Familie Drais von Sauerbronn stammte aus Lothringen und der später als Oberhofrichter verstorbene Vater unseres Freiherrn stand bei Hofe, wie schon das Taufbuch bezeugt, in hohem Ansehen. Der Bildungsgang des jungen Karl von Drais war folgender: Nach Absolvierung des Gymnasiums zu Karlsruhe bezog er die Universität Heidelberg, in deren Zeugnissen er hervorragend gerühmt wird. Schon damals waren seine Hauptfächer Mathese, Physik und Mechanik. Im Jahre 1805 bestand er die Prüfung für das höhere Forstfach mit der Note «Vorzüglich» und arbeitete darin zu Rastatt und Schwetzingen; 1808 kam er als Forstinspektor nach Gengenbach;

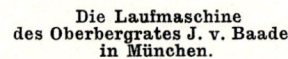

**Die Laufmaschine des Oberbergrates J. v. Baader in München.**
Anfang dieses Jahrhunderts.
Die Kurbeln wurden erst 1862 angebracht.
Aus dem «Radfahr-Humor», Nr. 7 vom 1. Januar 1890.

1810 befand er sich längere Zeit im väterlichen Hause, wenigstens wird er bei dem Umzuge seines Vaters, welcher mit dem Oberhofgericht von Bruchsal nach Mannheim übersiedelte, auf dem noch in Mannheim aufbewahrten Polizeibogen mit des Oberhofrichters von Drais Unterschrift mit aufgeführt. Wahrscheinlich hätte der junge Freiherr, von dem bereits ein Verwandter Oberforstmeister war, eine glänzende Carrière vor sich gehabt, wenn er sich nicht durch allzuviel Beschäftigung mit Dingen, welche nicht ins Forstfach schlugen, manchen Tadel seiner Vorgesetzten zugezogen hätte. So bewarb er sich denn um einen Urlaub auf unbestimmte Zeit und erhielt ihn. Mit mechanischen Studien vorzugsweise beschäftigt, wohnte Drais teils in Mannheim, teils in Karlsruhe bis 1814,

das heute, zumeist in allmähliger Weiterentwicklung und Vervollkommnung, noch in Ehren steht, wie seine Fleischkochmaschine, aus welcher der Dampfkochtopf, seine Schreibmaschine, aus der die Schreibapparate der Telegraphie hervorgingen, sein Doppelspiegel, um über die Ecke herumzusehen, der verschiedentlich verwendet ward, und eine Diamantentaxationsskala, welche noch heute in Gebrauch ist. Alles aber sollte durch die zu seinen Lebzeiten und noch lange nachher wenig nach ihrem Wert geschätzte «Fahrmaschine», welche bestimmt war, die Mutter des modernen Fahrrades zu werden, in den Schatten gestellt werden. Für sie, die ihm am meisten am Herzen lag und an deren grossartiger Zukunft Drais keinen Augenblick zweifelte, machte er die weitesten Reisen, so 1821

**Erstes, deutsches Zweirad mit Tretkurbeln des Instrumentenmachers Ph. Mor. Fischer in Schweinfurt.**
Circa 1850, spätestens 1855.
Aus dem «Radfahr-Humor» vom 13. Juli 1895, Nr. 82.

wo er nach Wien reiste, um während eines Kongresses daselbst seine «Fahrmaschine» vorzuführen. Diese seine Produktionen, die er nur zu gunsten der Bekanntmachung seiner Erfindung unternahm, zogen ihm die Unannehmlichkeit zu, dass ihm für diese öffentlichen Vorführungen das Tragen der Uniform und das Führen des Forstmeistertitels untersagt wurde. Gleichwohl erwies sich sein Grossherzog ihm insofern nicht ungnädig, als er ihm nach Vorlegung der Zeichnung und Beschreibung seiner «Fahrmaschine» unter Enthebung von seinen forstdienstlichen Verpflichtungen den Charakter eines Professors der Mechanik erteilte und für seine Maschine ein Patent auf 10 Jahre bewilligte. Ausser dieser seiner Haupterfindung erfand er besonders in den Jahren 1815—18 noch vielerlei,

nach Amerika, 1830 nach Paris, 1833 nach London. Ueberall führte er seine neue Erfindung vor und suchte sie bekannt zu machen und Freunde für sie zu werben. Aber ihre Zeit war noch nicht gekommen und trotz einzelner Erfolge zog er sich resigniert in ein Oertchen des Odenwaldes zurück, wo er seinen auf Bahnschienen zu benützenden, mit Kurbeln und Handgabeln bewegten Wagen erfand, woraus hervorgeht, dass Karl von Drais die Kurbeln sehr gut kannte. Trotzdem hat er niemals einen Versuch damit bei seiner Laufmaschine gemacht und glaubte auch wahrscheinlich nicht, dass es möglich wäre, das Gleichgewicht durch Kurbelbewegung zu bewirken.

Von 1841 an lebte Drais bei seinen Schwestern in Karlsruhe, wo er wegen seiner Fahrten und Touren

Aeltestes Personentransportdreirad.

Kreuzrahmenrover.

auf seiner Laufmaschine, von der er trotz der geringen Anerkennung als seiner Haupt- und Lieblingserfindung nicht lassen wollte noch konnte, vielfach verspottet und verlacht wurde. Nach langer Krankheit starb er in Karlsruhe am 10. Dezember 1851.

Wenn wir uns nun im Vergleich zu den früheren die Fahrmaschine des Freiherrn von Drais genauer ansehen, so fällt uns vor allen Dingen als bedeutendster Unterschied, als ein Vorzug, welcher uns Deutsche wohl berechtigt, in Drais den eigentlichen Erfinder des Fahrrades zu feiern, der Umstand in die Augen, dass er seine Laufmaschine lenkbar gestaltete.

Ob Drais selbständig auf die Idee der «Fahrmaschine» gekommen ist oder ob ihm die Nürnberger Modelle von «Laufmaschinen» bekannt gewesen waren, das zu untersuchen hat um so weniger Wert, als diese Nürnberger Modelle keinerlei Lenkvorrichtung aufwiesen. Drais ist aber in jedem Falle hier bahnbrechend vorangegangen, denn erst durch die Existenz einer Lenkvorrichtung und bei der Drehbarkeit des Vorderrades nach rechts oder links wurde es möglich, das Gleichgewicht auch bei der getretenen Maschine

auf längere Strecken zu halten und dies ist eben eines der charakteristischen Merkmale des modernen Fahrrades, welchem somit Drais sich bereits um ein bedeutendes Stück genähert hatte.

Es hatte sich somit aus dem Wagen, welcher durch Vorspann von Tieren bewegt wurde, nunmehr ein Gefährt gebildet, welches aus einem schmalen, von zwei hintereinander laufenden Rädern getragenen Gerüst bestand, das von dem rittlings sitzenden Fahrer durch Abstossen mit den Füssen in Bewegung gesetzt, auf grössere Strecken im Gleichgewicht gehalten werden und mittelst einer mit dem Vorderrade verbundenen Lenkvorrichtung gesteuert werden konnte.

Die Laufmaschine war nun folgendermassen beschaffen: auf einem etwa 8 Fuss langen Sitzbrette — Langwied genannt — befanden sich Sattel und Armstütze. Fest mit der Langwied verbunden war die doppelte

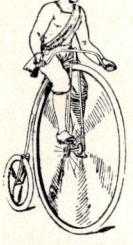

Pneumatik-Hochrad.

Hinterradgabel und beweglich die Vorderradgabel nebst Lenkstange. Die beiden Räder von 30" liefen in Gabelachsen.

Wenn wir die Drais'sche Maschine mit dem modernen Rad vergleichen, das ihr in vielem äusserlich gleicht, so finden wir fast alle Hauptteile des letzteren vertreten, abgesehen davon, dass das Triebwerk fehlt.

Wenn also trotz aller Vorzüge, welche die Drais'sche Maschine im Vergleich zu sämtlichen Vorgängern thatsächlich besass, der wackere Freiherr statt der verdienten Anerkennung nur Spott und Hohn erntete, so glauben wir nicht fehl zu gehen, wenn wir dies, wie überhaupt das Scheitern seiner Hoffnungen und die lange Vergessenheit, in die sein Werk geriet, auf den allerdings für Fernerstehende und Gleichgültige sehr sonderbaren, jedenfalls recht komischen Anblick zurückführen, welchen gerade das Abstossen des Fahrers mit den Füssen gewährt haben muss. Hierdurch scheint der Misserfolg herbeigeführt. Jedoch gab es gleichwohl Leute, welche den bedeutsamen Kern der Drais'schen Erfindung wohl zu schätzen wussten. Zu ihnen zählte in erster Linie der bayrische Oberbergrat und Professor Josef von Baader, welcher, durch einen Beruf auf das Studium der Mechanik hingewiesen, der Drais'-

**Englische Fahrmaschine**
von 1818
«Hobby- oder Dandy-Horse».
Aus dem «Radfahr-Humor»
Nr. 6 vom 15. Dezbr. 1892.

schen Fahrmaschine das grösste Interesse entgegenbrachte. Er liess sich ein ähnliches Rad bauen und verkehrte auf demselben auf seinen Dienstgängen bereits im ersten Viertel dieses Jahrhunderts zwischen München und Nymphenburg; noch heute ist dieses Rad im Nationalmuseum in München zu sehen. (Fig. pag. 12.)

Die in der Abbildung ersichtlichen Tretkurbeln wurden aber nicht, wie vielfach geglaubt wird, durch den Erbauer des Rades, Bergrat Baader, sondern erst 1862, auf Anregung des Bureau-Offizianten des kgl. Obersthofmeisterstabes Karl Keck, durch den Schmiedemeister Heigl in Nymphenburg, welcher dies bestätigte, angebracht. Offiziant Keck gab s. Zt. an, dass er auf die Idee ohne anderweitige Anregung gekommen sei.

Hierher gehört auch die Draisine von Gompertz, (Fig. pag. 15), ein offenbar englisches Modell von circa 1817,

Rover mit Humberrahmen.

**Draisine von Gompertz.**
Englisches Modell von circa 1817.

welches aber bereits einen Fortbewegungsmechanismus mittels Handantriebs aufweist nud zwar in der Art, dass durch eine Hebelvorrichtung ein Zahnradgetriebe in Bewegung gesetzt und die Maschine dadurch vorwärts bewegt wird. Dieses Zahnradgetriebe hatte jedenfalls einen leeren Rückgang, so dass, wenn der Fahrende den Bewegungshebel gegen sich angezogen hatte, derselbe wieder nach vorwärts geschoben werden konnte, ohne auf die Bewegung der Maschine einen Einfluss auszuüben. Vor dem Sattel befindet sich eine Art Lehne angebracht, um die Brust dagegen stemmen zu können, wenn man den Hebel nach rückwärts zieht. Im übrigen erklärt sich die Maschine durch die Abbildung von selbst und vergegenwärtigt zugleich einen Versuch in der Entwicklung des Fahrrades, der als solcher interessant, praktisch aber ohne Bedeutung geblieben ist.

Weit wichtiger ist ohne jeden Zweifel nach den dankenswerten Mitteilungen von A. Zorn (cfr. «Radfahr-Humor» VIII. Jahrg., Nr. 82, p. 1787) die Neuerung des Schweinfurter Instrumentenmachers Philipp Moritz Fischer, des Vaters des Begründers der ersten noch heute blühenden Fabrik von Stahlkugeln für die Kugellager der Fahrräder zu Schweinfurt, welcher die Erfindung des Freiherrn von Drais kannte und darauf gestützt zu anfang der fünfziger Jahre (nicht nach 1855)*) ein noch heute im Museum in Schweinfurt befindliches Rad konstruierte, das er aus eigener Idee mit Kurbeln versah. (Fig. pag. 13.)

Wenn wir nun bedenken, dass Michaux in Paris schon im Jahre 1855 dreiräderige Draisinen mit Tretkurbeln versah und ein Gehilfe Lallement anno 1864 das Zweirad mit solchen ausrüstete, so ist, da Fischer, wie A. Zorn darlegt, schon vor 1855 an seiner Draisine solche anbrachte, falls diese Behauptung zutrifft, auch die Priorität dieser hochwichtigen Neuerung einem deutschen Erfinder zuzuerkennen.

Die Verbesserungen, welche im Ausland an den Laufmaschinen des Freiherrn von Drais vorgenommen wurden, sind in diesem Falle im Vergleich zu dieser deutschen grossartigen Vervollkommnung sehr wenig

*) Diese Daten stammen indirekt vom Magistrat der Stadt Schweinfurt.

bedeutend und bezogen sich lediglich auf die Gewichtserleichterung und die Verbesserung der Lenkvorrichtung. Dies war beispielsweise der Fall bei den Hobby- oder Dandy horses des englischen Mechanikers Knight und des Fabrikanten Johnson, die wir der Vollständigkeit halber hier aufführen. Das Abstossen mit den Füssen hielten aber auch sie bei ihren leichter aus Holz und Eisen hergestellten, eine Zeit lang nicht ohne Erfolg gebauten Gestellen fest. (Fig. pag. 14.)

Wenn wir jedoch, unbeschadet der Bedeutung der Vervollkommnung des Rades durch den Schweinfurter Mechaniker Fischer, den Freiherrn von Drais als Erfinder des Fahrrades ehren, wie ihm denn auch in seiner Vaterstadt Karlsruhe in dieser Eigenschaft ein bescheidenes Denkmal gesetzt wurde, so glauben wir um so mehr das Richtige zu treffen, als alle neueren Vervollkommnungen, insonderheit diejenige von Fischer ohne Frage auf ihn zurückgehen. Auf jeden Fall hat der letztere, trotz aller Priorität der Kurbelanbringung, einen nennenswerten Einfluss auf die Zukunft und die fernere Entwicklung des Fahrrades nicht ausgeübt.

Fischer hat namentlich versäumt, seine Erfindung bekannt zu machen, während Freiherr von Drais keine Mühe, Reisen und Kosten scheute, um seine Fahrmaschine in allen Weltteilen und Ländern vorzuführen. So gering der damalige Erfolg auch war, im Grunde beruhte hierauf die Zukunft des Radfahrsports und des Fahrrades.

Uebrigens wäre auch der dritte, welcher selbständig die Kurbel und Pedale für das Fahrrad erfand, der schon oben genannte französische Wagenbauer Ernst Michaux wohl kaum auf diese Idee gekommen, wenn ihm nicht im Jahre 1855 eine Drais'sche Laufmaschine zur Reparatur übergeben worden wäre.

Michaux nahm sogleich Interesse an dem ihm bis dahin unbekannten Vehikel und nachdem er, wie oben erwähnt, seit 1855 Dreiräder mit Kurbeln versehen hatte, verbesserte er auch das Gestell des Zweirades praktisch dadurch, dass er sein Gewicht verringerte. Er versah dasselbe u. a. mit einem ziemlich grossen Vorderrad von circa 1 Meter Durchmesser.

Sein Gehilfe Lallement, nach Anderen sein Sohn Pierre, verwendete dann, wie gesagt, 1864 zuerst

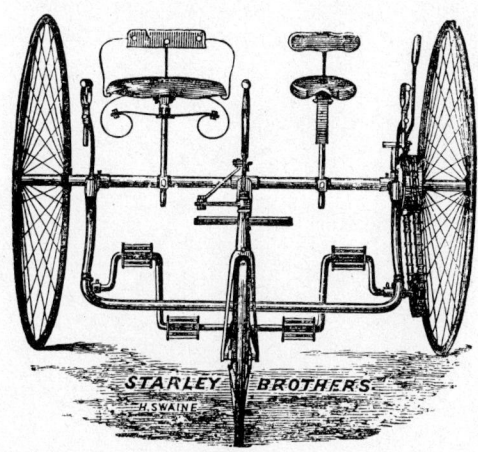

**Gesellschaftsrad,** circa 1884, System Sociable von Starley Brothers

die erfindungsstrittigen Pedale am Zweirad, der Meister aber nahm auf die von ihm «Vélocipède» genannte Maschine ein Patent, legte sich auf die Fabrikation im grossen und leitete bereits im Jahre 1865 eine Fabrik mit 500 Arbeitern.

Ihm bleibt aber immer noch das grosse Verdienst, den Kurbelantrieb in praktisch nutzbarer Weise durchgeführt und die ganze Maschine ihrem Zweck entsprechender gestaltet zu haben, vor allem aber hatte er das Glück, seine Erfindung in der ganzen Welt anerkannt zu sehen, nachdem dieselbe bei der Pariser Weltausstellung Sensation erregt hatte. Hiermit war siegreich die Bahn gebrochen, nun war die Entwicklung des auf einem neuen lokomotorischen Prinzip basierenden Vehikels wohl zeitweise zu verlangsamen, im grossen und ganzen jedoch nicht mehr zu hemmen, da letzteres bereits eine Form erreicht hatte, welche es für mittlere Entfernungen zu einem nicht zu verachtenden individuellen Beförderungsmittel machte, wenn es auch noch weit entfernt war, seine höchste denkbare Leistungsfähigkeit erreicht zu haben.

Allerdings sollte, trotz der grossartigen Aussichten, auch Michaux dem gewöhnlichen Schicksal der grossen Erfinder nicht entgehen. Verfehlte Spekulationen und der Krieg von 1870/71, welcher für Frankreich auch einen Stillstand in der Fabrikation des Michaux'schen Velocipeds herbeiführten, untergruben seine Verhältnisse und in Armut und Wahnsinn endete er im Bicêtre.

Seine dankbaren Landsleute setzten ihm und seinem Sohne Pierre im Jahre 1894, gewiss nicht mit Unrecht, ein schönes Denkmal in seiner Vaterstadt Bar-le-Duc, denn, wenn ihm auch, wie wir gesehen haben, nicht die Priorität der Pedalkurbeln gehört, so ist doch auch er ihr selbständiger Erfinder, jedenfalls war er es, welcher das in der Fahrmaschine von Drais verborgene Prinzip in seiner ganzen Bedeutung erkannte und ihm durch hohe Vervollkommnung und thatkräftige Verbreitung die Wege der Zukunft ebnete.

Selbstredend waren auch die «Velocipede» Michaux' keineswegs vollkommen, vielmehr litten sie noch an sehr beeinträchtigenden Mängeln:

Da war zuerst die schwerfällige Holzkonstruktion, welche der Maschine immerhin ein Gewicht von ca. 40 Kilo verlieh, da war der eisenbeschlagene

**Kangaroo,** circa 1885, System «Adler».

**Hochrad,** circa 1885, «System Rational».

Holzreifen, welcher nur zu getreulich jede Unebenheit des Weges in kontinuierlichen Erschütterungen an Maschine und Fahrer zurückgab, so dass es sehr berechtigt war, wenn die Engländer dem Michaux-Rade den verständlichen Namen Boneshaker, d. i. Knochenrüttler beilegten. Das allerschlimmste aber bestund darin, dass die niedrigen Räder von circa Meterhöhe mit ihrer Umdrehung nur einen recht winzigen Raum durchmassen, der in gar keinem Verhältnis stand zu dem von dem Fahrer verlangten ungemein schnellen und schwierigen Treten.

Es konnte nicht fehlen, dass, nachdem nun einmal das «Velociped» in die Erscheinung getreten war, die ihm noch anhaftenden Mängel sehr bald erkannt wurden, was zahlreiche Versuche zu ihrer Beseitigung zur Folge hatte.

In der That folgte darauf eine Verbesserung auf die andere und vor allem war es die hoch bedeutsame Bereifung der Räder, durch welche bereits um 1865 versucht wurde, den Erschütterungen durch eine Umhüllung der Radfelgen mit dem elastischen Gummi abzuhelfen. Dieser Schritt sollte in allmählicher Entwicklung für die Vervollkommnung des Fahrrades von grösster Bedeutung werden. Zunächst gelangte man, nachdem man die Felgen der damals ausschliesslich verwendeten Holzräder in verschiedener Art mit Gummi zu umhüllen versuchte, zu dem mit einer Art Gummikitt oder Cement in der halbkreisförmigen Felge befestigten runden und massiven Vollreifen.

Nachdem England, die Heimstätte der Eisen- und Stahl-Industrie, sich dem Bau der «Velocipede» zugewandt hatte, konnte es nicht wunder nehmen, dass bereits um 1869 das Holz als allgemeines Herstellungsmaterial einer Stahlkonstruktion weichen musste, welche vor den schweren Michauxrädern den so überaus schätzenswerten Vorzug bedeutend grösserer Leichtigkeit besass. Der Krieg von 1870/71, welcher, wie wir oben andeuteten, der Fabrik Michaux' den Todesstoss versetzte, erleichterte es durch den Stillstand der

Damenrover.

französischen Industrie überhaupt den Engländern, dass sie alsbald Fahrrad-Fabrikation und Handel vollständig an sich rissen.

In rascher Folge trat eine nicht weniger bedeutsame Verbesserung auf, nämlich die Verwendung von Kugellagern an den Achsen, welche den Zweck haben, die Reibung auf ein möglichst geringes Mass zurückzuführen.

Zu Beginn der 70er Jahre wurden die ersten Versuche gemacht, die sich allzu rasch abnützenden, glatten Lager der damaligen Velocipede zu verbessern. In England kamen zuerst die Rollenlager in Anwendung, indem man die Zapfen der Achsen auf gehärteten Rollen von 10—12 mm laufen liess und so die gleitende Reibung in die viel geringere rollende umwandelte. Doch bald wurden die Stahlrollen durch Kugeln ersetzt und die Lager dadurch noch leichter laufend, weniger Oel gebrauchend und in der Form kompendiöser gestaltet. Die Erfindung des Kugellagers schreiben die Engländer einem Werkmeister der Birminghamer Firma William Bown zu, während die Amerikaner diese Erfindung gleichfalls für sich beanspruchen. Thatsache ist, dass man in wenigen Jahren fast an hundert Patente über Kugellager hatte und vom ursprünglich doppelreihigen Lager mit Kugelführung in der Praxis gar bald zum einreihigen Kugellager überging. Jedenfalls war die Erfindung des Kugellagers für die ganze Fahrradindustrie epochemachend.

Die bedeutendste indessen für die Entwicklung des Fahrrades und die Verbreitung seines Gebrauchs nicht glückliche, wenn auch vielleicht als Zwischenglied nicht leicht zu umgehende Neuerung war aber zweifellos die ebenfalls bald erfolgende Veränderung des Radmodells. Auch sie entstammte dem Streben nach Beseitigung eines sehr fühlbaren Missstandes, welcher den Michauxrädern und ihren nächsten Nachfolgern eigen war. Wie wir ausführten, zwang der

Tandem.

geringe Raddurchmesser dieser Maschinen, welchem der zurückgelegte Weg entsprach, um nur eine sehr bescheidene Schnelligkeit erreichen zu können, zu einem ermüdend schnellen Treten, ohne dass das Resultat zu der verlangten Kraftausgabe im richtigen Verhältnis stand.

Was will es heissen, wenn der Engländer L. Moore in dem ersten, 1869 stattgehabten Strassenrennen Paris—Rouen die 120 km als erster Sieger in $10^3/_4$ Stunden zurücklegte, also einen Rekord von etwa 12 km per Stunde erzielte. Und doch war es, wenn man die Beschaffenheit der damaligen Maschinen berücksichtigt, geradezu eine Riesenleistung, deren Anforderungen, besonders was die fürchterlichen Erschütterungen anbetrifft, sich der Fahrer eines modernen Pneumatikrades kaum vorzustellen imstande sein dürfte.

Moderne Räder.

Um nun mit einer Kurbelumdrehung eine möglichst grosse Strecke zurücklegen zu können, wusste man kein anderes Auskunftsmittel, als das Vorderrad, dessen Umfang diese Strecke gleichkam, möglichst zu vergrössern.

Da das Hinterrad bei den Rädern des Modells Michaux nur als Stützrad in Frage kam, so war es gleichgültig, welche Grösse es hatte, da es diese Bestimmung in jeder Grösse erfüllen konnte.

Aus diesen Erwägungen heraus entstand dann der eigenartige Typus des hohen sogen. «Bicycle» mit Stahlspeichen, bei

Kangaroo mit Federgabel. Englisches System. Zweite Hälfte der 80er Jahre.

welchem das Vorder- und Triebrad ganz ausserordentlich vergrössert, das Hinter- und Stützrad dagegen als unwesentlich nicht weniger stark verkleinert war, während das Gestell zu einem den Sattel tragenden, beide Räder verbindenden Stahlbogen zusammenschrumpfte.

Diese Maschine, in welcher die damaligen Sportsmen, zumal nachdem 1878 der Franzose Renard die gerade infolge des vergrösserten Raddurchmessers bei gesteigerter Schnelligkeit einer zu starken Spannung ausgesetzten gewöhnlichen d. h. direkten Speichen durch die tangentialen ersetzt hatte, ein nicht mehr zu übertreffendes Ideal an Leichtigkeit, Widerstandskraft und Schnelligkeit erblicken mochten, hatte allerdings vor den Michauxmaschinen sehr bemerkenswerte Vorzüge. (Fig. pag. 8.)

Es erfuhr denn auch rasch eine weit grössere Verbreitung, als sie die

Kunstfahrer.

2

älteren Modelle je hatten erzielen können und verdrängte die letzteren so vollständig, dass auf Jahre hinaus das «Hochrad», von den Franzosen sehr bezeichnend «le Grand Bi» genannt, den einzigen Typus des Fahrrades darstellte.

Waren auch die Vorzüge desselben schon so bedeutend, dass seitens turnerisch gut Veranlagter sportliche Leistungen mit ihm vollbracht werden konnten, wie die des Thomas Stevens, welcher zum erstenmal auf diesem Vehikel 1884 bis 1886 eine Fahrt um die Welt durchführte, so konnte es doch nur von ausnahmsweise gewandten «Sportsleuten» in dieser Weise verwendet werden, blieb dagegen für den allgemeinen Gebrauch und für eine volkstümliche Einführung als lokomotorisches Verkehrsmittel eine wenig geeignete Maschine.

**Kreuzrahmenrover mit Vollreifen,** circa 1886, von Adam Opel.

Schreckte einmal die grosse Höhe, in welcher sich der Sitz befand, von vornherein ab, indem sich der Nichtfahrer das Erlernen als überaus schwierig und das Fahren selbst, wenn auch vielleicht übertriebener Weise als ungemein schwerfällig vorstellen musste, so hatte das «Bicycle» ausserdem noch andere sehr bedeutende Nachteile.

Diese hingen ebenfalls mit der Höhe seines Vorderrades zusammen, indem hierdurch das Centrum der bewegenden Kraft und damit der Schwerpunkt von Maschine und Fahrer zusammengerechnet nahe über die Achse des Vorderrades und damit zu weit nach vorn verlegt wurde.

Hierdurch kam es, dass bei dem leichtesten Widerstand, etwa durch Unebenheiten, Rinnen, Steine u. dgl., sowie besonders beim Bergabfahren das Hochrad die Neigung hatte, nach vorn überzuschlagen, so dass nur durch grösste Vorsicht und Achtsamkeit, und selbst dann nicht immer, Stürze nach vorn, die berüchtigten Kopfstürze, welche bei der Höhe des Rades fast durchgehends mit Lebensgefahr verknüpft waren, vermieden werden konnten.

Das Hochrad blieb daher trotz der von ihm erreichten verhältnismässig grossen Verbreitung immer

**Kreuzrahmenrover mit Stahldrahtverspreitzung und Vollreifen,** circa 1887, System «Adler».

mehr eine Maschine für mehr oder weniger exklusive Sportsleute, welche dabei ihre Geschicklichkeit zeigen konnten. Letztere bewährte sich manchmal sogar dahin, dass selbst die unvermeidlichen Kopfstürze mit besonderer Gewandtheit bewerkstelligt wurden, wodurch mancher Sportsman in seinem Klub geradezu eine Berühmtheit erlangte.

Wahrscheinlich aber hätte die heute sich allmählich aber sicher vollziehende allgemeine Einführung des Fahrrades schon um mehr als ein Jahrzehnt früher eingesetzt, wenn dieser Abweg, als welchen wir in der Entwicklung des Fahrradwesens ganz entschieden das Hochrad, vermöge eben dieses exklusiven, nur für turnerisch und sportlich Veranlagte geeigneten Charakters anzusehen haben, nicht eingeschlagen worden wäre, sondern wenn man sich mit einer vielleicht im Anfange etwas langsameren Verbesserung der Radtypen von Drais und Michaux begnügt hätte.

Schliesslich drang denn auch, selbst bei Fabrikanten und Sportsleuten, die Ueberzeugung durch, dass es bei dem Hochrad sehr viele Punkte gebe, welche der Besserung und Abänderung dringend bedürften. Es handelte sich also darum, die Mängel abzustellen, ohne jedoch die Vorzüge, welche das Bicycle vor den früheren Maschinen besass, aufgeben zu müssen.

Wie konnte man aber das hohe Rad, wodurch die überlegene, wenn auch gefährliche Schnelligkeit bewirkt wurde, ersetzen?

Man griff nun zunächst wieder auf das Dreirad zurück. Zuerst dreispurig, mit kleinem Steuerungsrade vorne und mit Triebrädern von 36" ermöglichte dasselbe zwar ein nicht so schnelles, jedoch bedeutend sichereres Fahren, als mit dem Hochrade.

Das Tretwerk dieser Maschine wurde namentlich durch den Engländer James Starley bedeutend verbessert; insonderheit erfand derselbe das auch heute noch verwendete sogen. «Differenzialgetriebe» einen an der Triebachse angebrachten Mechanismus, welcher bei der Kurvenfahrt die verschiedenartige Geschwindigkeit der Räder ausgleicht.

Bald wurde das Dreirad sogar mit zwei hintereinander angebrachten Sitzen als Tandem gebaut. Weitere Versuche blieben auch nicht aus: so baute z. B. die englische Rudge Cycle Compagnie in Coventry zuerst Dreiräder, die ein grosses Triebrad

**Swiftrahmenrover mit Vollreifen,** circa 1888, System «Adler».

auf einer Seite und zwei kleinere Lauf- beziehungsweise Steuerräder auf der anderen Seite hatten. Es waren dies die ersten nur zweispurigen Dreiräder. Ein weiterer Typus des Dreirades hatte zwei Triebräder vorne, welche beide miteinander starr verbunden beim Steuern gedreht wurden, während der Fahrer auf einem zum rückwärtigen, kleineren Laufrade führenden Rücken seinen Sitz hatte. Die Steuerung aller dieser Dreiräder erfolgte entweder mittelst drehbarer Handgriffe auf der Seite des Fahrenden, was bei den englischen Modellen fast ausnahmslos der Fall war, oder aber durch die direkt auf dem drehbaren Vorderrade wirkende Lenkstange. Zu Anfang der 80er Jahre wurde dann das Vorderrad wieder ziemlich vergrössert und nach Erfindung der Pneumatikreifen entstand das Dreirad mit den 3 gleich grossen Rädern von 28—30".

Durch Anwendung des indirekten Antriebes mittelst der Transmissionskette, die man fast ohne Ausnahme beim Dreirade gebrauchte, wurde aber die

**Herren- oder Damendreirad,** circa 1888, von Adam Opel.

Anregung gegeben, auch Zweiräder nach ähnlichem Prinzipe zu bauen. In erster Linie ward das Hochrad einer solchen Modifikation unterzogen.

Man stellte nämlich ein Rad her mit stark verkleinertem Vorderrad, dessen Achse man rechts und

links durch Ketten mit dem weit tiefer liegenden Kurbelmechanismus verband. Zugleich vergrösserte man das Hinterrad beträchtlich, wodurch der Sattel und Sitz, wenn auch noch immer stark nach vorn geschoben, doch nicht mehr, wie bei dem grossen

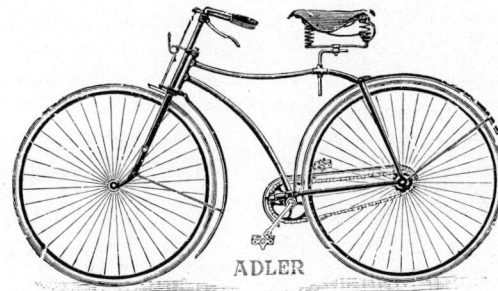

**Swiftrahmenrover,** circa 1888, System «Adler».

Bicycle, fast direkt über der Triebradachse sich befand, eine Anordnung, welche, ganz abgesehen von der geringeren Gefährlichkeit der Stürze überhaupt, bei dem neuen, niedrigeren Rad, die gefährlichsten derselben, die berüchtigten Kopfstürze bedeutend verminderte.

Die so entstandene Maschine war das sogen. «Sicherheits-Bicycle», das sogen. Cangaroo-Modell, welches grossen Anklang bei den Sportsleuten fand.

Die Hauptsache und die grösste Errungenschaft war also das Aufkommen des Transmissionsmechanismus, welcher, mochte er auch noch unvollkommen genug sein, doch bereits den Vorteil hatte, dass sich das Rad bei jeder Kurbelumdrehung ein und ein halbes Mal drehte. Während also beispielsweise eine unübersetzte Maschine gleicher Grösse bei 20 Kurbeldrehungen ihr Rad auch nur 20 mal gedreht hätte, gewann das «Cangaroo» bereits durch seine Transmission so bedeutend, dass es bei 20 Kurbeldrehungen 30 Radumdrehungen machte.

Der Grund, welcher einst zu dem Hochrad ge-

**Dreirad,** circa 1888, System «Adler».

führt hatte, durch Vergrösserung des Radumfanges grössere Strecken und zugleich grössere Schnelligkeit zu erzielen, war somit weggefallen, indem dies infolge der Kettenübertragung auch bei niedrigeren Rädern möglich war.

2*

Vergeblich suchte man dem ehrwürdigen Hochrade durch Verbesserung seiner Konstruktion nochmals Geltung zu verschaffen. Die etwas schräg nach rückwärts geneigte Vordergabel, der dadurch zurückgeschobene Sitz, die Vergrösserung des Hinterrades bis auf 20", gaben eine grössere Sicherheit und infolge verminderter Vibration der Hintergabel einen angenehmen Sitz. Unter dem Namen Rationalbicycle wurde dieses Hochrad von mehreren englischen Fahrradfabriken gebaut. Trotzdem waren die Tage des Hochrades als sportlich oder gar praktisch tonangebender Maschine gezählt. (pag. 16.)

Ja, selbst das Cangaroo-Bicycle, welches noch mit dem Hochrad eine unverkennbare Familienähnlichkeit aufwies, war nur die Kompromissmaschine, in welcher beide Formen neben- und ineinander in die Erscheinung traten.

Bald genügte auch sie den Anforderungen nicht mehr. Die Verschiedenheit der Räder, pietätvoll, wenn auch schon einigermassen modifiziert, vom alten Hochrad übernommen, erwies sich immer mehr als zwecklos, ja, als Nachteil und nachdem doch bereits eine Kettenübertragung bestand, so trachtete man dieselbe zu vereinfachen, indem man zugleich eine bessere Verteilung der Last des Fahrers vornahm, welche jede Ueberlastung des vordern Teils der Maschine und damit jede Möglichkeit des Vornüberschlagens vermied.

Durch das Studium dieser Aufgaben geschah es denn, dass der Typus des Hochrades, welcher auch im Sicherheits-Bicycle noch erkennbar war, vollständig verlassen wurde.

Die Verlegung des Sitzes des Fahrers zwischen die ziemlich gleich hohen, bezw. niedrigen Räder bedingte ebenso wie gleichzeitig das Streben nach Vereinfachung der Kettenübertragung einen veränderten Rahmenbau, sowie die Anbringung der Transmission mittelst eigenen Kurbelgetriebes an das Hinterrad.

Vielfache Versuche in dieser Richtung ergaben schlagend die Ueberlegenheit dieser Konstruktion und bald trat das neue Modell des «Sicherheitsniederrades» siegreich aus dem Versuchsstadium heraus.

In der Kettenübertragung am Hinterrad hatte das neue Rad nicht nur den Vorzug des hohen Bicycle, sondern steigerte ihn noch sehr, indem es mit einer Kurbeldrehung einen Weg zurückzulegen imstande war, welchen auch das riesenhafteste Hochrad nicht hätte

Swiftrahmenrover mit Kissenreifen, circa 1889, von Adam Opel.

Diamondrahmenrover mit Pneumatik, circa 1890, System «Adler».

erreichen können. An leichter Lenkbarkeit war es dem Hochrad schon dadurch überlegen, dass sein Vorderrad eine wesentliche Belastung nicht mehr zu tragen hatte, vielmehr ausschliesslich die Funktionen als Lenkrad zurückerhielt, welche ihm einst in seinem Urzustande als «Laufrad» Freiherr von Drais zuerteilt hatte. Andrerseits war der Hauptübelstand der Hochräder, die Gefahr plötzlicher Stürze, zumal der Kopfstürze, durch die geringe Höhe der «Niederräder» und die praktische Anordnung des Sitzes dauernd beseitigt und der Aufstieg und Abstieg, so bequem wie bei dem Dreirad, verlangte keinerlei besondere turnerische Veranlagung mehr von dem Fahrer. So erwies sich denn das neue Modell des «Kreuzrahmen-Rovers», in welchem das Fahrrad seiner äussern Form nach merkwürdigerweise wieder zu den alten Modellen von Drais und Michaux zurückkehrte, welcher aber seinen innern Eigenschaften nach, allen seinen Vorgängern weitaus überlegen war, als ein überaus glücklicher Griff.

Diese Maschine, welche keine exklusiven Sportskreise mehr erforderte, sondern für jedes Alter und Geschlecht passte, war geeignet, die Wohlthat des neuen Prinzips individueller Lokomotion aus den engen Sportskreisen, in welchen sie bis dahin, ihrer hohen Bedeutung wenig entsprechend, ihr Dasein gefristet hatte, der Allgemeinheit dienstbar zu machen und damit um einen Riesenschritt ihrem grossen Zwecke näher zubringen.

Es war daher nicht erstaunlich, wenn die erstmals in der Mitte der 80er Jahre in Gebrauch gekommenen Niederräder auf allen Gebieten des Fahrradwesens eine wahre Revolution hervorriefen und die älteren Formen so gründlich bei Seite drängten, dass man sich heute verwundert, wenn man noch einen verspäteten Nachzügler auf einem jener einst so stolzen Hochräder fahren sieht. Das Hochrad ist, ausser im Kunstfahren, von der Welt verschwunden, auf der es so ausschliesslich während eines Jahrzehntes Alleinherrscher war, und wenn wir heute kurzweg von «Fahrrad» oder «Maschine» sprechen, so meinen wir das moderne Niederrad.

Aus dem Kreuzrahmen-Rover entwickelte sich allmählich das ebenso leistungsfähige und stabile, wie ästhetisch-schöne Humber-Modell mit seinem neuerdings geradezu eleganten Fünfeck mit wagrechtem obern Rohr.

Auch den Gummifabriken war es vorbehalten in der Fahrradindustrie eine gewaltige Umwälzung hervorzurufen. Der alte Vollreifen wurde durch eine amerikanische Erfindung, den Kissenreifen, verdrängt. Derselbe zeigte ebenfalls kreisrunden Querschnitt mit grösserem Durchmesser als der massive Vollreifen (bis $1\frac{1}{4}$" engl. $= 32$ mm) war aber hohl, d. h. er hatte einen luftgefüllten Hohlraum von 8 — 10 mm Durchmesser. Dieser Kissenreifen musste aber bald sein Feld dem elastischeren Pneumatik einräumen.

Der Pneumatik in seiner ursprünglichen Form als Luftschlauch auf die Stahlfelge aufgelegt und beide mit einem Mantel überklebt, wurde von dem irischen Tierarzt Dunlop 1888 erfunden und nach seinem Erfinder benannt. Statt dieses komplizierten Klebesystem probierte man es darauf mit einem einfachen auf die Felge aufgeklebten Luftschlauche mit Leinenverstärkung (System Boothrayd) und schliesslich trennte man Schlauch und Verstärkung wieder, befestigte

Schon regt es sich überall. Neue Bewegungsmechanismen ohne Kette treten verschiedenenorts auf, Aenderungen des Radgestells machen von sich reden. Die einen halten das Fünfeck des Humberrahmens fest, machen es jedoch zusammenlegbar, zumal für militärische Zwecke, andere, wie ein Däne, setzen an die Stelle des Humbermodells, eine aus zahlreichen Dreiecken gebildete eigenartige Form, welche grösste Leichtigkeit mit grösster Festigkeit vereinen will, und die in der Fahrradbranche alljährlich genommenen Patente sind unzählbar. Noch aber ist unsere jetzige Maschine, trotz aller Anstrengungen nicht übertroffen und trotz aller Erfindungen und Verbesserungen im einzelnen dürfte die Zeit, in der dieselbe durch eine ganz neue, heute noch ungeahnte Form verdrängt wird, nicht so nahe sein, haben doch gerade die hohen Vorzüge ihre heutige Verbreitung über die ganze Welt, und in allen Kulturstaaten des Erdballs veranlasst.

Mit staunenswerter Schnelligkeit hat sich das Rad

**Dürkopp.** Diana 21a. Moderne Luxusmaschine.

aber die letztere als Mantel nicht mehr um sondern auf die Felge mit dem Schlauch als Einlage. Dieses ist das heutige System, wobei der Mantel je nach der Bestimmung des Rades als Touren-, Strassen-, Rennrad verschiedene Formen und Verstärkungen aufweist.

Gerade die Erfindung des Pneumatikreifens und dessen allgemeine Anwendung haben aber dem Fahrrade jenen hervorragenden Platz unter den modernen Verkehrsmitteln gesichert, den es heute mit vollem Rechte einnimmt.

Gleichwohl sind alle die zuletzt genannten Verbesserungen nur einzelne Phasen der Aera des Niederrades, in welcher wir uns augenblicklich befinden.

Wahrscheinlich wird der menschliche Geist auch bei diesem Typus der lokomotorischen Idee des Fahrrades, d. h. des ohne Vorspann, durch die eigene Kraft des fahrenden Individuums bewegten Gefährts nicht stehen bleiben.

seiner Vorzüge halber in allen Kreisen der menschlichen Gesellschaft eingebürgert und der Arme hat nun thatsächlich seine Equipage ebenso gut wie der Reiche, welcher die seinige verlässt, um das Fahrrad zu besteigen.

Man muss bereits die Frage stellen: Wer fährt heute nicht Rad? Wollten wir alle die Fürsten Europas aufzählen, welche das Radfahren üben, so würden wir unseren Raum ausserordentlich überschreiten müssen, denn es ist wohl keiner unter ihnen, dem das Fahrrad fremd ist und selbst der Königinnen und Prinzessinnen giebt es zahlreiche, welche, wie z. B. Königin Marguerita von Italien, Königin Charlotte und Prinzessin Pauline von Württemberg, gewandte Meisterinnen des Rades sind. S. M. König Wilhelm von Württemberg, die Kaiserlichen Prinzen in Berlin, viele Angehörige des Königlichen Hauses in München, — alle radeln — und in dem Prinz-Arzt Dr. Ludwig Ferdinand in München verehrt die «A. R. U.» ihren radtüchtigen Protektor. Hervorragende Radfahrer sind auch Felix Faure und Mac Kinley, die Präsidenten der beiden grössten Republiken, Frankreichs und der Vereinigten Staaten, und wie viele männliche wie weibliche Angehörige der besten und ersten Familien aller Länder zur Fahne des Radfahrsports schwören, das festzustellen, würde eine Unmöglichkeit sein.

Wir könnten auch noch die Gelehrten, Künstler und Schriftsteller erwähnen, welche sich nunmehr in allen Ländern mehr und mehr dem Fahrrad zuwenden und zum grossen Teil zu begeisterten Verehrern desselben geworden sind.

Auch die Ausbreitung des Radfahrsports in dem Heerwesen fast aller Staaten ist aufzuführen, sowie auf die hervorragenden Aerzte hinzuweisen, welche für

tung, Spiel und gesunde Körperbewegung hinausgehenden höheren Zweck nicht verfolgen.

Das Radfahren aber, wenn auch nicht so vielseitig, doch nicht weniger gesund als das Turnen und Fechten, hat schon wegen des ihm vor allem innewohnenden lokomotorischen Zwecks einen viel höheren Wert. Denn gerade dadurch erweist es sich direkt als eine sociale Wohlthat, als praktische Waffe im Kampf um das Dasein!

Wem wäre wohl ein solches raumüberwindendes und zeitersparendes Hilfsmittel im Leben nützlicher als denjenigen, welche der Kampf ums Dasein am härtesten bedrängt.

So haben denn auch die grossstädtischen Arbeiter von dem Fahrrad die allergewichtigsten realen Vorteile.

**Gepäckdreirad,** 1897.

die gesundheitlichen Vorzüge des Rades gewiss die kompetentesten Richter sind?

Es genüge hier des verstorbenen Altmeisters von Nussbaums Name, welcher auf das wärmste das Radfahren empfahl, ebenso derjenige des Pfarrers Kneipp in Wörishofen, den, nach eigener Aussage, nur sein Alter hindert, das Rad zu besteigen. Dieser Ueberzeuzung sind auch unzählig andere, wie uns denn thatsächlich noch nie ein Arzt begegnet ist, welcher die gesundheitlichen Vorzüge des Fahrrades bei massvollem Fahren nicht mit vollster Ueberzeugung anerkannt hätte.

Der grösste Vorzug des Radfahrens ist bekanntlich der, dass es nicht einen blossen Sport darstellt, wie etwa der Reit- und Fechtsport, der Jagd- und Wassersport, welche im Grunde genommen doch nur für die Reicheren erreichbar sind, andrerseits aber ausser ihrer sportlichen Uebung und Kräftigung einen besonderen Nutzen nicht haben, einen über Unterhal-

Das Fahrrad ermöglicht es ihnen, ausserhalb der Städte zu wohnen und doch zur bestimmten Stunde an ihrer Arbeitsstätte zu sein.

Welch unendlicher Vorteil ist das nicht nur für den Arbeiter selbst, welchen die, wenn auch verhältnismässig kurze aber regelmässige Fahrt von der Wohnung bis zur Fabrik und umgekehrt sowohl erfrischt und stärkt, als auch seiner Familie den vielsagenden Genuss einer besseren freieren Wohnung in der billigeren Umgebung der Stadt verschafft. Nicht in enge Dachstuben oder dumpfe Keller eingepfercht, allen Miasmen und Krankheitserregern der Grossstadtluft ausgesetzt, sondern in frischer Landluft, in luftigen und genügend grossen Räumen wächst der Nachwuchs auf Generationen kräftig auf. In den grossen sächsischen und bayerischen Fabrikcentren, wie in der Nähe der grossen Hauptstädte der Weltkulturländer kann man morgens, mittags und abends grosse Schwärme von Arbeitern zu oder von ihrer Arbeitsstätte radeln sehen.

Aber auch in alle Kreise der Geschäftswelt und Industrie ist das Rad eingedrungen, nachdem es sich selbst eine eigene gewaltige Industrie geschaffen hat, welche nicht nur hervorragend zur Hebung des Volkswohlstandes beiträgt, sondern auch hunderttausende von tüchtigen und geschulten Arbeitern in auskömmlicher Stellung beschäftigt.

Kaufmann und Buchhändler bedienen ihre Kunden vielfach schon mittelst des Gepäckrades, der Reisende macht seine Touren per Rad, der Arzt seine Krankenbesuche und Post und Polizei beginnen ebenfalls mit der Einführung. Dienstmänner zu Rad und Fahrraddroschken stehen in grossen Städten zur Verfügung und die Schaffung besonderer Radfahrwege ist nur eine Frage der Zeit.

Handwerksleute zu Rad, — der Gymnasiast im Spurt der Schule zu, die höhere Tochter und ihre gestrenge Lehrerin, Braut und Bräutigam, Mann und Weib, und wer weiss bald — «Urahne, Grossmutter, Mutter und Kind» — alles fliesst, sagte der alte Philosoph — alles radelt, behauptet der moderne Philosophieprofessor, und schwingt sich in kurzen Hosen auf seinen Rover! All Heil!!!

Schritt für Schritt erobert sich so das Fahrrad ein Gebiet des praktischen Lebens nach dem andern und die Zeit ist nicht mehr fern, da es niemanden mehr geben wird, der ihm antipathisch gegenübersteht, da ein jeder, auch wenn er selbst nicht fahren sollte, die Vorteile zu seinen eigenen Gunsten erprobt hat.

Dann wird aber auch das Radfahren kein eigentlicher Sport mehr sein, denn ein jeder wird es können, sondern eine Notwendigkeit, etwas Selbstverständliches, Schönes, Gesundes und Nützliches zugleich, das die Menschheit von dem drückenden Zwange, von Raum und Zeit befreit:

«Das Märchen, das uns Flügel verleiht,
Es ward zu glücklicher Wirklichkeit!
Dass eigene Kraft, nicht Zauberei,
Das Rad bewegt, ist das Schönste dabei!»

# Radfahrer- ✳ ❧ Poesie

aus

## früherer Zeit.

**Auf der Bergstrasse.**

tzund Geliebte habet Acht,
Was ich euch melde wonnesam,
Wie man nach Frankfurt reiset wohl
Von Mannheim weg den Höhenkamm.

Das gehet itzt absonderlich,
Nicht mit der Post, mit Rösslein nicht,
So dass nit zu besorgen steht,
Dass einem je die Achse bricht.

Das Rädulein, dass ihr da seht,
Das Rädulein hier — ei Herrjes —
Das macht gar mächtiglich Rumor —
Erfunden hat's der Herr von Drais.

Da seht nur mal das witzig' Volk,
Gleich schafft sich jeder seines an,
Und lustig wie zur Kirmeszeit
Geht's da herab und geht hinan.

Die Estaffett', die hat im Sack
Ein Botschaftlein, das wichtig sehr,
D'rum radelt sie mit ganzer Macht
Und beiden Beinen rasch daher.

Das Zöpflein schwingt im muntern Takt,
Die Wurst wird kürzer und der Weg;
Denn was ein echter Krieger ist,
Der hält was auf des Leibes Pfleg'!

Dort fährt zur Schule der Scholar,
Hui, wie das Ding heruntersaust,
Dass wie vor Luthri Tintenfass
Dem Teufel in der Höllen graust.

Der andre hint', der schreit: «Halloh!
Confrater, lass mich auch noch mit;
Ich bin ein wenig wohlgenährt,
Da gehet's schwer mit raschem Tritt!»

Ei, seht mal dort die Equipage,
Zwei Oechselein sind vorgespannt
Und hinten sitzt der Kavalier —
Mon Dieu, wie ist das elegant!

Ein stattlich Weib zu Markte fährt,
Die Butter trägt im Korb sie froh —
Dort schleppt sein Rädlein einer selbst,
Er thut sich, scheint es, leichter so!

Hollah, hollah, mein junger Fant,
Legt abwärts hübsch den Radschuh ein —
Da liegt er schon am Buckel dort,
Potz Wetter — sapermenthinein!

Zwo Oechselein am Berge steh'n
Und denken sich: «O neue Zeit,
Was gibts für Dinge wundersam,
Da jetzt die Welt zu Rade reit't!»

Aus dem «Radfahr-Humor», III. Jahrg., 1890, Nr. 7.

# III. Das Fahrrad, seine Einzelteile und Zubehöre

von

*Dr. Ernst G. Häfner-München,*

III. Consul des Hauptkonsulats München des Deutschen Touren-Klubs (Allgem. Radfahrer-Union).

## 1. Benennung der äusseren Bestandteile eines modernen Zweirades.

RAKTISCHE Fahrer oder solche, die es werden wollen, müssen vor allen Dingen ihr Rad kennen. Wir schicken zu diesem Zwecke unserem technischen Kapitel eine eingehende Nomenklatur eines modernen Touren-Rades voraus, welche uns in dankenswerter Weise von den «Adler-Fahrradwerken» zur Verfügung gestellt worden ist. Wir empfehlen die aufmerksame Beachtung dieser Skizze unsern Lesern um so mehr, als im nachstehenden zur besseren Erläuterung verschiedener Ausführungen und Erklärungen wiederholt darauf Bezug genommen wird.

3. Vorderrad-Luft-Ventil, durch die Felge zum inneren Luftschlauch führend, bestehend aus: Ventilkörper; Unterlegscheibe; sechs-eckige Verschluss - Schraubenmutter; runde, geränderte Schraubenmutter; Ventilkegel; Ventilkegel - Gummi; Ueberwurfmutter; Staubdeckel mit Kettchen.

4. Vorderrad-Nabe, mit Lagertellern, Vorderradachse, festem Konus rechts und Stell-Konus links, Lagerkugeln (links und rechts = 16 St.), Achsenmuttern zum Befestigen der Achse an der Vorderradgabel. Unterlegscheiben, Oelloch-Verschlussfeder, Staubdichtung.

5. Vorderrad-Speichen, 32 St., mit Speichennippels.

### B. Hinter- oder Treibrad.

6. Hinterrad-Felge, façonniert je nach dem zur Verwendung kommenden Pneumatik.

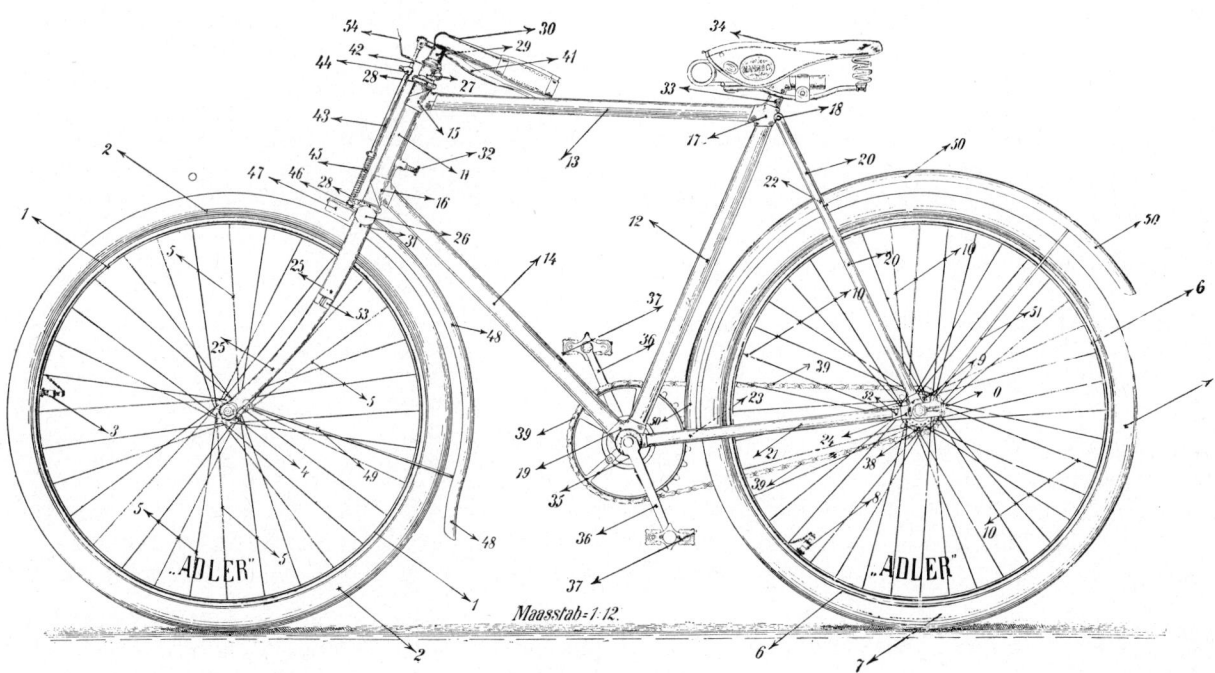

**Nomenklatur des Rades.**

NB. Die in die Abbildung eingedruckten Ziffern entsprechen den Ordnungs-Nummern der nachstehenden Nomenklatur:

### A. Vorder- oder Steuerrad.

1. Vorderrad-Felge, façonniert je nach dem zur Verwendung kommenden Pneumatik.

2. Vorderrad-Pressluftreif (-Pneumatik), bestehend aus dem inneren, unsichtbaren Luft-Gummischlauch und der äusseren Schutz-Gummidecke mit Gewebeeinlage — bei Dunlop, mit den beiden Drahtringen.

7. Hinterrad-Pressluftreif (-Pneumatik), bestehend aus dem inneren, unsichtbaren Luft-Gummischlauch und der äusseren Schutz-Gummidecke mit Gewebeeinlage und gerippter Lauffläche — bei Dunlop, mit den beiden Drahtringen.

8. Hinterrad-Luft-Ventil, durch die Felge zum inneren Luftschlauch führend, bestehend aus: Ventilkörper; Unterlegscheibe; sechs-eckige Verschluss-Schraubenmutter; runde, geränderte Schraubenmutter; Ventilkegel; Ventilkegel-Gummi; Ueberwurfmutter; Staubdeckel mit Kettchen.

9. Hinterrad-Nabe, mit Lagertellern, Hinterradachse, festem Konus rechts und Stell-Konus links, Lagerkugeln (links

und rechts = 18 St.), Achsenmuttern zum Befestigen der Achsen an den Hinterradgabeln, Unterlegscheiben (mit Schrauben zum Spannen der Kette), Oelloch-Verschlussfeder, Staubdichtung, (kl. Kettenrad, siehe unter Antriebs-Vorrichtung).

10. Hinterrad - Speichen mit verdickten Enden, 40 St., mit Speichennippels.

### C. Rahmen.

11. Steuer-Rahmenrohr (auch Rahmen-Kopfrohr genannt), mit Schlossauge, Lagertellern für die Steuerung und dem Bremsstangen-Führungsauge (siehe Bremsvorrichtung).
12. Sattelstütz-Rahmenrohr, auch Diagonalrohr genannt, zur Aufnahme der Sattelstütze.
13. Oberes Verbindungsrohr, auch Scheitelrohr genannt.
14. Unteres Verbindungsrohr.
15. Obere Steuerrohr-Muffe.
16. Untere Steuerrohr-Muffe.
17. Sattelstützrohr-Muffe.
18. Sattelstütze. — Klemmvorrichtung mit Mutter.
19. Kurbellager-Gehäuse, mit Lagertellern für die Kurbelachse.
20. Obere Hinterrad-Gabelrohre (rechtes und linkes).
21. Untere Hinterrad-Gabelrohre (rechtes und linkes).
22. Steg an dem oberen Hinterrad-Gabelrohr.
23. Steg an dem unteren Hinterrad-Gabelrohr.
24. Hinterrad Gabelenden-Muffen, mit Vorrichtung zur Kettenspannung (siehe unter Antriebs-Vorrichtung) und mit Augen für die Hinterrad-Schutzblechstreben (siehe Schutzvorrichtung gegen Schmutz).

### D. Steuerungs-Vorrichtung.

25. Steuer- oder Vorderrad-Gabelscheiden, mit Gabelenden (rechtes und linkes) zum Aufnehmen der Vorderradachse, und mit Augen für die Schutzblechstreben (siehe Schutzvorrichtung gegen Schmutz).
26. Vorderrad - Gabelkopf mit Steuer - Konus und mit Gabelschaftrohr (nicht sichtbar, im Innern des Steuer-Rahmenrohres).
27. Rohrkopf, mit oberem Steuer-Konus, Schrauben-Klemmvorrichtung für die Lenkstange.
28 Steuerungslager mit 42 Lagerkugeln.
29. Lenkstangenschaft mit Lenkstangenverbindung.
30. Lenkstange mit den beiden Handgriffen.
31. Schutzblechaugen zum Befestigen des Vorderradschutzbleches (siehe Schutzvorrichtung gegen Schmutz).

### E. Vorderrad- oder Steuer-Feststell-Vorrichtung.

32. Schloss-Stift, Schlossfeder und Stift-Führungsschraube.

### F. Sitz-Vorrichtung.

33. Sattelstütze, verstellbar und befestigt mittelst der Sattelstütz-Klemmvorrichtung (siehe unter C 18).
34. Sattel mit Federn, Ein- und Feststellvorrichtung in verschiedenen Formen.

### G. Antriebs-Vorrichtung.

35. Grosses, auswechselbares Ketten- oder Kurbelrad in verschiedenen Ausführungen, mit: abschraubbarem Zahnkranz (Kettenradschrauben mit Muttern); Kurbelachse; einem festen und einem, zur Adjustierung der Kurbelachse-Kugellager verstellbaren Konus mit verzahntem Ring; Gegenmutter zu diesem: Kurbellager-Kugeln (26 Stück, rechts und links); Staubdichtung und Oelloch-Verschlussfeder.
36. Kurbeln; rechte und linke Kurbel, je mit Kurbelkeil, Unterlegscheibe und Mutter.
37. Pedale; rechtes und linkes Pedal, je bestehend aus: Pedalachse mit festem Konus; Pedalplatten mit Lagertellern, verstellbarem Konus mit entsprechender Gegenmutter und Unterlegscheibe; Pedal-Lagerkugeln (links und rechts, zus. 35—44 St.); Pedalseitenplatten mit Pedalplatten-Befestigungsschrauben; Pedalstift (durch den Gummi) mit Muttern und den Pedalgummi; Verschlusskapseln gegen Staub; Oelloch-Verschlussfedern.
38. Kleines, auswechselbares Kettenrad auf der Hinterrad-Nabe mit Gegenmutter.
39. Block-Kette, mit Bolzenschraube und Mutter.
40. Kettenspannschraube, Stellmuttern mit Unterlegscheiben.

### H. Bremsvorrichtung.

41. Bremshebel, mit Bremshebelklaue und Schraube (Verbindung des Bremshebels mit der Lenkstange).
42. Bremsstange, mit Bremsstangen-Charnier und Schraube (Verbindung mit dem Bremshebel).
43. Bremsrohr (in demselben bewegt sich die Bremsstange bei Verstellung der Lenkstange auf- und abwärts).
44. Brems-Stange und -Rohr-Kuppelungs-Muffe, mit Klemmschraube zum Einstellen der Bremse.
45. Brems-Spiralfeder.
46. Bremsstangen-Führungsauge.
47. Gummi-Bremse.

### I. Schutzvorrichtung gegen Schmutz.

48. Vorderrad-Schutzblech, mit Schrauben zum Befestigen an der Vorderradgabel.
49. Vorderrad - Schutzblech - Streben (linke und rechte), mit Schrauben zum Befestigen an der Vorderradgabel und dem Schutzblech.
50. Hinterrad-Schutzblech, mit Schrauben zum Befestigen an den Hinterrad-Gabelstegen.
51. Hinterrad - Schutzblech - Streben (linke und rechte), mit Schrauben zum Befestigen an der Hinterrad-Gabel-Muffe und an dem Schutzblech.

### K. Weitere, kleinere Vorrichtungen.

52. Auftritt an der unteren Hinterrad-Gabel
53. Fussruhen, an der linken und rechten Vorderrad-Gabel.
54. Lampenhalter, am Rohrkopf der Steuerungs-Vorrichtung.

## 2. Systematische Beschreibung und Darstellung des modernen Rades.

a) Die Hauptteile des Rades.

MAN spricht in der Regel kurzweg vom Rad; darunter ist das Zweirad (Bicyclette) verstanden, welches als Einsitzer gefahren wird. Dieses heutige Niederrad ist, wie im Abschnitt über die Geschichte des Fahrrades gezeigt wurde, die letzte Stufe der seitherigen Entwicklung und voraussichtlich in seiner Grundform wesentlichen Neuerungen nicht mehr unterworfen. Es zerfällt seinen wichtigsten Bestandteilen nach zunächst in den Rahmenbau und die Räder; die Verbindung zwischen beiden bilden die Vorder- und Hintergabel, letztere meist zum Rahmen gerechnet.

1. Der Rahmenbau, aus vier Stahlrohren zusammengesetzt, hat, wie aus der Zeichnung ersichtlich ist, die Gestalt eines Vierecks mit zwei parallelen Seiten (Trapez), das sich aus dem alten Kreuzgestell mit oberer und unterer Verspannung entwickelt hat. Die Rohre sind entweder nahtlos (gezogene Rohre) oder (eine Neuheit des Premier-Typus) aus Stahlstreifen schraubenförmig gewunden und verlötet (Helikal-Rohre, Fig. p. 27). An ihren Enden durch kürzere Rohrstücke versteift, ist das Scheitelrohr 13 und das Rohr 14 (nicht parallel) mit den Stützrohren 11 und 12 (parallel) durch Hartlot fest verbunden; ein neuestes Verfahren der Firma Hoyer & Glahn in Schönebeck a. E. verbindet dieselben durch Zusammenwalzen mittelst eigenartiger

Maschinen. Der Rahmen trägt in seinem längeren Stützrohr die Sattelstütze, im kürzeren die Lenkstange, unten das Lager für die bewegende Tretkurbel.

Der Rahmenbau des Damenrades unterscheidet sich insofern, als das obere Verbindungsrohr entweder mit dem unteren nahezu bis völlig parallel und sehr nahe gelagert ist, wobei je nach Geschmack das obere oder beide mehr oder minder gebogen werden, oder als der Rahmen nur aus einem vorderen Stützrohr und einem einzigen gebogenen Rohr besteht, an dessen einem Schenkel Tretkurbellager und Hintergabel sich anschliessen.

2. Die Gabeln, die den Rahmen auf der Achse der Räder stützen, sind unter sich verschieden. Einfacher ist die des Vorderrades. In einem oben geschlitzten Rohr mit ebenda aufgeschnittenem Schraubengewind ist unten der innen ausgesparte oder massive Gabelkopf eingelötet; seine beiden hervorstehenden Enden tragen verlötet oder durch Schrauben befestigt die zwei unten durchlochten Gabelscheiden, in deren Oeffnungen die Achse des Vorderrades beiderseitig eingeführt und mit Mutterschrauben festgestellt wird. Die vordere Gabel wird bei Besprechung der Steuerung weiter zu erwähnen sein.

Die Gabel des hinteren Rades setzt sich zusammen aus vier schwächeren Stahlrohren (p. 29), die paarweise angeordnet, bald unter sich zusammenhängend, bald ohne feste Verbindung, vom oberen beziehungsweise unteren Ende des hinteren Stützrohres nach rückwärts sich verspreitzen, um durchlocht oder auch geschlitzt das Lager für die mit Mutterschrauben festzu-

Dr. Häfner — München.

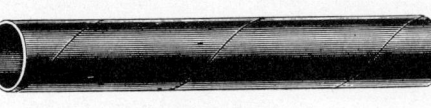

Damenrad mit Helikal-Rahmen-Gestell. System «Premier» Nürnberg.

Helikalrohr.

stellende Hinterradachse zu bilden.

3. Die Räder, im wesentlichen einander gleich, nur dass das Vorderrad öfters um 2 Zoll höher, das Hinterrad mit dem kleinen Kettenrad versehen ist, zerfallen in Nabe mit Achse, Felge oder Radkranz, Speichen und Reifen.

Die Achse ist, wie oben bemerkt, in den Gabeln festgestellt; um sie dreht sich bei der Bewegung des Rades die Nabe. Um die Reibung beider Teile möglichst zu vermindern, die Abnutzung denkbar zu verringern, sowie den Kraftaufwand zur Umdrehung auf das kleinste Mass zu beschränken, besitzen Nabe und Achse gemeinsam beiderseitig ein Kugellager, dessen Beschreibung wir uns hier ersparen können, weil wir weiter unten bei der Schilderung des Tretkurbellagers uns darüber auslassen werden. Die auf pag. 32 beigefügte Zeichnung zeigt ein ölhaltiges und staubsicheres Kugellager des Brennaborrades.

Die Felge, der Form nach unterschiedlich je nach Art des darauf zu befestigenden Reifens, besteht entweder aus stärkerem gewalzten Stahlblech oder, wo sie Leichtigkeit mit Festigkeit verbinden soll, aus zwei leichteren Stahlblechstreifen mit hohem Zwischenraum (doppelthohle Felge) oder auch aus gebogenem Holz. Am widerstandsfähigsten ist natürlich die erste Gattung. Die Speichen, aus dünnem Stahldraht bestehend, sind in der Nabe entweder eingeschraubt (Dickendspeichen, Radialspeichen) oder am Rande derselben einfach durchgesteckt (Tangentspeichen), in der Felge durch den von oben eingeschraubten Speichenkopf be-

# Verschiedene Systeme von Radreifen.

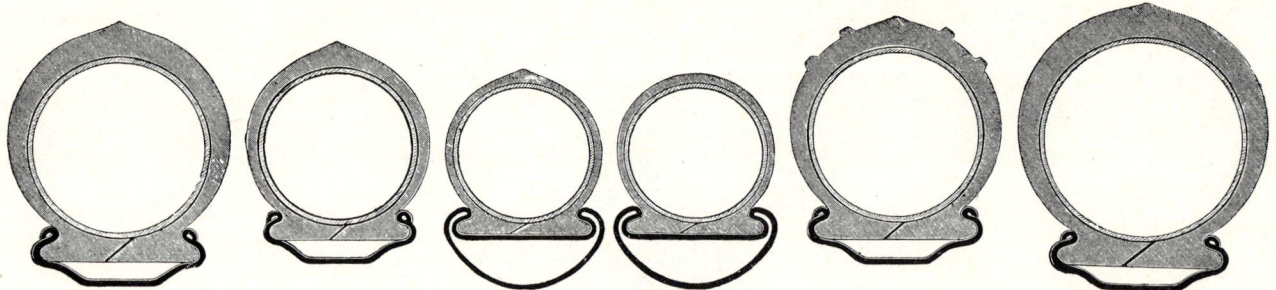

Militärreif.     Antislipping.     Bahnrenner.     Strassenrenner.     Leichter Tourenreif.     Starker Tourenreif.

System **Reithoffer** — Wien.

System **Clouth** — Cöln.

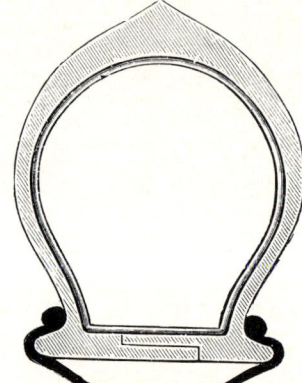

Selbstverschluss
System **Peter** — Frankfurt a. M.

System **Clouth** — Cöln.

**Hannover Gummi-Kamm-Compagnie.**

System **Continental** — Hannover.

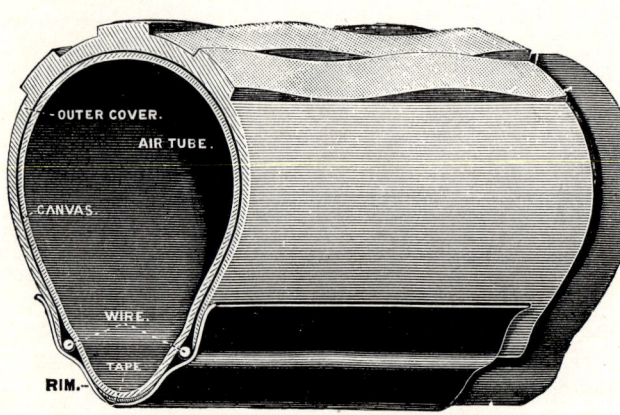

**Dunlopreifen mit Welchs Antislippingmantel.**

A = Mantel.
B = Mantelgewebe.
C = Luftschlauch.
D = Schutzband über
      den Speichenköpfen.
E$^I$ E$^{II}$ = Felge.
F = Drahteinlage.

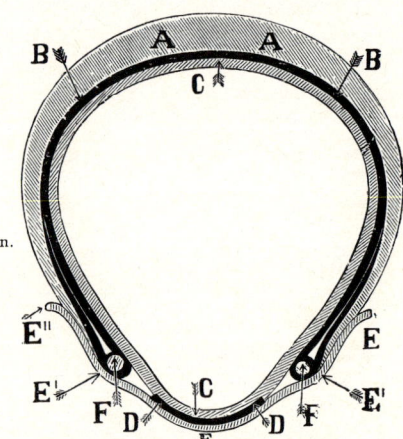

**Dunlop-Tourenreif.** Profil.

festigt. Ihr Zweck ist, Felge und Nabe fest zu verbinden, ihr Bestreben, da sie gespannt sind, dieselben möglichst einander zu nähern; sie werden also nicht auf Druck durch die Belastung beansprucht, sondern auf Zug, und

entweder durch Kanten festgeklemmt oder versteift sich in jener durch beiderseitig in ihm angebrachte Drahtreifen (Dunlopmantel). Die Zahl guter Laufmäntel ist heutzutage eine sehr grosse und sollen nur ein paar Querschnitte die verschiedenen Formen vertreten. Da bei glatten Laufflächen auf schmutzigen Wegen ein Gleiten des Rades möglich, ja schwer zu vermeiden ist, so hat man entweder den Mänteln eine spitze Kante gegeben oder in verschiedener Weise Quer- oder Längsstreifen auf denselben angebracht, die ein Rutschen verhindern sollen (Gleitschutz- oder Antislippingreifen). Die neuere Technik liefert sogar solche Streifen, die sich nachträglich auf jeder Lauffläche anbringen lassen. Zuviel darf man sich freilich von all diesen Vorkehrungen nicht versprechen. Langsamfahren auf schmutzigen Wegen, nötigenfalls Absteigen sind der beste Schutz des Radfahrers (cfr. pag. 28).

Der Schlauch, an einer Stelle zusammengesetzt, hat ein Ventil, das zur Einführung der Luft dient und gleichzeitig deren Entweichen verhütet. Die gebräuchlichsten sind heute unstreitig das Dunlop- und das Hannover-Ventil. Einfacher, da

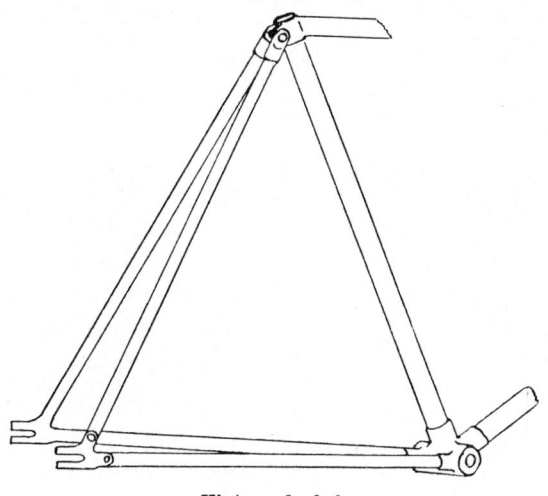

**Hinterradgabel.**

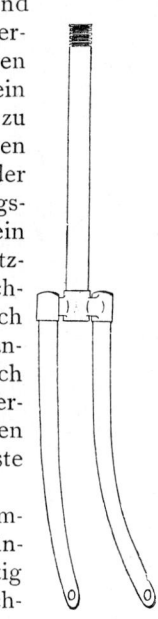

**Vorderrad-gabel.**

zwar naturgemäss am meisten, so lange sie am belasteten Rad den jeweils oben befindlichen Teil der Felge zur Nabe herabziehen, und umgekehrt am wenigsten, wenn sie sich gerade unten befinden. Trotzdem

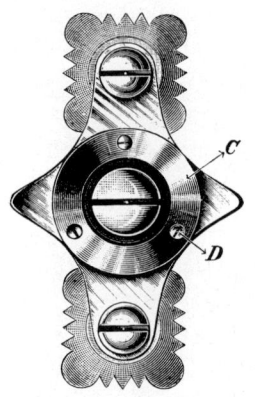 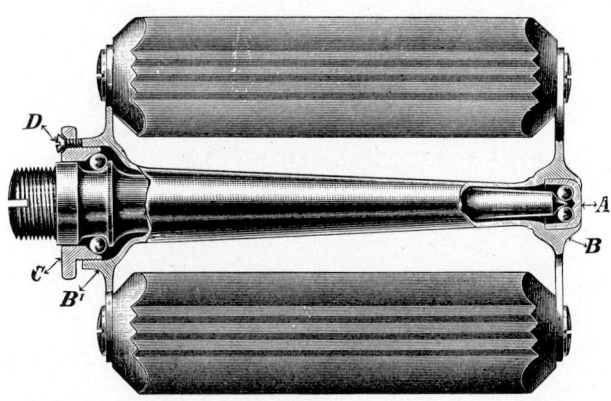

**Kugelpedal mit konischem Stift.**
Patent **Hengstenberg** — Bielefeld.

A = äussere Lagerschale. — B = äussere Pedalplatte. — B₁ = innere Pedallplatte. — C = innere Lagerschale. — D = Stellschräubchen.

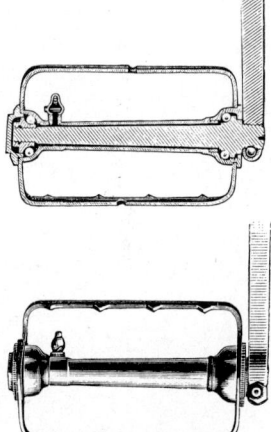

**Zackenpedale** der Viktoria-Fahrradwerke Nürnberg.

ist ein Verbiegen der Speichen denkbar, da die Kette in ihrer Zugbewegung nach vorwärts die Speichen abzubrechen sucht. Diesem Missstand begegnet die Anordnung der sogenannten Tangentspeichen, welche einmal nicht fest stecken in der Nabe, sondern einen gewissen Spielraum haben, und ferner zur Radachse, also auch zur Kette, nicht senkrecht stehen. Sie sind meist paarweise verbunden.

Der Reifen setzt sich zusammen aus dem Luftschlauch und der über ihm gelagerten Laufdecke; beide sind aus vulkanisiertem Paragummi; die Laufdecke hat zudem in ihrem Innern ein eigenartiges Leinengewebe, welches eingeklebt derselben grössere Festigkeit verleiht. Dieser Mantel ist in der Felge

nur aus einem durchbohrten, mit Gummischlauch überzogenen Kegel bestehend, der durch eine Schraubenmutter eingepresst wird, ist das erstere, doch wird der Vorzug der Einfachheit vielleicht aufgewogen durch zwei Uebelstände, nämlich den grossen Widerstand, den der innere Luftdruck beim Aufpumpen bietet, sowie durch das häufige Festkleben des kleinen Schlauches über der seitlichen Ventilöffnung. Der Gebrauch ist aus umstehender Zeichnung pag. 30 leicht ersichtlich. Hat man die Ventilkappe ab- und den Schlauch der Pumpe angeschraubt, so dringt die eingepumpte Luft durch den Hohlraum des Kegels und dessen seitliche Oeffnung unter dem Ventilschläuchen in den Luftschlauch ein. Das Ventil Hannover zeigt nach seiner Abbildung pag. 30

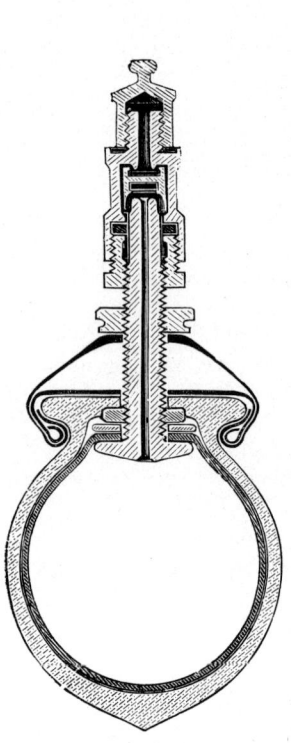

Natürl. Grösse.

## Veith- Ventil.

Vergrösserter Querschnitt

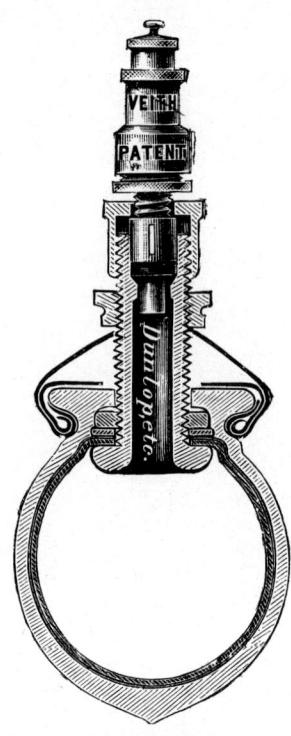

Veith-Ventil auf Dunlopstutzen.

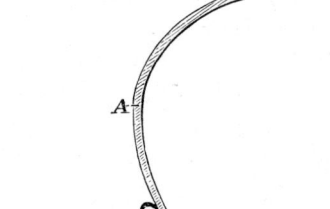

### Dunlop-Ventil.

A = Luftschlauch. — B = Ventil-
körperkopf. — D = Ventilblech. — E = Schraubenmutter. — F = Felge. — G = Geränderte Schraubenmutter. — H = Staubdeckel. — J = Kettchen. — K =
Ventilkegel. — L = Kegelloch. — M = Schraubenmutter (Muffe).

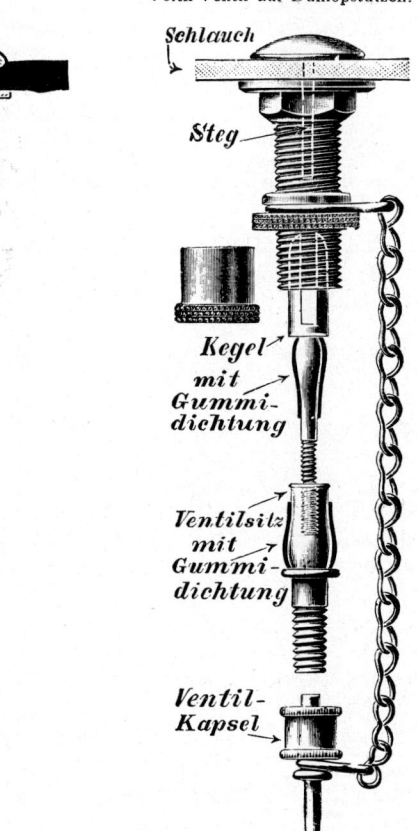

Schlauch

Steg

Kegel
mit
Gummi-
dichtung

Ventilsitz
mit
Gummi-
dichtung

Ventil-
Kapsel

## Ventil-Hannover

zwei Ventilkegel, deren äusserer durch eine Mutter eingepresst in sich einen zweiten Kegel enthält. Beide haben Dichtung aus Gummischlauch. Im Gebrauche ist dies Ventil womöglich vorzuziehen. Schraubt man den Ventildeckel, durch dessen inneres Schraubengewinde der zweite Ventilkegel angepresst wurde, ab und stösst letzteren in das Ventil hinein, was mit Hilfe des Stiftes am Deckel geschieht, so weicht jener zurück und das Aufpumpen des Reifens geschieht schneller und müheloser als beim Dunlopventil. Die Bahn, in der sich der unten gespaltene Kegel bewegt, verhindert sein Eindringen in den Luftschlauch. Man beachte nur, dass beim Aufpumpen das Ventil oben

legt zu werden brauchen noch sollen, ausser falls die Dichtung zu wünschen übrig liesse. Auf den Stutzen ist eine Mutter aufgeschraubt und über dieser eine zweite längere, die das Mundstück zum Ansatz der Pumpe trägt. Zwischen unterer und oberer Mutter dichtet ein Gummiring; die obere enthält eine Kapsel d. h. ein Rückschlagventil mit Gummieinlage, welche als eigentlicher Ventilabschluss dient. Beim Gebrauch entfernt man die Kappe und schraubt die Pumpe auf; alsdann dreht man die untere und damit auch die obere Mutter um 4 bis 5 Umgänge in die Höhe, dadurch wird die innere Kapsel (Rückschlagventil) gelockert, das Ventil zum Aufpumpen fertig; nach

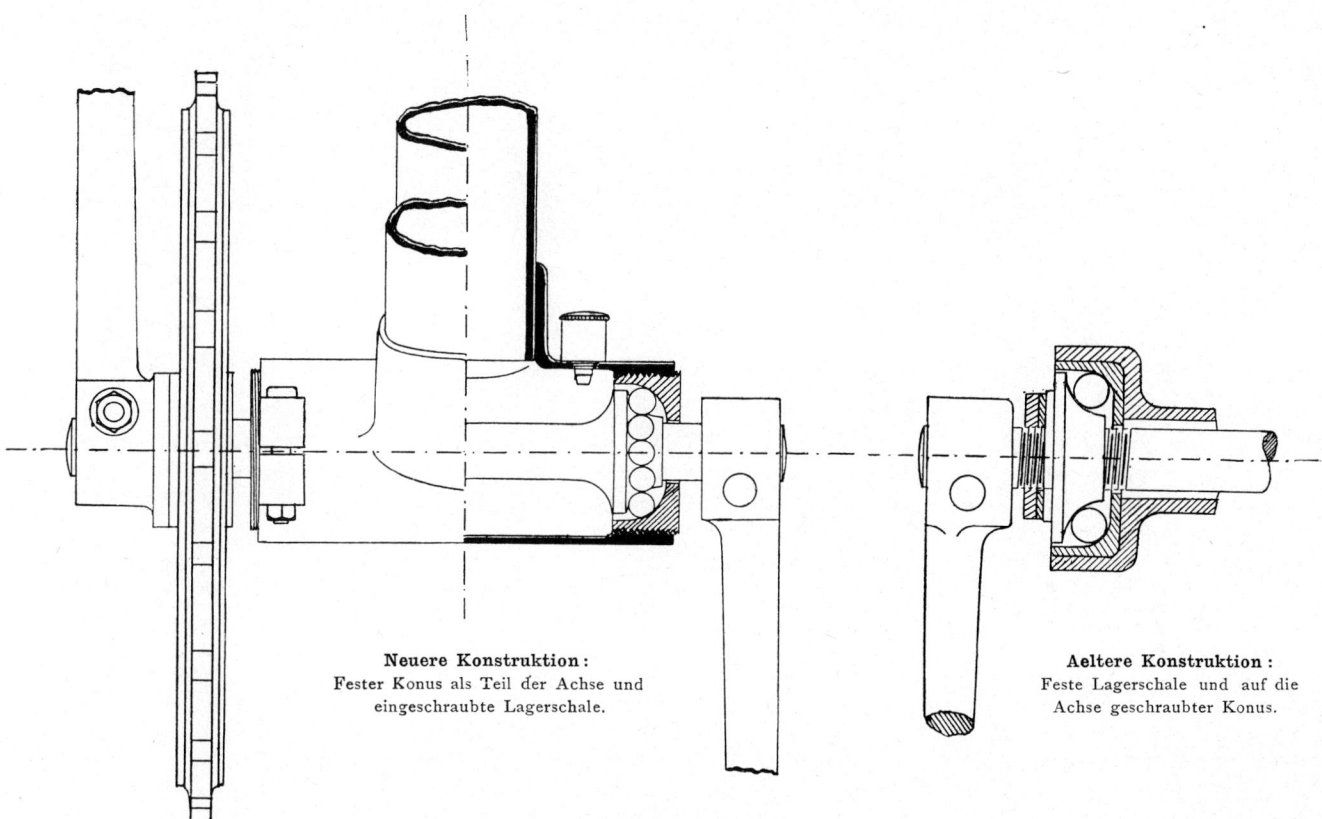

**Neuere Konstruktion:**
Fester Konus als Teil der Achse und eingeschraubte Lagerschale.

**Aeltere Konstruktion:**
Feste Lagerschale und auf die Achse geschraubter Konus.

**Das Kurbelgetriebe.**

am Rad steht. Nach beendeter Pumpthätigkeit schraubt man den Deckel, der den Kegel anpresst und so den Abschluss herstellt, mässig wieder auf.

Das neueste Ventil, welches eben erst in den Handel kommt und an Einfachheit die genannten übertrifft, wie es sich auch sicherlich durch gute Funktion bewähren wird, ist das Veithventil. Bei ihm fallen die Dichtungsschläuchchen völlig weg und die vorhandenen Gummischeibchen lassen sich leicht durch Leder, Radiergummi, Karton oder dergleichen im Notfall ersetzen. Das Ventil ist ein Aufsetzventil und befindet sich infolgedessen ausserhalb des Stutzens aufgeschraubt. Es kann auch auf anderen, z. B. auf dem Dunlopventil-Stutzen aufgeschraubt werden. Es setzt sich zusammen aus drei Teilen, die niemals zer-

beendeter Füllung des Reifens dreht man die obere Mutter nach unten (um 4 bis 5 Umgänge) und der Ventilabschluss ist bethätigt, die Pumpe wird abgeschraubt. Man beachte also, dass das An- bezw. Abschrauben der Pumpe Anfang und Ende der Hantierung bilden.

### b. Bewegungsmechanismus.

Wir kommen nun zum Bewegungsmechanismus des Rades, bestehend aus Tretkurbeln, Kettenrädern und Kette.

#### 1. Tretkurbellager, Tretkurbeln und Pedale.

Die Achse der Tretkurbeln ruht in einem eigenen Lager, einem Kugellager, wie schon oben bemerkt. Dessen Zweck und Grundsatz hier zu erläutern, ist unsere nächste Aufgabe. Zieht man zwei Flächen über einander hin, so ergiebt diese gleitende Bewegung einen je nach Material und Glätte der Flächen stärkeren oder schwächeren Reibungswiderstand, verbunden mit Abnutzung der sich reibenden Flächen. Dies ist beim Zapfenlager der Fall, wie es sich in der Wagenachse beziehungsweise der Nabe des Rades einfach darstellt. Den Reibungswiderstand zu beseitigen ist unmöglich, ihn aufs äusserste zu beschränken, notwendig. Bringt man nun zwischen zwei Flächen eine oder mehrere Kugeln, und bewegt die Flächen übereinander weg, so entsteht die rollende Bewegung;

fläche zusammenstösst, ausgerundet und diese Ausrundung bildet die eine Fläche des Kugellagers. Die zweite wird gebildet durch eine auf der Achse aufgeschraubte, annähernd kegelförmige Mutterschraube (Konus); zwischen beiden Flächen bewegen sich die Kugeln. Die Kegelform der Mutterschraube bezweckt ein Nachstellen bei allmählicher Abnutzung. Wird die Achse in Umdrehung versetzt, so bewegt sich beim Tretkurbellager der Konus über die Kugeln hin, letztere aber mit ungefähr halb so grosser Geschwindigkeit über die Lagerschale. Beigefügte Zeichnung erläutert und ergänzt unsere Erklärung. Neuere Kon-

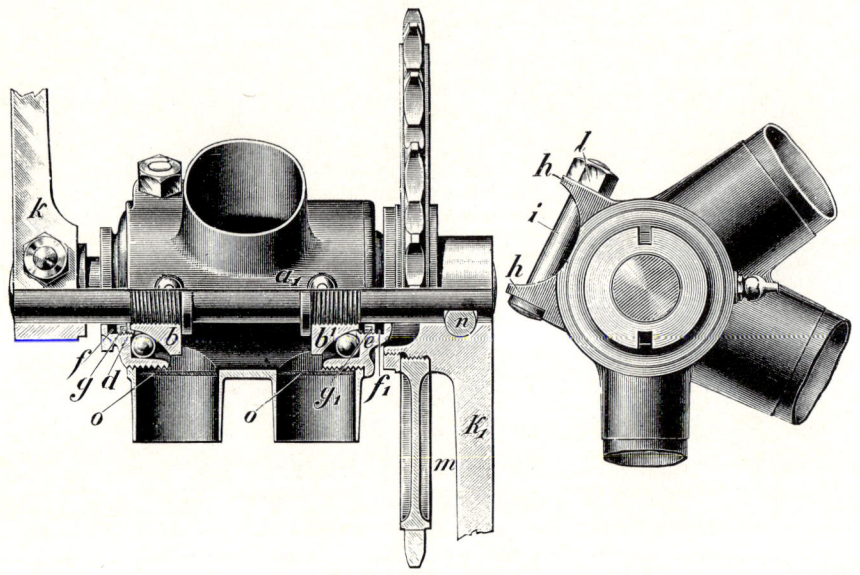

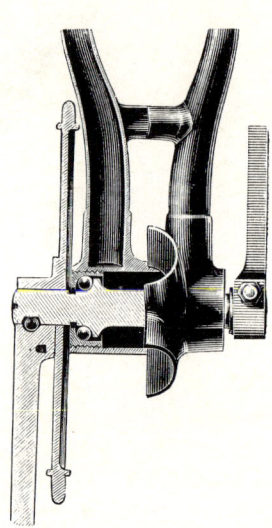

**Staubsicheres und ölhaltiges Kugelager.**

a = Triebachse. — b u. b₁ = Konusse. — d u. e = Lagerschalen. — g u. g₁ sowie f u. ₁ = Staubdichtung. — h u. h = Ansätze u. Klemmschraube unten am Kurbelgetriebe. — i u. i = Klemmschraube. — k u. k₁ = Kurbel. — m = Kettenrad. — n = Kurbelkeil. — o = Verschluss der Hinterradgabelansätze.
System **Stutznäcker** — Dortmund.

**Kurbellager.**
Viktoria-Fahrradwerke Nürnberg.

sie ist eine viel widerstandslosere, raschere, die Abnutzung verringert sich, weil die Reibung sich nur auf einzelne Punkte beschränkt; dies der Grundgedanke des Kugellagers. Das ursprüngliche, zum Teil noch gebräuchliche Tretkurbellager hat beiderseitig eingeklemmt, geschraubt oder bisweilen weich gelötet, eine stark gehärtete Stahlschale (Lagerschale). Sie erscheint, wo die Wand mit der durchlochten Bodenfläche

struktionen, wie sie die weitere Abbildung zeigt, haben umgekehrt den Konus mit der Achse aus einem Stück und die Lagerschale von aussen eingeschraubt und nachstellbar; man erreicht dadurch grösseren Abschluss nach aussen (ölhaltende, staubsichere Lager). (cfr. p. 31.)

Die Tretkurbeln sind beiderseitig auf der Achse durch einen Keil befestigt, letzterer durch eine Mutterschraube angezogen. Die Kurbeln stehen zu einander

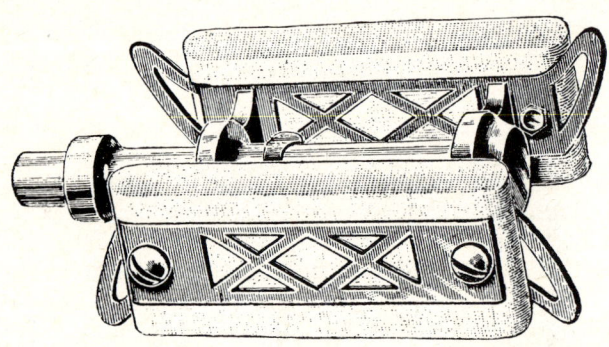

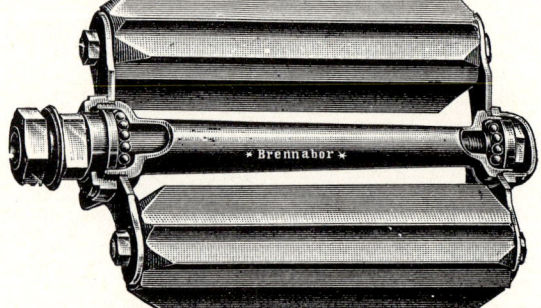

Amerikanische Façon.     **Staubsicheres Kugelpedale.**     System Brennabor.

diametral, d. h. sie bilden, nach entgegengesetzter Richtung laufend, eine Gerade. An ihren Enden tragen die Tretkurbeln die eingeschraubten Trittlinge (Pedale); im Aussehen verschieden, gehen diese in der Grundform auf einen um seine Achse drehbaren Rahmen zurück; die beiden mit der Achse parallel laufenden Teile haben bei Tourenrädern eine Gummi- oder Filzhülse von meist quadratischem Durchschnitt übergestülpt. Sie bezweckt, dass der Fuss einerseits

Hinterradachse), so dass die Zähne zwischen den Gliedern fest eingreifen. Eine kleine Schraube mit Gegenmutter verbindet die beiden Enden der Kette, die nun den Antrieb der Tretkurbeln auf das Hinterrad überträgt. Bei der allmählichen Abnutzung der Kette (die Rollenkette ist derselben mehr ausgesetzt) entsteht eine gewisse Dehnung. Da jedoch zur guten Funktion derselben eine bestimmte Spannung nötig ist, so besitzt die Maschine zu diesem Nachspannen

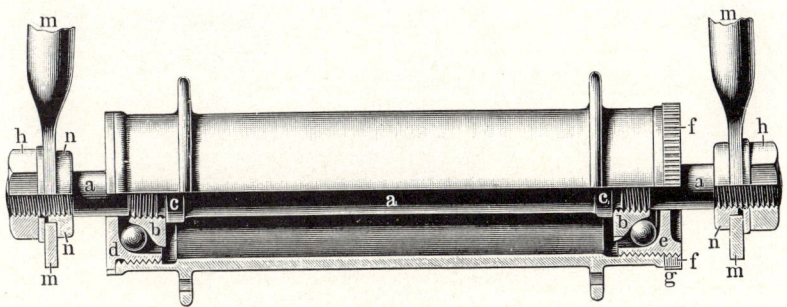

**Vorderradnabe**, System Stutznäcker.
Mit von der Achsbefestigung unabhängiger Nachstellbarkeit der Kugellager.

a = Vorderradachse. — b = Vorderradachskonusse. — c = Vorderradachsansätze. — d = feste Lagerschale. — e = verstellbare Lagerschale. — f = Randrierung. — g = Stellschraube. — h = Achsschraubenmuttern. — m = Vorderradgabel. — n = Kontramutter.

nicht durch starken Druck ermüdet, andererseits aber auch einen festen Halt hat, ohne abzugleiten. Auch die Pedalachse läuft auf Kugellagern, wie sie aus den diesbezüglichen Abbildungen ersichtlich werden.

### 2. Kettenräder und Kette (Uebersetzung).

Das grosse Kettenrad ist hinter der einen Tretkurbel an den Konus anschliessend aufgekeilt oder aufgeschraubt, das kleine Kettenrad auf der Nabe

eine besondere Vorrichtung. Bei älteren Rädern und teilweise jetzt noch wird die Spannung durch Vorwärtsziehen des beweglichen Tretkurbellagers bezweckt, die neueren Maschinen haben die Achse des Hinterrades in zwei Schlitzen gelagert, und je eine Scheibe beiderseits, an deren Zapfen die Achse durch kleinere Muttern zurückgezogen wird; bei anderen ist die Spannung durch veränderliche excentrische Lage des Tretkurbellagers ermöglicht.

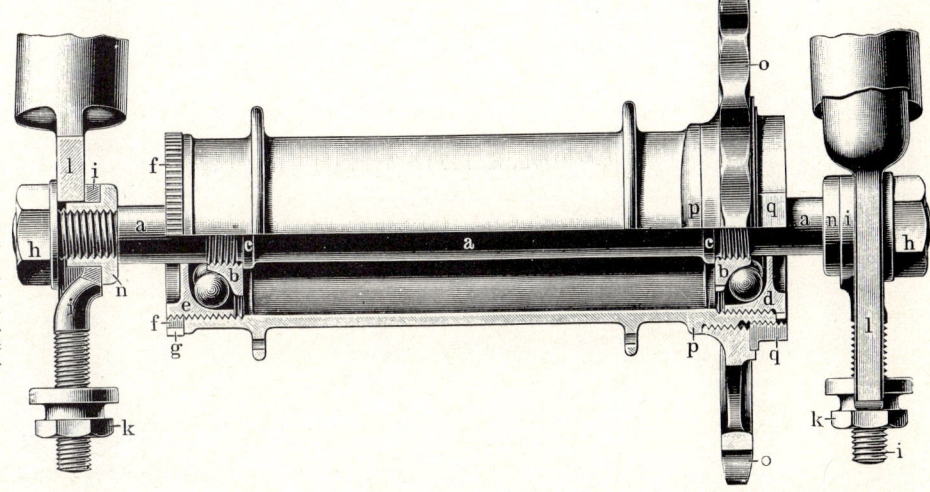

**Hinterradnabe**, System Stutznäcker.
Die Kette kann ohne Lockern der Kugellager nachgespannt werden.

a = Hinterradachse. — b = Hinterradachskonusse. — c = Hinterradachsansätze. — d = feste Lagerschale. — e = verstellbare Lagerschale. — f = Randrierung. — g = Stellschraube. — h = Vorderradachsschraubenmutter. — i = Kettenspanner. — k = Kettenspannmutter. — l = Hinterradgabelenden. — n = Kontramutter. — o = Nabenzahnkranz. — p = Nabenansatz. — q = Zahnkranzkontramutter.

des Hinterrades aufgeschraubt. Die Zahl der Zähne beider ist sehr unterschiedlich, jedenfalls aber die des grossen meist mehr als doppelt so hoch als die des kleinen. (Näheres bei der Uebersetzung).

Die Kette (Block- oder Rollenkette), je nachdem eine einzelne Rolle oder ein eigentlich aus zwei Rollen entstandener Block die Glieder verbindet) schmiegt sich mit ihren Gliedern aus gutem Stahl auf die beiden Kettenräder (der Tretkurbelachse und der

An dieser Stelle soll der Uebersetzung ein erklärendes Wort gewidmet werden. Greifen an irgend einem Mechanismus zwei Zahn- oder Kegelräder ineinander, wobei das eine ursprünglich bewegte dem anderen die Bewegung mitteilt, oder wird die Bewegung von einem Rad aufs andere mittelst Riemen oder Kette übertragen, so ist die Maschine übersetzt. Sind beide Räder gleich gross und haben gegebenenfalls gleichviel Zähne, so wird die Geschwindigkeit des zweiten bewegten Rades die gleiche sein wie die des ursprünglich bewegenden. Will man aber die Schnelligkeit der Bewegung beim zweiten Rade steigern, so setzt man an Stelle des gleichgrossen Treibrades ein grösseres.

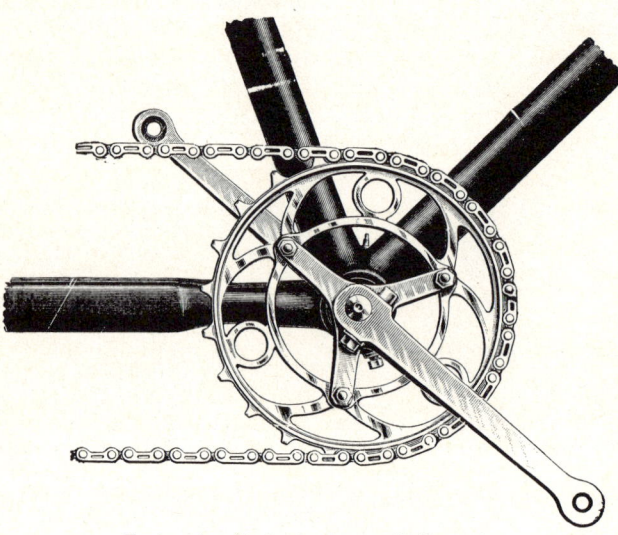

**Tretwerk mit abnehmbarem Kettenrad.**
112 mm Achsenbreite. System Opel.

Tretkurbelachse vergrössert, die Höhe der Uebersetzung aber benannt nach der Höhe eines nicht oder auf 1 übersetzten Rades von z. B. 56″, 63″, 66½″ Durchmesser. Soll das Rad auf 56″ übersetzt werden, so wird das grosse Kettenrad doppeltsoviele Zähne haben als das kleinere am Hinterrad, also im Ver-

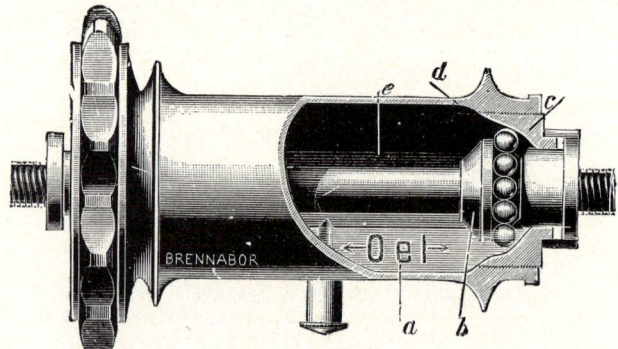

**Hinterradnabe mit dem kleinen Kettenrad und ölhaltigem staubsicherem Lager.** System Brennabor.

a = Oel. — b = Konus. — c = Kugellager. — d = Nabe. — e = Achse.

Dasselbe gilt von unserem Niederrad, an welchem die Bewegung des Kettenrades an der Tretkurbelachse auf das des Hinterrades übertragen wird. Wären beide Kettenräder an Grösse und Zahl der Zähne gleich, so

hältnis von 16 : 8, 18 : 9 oder 20 : 10. Die Berechnung, welches Verhältnis bei anderen Höhen erforderlich ist, wird durch Versuch gefunden durch eine Gleichung, z. B. 28 : 63 = 8 : x oder x = 18, d. h. wenn ein Rad von 28″ so hoch übersetzt werden soll wie ein Rad von 63″ ohne Uebersetzung, mit anderen Worten,

**Blockkette.** System Böhler, «Sternkette».

würde der Umdrehung der Tretkurbel mit zwei Tritten eine einmalige Umdrehung des Hinterrades entsprechen. Nun entspricht der Weg, welchen irgend ein Rad mit einer Umdrehung zurücklegt, etwas mehr als dem dreifachen (3,1415) seines Durchmessers; es würde also

wenn es den gleichen Weg wie dieses, (63″ × 3,1415 = 197,91 oder rund 198″) zurücklegen soll, so muss das grosse Kettenrad 18, das kleine 8 Zähne haben; bei mehr Zähnen auf dem einen oder anderen Rad würde diese Uebersetzung nicht zu finden sein (höchstens bei 36 : 16, was ein Unding von Kettentriebrad

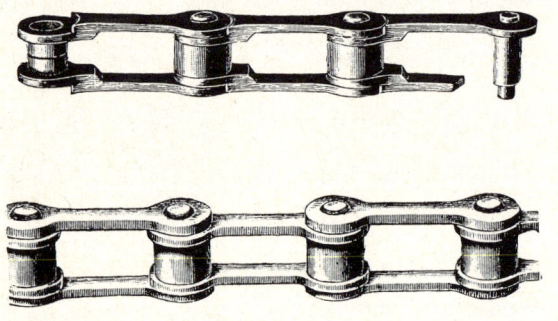

**Rollenketten.**

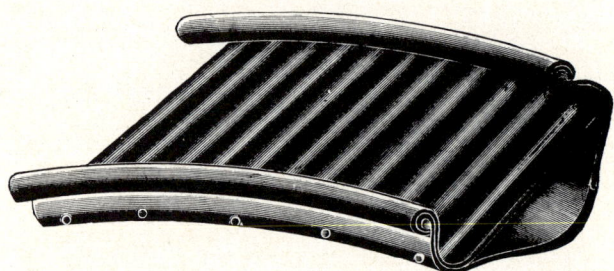

**Schnitt und Innenansicht der gewellten Excelsior-Hohlfelge.**

das Niederrad mit zwei gleichen Kettenrädern bei einer Radhöhe des Hinterrades von 28 englischen Zoll 28 × 3,1415 = 87,96″ oder (da 1″ = 25,4 mm) 1,83 Meter zurücklegen. Um eine grössere Wegentwicklung zu erzielen, wird das Kettentriebrad auf der

gäbe), ebensowenig bei weniger, (9 : 4, ist unmöglich, weil ein getriebenes Rad von 4 Zähnen nicht vorkommt). Wir sprachen bis jetzt immer von englischen Zoll (1″ = 25,4 mm), weil leider die Fabrikanten noch aus der Zeit her, wo das englische Fabrikat überwog, die Bezeichnung beibehielten. Sehr vernünftig ist die Neuerung, wie sie z. B. der Katalog der Adlerwerke aufweist, neben den Zoll die Uebersetzung in Centimetern anzugeben, noch verständlicher und einfacher wäre aber entschieden, an Stelle der Uebersetzung bei jedem Rade die Entwicklung anzugeben. Für solche, die die Höhe ihrer Uebersetzung nicht kennen und sich den zurückgelegten Weg berechnen wollen, setzen

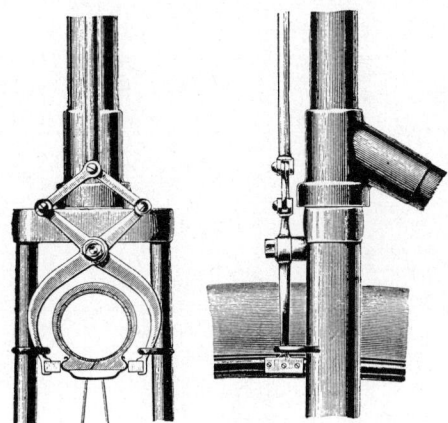

**Felgenbremse.**

wir hierher die Formel: nach welcher zunächst die Uebersetzung berechnet werden kann:

$$\frac{h.\ z^1}{z^2} = x,$$ wobei h die Höhe des Hinterrades,

$z^1$ und $z^2$ die Anzahl der Zähne des grösseren bezw. kleineren Kettenrades bezeichnen. Hier ist die Bemerkung nicht zu unterdrücken, dass die Uebersetzung insofern eine schwankende Höhe hat, als der bei der Radhöhe in Betracht kommende Reifen zwischen 3,5 und 4,5 cm Durchmesser hat und obendrein, je nachdem er mit Luft gefüllt ist, in dieser Hinsicht sich ändert. Je höher die Uebersetzung, desto grösser

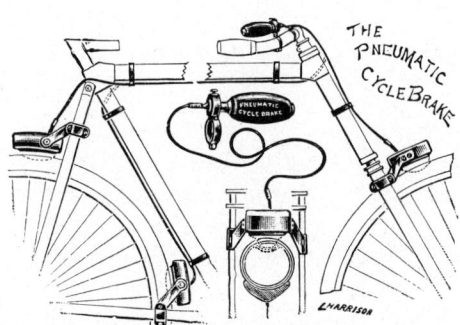

**Pneumatische Bremse.** Ellis Menke-Frankfurt a. M.

der mit zwei Tritten erzielte Weg, desto grösser aber auch der Kraftverbrauch für die Fortbewegung. Es wird sich unter solchen Verhältnissen die Höhe der Uebersetzung zu richten haben nach Kraft und Uebung des Fahrers und, was nicht ausser Acht zu lassen ist, nach den grösseren oder geringeren Wegsteigungen, die zu überwinden sind. Normal sind etwa 63″, (160 cm).

## Tabelle für Uebersetzungen in engl. Zoll und Centimetern.
### Radhöhe 28″ (71 cm).

| Zähne | 8 | 9 | 10 |
|---|---|---|---|
| 17 | $59^1/_2$ (150) | $52^8/_9$ (134) | $47^3/_5$ (120) |
| 18 | 63 (159) | 56 (142) | $50^2/_5$ (127) |
| 19 | $66^1/_2$ (168) | $59^1/_9$ (150) | $53^1/_5$ (134) |
| 20 | 70 (177) | $62^1/_5$ (157) | 56 (142) |
| 21 | $73^1/_2$ (186) | $65^1/_3$ (165) | $58^4/_5$ (149) |
| 22 | 77 (195) | $68^4/_9$ (173) | $61^3/_5$ (156) |
| 23 | $80^1/_2$ (204) | $71^1/_2$ (181) | $64^2/_5$ (163) |

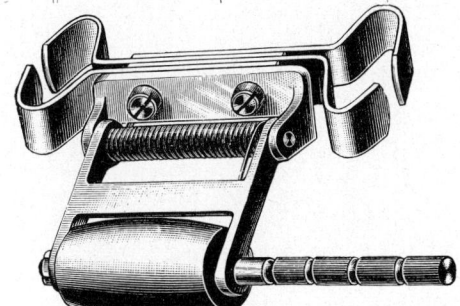

**Fussbremse,** Focke & Co., Leipzig.

### Radhöhe 26″ (66 cm).

| Zähne | 8 | 9 | 10 |
|---|---|---|---|
| 17 | $55^1/_4$ (140) | $49^1/_9$ (124) | $44^1/_5$ (112) |
| 18 | $58^1/_2$ (148) | 52 (132) | $46^4/_5$ (119) |
| 19 | $61^3/_4$ (157) | $54^8/_9$ (140) | $49^2/_5$ (125) |
| 20 | 65 (165) | $57^7/_9$ (147) | 52 (132) |
| 21 | $68^1/_4$ (173) | $60^2/_9$ (154) | $54^8/_5$ (138) |
| 22 | $71^1/_2$ (181) | $63^5/_9$ (161) | $57^1/_5$ (145) |
| 23 | $74^3/_4$ (190) | $66^4/_9$ (168) | $59^4,_5$ (151) |

### Bemerkung.

Kennt man die Höhe der Uebersetzung in Zoll oder Centimeter, so erhält man die Entwicklung des Rades durch Vermehrung mit 3,14; also z. B. 63″×3,14 = 197,82″ oder 160 cm ×3,14 = 502,4 cm, d. h. das auf 63″ (159 cm) übersetzte Rad

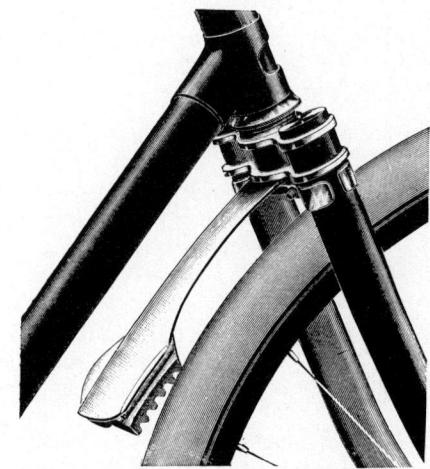

**Fussbremse,** System Hengstenberg-Bielefeld.

macht rund 198″ oder 5 m 02 cm Weges mit einer Umdrehung der Tretkurbel. Will man aus der Uebersetzung in Zoll gleich die Entwicklung in Centimeter finden, so vermehrt man mit 8 (genauer 7.98).

Im Anschluss hieran geben wir nachstehend die Uebersetzungstabelle der Stefanie-Fahrradwerke in Reichenberg i. B. wieder, welche neben der Uebersetzung in englischen Zoll den bei einer ganzen Kurbelumdrehung durchlaufenden Weg enthält.

## Uebersetzungs-Tabelle für Zweiräder mit 26″ × 28″ (engl.) Hinterrädern.

| Durchmesser des Hinterrades | Anzahl der Zähne | Antriebkettenrad (Anzahl der Zähne) | | | | | | | | | | | | | | |
|---|---|---|---|---|---|---|---|---|---|---|---|---|---|---|---|
| | | 17 | | 18 | | 19 | | 20 | | 21 | | 22 | | 24 | |
| | | Zoll | Meter | Zoll | Meter | Zoll | Meter | Zoll | Meter | Zoll | Meter | Zoll | Meter | Zoll | Meter |
| 26″ = 660,4 mm | 7 | 63.14 | 5.039 | 66.85 | 5.335 | 70.57 | 5.632 | 74.20 | 5.928 | 78.00 | 6.224 | 81.71 | 6 521 | 89.14 | 7.114 |
| | 8 | 55 25 | 4.409 | 58.50 | 4.668 | 61.75 | 4.928 | 65.00 | 5.188 | 70.00 | 5.447 | 71.50 | 5.706 | 78.00 | 6.225 |
| | 9 | 49.11 | 3.919 | 52.00 | 4.150 | 54.88 | 4.380 | 57.99 | 4.680 | 60.60 | 4.840 | 63.55 | 5.071 | 69.33 | 5.533 |
| | 10 | | | 46.80 | 3.735 | 49.40 | 3.940 | 52.00 | 4.110 | 54.60 | 4.320 | 57.20 | 4.563 | 62.40 | 4.977 |
| | 11 | | | | | | | | | | | 52.00 | 4.148 | 56.72 | 4.525 |
| | 12 | | | | | | | | | | | 47.66 | 3 802 | 52.00 | 4.148 |
| 28″ = 711 mm | 7 | 68.00 | 5.424 | 72.00 | 5.743 | 76.00 | 6.062 | 80.00 | 6.381 | 84.00 | 6.700 | 88.00 | 7.020 | 96.00 | 7.658 |
| | 8 | 59.50 | 4.746 | 63.00 | 5.025 | 66.50 | 5.305 | 70.00 | 5.584 | 73.50 | 5.863 | 77.00 | 6.142 | 84.00 | 6 701 |
| | 9 | 52.88 | 4.219 | 56.00 | 4.422 | 59.11 | 4.715 | 62.20 | 4.960 | 65.30 | 5.210 | 68.44 | 5.460 | 74.66 | 5.956 |
| | 10 | | | 50.40 | 4.021 | 53.20 | 4.244 | 56.00 | 4.464 | 58.80 | 4.688 | 61.60 | 4.914 | 67.20 | 5.361 |
| | 11 | | | | | | | 50.10 | 3.900 | 53.50 | 4.100 | 56.00 | 4.468 | 61.10 | 4.874 |
| | 12 | | | | | | | 46.80 | 3.590 | 49.00 | 3 990 | 51.33 | 4.095 | 56.00 | 4.468 |

Die angegebenen Meter geben den durchlaufenen Weg bei einer Kurbelumdrehung an.

## Gebräuchlichste Lenkstangen-Formen.

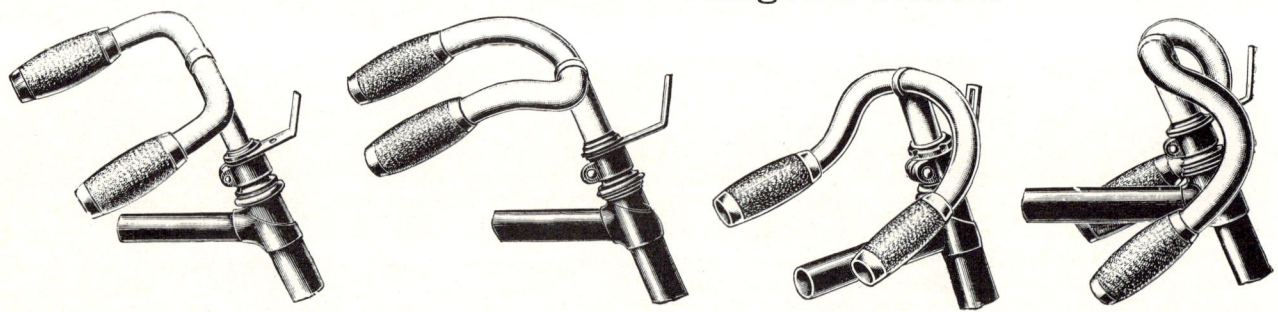

### c) Die Steuerung.

Während das Hinterrad der Fortbewegung dient, bezweckt das vordere die Steuerung oder Lenkung der Maschine, wie es auch meist die Vorrichtung zur Verlangsamung der Bewegung beziehungsweise zum Unterbrechen derselben, die Bremse, hat.

1. Die Lenkstange besteht aus einem geraden bis halbkreisförmig gebogenen Stahlrohr, dessen beide Enden die Handhaben oder Griffe aus Kork, Horn, Celluloid oder dergleichen tragen; letztere sind aufgekittet und überdies meistens in den ausgekeilten Rohrenden durch eine Holzschraube befestigt. Dieses Rohr ruht auf einem nahezu senkrechten Stützrohr, mit dem es entweder durch zwei verlötete Lappen des letzteren, die es umfassen, fest verbunden ist, oder in verstellbarer Verbindung steht. Die eigentliche Lenkstange, das Querrohr, ist je nach Geschmack bald wagrecht, bald nach aufwärts oder abwärts gebogen. Hier mag die Bemerkung am Platze sein, dass eine möglichst wagrechte, nicht zu enge Lenkstange die unerlässliche Bedingung für eine natürliche, aufrechte Haltung des Fahrers ist. Das vorgenannte Lenkstangenstützrohr mit der Lenkstange wird in das Rohr der vorderen Gabel eingeführt und in der-

selben durch ein Kopfstück festgeklemmt. Die schon früher beschriebene Gabel ist in das vordere Stützrohr lose und beweglich von unten eingeschoben. Die leichte Beweglichkeit zu erzielen, hat die Gabel oben und unten ein Lager aus kleinen Kugeln, ähnlich den früher beschriebenen Kugellagern; unten lagern die Kugeln in einer Schale oberhalb des Gabelkopfes und sind von einer zweiten Schale am Ende des Stützrohres überdeckt, oben befindet sich die Lagerschale auf diesem aufgestülpt und eine zweite Schale bietet der der Gabel oben aufgeschraubte Kopf mit Klemmvorrichtung für die Lenkstange.

2. Die Bremse ist diejenige Vorrichtung am Rade, die dazu dient, die Bewegung des Rades nach Bedürfnis nachhaltig zu verlangsamen oder plötzlich zu hemmen. Es lassen sich etwa drei Grundtypen aufstellen, deren Ausführung verschieden ist. Die Bremse wirkt entweder auf den Reifen; in diesem Falle wird eine Rolle, zwei Gummiklötze oder eine Bürste mittelst des Hebels angepresst. Der Nachteil liegt in der Möglichkeit, dass irgend welche Fremdkörper sich zwischen Bremse und Reifen einsetzen und letzteren schädigen, abgesehen davon, dass dies schon durch die starke Reibung möglich ist. Immerhin ist dieser

Typus der verbreitetste und verhältnismässig brauchbarste. (Figuren auf pag. 35.)

Aehnlich wirkt auch die ganz neue pneumatische Bremse, bei welcher durch Luftdruck ein ähnlicher Druck auf den Reifen ausgeübt wird, wie bei der Klotzbremse. Diese Bremse hat den Vorteil, dass sie mit Leichtigkeit am Vorder- und Hinterrad zugleich angebracht und mit dem gleichen Griff an beiden bethätigt werden kann.

Die Bremse wirkt zweitens auf die Nabe des Vorderrades, die ein eigenes Bremsrad trägt. Der Bremshebel zieht entweder ein Stahlband straff an, das auf dem Bremsrad schleift, oder es wird ein Löffel auf dieses aufgepresst. Beide Arten vermeiden den Nachteil der Klotzbremse, aber ausser der Empfindlichkeit der Bandbremse (die leicht unbeabsichtigt wirkt) ist bei beiden der Nachteil zu befürchten, dass infolge plötzlicher Wirkung bei grosser Geschwindigkeit Speichenbrüche sich ergeben.

Erwähnung verdienen auch die sog. Fussbremsen, welche, meist auf dem Prinzip der Klotzbremse beruhend, an Räder ohne Schutzbleche Verwendung finden, indessen selbst dem sicheren Fahrer verhängnisvoll werden können, abgesehen davon, dass mit dem Fuss, namentlich auf die Dauer nicht der nachhaltige Druck ausgeübt werden kann, wie mit der Hand. Endlich braucht man den Fuss besonders beim Bergabfahren besser zur Verstärkung der Bremswirkung als zur «Handhabung» der Bremse selbst.

Die vierte Art der Bremse wirkt auf die Felge, indem beim Anziehen des Hebels zwei Zangenarme angepresst werden. Jedenfalls schliesst auch diese Art zu bremsen Schädigungen nicht aus, da zum mindesten die Emaillierung der Felge leidet.

Wir können uns also in Kürze dahin fassen, dass eine ideale Bremse noch zu erfinden ist, die Klotzbremse der grössten Verbreitung sich erfreut. Die Wirkung derselben lässt sich durch Gegentreten verstärken, bei geringerem Gefäll überhaupt die Bremse dadurch ersetzen. Zu erwähnen ist hier noch, dass auch mit Bremsen am Hinterrad schon Versuche gemacht wurden, ohne ein brauchbares Ergebnis zu haben.

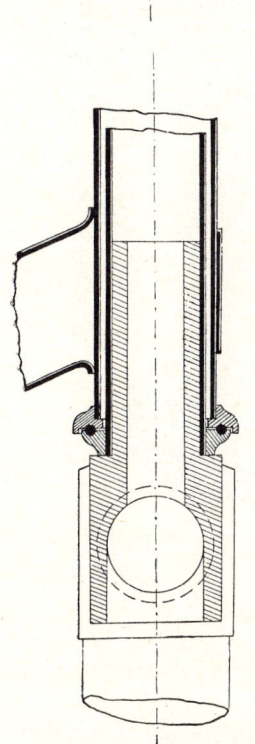

**Der obere und untere Teil der Steuerung.**

d) Sitz.

Der Sitz des Fahrers setzt sich zusammen aus Sattel und Sattelstütze.

Der Sattel besteht in der Regel aus einem mehr oder minder herzförmigen Stück Leder, das mittelst zweier oder mehr Federn in elastischer Spannung erhalten wird. Die Unbequemlichkeit des Sitzes zu vermindern, hat man auch Luftkissensättel (pneumatische Sättel) und gepolsterte angefertigt, sowie den Ledersattel mit einer abnehmbaren Wolldecke versehen. Am bequemsten fährt man jedoch auf einem federnden Ledersattel, der so kurz ist, dass er gerade noch den Schenkeln einen festen Sitz gewährt; ein weicher Sattel ist entschieden zu verwerfen. Getragen wird der Sattel von der im Sattelstützenrohr durch eine Schraube festgeklemmten Sattelstütze. Diese ist entweder massiv aus Stahl oder besteht aus zwei in T-Form verbundenen Rohrstücken. Eine Abart ist die pneumatische Sattelstütze aus zwei in einem Scharnier beweglichen Hebeln bestehend, zwischen denen ein mit Ventil versehener Gummiball federnd wirkt. (p. 38.)

e) Zubehöre.

Bei den Zubehören ist zu unterscheiden zwischen unbedingt notwendigen und wünschens- oder empfehenswerten.

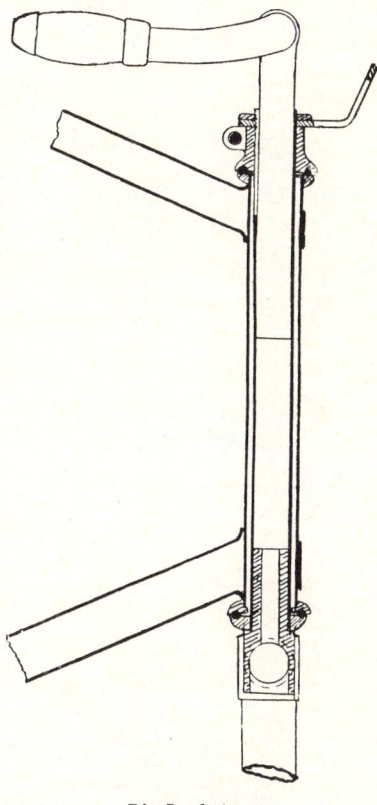

**Die Lenkstange**
mit dem oberen und unteren Kugellager.

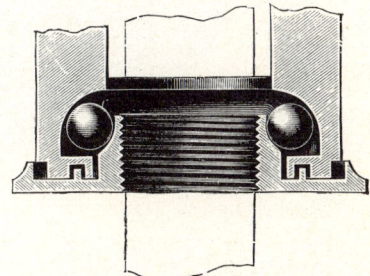

**Unteres Steuerungslager,** staubfrei.
System Zirrgiebel-Leipzig

Zu der ersteren Gattung gehören Werkzeuge, Glocke und Laterne, zu letzterer Schutzbleche (Schmutzfänger), Kettenschutz, Gepäckträger, Weg- (und Geschwindigkeits-) Messer (Cyclometer) und Luftdruckmesser (Manometer). Wir wollen sie in dieser Reihenfolge der Betrachtung unterziehen.

1. Der Begriff der Werkzeuge umfasst vor allem die zum Anziehen der Mutterschrauben notwendigen Schraubenschlüssel. Sie sind leider nicht nur bei den verschiedenen Fabrikaten grundverschieden (weshalb

# Verschiedene Sattelformen.

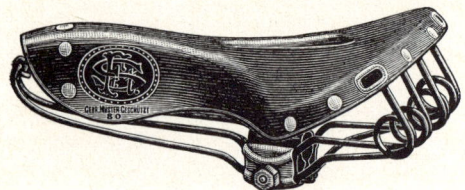

**Tourensattel „Thuringia",**
Stephan in Mühlheim i. Th.

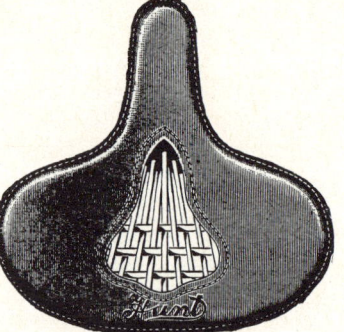

**Amerikanischer Sattel
mit Holzgestell.**
«Hunt-Sattel.»

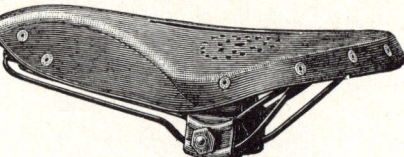

**Rennsattel „Thuringia",**
Stephan in Mühlheim i. Th.

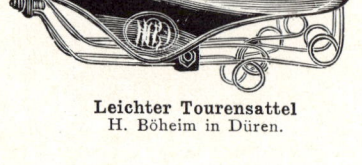

**Leichter Tourensattel**
H. Böheim in Düren.

**Christysattel,**
Amerikanisch.

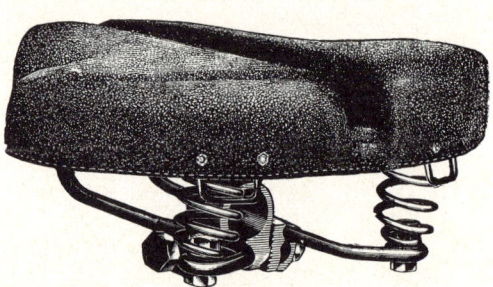

**Hammocksattel,** H. Böheim in Düren.

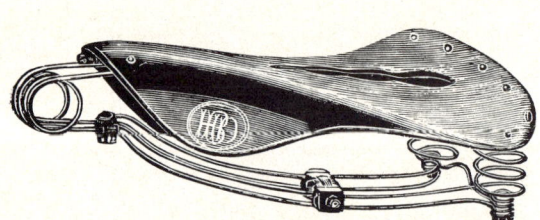

**Tourensattel**
H. Böheim in Düren.

**Excelsiorsattel** der Hannover Gummi-Kamm-Co.

**Excelsiorsattel** von unten gesehen.

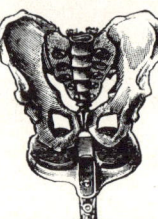

**Zwillingssattel**
Uschmann in B.-Gladbach.

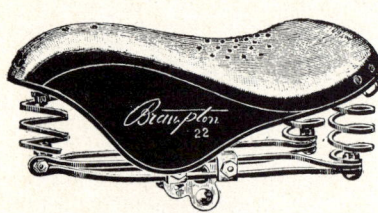

**Dreifeder-Damensattel** von Brampton
in Birmingham.

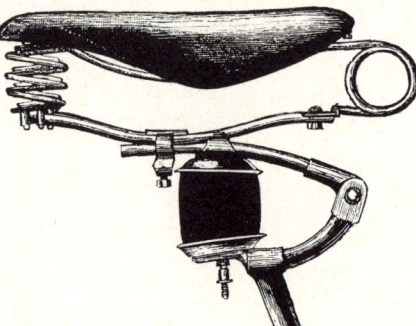

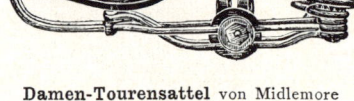

**Damen-Tourensattel** von Midlemore
in Birmingham.

**Pneumatische Sattelstütze.** System Marcus — München.

dringend auf einheitliche Normalmuttern hingearbeitet werden muss, ob die Fabrikanten davon entzückt sind oder nicht), sondern haben zweitens häufig den Fehler, dass sie nicht genau zu den Muttern passen oder so unpraktisch angeordnet sind, dass man mit ihnen nicht an jeder Stelle des Rades bequem beikommen kann. Man hat deswegen vielseitig verstellbare Schraubenschlüssel empfohlen, sei es in Zangenform (hier ist besonders brauchbar die sogenannte Brennerzange) oder in Form des sogenannten Franzosen. Beiden haftet nur der Nachteil aller nicht genau packenden Schlüssel an, dass unter ihrem häufigen Gebrauch die sechseckige Form der Muttern leidet, wodurch deren Anziehen erschwert wird. Zur Instandhaltung des Rades, z. B. der Kette benötigt man auch den Schraubenzieher, der oft, wie bei der Brennerzange, mit dem Schlüssel verbunden ist.

Notwendig ist ferner das Oelkännchen, das in verschiedensten Formen aus Blech und Celluloid

2. Die Glocke dient für Warnungssignale, bezw. um Fussgänger oder auch Tiere auf das Herannahen des Rades aufmerksam zu machen. Sie kommt von der einfachsten bis zur kompliziertesten Form und in verschiedenen Grössen vor. Eine unerlässliche Eigenschaft ist ein weithinklingender Ton und eine einfache, nie versagende Konstruktion. Die Glocke wird in der Regel nahe dem linken Handgriff der Lenkstange befestigt, um mittelst des Daumens oder Zeigefingers in Thätigkeit gesetzt zu werden. Die französische Mode hat Glocken in Form von Kuh- (Alpen-) oder auch Schlittenglocken, die beim Fahren ständig läuten.

3. Bei den Laternen unterscheidet man Kerzen-, Oel-, Petroleum- und elektrische Laternen. Erstere sind wegen ihrer Grösse wenig beliebt, die letzten noch unpraktischer wegen des grossen Ballastes, den man in dem Trockenelement (Accumulator) mitführt, das obendrein von Zeit zu Zeit der nicht überall zu bewerkstelligenden Ladung mit Elektricität bedarf.

## Verschiedene Arten von Schraubenschlüsseln und Zangen.

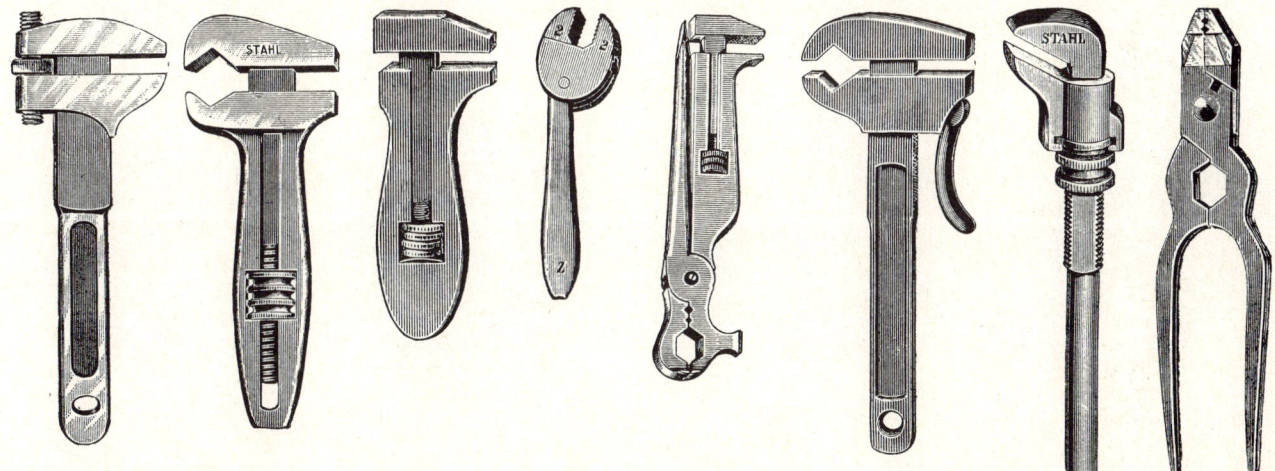

(durchsichtig, aber feuergefährlich) verfertigt wird und durch einen sich verengernden Hals das Oel tropfenweise abgiebt.

Des weiteren bedarf man einer gut wirkenden Pumpe. Für solche, deren Reifen mit dem Hannoverventil versehen sind, erfüllt die kleinste Pumpe ihren Zweck, sonst empfiehlt es sich, eine grössere mitzunehmen, die dann allerdings nicht mehr in der Satteltasche, sondern am Rade festgeschnallt mitzuführen ist.

Zu den Werkzeugen zählt endlich auch ein Reparaturkästchen für Beseitigung von Schäden am Reifen. Es soll ausser einer Tube Paragummilösung, etwas Glaspapier, ein Gläschen Benzin, gummierte Leinwand, Gummiflecke und einige Ventilschläuchchen enthalten. Ein Büchschen Talkum (Federweiss) ist eine brauchbare Zuthat zum Bestreichen des Luftschlauches nach einer Reparatur, damit ein Ankleben desselben am Mantel verhindert wird; es lässt sich im Notfall ersetzen durch etwas Staub oder ein Stück Papier.

Am hellsten leuchten Petroleumlaternen mit (oder besser noch ohne den zerbrechlichen) Cylinder. Bedingung ist, dass die Laterne gut federt, um nicht bei heftigem Stoss zu erlöschen und dass sie sturmsicher ist, d. h. auch nicht bei stärkerem Wind erlischt; sehr viele Laternen, namentlich billige, erfüllen beide Bedingungen nicht oder nur mangelhaft. Man führt die Laterne entweder an der Lenkstange oder an der Achse des Vorderrades.

4. Eine sehr nötige Zubehör für das Tourenrad sind Schutzbleche oder auch abnehmbare Schmutzfänger. Sie bezwecken ein Spritzen des Schmutzes bei nassen Wegen zu verhindern. Wirksamer sind die ersteren, an der Gabel des Vorder- und Hinterrades sowie den Achsen mit Schrauben befestigt. Die Gefahr, dass Fremdkörper zwischen Reifen und Schutzblechen sich einklemmen, ist gering; sie erhöhen allerdings das Gewicht der Maschine, bieten aber besseren Schutz. Die Schmutzfänger, aus Gummistoff oder Hanfgurten bestehend, sind mittelst dünner Drähte am

Rahmen und über dem Hinterrad oder über Vorder- und Hinterrad getrennt, ausgespannt.

5. Nicht unbedingt notwendig, aber äusserst nützlich und empfehlenswert ist ein Kettenkasten oder Kettenschutz. Er bezweckt, die Kette vor Staub und Schmutz zu schützen, und ermöglicht, dieselbe stets geölt zu halten, wodurch der Gang der Maschine erleichtert, das Tretkurbellager geschont und die Kette

6. Für den Radfahrer ist es Bedürfnis, irgendwelche Gegenstände aufs Rad gepackt mitführen zu können, so namentlich auf Touren Wäsche, Tourenbücher, Karten und dergleichen. Diesem Zwecke dienen Gepäckträger, wie solche in verschiedenen Mustern existieren. Eine sehr empfehlenswerte, praktische Form führt z. B. unsere Abbildung vor, wo der an der Lenkstange zu befestigende Träger einen in

## Laternen-Stellung.

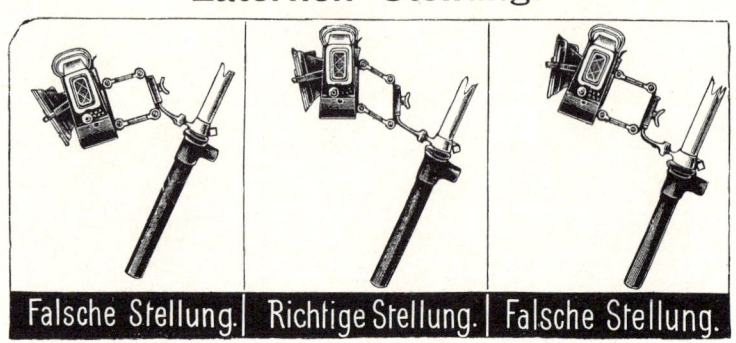

Falsche Stellung. | Richtige Stellung. | Falsche Stellung.

## Verschiedene Laternen-Formen.

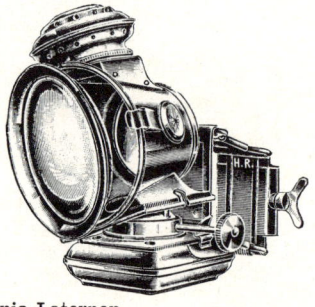

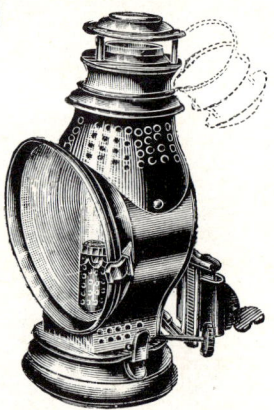

Geöffnete Germania-Laternen.
Riemann — Chemnitz.

Germania-Laterne.

Welt-Laterne.   Petroleum.
J. Schwarz-Berlin.

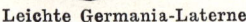

Leichte Germania-Laterne.

Zwanzigstes Jahrhundert.
Amerikan. Laterne.
Arnd & Filius, Frankfurt a. M.

Germania-Laterne.

vor Dehnen und Zerreissen geschützt ist. Der Kettenschutz ist aus Leder, Blech oder Celluloid gefertigt, in letzteren Fällen schwarz oder durchsichtig. Letzteres ist vorzuziehen, weil man die Kette stets sieht und leicht überwacht. Der Kettenschutz ist abnehmbar, um bei allenfallsigen Reparaturen, z. B. des Reifens, die Kette abschrauben zu können; seine Befestigung ist eine etwas umständliche.

beliebiger Länge verstellbaren Riemen enthält. Dieses Modell ist von grösster Dauerhaftigkeit. Zu den Gepäckträgern rechnen wir auch Taschen, wie sie zur Aufnahme von Gepäck vorne an der Lenkstange oder im Rahmen des Rades festgeschnallt werden. Für grössere Touren sind sie Bedürfnis; doch liegt es im Interesse der Maschine sowie des Fahrers, nicht zuviel Ballast am Rade mitzuschleppen.

7. Von Bedeutung und Vorteil ist es, einerseits für seine gelegentliche Schnelligkeit im Fahren und insbesondere für die Gesamtleistung des Rades eine einfache Kontrolle zu haben. Diesen Zweck erfüllt das Cyclometer (Compteur oder Zähler). Es registriert die mit dem Rade zurückgelegte Strecke selbstthätig. Die Systeme sind verschieden und ebenso der Preis.

8. Als weiteres Zubehör muss hier erwähnt werden das Manometer (Luftdruckmesser), mittelst dessen man den in den Reifen vorhandenen Luftdruck überwachen und somit jene schonen kann. Es hat, am Ventil befestigt, in der Regel Uhrform mit einem Zeiger (wie an der Dampfmaschine), doch giebt es auch solche, die mit der Pumpe direkt verbunden sind.

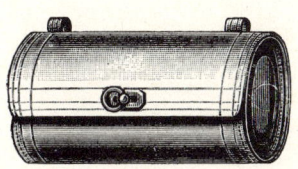

Kleine Satteltasche.

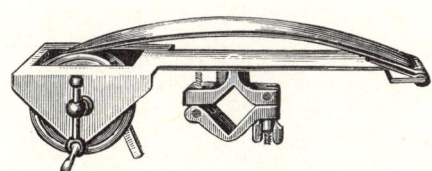

Praktischer Gepäckträger.

Satteltasche.

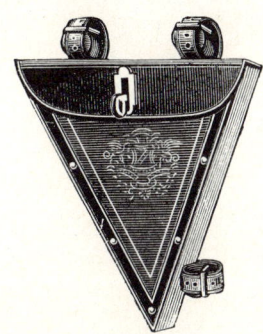

Dreieckige Werkzeugtasche.

Grosse Rahmentasche.

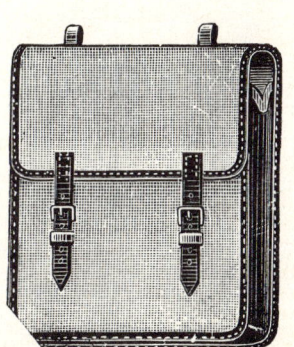

Rahmen- oder Lenkstangentasche.

## 3. Behandlung des Rades.

EIN tüchtiger Fahrer muss nicht nur seine Maschine in den einzelnen Teilen kennen, er muss sie auch liebevoll behandeln. Freilich ist dies manchmal mit Zeitaufwand verbunden und nicht immer eine reinliche Beschäftigung; allein sie lohnt sich dadurch, dass das Rad länger in gutem, gebrauchsfähigem Zustand erhalten, Reparaturen, die zum Teil kostspielig und zeitraubend sind, vermieden werden und das Anlagekapital für das Rad sich so und durch das ungeschmälerte Vergnügen des Fahrens rentiert.

a) Behandlung vor und nach der Fahrt.

Die Maschine werde stets in ihren einzelnen Teilen blank erhalten durch Reinigung nach jedem Gebrauch, sei es unmittelbar, oder bei feuchter Witterung einige Zeit nachher. Nie reinige man die Maschine mit Wasser, sondern die Reifen zunächst mit einem Spahn, dann mit einem feuchten Lumpen, den Rahmen stäube man oder reibe ihn nötigenfalls ab mit einem weichen Lappen oder Putzwolle, die mit Petroleum getränkt sind. Ein Läppchen, bestrichen mit etwas Politur zum Nachreiben, verleiht

der Emaillierung neuen Glanz. Ebenso reinige man die Nickelteile und fege sie mit Metallputz. Leichtes Einfetten der ganzen Maschine vor der Benutzung erleichtert die jedesmalige Reinigung.

Ist die Maschine soweit im Stand, so öle man die Lager der Tretkurbelachse und der beiden Radachsen, wobei man das Rad entweder im Ständer, oder es aufhebend in Bewegung setzt, so dass sich das Oel gleichmässig nach beiden Seiten der Lager

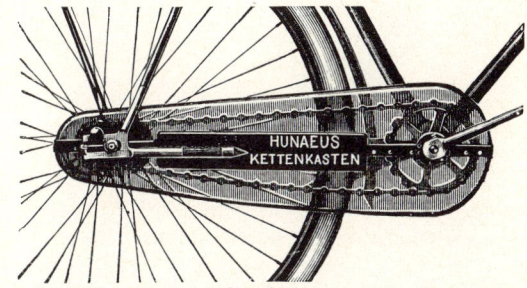

Kettenkasten aus Celluloid. Dr. Hunäus, Hannover.

verteilt. Man spare weder das Oel noch verschwende man es, namentlich aber verhindere man, dass Tropfen

Oeles auf den Reifen fallen oder entferne sie rasch, da der Gummi dadurch geschädigt wird.

Nunmehr überzeuge sich der Fahrer, ob die Steuerung leicht geht und gebe nötigenfalls auch den beiden Kugellagern des Steuerrohres etwas Oel. Es ist dies jedoch nicht sehr häufig nötig; die Maschine muss dabei umgekehrt, d. h. auf Sattel und Lenkstange

diesem Punkt wird durch Leichtsinn vieles an Maschinen und am Körper ruiniert.

Auch die Festigkeit der Kette prüfe man und spanne sie oder lasse im Bedarfsfalle nach. Die Kette selbst wird zeitweilig von Rost und Schmutz in Petroleum gereinigt; hat man einen Kettenschutz, so öle man sie hie und da, ausserdem bestreiche man

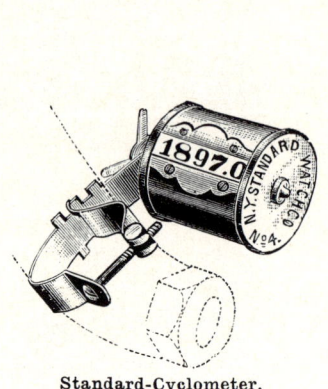

**Standard-Cyclometer.**
Arnd & Filius, Frankfurt a. M.

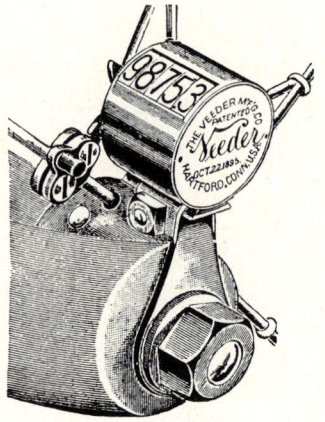

**Veeder-Cyclometer.**

**Standard-Cyclometer.**
Arnd & Filius, Frankfurt a. M.

gestellt werden. Hier ist die Bemerkung am Platze, dass sämtliche Lager von Zeit zu Zeit (bei nicht öl-haltenden Lagern alle 4 Wochen) einer gründlichen Reinigung mit Petroleum oder Benzin zu unterziehen sind, bei der man ähnlich verfährt wie beim Oelen, falls man nicht vorzieht, diese Reinigung von einem Fachmann vornehmen zu lassen.

sie mit Graphit, wie es in fester oder weicher Form als Kettenglätter in den Handel kommt.

Zuletzt werden die Reifen bezüglich des Luft-gehaltes untersucht und nötigenfalls aufgepumpt. Gut gefüllt, läuft sich der Reifen nicht so rasch ab und ist auch gegen Verletzungen eher geschützt als in schlafferem Zustande. Halten die Reifen schlecht

**Bahn-Rennrad.**

Sind die Lager in Ordnung, so prüfe man die Festigkeit der Mutterschrauben, namentlich jener, mit welchen die Radachsen festgestellt und die Pedale befestigt sind. Nachlässigkeit in diesem Punkte ver-ursacht durch Verlust manchen Aufenthalt, ja Scha-den, und, wenn man nicht Ersatzmuttern bei sich hat, eine unliebsame Beendigung der Fahrt. Gerade in

Luft, d. h. bedürfen sie oft der Füllung, so erneure man das Ventilschläuchchen. Oft liegt die Ursache auch daran, dass beim Reinigen oder Aufpumpen die Mutter sich lockert, mit der das Ventil in seinem Rohr festgepresst ist. Aeusserstenfalls schreitet man zur Abnahme des Reifens und zur Untersuchung, wie sie gleich geschildert werden wird.

Ist noch die Laterne in Stand gesetzt und die Glocke versucht, die Satteltasche auf ihren nötigen Inhalt an Werkzeugen, Ersatzmuttern, Kettenglied, Oel und besonders Reparaturkästchen geprüft, dann «All Heil» zur Fahrt.

b) Behandlung während der Fahrt.

Während der Fahrt beschränke sich die Behandlung der Maschine nicht nur auf das zeitweilige Oelen, das bei engen Naben alle 30—40 km, bei weiten ölhaltenden Naben alle 100—120 km erforderlich ist; unterlässt man dasselbe, so laufen sich die Lager warm und die Maschine leidet. Man beobachte den gleichmässigen, möglichst geräuschlosen Gang des Rades und gewöhne sich, ausserordentlichen Geräuschen sofort Aufmerksamkeit zu schenken, nötigenfalls abzusteigen und den Ort und die Ursache der Störung zu suchen. Allerdings gilt, wenn irgendwo, beim

und dann jenen abzuziehen. Lässt sich die verletzte Stelle bestimmt äusserlich erkennen, so fasse man dort den Reifen mit beiden Händen und drücke mit den Daumen die Laufdecke aus der Felge, was bei allen Reifen, ausser bei Dunlop, leicht vor sich geht und ziehe den Schlauch unter der Decke hervor. Ist jene Stelle nicht mit Bestimmtheit zu finden, so wird das Rad aus der Gabel genommen, was beim vorderen durch Losschrauben der Muttern, beim Hinterrad ausserdem durch Oeffnen der Kette geschieht. Alsdann nimmt man das Ventil durch Abschrauben der Mutter heraus, löst die Befestigung des Ventilrohres an der Felge, fasst, wie oben beschrieben, den Reifen mit den Händen jedoch an einer dem Ventil entgegengesetzten Seite, bringt so die eine, dann die andere Kante des Mantels aus der Felge und zieht den Schlauch hervor. Oft zeigt sich die Verletzung nunmehr, oftmals muss sie aber auch ge-

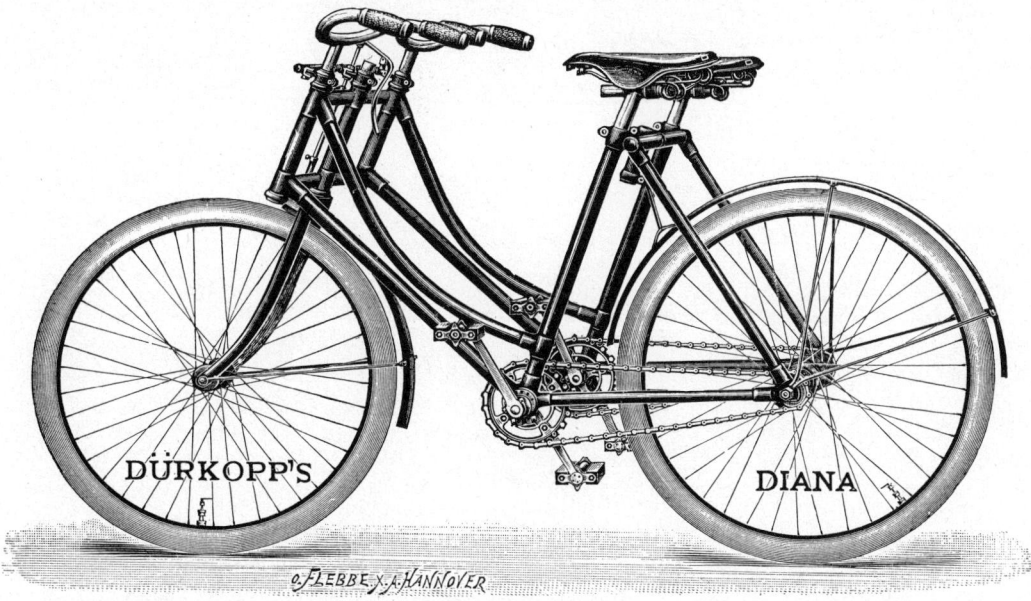

DÜRKOPP'S    DIANA

C. FLEBBE X. A. HANNOVER

**Seitsitziges Tandem.**

Radfahren der Satz, dass man nicht auslernt, und es bedarf längerer Ausübung des Sportes, um bei jedem Geräusch auf die störende Ursache zu kommen. Soviel aber lässt sich bestimmen, ob es etwa an der zu lockeren oder unreinen Kette oder an zu festen bezw. zu losen Konussen fehlt. In beiden Fällen kann man rasch selbst Abhilfe treffen. Auch einer Untersuchung der Mutterschrauben möchte ich das Wort reden; sie können im Fahren sich gelockert haben.

Wenden wir uns nun den Reparaturen zu. Wohl die häufigste Reparatur betrifft den Luftschlauch und die Laufdecke. Hat ein scharfer oder spitzer Gegenstand eine Verletzung bewirkt, so dass die Luft plötzlich entweicht, so untersuche man zunächst die Laufdecke, ob der Störenfried etwa in Form eines Nagels, einer Nadel, einer Glasscherbe noch zu finden ist. Dann vereinfacht sich nämlich die Ausbesserung insoferne, als man nicht genötigt ist, den ganzen Reifen ab-, beziehungsweise das Rad aus der Gabel zu nehmen

sucht werden. Man pumpe nach Einsetzen des Ventils den Schlauch auf und halte ihn drehend gegen die Wange, wobei man die ausströmende Luft zu fühlen bekommt. Hat man ein Schaff Wasser zur Hand, wie es in jedem Hause aufzutreiben ist, so tauche man den luftgefüllten Schlauch unter, entferne die zunächst anhaftenden Luftblasen, und man wird etwaiges Entweichen von Luft an den sich fortwährend bildenden Blasen entdecken. Bis dies geschehen, ziehe man allmählich drehend den Luftschlauch durchs Wasser. Ist der Schaden gefunden, so reinige man (nach vorherigem Trocknen!) die Stelle mit etwas Glaspapier und durch Nachreiben mit Benzin und bestreiche sie mit etwas Gummilösung, die man auf den rechten Zeigefinger giebt. Der Reparaturfleck, den das Kästchen enthält, muss immer etwas grösser sein als der Schaden und wird gleichfalls mit Benzin gereinigt und mit Lösung bestrichen. Die Lösung besteht aus Paragummi wie der Schlauch und Benzin.

Man wartet, bis sie an Schlauch und Flicken durch Verdunsten des Benzins getrocknet ist, was man an dem verschwundenen Glanze des Gummis erkennt, dann presst man das Pflaster auf die Wunde gleichmässig an, und der Schaden ist wieder gutgemacht. Ehe man aber den Reifen wieder aufzieht (falls man ihn ganz abzunehmen gezwungen war), überzeuge man

kommt. Nunmehr wird das vorhin entfernte Ventil wieder eingesetzt, die untere Mutter etwas angezogen und der Schlauch fühlbar aufgepumpt. Dies bezweckt zu verhindern, dass er sich zwischen den Kanten der Laufdecke einzwickt. Hernach beginnt man die zweite Kante in die Felge zu pressen, zuerst am Ventil, dann ringsum. Diese Hantierung lernt sich rasch und hat nur,

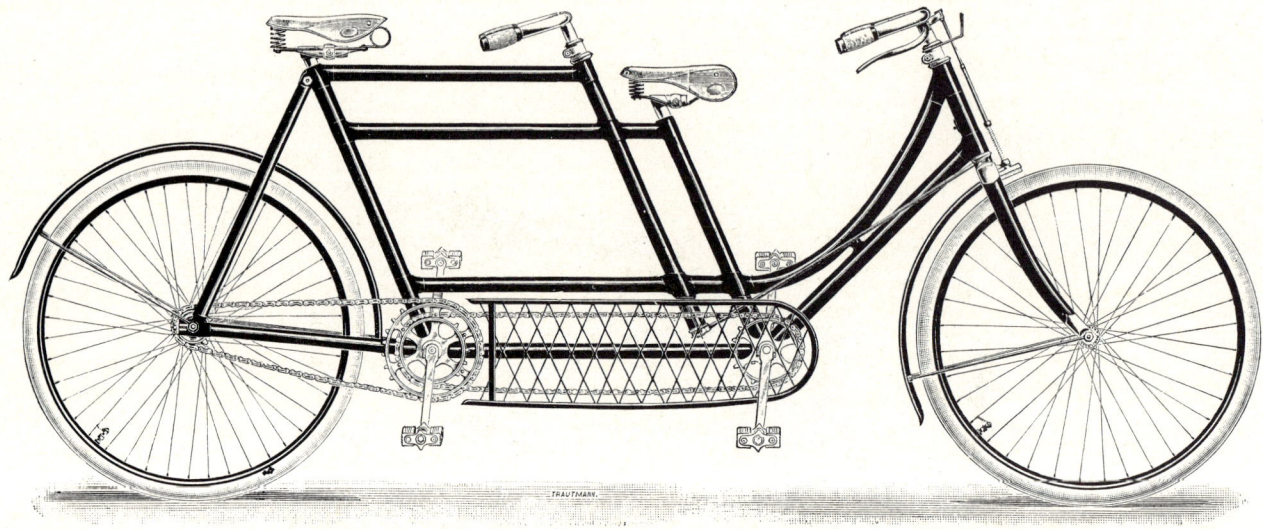

**Tandem für Dame und Herrn.** Panther-Fahrradwerke Magdeburg.

sich durch abermaliges Aufpumpen, ob nicht noch eine weitere Verletzung vorhanden ist, dann entferne man das Ventil wieder. Viel untergeordneter und bedeutungsloser ist ein Schaden an dem Laufmantel, wenn er nicht so gross erscheint, dass Feuchtigkeit hindurchdringen und die Leinwand des Mantels zum Stocken bringen kann, oder dass etwa der gefüllte Schlauch sich durchpresst. Man klebt in diesem Falle

wie oben gesagt, beim Dunlopreifen Schwierigkeiten. Kein Anfänger versäume, sich die Sache einmal praktisch vormachen zu lassen. Nunmehr wird das Rad wieder eingesetzt, gegebenenfalls die Kette zusammengeschraubt und gespannt, so dass das Hinterrad genau im Mittel der Gabel steht und nach Anziehen der beiderseitigen Muttern ist das Rad wieder gebrauchsfähig.

Hat man vor Beginn der Fahrt sein Rad unter-

ADLER-TRIPLET

innen auf die Leinwand in oben geschilderter Weise ein Stück gummiertes Leinen. Ankleben von Reparaturstellen und Schlauch oder Mantel verhütet man mit etwas Talkum oder Staub. Beim Auflegen des Reifens bringt man den Schlauch in den Mantel und legt dessen eine Kante rings in die Felge ein, wobei zu beachten ist, dass das Ventilrohr an seine Stelle

sucht, so kommen sonstige Schäden nur bei einigem besonderen Radfahrerpech durch einen Sturz vor. Hier kommt zunächst in Betracht der Achter oder die Hutkrempe, wobei die Felge an zwei, bezw. mehreren Punkten aus ihrer Ebene weicht oder ausschnappt. Ist der Achter nur so unbedeutend, dass das Rad nicht an der Gabel streift, so fahre man ruhig weiter, andernfalls nehme man das Rad aus der Gabel, lege es mit der Achse womöglich hohl und drücke vorsichtig mit beiden Händen auf die Felge, bis sie einschnappt. Bei leichten Felgen, wo der Achter auch vom Fahren in Furchen herrühren kann, ist in der Regel die Wiederherstellung schwierig, wenn nicht unmöglich.

Verhältnismässig häufig kommt ein Verbiegen

wendet man sich besser an den nächsten Fachmann. Bei Rädern, deren Kugellager nicht ölhaltend sind, empfiehlt es sich, für grössere Touren ein paar Konusse und Kugeln mitzuführen, die zum Radsystem passen.

### c) Das Rad im Winter.

Das Rad lässt sich auch im Winter, wofern nicht

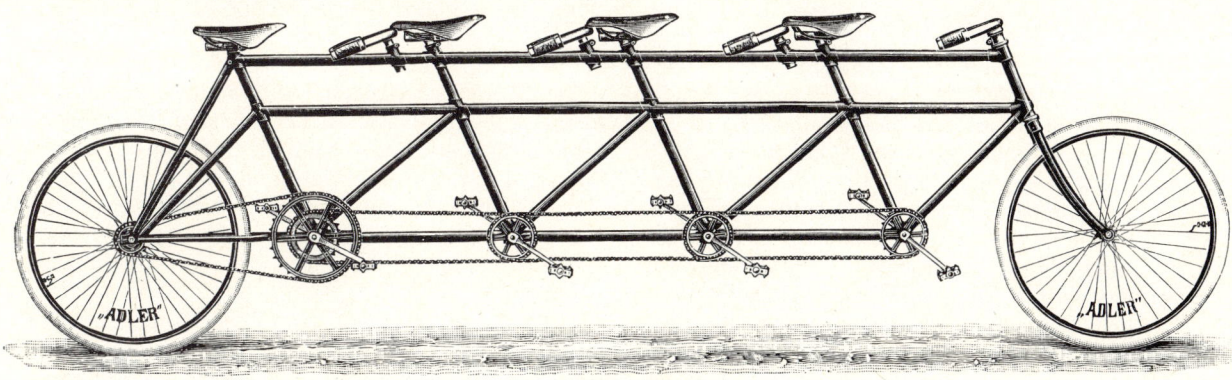

**Quadruplet.**

der Pedalachse vor, so dass die Pedale an der Tretkurbel streifen; Ursache ist Umfallen des Rades oder Aufstreifen auf Steinhaufen und dergl. Man bringt die Tretkurbel nach unten, richtet das Pedal so, so dass die verbogene Achse aufwärts steht und stellt sich mit dem Fusse auf das Pedal, wobei man die volle Körper-

Nässe oder Schneeverhältnisse hinderlich sind, ohne Nachteil für dasselbe verwenden. Bewahrt man es auf, so geschehe es im peinlich reinen, geölten Zustand, die blanken Teile leicht eingefettet. Der Raum sei trocken und gleichmässig temperiert, da Kälte und Wärme, sowie deren Wechsel die Gummireifen schä-

**Quintuplet-Mannschaft**; Gebrüder Opel, Rüsselsheim a. M.

kraft darauf wirken lässt. Eine verbogene Tretkurbel lässt sich nur abnehmen und mit dem Hammer auf einem Ambos oder im Schraubstock gerade richten.

Andere Reparaturen, die bei einem gut gehaltenen Rade gottlob sehr selten sich ergeben, kann man auf der Fahrt und selber kaum vornehmen. Hierfür

digen. Man hängt das Rad am besten auf oder stützt es auf einen Ständer, so dass die Räder freischweben; die Reifen entleere man völlig oder lasse sie nur mässig aufgepumpt. So überwintert die Maschine ohne Schaden, um im Frühjahr in einer Werkstätte untersucht zu werden.

## 4. Mehrsitzerräder.

SCHLIESSLICH sei hier noch der mehrsitzigen Räder gedacht.

Das Gesellschaftsrad S o c i a b l e für zwei Fahrer bestimmt, hat gleich dem Niederrad zwei Räder, aber zwei beiderseits der Räder gekuppelte Rahmen von der gewöhnlichen Form wie am Damenrad, wobei das Scheitelrohr nahezu parallel und sehr nahe dem unteren Rohr angeordnet ist. Die Maschine hat zwei getrennte Lenkstangen, die beide unter sich verbunden, die Steuerung bewirken. Die Maschine wird bestiegen wie das Damenrad, also von der Seite, und soll ein Gewichtsunterschied bis zu 50 kg keine Schwierigkeit für die Erhaltung des Gleichgewichts bieten. Der Vorteil des Nebeneinandersitzens für die Unterhaltung wird sicher reichlich aufgewogen durch den Nachteil, dass die Maschine bei ihrer Breite — abgesehen von dem viel grösseren Luftwiderstand — gleich einem Dreirad nicht auf schmalen Wegen gefahren werden kann. Und wie, wenn auf der breiten Landstrasse nur ein Streifen längs des Strassengrabens und in Nachbarschaft der Steinhaufen fahrbar ist?

Das Zweisitzerrad (T a n d e m) hat zwei Rahmen hintereinander angeordnet, von denen sich zuweilen einer auslösen und als Einzelmaschine herrichten lässt, läuft auf zwei Rädern und hat bald vorne, bald hinten den Damensitz. Bezüglich der Steuerung giebt es solche mit gekuppelter (verbundener) Steuerung und solche, die nur vorne steuerbar sind. Vermöge der höheren Uebersetzung und des kleineren Luftwiderstandes entwickelt die Maschine eine grosse Geschwindigkeit, der aber die schwierigere Balance (Erhaltung des Gleichgewichts) und die zweifelhafte Verwendbarkeit auf weniger guten Strassen als Nachteile entgegenstehen.

Räder für mehr als zwei Fahrer T r i p l e t s, Q u a d r u p l e t s u. s. w. dienen nur zu Rennzwecken und werden auch aus dem vom Tandem Gesagten leicht verstanden. Bezüglich ihrer Teile sind alle Mehrsitzer mit dem Niederrad gleich, bezw. ähnlich gebaut.

Motorrad.

## 5. Kettenlose Räder, Motorrad.

UNSERE Zeit hat endlich, um die kleineren Nachteile der Kette (Dehnung, Reissen) zu vermeiden und in dem Bestreben, den Gang der Maschine zu erleichtern, kettenlose Räder konstruiert. Erprobt und seit Jahren eingeführt ist die französische kettenlose Maschine A c a t è n e, übrigens eine englische Erfindung, die auch von einer österreichischen Fabrik ausgebeutet wird; bei dieser treten an Stelle der Kettenräder kegelförmige Zahnräder; die Bewegung wird von dem der Tretkurbel auf jenes am Hinterrad durch eine hohle Welle mit Zahnrädern an beiden Enden übertragen. Die beiden Paare von Kegelrädern sind auswechselbar für Reparatur und Veränderung der Uebersetzung; sie lagern in Vaselin in zwei staubsicheren Hülsen. Der Verbreitung der Maschine bis zur Verdrängung des Kettenrades stehen entgegen hoher Preis, die noch unbewiesene Ueberlegenheit, Bedenken über Reparaturen im Falle eines Defektes der Kegelräder unterwegs. Die Reparatur der Kette (welche übrigens nicht häufig ist) kann jeder Schmied oder Schlosser vornehmen, falls man ein Kettenglied als Reserve mit sich führt.

Eine andere Konstruktion versucht die kettenlose Maschine von Hildebrand — München das «P o l y g o n r a d». Bei ihr ist der Bewegungsmechanismus getrennt beiderseitig vom Hinterrad angebracht, der Rahmen ein Fünfeck. Jede Tretkurbel bewegt ein Stirnrad, dessen Bewegung durch ein zweites auf das beiderseitige Kettenrad des Hinterrades übertragen wird. Die Maschine ist bis jetzt weder erprobt noch in Masse hergestellt worden.

Als eine Erfindung, die, obschon vielversprechend, sich bis jetzt nicht bewährt hat, ist die Herstellung

**Kettenloses Rad. Acatène.**

eines Zweirades zu bezeichnen, bei welchem in Wegfall der menschlichen bewegenden Kraft und bei Ersatz durch Benzin, Gas oder Elektricität auch die Kette in Wegfall kommt. In die Praxis eingetreten, verbreitet und dann wieder verworfen, soll hier das

Motorrad von Hildebrand & Wolffmüller in München besprochen werden. Der Motor war ein durch Mischung von Benzin und Luft betriebener Gasmotor, der Rahmenbau ähnelte dem des Damenrades, die Tretkurbeln waren weggelassen. Die Maschine wog komplett mit der zur Kühlung nötigen Wasserfüllung und dem Benzinvorrat etwa 100 kg; rechnet man dazu des Fahrers Gewicht, so kann man sich einen Begriff machen von der Beanspruchung des Gummimantels. Die Maschine entwickelte, wenn einmal alles zufällig klappte, eine anfängliche Geschwindigkeit von 40 km in der Stunde, nahm aber von Stunde zu Stunde stark ab an Schnelligkeit. Wenn aber der Mechanismus eines solchen Rades auf freier Strecke versagt, oder wenn eine Reifenreparatur

«**Companion**» v. Kaufmann.

nötig wird, dann ist der Fahrer ohne Mechaniker und Werkstätte ziemlich hilflos.

Der Motor der Zukunft wird die elektrische Maschine sein; für den Sportsman wird auch sie nur insofern Bedeutung haben, als sie etwa, gleichzeitig mit Menschenkraft beweglich, den Fahrer bei bergigem Terrain unterstützt.

---

# Nachtrag.
## Ein modernes Normal–Rad.

Ein Genfer Konstrukteur, Namens Challand, hat vor kurzem ein neues Rad erfunden, das er bescheidenerweise die «Normal-Bicyclette» nennt, da, nach seinem Dafürhalten, der Fahrer auf diesem Vehikel in normaler Haltung sich befindet.

Die beigegebene Skizze macht allerdings nicht diesen Normal-Eindruck und erweckt im Beschauer eher die Gefühle, welche man empfindet, wenn grosse oder kleine Personen beim Essen die Stuhllehne als Kontrapunkt ihres Verdauungsapparates benützen. Wenn es so fortgeht, so werden demnächst auch Ottomanen und Leibstühle mit Kettenradübersetzung auf den Fussantrieb eingerichtet.

Doch hören wir, was der Erfinder selbst über die Vorzüge seiner Maschine sagt:

Ein Hauptmoment ist hier der ebenerwähnte Anhalts- oder Anstemmungspunkt an der Rücklehne des Sitzes, welcher den Fahrer weniger mit dem Gewicht als mit der vollen Spannkraft seiner Beine arbeiten lässt. Statt bei fast vertikaler Beinstellung, erfolgt dies horizontal.

Bei aufrechter, ja eher noch zurückliegender Oberkörperhaltung, mit festem Sitz und vollkommen unbeengten inneren Organen entwickelt der Fahrer eine Schenkelkraft, welche nach der Ueberzeugung des

Erfinders in jedem Beine seinem dreifachen Körpergewichte gleichkommt. Also z. B. $2 \times 3 \times 150$ Kilo somit 900 Kilo, — alle Achtung!

**Die „Normal-Bicyclette".**

Des weiteren sind die Pedale derart angebracht, dass sie dieses Maximum der Tretkraft mittelst kurzer

Kurbel und hoher Uebersetzung auch in ein Maximum von Bewegung umsetzen. Das Bein verändert dadurch seine Lage nicht so sehr und seine Bewegungen sind langsamer (?) und daher auch weniger ermüdend als bei den bisherigen Rädern. Da ferner der Fahrer nicht so hoch sitzt, ist auch ein Sturz weniger riskiert und weniger häufig als früher; er lenkt bequem mit einer Hand, mit der anderen fängt er ebenso bequem Fliegen oder isst Aepfel. Die Bremse ist nicht minder originell, d. h. sie wird ersetzt durch einen Hemmschuh, welcher in sinnreicher aber nicht erklärter Weise an das Hinterrad angebracht wird. Der machtvolle Gegentritt lässt übrigens das Bremsen nur als äussersten Notbehelf erscheinen.

Auf der letzten Genfer Ausstellung (Mai—Okt. 1896) sollen mit diesem fliegenden Sofa überzeugende Versuche gemacht worden sein: Trotz der enormen (?) Uebersetzung von 4,522 m lief die vorerst aus Holz konstruierte Maschine sehr leicht. Das neueste 1897er Modell ist aus Stahl und wiegt 12 Kilo. Der Sitz ist verstellbar, als Richtung der Beine wurde ein Winkel von circa 45° zur Horizontalen als die vorteilhafteste Lage erkannt.

So soll die Erfindung im «Salon du Cycle» in Paris es bis zu einem — «Kuriositäts-Erfolg» gebracht haben, was uns nicht als Fortschritt erscheinen will.

Bei dem Damenrad ist die Sache etwas kitzlicher und deshalb wird das schöne Geschlecht aus der horizontalen Stellung wieder mehr in die vertikale gebracht durch eine grössere Neigung des Sitzes nach vorn. Das soll namentlich bei starkem Gegenwind besser sein.

Grössere Bequemlichkeit und Sicherheit, geringere Ermüdung bei gleicher Schnelligkeit und eine Reihe hygienischer Vorzüge soll dieses moderne Normalrad vor unseren Fahrrädern voraus haben.

Es bleibt somit nichts anderes übrig, als den glücklichen Erfinder unter Kontrolle anzuhalten, einige 1000 Kilometer auf seiner Normal-Chaise-longue durch die Welt zu — liegen. All Heil! *v. S.*

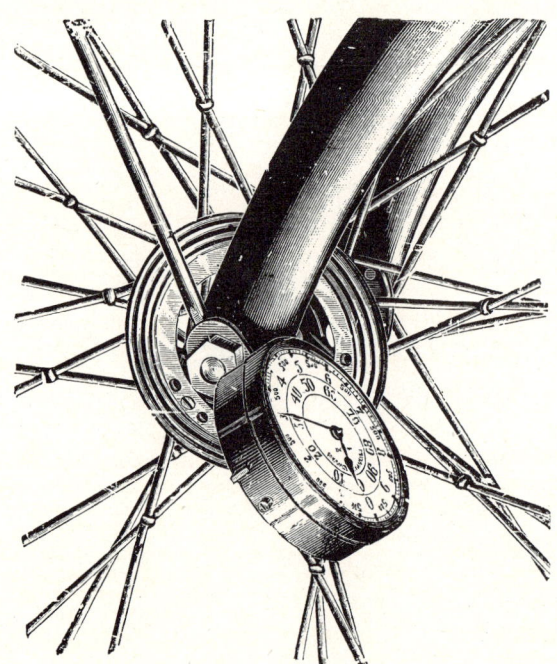

**Cyclometer, Wegmesser, «Mascotte».**
Ellis Menke, Frankfurt a. M.

# IV. Die Fahrschule

von

*Gerhard Frhr. v. Puttkamer,*

Premierlieutenant im Grenadier-Regiment Kaiser Wilhelm I., z. Z. kommandiert bei der Kriegsschule zu Anklam.

---

## 1. Vorschriften für Lehrer und Lernende.

### Das Fahren im geschlossenen Raum, auf freier Bahn und im Terrain.

Premierlieutenant **Gerhard Frhr. v. Puttkamer.**

VIELE Wege führen nach Rom» sind die Schlagworte aller, welche planlos ihrem Ziele zusteuern und wie viele stürmen planlos auf das Ziel «Radfahrer zu werden». Ein Teil bleibt schon auf der ersten Strecke enttäuscht zurück, weil der Weg, welchen man ihm wies, schlecht war, ein anderer Teil schreitet mühevoll weiter, nimmt Schaden an der Gesundheit, das Zehrgeld wird knapp und er wird schliesslich gezwungen, das Radfahren aufzugeben, ein dritter Teil sieht das erwünschte Ziel vor Augen und glaubt es schon erreicht zu haben; ein Trugbild neckt ihn, er bildet sich ein, nicht nur ein Radfahrer, sondern sogar ein Lehrer dieses Sports zu sein, doch leider versteht er von jener Herz und Seele labenden Kunst nur zu wenig.

Frage einen Freund: «Glaubst Du, dass alle Reiter, welche Du im Berliner Tiergarten gesehen, Reiter sind?» Höhnend wird er Dir antworten: «Nicht zehn Prozent Reiter, der Rest sind Sonntagsreiter!» Sieh Dir aber die Leute an, die auf einem Fahrrade balancierend dahinrasen, dann ist jeder Gedanke an Dilettantismus und Stümperei entschwunden, Du rufst neidisch aus: «Das sind Radfahrer!»

Werde nicht mutlos, Leser, und verstehe mich recht. Um Radfahrer zu sein, ist es nicht notwendig Kunststücke auf dem Rade zu vollbringen, auch braucht ein Radfahrer kein Rennen zu fahren oder als Tagesleistung hunderte von Kilometern zurücklegen, doch eins muss er erlangen und das ist die Beherrschung seines Fahrrades, um sich vor Unfällen zu schützen und sein Fahrrad reparaturfrei d. h. gebrauchsfähig zu erhalten. Dies beides liegt, vorausgesetzt, das benutzte Fahrrad ist gut an Material und Arbeit, allein in der Art des Erlernens und in der Gewissenhaftigkeit des Lehrers.

Es giebt nur genug Fahrradhändler, welche sich verpflichten, dem Käufer das Fahren zu lehren. Hat der Schüler die Fertigkeit erreicht, selbständig auf gerader Chaussee Balance zu halten, so sieht der Lehrer seine Thätigkeit für beendet an. Ob der Fahrer danach Hals und Beine bricht, ob er sein neues Fahrrad in Grund und Boden fährt, was geht das den Händler an; die Maschine ist verkauft, das ist die Hauptsache, und seine Reparaturwerkstätte und die des Doktors erhalten Arbeit.

Bei einem systematischen Lehrgange ist ein sogenanntes «Lernrad», dessen sich häufig Fahrradhändler und untüchtige Lehrer bedienen, durchaus nicht erforderlich. Der Reiter lernt doch auch nicht auf einem Automaten das Reiten.

Die notwendigen Eigenschaften des Radfahrlehrers sind Ruhe, Ausdauer und Fleiss. In dem Schüler soll er Vertrauen zum Fahrrade erwecken. Dies geschieht, indem das Fahren erlernt wird, 1. ohne zu fallen, 2. ohne das Fahrrad zu beschädigen.

Ohne zu fallen erlernt der Anfänger das Radfahren, wenn er nachfolgende Uebungen sorgsam ausführt und der Lehrer den Zeitpunkt zu beurteilen vermag, zur nächsten Uebung zu schreiten.

Ohne das Fahrrad zu beschädigen erlernt der Anfänger das Radfahren auf demselben Wege. Ratsam ist es, die leicht verletzlichen Teile des Fahrrades, wie Pedale, Bremse, Schutzblech, Sattel, soweit sie zu den betreffenden Uebungen nicht erforderlich sind, zu entfernen.

Figur 1.

Fig. 1—8 entstammen der **Fahrschule für Militärradfahrer** von Frhr. v. Puttkamer. Leipzig, Zuckschwerdt & Co., 1896.

Bei strenger Durchführung der ersten Uebungen ist keine Hilfsstellung notwendig. (Aelteren Herren gebe man stets zum wenigsten eine beobachtende Hilfsstellung.)

Will der Lehrer einem allzu ungeduldigen oder weniger geschickten Schüler Mut machen d. h. Aussicht auf Erfolg geben, so wende er zeitweise eine Hilfsstellung an. Die schwer zu erlernende Kunst des Lehrers ist, einem schwachen und unbeanlagten Schüler eine richtige Hilfsstellung zu geben, d. h. eine Hilfe zu geben, welche einerseits den Schüler vor eigener Verletzung und der Verletzung seines Rades bewahrt, andererseits aber dem Schüler nicht die Selbständigkeit raubt.

Die Handanlegung an sich scheint einfach, jedoch gehört viel Uebung dazu, dieselbe zweckmässig und im rechten Augenblicke anzuwenden, die Kraft, welche die Handanlegung verlangt, ist gering.

Der Lehrer ergreift mit der rechten Hand von rückwärts, unmittelbar unter der Schulternaht, das überflüssige Aermeltuch und begleitet den Uebenden mit fast ausgestrecktem Arm, sich einen guten halben Schritt links rückwärts haltend.

Verliert der Uebende die Balance nach links, so drückt der Lehrer mit dem Daumen dagegen, verliert er sie nach rechts, so zieht der Lehrer den Schüler an sich heran.

Auch der an Gewicht schwerste Schüler befindet sich auf diese Weise vollkommen in der Gewalt des Lehrers, ohne eine Behinderung in der freien Beweglichkeit seines Körpers zu spüren. Wird der Fahrer

sicherer, so lockert der Lehrer die Finger mehr und mehr, bis jener schliesslich frei und gänzlich selbständig in ruhigem und langsamem Tempo dahinfährt.

Die Hilfe durch Anfassen am Sattel oder an der Lenkstange ist durchaus unrichtig.

Die ersten praktischen Fahrübungen sind auf einem freien, ebenen Platze oder im geschlossenen Raume zu beginnen. Hat der Schüler einige Sicherheit erlangt, sind zunächst Chausseen ohne Steigungen zu wählen, hiernach Chausseen mit geringen, dann andauernden Steigungen, danach gute Kopfpflasterstrassen, Landstrassen, Fusswege, Feldwege und schliesslich Gebirgswege (bergab). Bezüglich des Wetters ist anfangs gutes zu wählen, trockene Strassen und wenig Wind, später schlechte Witterung, nasse Strassen und Gegenwind.

Uebung 1. Der Fahrer nimmt hinter dem Rade die Spreizstellung ein und ergreift mit beiden Händen die Lenkstange.

Das Fahrrad wird aus der Senkrechten um ein Geringes nach links herübergelegt, der linke Fussballen wird auf den Auftritt der Hinterradachse gesetzt.

Die Arme sind ohne Anspannung durchgedrückt, die Hände umfassen kräftig, nicht krampfhaft die Griffe der Lenkstange, Handgelenke sind mässig nach innen gedreht. Der Körper stützt sich leicht auf die Lenkstange und ist möglichst aufgerichtet. Der Blick geradeaus, weit vor das Fahrrad auf einen Punkt gerichtet.

Der linke Fussballen ruht leicht auf dem Auftritt der Hinterradachse. Fuss parallel dem Fahrrade.

Fehler. Arme gekrümmt, Körper zusammengezogen, Gesäss übertrieben herausgestreckt. Auge auf die Lenkstange oder auf das Vorderrad gerichtet.

Figur 2.

Uebung 2. Nach Einnahme der Stellung zum Aufsitzen stösst sich der Fahrer, mit Handballen und Körper das Rad vorwärtsschiebend, mittelst des rechten Fusses federnd vom Erdboden ab. Dies Abstossen hat fortgesetzt mit kurzen Zwischenräumen zu geschehen. Will der Fahrer die Uebung unterbrechen,

so hemmt er die Bewegung bis zum gänzlichen Still-
stande des Fahrrades, der linke Fuss verlässt erst
danach den Auftritt.

Bei obiger Uebung ist besonders zu bemerken,
dass der linke Fussballen nicht fest auf den Auftritt
drückt, sondern nur leichte Fühlung hält. Ein anderer
Fehler ist, dass der Schüler das Fahrrad nicht mit
dem Handballen und dem Körper vorwärtsschiebt,
sondern dasselbe während des Abstossens vom Boden
mit Fingern und Armen an sich heranzieht, also nur
unten treibt und oben zurückhält, dazu kommt der
Fehler des Belastens der Hinterradachse durch das
Auftreten des linken Fusses und die Folge davon ist:
Das Vorderrad wird emporgehoben, der linke Fuss
gleitet gewaltsam vom Auftritt ab und das Rad, besonders aber die Hinterachse, erleidet eine starke
Erschütterung.

Uebung 3. Die Zeiträume, in welchen das Abstossen vom Boden erfolgt, sind nach und nach zu
verlängern, gleichzeitig ist nun damit zu beginnen,
das Körpergewicht allmählich auf den Auftritt des
Fahrrades zu verlegen. Unterbrechung der Uebung
wie in Uebung 2.

Fehlerhaft ist es, das Körpergewicht plötzlich
oder sprungartig auf den Auftritt zu verlegen. Man
springt also nicht auf ein Fahrrad, sondern man
steigt auf dasselbe. Der Lehrer kann einen Fehler
hierin genau am ruckweisen oder nicht langsam sich
steigerndem Zusammendrücken der Luftreifen kontrol-
lieren. Bei einer Unterbrechung der Uebung springt
man wiederum nicht ab, sondern steigt ab.

Uebung 4. Mit 2 — 3maligem Abstossen nach Art

Figur 3.

der Uebung 3 treibe der Fahrer das Rad mit solcher
Geschwindigkeit vorwärts, dass er Zeit gewinnt, sich
im linken Knie mehr und mehr bis zur gänzlichen
Streckung des linken Beines emporzurichten. Das rechte
gleichfalls sich streckende Bein ist als Balancierstange
derartig zu benutzen, dass dasselbe seitlich schwebt.

Bevor der Fahrer aus dieser Bewegung absteigen
will, lasse er das Fahrrad fast gänzlich auslaufen.

Bei einiger Sicherheit steige der Fahrer nunmehr
derartig vom Rade, dass er das rechte Bein, indem
er es ein wenig anhebt, nach der linken Fahrradseite
herüberschweben lässt und so nach dem Absteigen
links neben seinem Rade zu stehen kommt.

Figur 4.

Fehlerhaft ist die Ausführung, wenn der Fahrer
den Unterleib einzieht und das Gesäss herausstreckt.
Der Fahrer bemühe sich, ein hohles Kreuz zu machen.
Das rechte Bein schwebt seitlich, nicht rückwärts.
Beim Absteigen berührt der rechte Fuss den Boden
zuerst.

Uebung 5. Der Uebende gehe aus der Uebung 4
zur Uebung 5 derart über, dass er die Hüften bei
gestreckt bleibenden Armen soweit wie möglich vor-
bringt. Das linke Knie darf hierbei gekrümmt werden.
Das rechte Bein ist gestreckt in der Schwebe bis in
Höhe des Vorderrades vorzubringen.

Uebung 6. Der Schüler beginne langsam zur
Einnahme des Sitzes fortzuschreiten, indem er Fühlung
mit dem Sattel zu nehmen sucht, gleichzeitig winkle
er das rechte Knie an, so dass das Pedal bei seiner
Drehung an die Fussballen anspielt. Die rechte Fussspitze ist herunterzudrückeu.

Der Sattel ist so hoch zu stellen, dass der Fussballen des Fahrers bei untenstehendem Pedale, gestrecktem Beine und scharf heruntergedrücktem Absatze sichere Fühlung mit dem Pedal hat.

Eine Steigerung dieser Uebung wird dadurch erreicht, dass der Schüler den vollen Sitz einnimmt
und mit dem rechten Fusse den Drehungen des Pedals folgt. Der linke Fuss bleibt mit dem Auftritte
in enger Fühlung, um jeden Augenblick die Rück-
wärtsbewegung zum Absteigen beginnen zu können.
Der rechte Fuss folgt den Pedalen, doch treibt er
sie nicht.

Uebung 7. Der Uebende sucht durch Bewegung des Pedals das Fahrrad in gleichmässigem, ruhigem Laufe zu erhalten.

Während des Fahrens entferne man den linken Fuss vom Auftritt und nehme dann wieder Fühlung mit demselben. Letzte Uebung ist bis zur vollkommenen sicheren Ausführung fortzusetzen, da das Absteigen vom Fahrrade vorläufig stets nur auf die bisher erlernte Weise zu geschehen hat.

Uebung 8. Der Fahrer lässt, nachdem der linke Fuss den Auftritt verlassen hat, das Pedal in ähnlicher Weise wie in Uebung 6 und 7 an den Fussballen anspielen, so dass der rechte Fuss das Fahrrad durch gleichmässiges Treten in Bewegung erhält. Das Knie befindet sich in einer Ebene über dem Pedal. Derjenige Schüler, welcher die Anlage besitzt, die Knie zu weit nach auswärts zu nehmen, bemühe sich, in den entgegengesetzten Fehler zu fallen. Uebung und Zeit wird bald die richtige Kniehaltung lehren.

Anfänger neigen dazu, nachdem ein Fuss die tretende Bewegung ausgeführt hat, denselben durch eigene Muskelkraft wieder hochzuheben, um danach die folgende Tretbewegung auszuführen, der Fuss soll jedoch nach Vollendung der Kraftäusserung durch das Pedal selbst wieder gehoben werden, nur auf enge Fühlung ist zu achten. Der Fehler macht sich durch Verlieren des Pedals geltend, ausserdem findet ein unnötiger Kraftverbrauch statt. Der Absatz des Fusses ist bei jedem Tritte herunterzudrücken; das entsprechende Bein zu strecken. Man tritt also mit den Absätzen, nicht mit den Fussballen. Die Muskulatur, welche am Hackenballen befestigt ist, ist stärker als die des vorderen Fussteiles. Der Fahrer wird weniger leicht ermüden.

Ferner darf der Fahrer niemals das Pedal mit den Augen suchen, da die Augen, wie in Uebung 1 angegeben, geradeaus auf einen Punkt gerichtet bleiben. Beginnt beim Anfänger der Blick zu schwanken, so schwankt auch das Fahrrad und zwar meist nach der Seite, nach welcher der Blick fällt.

Der Sitz des Fahrers muss fest und bequem sein, deshalb ist der Sattel so zu stellen, dass er vorne nicht hoch steht und drückt. Die leicht durchgedrückten Arme bilden mit der Lenkstange zusammen gleichsam ein Ganzes. Das Lenken des Fahrrades findet vorzugsweise von den Schultergelenken aus statt, nicht aber durch ein Nachgeben der Ellenbogen, denn die Beherrschung des Fahrrades liegt in der Beherrschung der Lenkstange. So lange der Fahrer nicht imstande ist, willkürliche Bewegungen des Vorderrades (hervorgebracht durch Bodenunebenheiten, Steine, Wagenspuren u. s. w.) zu verhindern, so lange ist er vor einem Sturze niemals sicher. Das Rad führt den willenlosen Fahrer gegen Ecksteine, Bäume und in Chausseegräben u. s. w.

Die Krafterzeugung zweier gekrümmter Arme ist nicht in der Lage, plötzlich auftretenden Seitenbewegungen des Vorderrades wirkungsvoll entgegenzutreten, wohl aber leicht durchgedrückte Arme, die bei den ruckartigsten Bewegungen schnell scharf durchzudrücken sind und dann einen festen Widerhalt in den Schultern und damit in dem ganzen Körpergewicht finden.

Bei Nachtfahrten wird es jedem unsicheren Fahrer auffallen, wie wenig Herr seines Rades er ist. Den Grund wird er meistens in der Armhaltung zu suchen haben.

Unter welchen Verhältnissen es erlaubt ist, eine andere, beliebige Armhaltung einzunehmen, lernt der Fahrer mit der Zeit beurteilen.

Die Lenkstange muss so verpasst sein, dass der Fahrer bei aufrechtem Körper mittelst der Arme auf dieselbe sich zu stützen vermag, um das Kreuz zu entlasten und einer schnellen Ermüdung vorzubeugen.

Uebung 9. Das Fahren mit einer Hand.

Der Arm, welcher die Lenkstange hält, ist durchgedrückt, die nicht in Thätigkeit kommende Schulter ist vorgenommen und nicht zurück.

Freies Fahren auf ebener Strasse ohne die Lenkstange anzufassen, hat nur geringen praktischen Wert und ist eher in das Gebiet des Kunstfahrens zu rechnen; dennoch ist diese Uebung zu empfehlen, da sie den Prüfstein für korrekten Sitz und eine gleich kräftige Benutzung der Pedale bildet.

Um dies freie Fahren zu erlernen, rutschen beide Hände mehr und mehr nach dem Mittelpunkte der Lenkstange zusammen, die Finger lockern sich dem Sicherheitsgrade des Fahrers entsprechend. Ein nach und nach sich fein ausbildendes Gefühl in Gesäss und Fusssohlen zeigt dem Fahrer an, wenn es Zeit ist, die Lenkstange ganz zu verlassen, und wenn es Zeit ist, wieder zuzugreifen.

Uebung 10. Das Absteigen vom Pedale nach links und rechts. Diese bequemere und schnellere Art des Absteigens hat in einer für das Kugellager unnachteiligen Weise zu geschehen, d. h. das Pedal hat während des Absteigens ungestört seine Bewegung fortzusetzen und ist nicht durch ein kurzes Abspringen aufzuhalten.

In der Zeit, welche das Absteigen beansprucht, muss das Pedal eine volle Drehung um seine Achse ausgeführt haben (Fig. 2, 3. 4). In dem Augenblicke, in welchem das linke (rechte) Pedal eine Parallelstellung zu dem schrägen nach dem Gabelkopf führenden Rahmenrohr eingenommen hat, streckt der Fahrer noch einmal das betreffende Bein in seiner vollen Länge aus, krümmt dasselbe nicht wieder, sondern lässt dasselbe scharf durchgedrückt. Gleichzeitig drückt der Fahrer die Hüften ein wenig vor. Falsch wäre es, sich jetzt aus dem Sitze zu erheben und das Gewicht des Körpers auf das Pedal zu verlegen.

Wird die Bewegung richtig ausgeführt, so wird die Fahrgeschwindigkeit des Fahrrades dem Pedal noch so viel Kraft abgeben, dass es den Körper aus dem Sattel zu heben vermag. Während dieser hebenden Bewegung führt der Absteigende das andere Bein möglichst gestreckt in gleichmässiger abgerundeter Weise nach der linken (rechten) Seite des Fahrrades herüber.

Nochmals sei gesagt, der Fahrer hebt sich nicht selbst aus dem Sattel, sondern lässt sich durch das Pedal aus demselben heben.

In Fig. 2 hat das Pedal seine letzte Drehung fast vollendet. Die Arme des Fahrers und das linke Bein sind noch durchgedrückt. Die Hüfte ist vorgeschoben.

In Fig. 3 haben sich die Arme und das linke Knie zum Herabsteigen gebeugt. Das Pedal (vergl. Fig. 2) ist nur um weniges vorgerückt.

Fig. 4 zeigt die Stellung nach dem Abstiege. Die wieder gestreckten Arme und der sich zurücklehnende Körper halten einen weiteren Lauf des Fahrrades auf.

Fig. 5 zeigt die falsche und für das Rad schädliche Art des Absteigens und deren Folgen.

Der Fahrer sprang in dem Augenblicke, als das linke Pedal sich unten befand, ab, gleichzeitig drückte er das Gesäss heraus. Die Folge davon war ein zu willenloser weit rückwärts liegender Niedersprung und eine Fortbewegung des Fahrrades.

Befand sich das Fahrrad in schnellerer Gangart so wäre ein Sturz unvermeidlich gewesen.

Uebung 11. Wendungen und Volten.

Anfangs übe Volten mit grossem Durchmesser, gehe dann zu kleineren bis zu solchen von 1 ½ Fahrraddurchmesser über. Ist in den Volten rechts wie links die gleiche Sicherheit erlangt, so setze sie zu Schlangenlinien, Achten und anderen Figuren zusammen. Bei Ausführung einer Wendung oder Volte ruht der Körper senkrecht auf dem Sitze. Ein nach Innenlegen des Körpers bei schnellerer Bewegungsart hat das Ausrutschen des Hinterrades zur Folge. Das Rahmengestell und das Hinterrad des Fahrrades sollten sich gleichfalls in einer senkrechten Ebene bewegen. Die Stellung des Vorderrades bedingt die Grösse der Volte. Die Schwierigkeit in der Ausführung einer Volte mit bestimmtem Durchmesser wird nur durch den energischen Willen des Fahrers überwunden, d. h. der Fahrer giebt dem Vorderrade die beabsichtigte Stellung und verhindert unter allen Umständen eine selbstthätige Stellungsänderung desselben. Der Fahrer wird dies erreichen, wenn er anfangs die Arme scharf durchdrückt und nur mit dem Schultergelenke die Bewegung einleitet.

In welchen Fällen es gestattet ist, die Ellenbogen zu krümmen, giebt die Art der Bodenbeschaffenheit an. Die Erfahrung lehrt, dies zu beurteilen.

Uebung 12. Das Bergefahren. Die aus Fig. 6 ersichtliche Uebung möge als eine Vorübung zum Bergefahren angesehen werden.

Der Schüler soll hierdurch lernen, sein Körpergewicht vom Sitze auf die wechselseitig heruntergehenden Pedale zu verlegen, ohne das Vorderrad willkürliche Schwankungen ausführen zu lassen.

Die Verlegung des Körpergewichts darf nicht ruckweise stattfinden, sondern allmählich ohne Störung des gleichmässig rollenden Kugellagers.

Zum Zweck grösserer Schonung des Kugellagers lerne der Schüler, einen Teil des Körpergewichts auch auf die Lenkstange zu verlegen.

Um andauernde Steigungen ohne übermässige Kraftanstrengung zu überwinden, genügt die Muskelkraft der Beine allein nicht, das tote Gewicht des Körpers und die ganze übrige Körpermuskulatur (Unterleibsmuskeln) muss mithelfen. Das Hinterrad ist nach Möglichkeit zu entlasten.

Die aufrechte Körperhaltung muss einer Kraftersparnis wegen ausnahmsweise einer etwas nach vorn geneigten Platz machen. Die Arme müssen aller bisherigen Theorie trotzend gekrümmt werden.

Die Ellenbogen sind jedoch nicht nach aussen zu krümmen, sondern einwärts und fest in der Richtung der Hüften anzuziehen.

Ein Radfahrer, welcher einmal sein Rad voll auszunutzen gedenkt, schrecke vor andauernden Steigungen nicht zurück, sondern bemühe sich, jede Steigung auch unter weniger günstigen Verhältnissen zurückzulegen.

Durch Willenskraft und viel Uebung und nochmals viel Uebung wird er es lernen, seine Muskeln richtig und mit möglichster Schonung seiner Kräfte derart anzuwenden, dass er seinen Willen durchsetzt, ohne auf eine flotte Weiterfahrt verzichten zu müssen. Das Fahrtempo ist bei Ueberwindung andauernder Steigungen ein ruhiges, gleichmässiges. (Verkürztes Trabtempo eines Pferdes.)

Ganz kurze Steigungen mögen im Anlauf genommen werden, mittlere schon nicht mehr, da hierbei Herz und Lungen so stark in Thätigkeit kommen, dass sie auf weiterer Fahrt eine bedeutende Verlangsamung des Tempos herbeiführen.

Uebung 13. Der Gebrauch der Bremse. Bei starken Gefällen sind die Pedale mit den Füssen nicht zu verlassen, sondern durch Rückwärtstreten (Verhalten) ist die Geschwindigkeit zu mässigen. Die freie Fahrt eine abschüssige Strasse herunter verleiht den Pedalen eine so rasche Umdrehung, dass dieselben mit den Füssen nicht mehr gefasst werden können. Der Fahrer ist damit bei einer unvorhergesehenen Bewegung oder einem Hindernisse irgend welcher Art einzig auf die Wirkung seiner Bremse angewiesen. Abgesehen davon, dass rasches Bremsen den Kautschuk sehr in Anspruch nimmt, so kann die Bremse versagen, sei es, dass sie gänzlich abspringt, oder sei es, dass sie sich krümmt, so dass ernstliche Unglücksfälle sich ereignen, die bei vorsichtigem Fahren vermieden werden können.

Soll die Bremse Anwendung finden, so hemme nie durch einen einzigen Druck, sondern ziehe die Bremse, den Verhältnissen Rechnung tragend schnell, aber den Druck nach und nach verstärkend an. Ein plötzliches Halt kann bei guter Wirkung der Hemmvorrichtung einen Bruch des Vorderrades und einen Sturz zur Folge haben.

Uebung 14. Hindernisse. Ein Durchfahren von scharfrandigen Vertiefungen, Gräben, Rinnsteinen, Bordschwellen, Eisenbahnschienen und dgl. führt zu vorzeitiger Abnutzung der Räder und ist daher nach

Möglichkeit zu unterlassen; im Geländefahren ist es jedoch nicht immer zu vermeiden.

Dem vorgeschrittenen und sicheren Fahrer wird die folgende Instruktion und ein geringes Ueben im Nehmen von niedrigen Hindernissen genügende Anleitung geben, unerwartet auftretende Hindernisse unter möglichster Schonung des Rades zu nehmen.

Figur 5.

Fig. 7 zeigt das Ueberfahren eines Absatzes von oben nach unten in dem Augenblicke, wie das Vorderrad den Absatz überwinden soll. Das Hinterrad wird rechtzeitig mit dem Körpergewicht belastet. Der Gummireif des Hinterrades zeigt deutlich die Belastung, während der vordere Reifen eine Entlastung zeigt. Sobald das Vorderrad den Boden ohne Erschütterung erreicht hat, verlegt der Fahrer sein Gewicht auf das Vorderrad. Der Vorderreifen zeigt in Fig. 8 deutlich die Belastung, der Hinterreif die Entlastung.

Das Ueberfahren eines derartigen Hindernisses von unten nach oben ist analog.

Durch die in Fig. 8 absichtlich auffallend angedeutete Art des Verlegens des Körpergewichts muss das Fahrrad auch bei geringen Bodenunebenheiten, wie hartgefrorenen Wagenspuren und dergl. möglichst geschont werden.

Der erste Abschnitt der Lehrzeit ist gottlob beendet, die Wanderjahre nehmen ihren Anfang, freudig erregt, der Zeitpunkt ist kaum abzuwarten, sieht der junge Radfahrer sich auf die Chaussee versetzt, um gemeinsam mit seinem Lehrer den ersten Ausflug zu unternehmen. Ein naher Vergnügungsort ist das Ziel. Endlich wird der junge Radler erfahren, welche Seligkeiten und Reize ihm das sagenumwobene Fahrrad zu bieten vermag.

Mit bewundernswerter Leichtigkeit und Sicherheit ist das Fahrrad bestiegen und hipp, hipp, hurrah — auf und davon.

Der Lehrer vergisst vor Staunen fast das Aufsitzen, als er seinen sonst so folgsamen Schüler davonsausen sieht, ruft ihm noch nach: «Mitte der Chaussee halten!» und setzt sich dann ruhig in Bewegung. Nach kurzer Zeit hat der Lehrer seinen jungen Ausreisser eingeholt, bleibt aber in angemessener Entfernung hinter diesem zurück, ohne von seiner Nähe das geringste merken zu lassen. — «Ha — ha», denkt der junge Sportsmann, «ich kann doch schneller, es soll meinem braven Meister schon schwer werden, meine Geschwindigkeit zu erreichen». Wenn der Schüler bisher gelernt hätte, sich nur einmal umzuschauen, aus dem schmunzelnden und überlegenen Lächeln seines Beraters wäre zu lesen gewesen: «Du wirst Dein starkes Tempo bald einstellen!»

In der That, noch wenige Meter, da versagten die Kräfte, die Beine schienen Holzklötzen ähnlich, die Leibwäsche war wie aus einem isländischen Geyser gezogen, die Lungen- und Herzthätigkeit, wie die eines Erstickenden. Schlechter Lehrer, weshalb erliessest Du keine Warnung? Die Antwort: der Lehrer handelte recht, denn er beabsichtigte den Erfolg eines masslosen Tempos zu brandmarken und seine ins Schwanken geratene Autorität wieder voll herzustellen.

Eine gewisse Geschwindigkeit zu erreichen, ist zwar erwünscht, doch wolle man diese nicht zu schnell zu erreichen suchen, ohne durch genügende Uebung die Muskulatur, Lungenthätigkeit u. s. w. an diese Bewegungsart in allmählich sich steigernder Form gewöhnt zu haben. Siehe hierfür Kap. V: «Das Tourenfahren». Diesem Kapitel bleibt aber noch übrig, einige Gefahren zu erwähnen, welche dem Anfänger auf seinen ersten Strassenfahrten begegnen.

Figur 6.

1. Bei Benutzung des Fusssteiges auf Chausseen, gieb acht auf die Chausseesteine (die niedrigen sind die gefahrbringendsten) und biege ihnen entschieden aus; ein Pedal ist leicht verbogen und die Weiterfahrt in Frage gesetzt.

2. Beim Fahren um Ecken mässige Dein Tempo, besonders aber in Ortschaften.

3. Bei Begegnung eines Wagens auf der Land-strasse, lasse einen sicheren Fahrer vorausfahren.

4. In belebten Strassen mit grossem Wagenverkehr ist es ratsam, einem bestimmten Wagen so lange zu folgen, bis freie Bahn vorhanden ist. Hierzu gehört unbedingt Sicherheit im lang-samen Fahren. Wer sein Rad beherrscht, muss dieses können. Ganz langsames Fahren darf keine Anstrengung verursachen, sondern muss eine Erholung sein.

5. Uebe das Absteigen vom Fahrrad auch nach rechts. Es sind viele Fälle bekannt, wo Un-glücksfälle durch diesen Mangel in der Aus-bildung entstanden.

Figur 7.

Figur 8.

## 2. Praktische Winke und Ratschläge für den Ankauf von Fahrrädern.

Der Frühling naht, die Wege werden gangbarer, die Sonne ladet ein, hinaus in die erwachende Natur zu ziehen. Die dumpfen Stuben, die engen Strassen werden unerträglich, was kann da sein, ich kaufe ein Fahrrad, dann hinaus in das duftige Grün, wo die blauen Veilchen blühn.

Wo kaufe ich ein Fahrrad?

Dort drüben im Café «Kaiser» werden zwei Rad-fahrer-Zeitungen gehalten, der «Deutsche Radfahrer» und der «Deutsche Radfahrerbund», diese werden sichere Auskunft geben.

Was enthält der seitenlange, geschmacklose Reklameteil dieser Zeitungen?

«Die Bussard-Fahrräder sind die besten und billigsten, die Habicht-Fahrräder sind unerreicht und am billigsten, die Falk-Fahrräder beherrschen den Weltmarkt und sind die billigsten» u. s. w.

Unser Freund faltet die Zeitung enttäuscht zu-sammen, sucht sogleich den Nachbar A. auf, denn dieser ist Radfahrer und wird zweifellos eine gute Fahrradquelle namhaft machen.

Nachbar A.: «Mit meinem Rade bin ich gründ-lich hineingefallen, es war noch fast neu, als ich es kaufte, doch es will nicht laufen, alle Augenblicke habe ich Reparaturkosten u. s. w. Das Fabrikat stammt aus den N. N.-Werken, natürlich miserabel, aber die Fahrräder von X. & Y. sind grossartig, die muss man kaufen.»

Der Ausdruck «grossartig» erweckt in unserm Freunde Erinnerungen an die nichtssagenden Annoncen der Fachzeitungen, er will sicher kaufen und geht den Nachbar B., einen Radfahrer von Ruf, um Rat an. Nachbar B.: «Kaufen Sie um Himmelswillen keine X. & Y'sche Maschine, kaufen Sie ein N. N.-Fahrrad und dann nehmen Sie eine Uebersetzung von 76″, Reformsattel, Tangentspeichen, Veiths Radial-Pneu-matic-, Imperial- oder Continental-Reifen, das bleibt sich gleich und . . . und . . .»

Von all den Namen und Fachausdrücken wird unserm armen Freunde ganz wirr im Kopfe, was der eine gut heisst, bezeichnet der andere als schlecht.

Wo soll man ein Fahrrad kaufen?

Der Fahrradkauf gleicht dem Pferdekauf. Ein nach jeder Richtung glänzend ausgestattetes Fahrrad ist oft wenig wert; ein einfach aussehendes kann recht gut sein, deshalb wende man sich an einen tüchtigen Fachmann, welcher kein Geschäftsinteresse hat.

Ein parteiloser Fachmann wird einer bestimmten Firma kaum einen besonderen Vorzug geben können. Aeltere Fabriken haben den Vorteil einer längeren Erfahrung und sind meist im Besitze besser geschulter Arbeiter. Ein Fahrrad muss aus bestem Material ge-arbeitet sein und jeder Teil desselben auf seine sorg-fältige Arbeit, Haltbarkeit und genaues Zusammen-passen mit anderen Teilen geprüft sein.

Billige Ramsch-Fabrikate sind ausnahmslos nicht zu empfehlen.

Mit der Billigkeit Hand in Hand geht die Sorglosigkeit der Arbeit und eine mangelhafte Güte des Materials.

Für 250 Mark ist ein recht gutes Fahrrad zu haben, für 400 Mark oft ein recht schlechtes, unter 250 Mark fast ausnahmslos solche Fabrikate, an denen der Käufer auch bei sorgfältiger Behandlung wenig Freude erlebt.

Was die Wahl des Baues, des Gewichts der Maschine, der Uebersetzungsgrösse u. s. w. betrifft, so tritt:

1. Das Alter, das Körpergewicht, die positive Kraft und der Gesundheitszustand des Käufers in Frage.
2. Der Zweck, ob zu geschäftlichem Verkehr und Spazierfahrten, ob zu langen Tourenfahrten und Rennen, ob zu militärischen Zwecken.

Um sich hierüber in Bezug auf die eigene Person ein Urteil zu bilden, studiere man vor dem Kaufe eines Rades unser Fachwerk: «Der Radfahrsport in Bild und Wort».

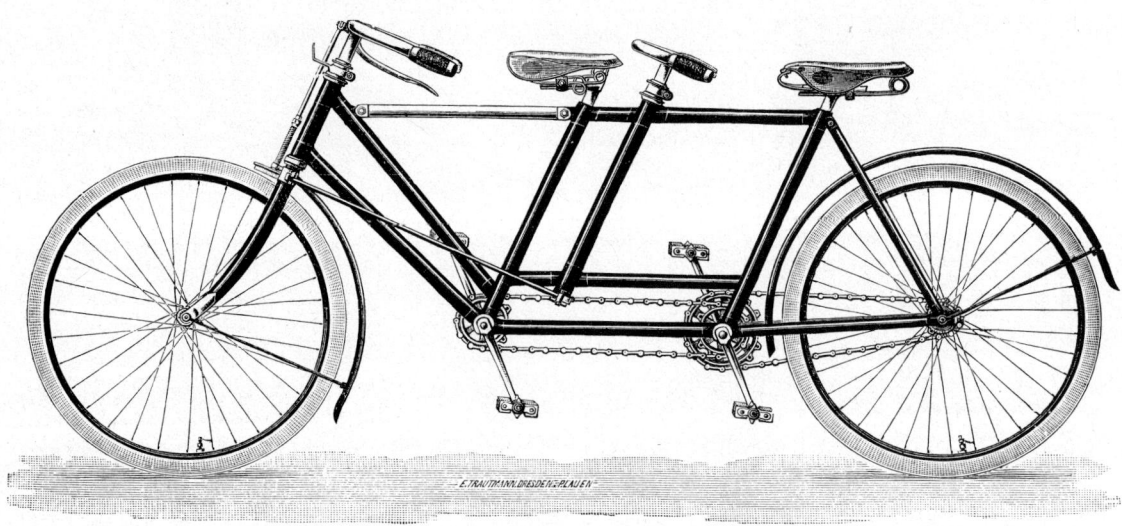

**Tandem mit auswechselbarem Scheitelrohr am Vordersitz.**
Frister & Rossmann — Berlin.

# V. Das Tourenfahren

von

*August Geisser-Regensburg,*

Vorstand des Sportausschusses des Deutschen Touren-Klubs
(Allgem. Radfahrer-Union).

---

## 1. Vorzüge einer Radreise.    Verhaltungsmassregeln auf derselben.

FREUNDE wie begeisterte Anhänger unseres Sports kennen nur die eine Losung: «Das Tourenfahren ist der edelste Zweig des Radfahrsportes». Und es gebührt dem Tourenfahren unter allen Aeusserungen des Radfahrsportes der Preis nicht bloss aus Gründen inneren und äusseren Wertes, sondern auch bezüglich der Zahl seiner Anhänger, welche so ziemlich die Gesamtheit der Radfahrer umfassen mag.

Der Verallgemeinerung des Tourenfahrens kommt aber auch eine ausnehmend günstige Lage innerhalb des radsportlichen Lebens zu gute, denn während Renn- und Kunstfahren ganz besondere körperliche Voraussetzungen und Vorbereitungen verlangen, kann doch jeder nach seinen Mitteln und seiner Zeit das Tourenfahren pflegen.

Freilich, wenn man das Wort «Tourenfahrer, Wanderfahrer» in strengerem Sinne nehmen und es nur für solche gelten lassen wollte, welchen es gegönnt ist, ganze Reisen auf dem Rade zu machen, würden die zahlreichen Sportsgenossen wegfallen, die man füglich «Ausflügler» nennen könnte. Auf einen Tag, auf anderthalb oder auch zwei vermögen sie sich Ausflüge zu gestatten, dann aber findet sie der unerbittliche Beruf wieder zuhause.

Das wäre der Tourenfahrer in weiterem Sinne. In engerem und eigentlichem Sinne aber ist ein Radtourist derjenige, welcher auf mehrere Tage oder Wochen hintereinander fortgeht, seine Maschine als alleiniges Beförderungsmittel festhält und sich den reichen Freuden und gelegentlichen Unbequemlichkeiten des Nomadenlebens auf dem Rade mutig und frohen Sinnes hingiebt und der körperlich und geistig den Anforderungen einer Radreise sich gewachsen erweist.

Wir Anhänger des Tourenfahrens preisen aus Ueberzeugung das Rad als das beste Beförderungsmittel unserer Zeit, wie aber, wenn man andere Reisearten zum Vergleiche heranziehen wollte? — Keine Sorge, unser Rad würde ebenso ehrenvoll bestehen!

Wer fände denn heutzutage noch Zeit zu so ausgedehnten Fusstouren? Alle Prosa und alle Poesie, mit denen die Fussreise gefeiert wurde, vermögen diese Reiseart nicht mehr zu beleben; nur für das Gebirge, für den Meeresstrand, für verhältnismässig wenige Wanderziele ist das Fusswandern heute noch die willkommene Reiseart.

Wagenfahrten empfehlen sich schon mehr, aber hierbei ist von vornherein zu unterscheiden zwischen denen, welchen die Mittel einen eigenen Wagen gestatten und denen, welche die billigere Beförderung in Gesellschaftswagen durch eine Menge von Geduldproben bezahlen müssen.

Die Eisenbahn beherrscht die Welt; sie ist allerdings das schnellste, zeitgemässteste, demokratischeste, in manchen Fällen auch billigste, was an Reisegelegenheiten besteht, aber die Eisenbahnreise macht den Menschen zum Gepäck, das sozusagen willenlos befördert wird; sie erschlafft, statt anzuregen und gestattet, trotz Aussichtswagen, nur einen unvollkommenen, weil unerbittlich rasch vorbeihuschenden Eindruck von den Schönheiten der Natur. Von Unbequemlichkeiten, die mit dem Eisenbahnreisen verbunden sind, von Gesellschaft, Platzenge, vom Studium von Fahrten-Plänen und Anschlüssen u. s. w. hier gar nicht zu reden. Und so wird niemand widersprechen wollen, wenn man die Eisenbahn wohl als das unentbehrlichste Fortbewegungsmittel erklären wird, aber gleichzeitig festhält, dass die Eisenbahnfahrt das Ideal einer Reiseart nicht genannt werden kann.

Wie ganz anders stellt sich die Radreise dar! Wie viele von den Einwänden, die man gegen das Fusswandern, die Wagen- und Eisenbahnfahrt vorzubringen hatte, fallen bei Betrachtung dieser, unserer Reiseart weg!

Es würde der Umfang dieses Kapitels in unthunlicher Weise schwellen, wollte man Punkt für Punkt vergleichen. Wir Vertreter des Wanderfahrens wissen ohnedem aus eigenster Erfahrung, dass die Radreise an Selbständigkeit, an körperlichem und geistigem Gewinn dem Ideal von Reiseart am nächsten kommt; auch die Schnelligkeit lässt wahrhaftig nichts zu wünschen übrig.

Wir können uns den Tag beliebig einteilen, brauchen keine Kursbücher mitherumzuschleppen, sind keine Sklaven der Minuten, können geniessen mit Behagen und Musse — ist das nicht die Selbständigkeit, die wir wünschen können?

Und die Schnelligkeit? Sie wird nur von der Eisenbahn übertroffen. — Was ein wohlbespannter Wagen auf einer Dauerfahrt leistet, macht einem Radler keine Sorge, das fährt er auch, und vom Fussgänger wolle man schon gar nicht reden: er macht seine Wege gar zu oft unter Umständen, welche einen billigen Vergleich nicht zulassen.

Aber angenommen die gleichgünstige Voraussetzung der freien Landstrasse, legt der Fusswanderer im Tage in acht Stunden vierzig Kilometer zu je zwölf Minuten zurück, während welcher Zeit der Radfahrer ohne Anstrengung hundertzwanzig Kilometer zu je vier Minuten, unter günstigen Umständen noch viel mehr im Tage fahren kann und wird.

Was nun endlich den geistigen Gewinn anlangt, hat der Radreisende die Möglichkeit, das höchste Mass von seiner Reise zu ernten; er darf nur offene Augen haben und gut hören, dann wird er sein Wissen nach vielen Richtungen hin ausdehnen, vertiefen, er wird Beobachtungen aller Art machen und staunen über die Unsummen dessen, was sich durch direkte Berührung mit Land und Leuten lernen lässt.

Vom körperlichen Gewinn schliesslich auch noch ein Wort. Wir wissen es ja selbst, dass in den beiden Wörtern Abhärtung und Kräftigung ein wahrer Segen liegt, der sich für das Berufsleben in der nachhaltigsten und segenbringendsten Weise geltend macht. Dr. Fressel hat wahrlich recht, wenn er schreibt: «Nur allein im Tourenfahren ruht die eigentliche, gesundheitfördernde Quintessenz unseres Radfahrsportes». —

Ueber die Geschichte des Wanderfahrens und über besonders hervortretende praktische Vertreter desselben liesse sich vieles schreiben, wo man sich des Raumes halber mit wenigem abfinden muss.

Es ist klar, dass das Wanderfahren besteht, so lange es einen Radfahrsport giebt; aber erst seit den letzten etwa zwölf Jahren kam so ein rechter Zug hinein. Dieses Aufblühen des Wanderfahrens fällt

zeitlich mit der Aufnahme des Niederrades zusammen, das nach kurzem Kampfe mit dem Hochrad sich die Sportwelt wie im Fluge eroberte und die Zahl der Sportsanhänger in ungeahnter Weise schwellte.

Damals, an der Grenzscheide zwischen Hoch- und Niederrad, waren die Verhältnisse anders, so ganz anders und die «Jungen» von heute mögen kaum vermuten, was es hiess, damals nicht bloss Rad-, sondern auch Tourenfahrer zu sein. Kaum geduldet auf der Strasse, den Rohheiten noch nicht gehörig gewitzigter Fuhrleute preisgegeben, ein Gegenstand des Hohnes, oft direkt angefeindet, war der Tourenfahrer auf seinen Vollreifen in Wahrheit ein Pionier unseres Sportes und seines edelsten Zweiges, des Wanderfahrens. --

Die frühesten radtouristischen Grossthaten sind an Namen von Angehörigen der angelsächsischen Rasse geknüpft. Aus ihnen möchte ich wenigstens ein paar erwähnen. Thomas Stevens, Burston und Stokes; Allen und Sachtleben gehören schon in dieses Jahrzehnt.

Der Amerikaner Thomas Stevens unternahm in der zweiten Hälfte der achtziger Jahre seine Weltreise auf hohem Rade. Er war der erste, der derlei unternahm. Ausgehend von San Francisco, durchquerte er den ganzen amerikanischen Kontinent, bereiste Europa und England, fuhr durch Frankreich, Deutschland nach der Türkei, Kleinasien, Persien; er wollte durch Afghanistan nach Indien, wurde aber gefangen genommen und wieder an die persische Grenze zurückgebracht; so musste er bis nach Konstantinopel zurück, von da zu Schiff nach Indien, das er grösstenteils mit Rad durchfuhr bis Calcutta, kam nach Canton, Shanghai und nach mancherlei sehr ernsten Hindernissen nach Japan, um endlich durch diese Inseln nach seinem Einschiffungsort, nach Amerika zu gelangen. Zwei Jahre acht Monate hatte die Reise gedauert: — sie ist in einem bei T. Hirt und Sohn in Leipzig erschienenen reich illustrierten Werke geschildert.

Wenig später traten die beiden Australier Burston und Stokes ihre Welttour ebenfalls auf Hochrad an. Ende 1888 von Melbourne ausgehend, durchquerten sie Australien, bereisten Java, ganz Indien bis Bombay, Aegypten, Palästina, Kleinasien, fuhren durch ganz Europa von Sizilien bis Irland und kehrten durch die Vereinigten Staaten nach ihrer Heimat zurück. — Die Reise ging flott von statten und ist in einem Werke niedergelegt, das nur zur Verteilung an Freunde und Sportsschriftsteller bestimmt wurde. Ich bin auch Besitzer eines solchen prächtigen Buches, voll feiner Gedanken in einer eigentümlich originellen Schreibart: — eine der Zierden meiner reichen Sportsbücherei.

Sozusagen in die neueste Zeit fällt die Weltreise der Amerikaner Allen und Sachtleben herein. Sie legten über 15,000 englische Meilen auf ihrer aufsehenerregenden Reise zurück. Von Liverpool ausgehend, betrachteten sie die Fahrt durch Europa bis Konstantinopel eigentlich nur als eine Uebungsfahrt.

Von dort aus ging ihre Tour an; sie wollten wie Marco Polo Peking auf dem Landwege erreichen und gelangten durch Kleinasien, Persien, Turkestan nach der chinesischen Grenze. In der Durchquerung dieses Landes, von Kuldja bis Peking, liegt die Heldenthat der beiden Reisenden. Das machen ihnen nicht so bald andere nach.

In der asiatischen Türkei hatten sie 1035, in Persien 1351, in Centralasien 1131 und in China 3116 Meilen zurückgelegt, darunter 400 durch die Wüste Gobi. — Nachdem sie Japan und die Vereinigten Staaten durchfahren hatten, kamen sie daheim an; am 3. April 1891 waren sie ausgezogen und am 3. November 1892 war ihre Reise beendigt. Sie ist in einem Werke niedergelegt, das den Titel führt: «Across Asia on a Bicycle» erschien reich illustriert bei der Century Company, 33 East 17th Street, New-York und liest sich im prickelnden Stile eines Romanes.

In umgekehrter Richtung wie seine Vorgänger wollte der Amerikaner Frank Lenz die Erde umfahren. Er versuchte es von Westen nach Osten, machte zuerst die ganze Breite der Union, Japan, China, Indien. Bis dahin ging alles soweit gut; aber dann kam er auf den Schauplatz der armenischen Unruhen und nach langem Forschen und nach Entsendung einer Auffindungsperson — eben der vorerwähnte Sachtleben war zu dem schwierigen Werk ausersehen worden — brachte man endlich als sicher heraus, dass Frank Lenz am 10. Mai 1894 bei Dahar ermordet worden war.

Gegenwärtig sind mehrere Welttouren im Gange: Unter anderm ist Heinrich Horstmann auf seiner Weltreise in Indien angelangt. Er macht seine Reise mit Hilfe des «Radfahrhumor»-München. Er

August Geisser — Regensburg.
Fertig zur Abfahrt!

startete im Mai 1895 von Barmen und fuhr über Amsterdam, London, Philadelphia, Memphis, Austin nach Paisano, wo er bereits 11,358 Kilometer zurückgelegt hatte. El Paso, ein Ausflug nach der mexikanischen Stadt Chihuahua folgten; durch Arizona kam er nach Los Angeles, San Francisco; dann Honolulu, Yokohama und ist jetzt, Ende Februar 1897, auf dem Wege nach Indien.

Mit den angeführten Grossthatleistungen des Radtourismus ist aber lange nicht erschöpft, was anzuführen wäre; nach Dutzenden könnten Fahrten von hervorragender radtouristischer Bedeutung angezogen werden; dass einige davon Reklamefahrten waren, nimmt der Sache den Wert nicht. In diese Klasse gehören die grossen Reisen Jeffersons nach Konstantinopel Moskau, Irkutsk; die Landestouren, wie z. B. Tom Winder's «Around the Country's Edge» rund um die Vereinigten Staaten, in einer Ausdehnung von 18,000 Meilen Grenzlinie; Frankreich ist schon ein paarmal umfahren worden; Mend umfuhr Deutschland auf einer Strecke von rund 6000 Kilomet. und ausserdem ist es von Grüttner und von Steinfeldt von Mülhausen im Elsass bis Königsberg, rund 1550 km, durchquert worden. Zahllos würden die an sich gewiss nennenswerten Länderfahrten unserer Tage sein: Die Touren eines Perrodil-Paris, Bolthausen-Solingen, Kallenberg-Bayreuth u. s. w., ein ganzer Kranz von Namen. — Ganz besondere Erwähnung verdient als Tourenfahrer erster Güte Heinrich Kurz in Mautern, welcher nach einer mir von ihm selbst gemachten und völlig glaubwürdigen Zusammenstellung in den Jahren 1885—96 auf den Strassen sämtlicher Länder Europas — mit Ausnahme von Spanien, was sein Reiseziel für 1900 ist — im ganzen 145,000 Kilometer zurückgelegt hat; seine Jahresleistungen stehen zwischen 13 und 20,000 Kilometern.

Auch der Fernfahrten möchte ich an dieser Stelle gedenken. Freilich sind sie eigentlich ein Mittelding zwischen Rennen und radtouristischer Leistung, aber ihnen verdankt man eine mächtige propagandistische Wirkung für unseren Sport im allgemeinen und die Ausübung desselben auf der Landstrasse im besonderen. Nach der klassischen Fahrt von Land's End nach John o' Groats, von einem Ende Englands bis zum äussersten Ende Schottlands, ist die ebenfalls berühmte Fahrt von Bordeaux nach Paris als Muster für alle übrigen derartigen Fern- und Dauerfahrten anzusehen. Bezüglich dieser Fahrten liesse sich vieles und hochinteressantes erzählen, auch Daten liessen sich anführen, welchen die Bewunderung vor der sportlichen Leistungsfähigkeit einzelner oder ganzer Gruppen von Teilnehmern nicht versagt werden würde. Doch erforderte dieses ein eigenes Kapitel.

Seit 1894 — um nur die jüngste Vergangenheit heranzuziehen — sind von wichtigeren Fernfahrten ausgeführt worden: Basel-Cleve; Dresden-Berlin; Mailand-München und Wien-Berlin, zwei besonders bedeutende und mit ganz ausgezeichnetem Erfolg durchgeführte Fahrten; Rom-Paris; Moskau-Pest-Wien-Triest-Rom; Paris-Mailand; Petersburg-Paris; Petersburg-Moskau; Wien-Moskau; Triest-Wien und Wien-Reichenberg, ebenfalls vorzüglich ausgeführte Fernfahrten. In kleinerem Stile, deshalb aber nicht mindere Beachtung verdienten Fahrten wie Berlin-Hannover; Dresden-Zwickau; Freiburg-Mannheim; Friedrichshafen-Heilbronn und, um die Reihe zu schliessen, die 1896 tadellos durchgeführte Fernfahrt durch die Oberpfalz.

Die Maschine ist für den Radtouristen in mehr als einer Hinsicht die Hauptsache. Ich brauche mich nun bezüglich des Baues, der Einzelteile u. s. w. nur auf das Kapitel III zu beziehen, wo alles Gesuchte zu finden ist; aber ein paar Bemerkungen, welche der radtouristischen Erfahrung entstammen, möchte ich an dieser Stelle machen. Diese wären:

Sogenannten billigen Maschinen kann man seine Gesundheit und die Durchführung der Reise nie anvertrauen. — Auf Leichtigkeit kommt es bei einem zu einer grossen Reise bestimmten Rade durchaus nicht in erster Linie an: fest muss es sein! — Uebersetzung nur 56″—60″, genügt vollkommen mit Rücksicht auf Berge, Gegenwind; der Wanderfahrer spielt nicht den Rekordfahrer. — Der Sattel sei, bei Vermeidung von unangenehmen Erfahrungen, sehr bequem, er werde sorgfältigst nach Erfahrung und Beobachtung gestellt. — Kette durch einen Kettenkasten schützen. — Zehenhalter für Touristen ganz unnötig, je nachdem gefährlich. Unerlässlich ist die Bremse! die kräftige, verlässliche Bremse; «bremsenlos» reisen zu wollen ist für Gebirgsreisen eine strafwürdige Verwegenheit, für das Flachland eine Unklugheit. — Vor der Tour und an jedem Morgen ist die Maschine genau und selbst nachzu-

sehen; ein Reisender auf dem Rade lässt nicht fremde Leute an seinem Rade herumhantieren, er besorgt alles selbst und dann ist er sicher, dass es richtig besorgt ist. Die Anatomie des eigenen Rades darf dem Touristen durchaus nichts fremdes sein; er muss Reifen und kleinere Schäden selber ausbessern können; je grösser die Unabhängigkeit in technischer Beziehung, um so grösser der Vorteil.

Die Werkzeugtasche, unter dem Sattel, sei wohl gefüllt: Schlüssel, Luftpumpe, Drahtzange, etwas Messingdraht von verschiedener Stärke, ein Kettenglied, Ersatzschrauben, Reifenausbesserungsstoff, Putzlappen, Schliessvorrichtung für das Rad, Oelkännchen, alles das und noch mehr geht in eine Werkzeugtasche und soll mitgeführt werden.

Sehr gut ist eine leichte, kleine Laterne; für den Fall, dass man gegenwillig in die Nacht hineinkommt, ist wenigstens der fast überall geltenden gesetzlichen Vorschrift der brennenden Laterne genügt.

Ehe man überhaupt an eine Radreise denken darf, muss man nicht bloss «fahren» können, sondern man muss des Rades vollkommen Herr sein. Schmale Geleise muss man mit Sicherheit fahren und Geleise wechseln können, gleich sicher rechts und links absteigen, rechts und linksum in enger Kurve fahren, Stein- und Kothaufen auf schmalster Stelle umkreisen, das und ähnliches sind die Vorübungen, die sich derjenige nicht gereuen lassen wird, der sich auf eine richtige Radreise vorbereiten will und beabsichtigt, sich und sein Rad wieder gesund heimzubringen. — Das winterliche Schulfahren im Saale, wie es von vielen Vereinen geübt wird, ist eine ganz vorzügliche Schule.

Ein eigentliches Training, wie es der Rennfahrer braucht, ist für den Wanderfahrer nicht nötig; damit ist aber keineswegs gesagt, dass er nicht trainiert sein solle oder müsse. Oh nein! — Wochen vor Antritt der Tour wird man alle Tage fahren, ohne Rücksicht auf Wetter, Strassen, Laune. Die Leistungen werden sich steigern; man wird insbesondere das Bergfahren auch üben und sich daran gewöhnen, unter gewöhnlichen Strassenverhältnissen nicht unter 20—30 Kilometer abzusteigen. Man mache auch einige der grösseren Vorschultouren mit Sack und Pack. — Immer stelle man sich vor Augen, dass es einer gewissenhaften körperlichen Vorbereitung bedarf, Tag für Tag seine 100 und mehr Kilometer zu fahren und dies zu thun, ohne dass Missbehagen aufkommt, ohne dass das Fahren als eine Arbeit empfunden wird.

Wie das Kapitel «Maschine» kann ich auch das Kapitel «Kleidung» hier nur streifen.

Natürlich muss die Kleidung des Radtouristen auf Wind und Regen, Staub und Schweiss eingerichtet sein, also wohl eine Farbe in der Richtung von grau haben und von Wolle sein. Dr. Fressel teilt allerdings die Meinung, auch die Unterkleider von Wolle zu tragen, nicht.

Ein französischer Sportsschriftsteller rät, anstatt des Hemdes einen leichten Sweater auf dem blossen

Leibe zu tragen und erst abends denselben mit dem Hemde zu vertauschen. «Versuchet, und Ihr werdet mir für meinen Rat Dank wissen» setzt er hinzu.

Der Reithosenschnitt ist für Sportanzüge heute eine überlebte Lächerlichkeit; die Pumphose nicht zu bauschig und besonders bequem in der Kniegegend. Sogenannte «Verwandlungshosen» sind für manchen, der in Städten nicht immer als Radler herumgehen will oder hie und da wieder Besuche zu machen hat, eine Annehmlichkeit. Bezüglich der Kopfbedeckung giebt jeder seinem Geschmacke Raum: eine Mütze sieht schneidiger aus und ein weicher leichter Filzhut ist praktischer. Waschlederne Handschuhe schützen vor Insektenstich und mildern bei etwaigen Fällen das Schürfen an den Händen; das bischen gesteigerte Wärme ist bald gewöhnt.

Der Rennfahrer mag Schuhe mit leichtbiegbaren Sohlen haben, der Tourenfahrer braucht festere Sachen,

bestehen, obwohl schon ganz achtungswerte Ansätze hierzu zu verzeichnen sind.

Im allgemeinen wird man für den Augenblick noch das Tourenbuch mit dem Reisehandbuch in der Weise ergänzen, dass man aus letzterem diejenigen Blätter herauslöst, die dem radtouristisch-technischen Materiale das sachliche der Sehenswürdigkeiten zufügen. Das Itinerar wird ja allfällig vorher schon festgestellt, denn in den Nebel hinein fährt kein echter Radtourist, und so bietet auch die Zusammenstellung des Gesamtstoffes Gelegenheit, die Reise schon in Gedanken zu machen, ehe man sie auf dem Rade sitzend wirklich ausführt. Diese Arbeit wird sich unbedingt lohnen, sie erspart unsicheres Umhertasten, Zeitverlust und Enttäuschungen und gewährleistet einen ganzen Erfolg.

Das Gelände spielt beim Reisefahren eine grosse Rolle. Tourenbuch und Profilkarte weisen auf

**Tourenrad mit Rahmentasche und grossen Gepäckträgern**
von Gebr. Reichstein-Brandenburg a. H.

die man auch zum Gehen brauchen kann, ohne dass man nach ein paar Stunden auf Mutter Erde geht.

Unter die unentbehrlichen Kleidungsstücke gehört der Wettermantel oder eigentlich Kragen. Recht feiner leichter Loden werde dazu genommen, der ist nach jeder Richtung hin der beste. Welche Wohlthat, beim Absteigen im Winde, im Schatten, gar erst bei Regen sich die Schultern mit dem Mäntelchen wirkungsvoll schützen zu können.

Eine Radreise muss auch sorgfältig vorbereitet sein. Das ist wirklich nicht schwer, denn seit den letzten zehn Jahren wurde, dem sich geltendmachenden Bedürfnisse entgegenkommend, eine ganze Menge von Büchern und ganze Stösse von Karten geschaffen. Da ich in einem späteren Abschnitt eine bibliographisch-kritische Betrachtung der hauptsächlichen Tourenwerke bringen werde, begnüge ich mich an dieser Stelle mit der Anführung, dass Radfahrerbädeker bei uns in Deutschland vorläufig noch nicht

Ebene oder hügeliges Gelände, zwischen denen der Tourist in vielen Fällen zu wählen haben wird, hin. Giebt es aber keine Wahl, wird der vernünftige Tourist keinerlei Scheu vor bergigen Strecken aufkommen lassen. Wenn auch die Ebene bequemer sein mag, ist sie meistens einförmiger und hat vielfach weniger gute Strassen als im Gebirge; dort sind die technisch besten Strassen und landschaftlich die schönsten, abwechslungsreichsten. Doch darüber braucht man kein Wort zu verlieren.

Anstatt also bergige Strecken zu scheuen, übe man sich lieber aufs Bergfahren ein. Vorsichtig und stetig bringt zum Ziel; langsam treten, fest hinein in die Pedale, unmittelbar vor sich hinsehen und immer sich an den Radlerspruch erinnern: «Bergauf sachte, geradeaus trachte!»

Fühlt man aber irgendwelche Beschwer, kann man z. B. nicht mehr durch die Nase allein Atem holen, dann steige man einfach ab und bedenke, dass man das Vielfache an Kraft einbüsst, was man auf Kosten seiner Gesundheit an Zeit gewinnen würde.

Die Reisezeit zu wählen ist nur wenigen gegönnt. Wenn man aber darüber abstimmen würde, welche Jahreszeit zum Reisefahren am meisten vorzuziehen sei, würden sich wohl die Stimmen gleichheitlich auf Frühling, Sommer und Herbst verteilen, denn jede dieser Zeiten hat ihre besonderen Vorzüge und erst recht, wenn man die Jahreszeit mit bestimmten Reisezielen ins Auge fasst. Diese letzteren vermögen die Reisezeit zu beschränken; denn Alpenpässe z. B. wird man nicht machen, ehe sie für die Achse frei sind, nach Italien wird man kaum im August gehen, es sei denn, man erfreue sich einer besonderen Widerstandskraft gegen die Hitze bei Tag und Schwüle bei der Nacht u. s. w.

Eine richtige Tageseinteilung ist stets die Hauptsache. Die aufgehende Sonne sieht den erfahrenen Radtouristen schon auf dem Rade; langsam fährt er

Der sogenannte Kilometerfresser, der macht es freilich anders. Der rast dahin, ohne nach rechts zu blicken oder nach links; dafür bringt dieses Zerrbild eines Radtouristen aber auch von seiner Reise keinerlei Gewinn mit heim.

Es mag vorkommen, wenn es auch nicht im Plane lag, dass man etwas in die Nacht hineinkommt. So angenehm nun auch eine gelegentliche Ausfahrt in Gesellschaft, auf bekannten Strassen, bei Vollmondschein sein mag, so leicht kann eine Nachtfahrt in fremder Gegend unangenehm werden, ja sogar noch mehr. «Die Nacht ist keines Menschen Freund», das sollte vor allem bei der Anordnung der Tagesleistung berücksichtigt werden, dann kommen Nachtfahrten äusserst selten vor. Um aber denselben den ärgsten Stachel zu nehmen, riet ich, die kleine leichte Laterne nicht daheim zu lassen.

Auf die Frage: «was ist mitzunehmen, wie und wo ist es zu verpacken», wird auch

**Tourenrad**
aus den Wanderer-Fahrradwerken von Winkelhofer & Jänicke in Chemnitz.

zwar, bis sich die Muskeln an schnellere Gangart wieder gewöhnt haben, und nach einer halben, ganzen Stunde schon lässt er «laufen» und bis zur ersten Rast hat er schon ein tüchtiges Stück vom Tagewerk hinter sich gebracht.

Mittags, von etwa 11 Uhr an, setzt man am besten einige drei Stunden aus, benützt die Zeit zur Besichtigung von Sehenswertem in Städten, oder erholt sich, nimmt ein Bad bezw. macht eine gründliche Abreibung. Von 4 bis etwa 8 Uhr wird der kleinere Teil der Tagfahrt abgefahren und man kommt wohlbehalten und in guter Stimmung — Müdigkeit ist keine Krankheit — am abendlichen Ziele an.

Während des Tages aber fuhr man dem Grundsatze entsprechend: «Man bemesse das Vergnügen nach der Zeit und nicht nach dem Kilometer», fuhr stetig, liess sich durch nichts zum Hetzen verleiten, nahm Berge vernünftig, stieg ab wann nötig und schonte sich, ohne säumig gewesen zu sein.

jeder Tourist eine andere Antwort wissen; es kommt eben zuviel auf die Zeitdauer der Reise, die Richtung und das Ziel derselben und auf die Bedürfnisse des einzelnen an. Die Erfahrung wird auch hier ihr mächtiges Wort vernehmen lassen.

Vor allem ist zu bedenken, dass das Rad kein Gepäckwagen ist; aber auch das zuviel und zuwenig sind bedenkliche Klippen, an denen schon viele Hoffnungen und viel Vergnügen gescheitert sind.

Das beste wird wohl sein, den unmittelbaren Bedarf für etwa zwei bis drei Tage auf dem Rade mitzuführen und den Rest des Gepäckes im Koffer oder in der Tasche mit Post oder Bahn oder Schiff so vorauszusenden, dass man die Sachen sicher im gewünschten Augenblick zur Hand hat. Will man das aber nicht, nimmt man etwas mehr auf dem Rade mit und lässt unterwegs waschen.

Ein dritter, von vielen gepriesener Weg wäre,

das nötigste nur mitzuführen und sich nach Bedürfnis auf der Reise selbst nachzuschaffen.

Was nun mag unter die allernötigsten Sachen zu rechnen sein? Neben der Waschrolle, die auch mit einigem Inhalt für kleinere Unfälle ausgestattet ist, sind die Unterkleider unerlässlich und die Strümpfe. Es ist goldeswert, wenn man abends nach einer sehr gründlichen Abreibung die gebrauchte Tageswäsche durch frische, kühle, reine ersetzen kann. Auch der Wetterschutz ist nicht zu vergessen.

Das als unvermeidlich ausgewählte Gepäck wird in einer Rahmentasche untergebracht. Solche sind heute in allen Preislagen und allen Bedürfnissen genügend, auf dem Markte. Sie soll nicht zu breit, zwar wasser- aber nicht luftdicht, mit steifen Seiten, dass sie sich nicht ausbaucht, und leicht zu befestigen und wieder abzunehmen sein. In diese Tasche legt man die Gegenstände immer an dieselbe Stelle, so

sellschaft sind Reisen in grösseren Gruppen durchzuführen. Es wurden schon viele Karawanenreisen mit Erfolg durchgeführt. Dabei braucht man sich die Teilnehmer nicht vorzustellen, wie sie aufgeschlossen daherkommen und den Staub der Vorderleute zu kosten bekommen, o nein. Die Erfahrung hat bessere Anordnungen geschaffen. Am Morgen werden die Tagesstrecke, die Gaststellen für die einzelnen Mahlzeiten, es wird insbesondere der abendliche Treffpunkt ausgemacht. Die Fahrt beginnt, die Gesellschaft teilt sich in kleine Gruppen, die sich nach besonderer Neigung zusammenfinden, oder man fährt eine Zeit lang allein, ganz nach Belieben, man kommt im Gasthof an, nimmt Mittag ein, fährt nach Gutdünken weiter, rastet hier, nimmt dort ein hübsches Bild auf, hat das beruhigende Gefühl, Freunde auf der Strecke zu wissen, und kommt ganz gemütlich am abendlichen Ziele an, wo schon alles bereitsteht und man die

**Tourenrad**
von Dürkopp-Bielefeld.

dass man seine Sachen ohne hinzusehen finden könnte, und packe gleichartiges zusammen. Auf die Lenkstange kommt nur der Wetterschutz und allenfalls der Rock, sonst nichts, am allerwenigsten schwere Gegenstände.

Eine andere Streitfrage ist das Reisen allein oder in Gesellschaft. Je nach Eigenart des einzelnen wird die Antwort anders lauten.

Schwieriger als für eine andere Reise ist es, für eine Radtour einen oder mehrere passende Genossen zu finden. Neben den allgemeinen notwendigen Voraussetzungen für ein angenehmes Zusammenleben, müssen die Gefährten annähernd gleiche Bildung, gleiche Reisezwecke und möglichst gleiche sportliche Leistungsfähigkeit haben; auch die Vermögensaufwendungen für die Reise dürfen nicht zu verschieden sein.

In mancher Beziehung leichter als in kleiner Ge-

Gefährten alle findet und lebhafter Austausch der genossenen Eindrücke den schönen Tag wieder schliesst.

Was aber den Alleinreisenden anlangt, ist sicher, dass er zwar ohne «Unterhaltung» ist, dass er aber ums vielfache unabhängiger ist, als ein an einen Gefährten gebundener Tourist, und Unabhängigkeit ist ein ganz ungeheurer Vorteil und Genuss! Freilich verlangt das Alleinreisen viel mehr Selbständigkeit, mehr sportliche Tüchtigkeit und einen festen Willen, ich möchte sagen, es erfordert einen tüchtigen Menschen zur vorsatzmässigen Durchführung der Tour.

Bei der Schwierigkeit, einen wirklich passenden Gefährten zu finden, empfiehlt es sich, keinen zu suchen, sondern das Alleinreisen zu versuchen. Man fährt seine Strasse ganz nach Herzenslust und thut, was man für gut findet. Abends findet man sicher überall Gesellschaft und dann kann man dem Geselligkeitstrieb freien Lauf lassen.

Die Adressbücher der grossen Verbände geben ja auch die Ortsvertreter an und es wird diesen Herren ein Vergnügen sein, dem durchreisenden Genossen die Ehre des Ortes zu erweisen. Die Ortsvertreter sind auch die beste Quelle, um ergänzende Erkundigungen über das Werk des kommenden Tages einzuziehen.

Die Veranschlagung der Reisekosten sei nicht zu bescheiden. Man muss ja nicht aufbrauchen, was man mitnimmt, und immerhin für unvorhergesehene Fälle gerüstet sein. Wenn man auf der Tour selbst auch klugerweise haushälterisch mit seinen Goldstücken umgehen wird, kann man die Reisezeit nicht als Sparzeit ansehen und man möge immer bedenken, dass die Reise ein Genuss ist und dass Genüsse bezahlt werden müssen.

Der Gasthof, die abendliche Verpflegungsstätte des Radreisenden, spielt eine bedeutende Rolle im Reiseleben. Schon bald nach Eintritt einer allgemeinen Verbreitung des Radsportes haben sich die grossen Radfahrvereinigungen — einzelne Personen und auch Vereine sind in dieser Beziehung machtlos — an die Aufgabe gemacht, für ihre Mitglieder besondere Vergünstigungen in «ihren» Gasthöfen zu erwirken. Die diesbezüglichen Bemühungen waren nicht erfolglos, doch bleibt immerhin noch mancherlei zu thun; es ist aber auch sehr schwierig, auf diesem Felde allgemein befriedigende Erfolge zu erzielen, da die Personen, mit denen man zu thun hat, zu oft wechseln. Mancher Gasthof, der heute auf der Höhe steht, wechselt mit dem Besitzer auch seinen Ruf.

Man findet die Adressen der Radfahrergasthöfe in den Jahrbüchern der grossen Vereinigungen und der ausserdeutschen Tourenklubs. Hier wäre nur zu sagen, dass man es weniger auf Preisabzüge bei den Radfahrwirten absehen sollte, als auf Befriedigung unserer besonderen Bedürfnisse. Denn, wenn auch heute die Zahl der Wirte, die uns als eine Art Landstreicher ansehen, weil wir verstaubt am Ziele ankommen, verschwindend klein sein wird, bringt man uns doch häufig nicht jenes Verständnis entgegen, auf das wir als gute Kundschaft Anspruch machen dürfen. Man soll uns vor allem für unsere in doppeltem Sinne teueren Räder über Nacht ein trockenes, sicheres Plätzchen einräumen, man soll uns Badegelegenheit geben, man soll in die Gasthofbibliothek die Ortsführerbücher stellen, die Karten der Umgebung aufhängend haben, Ausbesserungsmaterial schadet auch nicht, und wenn dann — um den allerdings unfertigen Wunschzettel zu schliessen — der Wirt selbst ein entgegenkommender Mann, vielleicht gar ein Sportsgenosse ist, dann wird man gerne und ohne Abzüge bezahlen, was andere auch bezahlen, und nicht um Pfennige knausern. Der Wirt aber erinnere sich, dass ein gut untergebrachter Gast Dutzende Kameraden nach sich zieht und dass wir und unser Geld mindestens ebensoviel wert sind, als Reisende, die in Mietwagen geschniegelt und gebügelt daher kommen.

Wir Radtouristen merken uns den Wirt, der uns gut bedient und empfehlen ihn, und ebenso ist es für uns eine Pflichterfüllung, vor Häusern, in denen der Wirt kein Geschäftsmann ist, in weitesten Kreisen zu warnen.

Das Kapitel vom Hunger und Durst bleibe einer fachmännischen Feder vorbehalten, nur um keine Lücke zu lassen, sollen einige Erfahrungssätze folgen.

Der Durst gehört zum unangenehmsten, was man sich vorstellen kann. Ihn niederzukämpfen, bis zu einem gewissen Grad mindestens, erfordert ungewöhnliche Willenskraft. Kaltes Getränk in Masse z. B. Wasser zu trinken, ist sehr schlecht, man schwitzt furchtbar, wird unbedingt kraftlos und setzt sich der Gefahr einer bösen Magenverkältung aus. Wenn man so recht Durst hat, soll man zuerst den Mund ausspülen, mehrmals, das allein schon lindert; dann langsam, noch langsamer trinken und immer dem Wasser Zucker zusetzen. Am besten sind warme Getränke, sie stillen zwar nicht augenblicklich, aber gründlich den Durst. Heisser Thee und Citronensaft, das ist sehr gut. Spirituöse Getränke auf der Tour meide man wie Gift; höchstens trinke man derlei am Ziele und selbst da möglichst mässig.

Was die Stillung des Hungers anlangt, ist es am besten, ihn gar nicht erst aufkommen zu lassen.

Morgens fahre man nicht nüchtern weg; man erspare sich aber auch die Geduldprobe, bis eine ungewaschene verschlafene Köchin den Kaffee macht, den man im ungelüfteten Wirtsraume aufgetragen bekommt, sondern bekehre sich für die Reisedauer von der Meinung, als ob unter Frühstück unbedingt etwas Warmes zu verstehen sei. Eier, Glas Milch und Brot thun den Dienst und man hält sich nicht auf. Uebrigens ist der kluge Mann nie ohne «essbare Nachhilfe» auf der Tour. Am lauschigen Plätzchen am Quell lässt er sich auf einige Minuten nieder, isst sein mitgenommenes Fleisch und Brot und trinkt etwas Wasser dazu. So lebt man herrlich, unabhängig und zuträglich und kommt meist auch noch billiger bei.

Was der Arzt über anreizende Mittel zu sagen haben wird, weiss ich nicht; ich halte all das Kafeïn und Maté und Kola nach selbstangestellter Probe für Selbsttäuschung oder für noch schlimmeres. Nur von Kolapräparaten könnte man schliesslich noch ein Wort reden. — Es ist alles das keine Nahrung und mit nichts kann man den menschlichen Ofen nicht heizen.

Das Benehmen auf der Strasse ist eine für alle Parteien wichtige Frage. Der Radfahrer, die begegnende Partei und der Nachfolger sind gleichermassen beteiligt. Unbedingte Aufrechthaltung der Strassengesetze bezüglich des Ausweichens, der Zeichengebung, seien Grundsatz jedes Touristen. «Ein gutes Wort findet einen guten Ort» ist auch ein wahres Sprichwort mit einer wohlthätigen Nutzanwendung für den Strassenfahrer. — Dass man durch Ortschaften und bei Verkehr vorsichtig fährt, verlangt schon die Selbsterhaltung und der Wunsch, mit den Behörden in keinen unangenehmen Verkehr treten zu müssen. — In schwierigeren Lagen nur immer besonnen bleiben, im Notfall aber kräftig auf seinem

Recht beharren, von Waffen nur im alleräussersten Fall Gebrauch machen. Immer sich tadellos halten, das ist Pflicht gegen sich selbst, aber auch gegen alle Nachkommenden, die unter Umständen büssen müssten für Taktlosigkeiten der Vorausgefahrenen.

## 2. Erleichterungen des Grenzverkehrs.

Seit dem Entstehen von Landesindustrien in Fahrrädern wurde die heimatliche Industrie durch Belegung von Zöllen auf ausländische Fahrräder zu schützen gesucht. Solange dadurch nur neue Räder, welche ausgesprochene Handelsartikel sind, betroffen wurden, verstand sich das von selbst.

Ganz anders aber ist der Fall, wenn durch derlei Zollforderungen der freie Verkehr an den Grenzen für den Radtouristen eingeschränkt wird. Das Rad des Touristen trägt Spuren des Gebrauches und es haben solche Maschinen ohnehin stark verminderten Wert und können nicht wohl behandelt werden, wie wenn es neue in Gestell verpackte Räder wären. Und doch behandeln eine Reihe von Staaten beide ihrem Werte und ihrer Bestimmung nach grundverschiedenen Räder zöllnerisch in der gleichen Weise.

Nur einige Länder, Deutschland vor allem, dann Dänemark, Griechenland, England, Holland lassen die Maschine des Radtouristen vollständig frei eingehen. Die anderen Staaten belegen auch die gebrauchte Maschine ganz wie einen Handelsartikel mit Zoll, und die Klagen über Abhängigkeit von Zeit und Umständen und die Beschwernisse eines Grenzüberganges wollen nicht verstummen; in einigen Ländern: in Oesterreich, Italien und Schweden war und ist es besonders schlimm. —

Freilich war die Zollsumme, welche z. B. für Oesterreich 25 fl. ö. W. Gold, für Italien 42 L. Gold, für die Schweiz 70 cts. und für Frankreich 2 fr. 50 cts. für das Kilogramm, für Belgien 12 % und für Schweden 15 % vom Werte betrug, nur eine zeitweilig hinterlegte und im allgemeinen bekam man sie beim Verlassen des Landes wieder herausbezahlt, aber der Schwierigkeiten erwuchsen doch abschreckend viel.

Was war natürlicher, als dass sich seit der Verallgemeinerung des Radsportes und damit der Radtouristik die grossen Vereinigungen bemühten, die bestehenden Schwierigkeiten für den Radtouristen, wenn auch nicht ganz zu beheben, was bisher vergeblich versucht wurde, so doch möglichst zu mildern.

Von Schlesien bis zum Bodensee, ist Deutschland von Oesterreich begrenzt und Oesterreich galten auch die ersten Bemühungen nach der Richtung der Grenzerleichterungen. In dieser Beziehung enthielt der Jahrgang 1893 des «Deutschen Radfahrer» in seiner Nr. 12 interessante Daten. Schon damals waren von seiten der Allgemeinen Radfahrer-Union Zollgaranten aufgeführt, unter welchen österreicherseits anerkannte Grenzanwohner zu verstehen sind, die den Zollbetrag gewährleisten für diejenigen Mitglieder, welche mit Grenzkarten ausgestattet erscheinen. Die Einrichtung hat sich bewährt und jetzt stehen dank der Betreibung durch Rob. Tochtermann sen.-München den Mitgliedern des Deutschen Touren-Klubs, A.R.-U.,

76 Grenzstationen von Bregenz bis Böhmen hinauf offen. Ein paar Jahre später erwirkte noch der Deutsche Radfahrerbund ähnliche Erleichterungen für seine Mitglieder.

Mit Oesterreich war nun den allerdringlichsten Bedürfnissen einstweilen genügt, der Hauptzug der Touristen, soweit sie die schwarzweissroten Grenzpfähle überfuhren, ging ja nach Oesterreich, aber auch andere Länder mussten zugänglicher gemacht werden.

In diesen Bestrebungen ging der von mächtigen Gönnern unterstützte französische Tourenklub voran und bohrte solange, bis die schwierigsten Länder, wie z. B. Italien, mürbe gemacht waren.

Von deutschen Verbänden war es der Deutsche Touren-Klub, A.R.-U., welcher voranging, und im Frühjahr 1896 wurden Frankreich und die Schweiz durch die Bemühungen Rebenacks-Hagenau, und im Sommer des gleichen Jahres 1896 wurden Belgien und Italien durch August Geisser-Regensburg frei gemacht.

Der Deutsche Radfahrerbund, in der Person des Herrn Dr. Scharlach-Strassburg, hat sich mit Erfolg bemüht, für die Bundesmitglieder gleiche Vorteile zu erreichen, wie sie den Mitgliedern des Deutschen Touren-Klubs, A.R.-U., bei Grenzüberschreitungen bereits eingeräumt waren, und nun stehen den Mitgliedern der grossen deutschen Verbände die Grenzen von Oesterreich, der Schweiz, von Italien, Frankreich und Belgien «offen», soweit dieses gesagt werden kann.

Vieles ist bereits geschehen, mehr noch ist zu erstreben und nicht eher ist zu ruhen, bis von allen Staaten der zöllnerische Grundsatz unseres Vaterlandes angenommen sein wird:

«Das Rad des Touristen ist frei an allen Grenzen!»

### Anhang.

1. Vorschriften betr. den Uebergang über die
österreichische Grenze.

Der Radverkehr nach Oesterreich, besonders nach Tirol und Vorarlberg, war von jeher ein sehr lebhafter, leider aber durch Zollformalitäten sehr erschwert. Nach vielen Bemühungen hatte man schliesslich an den einzelnen Zollstationen behördlicherseits anerkannte Personen als Garanten durch die Union bestellt, welche für die auf Touren nach Oesterreich eingeführten Räder unter Rückbürgschaft der Union bezw. der betreffenden Mitglieder dafür hafteten, dass erstere nicht verkauft wurden und überhaupt nicht im Lande verblieben. Das Aufsuchen der Garanten und alle damit zusammenhängenden Formalitäten waren aber ebenso umständlich als zeitraubend, namentlich wenn der betr. Garant vielleicht gar nicht zu Hause oder auf längere Zeit abwesend war.

Um diesen Uebelständen abzuhelfen, waren seit längerer Zeit weitere Unterhandlungen zwischen der

Union und den Behörden im Gange und nun ist auf eine diesbezügliche Eingabe des Haupt-Konsulates München des Deutschen Touren-Klubs, A. R.-U., mit Erlass des k. k. Finanzministeriums den Mitgliedern des Deutschen Touren-Klubs, A. R.-U., neuerdings eine weitere Erleichterung der Grenzüberschreitung dadurch eingeräumt worden, dass dieselben auf Grund der Generalbürgschaft eines österreichischen Bankhauses nach Vorzeigung der Unions-Mitgliederkarten ohne weiteres einen Eintrittsschein erhalten. — Die nach Oesterreich eintretenden Radfahrer haben sich also nur bei der bezüglichen Zollbehörde mit ihrer von der Union ausgestellten und mit ihrer von derselben abgestempelten mit Photographie versehenen Legitimationskarte auszuweisen, ohne dass sie wie bisher nötig hätten, den betreffenden Zollgaranten zu verständigen. Die eingeführte Maschine wird also fernerhin an den Zollstationen sofort plombiert und dem Fahrer ein Ausweis bezw. ein Passierschein ausgefertigt, Die übrigen Bestimmungen bleiben unverändert. So z. B. muss auch fernerhin darauf geachtet werden, dass beim Verlassen Oesterreichs, ganz gleichgültig ob per Bahn oder per Rad, auf der letzten Station beziehungsweise am österreichischen Zollhaus an der Grenze das Zollpapier abzugeben ist. Man lässt sich diese Abgabe entweder auf ein Stück Papier oder ins Tourenbuch bestätigen.

Werden die Maschinen mehrerer Reise-Kollegen zusammen auf ein Zollpapier eingelassen, so müssen alle wieder zusammen zur selben Zeit und am selben Ort Oesterreich verlassen.

Unter keinen Umständen darf jemand das österreichische Staatsgebiet verlassen, ohne sein Zollpapier abgegeben zu haben, da er sonst für den Zoll aufzukommen hat, was ca. Mk. 70 kostet.

Im Falle jemand während der Gültigkeitsdauer des Zollscheines eine andere als die vorgemerkte Maschine nach Oesterreich verwendet, ist die Grenzkarte umzutauschen und neu anzumelden.

Die obengenannten neuen Bestimmungen scheinen überdies wohl auch auf die anderen deutschen Radfahrer-Vereinigungen ausgedehnt zu werden, wenigstens wird in diesem Sinne bereits berichtet. Auf alle Fälle aber hat hier der Deutsche Touren-Klub in sehr zeitgemässer Weise die Initiative in einer Angelegenheit ergriffen, welche seinen Zwecken und Grundsätzen wohl entspricht.

Ganz ähnlich verhält es sich mit der Ueberschreitung der Grenzen anderer Nachbarländer. Wir geben zur Orientierung hierüber die vom D. R.-B. aufgestellten und behördlicherseits anerkannten Bestimmungen wieder:

2. Anweisung des Deutschen Radfahrer-Bundes zum zollfreien Eintritt nach der Schweiz, Frankreich, Italien und Belgien.

*A) Allgemeines.*

§ 1. Die Legitimationskarten zum hinterlegungsfreien Grenzübergange werden durch den Gau 6, Oberrheingau, an alle Mitglieder des D. R.-B. ausgefertigt. Gesuche sind zu richten an den 1. Vorsitzenden des Gau 6, Herrn Rechtsanwalt Dr. Scharlach, Blauwolkengasse Nr. 8, oder an den Gauschriftführer Herrn Th. Roeder, Spatzengasse 7, zu Strassburg i. E. Dem Gesuche ist als Nachweis der Bundesmitgliedschaft die Mitgliedskarte des D. R.-B. beizufügen, sowie als Beitrag für Porto und Druckkosten Mk. 1. — pro Karte und Land.

§ 2. Die Legitimationskarte sowie die etwa ausgestellten Ausfuhrbescheinigungen sind nach beendeter Reise sofort «Eingeschrieben» an den 1. Vorsitzenden bezw. den Schriftführer des Gau 6 einzusenden. Auf der Rückseite der Legitimationskarte ist, wenn nicht eine besondere Ausfuhrbescheinigung seitens der ausländischen Grenzbehörden ausgestellt wird, wie bei der Schweiz und Belgien, die Wiederausfuhr des betreffenden Fahrrades durch den Beamten des ausländischen Grenzzollamtes zu bescheinigen (cfr. die besonderen Bemerkungen bei den einzelnen Staaten).

§ 3. Zum Eintritt bezw. Austritt dürfen nur Zollstrassen gewählt werden, d. h. solche Strassen, an welchen sich ein Zollamt des betreffenden Landes befindet.

§ 4. Bei Ueberschreitung der Grenze hat der Radfahrer langsam bis an das nächste Zollamt zu fahren und sich dort unter Vorzeigung seiner Legitimationskarte zu melden und um die Ausstellung eines Scheines auf zeitweise zollfreie Einfuhr seines Rades zu bitten. Auf diesem Scheine ist unter allen Umständen die Fabriknummer des Fahrrades einzutragen.

§ 5. Dieser Freischein ist sorgfältig aufzubewahren und muss beim Verlassen des fremden Landes auf dem ausländischen Zollamte abgegeben werden mit Ausstellung der Ausfuhrbescheinigung nach § 2.

Jedes Rad, dessen Ausfuhr nicht durch Rückgabe des erwähnten Freischeines nachgewiesen ist, gilt als defraudiert. Der Vorstand des Gau 6 hat demnach für Zahlung des Zolles nebst etwaiger Strafe aufzukommen. Es wird daher dringend darum ersucht, den Freischein stets ordnungsgemäss abzugeben, da eine spätere Einsendung desselben nicht von Zahlung des Zolles nebst Strafe befreit.

Selbstverständlich haftet jeder Inhaber einer Legitimationskarte dem Vorstand des Gau 6 gegenüber für alle Verbindlichkeiten, welche demselben durch das nichtordnungsmässige Verhalten des Karteninhabers erwachsen.

§ 6. Der Freischein wird nur für vorübergehenden Aufenthalt gegeben. Die Dauer des Aufenthalts wird auf dem Scheine vermerkt und darf unter keinen Umständen überschritten werden, da sonst das Rad ebenfalls als defraudiert betrachtet wird, der Zoll verfallen ist und erhoben wird.

§ 7. Zur Vermeidung von Schwierigkeiten beim Wiedereintritt nach Deutschland empfiehlt es sich, eine Bescheinigung des Gemeindevorstandes oder der Polizei des Heimatsortes mitzunehmen, aus der ersichtlich ist, dass das mit Fabriknummer und Namen bezeichnete Rad aus Deutschland stammt.

### B) Besonderes.

### I. Die Schweiz.

Die vom Gau 6 ausgestellten Legitimationskarten berechtigen zum hinterlegungsfreien Eintritt nach der Schweiz sowohl von Deutschland, als auch von Oesterreich, Italien und Frankreich aus. Die schweizerischen Grenzzollämter stellen sogenannte Passierscheine aus. Der eigentliche Passierschein ist beim Verlassen der Schweiz beim Grenzzollamte abzugeben, wogegen der schweizerische Grenzbeamte auf dem dem Passierscheine angebogenen Ausfuhrbescheinigungscoupon die Wiederausfuhr des Fahrrades zu bescheinigen hat. Diese Ausfuhrbescheinigung ist sofort an die unter A § 1 genannten Vorstandsmitglieder des Gau 6 einzusenden.

Was die Gültigkeit der Passierscheine und damit die Dauer des Aufenthalts betrifft, so ist zu bemerken, dass die in der ersten Hälfte eines Jahres, also in der Zeit vom 1. Januar bis 30. Juni ausgestellten Passierscheine eine Gültigkeitsdauer bis 31. Dezember desselben Jahres; die in der zweiten Hälfte des Jahres, also in der Zeit vom 1. Juli bis 31. Dezember ausgestellten Scheine eine solche bis 30. Juni des folgenden Jahres haben, also auch eine eventuelle ebensolange Aufenthaltsberechtigung in sich schliessen. Die Zeit des Aufenthaltes ist aber unter allen Umständen auf dem Passierscheine zu vermerken.

Eine Verlängerung der auf dem Passierscheine angegebenen Frist ist statthaft, aber unter keinen Umständen über die Dauer eines Jahres hinaus, so dass also ein am 11. April 1897 ausgestellter Passierschein, der eigentlich — siehe oben — am 31. Dezember 1897 abgelaufen wäre, bis zum 11. April 1898, aber auch niemals weiter, verlängert werden kann.

Ein diesbezügliches Begehren ist bei einem Zollamte oder Zollbezugsposten zu stellen und zwar vor Ablauf der auf dem Passierscheine angegebenen Frist. Die Verlängerung der Frist wird auf dem Passierscheine vermerkt.

Für Ausstellung der Passierscheine werden von den schweizerischen Zollämtern keine Kosten berechnet.

### II. Frankreich.

Der hinterlegungsfreie Eintritt nach Frankreich kann gegen Vorzeigung der vom Gau 6 ausgestellten Legitimationskarte geschehen, sowohl von Deutschland, als auch von Italien, der Schweiz und Belgien aus.

Nach Ueberschreiten der Grenze hat der Radfahrer beim Grenzzollamt selbst anzuhalten oder auf Anruf — *arrêtez monsieur* — sofort anzuhalten. Durch den Grenzbeamten wird ihm dann gegen Vorzeigung der Legitimationskarte ein Schein auf Stempelpapier ausgestellt, auf welchem die Fabriknummer des Rades und die Dauer des Aufenthalts vermerkt wird. Letzterer kann die Dauer eines Jahres erreichen, und darf die auf dem Scheine angegebene Frist unter keinen Umständen überschritten werden.

Beim endgültigen Verlassen des französischen Landes hat der Radfahrer darauf zu achten, dass die auf der Rückseite der Legitimationskarte befindliche Ausfuhrbescheinigung nach Vervollständigung derselben durch Ausfüllung des Namens und der Fabriknummer des Rades und des Namens des Besitzers seitens des französischen Grenzbeamten, nachdem demselben der Freischein ausgehändigt ist, unterschrieben wird.

Die französischen Behörden berechnen für Ausstellung des Freischeines etwa 1 Fr. = 80 Pfg.

### III. Italien.

Gegen Vorzeigung der vom Gau 6 ausgestellten Legitimationskarten haben die Bundesmitglieder zollfreien Eintritt mit dem Fahrrade an nachstehenden an der Nordgrenze von Italien nach Frankreich, der Schweiz und Oesterreich zu gelegenen Grenzzollämtern und zwar:

1. Von Frankreich aus:

Grimaldi und Ventimiglia auf der Strecke von Mentone nach San Remo; Piena und San Dalmazzo di Tenda und Argentera auf der Strecke Nizza—Turin; Modane von Genf aus; La Thuile über den kleinen St. Bernhard und Saint Remy über den grossen St. Bernhard und Clavieres Bard.

2. Von der Schweiz aus:

Iselle über den Simplon; Arona Piaggio di Valmara an der westlichen Uferstrasse des Lago Maggiore, Luino, Ponte Tresa, Chiasso, Ponte Chiasso, Montespluga (Splügen), Villa di Chiavenna vermitteln den Uebergang von den schweizerischen Seen zu den oberitalienischen Seen über den St. Gotthard, Luckmanier, St. Bernardino, Splügen und Maloggia-Pass; Tirano macht den Bernina-Pass frei.

3. Von Oesterreich aus:

Vermittelt Stelvio den Uebergang von Schluderns nach Bormio, Ponte di Legno über den Tonale-Pass von Trient, Mezzolombardo nach dem Lago di Como und Bergamo; Ponte Caffaro verbindet Tione mit Brescia; Riva di Trento führt zum Gardasee; Ala und Peri führen von Trient nach Verona und Venedig; Primolano von Trient nach Bassano, Venedig und nördlich nach Belluno—Cortina und dem Ampezzothal; Monte Croce Pontet in der Provinz Belluno an der Passstrasse von Innichen nach Italien; San Vito del Cadore vermittelt den Uebergang von Toblach nach Venetien; Pontebba, Udine, Stupizza Trivignano und Palmanova bilden Uebergänge aus Kärnten und von Görtz und Triest aus.

Des weiteren haben die Bundesmitglieder zollfreien Eintritt in folgenden Seehäfen: Genua, Livorno,

Neapel, Palermo, Reggio-Calabrien, Messina, Ancona, Venedig und Brindisi.

Langsam und aufmerksam über die italienische Grenze fahrend, kommt der Radfahrer entweder gleich an das italienische Zollamt — *Dogana* — oder er begegnet dem italienischen Avisoposten. Im ersteren Falle steigt der Radfahrer ab und bittet unter Vorzeigung der Legitimationskarte um Ausstellung der italienischen Zollboletta und Anheftung der italienischen Zollplombe an das Rad. Im zweiten Falle ruft er dem ihn zum Halten auffordernden Avisoposten zu: *Ho la legitimazione per la dogana* — habe den Freischein für das Zollamt — und fährt langsam bis zu letzterem unter Befolgung des vorgenannten.

Vor dem Verlassen des italienischen Landes erkundigt sich der Radfahrer am besten, wo das italienische Grenzzollamt liegt Daselbst giebt er die Zollboletta ab und lässt sich die Zollplombe vom Fahrrade entfernen.

Beim endgültigen Verlassen des italienischen Landes hat der Radfahrer, nachdem er die Zollboletta an den italienischen Grenzzollbeamten zurückgegeben, durch denselben die auf der Rückseite der Legitimationskarte befindliche Ausfuhrbescheinigung unterzeichnen zu lassen.

Vom italienischen Grenzzollamte bis zum Avisoposten an der Grenze wird der Radfahrer von einem Finanzwächter begleitet, damit der Avisoposten den Radfahrer ungehindert passieren lässt. Die Legitimationskarte mit der darauf befindlichen Ausfuhrbescheinigung ist nach beendeter Reise sofort an die eingangs genannten Vorstandsmitglieder des Gau 6 «Eingeschrieben» einzusenden.

Der Aufenthalt kann bis zu einem Jahre dauern.

Es ist ratsam, in Italien Waffen, sofern man solche bei sich führt, nicht sichtbar zu tragen und Geld nur in Bankhäusern zu wechseln, sowie sich reichlich mit Kleingeld zu versehen, da viel falsches Geld im Umlauf ist.

### IV. Belgien.

Die Mitglieder des D. R.-B. haben zollfreien Eintritt nach Belgien gegen Vorzeigung der vom Gau 6 ausgestellten Scheine «*Permis de libre circulation internationale*» an allen Grenzzollämtern Belgiens — *bureaux des douanes* — sowie an einer grösseren Anzahl Nebenzollämtern — *succursales des bureaux des douanes.*

Beim Antrag auf Ausstellung eines Freischeines — *Permis* — sind folgende Angaben zu machen:

1. Vor- und Zunamen, Stand des Antragstellers.
2. Genaue Adresse — Strasse und Hausnummer.
3. Gewicht des Fahrrades.
4. Art des Fahrrades: Bicycle, Bicyclette, Tandem etc.
5. Marke (Fabrik und Name des Rades).
6. Fabriknummer.
7. Wenn verpackt — Art der Verpackung.
8. Wert der Maschine.

Der Freischein — *Permis* — berechtigt nur zu einem einmaligen Aufenthalte bis zu sechs Monaten vom Tage des Eintritts in Belgien ab.

Der Freischein, welcher auf dem vom Präsidenten Dr. Scharlach vollzogenen Ausstellungsvermerk auch vom Inhaber — *Titulaire du permis* — zu unterschreiben ist, zerfällt in drei Teile.

Der erste Teil — *Volant* No. 1 — ist vom Inhaber vor dem Eintritt in Belgien zu unterschreiben und zwar neben der Unterschrift des Präsidenten Dr. Scharlach. Die unten befindliche Einfuhrbescheinigung wird erst auf dem belgischen Zollamte unterschrieben; dieser Teil 1 wird beim Eintrittszollamt abgetrennt als Beleg der stattgehabten Einfuhr.

Der zweite Teil — *Volant* No. 2 — ist vom Inhaber des Scheines vor dem Austritt aus Belgien zu unterschreiben. Die darunter stehende Bescheinigung über die Ausfuhr und den Eintrag in das Register *de décharge des documents* werden vom Grenzzollbeamten ausgefüllt und unterschrieben. Dieser zweite Teil wird beim Austrittszollamt abgetrennt als Beleg der stattgefundenen Wiederausfuhr.

Der dritte Teil — *Souche* — bleibt im Besitze des Inhabers. Derselbe hat darauf zu achten, dass die auf diesem Teile befindlichen Einfuhr- bezw. Ausfuhrbescheinigungen ordnungsgemäss von den Grenzzollbeamten durch Unterschrift und Dienstsiegel vollzogen werden. Der Inhaber des Freischeines hat die einzelnen Teile desselben dem Vordruck entsprechend genau auszufüllen und den dritten Teil — die *Souche* — nach Beendigung seiner Fahrt unverzüglich an die eingangs genannten Vorstandsmitglieder «Eingeschrieben» zurückzusenden.

NB. Der Freischein — *Permis* — ist zur Erleichterung des direkten Grenzverkehrs gültig für das Kalenderjahr, in welchem er ausgestellt ist, aber nur unter der Bedingung, dass die Inhaber der Freischeine den Eintritt nach Belgien und den Austritt aus Belgien immer an derselben Zollstelle — *bureaux des douanes* oder *succursales des bureaux des douanes* — bewerkstelligen und dasselbe Fahrrad benutzen.

Es ist beim belgischen Zollamt anzugeben, dass der Schein zum öfteren Eintritt dienen soll.

\* \* \*

In ähnlicher Weise stehen auch den Unionsmitgliedern die Grenzen obengenannter Länder offen.

# VI. Radsport und Rennfahren

von

*Detlev Sierck-Hamburg,*

Bundesfahrwart für Bahnwettfahren des Deutschen Radfahrer-Bundes.
Ehrenmitglied der Union vélocipédique de France.

## 1. Der Rad-Rennsport.

### Zur Geschichte des Rad-Rennsports.

OBGLEICH man in Deutschland in der Ausbildung des Rad-Rennwesens vielleicht in einiger Beziehung mit andern Ländern nicht auf völlig gleicher Höhe ist, so lässt sich doch behaupten, dass bei uns der Rennsport zusehends Verbreitung und Anerkennung gefunden hat.

Grosse Summen sind ausgeworfen worden, um diesem Zweige des Radsports die Stätten zu schaffen, an denen die Wettkämpfe ausgefochten werden können. Die Frage der Qualifikation der Rennfahrer hat in den grossen Radfahrer-Verbänden stets die sorgfältigste Beachtung gefunden und zu Kämpfen in und zwischen den Verbänden mannigfach Veranlassung gegeben.

Die Fabrikanten opfern grosse Mittel zur Besoldung ihrer Reklamefahrer, sie lassen ihnen auf der Rennbahn jegliche Unterstützung zu teil werden, um ihrem Fabrikat zum Siege zu verhelfen.

Angesichts dieser Thatsachen wird man zugeben, dass der Rennsport für den Radsport überhaupt eine grosse Bedeutung haben muss. Und so ist es in der That auch. Das Wanderfahren ist gleichsam als der Kern, als das feste Fundament unseres Radsports anzusehen, der Rennsport giebt ihm erst den notwendigen Glanz. Was einem Hause die Ornamentik ist, das ist dem Radfahrsport das Rennwesen.

Dem in Deutschland üblichen Verfahren, bei Betrachtung irgend welcher Verhältnisse der Entstehung derselben eine besondere Aufmerksamkeit zu widmen, schliessen auch wir uns in diesem Falle an. Die in den folgenden Zeilen versuchte Darlegung der geschichtlichen Entwicklung des Rad-Rennsports macht auf Vollständigkeit keineswegs Anspruch, auch würde eine lückenlose Darstellung weit über den Rahmen dieses Werkes hinausgehen und der Art desselben wenig entsprechen. Es ist auch zu bedenken, dass es an Vorarbeiten auf diesem Gebiete gänzlich fehlt. Wir haben uns, von diesen Erwägungen geleitet, darauf beschränkt, charakteristische Momente herauszuheben, die jedem Freunde des Rad-Rennsports interessant erscheinen dürften. Unzweifelhaft bringt man aber der Frage nach dem ersten Rad-Wettfahren grosses Interesse entgegen. C. Rademaker-Aachen beantwortet im «Deutschen Radfahrer» diese Frage folgendermassen:

«Im Jahre 1869, am 12. September, habe ich zum erstenmale bei einem Concours de Vélocipède, wie es genannt wurde, in Maastricht, Holland, mitgefahren, das von der Gesellschaft Momus, einer der feinsten Gesellschaften daselbst, veranstaltet worden war, welche auch später den Radfahr-Klub Maastricht bei dessen Gründung 1883 oder 1884, wie bei dessen Rennen thatkräftig unterstützte.

Willy Arend — Hannover, Meisterfahrer von Europa.

Unser Verein, der «Velocipeden-Klub Aachen», war damals kaum gegründet, wobei ich Mitstifter gewesen, und so wurden wir zu dem Rennen eingeladen, welches denn auch zwei Mann, Christian Marsen und ich besuchten. Um nach Maastricht zu gelangen, fuhren wir aber von hier per Rad dahin, ca. 40 km, was für die damalige Zeit schon eine der grössten Strecken war, welche überhaupt gefahren worden waren. Dazu war es ein schlechtes Wetter, der Gegenwind kam von WSW und trieb uns von Zeit zu Zeit den Regen ins Gesicht. Auch hatten wir über fünf Stunden für die Strecke gebraucht und kamen ungefähr um 2 Uhr auf dem Rennplatze an, wozu man mitten in der Stadt den Frythof, auch Place d'armes genannt, mit Tauen abgesperrt hatte.

Es fanden drei Rennen statt: ein Schnellfahren, ein Langsamfahren und ein Hindernisfahren.

Zeiten wurden nicht genommen; wer zuerst da war, oder beim Langsamfahren zuletzt, war Sieger. Auch war nicht angegeben, wie gross die Strecke war. Beim Schnellfahren ging es einfach dreimal um den Platz, was etwa 12 bis 1500 m ausmachen mochte, beim Langsamfahren einmal und beim Hindernisfahren zweimal. Das letztere war vielleicht von allen das interessanteste; es enthielt als erstes Hindernis einen Graben, über welchen drei schmale, etwa 20 cm breite Dielen als Brücke gelegt waren und welcher infolge des Regens etwa noch eine Hand hoch mit Wasser angefüllt war. Natürlich wollte es das Schicksal, dass ich mit meinem weissen Turneranzug hineinfiel. Als zweites Hindernis war die ausgehobene durchnässte Erde an einer andern Stelle lose aufgeschüttet; das dritte Hindernis war eine gegen 5 Fuss hohe Holzbrücke, welche in einem Winkel von bei-

nahe 45° aufwärts ging, oben ungefähr 2 m horizontal lief und an der andern Seite wieder hinunterführte. Man musste keinen schlechten Anlauf nehmen, um auf die Brücke hinaufzugelangen.

Diese Tour wurde zweimal gemacht, woran auch wir Aachener erfolgreich, wenn auch nur mit einem dritten und vierten Preise, beteiligt waren.

Auf dem Platze waren wohl 50 «Velocipede» aufgestellt, welche heute die schönste Zierde eines Museums bilden würden.

Die Rückfahrt haben wir nicht zu Rad unternommen, dies wäre für eine Reise zu stark gewesen.»

Das erste Rennen auf Velocipeden ist dies eben beschriebene jedenfalls gewesen Es hat aber doch noch Vorläufer gehabt; die Maschine, aus der das Velociped sich entwickelt hat, die Draisine, wurde auch zu Rennen verwendet, wie eine Notiz im «Radfahrer» zeigt: «Von geschätzter Seite geht uns folgender Bericht über ein Draisinen-Rennen zu, das in München, Montag den 20. April 1829 stattgefunden hat. Es liefen 26 Draisinen. I. Preis: hellblaue Fahne mit Sr. königl. Maj. Namenszug und 20 bayer. Thaler. H. v. N. weichselbraune Draisine. II. Preis: hellblau und weisse Draisine, Fahne mit Ihrer Maj. Namenszug und 6 bayer. Thaler. III. Preis: bronzegrüne eiserne Draisine mit goldenem Schlangenkopf, Fahne und 1 Thaler. Die ersten machten den Lauf vom Karolinenplatz bis ans Nymphenburger Schloss (4,5 km) in 31½ Minuten, die letzten 2, 3 auch 4 zusammen bedeutend später. Die besten ersten Draisinen waren von Mechanikus Semmler, eine hölzerne 25 fl., eine eiserne 55 fl., auch lehnungsweise den ganzen Tag 48 kr., die Stunde 9 kr. zu haben.»

Jedenfalls ein eigentümlicher Bericht und auch

**Detlev Sierck—Hamburg.**

darum interessant, weil er uns zeigt, dass die ersten deutschen Radwettfahrer Berufsfahrer waren.

Das Jahr 1869 brachte die Gründung von drei Radfahrer-Vereinigungen, jedenfalls den ältesten in Deutschland und den ersten der Welt: Münchener Velociped-Klub, Magdeburger Velociped-Klub und Altonaer Velociped-Klub. Während die letzteren beiden sich hauptsächlich der Pflege des Saal- und Reigenfahrens zuwandten, ist es der Münchener Klub, der zuerst das Velociped als Touren- und Rennmaschine benutzte. Es war aber in der That kein Vergnügen, auf den alten Holzmaschinen, deren Räder mit Eisen beschlagen waren, Ausflüge, geschweige denn Wettrennen zu unternehmen. Trotzdem berichtet die Jubiläums-Chronik des Münchener Velociped-Klub bereits von einem Rennen, das im Herbst 1873 stattfand. Es ist das sicherlich das erste Wettfahren in Deutschland. Besagte Chronik berichtet darüber folgendes: «An einem nebligen Oktobertage versammelten sich die Mitglieder des Münchener Velociped-Klub am Sendlingerthorplatz. Dreizehn Teilnehmer, also fast der ganze Klub, hatten zum Rennen genannt. Die Strecke betrug ca. 9 Kilometer und führte vom Sendlingerthorplatz, die Geyerstrasse, die Isarauen, über die Schinderbrücke nach Thalkirchen; zurück über Mittersendling, Untersendling, an der Bavaria vorbei, die Findlingstrasse zum Ziel an der Kreuzung der Goethestrasse.

Erster: Ernst Enter in 42 Minuten.
Zweiter: Theodor Haf.
Dritter: Oscar Findl.
Vierter: Matth. Waigerleitner.
Fünfter: F. M. Rittinger.

Haf hätte es wohl zum Endkampf mit Enter bringen können, wenn er nicht durch eine unfreiwillige wichtige Besprechung mit einem Gensdarm daran gehindert worden wäre.»

Aehnliche Rennen veranstaltete der Klub auch in den folgenden Jahren. So wird uns berichtet über ein Rennen am 25. Oktober 1875 in der Parkstrasse in den Isarauen. Die Strecke betrug ca. 5 Kilometer und wurde vom Ersten, Bildhauer Wehner, in 34 : 30 (34 Min. 30 Sek.) zurückgelegt. Das Amateurtum stand zu der Zeit noch in hoher Blüte. Die Gewinner begnügten sich mit von zarter Hand geflochtenen Eichenkränzen, an denen die Klubfarben flatterten. Die glücklichen Sieger strebten noch nicht nach materiellem Gut. Etwas unglücklicher verlief ein Rennen im folgenden Jahre 1876. Das Radfahren in den Isaranlagen war damals noch verboten. Die Rennfahrer befanden sich gerade in der vorletzten Runde, als sie von der bewaffneten Macht, die von der Veranstaltung Wind bekommen hatte, mit donnerndem Halt zum Absitzen gezwungen wurden. Im Jahre 1878 hatten die Rennen, die bisher im Verborgenen abgehalten worden waren, schon eine solche sportliche Bedeutung erlangt, dass die «Augsburger Abendzeitung» vom 27. Septbr. 1878 dem Herbstrennen einen längeren Bericht widmet, dem wir folgendes entnehmen: «Dies Rennen unterschied sich von den früheren vorteilhaft dadurch, dass die Damen des Klubs hierzu geladen wurden und auch die Rennpreise von zarten Händen gespendet waren. Die Länge der Rennbahn betrug 5 Kilometer und es war dieselbe keineswegs ganz eben, vielmehr mussten neun höher gelegene Brücken befahren werden. Die Abfahrtszeit war nach der Höhe der Maschine geregelt und es bewegte sich der Raddurchmesser der bei dem Rennen verwendeten Velocipede zwischen 94 und 133 cm. Nach ihrer Herkunft ausgeschieden participierten München und Paris mit zwei und London mit sieben Velocipedes. Den ersten Preis errang sich der «Champion of Munich» Herr L. Schäfer mit 14 : 50. Sämtliche Zuschauer waren dem Verlauf des Rennens mit dem gespanntesten Interesse gefolgt und allgemeines Erstaunen herrschte über die Leistungen der Reiter. Am 24. Juli 1879 feierte der Klub sein zehnjähriges Stiftungsfest mit einem grossen Rennen, bei dem der Sieger den Kilometer in 2 : 20 durchfuhr.»

Die bislang abgehaltenen Rennen des Klubs auf den Strassen in den Isarauen konnten dem Sportssinn desselben nur zum Teil genügen, musste man doch die Rennen, da die hohe Obrigkeit nichts davon wissen durfte, stets entweder früh am Morgen oder spät am Abend abhalten. Ausserdem konnten drei Biegungen der einen mehrfach verschobenen Kreis bildenden Strasse nur in ganz langsamem Tempo gefahren werden, und da die damals dichtbewaldeten Anlagen einen Ausblick verhinderten, musste man auch in steter Sorge vor Carambolagen sein. Der Wunsch nach einer eigenen und zweckentsprechenden Rennbahn, wie es solche bereits in England gab, war daher sehr naheliegend, und eine solche wurde denn auch auf der Eisbahn an der Auenstrasse hergestellt.

Der ereignisvolle Tag, an welchem das erste Rennen auf der neuen Rennbahn, der ersten in Deutschland, stattfand, war der 26. Juni 1880. Ueber den Verlauf desselben mag hier ein Bericht der «Augsburger Abendzeitung» Platz finden: «Vergangenen Sonntag Nachmittag fand, nachdem kurz zuvor noch drohende Gewitterwolken die Sonne verhüllten, das Rennen des Münchener Velociped-Klub auf der Münchener Schlittschuh- und Eisbahn statt. Ein gewähltes Publikum hatte sich eingefunden und erwartete mit Spannung den Beginn des Rennens. Als Einleitung konnte es betrachtet werden, als um 3 Uhr die vielbewunderte Klub-Standarte, welche sich an diesem Tage zum erstenmal öffentlich zeigte, an der Tribüne des Renngerichts aufgehisst und mit Trompetengeschmetter begrüsst wurde. Endlich um $1/_{2}4$ Uhr ertönte die Glocke zum Start und vier Herren (ein Herr hatte Reugeld bezahlt) erschienen in der kleidsamen Klubtracht und mit farbigen Schärpen auf der Schulter. Der Himmel hatte sich mittlerweile ziemlich geklärt, nur ein heftig blasender Nordwest versprach den Kämpfenden die Aufgabe nicht gar zu leicht zu machen. Das Abfahren wurde nach dem Raddurchmesser geregelt, so zwar, dass auf

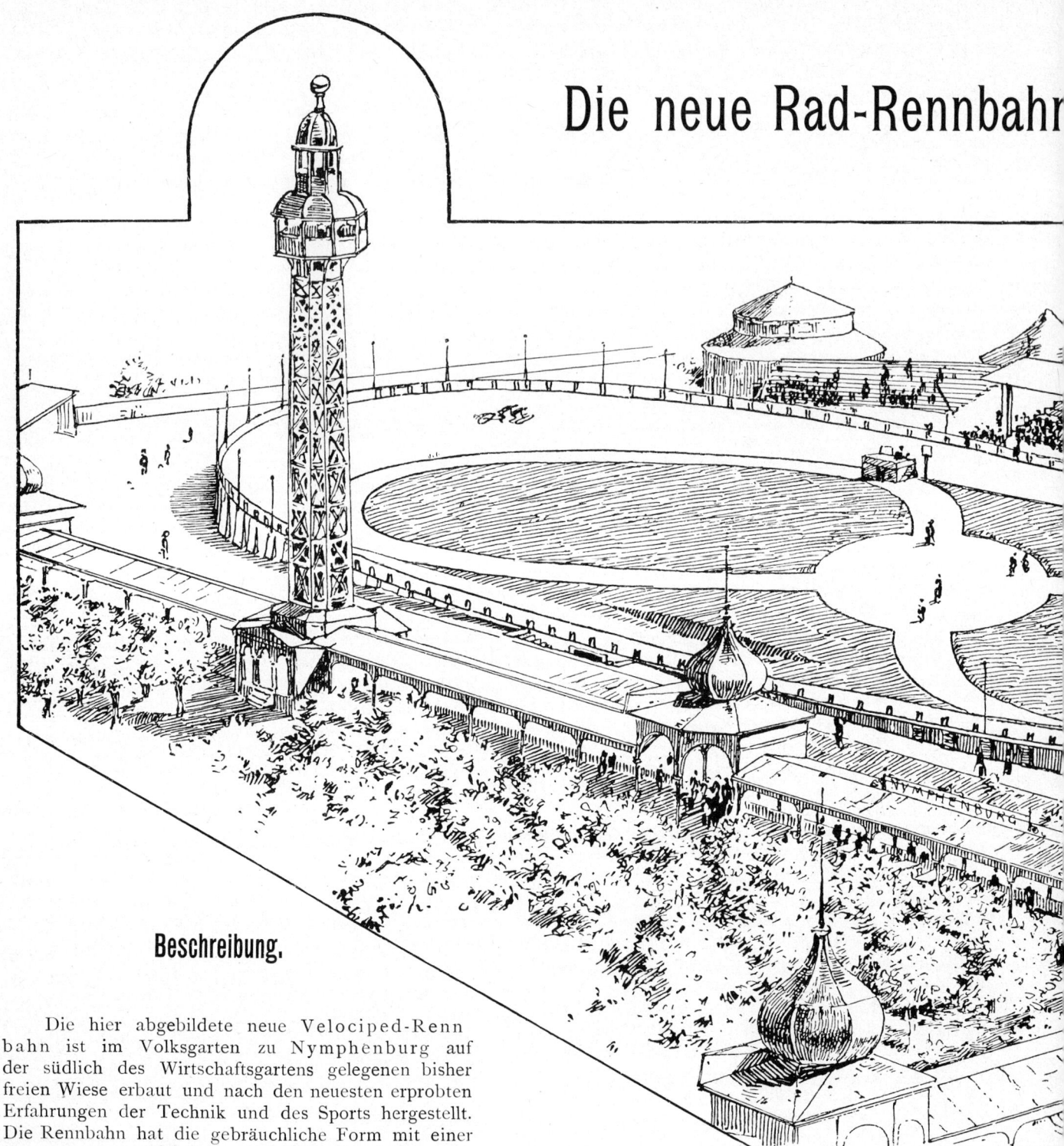

# Die neue Rad-Rennbahn

## Beschreibung.

Die hier abgebildete neue Velociped-Renn bahn ist im Volksgarten zu Nymphenburg auf der südlich des Wirtschaftsgartens gelegenen bisher freien Wiese erbaut und nach den neuesten erprobten Erfahrungen der Technik und des Sports hergestellt. Die Rennbahn hat die gebräuchliche Form mit einer Bahnlänge von **333,3 m = $\frac{1}{3}$ km**, eine Länge, die von den Rennern allgemein als genügend und als die richtigste bezeichnet wird, weil die ganze Bahn leicht und bequem von jedem Platze aus übersehen werden kann. Die innere Länge der Bahn beträgt **133 m**, die innere Breite 60 m; die ganze innere Fläche misst **7500 qm.** Die Bahnbreite beträgt auf der Startseite 8 m, auf der Einlaufseite 8 m. Neu an der Bahn ist, dass die Kurven auf 4,20 m überhöht werden, eine Höhe, wie sie unsres Wissens kein anderer deutscher Sportsplatz aufzuweisen hat. Die ganze Bahn wird aus Beton hergestellt. Die Bahndecke — aus Cementbeton — wird von eisernen Tragbalken mit 1,20 m Abständen von einander getragen. Von der

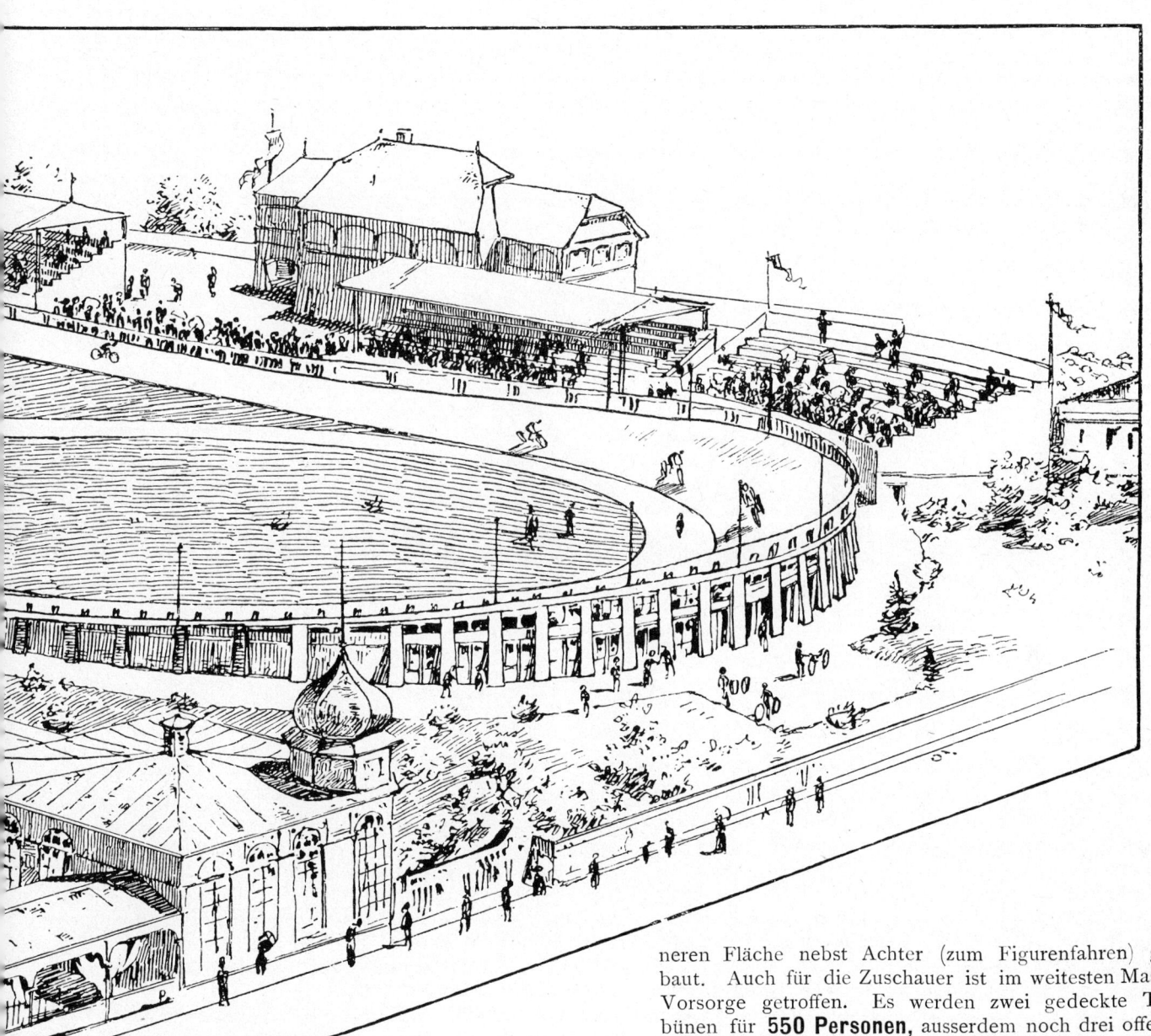

von der Bahn eingeschlossenen Fläche führen zum Zwecke bequemerer Verbindung zwei Unterführungen zur äusseren Peripherie. Die eine führt zu den 38 Ankleidezimmern (Kabinen an der Schmalseite) nebst Frottiersaal und Badezimmer. Für Fahrschüler und Uebende wird eine weitere flache Bahn auf der in-

neren Fläche nebst Achter (zum Figurenfahren) gebaut. Auch für die Zuschauer ist im weitesten Masse Vorsorge getroffen. Es werden zwei gedeckte Tribünen für **550 Personen**, ausserdem noch drei offene Tribünen, zwei mit zusammen **550**, eine mit **1200** Personen Fassungsraum errichtet, so dass im ganzen circa **2500 Tribünenplätze** mit bequemen, eine rasche Räumung gestattenden Zugängen geschaffen werden. Ganz besondere Rücksicht und Sorgfalt wird auf die Solidität des Tribünenunterbaues verwendet. Die Leitung der Fahrbahn und die Organisation der Rennen ist hervorragenden Fachleuten übertragen worden.

den Centimeter Durchmesser-Differenz 4 Sekunden trafen und z. B. zwischen dem zuerst Weggefahrenen (1,22 m D.) und dem letzten (1,33 m D.) ein Zeitraum von 44 Sekunden lag. Die Führung hatte 3 Bahnlängen, der Reiter der 1,22 Maschine musste dieselbe jedoch beim viertenmale dem in ausgezeichneter Verfassung heransausenden Reiter der 1,33 Maschine abgeben, welcher denn auch ³/₄ Bahn voraus als Erster ans Ziel kam. Die gefahrene Strecke betrug 4 km und wurde zurückgelegt: I. 11 : 21, II. 11 : 49, III. 12 : 43. Nach einer kleinen Pause begann das zweite Rennen, welches für Klubmitglieder war, welche noch in keinem früheren Rennen Sieger waren. Am Start erschienen fünf Herren (ein Herr bezahlte Reugeld), Bahn 2 km. Den Sieg trug hier davon der Gewinner des dritten Preises vom vorhergehenden Rennen und zwar mit 6 : 34. Zum drittenmale ertönte die Startglocke und sieben Herren be-

gesetzten drei Geldpreise zum Rudelrennen im Betrage von 300, 200 und 100 Mark kamen nach vorgängiger Vereinbarung mit den Startenden wegen schwachen Besuches von seiten des zahlenden Publikums nicht zur Verteilung. Das finanzielle Ergebnis war ein Fehlbetrag von 180,32 Mark. Am 19. September desselben Jahres fand das zweite Rennen statt. Auch dieses ergab für den unermüdlichen Klub ein Minus.

Den bis daher in Deutschland ins Leben gerufenen Vereinigungen der Radfahrer fehlte jeder Zusammenhang. Erst das Jahr 1881 brachte diese für die Entwicklung des Radfahrsports und damit auch des Rennwesens so bedeutungsvolle Vereinigung.

Auf Veranlassung des Frankfurter Bicycle-Klubs tagte am 6. Juni 1881 zu Frankfurt a. M. der erste Kongress deutscher Bicyclisten. In dieser Versammlung wurde die Gründung einer Deutschen Bicyclisten-Union beschlossen. Dem Münchener Velo-

Strassenrenner.

traten die Bahn. Es war dies zum offenen Rudelrennen ohne Radausmass, bei welchem sich jeder Velocipedist beteiligen konnte. Vom Klub nahm ein Herr teil. Die Bahn war 5 km lang und wurde gefahren vom I. in 14 : 11, II. in 15 : 4, III. in 15 : 33. Zwei der Kämpfer, welche Anwartschaft auf den zweiten und dritten Preis hatten, kamen bei der südlichen Biegung der Bahn zu nahe, stürzten und gingen ausser Konkurrenz. Schaden nahm keiner. Der Held des Tages war Herr Schäfer, der Sieger des ersten Rennens, welcher auch dieses letzte in derselben excellenten Weise und trotz freiwilligen Distanzgebens gewann. Ja, derselbe überholte bei diesem Rennen sogar die Gewinner des zweiten und dritten Preises zweimal. Der materielle Erfolg des Tages bestand für Herrn Schäfer in der goldenen Klubmedaille mit 300 Mark und einem Goldpokale.» Es wurden drei Rennen gefahren und hierfür als Preise drei Becher und drei Medaillen gegeben. Die weiter aus-

ciped-Klub, als dem ältesten und bedeutendsten in Deutschland, wurde die Leitung der Geschäfte bis zum nächsten Velocipedisten-Kongress, welcher Pfingsten 1882 in München tagen sollte, übertragen. Als eine Folge des obengenannten Kongresses ist das Erscheinen der ersten radsportlichen Zeitung, in Deutschland, zu betrachten. Diese Zeitung, «Das Velociped», wurde von Walker-Berlin herausgegeben und erschien anfangs monatlich einmal; die erste Nummer kam am 1. August 1881 heraus. In Nr. 2 des 1. Jahrgangs findet sich ein Bericht über ein in München abgehaltenes Rennen. Es heisst in dem Bericht: Der Münchener V.-K. hat sein Frühjahrsmeeting bis zum 31. Juli verschoben, damit den Besuchern des Wettfahrens Gelegenheit geboten werde, dem 7. Deutschen Bundesschiessen in München beizuwohnen. Die Radfahrerversammlung bestand aus 68 Herren, grösstenteils Süddeutschen und einigen Berliner Herren. Das schönste Wetter begünstigte diesen Tag. Das Rennen wurde veranstaltet auf der Eisbahn, welche dem Klub im Sommer als Rennbahn dient. Diese in ovaler Form gehaltene Bahn hat eine Länge von 333 m und war in einem guten Zustande. «Es wäre zu wünschen, dass die Kanten der Bahn deutlicher ausgeschnitten werden, damit sich die Fahrer dicht an der innern Seite halten können, und dass auch vor der letzten Runde in einem Rennen geläutet wird, damit die Beteiligten nicht genötigt sind, selbst zu zählen, wobei sich dieser oder jener um eine Runde zu viel oder zu wenig irren könnte. Mancher will doch genau wissen, wann die letzte Runde gemacht wird, um sich zum Ansetzen seiner letzten Kraft bereit zu machen.» Das Resultat war folgendes:

I. Fahren; Distanz 2000 m. Sieger: Schwaiger 4 : 34.

II. Fahren; Distanz 2000 m. 22 starten.

    I. Lauf: Walker-Berlin 4 : 21 $^1/_5$.

    II. Lauf: Schwaiger-München 4 : 27 $^1/_5$.

    III. Lauf: Habel-Aidenbach 4 : 22 $^4/_5$.

    IV. Lauf: Schäfer-München 4 : 23.

    Entscheidungslauf: Walker-Berlin 4 : 18 $^1/_5$.

Walker fuhr ein 56″ Howe-Bicycle. Das Publikum folgte dem Fahren mit grossem Interesse, jedoch war der Besuch nur spärlich, da das Schützenfest einen zu grossen Anziehungspunkt bildete. Walker erhielt ein englisches Bicycle im Wert von 280 Mark.

Der zweite Platz, an dem öffentliche Wettrennen auf einer Rennbahn abgehalten wurden, war Berlin. Am Sonntag, den 7. August 1881 wurde im Flora-Etablissement Charlottenburg das erste Rennen abgehalten. Die Bahn, ein Fussweg um den schönen Garten, war durch eine Leine abgesperrt und hatte eine Länge von 628 m. Das Ziel jedes Rennens war auf der Terrasse, wo die Gebäude und das Palmenhaus standen. Vor dem Ziel waren die reservierten Plätze und an beiden Seiten der Bahn drängten sich die Zuschauer, die durch Zurufe das lebhafteste Interesse an allen Fahren bekundeten. Es hatten sich etwa 2500 Personen eingefunden, darunter viele Offiziere und Damen. Walker wurde diesmal von Koop jr.-Bremen überholt, der die englische Meile (1609 m) im 3 : 38 zurücklegte. Auch in diesem Rennen erhielt der Sieger ein Bicycle. Das Programm wies ausserdem noch ein Handicap, ein offenes Fahren, ein Langsamfahren und ein grosses deutsches Klubfahren auf, in dem Walker-Berlin Sieger blieb.

In einem Bericht über das Herbstrennen des Münchener V.-K. in demselben Jahre findet «Das Velociped» Veranlassung zu einem Tadel; es meint, dass es nicht richtig sei, in einem Handicap alle Fahrer vom Mal fahren zu lassen, wie es in München geschehen war, es sei vielmehr Zweck des Handicaps, die Leistungen der Fahrer durch Vorgaben möglichst auszugleichen. Auch Berlin hielt noch im selben Jahr ein Herbstrennen ab. Bei dieser Gelegenheit hält «Das Velociped» es für angebracht, einige Vorkommnisse zu tadeln. Es wird bemerkt, dass die

Herren Koch und Emburg zwar sehr schnell fuhren, aber sich im Wettfahren noch sehr unerfahren zeigten. «Die Hauptsache ist», sagt «Das Velociped», «dass man schnurgerade fahren und die innere Bahn halten kann und dass man nicht hin und her schwankt, sodass es gefährlich ist, vorbei zu fahren; es ist sehr notwendig, dass sich ein Rennfahrer auf den anderen verlassen kann».

Walker veröffentlichte im Januar 1882 einen Entwurf zu Satzungen einer Deutschen Velocipedisten-Union. Hier wurden bereits die Begriffe Amateur und Professional nach der Definition der 1878 gegründeten englischen Vereinigung National Cyclists' Union (N. C. U.) festgelegt.

In der April-Nummer 1882 bringt «Das Velociped» bereits einige Winke über Trainieren nach einem in der englischen Zeitung «Cyclist» veröffentlichten Artikel des Amateur-Champion Cortis. Der Verfasser gab später ein kleines Werk über Trainieren heraus, das noch immer sehr lesenswert ist, da es die allgemein gültigen Grundsätze des Trainings enthält.

Am 29. Mai 1882 brachte München ein grosses Wettfahren gelegentlich des Kongresses Deutscher Velocipedisten. Das Programm enthält zum erstenmale am Schluss eine Reihe Reglements:

1. Maschinen unter 1,20 m Raddurchmesser werden nicht zugelassen. 2. Es darf nicht unter fremdem Namen gefahren werden. 3. Die Nennungen sollen bis längstens 22. Mai geschehen. 4. Als Kostüm ist vorgeschrieben Hemd oder Tricot und Kniehose. 5. Die Bahn wird von rechts nach links befahren. 6. Das Vorfahren hat rechts zu geschehen; Vorfahren auf der inneren Bahnseite ist nur dann gestattet, wenn der Vormann 2 m von der Innenkante entfernt fährt. 7. Das Zeichen zum «Start» wird mit Signalhorn gegeben, das Zeichen «Los» mit der Glocke. 8. Der Einsatz zu den Fahren beträgt 3 bezw. 2 M.; die Einsätze sind bei der Anmeldung einzusenden. Der Einsatz gilt zu gleicher Zeit als Reugeld. 9. Proteste sind unmittelbar nach dem Rennen einzureichen. 10. Die Beschlüsse der Preisrichter sind unfehlbar. 11. Die Preisverteilung findet am Fahrplatz statt.

Wie ersichtlich, enthalten diese Reglements bereits die Grundzüge der heute auf den Rennbahnen geltenden Wettfahrbestimmungen.

Zu München und Berlin trat im selben Jahr Wien als Rennplatz hinzu. Der Wiener B.-K. veranstaltete nämlich am 11. Juni 1882 sein erstes grosses Meeting. Wochen vorher schon war dies kommende Ereignis Stadtgespräch. Das Rennen wurde auf der chaussierten Bahn des Trabrennvereins hinter der Rotunde im Prater abgehalten. Die Rennbahn hatte eine Länge von 1200 m, eine Breite von 10—15 m und befand sich in gutem Zustand. «Nur musste die Oberfläche etwas glatter sein, um gute Rekorde machen zu können.» Ueber 8000 Menschen wohnten dem interessanten Schauspiel bei. Es wurde hier bereits eine Meisterschaft für Oesterreich über eine englische Meile ausgefahren. Sieger war Josef Kohout vom Prager V.-K. in 3 : 41 $^2/_5$. Er erhielt den Titel

Champion Amateur Velocipedist von Oesterreich und als Preis einen silbervergoldeten Weinkrug und eine goldene Medaille, gegeben von der Redaktion der «Allgem. Sports-Zeitung» (Viktor Silberer). Ueber ein Vorkommnis gelegentlich des Zehnmeilenfahrens geben wir dem «Velociped» das Wort zum Bericht: «Leider passierte in diesem Fahren etwas, was bis jetzt von Amateuren beim Velociped-Wettfahren noch nicht versucht wurde und hoffentlich sich nicht wiederholen wird. Es wurde von Anfang an mit grosser Geschwindigkeit gefahren und blieben alle während acht Runden dicht beisammen. Die Aufregung unter dem Publikum war gross. In den ersten Runden hatte jeder abwechselnd die Führung und war oft nicht mehr Raum als eine halbe Radlänge zwischen den einzelnen Fahrern. Franz Kohout erhielt am meisten die Führung, dicht hinter ihm lagen Josef Kohout und Walker. Wiederholt in jeder Runde versuchte Walker vorbei zu fahren, wurde aber stets von Josef Kohout nach der äusseren Seite der Bahn gedrängt und zweimal, während Franz Kohout hinter Josef Kohout und Walker lag, drängte Josef Kohout nach der äussern Bahn hinüber und fuhr dann Franz Kohout an der innern Seite vorbei. Auch riefen sie einander auf böhmisch zu: «Er kommt! Halt ihn fest! Ich fahre vor!» Nach der zehnten Runde war es mit Josef Kohout zu Ende, jedoch vermochte Walker nicht den Vorsprung, den Franz Kohout bereits hatte, einzuholen und wurde Zweiter, 50 m hinter Franz Kohout. Walker hatte während des Fahrens protestiert, zog aber in äusserst gentlemanliker Weise seinen Protest zurück, nachdem derselbe vom Schiedsrichter Viktor Silberer anerkannt war.» So weit das «Velociped». Das erste Rennen in Hannover ward nach unserer Information am 7. Mai 1882 abgehalten. Die Bemühungen des Vereins zur Förderung der Hannoverschen Landes-Pferdezucht hatten aber nicht den Erfolg, dass die Bahn in ihrer ganzen Länge hergestellt wurde; es konnten deshalb nur 950 m befahren werden. Erster Wyndham 950 m in 1:54. Das nächste Meeting auf derselben Bahn ward am 20. Mai desselben Jahres veranstaltet. Es war ein Herrenfahrer-Handicap. Erster Wyndham 1700 m (Bahnrunde) in 3:36.

Wenden wir uns jetzt nach Berlin! Die erste Rennbahn daselbst wurde von Herrn v. Glasenapp am Hippodrom in der Nähe des Zool. Garten-Bahnhofs der Stadtbahn gebaut. Die Bahn diente allen athletischen Sports; sie hatte die Form eines Parallelogramms, die Länge betrug 323 m, die Breite 4 bis 4,6 m. Ihre Herstellungskosten beliefen sich auf 2000 Mk. Als aber die Bahn fertig war, stellte sich heraus, dass man vergessen hatte, die äussere Kante der Bahn in den Biegungen zu erhöhen. Das Nachholen dieser Unterlassung erforderte 300 Mk. neue Kosten. Als die Bahn endgültig fertig war, glaubte der Erbauer behaupten zu können, dass in Deutschland eine bessere Bahn überhaupt nicht vorhanden sei, Doch pflichtete man nicht allgemein dieser Ansicht bei. Der Erbauer beklagt sich darüber, dass die Bahn nicht von Gentlemen, sondern nur von einigen Berufsfahrern benutzt werde. Das «Velociped» bemerkt dazu, dass eine Rennbahn doch wenigstens so breit sein müsse, dass zwei Fahrer nebeneinander fahren könnten. In Bezug auf ihre Güte lasse sie sich nicht annähernd mit der Münchener Rennbahn vergleichen und es sei sehr zu beklagen, dass eine so grosse Summe für eine in ihrer Anlage völlig verfehlte Bahn ausgegeben sei.

**Fritz Opel,**
hervorragender deutscher Herrenfahrer.

Auch die nachträgliche Ueberhöhung der Kurven habe wenig Wert, denn die trotzdem so häufig vorkommenden Stürze seien ein Beweis der falschen Anlage. Für das Geld, das aufgewendet sei, hätte man besseres leisten können, wenn man den dressierten Flöhen, amerikanischen Schnellphotographen und dergleichen etwas weniger, der Rennbahn dagegen etwas mehr Platz gegönnt hätte. Aus all diesen Gründen könnten die deutschen Velocipedisten-Klubs die Bahn nicht zur Abhaltung von Rennen benützen. Es sei auch noch zu bedenken, dass es einem Amateur nicht gleichgültig sei, mit solchen Leuten, die im Laufen, Boxen u. dergl. als Professionals auftreten, gleichzeitig auf dem Programm zu stehen. Das erste Meeting auf dieser Bahn fand am 25. Juni 1882 statt; 2000 Zuschauer hatten sich eingefunden.

Der Leipziger Bicycle-Klub veranstaltete am 15. September 1882 ein internes Rennen auf seiner Bahn, die 290 m lang war. Da die Bahn sich nicht in besonders gutem Zustande befand, zog es der Klub vor, sein erstes Meeting unter sich abzuhalten.

Das Velociped-Wettfahren des Münchener Velociped-Klub am 17. September desselben Jahres weist eine grosse Zahl von auswärtigen Konkurrenten auf. Man begegnet hier auch einem Dreiradfahren, das von vier Personen bestritten wurde, aber wenig Interesse erregte. Der 10 km-Rekord des Frühjahrsrennens wurde von 22 : 28 auf 21 : 30³/₅ gedrückt.

Aber nicht überall waren die Verhältnisse so günstig wie in München. Ein Beispiel dafür bietet ein Rennen in Wasserburg am 4. September desselben Jahres. Von der Rennbahn wird folgendes berichtet: Die Rennbahn war keineswegs geeignet, um einen bedeutenden Rekord zu erzielen, denn infolge der ziemlich scharfen Kurven mit losem Sandgrund musste das Tempo stets in ein langsameres übergehen, wenn man sich nicht der Gefahr eines Sturzes aussetzen wollte. Ferner waren an einer der Langseiten der Bahn an mehreren Stellen mit Brettern überdeckte Wassergräben zu passieren, welche letztere leider mit Veranlassung waren, dass zwei Herren zu Fall kamen. Da ferner die Breite der Bahn an vielen Stellen wechselte, so konnte es einem Fahrer stets nur mit Aufwand aller Kräfte gelingen, einen Vormann zu überholen. Trotz dieser mangelhaften Beschaffenheit der Bahn konnte sich jeder Anwesende überzeugen, dass alles Mögliche von seiten des Wasserburger Velociped-Klub geschehen war, um die ungünstigen örtlichen Verhältnisse möglichst günstig zu gestalten. Verhältnisse ähnlicher Art fanden sich bei einem Velociped-Wettfahren, das der Magistrat von Landshut gelegentlich einer landwirtschaftlichen Ausstellung veranstaltete, und wozu er an alle Velocipedisten-Klubs Bayerns Einladungen hatte ergehen lassen. Zuschauer waren in grosser Menge herbeigeströmt, um den Korso der Radfahrer und das darauffolgende Rennen zu sehen. Die Bahn war 1300 m lang; ein Drittel derselben war gut, während der Rest steinig, holprig und zum Teil mit Sand bedeckt war, von zwei sehr scharfen Kurven gar nicht

zu sprechen. Diese mangelhafte Beschaffenheit der Bahn war auch der Grund, dass von den erschienenen Radfahrern sich ungefähr nur die Hälfte am Rennen beteiligte. Die Münchener gingen als Sieger hervor. Der vielen Zuschauer wegen war eine starke Abteilung der dort garnisonierenden Truppen, Jäger und Schwere Reiter, ausgerückt, um während des Rennens die Ordnung aufrecht zu halten.

Dem oben angeführten ersten, internen Rennen des Leipziger B.-K. folgte im Herbst 1882 das erste öffentliche Meeting. Die sämtlichen Vorbereitungen waren streng nach den Regeln des Sports getroffen und die Rennbahn im Zoologischen Garten war möglichst sorgfältig geebnet und befestigt.

Betrachten wir jetzt in Kürze die Verhältnisse in den grossen Verbänden. Es muss bemerkt werden, dass die 1881 gegründete Deutsche Velocipedisten-Union bald in die Brüche ging. Die Vereinigung spaltete sich in einen Norddeutschen und einen Süddeutschen Bund. Aus den Statuten des Norddeutschen Bundes heben wir die Definition des Professional-Fahrers heraus. Es heisst dort: Ein Professional-Fahrer ist

1. jemand, der öffentlich um Geldpreise konkurriert,
2. jemand, der wissentlich mit Leuten konkurriert, welche Geldpreise gewonnen oder um solche konkurriert haben,
3. jemand, der öffentlich als Künstler auftritt,
4. jemand, der sich am Wettfahren in seinem Lande oder dem Auslande beteiligt, wo andere Rennfahrer als Herrenfahrer zugelassen sind,
5. jemand, der ohne Erlaubnis seines Bundes gegen einen Professional auftritt.

Ein Herrenfahrer ist dagegen der, bei dem obige fünf Bestimmungen nicht zutreffen.

Da der Süddeutsche Bund nunmehr auch ein amtliches Organ herausgab, «Der Velocipedist», Organ des Deutschen und Deutsch-Oesterreichischen Velocipedisten-Bundes, so beginnt im Jahre 1883 der Kampf zwischen den beiden Verbänden, der auch auf den Rennsport seine Wirkung ausübte. Besonders sind es in diesem Jahre die Meisterschaften, die die Gemüter bewegen. Es handelt sich dabei um die Frage, wem das Recht zustehen solle, eine solche auszuschreiben.

Von bedeutenden Wettfahren erwähnen wir zunächst das in Leipzig abgehaltene. Die am Schluss des Programms aufgeführten Regeln zeigen wieder, wie sich die jetzigen Satzungen des Wettfahrens allmählich entwickelt haben. Die aufgeführten Regeln beschäftigen sich zumeist mit dem Fahren. Wir setzen einige neue Vorschriften hierher:

1. Eine Viertelstunde vor den angesetzten Zeiten haben sich die Teilnehmer im Komiteezimmer im Fahrkostüm zur Verlosung der Plätze einzufinden.
2. Der Start geschieht mittelst Abschieben; es wird rechts herum gefahren (der Oertlichkeit wegen) und links vorgefahren.
3. Bei Eingabe eines Protestes sind 5 Mark zu erlegen, die der Klubkasse zufallen, sobald der Protest vom Schiedsgericht als unbegründet zurückgewiesen wird.

4. Bei .drei Startern in einem Rennen fällt der 3. Preis, bei zwei Startern der 2. Preis weg. Bei einem walk-over wird der 1. Preis zurückbehalten, und nur der 2. gegeben.

5. Sämtliche Anordnungen sind dem Renn-Komitee, die Entscheidung der etwaigen Streitigkeiten dem Schiedsgericht endgültig überlassen.

6. Nennungen und Annahmeerklärung des Handicaps sind unter Beifügung der Einsätze an N. N. zu senden.

Bei dem grossen Rennen in Prag 1883 wurde eine Meisterschaft von Böhmen auf dem Hochrad und eine auf dem Niederrad ausgefahren.

Ein bedeutendes Rennen brachte die erste Jahresversammlung des Norddeutschen Velocipedisten-Bundes am 12., 13. und 14. Mai 1883 zu Hannover. Hier wurde die erste Meisterschaft von Norddeutschland über die englische Meile 1609 m = $6^1/_5$ Runden zum Austrag gebracht. Sieger war Koch-Berlin in $3 : 20^4/_5$. In der Meisterschaft von Norddeutschland über 5 engl. Meilen siegte Walker-Berlin in $18 : 49^2/_5$. Das Reglement wies 12 Punkte auf; neu unter denselben waren:

1. Jeder Rennfahrer erhält eine Nummer.

2. Der Start wird durch Pistolenschuss angezeigt.

3. Das Ziel wird durch ein auf der Bahn liegendes weisses Band bezeichnet.

Die bislang in den Rennen erzielten Rekorde hatten noch wenig Wert, da man über das Messen der Bahn nicht einig war. Man folgte nunmehr dem Beispiel der engl. Union, welche die Bahn 1 Fuss von der Innenkante mass. Das entspricht der heutigen Gepflogenheit, die Länge der Bahn in einem Abstand von 0,35 m zu messen.

Wieder etwas Neues ist es, was Karlsruhe und München noch im selben Jahre einführen. Man verlangt bei Nennungen die Farben des Rennfahrers.

Einen günstigen Einfluss auf die Entwicklung des Rennsports übte die Verbindung der beiden bis dahin sich befeindenden deutschen Verbände aus. Am 29. Juni 1884 bezw. 17. Aug. 1884 wurde der Deutsche Radfahrer-Bund gegründet. Zu Meiningen bezw. Leipzig traten der Deutsche und Deutsch-Oesterreichische Velocipedisten-Bund (gegründet 1882 in München), der Norddeutsche Velocipedisten-Bund (gegründet 1882 in Hannover) und der Rheinische Velocipedisten-Bund zu einem Deutschen Bunde zusammen.

Bis hierher haben wir die Entwicklung des Rennsports ziemlich genau verfolgen können, von da an schwindet aber mehr die Uebersicht. Der Radfahrsport überhaupt gewinnt zusehends Anhänger, die Zahl der Rennbahnen wächst ständig, die Leistungen der Rennfahrer auf den Bahnen wachsen dank der Vervollkommnung der Maschine und der Bahnen, die Wettfahrbestimmungen werden fortwährend verbessert, alle diese einzelnen Fortschritte genauer zu verfolgen, würde uns zu weit führen. Wir beschränken uns daher auf die Registrierung der bei den Rennen erzielten Leistungen, um zu zeigen, wie dieselben allmählich zu ihrer jetzigen Höhe emporgestiegen sind.

Sicherlich werden die Leistungen der Meisterfahrer von Deutschland und dem Bundesgebiet des Deutschen Radfahrer-Bundes auf Interesse rechnen können; wir geben dieselben nach dem letzten Handbuch dieser genannten Vereinigung:

| Jahr: | Ort: | Fahrrad: | Strecke: | Fahrzeit: Std. Min. Sek. | Name und Wohnort: |
|---|---|---|---|---|---|
| 1883 | Magdeburg | H* | 10 000 | $22 : 13^3/_4$ | St. Wyndham, Freiburg i. B. |
| 1884 | Leipzig | H | 10 000 | $19 : 58^2/_5$ | J. Huber, München. |
| 1885 | Nürnberg | H | 10 000 | 20 : 49 | J. Pundt, Berlin. |
| » | » | D** | 5 000 | $11 : 12^4/_5$ | W. Beissbarth, Nürnberg. |
| 1886 | Berlin | H | 10 000 | $19 : 29^4/_5$ | J. Pundt, Berlin. |
| » | » | D | 5 000 | $10 : 11^2/_5$ | E. Emberg, Berlin. |
| 1887 | Frankfurt a. M. | H | 10 000 | $19 : 01^2/_5$ | J. Pundt, Berlin. |
| » | » | D | 5 000 | $10 : 13^2/_5$ | L Stein, Magdeburg. |
| 1888 | Wien | H | 10 000 | 18 : 54 | A. Lehr, Frankfurt a. M. |
| » | » | N*** | 7 500 | $15 : 23^4/_5$ | L. Stein, Magdeburg. |
| » | » | D | 5 000 | 9 : 23 | M. Schuritz, Dresden. |
| 1889 | Hamburg | H | 10 000 | $20 : 15^3/_5$ | A. Lehr, Frankfurt a. M. |
| » | » | N | 7 500 | $14 : 05^2/_5$ | Th. Jaide, Rüsselsheim. |
| » | » | D | 5 000 | $10 : 55^1/_5$ | J. Eschermann, Hamburg. |
| 1890 | München | H | 1 000 | $1 : 37^1/_5$ | A. Lehr, Frankfurt a. M. |
| » | » | H | 10 000 | $18 : 07^3/_5$ | A. Lehr, Frankfurt a. M. |
| » | » | N | 1 000 | 1 : 38 | A. Vater, Frankfurt a. M. |
| » | » | N | 10 000 | 18 : 25 | L. Lestemaker, Köln. |
| 1891 | Breslau | H | 1 000 | $1 : 42^2/_5$ | A. Lehr, Frankfurt a. M. |
| » | » | H | 10 000 | $18 : 06^3/_5$ | A. Lehr, Frankfurt a. M. |
| » | » | N | 1 000 | 1 : 41 | A. Vater, Frankfurt a. M. |
| » | » | N | 10 000 | 19 : 22 | A. Vater, Frankfurt a. M. |
| 1892 | Köln | H | 1 000 | 1 : 36 | A. Lehr, Frankfurt a. M. |
| » | » | H | 10 000 | $18 : 08^4/_5$ | A. Lehr, Frankfurt a. M. |

* Hochrad. — ** Dreirad. — *** Niederrad

| Jahr: | Ort: | Fahrrad: | Strecke: | Fahrzeit: Std. Min. Sek. | Name und Wohnort: |
|---|---|---|---|---|---|
| 1892 | Köln | N | 1 000 | 1 : 29$^2/_5$ | Jean Schaaf, Köln. |
| » | » | N | 10 000 | 17 : 24$^4/_5$ | O. Breitling, Ludwigshafen. |
| 1893 | Leipzig | H | 1 000 | 1 : 36$^2/_5$ | B. Zierfuss, Mittweida. |
| » | » | H | 10 000 | 19 : 05$^3/_5$ | O. Beyschlag, Wien. |
| » | » | N | 1 000 | 1 : 25$^4/_5$ | A. Lehr, Frankfurt a. M. |
| » | » | N | 10 000 | 17 : 57$^1/_5$ | A. Lehr, Frankfurt a. M. |
| 1894 | Hannover | H | 1 000 | 1 : 47 | P. Präsent, Hamburg. |
| » | » | H | 10 000 | 19 : 32$^2/_5$ | P. Präsent, Hamburg. |
| » | » | N | 1 000 | 1 : 40 | A. Lehr, Frankfurt a. M. |
| » | » | N | 10 000 | 17 : 52$^3/_5$ | A. Lehr, Frankfurt a. M. |
| » | Breslau | N | 100 km | 2 : 55 : 49$^2/_5$ | O. Mündner, Berlin. |
| 1895 | Graz | H | 5 000 | 8 : 30$^1/_5$ | F. Becker, Neuwied. |
| » | » | N | 1 000 | 1 : 25$^1/_5$ | Th. Schlüter, Flensburg. |
| » | » | N | 10 000 | 17 : 34$^4/_5$ | C. Mewes, Altona. |
| » | » | N | 100 km | 2 : 47 : 1$^3/_5$ | O. Mündner, Berlin. |
| 1896 | Halle a. S. | H | 5 000 | 9 : 19 | A. Stamm, Kassel. |
| » | » | N | 1 000 | 1 : 20$^3/_5$ | F. Opel, Mittweida. |
| » | » | N | 1 000 | 1 : 30$^1/_5$ | Berufsfahrer H. Struht, Mainz. |
| » | » | N | 100 km | 2 : 23 : 54 | Berufsfahrer F. Gerger, Graz. |

Daran schliessen wir eine Uebersicht der nach den letzten Rekordlisten erzielten besten Leistungen auf Niederrad und zweisitzigem Niederrad. Zur Vergleichung stellen wir Weltrekord und deutschen Rekord nebeneinander.

### Niederrad.

| Strecke: | Zeit: Std. Min. Sek. | Inhaber des Weltrekordes: | Zeit: Std. Min. Sek. | Inhaber des Deutschen Rekordes: |
|---|---|---|---|---|
| 400 m | 24$^3/_5$ | Morin | 24$^4/_5$ | O. Stumpf. |
| 500 m | 30$^2/_5$ | Johnson | 35$^2/_5$ | A. Lehr. |
| 1000 m | 1 : 01$^3/_5$ | Johnson | 1 : 11 | J. Michaël. |
| 1609 m (engl. Meile) | 1 : 39$^1/_5$ | Hamilton | 2 : 07$^4/_5$ | J. Michaël. |
| 2000 m | 2 : 19$^2/_5$ | Huet | 2 : 33 | J. Michaël. |
| 5000 m | 5 : 44$^3/_5$ | T. Linton | 6 : 43 | J. Michaël. |
| 7500 m | 9 : 32$^1/_5$ | J. Fischer | 9 : 59 | J. Michaël. |
| 10 000 m | 11 : 32$^1/_5$ | T. Linton | 13 : 32$^3/_5$ | J. Michaël. |
| 20 000 m | 24 : 19$^2/_5$ | T. Linton | 27 : 18$^3/_5$ | J. Michaël. |
| 50 000 m | 59 : 30$^2/_5$ | T. Linton | 1 : 10 : 10 | J. Michaël. |
| 75 000 m | 1 : 36 : 27$^2/_5$ | Huret | 1 : 47 : 06 | J. Michaël. |
| 100 000 m | 2 : 09 : 37$^4/_5$ | Bouhours | 2 : 24 : 58$^4/_5$ | J. Michaël. |
| 200 000 m | | | 7 : 20 : 29$^4/_5$ | P. Blankenburg. |
| 300 000 m | | | 11 : 18 : 32 | W. Kux. |

### Doppelsitz - Niederrad.

| Strecke: | Zeit: Std. Min. Sek. | Inhaber des Weltrekordes: | Zeit: Std. Min. Sek. | Inhaber des Deutschen Rekordes: |
|---|---|---|---|---|
| 400 m | 0 : 25 | F. und H. Opel | 0 : 25 | F. und H. Opel. |
| 500 m | 0 : 30$^3/_5$ | Huet und Büchner | 0 : 33$^4/_5$ | Heimann und Mulack. |
| 1000 m | 1 : 01$^4/_5$ | Betts und Watson | 1 : 12$^2/_5$ | Gehrig und Haun. |
| 10 000 m | | | 14 : 00$^1/_5$ | Lesna und Bauge. |
| 50 000 m | | | 1 : 14 | Jeannin und Nicot. |

### Zeitfahren auf Niederrad.

| Fahrzeit nach Stunden: | Strecke km: | Inhaber des Weltrekordes: | Strecke km: | Inhaber des Deutschen Rekordes: |
|---|---|---|---|---|
| 1 | 50,418 | T. Linton | 43,237 | J. Michaël. |
| 2 | 92,558 | Bouhours | 83,796 | J. Michaël. |
| 3 | 133,811 | Frost | 108,115 | J. Fischer. |
| 4 | 173,245 | Huret | 128,975 | J. Fischer. |
| 5 | 211,716 | Huret | 162,275 | J. Fischer. |
| 6 | 252,678 | Huret | 185,955 | J. Fischer. |
| 12 | 481,310 | Huret | 317,500 | W. Kux. |
| 24 | 872,265 | Huret. | | |

## 3. Die Rennbahn.

ALS Schauplatz, auf dem die radsportlichen Wettkämpfe ausgefochten werden, gilt die Rennbahn. Die Rennbahnen sind entweder offene oder verdeckte. Letztere haben für die Leistungen der Rennfahrer weniger Bedeutung.

Die Länge der offenen Rennbahnen schwankt zwischen $333^1/_3$ und $666^2/_3$ m. Bei einer Bahn mit noch grösserer Länge würde die Uebersichtlichkeit leicht verloren gehen, während bei einer kürzeren Bahn der Rennfahrer gar nicht aus den Kurven herauskäme und daher nicht in der Lage wäre, seine ganze Kraft zu entfalten. Nach den Bestimmungen der Deutschen Sportsbehörde für Bahnwettfahren (D. S.-B.) werden nur solche Bahnen anerkannt, die mindestens eine Länge von $333^1/_3$ m besitzen. Hinsichtlich der geeigneten Form hat man mancherlei Versuche angestellt. Man hat Rennbahnen hergestellt, denen man der Raumersparnis halber die Form einer ∞ gab; anderen Bahnen gab man die Form eines Dreiecks mit abgerundeten Ecken. Die beliebteste und jedenfalls brauchbarste Form ist jedoch die eines Ovals. Für die Längenausmessung der Bahn gilt die Bestimmung, dass sie 0,35 m von der Innenkante aus zu geschehen hat. Um für die beim Vorgabefahren nötigen Strecken einen Anhalt zu haben, bringt man am Bahnrande Meterpösten an. In der Entfernung von 1,20 oder 1,50 m vom Innenrande hat man auf manchen Bahnen einen farbigen Strich gezogen (Passiergrenze), um dem Fahrer einen Anhalt bei etwaigem Vorgehen auf der Innenseite der Bahn zu geben. Das Ziel wird durch ein auf der Bahn liegendes Band bezeichnet. Auch die Breitenverhältnisse sind wie die Längen der Bahnen sehr verschieden. Doch hat die D. S.-B.

festgesetzt, dass die Bahnen mindestens eine Breite von 5 m haben müssen. An der sogenannten Gewinnseite, also derjenigen, wo das Ziel sich befindet, hat die Sportsbehörde ein Minimum von 6 m bestimmt.

Zur Herstellung der Bahnfläche wählt man verschiedenes Material. Für alle Bahnen aber gilt die Forderung, dass die Fläche möglichst fest und glatt sein muss. Die Rennbahnen sind teils Sand-, Schlacken- oder Kiesbahnen, teils dieselben Bahnen geteert, teils Holzbahnen, teils Cementbahnen. Asphaltbahnen werden sehr gerühmt, sind aber selten. Cementbahnen gelten als die besten. Die Bahnen erstgenannter Art leiden sehr unter den Witterungsverhältnissen, namentlich im Winter. In jedem Frühjahr müssen sie einer gründlichen Ausbesserung unterzogen werden, was zur Folge hat, dass sie erst ziemlich spät in Benutzung genommen werden können.

Ueber die bei der Anlage der Bahn in Frage kommenden Einzelheiten wollen wir die Leser nicht weiter unterhalten, nur über den Bau der Kurven seien uns einige Bemerkungen gestattet. Wenn der Rennfahrer die geraden Langseiten durchfährt, so hat er nur den Widerstand der Luft und die Reibung zu überwinden. Durchfährt er die Kurven, so tritt die Centrifugalkraft hinzu, die ihn fortwährend zu veranlassen sucht, die Bahn in tangentialer Richtung zu verlassen. Gegen die Wirkung dieser Kraft sucht der Rennfahrer sich selbst zu schützen, indem er sich dem Innenrande der Bahn zuneigt. Noch besser wirkt die Erhöhung der Kurven an ihrem Aussenrand. Die Grösse der Erhöhung ist von mehreren zusammenwirkenden Faktoren abhängig. Vor allen Dingen ist die Geschwindigkeit massgebend; denn je grösser die Geschwindigkeit, desto grösser die Centrifugalkraft. In zweiter Reihe wirkt das Gewicht des sich durch die Kurven bewegenden Fahrers samt seiner

**F. Gerger—Graz,**
österreichischer Dauerfahrer.

Maschine auf die Grösse der ihn hinaustragenden Kraft. Ausserdem kommen Krümmungsradius und Reibung noch in Betracht. Man legt heute bei Berechnung der Kurven eine Geschwindigkeit von 19 m in der Sekunde zu Grunde. Sind die Kurven übermässig erhöht, ist die für dieselben zu Grunde gelegte Geschwindigkeit nicht zu erreichen, so erfolgt ein Abrutschen des Rades. Auch für die Verhältnisse der Kurven hat die D. S.-B. ein Mindestmass festgesetzt, 1,80 m Ueberhöhung bei 25 m Krümmungsradius.

Auf der Rennbahn finden sich verschiedene bauliche Anlagen. Nächst dem Zielband im Innenraum der Bahn ist die Richtertribüne erbaut. Im Innenraum sind ausserdem der Musikpavillon und der Nummernaufzug errichtet. Auf einigen Bahnen hat man hierher auch die Räume für die Rennfahrer verlegt, so sind dieselben z. B. in Kopenhagen in einer Versenkung angebracht. Um den beim Ueberschreiten der Bahn möglichen Zusammenstössen und Unglücksfällen vorzubeugen, hat man auch schon Unterführungen angelegt. Ausserhalb der Bahn sind unmittelbar am Ziel Tribünen errichtet. Im Unterbau derselben hat man stellenweise die Räumlichkeiten für die Rennfahrer angelegt. Häufiger aber hat man besondere Bauten für dieselben reserviert mit Ankleidekabinen, Douche-, Massage- und Gesellschaftsräumen. Dem Publikum ist der Zugang zu diesen Räumen streng verboten. Der nicht von den Tribünen eingenommene Raum an der Aussenseite der Bahn ist der Stehplatz. Ueber den ganzen Platz sind Restaurationsräume verteilt.

Die Herstellung einer wirklich erstklassigen Rennbahn ist mit grossen Kosten verknüpft; daher kann man sich auch nur in grossen Städten die Anlage einer solchen gestatten. Gewissermassen das Ideal einer Rennbahn ist das Vélodrome de la Seine in Paris; nach seinem Muster hat man neuerdings auch in Berlin Rennbahnen erbaut. Die Seinebahn ist 500 m lang; auf die beiden Langseiten entfallen je 145 m, auf die Kurven je 105 m. Die Zielseite hat eine Breite von 11,5 m, die gegenüberliegende Seite misst 8 m. Die Decke ist aus Cement hergestellt.

In eigentümlicher Weise sind die Kurven konstruiert. Während dieselben auf unsern Bahnen zumeist lattenrecht, also in gerader Linie ansteigen, ist ihre Form im Seine-Vélodrome nach aussen gebogen. Das Querprofil zeigt nicht eine gleichmässige Steigung über die ganze Breite, sondern eine vom tiefsten zum höchsten Punkt sich verflachende Korbbogenlinie. An der Innenkante ist die Erhöhung so bedeutend, dass man nicht imstande ist, darauf zu gehen, ohne auszurutschen. Die Breite der Kurven wechselt zwischen 8 m und 11,5 m, im Scheitel beträgt sie 9 m. Die Ueberhöhung beträgt am Ein- und Auslauf fast 3 m, im Scheitel 4,75 m.

Deutschland besitzt eine grosse Reihe von Rennbahnen, die sich freilich mit der Pariser Seinebahn nicht messen können, oftmals sogar den Bestimmungen der D. S.-B. nicht genügen. Im Gebiete des Deutschen Radfahrer-Bundes erfreuen sich folgende Orte des Besitzes einer Bahn: Aachen, Altengamme, Augsburg, Bergedorf, Berlin (Halensee, Friedenau, Kurfürstendamm), Bielefeld, Bochum, Bonn, Braunau i. Böhmen, Bremen, Breslau, Bromberg, Brünn, Cassel, Coblenz, Coburg, Cöln, Colmar, Cüstrin, Darmstadt (2), Dortmund, Dresden, Duisburg, Flensburg, Frankfurt a. M. (?), Frankfurt a. O., Fürth, Giessen, Gleiwitz, Graz, Gross-Jüthorn b. Wandsbek, Halle a. S., Hamburg (Grindelberg, Eilbeck), Hannover, Innsbruck, Kaiserslautern, Kiel, Königsberg, Lehe-Bremerhaven, Leipzig, Liegnitz, Lingen (Ems), Linz, Ludwigsburg, Lübeck, Magdeburg, Mannheim, Minden, Mödling (Oesterreich), Mücheln, Mülhausen i. Els., München (Nymphenburg 2, Perlach), München-Gladbach, Neubrandenburg, Neuenahr-Ahrweiler, Neumünster, Neunkirchen (Oesterreich), Nordhausen, Oldenburg, Pilsen, Posen, Regensburg, Radein (Steiermark), St. Johann a. Saar, Schleswig, Stade, Stettin, Strassburg i. Els., Teplitz, Thorn, Troppau, Wien (Prater, Margarethen), Wiesbaden, Würzburg, Zittau. Ueber einige Orte konnten wir sicheres nicht erfahren; doch treffen wir ziemlich sicher das Richtige, wenn wir sagen, dass in Deutschland 85 Bahnen für Rad-Wettfahren erbaut sind. Eine ganz respektable Zahl, wenn man bedenkt, dass das erste Rennen auf einer Bahn 1880, also vor 17 Jahren stattfand.

## 4. Der Rennfahrer.

LANDFAHRTEN haben ihre eigenen Reize: während für den Wanderfahrer, den Touristen, der Wert des Rades darin liegt, dass es ihm ermöglicht, hinauszufliegen in die Natur, über die Berge, durch Wälder und lachende Fluren zu reisen, die Schönheiten der Natur aufzusuchen, Menschen und ihre Sitten kennen zu lernen, historische Stätten zu betrachten, für ihn also, abgesehen davon, dass die Ausübung des Sports seiner Gesundheit förderlich ist, das Fahren ein Mittel ist, um all dieser Genüsse sich erfreuen zu können, ist für den Rennfahrer das Fahren selbst der Hauptzweck; er will mit dem Rade eine möglichst grosse körperliche Leistung erzielen, er will seine Kraft im heissen Wettbewerb mit andern messen.

Für diesen Zweck giebt es zwei Medien, die Rennbahn und die Landstrasse. Je nachdem nun der Rennfahrer den einen oder den andern Schauplatz für seine Thätigkeit wählt, redet man von Bahn- und Strassenfahrern. Der Bahnfahrer wird in der Regel nicht auf die Landstrasse gehen, da diese ungünstig auf seinen Tritt wirkt. Die Dauerfahrer findet man sowohl auf der Bahn als auf der Strasse. Sieht man darauf, welche Strecken die Rennfahrer für ihre Thätigkeit mit Vorliebe wählen, so spricht man von Fliegern (Sprintern), Halbdauerfahrern und Dauerfahrern (Stehern, Stayers). Die Flieger ver-

6

legen sich auf kurze Strecken, 1, 2, 3, 5, 10 km; der Halbdauerfahrer fährt mittlere Strecken 10—50 km. Was darüber hinaus liegt, ist die Domäne der Dauerfahrer; sie bestreiten die Rennen über 100, 200, 250 km, über 6, 12, 24 Stunden. Berücksichtigt man das Alter der Rennfahrer, so scheidet man sie in Juniores und Seniores, jenes sind junge Leute im Alter bis 18 Jahren, dieses sind Männer, die bereits das 32. oder 35. Lebensjahr zurückgelegt haben.

Nach der Art des Preiserwerbs unterscheidet man Herrenfahrer oder Amateure und Berufsfahrer oder Professionals. Unter einem Herrenfahrer versteht man folgendes: Herrenfahrer sind alle unbescholtenen Radfahrer über 17 Jahre, die den Radfahrsport lediglich der Ehre, bezw. des Vergnügens halber zur Förderung ihrer Gesundheit oder aus Liebhaberei betreiben; welche sich bei der Ausübung des Radfahrsports nicht in voller oder teilweiser Ausübung ihres Berufes befinden, keinen pekuniären Vorteil aus ihren Erfolgen ziehen und an Preisbewerben nur um Ehrenpreise, Ehrenzeichen, Kränze und Ehrenurkunden und nur im Wettstreit mit andern Herrenfahrern teilnehmen. Ein Radfahrer hört auf, Herrenfahrer zu sein und wird Berufsfahrer, a) wenn er um Geldpreise oder Gutscheine wettfährt, b) wenn er ohne Erlaubnis der Sportsbehörde im In- oder Auslande wissentlich ein Wettfahren mit einem Berufsfahrer unternimmt, c) wenn er sich als Angestellter von Fahrrad- oder Reifenfabrikanten oder Händlern an öffentlichen Wettfahren beteiligt, d) wenn er zu seinem Erwerbe oder Nebenerwerbe oder zu Zwecken der Reklame für irgend welches Fabrikat der Fahrradindustrie als Radfahrer auftritt, ferner, wenn er gegen Entgelt Schrittmacherdienste leistet oder gegen Entgelt einen andern für einen Wettkampf vorbereitet (trainiert), e) wenn er einen von ihm erworbenen Ehrenpreis veräussert oder verpfändet, f) wenn er wegen Radfahrens Unterstützungen irgend einer Art, Reisespesen, Fahrräder, Reifen etc. von Fabrikanten oder Händlern direkt oder indirekt annimmt, g) wenn er eine sportsmännische, athletische oder turnerische Kunst betreibt, um hiermit ganz oder zum Teil seinen Lebensunterhalt zu verdienen.

Ueber die Qualifikation der deutschen Rennfahrer wacht die Deutsche Sportsbehörde, die jedem einen entsprechenden Ausweis (Licenz) ausstellt. Diese Licenzen sind nicht nur gültig in der Heimat, sondern genügen auch im Ausland, wenn der Rennfahrer an einem der von den sich gegenseitig anerkennenden Verbindungen veranstalteten Rennen teilnehmen will. Alle diese grossen Radfahrerverbindungen bilden die International Cyclists' Association (I. C. A.). Diesem Weltbund gehören an: League of American Wheelmen (Amerika), Canadian Wheelmen's Association (Canada), Cape Colony Amateur Athletic and Cycling Union (Kapkolonie), Dansk Bicycle Club (Dänemark), National Cyclists' Union (England), Union des Sociétés Françaises des Sports Athletiques (Frankreich), Union Vélocipédique de France (Frankreich), Deutscher Radfahrer-Bund (Deutschland), Algemeene Nederlandsche Wielrijdersbond (Holland), Irish Cyclists' Association (Irland), Union Velocipedistica Italiana (Italien), Kristiania Velociped Klub (Norwegen), Scottish Cyclists' Union (Schottland), Malmo Velociped Klub (Schweden), Ligue Vélocipédique Suisse (Schweiz).

**B. Büchner — Graz.**

Wenn auch gesagt werden muss, dass ein Herrenfahrer, sobald er einen Preis in bar nimmt, nicht im strengen Sinn des Worts als ein Berufsfahrer zu bezeichnen ist, so muss doch zum Zwecke der reinlichen Scheidung nach den oben angegebenen Bestimmungen verfahren werden. Das Berufsfahrertum ist in Deutschland noch sehr jung. Bis zum Jahre 1893 hatte man in der Hauptsache in Deutschland Rennen, welche an Sonntagen von jungen Leuten bestritten wurden, die in der Woche ihrem Beruf nachgehen mussten. Es wurde um Ehrenpreise gestritten. Mit der Ausbildung des Radfahrens wuchs die Fahrrad-Industrie; sie zog die besseren Fahrer an sich und unterstützte dieselben, damit sie für ihr Fabrikat Reklame fuhren, mit allen Geldmitteln derart, dass die betreffenden Rennfahrer ihren eigentlichen Beruf aufgaben und sich ganz dem Fahren widmen konnten. Diese Fahrer zeichneten sich durch besondere Leistungen aus und wurden von jeder Rennbahn gern, oft sogar mit Geldunterstützung zu den Rennen herangezogen. Es ist nun nicht zu verwundern, dass diese bessern Fahrer, die von Fahrrad- und Reifenfabrikanten, sowie den Rennbahnleitungen finanzielle Unterstützung fanden, schliesslich auch nicht mehr um Ehrenpreise fahren wollten, sondern bares Geld verlangten, was ihnen denn auch von 1893/94 an gezahlt wurde.

Die Frage des Herrenfahrertums hat namentlich in Deutschland zu den erbittertsten Kämpfen in Wort und Schrift Veranlassung gegeben. Neuerdings ist in diesem Streit der Waffenstillstand eingetreten, indem von den gesamten Verbänden die oben bezeichneten als für den Amateur notwendigen Eigenschaften allgemein anerkannt wurden.

Es ist ganz selbstverständlich, dass der Berufsfahrer in Bezug auf Charakter und Ehrenhaftigkeit einem Herrenfahrer ganz gleich stehen kann. Es sind beide Klassen ebenso notwendig als nützlich. Für die Entwicklung unsers Sports hat aber jedenfalls der Berufsfahrer eine ungleich höhere Bedeutung; für die Vervollkommnung des Rades und die Popularisierung des Sports hat er entschieden Grosses geleistet; denn hinter ihm standen die Fabrikanten, die durch die Konkurrenz gezwungen wurden, ihm für seine Thätigkeit stets das beste Material zur Verfügung zu stellen. Die Neuheit des Berufsfahrertums in Deutschland hat dasselbe noch vor den Auswüchsen bewahrt, die sich in andern Ländern, England, Frankreich und Amerika zeigen. Wir finden unter unsern Berufsfahrern lauter alte Kämpen, die schon als Amateure auf der Bahn glänzten und die nur der Zug der Zeit mitriss. Junges Element erscheint nur in ganz mässiger Zahl und rekrutiert sich ebenfalls aus den Kreisen, welche uns früher die Herrenfahrer lieferten.

Der Vollständigkeit halber wollen wir noch bemerken, dass es unter den radfahrenden Damen auch Berufsfahrerinnen giebt; die pekuniäre Lage derselben ist aber sehr traurig.

Die grosse Menge aller Fahrer, die nicht den Juniores oder Seniores angehört, bezeichnet man kurzweg als Rennfahrer; man ordnet sie wohl nach ihrer Leistungsfähigkeit in Erstklassige, Zweitklassige u. s. w. Man pflegt bei dieser Einteilung die Erfolge in den Rennen zu Grunde zu legen. Der Erfolg in etlichen Rennen allein verbürgt aber keineswegs die Qualität des Fahrers; es spielen sehr viele zufällige Umstände dabei eine Rolle. Mancher, der aus einigen Wettfahren als Sieger hervorgegangen ist, taucht bei den nächsten Rennen in der grossen Menge der Unplacierten unter. Um nach einem zuverlässigeren Gesichtspunkt die Einteilung in Klassen vornehmen zu können, hat man empfohlen, die Rennfahrer nach den für einzelne Strecken benötigten Zeiten zu klassifizieren.

Aus der grossen Zahl der Rennfahrer heben wir die bedeutendsten hervor:

I. Flieger. Namentlich im letzten Jahre haben wir diese Klasse vielfach bewundern können.

Obenan stehen drei Franzosen: Jacquelin, der Inhaber der Armbinde Nr. 1, Morin, der Sieger im Grand Prix de Paris, Bourillon, der Inhaber der Weltmeisterschaft.

Neben diesen wären noch zu nennen: Jaap Eden, genannt «der fliegende Holländer», Banker, Protin, Houben, Chinn, Parlby, Arend (Hannover), Bald, Tom Butler, Johnson, Pontecchi, Struth (Mainz), Petersen, Diakoff, Habich, Breitling.

Die Genannten sind Berufsfahrer,

Die besten deutschen Amateure sind Fritz Opel, Seeger, Willy Laufer, Ebeling, Dols, Ludwig Opel, Berg, Meyer, Mewes, Schlüter.

Der beste deutsche Flieger, der sich aber von der Rennbahn fast ganz zurückgezogen hatte, war der Altmeister Aug. Lehr-Frankfurt a. Main.

II. Halbdauerfahrer. In dieser Klasse nehmen Tom Linton, Bonhours und Stocks die ersten Plätze ein.

III. Dauerfahrer. Die bedeutendsten dieser Klasse sind Constant Huret, der König der Dauerfahrer, Josef Fischer-München, Rivierre, Gerger-Graz, Lesna, Bonhours, Ponscarme, Michaël, Champion.

Die berühmtesten Tandempaare sind: Gebr. Farman, Hautvast und Borrisowski, Huet-Büchner (Graz), Gebr. Underborg, Göss-Eisenrichter, Heimann-Mulack.

Dass die Thätigkeit des Berufsfahrers zuweilen ihren Mann nährt, wollen wir an einem Beispiele zeigen. Im «Velo-Sport» wurde folgendes über die Einnahmen Bourillons, des Meisterfahrers der Welt, berichtet: «Bourillon erhält von seiner Fahrradfabrik monatlich 750 Fr. und an Zuwendungen für 1. Plätze 250—1000 Fr., je nach Bedeutung des Rennens. Die Reifenfabrik zahlt ihm 250 Fr. monatlich, ausserdem für erste Plätze an Zuwendungen 100—250 Fr. Er hat Anspruch auf 3 Maschinen und 1 Mehrsitzer. Die Uebungsfahrten mit diesem bezahlt die Fabrik. Dazu kommen noch die besonderen Zuwendungen von den Rennveranstaltern», so dass er am Schluss der Saison jedenfalls auf einen nicht ganz unbedeutenden Reingewinn rechnen kann. An Rennpreisen trugen im letzten Jahre Bourillon, Jacquelin, Morin 60,000 Fr., Jaap Eden 40,000 Fr., Parlby 30,000 Fr., Josef Fischer 25,000 Fr., Farman 20,000 Fr. davon. Ob diese Angaben ganz den Thatsachen entsprechen, können wir nicht sagen; wenn auch etliches von diesen grossen Summen zu streichen wäre, so bleibt sicherlich noch ein ganz annehmbarer Verdienst übrig.

Diese glänzende Seite des Berufsfahrertums hat schon manchen verlockt, aber es ist mancherlei zu beachten. Die ganz hervorragenden Rennfahrer, die sich ein Vermögen erworben haben, sind in so kleiner Zahl vorhanden, dass sie kaum als Beweis für die Einträglichkeit des Berufs erwähnt werden können; ebenso ist die Zahl der Fahrer, die in der Fahrrad-Industrie zu einer angesehenen, bleibenden Stellung gelangten, sehr gering.

Der Ruhm des Meisterfahrers ist sehr kurzlebig. Nur während weniger Jahre kann er auf der Höhe bleiben, sehr bald verblasst sein Stern. Mannigfach umschweben ihn Gefahren, ein unglücklicher Sturz, Krankheit durch Ueberanstrengung setzt seinem Siegeszuge gar häufig ein zu nahes Ziel. Die Militärzeit unterbricht erbarmungslos seine Thätigkeit; später ist es ihm schwer, die frühere Form wieder zu erlangen. Erfahrungsgemäss stehen unsere Rennfahrer in einem Alter von 17—25 Jahren, also in der Zeit, die der

Ausbildung im Beruf gewidmet sein soll. Wenn aber diese wichtige Zeit mit Rennfahren ausgefüllt wird, so kann das entschieden nicht von Nutzen sein, denn wenn später die Zeit kommt, dass der Rennfahrer auf der Bahn nichts mehr leisten kann, so gehört schon etwas dazu, das nachzuholen, was in der besten Zeit des Lebens versäumt worden ist. Die gewichtigsten Gründe, die gegen das Berufsfahrertum sprechen, liegen kurz gesagt darin, dass es den jungen Mann von einem ernsten Lebensberuf abhält, ihn wohl gar aus einer hoffnungsvollen Laufbahn hinausschleudert.

# 5. Renntechnik.

VON einer Technik des Radwettfahrens ist höchstens insofern die Rede, als man die bei demselben stattfindende Bewegung in Betracht zieht. Das Schnelltreten erfordert keine besondere technische Geschicklichkeit und deswegen steht auch der Radfahrsport in dieser Hinsicht hinter manchem anderen Sport weit zurück. Die technische Fertigkeit, eine Befähigung, die durch das Training ausgebildet wird, ist aber nicht die Hauptsache beim Rennen; nicht ihre Anwendung überhaupt, sondern ihre Entfaltung, wo sie durch die der Erkenntnis und Beurteilung durch den Fahrer unterliegenden Umstände gefordert wird, das ist das Entscheidende: die Art und Weise des Kampfes, die Taktik giebt den Ausschlag. Von dieser Seite betrachtet, lässt der Radrennsport manchen anderen Sport weit hinter sich.

Das Training hat den Rennfahrer gewissermassen theoretisch, formal gebildet, die Ausbildung der Rennpraxis, der Taktik, erfolgt erst im Wettbewerb mit andern. Bei dieser Gelegenheit sollen auch alle Eigenschaften entwickelt werden, deren Besitz für den Rennfahrer unerlässlich ist. Zunächst muss er die Grenze seiner eigenen Leistungsfähigkeit genau erkennen; er muss erkennen, worin die Stärke und Schwäche seiner Gegner liegt; Entschlossenheit, Geistesgegenwart und Kaltblütigkeit sollen ihm eigen werden. Das alles lernt er erst im Wettbewerb mit andern.

Bekannt sind durch ihre grosse Technik oder richtiger Taktik die Franzosen, besonders die Pariser Fahrer. Der geringe Erfolg, den im letzten Jahre unsere deutschen Rennfahrer in Paris erzielten, liegt nicht so sehr in der körperlichen Ueberlegenheit der Gegner, als vielmehr in ihrer durchgebildeten Taktik. Es gehört darum auch zur Ausbildung des tüchtigen Fahrers, dass er eine Sportscentrale, eine Lehrstätte aufsucht, um dort weitere Fortschritte zu machen. Der Radfahrsport ist international und es ist nicht recht begreiflich, warum man immer wieder von der nationalen Gestaltung dieses Sportes spricht. Die Unterhaltung internationaler Verbindungen ist doch recht geeignet, der eigenen nationalen Ueberhebung zu steuern. Wenn man behauptet, dass unsern Fahrern im Auslande zu häufig Gelegenheit geboten werde, unehrliche Manöver kennen zu lernen, so kann diese Thatsache — wenn sie wirklich besteht — doch keineswegs in ausreichender Weise einen Abschluss der Nationen gegen einander begründen. Was man als gut und nachahmenswert erkannt hat, mag gerne eingeführt werden, und im übrigen mögen die massgebenden Verbände und die Rennfahrer selbst scharf darüber wachen, dass unfaires Fahren unter keinen Umständen auf den Rennbahnen sich einbürgert. Es mag also getrost jede Nation von der andern lernen, es wird für den Sport von Vorteil sein.

Es ist nicht gut möglich, stets gültige Grundsätze für die Technik, für das Verhalten auf der Rennbahn aufzustellen, da es einesteils gar sehr auf die Qualität der Fahrer ankommt, andererseits aber die bei einem Rennen obwaltenden Umstände sehr verschiedener Natur sind.

In einem «Felde», das über die Bahn geht, hat der an der Spitze Liegende die Führung; er giebt das Tempo des Fahrens an. Die Führung pflegt während eines Rennens zu wechseln, bald führt der eine, bald der andere; man einigt sich wohl gar vor dem Rennen über die Reihenfolge, in der die einzelnen Fahrer zu führen haben.

Früher setzten unsere Meisterfahrer, z. B. Lehr, ihren Stolz darein, in einem Rennen allein zu führen; sie duldeten nicht, dass ihnen die Führung von einem anderen abgenommen wurde. Jedes Unternehmen in dieser Richtung wurde mit aller Kraft zurückgewiesen. Diese schönen Zeiten sind längst vorüber. Die Zahl der tüchtigen Fahrer hat sich vergrössert, die Hilfsmittel sind bedeutend vervollkommnet und der einzelne ist mehr gezwungen, die Fähigkeiten seiner Gegner in Rechnung zu stellen. Man erkannte die Nachteile des Führens und kam allmählich auf das Abwarten. Später artete dies mehr und mehr aus, es ward zur «Bummelei». Niemand will die Führung übernehmen, es wird erschrecklich langsam gefahren, es kommt mitunter soweit, dass die Fahrer stillstehen und gar umfallen. Ein interessantes, diese Bummelei drastisch veranschaulichendes Beispiel brachte der «Velo-Sport» in einem Bericht aus Wien vom 3. Januar 1897, der betitelt war: Armbinde-Match oder Karussel. «Bei grossartigem Besuch sollte heute der Armbinde-Match Büchner-Lanfranchi ausgefahren werden. Jedoch diejenigen, die gekommen waren, um ein interessantes sportliches Schauspiel zu sehen, hatten sich gründlich getäuscht. Nachdem der Starter die beiden Fahrer entlassen hatte, führte Büchner in langsamem Tempo eine halbe Runde und kletterte nach dem Beispiel der Pariser Champions auf die höchste Höhe der Kurve hinauf. Lanfranchi, der seinem Gegner, wenn auch nicht an Körpergrösse, so doch an Taktik mindestens ebenbürtig ist, scheint das erwartet zu haben, denn er folgt Büchner unter grosser Heiterkeit des Publikums bei seiner Spazierfahrt. Büchner erwies sich aber als der bessere Kunstfahrer, denn Lanfranchi musste sich am Geländer festhalten, um sich vor einem Sturze zu schützen. Diesen Augenblick benutzte Büchner, um durch einen raschen Antritt dem Italiener auf 40 m davon zu fahren. Nach einer scharfen Runde führte Büchner wieder ganz langsam und liess Lanfranchi wieder herankommen. Solche und ähnliche Kunststücke zeigten die beiden auf jeder Kurve, wodurch sie die Heiterkeit des Publikums im höchsten Masse erregten. Endlich, vier Runden vor Schluss, zeigten sie ein Kunststück, wie es wohl auf keiner Bahn geliefert wurde. Büchner begann plötzlich in immer kleiner werdenden Kreisen auf der Bahn zu fahren, welchem Beispiel Lanfranchi getreulich folgte. Nach 10—12 solcher Rundfahrten überlegten es sich die beiden und fuhren im Trauermarschtempo weiter. Während der nächsten Runde fuhren Büchner und Lanfranchi wieder auf die Höhe der Kurven, wobei Lanfranchi das Malheur hatte, an das Geländer anzufahren. Er stürzte die steile Kurve herab und riss Büchner im Falle mit. Während jedoch Büchner so-

sportliche Treiben (?) unmöglich zu machen. Um die Rennen lebhafter zu gestalten, hat man Mittel verschiedener Art empfohlen und auch zur Anwendung gebracht. Man schickte Rennfahrer auf die Bahn, deren Aufgabe es sein sollte, das Tempo anzugeben, es waren Schrittmacher, die ausser Wettbewerb fuhren. Man schrieb Rennen aus mit Zeitbeschränkung, d. h. man setzte eine Maximalzeit fest; innerhalb derselben musste das Rennen ausgefahren werden. Sofern diese Maximalzeit nicht erreicht wurde, gelangten die Preise nicht zur Verteilung. Die meiste Wirkung erzielen noch die Führungspreise, deren schon an anderer Stelle Erwähnung gethan ist.

Wenn auch Publikum und Rennbahnleitungen gegen das Bummeln stark eingenommen sind, so giebt es auch recht viele Sportsleute, die in diesem Verfahren der Rennfahrer kein so grosses Unglück sehen. Man sagt, wenn die Rennfahrer vom Starter entlassen sind, so haben sie allein die Sache untereinander abzumachen und jedes Mittel, dessen Anwendung nicht

„ADLER 37"

**Bahn-Rennmaschine.**

fort wieder das Rad bestieg, um die Fahrt fortzusetzen, blieb Lanfranchi ohnmächtig am Boden liegen.» Das Rennen blieb unentschieden, da Büchner vor dem Ziele abstieg und Lanfranchi auf die Binde verzichtete.

Solche Komödien werden glücklicherweise nicht an jedem Renntage aufgeführt; wenn man aber die Rennberichte liest, so stösst man sehr häufig auf die Bemerkung: Die ersten 3, 4 Runden wurden in dem bekannten Bummeltempo zurückgelegt. Das Publikum sieht am liebsten eine frische fröhliche Jagd vom Start bis zum Ziel; es kann dem vorsichtigen Abwarten der Fahrer gar keinen Geschmack abgewinnen und wenn die Rennfahrer in dem beliebten Leichenzugtempo langsam über die Bahn dahinschleichen, so erschallt bald von allen Seiten die kräftigste Aufmunterung zu schnellerem Fahren. Da die Rennfahrer aber zumeist nicht die geringste Neigung zeigen, den Wünschen des Publikums zu willfahren, so meinen die Rennbahnleitungen, ihnen erwachse die Pflicht, durch irgend welche Einrichtungen und Vorkehrungen dieses un-

gegen die Wettfahrbestimmungen verstösst, muss ihnen erlaubt sein. Es ist darum ein Unrecht von seiten des Publikums, wenn es durch Toben eine Beschleunigung eines Rennens herbeiführen will. Auch die Rennleitung handelt nicht richtig, wenn sie ein im Bummeltempo gefahrenes Rennen einfach durch Abläuten beendigt.

Wenn auch die Taktik des Rennfahrers darin bestehen soll, aus den Schwächen der Gegner möglichst reichen Gewinn zu ziehen und die eigene Praxis soviel wie möglich vorteilhaft zur Anwendung zu bringen, so muss doch der Kampf immer nur mit solchen Mitteln ausgefochten werden, die vor dem Gesetz des Sportes als erlaubt zu betrachten sind; nimmermehr darf der Fahrer seine Zuflucht zu unlauteren, v e r w e r f - l i c h e n Mitteln nehmen. Ein anständiger Fahrer wird das nie thun, aber der Vollständigkeit halber wollen wir auch diese unehrlichen Manipulationen erwähnen. Es ist uns mehrfach in Sportsblättern die Bemerkung aufgefallen, dass man den Italienern nachsagte, sie gingen gegen fremde Fahrer geschlossen vor, um diese nicht zum Siege zuzulassen. Ob diese Bemerkung einem Rennfahrer entschlüpft ist, der in dem schönen Lande schlecht abgeschnitten hat, ob die Sache sich bewahrheitet, können wir nicht beweisen, aber soviel ist gewiss, dass man, wenn nicht in Italien, so doch auf manchen Bahnen anderer Länder, mannigfach Gelegenheit gehabt hat, die Anwendung unlauterer Mittel zu beobachten. Wir zählen dahin das Kreuzen der Bahn, das Anfahren der Gegner, das absichtliche Einschliessen und Festhalten, das Hinaustragen des Gegners an die äussere Bahn u. s. w. Manche dieser Ungezogenheiten sind leicht zu erkennen. Ausser diesen spielen sich aber im Rennen noch viele verwerfliche Sachen ab, die sich der Beobachtung vollständig entziehen, von denen nicht festgestellt werden kann, ob die betreffenden Fahrer absichtlich gehandelt haben. Aus diesem Grunde ist auch ein Heranziehen zur Verantwortung und eine eventuelle Bestrafung ausgeschlossen. Doch genug von diesen unerquicklichen Dingen!

Wir haben schon oben kurz darauf hingewiesen, dass ein Wettkampf von Start aus unter den jetzt obwaltenden Umständen fast ganz ausgeschlossen ist. Nur beim Fahren gegen Zeit und beim Vorgabefahren beginnt der Kampf schon am Start. Bei letzterem gilt es ja, die Vorgaben aufzuholen. Die mit Vorgabe bedachten Fahrer wollen selbstverständlich die Vergünstigung gehörig ausnutzen und legen von Anfang an ein gutes Tempo vor, das die Malleute und die mit geringerer Vorgabe bedachten Fahrer zwingt, durch noch besseres Tempo die Vorauseilenden aufzuholen. Hat sich das Feld nach einigen Runden zusammengezogen und jeder Fahrer sich einen Platz gesichert, so lässt man die Sache ruhiger angehen, man erholt sich und sammelt Kraft für den Endkampf, der dann in der bei anderen Rennen gewohnten Weise ausgefochten wird. Häufig gestaltet sich die Sache aber anders. Ist ein Teil des Feldes aufgeholt worden, so verfallen die Fahrer in Beobachtung ihrer nächsten Gegner, suchen sich gegenseitig zum Führen zu animieren, fahren langsamer. Während dessen ziehen die an der Spitze Liegenden frohgemut davon und gehen durchs Ziel, während die besseren Fahrer noch immer damit beschäftigt sind, durch Beobachten die kostbare Zeit zu vertrödeln. Ein Vorgabefahren bringt daher häufig ganz unerwartete Resultate und wegen dieser Eventualität ziehen manche der besseren Fahrer es vor, an einem solchen Rennen nicht teilzunehmen.

In den allermeisten Fällen wird der erste Teil eines Rennens in langsamem Tempo gefahren, das Feld bewegt sich geschlossen über die Bahn. Kommt einer auf den Einfall, davonzulaufen, so hat das für ihn wenig Erfolg, denn die Nachbarn, die ihn beobachten, werden höchstens dadurch veranlasst, ihr Tempo für eine kurze Zeit zu verschärfen, bis sie den Ausreisser wieder aufgeholt haben. In einem kleinem Felde entwickelt sich das Rennen ruhig weiter bis zum Schlusseffekt. Etwas anders kann es sich gestalten, wenn ein grosses Feld bei-

sammen ist. Da ist die Gefahr des Eingeschlossenwerdens grösser und jeder ist bestrebt, sich einen günstigen Platz für den Endkampf zu sichern. Es beginnt dann der Kampf um die Position. Derselbe beginnt zuweilen schon, wenn die Fahrer eben aus Starters Hand entlassen sind und nimmt dann einen derartig heftigen Charakter an, dass die Fahrer ausgepumpt sind, wenn es heisst: Die letzte Runde kommt! So kann es denn kommen, dass der Endkampf in weniger schneller Fahrt ausgetragen wird, als der eben voraufgegangene Kampf um die Position. Es ist gleichsam dem Witz die Pointe vorweggenommen.

Die höchste Geschwindigkeit, die man auf dem Rade zu entwickeln imstande ist, kann der Fahrende längstens etwas über eine halbe Minute aushalten. Diese fast nur beim Endkampf übliche Schnelligkeit bezeichnet man mit dem englischen Wort Spurt, Ruck. Ein Rennen, das mit aller Kraft gefahren wird, kann darum höchstens über eine Bahnrunde, 4—500 m, gehen. Doch ist ein Spurt in dieser Länge eine grosse Seltenheit; Lehr freilich brachte es fertig. Seine Kampfesweise bestand in einem zeitigen Vorgehen und der Behauptung des führenden Platzes gegen jeden Angriff. Ertönte dann das Glockenzeichen zur letzten Runde, so lief er einfach mit kolossalem Spurt von 4—500 m Länge allen Partnern davon. Ein solches Fahren kann sich auch nur ein Mann von ganz ausserordentlichen Fähigkeiten wie Lehr leisten, da es ungeheure Kraftaufwendung erfordert. Ein Gegenstück zu ihm finden wir nur bei Zimmermann, dem flying Yankee. Diese Lehr'sche Taktik eignet sich namentlich für Rennen über Strecken von 5—10 km. Seitdem uns Frankreich das Match-System beschert hat, ist sie ziemlich verschwunden. Das Match-System, das Fahren über kurze Strecken, 2—3 km, hat auch die Bummelei gross gezogen; es ist nämlich nachgewiesen, dass bei gleichen Fähigkeiten zweier Rennfahrer immer derjenige siegt, der bis zum Beginn des Endkampfes den zweiten Platz inne hat. Der jetzige Sportif-Direktor des Vélodromes de la Seine, Victor Breyer, hat dies im «Velo» an einem Beispiel, Match Houben-Banker, festgestellt: Beim ersten Lauf hatte Houben beim Herausgehen aus der letzten Kurve den zweiten Platz inne; er siegte mit einer Länge. Beim zweiten Lauf dagegen hatte Banker in der letzten Geraden den zweiten Platz und überspurtete seinen Gegner trotz der heftigsten Gegenwehr um eine halbe Länge. Die beiden Gegner erkannten nun, dass sie sich vollständig ebenbürtig seien und beim dritten Lauf wollte darum keiner die Führung übernehmen. Bei der letzten Kurve fuhren sie nebeneinander und setzten gleichzeitig zum Spurt ein. Houben siegte mit Reifendicke, war also um eine Kleinigkeit besser. Woher kommt es nun, dass der Zweite beim Endkampf einen bessern Platz hat, den Ersten besiegt? Zunächst kommt bei dem Führenden der Widerstand der Luft, der überwunden werden muss, in Betracht. Zum andern muss man beachten, dass die Befürchtung, vom Hintermann überspurtet zu werden, in etwas lähmend auf die volle Entwicklung der Fahrgeschwindigkeit wirkt.

Die Wahl der im Finish verwendeten Spurtlänge ist abhängig von mancherlei Umständen. Zu den massgebenden Faktoren gehören natürliche Beanlagung des Fahrers, Trainierweise, Uebersetzungshöhe des Rades, Beschaffenheit der Bahn, Zahl und Tüchtigkeit der Konkurrenten, Witterung u. a. m. Wie schon oben gesagt, ist ein Rundenspurt eine grosse Seltenheit. Wenn das Rennen auch über 2000 oder 3000 m geht, so wird die Entscheidung doch erst über die letzten 50—100 m ausgefochten.

## 6. Das Schrittmachen.

DAS Wesen des Schrittmachens gründet sich auf die Ausnutzung des physikalischen Gesetzes vom luftverdünnten Raum. Das schnelle Fahren auf der Rennbahn lässt sich vergleichen mit einem Gehen gegen einen starken Wind. Wie es beim Gehen eines gewissen Aufwandes von Kraft bedarf, den Widerstand der Luft zu überwinden, so hat auch der Rennfahrer einen Teil seiner Kraft der Beseitigung dieses Hindernisses zu widmen. Diese Arbeit nimmt ihm der Schrittmacher ab. Hinter dem mehr oder minder breiten Rücken des Schrittmachers, in einem luftverdünnten Raum, dem Windschatten, kann der Rennfahrer seine volle Kraft entwickeln, unbeeinflusst vom Widerstand der ihm gewissermassen entgegenströmenden Luft, die, von seinem Vormann zerteilt, erst hinter ihm wieder zusammenschlägt.

Welchen Wert hat das Schrittmachen für den Rennfahrer? Dass der Schrittmacher ihm einen grossen Teil Arbeit abnimmt, ist schon oben gesagt. Die dadurch ersparte Kraft kann er darauf verwenden, seiner Maschine die Schnelligkeit zu geben, welche der unter andern Umständen bedeutend schneller fahrende Mehrsitzer auf der Bahn zu entwickeln imstande ist. Während im Rennen ohne Schrittmacher der Rennfahrer auch noch geistig arbeiten muss, kann er im Rennen mit Schrittmachern diese Arbeit dem Steuermann des ihn führenden Mehrsitzers überlassen.

Das Schrittmachen ist keine Erfindung von heute; in andern Sportszweigen hatte man die Bedeutung desselben schon längst erkannt. Das Neue liegt nur darin, dass es jetzt besondere Rennfahrer giebt, welche die Dienste des Schrittmachens gegen Entgelt leisten. Während bei uns die Schrittmacherdienste gelegentlich von diesem oder jenem Rennfahrer versehen werden, hat sich in Ländern, die in der Entwicklung des Rad-Rennsports um etliche Längen voraus sind, bereits eine Art Zunft der Schrittmacher gebildet. Die Angehörigen dieser Zunft sind gewöhnlich sogenannte «kleine Fahrer», die es zu einer bedeutenden Leistung im Rennen nicht zu bringen vermochten. Da es in den grossen Sportscentralen z. B. Paris sehr viele von diesen Leuten giebt, das Angebot die Nachfrage weit übersteigt, so ist erklärlich, dass das Einkommen sich in sehr bescheidenen Grenzen hält. Bezeichnend für die Verhältnisse ist der Ausdruck «Schrittmacher-Elend». Früher dagegen herrschte Mangel an bezahlten Schrittmachern und die Rennfahrer mussten grosse Summen opfern, um sich die Dienste einer guten Schrittmachermannschaft zu sichern.

Für und wider das Schrittmachen ist viel geredet und geschrieben worden. Es ist ohne Zweifel ein Rennfahrer mit Schrittmachern einem Rennfahrer ohne dies Zugmittel überlegen. Von den Gegnern des Schrittmachens wird mit Recht behauptet, dass eine Leistung, welche mit Hilfe dieses Apparates erzielt worden ist, streng genommen nicht die wirkliche Leistung des Rennfahrers darstellt, sie ist zustande gekommen unter Zuhilfenahme einer fremden Kraft. Man muss daher auch sorgfältig scheiden die besten Leistungen mit Schrittmachern von denen ohne Schrittmacher. Nur darf man nicht so weit gehen und den Leistungen mit Schrittmachern allen Wert absprechen; es ist ganz klar, dass zu ihrer Ausführung ein gewaltiger Aufwand von Kraft erforderlich gewesen ist.

Ursprünglich verwendete man die Schrittmacher nur bei den langen Fahrten, bei starkem Gegenwind und auf der Landstrasse bei schwierigem Terrain. Stellenweise ist der Versuch gemacht worden, auch Rennen über kurze Strecken mit Schrittmachern zu fahren. Man gedachte dadurch die notorische Bummelei der Flieger namentlich bei den Matches aus der Welt zu schaffen. Unzweifelhaft werden die in einem solchen Rennen geschaffenen Zeiten besser sein, als in einem Rennen über die gleiche Strecke ohne Schrittmacher. Aber die Erfahrungen, die man mit derartigen Rennen gemacht hat, sind nicht geeignet gewesen, die Einrichtung des Schrittmacherdienstes auch für kleine Strecken zu einer ständigen zu erheben. Für die Rennen über grosse Strecken dagegen ist das Schrittmachen zu einem Bedürfnis geworden, zu einer ständigen Einrichtung.

Ein guter Mehrsitzer kostet ein gutes Stück Geld, so dass es den Schrittmachern unmöglich, den Rennfahrern schwer ist, sich in den Besitz solcher Maschinen zu bringen. Daher bleiben nur zwei Möglichkeiten, entweder die Bahnverwaltung besorgt den Schrittmacherapparat oder er wird von den Interessenten, den Fabrikanten der Räder und Reifen gestellt. Ersteres wäre jedenfalls das Richtigere, da alsdann die Auswüchse, die wir weiter unten eingehender beleuchten werden, nicht aufkommen können. Um aller Unreellität vorzubeugen, hat man in England bei den grossen Rennen einen Schrittmacher-Marschall angestellt, dem die Leitung des Apparats und die Aufsicht über die Schrittmacher übertragen ist. Dadurch beugt man allen Ungehörigkeiten vor, denn der Schrittmacherdienst findet unparteiische Leitung.

Vorerst haben aber noch die Fabrikanten den Schrittmacherdienst in Händen. Wie sie die Berufsfahrer in ihren Dienst der Reklame gezogen haben, so haben sie auch die Schrittmacher engagiert, die die Aufgabe haben, dem Rennfahrer ihres Brotherrn Dienste zu leisten. Manche der englischen, französischen und amerikanischen Fabriken unterhalten eine ganze Reihe dieser Leute, immerhin eine sehr kostspielige Sache.

Die Amerikaner lieben es, eine Schrittmachermannschaft nebst einigen bedeutenden Rennfahrern in die Welt zu schicken. In den letzten Jahren sind mehrere dieser Teams, die nach dem Fabrikat, das sie vertreten, oder nach dem Leiter benannt werden, auch nach Europa gekommen. Wir erwähnen von diesen die bedeutendsten: the Yellow-Fellows oder das Stearns Team mit den Rennfahrern Murphy, Kiser und Wheeler. Letzterer, Besieger Zimmermanns, führte in Amerika den Titel «König der Professionals». Das World Team unter Leitung Tom Ecks mit den Rennfahrern Johnson und Macdonald. Grosse Schrittmachermannschaften unterhalten auch die Dunlop Tyre Comp., die Fabriken Gladiator und Humber.

Bei dieser Gelegenheit wollen wir gleich einer andern amerikanischen Einrichtung Erwähnung thun, wenngleich sie inhaltlich nicht ganz in das Kapitel vom Schrittmachen hineingehört; wir meinen die National-Rundtour. Diese besteht darin, dass alle bedeutenden Rennfahrer mit ihren Teams zu einer grossen Gemeinde zusammentreten unter Leitung eines Reise-Marschalls. Die bedeutendsten Rennplätze der Vereinigten Staaten werden nun der Reihe nach besucht, nachdem sie vorher von dem Erscheinen der Rennfahrer verständigt worden sind. Es hat diese Einrichtung mancherlei Vorzüge. Zunächst haben die Rennfahrer dabei einen wirtschaftlichen Vorteil, da sie billiger reisen und leben können. Auch für die Rennplätze bringt sie mancherlei Vorzüge; diese sind in der Lage, in umfassendstem Masse ihre Vorbereitungen zu treffen, die den Erfolg des Rennens bedingen. Da alle bedeutenden Rennfahrer sich an der Rundtour beteiligen, ist der Fall ausgeschlossen, dass an einem Tage mehrere grosse Rennen stattfinden, die sich gegenseitig Konkurrenz machen. Welche Bedeutung diese National-Rundtour für die Vereinigten Staaten hat, erhellt daraus, dass z. B. im letzten Jahre nach Angabe des «Radfahrer-Humor» rund 160 Rennfahrer sich beteiligten und dass die Tour selbst sich über eine Strecke von 60,000 km erstreckte.

Zurück zu den Schrittmachern! Nicht auf jeder Rennbahn lässt sich ein Rennen mit Schrittmachern im grossen Stile veranstalten. Die Dimensionen der

Bahn müssen eine volle Entfaltung der Mehrsitzer zulassen. Während früher bei einem grossen Dauerfahren vielleicht ein halbes Dutzend Rennfahrer auf der Bahn erschien, bietet jetzt ein Rennen über grosse Strecken unter ausgiebigster Verwendung von Schrittmachern ein ausserordentlich belebtes Bild. So trat z. B. der Rennfahrer Chase bei den letzten Weltmeisterschaften in Kopenhagen 1896 mit einem Schrittmacher-Apparat der Dunlop Tyre Comp. in der Stärke von 25 Mann in Aktion. Die Konkurrenten brachten natürlich annähernd gleiche Kräfte zur Stelle, so dass bei der kurzen ($333\frac{1}{3}$ m) und nicht sehr breiten Bahn sich der Zuschauer eines Gefühls der Beklemmung nicht erwehren konnte. Wenn ein solches Rennen ohne Unglücksfälle zu Ende gebracht wird, so ist das ein Wunder; denn erfahrungsgemäss werden gerade durch die Schrittmacher viele Unglücksfälle herbeigeführt, da dem stark belasteten Mehrsitzer leicht ein Unfall zustösst. Dann ist auch zu bedenken, dass bei der grossen Zahl von Maschinen, die sich auf der Bahn in voller Aktion befinden, gleich andere in Mitleidenschaft gezogen werden.

Selbstverständlich hat sich auch beim Schrittmachen eine besondere Taktik ausgebildet. Die Hauptperson auf der Schrittmacher-Maschine ist der Steuermann, der den vordersten Platz inne hat. Derselbe muss grosse Kaltblütigkeit und Geistesgegenwart besitzen, um das Rad sicher durch alle Fährlichkeiten

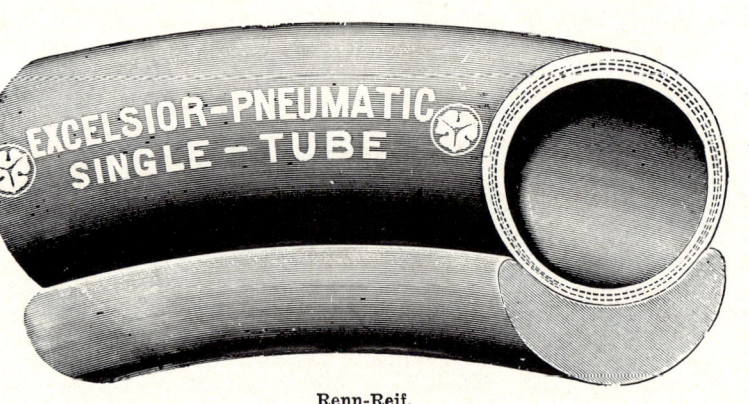

Renn-Reif.

hindurchzusteuern. Es ist das also ein sehr verantwortungsvoller und schwieriger Posten, da zu dem Kraftaufwand noch die angestrengte geistige Thätigkeit hinzutritt. Nach dem Steuermann wird häufig die ganze Mannschaft benannt. Der Schrittmacher, der den letzten Platz inne hat, beobachtet den Rennfahrer. Er kann darum auch nicht so angestrengt arbeiten, nimmt vielmehr häufig eine ungezwungenere Haltung an, dreht sich um, winkt mit der Hand, sucht den Rennfahrer zu ermuntern, anzureizen. Die Leitung des ganzen Apparats liegt in den Händen des Managers. Er beobachtet Schrittmacher und Rennfahrer, sucht des letzteren Stimmung und Leistungsfähigkeit zu ergründen, giebt das Zeichen zum Losziehen oder Verlangsamen, ist mit einem Wort das Haupt vom Ganzen. Für den Rennfahrer kommt es vor allen Dingen darauf an, stets die engste Fühlung mit der führenden Maschine zu behalten, da im Augenblick des Loslösens von den Führenden der ganze Effekt verloren geht. Besondere Geschicklichkeit erfordert das Auswechseln der einen Maschine gegen die andere. Wird das nicht von geschulten

Kräften besorgt, so ist es gar zu leicht möglich, dass er den Anschluss versäumt. Dass auf der Bahn die Schrittmacher ihren besonderen Stand haben, von dem aus sie in Thätigkeit treten und zu dem sie sich wieder zurückziehen, ist wohl ohne weiteres klar.

Der Vollständigkeit halber wollen wir noch andeuten, dass es bei einem Dauerrennen in grossem Stile keineswegs sehr ruhig hergeht. Da klappen die Maschinen, treiben die Rennfahrer ihre Schrittmacher mit lauten Rufen an, ertönen die Pfeifen der Manager, lärmt das Publikum, wenn ein Rennfahrer überholt wird, u. s. w. Eine wilde Jagd!

Lernen wir jetzt die Schrittmacherei einmal von einer anderen Seite kennen! Das Schrittmachen hat auf das Resultat des Rennens einen sehr grossen Einfluss. Bei gleichen Vorbedingungen wird immer der Rennfahrer den Sieg davontragen, der über die besten Schrittmacher verfügt. Bei wichtigen Rennen bemüht sich daher jeder Fahrer, sich die Dienste der besten Schrittmacher zu sichern. Diese nutzen dann natürlich die Situation aus und schrauben ihre Forderungen in die Höhe. Man hat schon von einem Steher den ganzen Betrag des 1. Preises gefordert. Der König der Steher, Huret, musste bei einem Dreitagerennen schmählich unterliegen, da er nicht gewillt war, die übertriebenen Forderungen der Schrittmacher zu erfüllen. Vier Viersitzer, also 16 Mann, forderten von ihm 100 frcs. pro Person für 3 Tage, macht 1600 frcs., im Falle des Sieges verlangten sie 120 frcs. pro Person für 3 Tage, macht 1920 frcs. Der Preis betrug 3000 frcs. Es blieben ihm mithin im günstigsten Falle ca. 1000 frcs. Im Falle des Unterliegens riskierte er dagegen 1600 frcs. Daher sind auch die Klagen der Dauerfahrer berechtigt, wenn sie behaupten, dass bei einem Rennen nichts herauskomme, da die Schrittmacher mit dem Löwenanteil davonzögen.

Dass während des Rennens die Schrittmacher sich allerlei — sagen wir Ungezogenheiten — zu schulden kommen lassen, ist traurig, aber wahr. Da versucht z. B. die eine Mannschaft die andere zu schädigen, indem sie ihr absichtlich den Weg verlegt. Da geht während des Rennens ein Triplet (Lamberjack) zum Gegner über, weil es sich mit dem Manager seines Klienten entzweit. Diese wenigen Beispiele mögen genügen, um zu zeigen, dass das Schrittmacherwesen mit vielen Unzuträglichkeiten verbunden ist, die allein schon die Abschaffung desselben stark befürworten.

Bei uns in Deutschland steckt die Schrittmacherei noch in den Kinderschuhen. An andern Stellen, wo man sie bereits von allen Seiten genau kennt, sucht man schon nach einem Ersatz. Den hat man in den elektrischen Maschinen gefunden. Die Verwendung dieser Maschinen zum Schrittmachen anstatt der menschlichen Kraft bietet mancherlei Vorzüge. Da für jeden Rennfahrer eine Maschine zum Schrittmachen genügt, so wird dadurch die sonst überfüllte Bahn entleert. Das trägt zur Sicherheit der Fahrenden bei. Während bei den grossen Rennen die Rennfahrer in der Masse der Schrittmacher verschwanden, die Uebersichtlichkeit verloren ging, ist es den Zuschauern bei der neuen Art der Schrittmacherei sehr gut möglich, die einzelnen Rennfahrer zu beobachten. Dass die Schrittmacher mit dieser Neuerung, die sie brotlos machen würde, nicht einverstanden sind, ist begreiflich. Ob ihr Widerstand etwas nützen wird, hängt davon ab, ob die tonangebenden Radfahrerverbände die Zulassung solcher Maschinen gestatten. Vorerst hat der Deutsche Radfahrer-Bund sich gegen diese Maschinen erklärt; denn in seinen Wettfahrbestimmungen über die Art der auf Rennbahnen zuzulassenden Fahrzeuge heisst es am Schluss: Fahrräder, welche nicht ausschliesslich mit den Füssen getrieben werden, sind nicht zulässig (also Antrieb mit den Händen, mit elektrischen oder sonstigen Motoren nicht gestattet).

## 7. Das Training.

BEI der Ausübung des Rennsports auf der Radfahrbahn ist unbedingt ein gewisses Mass körperlicher Kraft notwendig; dass aber diese natürliche Anlage bei dem sportlichen Wettkampf nicht allein das Entscheidende ist, beweist der Ausgang von vielen Rennen, bei denen der offenbar an physischer Kraft Ueberlegene einem verhältnismässig Schwächeren den ersten Platz überlassen musste. Nicht die rohe Kraft, sondern die sorgfältige Ausbildung der Organe und die durch den Kopf geregelte zweckmässige Verwendung der Kraft sichern den Erfolg, die Wirkungen des Trainings sind entscheidend.

In England, Amerika, Frankreich hatte man längst den Wert eines rationellen Trainings für die Erfolge auf dem Sportsgebiete erkannt, als man in Deutschland noch sehr unklare Vorstellungen über die Bedeutung desselben hegte. An mehr oder minder guten Schriften über diesen Gegenstand fehlte es nicht, sie wurden aber zu wenig studiert. Das Betreiben des Trainings war meist dem Zufall preisgegeben, man verliess sich auf die rein praktische Erfahrung, indem man seine eigenen Wege ging und die eine oder andere Weise eines anerkannt tüchtigen Fahrers nachzuahmen sich befleissigte. Ein Erfolg war dadurch nicht garantiert.

Man darf auch nicht ausser acht lassen, dass es in Deutschland an den Vorbedingungen eines guten Trainings fehlt. Es fehlt uns einmal eine gute Winter-Rennbahn und zum andern fehlten bis vor kurzem solche Leute, die das Trainieren berufsmässig betreiben. Während z. B. in Paris eine ganze Reihe von anerkannt tüchtigen Trainern ein reiches Feld für ihre Arbeit finden, ist in Deutschland der Trainer eine ganz neue Erscheinung. Daher gingen unsere deutschen Rennfahrer zu Anfang einer jeden Saison nach einer Sportscentrale, z. B. Paris, um dort ihre Form zu erlangen. Die Mehrzahl der Rennfahrer und namentlich die Herrenfahrer können sich eine solche Abschweifung nicht erlauben, denn ein Aufenthalt in Paris ist für sie eine zu kostspielige Sache.

Nach diesen allgemeinen Bemerkungen kommen wir zu der Frage: Was ist Training? Was ist sein Zweck? Alle Veranstaltungen, den menschlichen Körper zu kräftigen, die etwa schwächliche Gesundheit zu heben, Zimmergymnastik, Baden, Spielen u. s. w. fallen unter den Begriff Trainieren, sofern sie planmässig betrieben werden. Von diesem Training ist aber das für speciell sportliche Zwecke wohl zu unterscheiden. Während jenes den Körper als ein ganzes fördern will, handelt es sich bei diesem um die Ausbildung ganz besonderer körperlicher Organe, um die bei der Ausübung des Sports in hervorragender Weise beteiligten. Diese Organe und die in ihnen wirkenden Kräfte zur höchsten Stufe der Entwicklung zu bringen, ist der Zweck des Trainings. Schwierig ist es, diesen höchsten Grad sicher zu bestimmen, denn die Umstände, die während eines Rennens hindernd oder fördernd auf die Leistungsfähigkeit des Rennfahrers wirken, ändern sich fortwährend. Verbesserungen der Rennbahn, Fortschritte im Bau der Fahrräder, Tüchtigkeit der Gegner u. s. w. sind geeignet, die Leistungsfähigkeit zu erhöhen, ein unzweifelhaft festes Ziel ist nicht abzusehen. Die Wirkung soll ebenfalls das Training haben, dass der Rennfahrer den durch die jeweilig obwaltenden Umstände geschaffenen Bedingungen gerecht werden kann.

Der Erfolg beim Training und beim Sport überhaupt wird um so grösser sein, je mehr der Körper bereits für diesen Zweck vorbereitet ist. Man soll von frühester Jugend an gut aber mässig leben, Trägheit und Bequemlichkeit vermeiden. Wer schon als Knabe an gute, nahrhafte Kost gewöhnt ist, dabei fleissig die sogenannten Bewegungsspiele im Freien betrieben hat, dessen Körper ist am besten geeignet für den athletischen Wettkampf. Die Körperkraft wird erhalten und vergrössert, wenn man sie beständig übt. Ueber den Wert des bisherigen deutschen Schulturnens für die Ausbildung der körperlichen Kräfte wollen wir uns als zu weitgehend hier nicht weiter auslassen. Uebungen mit Hanteln und Keulen sind geeignet, den Körper zu kräftigen, ihre Wirkungen kommen jedem Sport, auch dem Rennsport zu gute, sie erweitern die Brust und entwickeln die Lungen, sie erzeugen einen tiefen und kräftigen Atem. Das Kaltwasserbad im Sommer mit nachfolgender Abreibung bewirkt eine kräftige Blutcirkulation, das Schwimmen ersetzt zugleich die körperlichen Uebungen. Billardsalons aber sind keineswegs der geeignete Ort der Erholung und Stärkung für junge Leute.

Wenn ein junger Mann die Absicht hegt, sich durch ein Training zum Rennfahrer auszubilden, so muss er sich durch einen erfahrenen Arzt besonders auf Lunge und Herz untersuchen lassen. Falls diese Organe nach dem Urteil des Arztes den Anforderungen, die der Rennsport an sie stellt, nicht genügen, muss er seinen Plan sofort fallen lassen; wenn er entgegen der Ansicht des Arztes doch auf der Ausführung seines Vorhabens besteht, setzt er sich den grössten Gefahren für seine Gesundheit aus. Hat er aber die Gewissheit, dass sein Körper den Anstrengungen gewachsen ist, so muss er diesen Schritt, den er zu thun im Begriffe steht, ja recht reiflich überlegen und sich alle daraus ergebenden Konsequenzen vergegenwärtigen. Es bedeutet für ihn gewissermassen das Beginnen eines neuen Lebens. Es gilt alten zur zweiten Natur gewordenen Gewohnheiten zu entsagen, manchen Genüssen sich zu entwöhnen, der Pflege des Körpers aber ganz ausserordentliche Sorgfalt zuzuwenden. Zur Durchführung des Plans ist ein bedeutendes Mass von Energie notwendig; für den, der bisher in angenehmen, ruhigen Verhältnissen gelebt hat, ist es doppelt schwer, denn auch in der Bethätigung der Energie ist noch eine kleine Uebung nötig gewesen, bevor man sich an diese Kraftprobe heranwagt. Wir erinnern uns, gelesen zu haben, dass die Rennfahrer, die es in ihrer Thätigkeit zu Ansehen und Ruhm gebracht haben, von Jugend auf im Kampf um Existenz und Fortkommen ihre Energie entwickeln konnten. Die Richtigkeit dieser Behauptung wollen wir mit Thatsachen hier nicht belegen; doch liessen sich dieselben wohl aufbringen. Noch ein anderer Punkt darf nicht ausser acht gelassen werden. Rennfahrer giebt es sehr viele, gute Rennfahrer sind schon seltener, wirklich erstklassige Fahrer giebt es in jedem Lande nur einige wenige. Es gilt auch hier das Bibelwort: Viele sind berufen, aber wenige sind auserwählt. Wer nicht zu den Auserwählten emporsteigt, sich aber an mittelmässiger Leistung nicht genügen lässt, der muss auch den Mut haben, entsagen zu können, sich damit trösten, dass sein Wille gut war, aber dass es ihm an den Vorbedingungen zu grossen Leistungen gebrach.

Kommen wir jetzt zu der Frage: Wie gestaltet sich das Training eines Rennfahrers?

«Die Saison beginnt; jetzt heisst es solide werden.» So oder ähnlich hört man manchen Rennfahrer, namentlich aber Amateure reden. Aus diesen Worten spricht aber eine falsche Auffassung der ganzen Sache; denn lange bevor mit dem Training begonnen wird, muss der Körper eine Vorbereitung durchmachen, die denselben derartig stärkt, dass er den hohen Anforderungen des Trainings genügt. Mit Recht spricht Dr. Cortis in seinem Buche: Principles of Training for Amateur Athletes von zwei Stufen des Trainings, nämlich 1. von der Vorstufe zu demselben und 2. von dem Training selbst.

Der Rennsaison folgt eine Zeit der Ruhe und Erholung, der Winter. Da darf auch der Rennfahrer von sich sagen: Jetzt bin ich Mensch, jetzt darf ich's sein. Aber allzulange kann er sich der Ruhe nicht erfreuen. Zeitig vor Beginn der Saison muss er schon seine Vorbereitungen treffen. Sanger, ein amerikanischer Rennfahrer, giebt beachtenswerte Ratschläge; er meint: Bevor man überhaupt mit den Vorbereitungen beginnt, muss der Magen durch eine

Radikalkur in Ordnung gebracht werden, der Körper muss aller galligen und sonstigen störenden Stoffe sich entledigen. Durch diese Kur wird selbstverständlich der Körper geschwächt und es gilt, denselben stufenweise zu stärken, indem man anfangs leicht verdauliche Speisen, später substantiellere Nahrung zu sich nimmt. Eine solche Radikalkur, wie sie hier empfohlen wird, ist nicht jedem Körper zuträglich und es giebt auch Rennfahrer in Menge, die dieses Mittel nicht anwenden. Wie bei vielen anderen Dingen ist auch beim Training die Individualität aus-

Speisen und Getränke giebt es eine grosse Reihe von Vorschriften. Wir ziehen einzelne davon heraus: Der Rennfahrer vermeide alle scharf gewürzten und reizenden Speisen; die Gewürze nehmen den Speisen einen grossen Teil ihrer nährenden Bestandteile und machen dieselben schwer verdaulich. Kartoffeln sind verboten; sie füllen, setzen aber keine Kräfte. Auch in Fleischspeisen ist eine Auswahl zu treffen. Schweinefleisch ist nicht zu empfehlen, dagegen sind Ochsen- und Hammelfleisch in verschiedenen Formen sehr zweckdienlich. Ueber den Genuss geistiger Getränke

**Die Grazer Rennfahrer-Schule.**

J. Schlichtinger-Wien, Otto Wokurka-Wien, Frz. Seidl-Wien, Al. Gayer-Graz (Trainer), Ed. Reininger-Wien, Alois Plattl-Graz.
Gg. Oberberger-München, Br. Büchner-Graz, H. Hofmann-München, Em. Huet-Brüssel, Fr. Gerger-Graz, Arn. Janeschitz-Pettau.
Joh. Rottenbiller-Budapest, Jos. Irgl-Marburg, A. Baumgartner-Wien, E. Eisenrichter-München, Fr. Seeger-Graz.

schlaggebend, ein für alle Fahrer gültiges Rezept lässt sich nicht aufstellen, die individuellen Verschiedenheiten bedingen eine veränderte Anwendung der Vorschriften.

Für alle ohne Ausnahme gilt aber unbedingt die Forderung einer sehr regelmässigen Lebensführung. Jede Ausschweifung rächt sich schwer. Die Forderung der regelmässigen und kräftigenden Lebensweise kommt deutlich im Speisezettel zum Ausdruck. Für die Art und die Zubereitung der dem im Training liegenden Rennfahrer zusagenden

ist man verschiedener Ansicht; während einige Trainer scharfe Abstinenz empfehlen, erlauben andere mässigen Genuss von Wein und Bier; wir neigen der letzteren Ansicht zu, weil auch in dieser Frage die Individualität eine grosse Rolle spielt. Dass man dem kräftigenden Schlafe weitgehendste Rechte zugesteht, ist so selbstverständlich, dass wir dies nur nebenher erwähnen. Das wäre eine Auslese von Vorschriften, deren konsequente Befolgung dem im Training liegenden Rennfahrer eine sehr wichtige Sache sein muss; er hat immer zu bedenken, dass, abgesehen von den jeweiligen Umständen, gerade die durch das Training anerzogenen körperlichen Fähigkeiten für den Erfolg massgebend sind.

Um den während der Winterszeit erschlafften Muskeln und steif gewordenen Gliedern die nötige Beweglichkeit zu verleihen, werden verschiedene Mittel empfohlen und gebraucht. Von einigen wird der Gebrauch von Zimmerapparaten (Trainierapparat) in Vorschlag gebracht, andere empfehlen, täglich eine Strecke zu laufen. Zu allermeist aber wird das Tourenfahren als Vorübung für die Thätigkeit auf der Rennbahn benutzt. Sowie die Witterung und die Wege es erlauben, begeben die Rennfahrer sich auf die Landstrasse, wo sie Touren von 10—30 km zurücklegen. Dies Vortraining wird in etwa 2—3 Wochen erledigt, so dass der Rennfahrer nach den Umständen im Monat März oder April das eigentliche Training auf der Rennbahn beginnen kann.

Bevor wir uns diesem zuwenden, wollen wir dem Leser kurz zeigen, nach welchem Rezept der berühmteste aller Trainer, der Anglo-Franzose Choppy Warburton seine Zöglinge zu behandeln pflegt: Choppy persönlich weckt seine Schutzbefohlenen, die sich morgens zwischen 8 und 9 von der Lagerstatt erheben. 20 Minuten lang werden dann Turnübungen im Zimmer betrieben, nach Beendigung dieser Uebungen wird jeder massiert. Darauf setzt man sich zu einem leichten Frühstück mit Kaffee oder Thee. Nach einem Ausflug per Rad zwischen 10 und 12 Uhr (30—40 km weit) wird jeder wieder massiert. Darauf folgt ein gehaltvolleres Frühstück: Braten, Pudding (früher im Training verpönt), Pale-Ale, Stout. Bis 3 Uhr nachmittags pflegt man der Ruhe. Dann begiebt sich Choppy mit seinen Zöglingen ins Vélodrome, dort scharfes Fahren hinter Mehrsitzern über ca. 15 km. Nach dem Rennen Massage. Alle begeben sich gemeinsam nach Hause. Zwischen 5 und 6 Hauptmahlzeit. Nach dem wird ein Spaziergang unternommen, wobei die Fahrer sich im Springen, Wett-Laufen, Gehen u. s. w. üben. Hierauf folgt wieder gemeinsame Mahlzeit. Mit turnerischen Uebungen, Massage u. s. w. wird die Zeit bis Mitternacht verbracht.

Zum Vergleichen ziehen wir ein Beispiel aus Deutschland heran. Der Altmeister Lehr befolgte auf der Trainierschule in Breslau 1896 folgendes Rezept: Die Teilnehmer wohnten alle zusammen in der Nähe der Rennbahn. 7 Uhr Aufstehen, dann gemeinschaftliches Frühstück. Darauf begiebt sich die Rennmannschaft zur Bahn. Jeder wird massiert. Punkt 10 Uhr beginnt die Morgenarbeit (10—15 km). Nach Erledigung derselben erfolgt Abreibung. 12 Uhr Mittagessen; darauf gemeinschaftlicher Spaziergang. 4 Uhr beginnt die Nachmittagsarbeit (25—30 km). 7 Uhr Abendessen. 10 Uhr begeben sich alle zur Ruhe.

Von Vorschriften über das Fahren führen wir einige an. Ausserordentlich wichtig ist es, dass der Rennfahrer stets dieselbe gleichgebaute Maschine auf Strasse und Bahn gebraucht, da auf diese Weise die Füsse gewöhnt werden, immer in demselben Zirkel

zu arbeiten. Die Einzelheiten in Rahmenbau, Uebersetzung u. s. w. sind von der Individualität abhängig. Wichtig ist es ferner, dass der Trainierende nie bis zur Erschöpfung arbeitet, da diese den kräftigen Schlaf raubt. Bei Ueberanstrengung stellt sich ein Husten ein, der ausserordentlich schlimme Folgen nach sich ziehen kann. Von besonderem Vorteil für die späteren Leistungen auf der Rennbahn ist es, wenn der Trainierende sich daran gewöhnt, seine Geschwindigkeit allmählich zu steigern, so dass er am Ziel mit der grösstmöglichsten Geschwindigkeit abschliesst.

Jede Art der Rennfahrer, Flieger, Halbdauerfahrer oder Dauerfahrer erfordert ein eigenartiges Training. Der Trainer muss bald erkennen, welcher dieser Klassen sein Zögling am besten zu entsprechen vermag. Hat er diese Gewissheit, so beginnt der Lehrgang.

Den Anfang des Trainings bildet das Tempofahren. Wenn die Bahn 500 m lang ist, wird anfangs etwa 1 Minute gebraucht, diese Strecke zurückzulegen. Das tägliche Pensum beträgt ca. 3000 m; nachdem in dieser Weise etwa eine Woche gearbeitet ist, damit der schwere Landstrassentritt verschwindet, wird das Tempo allmählich verschärft; die Bahnstrecke wird in 50 Sekunden durchfahren, das tägliche Pensum dagegen auf 8—10 km erweitert. Im Laufe der nächsten Zeit werden dann fortgesetzt Versuche gemacht, das Tempo allmählich zu steigern. Wenn der Trainierende dann eine annehmbare Geschwindigkeit erreicht hat, mischt er sich unter die übrigen Rennfahrer und sucht das von ihnen angegebene Tempo zu halten. Gelingt es ihm nicht, ·so ist es um so schlimmer für ihn, wenn er sein Vorhaben nicht aufgiebt, sondern mit aller Anstrengung bis zur Erschöpfung das Tempo inne zu halten sich bestrebt. Er muss eben ruhig den Zeitpunkt abwarten. Während der ganzen Zeit muss die grösste Sorgfalt darauf verwendet werden, die Gangart nicht zu rasch zu verbessern und nicht zu viel an Körpergewicht abzunehmen, da sonst die Haut Fiebersymptome zeigt. Eine Umwandlung des überflüssigen Fleisches in feste Muskeln ist bei Ueberanstrengung nicht möglich. Der Trainierende darf also nicht versuchen; sein Körpergewicht über einen gewissen Normalpunkt hinaus zu vermindern, damit er bei Beginn der Rennsaison etwas Fleisch besitzt, das er zusetzen kann.

Aufgabe des Trainers ist es, dafür zu sorgen, dass das überflüssige Fleisch in Muskeln verwandelt wird. Er muss den Körper nach dem Bade und der Abreibung in Massage nehmen und dabei jeden einzelnen Muskel einer eingehenden Behandlung unterziehen. Besondere Aufmerksamkeit ist selbstverständlich den Beinmuskeln zu widmen; die müssen vor allen Dingen weich und beweglich erhalten werden, denn es lässt sich keine Geschwindigkeit auf dem Fahrrad erzielen, wenn jene verhärten.

Nachdem der Trainierende das Tempofahren, das verhältnismässig nicht schwer anzueignen ist, gelernt hat, beginnt für den Flieger der hauptsächlichste und schwierigste Teil seiner Arbeit, nämlich die Kunst des S p u r t e n s. Man versteht darunter die Fähigkeit, auf einer kürzeren Strecke die grösste Geschwindigkeit zu entwickeln. Was nun die Länge dieses Spurts anbetrifft, so ist dieselbe abhängig von der Individualität des Rennfahrers; der eine spurtet über 50 m, ein anderer über 100 m, ein Dritter hat die Fähigkeit, noch grössere Strecken zu durchfliegen. Das Auge des Trainers muss hier die rechte Strasse finden. Um schnell aus dem Tempofahren in die Spurtgeschwindigkeit übergehen zu können, ist ein schneller A n t r i t t erforderlich. Die Kunst des Spurtens und des schnellen Antritts sind die beiden Momente, die das Training des Fliegers erzielen soll. Sind sie ihm eigen geworden, so hat er seine F o r m, die nun auf der Rennbahn im ernstlichen Wettkampf erprobt und vervollkommnet werden soll.

Wesentlich anders liegt die Sache beim D a u e r f a h r e r. Auch er muss im Anfang des Trainings sein Pensum im Tempofahren absolvieren, auch für ihn gilt wie für den Flieger, eine bestimmte Strecke in einer bestimmten Zeit zurückzulegen. Doch auf einen Spurt kommt es bei ihm nicht an, seine Aufgabe besteht darin, dieses Tempo über eine lange Strecke hinweg halten zu können, seien es 50, 100, 250 km, sei es für die Zeit von 6, 12, 24 Stunden oder gar für mehrere Tage. Da die grossen Rennen jederzeit mit Schrittmachern gefahren werden, so muss er selbstverständlich mit den Eigentümlichkeiten dieses Apparates während seines Trainings vertraut werden. Da die grossen Rennen selten sind, hat er später nicht nötig, fortgesetzt in der g r o s s e n F o r m zu trainieren, es genügen zur Erhaltung derselben kürzere Strecken. Monate vorher werden schon die Termine für die grossen Rennen festgesetzt und dadurch ist er in der Lage, sich rechtzeitig in die gehörige Form zu bringen.

T r a i n i n g s c h u l e n. Schon am Anfang dieses Kapitels wurde bemerkt, dass es erst seit kurzem berufsmässige Trainer in Deutschland gebe. Aus diesem Grunde thun sich vor Anfang der Saison die Rennfahrer zu Trainingschulen zusammen. Die er-

folgreichste dieser Schulen war im letzten Jahre entschieden die G r a z e r, die von Alexander Geyer, Mitglied des Grazer B.-C., geleitet wurde. Dieser eifrige Sportsmann trainiert seine poulains bereits seit Jahren zu seinem Privatvergnügen. 1896 hatte er recht viele Schüler, auch von auswärts. Wir nennen Emile Huet, Eisenrichter, Büchner, Henry Luyten, Franz Gerger, Franz Seeger, Baumgartner.

Eine andere Schule bestand im letzten Jahre in B r e s l a u. Der Leiter derselben war Altmeister Aug. Lehr. An Erfolgen ist sie der Grazer Schule nicht gleich gekommen.

T r a i n e r. Der bekannteste und zugleich erfolgreichste auswärtige Trainer ist der Anglo-Franzose Choppy Warburton. Dieser kam mit Arthur Linton nach Paris und brachte diesen soweit, dass er auf 50 und 100 km eine Zeit lang unbesiegbar war. Nach dem Abgange dieses jungen Mannes nahm Choppy sein Lieblingskind Jimmy Michaël, genannt der «kleine Michaël», unter seine Obhut. Dieser ward unter der sorgfältigsten Pflege der Welt-Dauermeister, er riss alle Weltrekorde von 100—250 km an sich. Als Michaël sich verheiratete und seinem Trainer zu gunsten seiner Schwiegermutter untreu wurde, nahm Choppy den Tom Linton, den Bruder des oben Genannten, in Training. Auch dieser hat eine grosse Reihe von bedeutenden Leistungen aufzuweisen. Die neueste Erwerbung Choppys ist Champion. Auch bei diesem hat sich die Kunst des Meisters bewährt.

Die bislang von ihm herangezogenen Renngrössen waren Dauerfahrer. Im Anfang dieses Jahres hat er damit begonnen, einen Flieger auszubilden. Das hält man bisher für unmöglich. Im Laufe der diesjährigen Saison wird sich nun zeigen, ob Choppy der Hexenmeister ist, für den man ihn gern ausgiebt. Wie es allen sagenhaften und wunderlichen Personen ergeht, so hat sich auch um Choppy ein ganzer Mythenkreis gebildet. So geht das Gerücht, dass er seinen Zöglingen vor den Rennen einen Trank gebe, der ihnen sicher den Sieg bringe. Wir erwähnen es hier nur der Kuriosität halber.

## 8. Allgemeine Wettfahrbestimmungen und Rennen.

WENNGLEICH der R e n n v e r e i n, der im Besitze einer Bahn ist, die Leitung derselben als Sport betreibt und ein rein geschäftliches Interesse an der Veranstaltung von Rennen nicht hat, oder richtiger nicht ausschliesslich haben sollte, so kann er die finanzielle Seite doch nicht ganz ausser acht lassen. Denn abgesehen von der Kapitalsanlage und etwaigen Pacht erfordert die Instandhaltung der Bahn ständige Ausgaben; verregnet ein Rennen, macht sich die Konkurrenz einer andern Rennbahn fühlbar, so erscheint das Deficit. Rennbahnen sind in den meisten Fällen sich schlecht verzinsende Kapitalsanlagen und es ist Thatsache, dass viele Bahnen mit einem chronischen Deficit arbeiten. Bei aller sportlichen Begeisterung

heisst es also immer, kühl bleiben und möglichst sicher rechnen. Welche Aufgaben erwachsen dem Rennverein, wenn er beabsichtigt, ein Rennen zu veranstalten?

Wir wollen nicht von dem ersten Rennen sprechen, welches auf einer neu angelegten Bahn abgehalten werden soll, und schon Monate vorher die gesamte Rennleitung in fiebernder Aufregung erhielt, die, bis zum Renntag beständig wachsend, dem Vorstand Ruhe und Schlaf raubte. Wir wollen annehmen, dass dies Rennen glücklich verlaufen ist und dass mehrere andere demselben bereits gefolgt sind, so dass die Rennleitung sich hat einarbeiten können. Ruhig sehen wir die Herren ihres Amtes am Start, auf der Tribüne walten, und alles nimmt seinen Fortgang, als ob es von selbst ineinandergreife. Und doch, wieviele Stunden Arbeit liegen vor diesem Tage! Wie oft hat der Vorstand sich zu Beratungen vereinigen müssen und wieviel Mühe hat es gekostet, bis das vorliegende Programm glücklich zum Druck gegeben werden konnte!

Bei der grossen Zahl der Rennbahnen in Deutschland einerseits und der verhältnismässig wenigen Renntage andererseits ist schon die Festlegung des Renntages häufig eine sehr verzwickte Sache. Wenn man bedenkt, dass zumeist nur an Sonntagen während der Saison von Anfang Mai bis Anfang Oktober, also an einigen zwanzig Tagen Rennen veranstaltet werden, und wenn man weiter bedenkt, dass manche Rennbahnen alle drei Wochen Rennen abhalten, so ist leicht einzusehen, dass es bei einer Zahl von fast 90 Rennbahnen im Deutschen Reich ohne Kollisionen nicht abgeht. Aber das bedeutet nichts, wenn die Rennplätze, die gleichzeitig Rennen in Scene setzen, so weit von einander entfernt sind, dass sie sich sowohl in der Heranziehung des Publikums als auch der Rennfahrer nicht gegenseitig Konkurrenz machen. Gefährlich aber ist die Sache, wenn in benachbarten Orten gleichzeitig Rennen stattfinden. Dann zieht vielleicht der eine Platz alles an sich und der andere geht leer aus, oder beide werden gleich gut besucht, womit unter Umständen keinem gedient ist. Es haben sich daher in einzelnen Bezirken, z. B. Schleswig-Holstein, die Rennbahnbesitzer vereinigt und verständigen sich vor Beginn der Saison darüber, an welchen Tagen die einzelnen Bahnen ihre Rennen abhalten wollen.

Der Tag des Rennens ist festgelegt. Was nun weiter? Jetzt gilt es, die Ausschreibung des Rennens aufzustellen. Man fragt sich im Renn-Ausschuss: Welche Summe können wir, abgesehen von den Unkosten, für Rennpreise auswerfen? Nachdem diese Summe fixiert ist, geht man daran, die Zahl der Rennen und die Art derselben festzustellen. Alsdann verteilt man den Gesamtbetrag auf die einzelnen Rennen und wenn dieses geschehen ist, den Betrag des einzelnen Rennens auf die einzelnen Preise. Um die Rennen lebhafter zu gestalten, legt man zuweilen Führungspreise ein, die demjenigen Fahrer zufallen, der in den meisten Runden als Erster das Band passiert hat. Falls die Preise nicht bar gezahlt werden, müssen die Ehrenpreise vorher beschafft werden, die man hier und da auszustellen pflegt. Wegen der Ehrenpreise nimmt man aber oft Rücksicht auf die Wünsche der Preisträger. Für die Anordnung der einzelnen Rennen gilt der Grundsatz, dass man, wenn irgend möglich, gegen den Schluss des Rennens hin eine Steigerung im Wert des gebotenen Sports eintreten lässt. Man hat weiter darauf Rücksicht zu nehmen, dass nicht solche Rennen aufeinanderfolgen, in denen die eventuellen Teilnehmer zweimal nacheinander starten müssen. Sind darum zum Austrag eines Rennens mehrere Läufe notwendig, so schiebt man zwischen den letzten dieser Läufe und den Entscheidungslauf andere Rennen ein, um den Rennfahrern Gelegenheit zu geben, für die Entschei-

dung neue Kraft sammeln zu können. Die Schwierigkeit, ein abwechslungsreiches und in den sportlichen Leistungen sich steigerndes Programm aufzustellen, wird noch dadurch erhöht, dass man heute in der Auswahl der Maschinen ziemlich beschränkt ist. Das Dreirad ist gänzlich von der Rennbahn verschwunden, ein Rennen für Hochrad gehört schon zu den Seltenheiten. Es bleiben nur noch die Niederräder: Einzelmaschinen oder Mehrsitzer.

Eine Ausschreibung zu einem Rennen wird wohl jedem der geneigten Leser zu Gesicht gekommen sein, so dass wir darauf verzichten können, eine solche an dieser Stelle zum Abdruck zu bringen.

Ist die Ausschreibung fertig gestellt, so muss dieselbe zunächst in den Sportszeitungen veröffentlicht und in vielen Exemplaren den Vereinen eines grossen Umkreises, sowie den Rennfahrern zugestellt werden. Aber auch in den Lokalblättern müssen von diesem Zeitpunkte an schon Artikel und Hinweise auf das Rennen die Aufmerksamkeit der Leser auf sich ziehen, wenn die Reklame, die man ja heutzutage nirgends entbehren kann, wirkungsvoll sein soll. Und wenn dann während der letzten Woche vor dem Rennen die Annoncen in den Zeitungen folgen, und grosse Plakate an den Anschlagsäulen, sowie in den Strassenbahnwagen das Publikum wieder und immer wieder auf die bedeutenden «Internationalen Radfahrer-Rennen» hinweisen, dann kommt es doch sehr auf den wirkungsvollen Wortlaut der Reklame an, da alles Marktschreierische zu vermeiden, alles Gute aber auch möglichst in den Vordergrund zu stellen ist. Es wäre hier der passende Ort, auf eine Art der Reklame hinzuweisen, die auf jeden Fall gemissbilligt werden muss. Dass man bei der Veranstaltung eines Bahn-Wettfahrens auch dem Publikum in seinen Wünschen etwas entgegenkommt, wird kein Sportsfreund als unbillig bezeichnen können, wenn die gebotenen Leistungen sportlichen Wert besitzen. Im allgemeinen gelten Propheten in ihrem Vaterlande nichts und häufig geht es den Rennfahrern auch so. Von auswärtigen Fahrern verspricht sich das Publikum in der Regel mehr. Voll befriedigt ist es aber, wenn ein Star, ein Erstklassiger am Start erscheint. Anerkennung wird der Leitung zu teil, wenn sie die Erwartungen des Publikums, die durch die Ankündigung vom Erscheinen des Stars aufs höchste gespannt sind, erfüllen kann; aber wehe der Leitung, wenn sie ihre Versprechungen nicht innehält. Das Publikum ist mit seinem Urteil leicht fertig, wenn auch die Rennveranstalter an dem Nichterscheinen des sehnlich Erwarteten unschuldig sind. Doppelt schlimm ist es aber, wenn die Ankündigung eitel Lüge enthielt, wenn die Zuschauer erkennen, dass sie gefoppt sind, dass die Rennveranstalter nicht reell waren, sondern durch Vorspiegelung falscher Thatsachen die Zuschauer übervorteilten. Man hat hie und da schon solche Manöver der Rennbahnbesitzer beobachten können.

Ist die Reklametrommel genügend bearbeitet, so gilt es weiter, Einladungen ergehen zu lassen an die Behörden der Stadt, an die Kommandeure etc. der einheimischen Truppenteile, an die Presse und last not least an die betreffenden Sportskameraden, die zur Uebernahme eines Ehrenamtes ausersehen sind.

Inzwischen müssen zur Fertigstellung des Programms Annoncen gesammelt und nach Eingang der Meldungen die Rennen zusammengestellt werden. Ausserdem: Musik bestellen, Eintrittskarten drucken lassen, Bahnpersonal engagieren und instruieren, Arzt bestellen, Nummern, Schilder, Verbandskasten revidieren, Zeitnehmer-Uhren prüfen lassen, Preise kaufen, Eintrittskarten an die Herren vom Preisrichteramt sowie an die Rennfahrer senden, für Ausschmückung der Bahn sorgen, event. Proben mit dem Rennausschuss machen.

Es sei uns an dieser Stelle eine kleine Abschweifung gestattet, um die einheimischen Verhältnisse den auswärtigen gegenüber zu stellen.

Ein Hauptunterschied zwischen dem deutschen Rennsport und dem ausländischen liegt darin, dass in letzterem der geschäftliche Geist vorherrscht, während in ersterem durchweg noch das rein sportliche Interesse zu Tage tritt. Besonders in Paris ist das Geschäftssystem ausgebildet. Dort beherrscht M. Baduel, der Direktor der vereinigten Rennbahnen, den ganzen Rennsport selbständig, disqualifiziert einen Rennfahrer nach eigenem Ermessen. Die französischen Rennfahrer sind dagegen machtlos, da es an einer mächtigen, einflussreichen Union dort gebricht. Es giebt drei französische Vereinigungen, die sich mit dem Radrennsport beschäftigen, die Union Vélocipédique de France, die Union Cycliste de France und das Omnium.

Erstgenannte hat an Ansehen eingebüsst; die zweite, jüngere Vereinigung besitzt nicht Macht genug und im übrigen ist M. Baduel Urheber und Seele dieser Union. Die französischen Rennfahrer haben sich deshalb zu einem Syndicat des coureurs vereinigt, um ihre Rechte geltend machen zu können und nicht auf Gnade oder Ungnade den Majestäten Monsieur Baduel und Desgranges, Direktor des Wintervélodromes, überliefert zu sein.

Auch in Deutschland herrschte in den letzten Jahren im Rennsport ein arges Zerwürfnis, indem sich der Deutsche Radfahrer-Bund einerseits und der Verband der Vereine für Radwettfahren andererseits um die Vorherrschaft im Radrennsport in heissem Kampfe stritten. Jede Partei bemühte sich, namentlich die Rennfahrer, die am 31. Mai 1896 in Würzburg zum Deutschen Rennfahrer-Verband zusammengetreten waren, auf ihre Seite zu ziehen, bedrohte diejenigen, die zur Gegenpartei hielten, mit Disqualifikation. Die radsportlichen Blätter der letzten Jahre geben uns von den dadurch hervorgerufenen unerquicklichen Zuständen ein im Interesse des Sports tief beklagenswertes Bild. Jetzt haben diese Kämpfe einen Abschluss gefunden; man hat die Streitaxt eingegraben und sich zu einem gemeinsamen Vorgehen vereinigt. In Zukunft wird der Rennsport einer obersten Behörde, der Deutschen Sports-Behörde für Bahnwettfahren (D. S.-B.), unterstellt sein.

Diese Behörde, zusammengesetzt aus Vertretern aller bei dem Rennsport massgebenden Faktoren, besteht aus zwei Mitgliedern des Deutschen Radfahrer-Bundes, einem Mitglied der Allgemeinen Radfahrer-Union, einem Mitgliede des Sachsenbundes, vier Vertretern der Rennbahnen und einem Rennfahrer. Durch diese Heranziehung aller beteiligten Kreise, namentlich der Radfahrer-Verbände, ist einer eventuellen Verschiebung der Machtsphäre, wie sie in Frankreich am Platze ist, vorgebeugt. Die Forderungen der Rennbahnbesitzer, als Vertreter der geschäftlichen Seite des Sports, werden eingeschränkt durch die Macht der Verbände, die aus Sportsleuten bestehen und den sportlichen Verhältnissen ihre Aufmerksamkeit widmen. Diese neue Behörde gliedert sich in drei Abteilungen: I. Verwaltung und Schiedsgericht. II. Abteilung für Ausweise und Licenzen. III. Abteilung für Rekorde und Meisterschaften. Alle Rennangelegenheiten auf Wettfahrbahnen werden nach den Bestimmungen dieser Behörde geregelt. Eine solche Behörde ist im Interesse der Einheit und zur Verhütung von Ausartungen notwendig.

In Frankreich veranstaltet der Rennbahnbesitzer gleich einem Cirkusdirektor eine Vorstellung; er engagiert für seine Zwecke ein Beamtenpersonal gegen Honorar, er engagiert die Rennfahrer und benutzt vor allen Dingen die Reklame in marktschreierischer Weise, um für seine sensationellen Vorführungen ein möglichst zahlreiches Publikum heranzuziehen, damit das Ergebnis der Vorstellung für ihn ein möglichst einträgliches sei. Weil so der Sport zu sehr vom Geschäftsgeist ausgebeutet wird, das rein sportliche Interesse in den Hintergrund treten muss, daher auch die vielen unsportlichen Auswüchse, die wir hie und da eingehender beleuchtet haben.

Im Gegensatz zu diesen Verhältnissen muss hervorgehoben werden, dass in Deutschland die bei Veranstaltung eines Rennens amtlich thätigen Personen, der Renn-Ausschuss, ihres Amtes unentgeltlich walten.

Sehen wir uns jetzt einen Renn- oder Wettfahr-Ausschuss, dem die Leitung des Rennens obliegt, in seiner Zusammensetzung und nach den den einzelnen Mitgliedern zufallenden Aufgaben näher an!

In Deutschland liebt man es, dem Programm einen Ehren-Ausschuss an die Spitze zu setzen, dessen Mitglieder den angesehensten Gesellschaftskreisen angehören. Dieser Ausschuss hat mit der Leitung des Rennens nichts zu thun, ihm wohnt nur ein repräsentativer Charakter inne.

Die Hauptpersönlichkeit, in der die einzelnen Fäden des ganzen Getriebes zusammenlaufen, ist der Vorsitzende, Obmann oder Schiedsrichter. Derselbe muss mit allen Einzelheiten eines Rennens durchaus vertraut sein, klare Auffassungsgabe, schnelles Urteil haben, bei etwaigen Protesten dieselben, wenn irgend möglich, schnell erledigen, im übrigen eine Persönlichkeit sein, die sich Ansehen zu verschaffen versteht.

Der Fahrwart hat die Leitung des Wettfahrens unter sich. Derselbe hat 10 Minuten vor dem Beginn eines jeden Fahrens «Zur Vorbereitung» und 5 Minuten später «Zum Antreten» zu läuten. Während des Fahrens achtet er darauf, dass in jeder Beziehung im Sinne der Wettfahr-Bestimmungen gehandelt wird.

Der Zielrichter hat seinen Stand direkt am Ziel, damit er am Schluss des Fahrens genau feststellen kann, in welcher Reihenfolge die Fahrer das Ziel passiert haben. Er muss sehr genau beobachten, denn heutzutage werden die meisten Rennen mit sehr scharfem Endspurt gefahren und der Erste geht vor dem Zweiten häufig nur um Reifendicke über das Ziel. Um ihm die genaue Beobachtung zu ermöglichen, hat man an dem Ende des Zielbandes einen schmalen, [] geformten Ausguck angebracht, durch den der in einer Vertiefung stehende Zielrichter die Reihenfolge der Passierenden genauer sieht.*) Bei grösseren Feldern genügt ein Zielrichter nicht, man postiert dann oft auf jeder Seite des Ziels einen solchen. Das Ergebnis des Rennens, die Reihenfolge der Fahrer sowie deren Zeiten, muss er nach den Angaben der Zeitnehmer und Rundenzähler bestätigen.

In den meisten Fällen nimmt an jedem Viertel der Bahn und zwar an den Kurven je ein Fahrbeobachter seine Stellung. Dieselben haben den Verlauf des Rennens genau zu beobachten und darauf zu sehen, dass kein Fahrer gegen die Fahrordnung verstösst oder irgend jemand eine Handlung begeht, durch die der Ausgang des Wettfahrens in unkorrekter Weise beeinflusst werden könnte. Sie haben die Pflicht, etwaige Unregelmässigkeiten sofort nach Beendigung des Rennens dem Fahrwart anzuzeigen.

Der Nummernabnehmer zeigt den Wettfahrern am Rundenzählapparat die Zahl der noch zu fahrenden Runden an, und zwar jedesmal, sobald der Führende in die Gewinnseite einbiegt. Damit keine Irrtümer entstehen, hat er sich von Zeit zu Zeit die Richtigkeit seiner Nummer durch die Rundenzähler bestätigen zu lassen. Wenn er die letzte Nummer (1) zeigt, ruft er dem Zielrichter zu: «Jetzt kommt die letzte Runde!» Der Zielrichter bestätigt das und veranlasst dann das vorgeschriebene Läuten.

Die Rundenzähler haben ihren Sitz auf der linken Seite des Richterstandes und schreiben auf vorschriftsmässige Bogen die Nummern der Fahrer in der Reihenfolge nieder, in welcher diese am Richterstand vorbeifahren; mit den Namen der Fahrer haben sie sich nicht zu beschäftigen.

Der Nummernansager hat den Rundenzählern die Nummern der vorbeifahrenden Fahrer zuzurufen, und zwar in der Reihenfolge, in welcher diese das Zielband überschreiten, so dass die Rundenzähler schreiben können, ohne von dem Bogen aufzusehen. Bei grosser Beteiligung sind zwei Nummernansager erforderlich.

Die Zeitnehmer nehmen während des Fahrens dem Zielband gegenüber Stellung. Für das Zeitnehmen sind besondere Uhren notwendig, nämlich

solche, die mit einem Chronographen versehen sind. Es ist selbstverständlich, dass diese Uhren den höchsten Ansprüchen auf Genauigkeit genügen müssen; denn es kommt bei der Zeitbestimmung auf Sekunden und deren Bruchteile an. Darum ist nicht jede Uhr für das Zeitnehmen geeignet, sondern nur solche können die Sicherheit der genommenen Zeiten verbürgen, die von einer geeigneten Prüfungsstelle mit einem ihre Tauglichkeit bezeugenden Certifikat versehen sind. Die für Deutschland geeignete Stelle wäre die Deutsche Seewarte in Hamburg. In England besorgt das Kew-Observatory die Prüfung der Rennuhren gegen eine Gebühr von 5 sh. Alljährlich mindestens müsste eine solche Untersuchung der einzelnen Uhren stattfinden, und ein solches Instrument, das einen nicht zuverlässigen Gang zeigt, zurückgewiesen werden. In England und Frankreich hat man amtliche Zeitnehmer, die gegen Bezahlung ihr Amt verwalten und ihre Person als auch ihre Uhr einer Prüfung unterziehen lassen müssen. Ausserdem müssen diese Zeitnehmer den Beweis erbringen, dass der Chronometer ihnen eigentümlich gehört.

Die Gaue oder Rennvereine schlagen die Zeitnehmer vor und der obersten Sportsbehörde muss das Recht zustehen, einen in Vorschlag gebrachten Herrn zurückzuweisen, falls sie der Ansicht ist, dass derselbe für die unparteiische Handhabung dieses verantwortungsvollen Postens nicht die nötige Gewähr bietet.

Der Zeitnehmer muss sich vor allen Dingen davon überzeugen, ob die Bahn, an der er amtiert, die richtige Länge hat. Sind mehrere Zeitnehmer thätig, so verabreden sie unter sich, welcher von ihnen die Zeit des Ersten, bezw. des Zweiten etc. bei jedem Fahren zu nehmen hat und halten diese Reihenfolge stets inne. Dieselben haben besonders darauf zu achten, dass sie die Uhren in demselben Augenblicke in Bewegung setzen, in welchem der Ablasser die Pistole abschiesst. Am Schluss achten sie darauf, dass sie die Uhren in dem Augenblicke anhalten, in welchem der Erste, bezw. der Zweite etc. das Zielband mit seinem Fahrrad berührt. Die Uhren werden erst zurückgestellt, nachdem die Zeiten durch den Zielrichter geprüft, von den Zeitnehmern auf den Ergebnisbogen geschrieben und durch Unterschrift bestätigt worden sind. Die Zeitnehmer-Uhren sind mit 1, 2 oder 3 Rückschlägen versehen. Dadurch ist es einem Zeitnehmer ermöglicht, 1, 2 oder 3 Fahrer zu zeiten. Beim Rekordfahren steht hinter dem Zeitnehmer eine Person, die die Fahrer beobachtet und dem Zeitnehmer auf die Schulter tippt, sobald der betreffende Fahrer das Zielband passiert; der Zeitnehmer kann so seine ganze Aufmerksamkeit der Uhr widmen.

Der Nummerordner hat dafür zu sorgen, dass die ihm vom Ablasser übermittelten Nummern der Startenden rechtzeitig am Nummerbrett stehen. Nach Beendigung des Fahrens ist das Ergebnis des Rennens laut des vom Zielrichter ausgefüllten Zettels am Nummerbrett zu zeigen.

---

*) Neuerdings tritt auch die Momentphotographie in den Dienst des Zielrichters.

Der Ablasser hat vor jedem Fahren die Beteiligungskarten derjenigen Fahrer, welche starten wollen, in Empfang zu nehmen und dieselben dem obengenannten Nummerordner zu übermitteln. Der weiteren Thätigkeit des Ablassers werden wir unter Start gedenken.

Der Vorgabemesser, Handicapper. In einem Rennen, an welchem Rennfahrer verschiedener Qualität teilnehmen, gleicht man die verschiedene Leistungsfähigkeit durch Vorgaben aus, die dem Können jedes Einzelnen entsprechen. Dadurch sind jedem Beteiligten die gleichen Gewinnaussichten eröffnet. Diese Vorgaben zu setzen ist die Aufgabe des Vorgabemessers. Sein Amt ist ausserordentlich wichtig, aber auch sehr schwierig. Der Vorgabemesser muss die Rennfahrer genau kennen, er muss sie fleissig beobachten und über ihre Leistungen ein sicheres Urteil haben. Um dies zu erreichen, trägt er die Leistungen in ein Buch ein, in dem jeder Rennfahrer sein Konto hat. Dass der Vorgabemesser bei seinen Beobachtungen von einem Rennfahrer einmal hinters Licht geführt wird, kommt auch vor. Wenn der Fahrer sich beobachtet weiss, kann er seinen Beobachter über seine Leistungsfähigkeit täuschen, um später eine bessere Vorgabe zu erreichen, die ihm um so eher den Sieg verspricht. In Frankreich, England hat man amtliche Vorgabemesser, eine Einrichtung, die uns in Deutschland noch fehlt. In England darf kein offenes Rennen nach den Satzungen der N. C. U. stattfinden, bei dem nicht die Vorgaben von der offiziell mit dieser Sache beauftragten Person gesetzt sind. Die Rennfahrer sind dort auch verpflichtet, anzuzeigen, wenn sie vier Tage vor einem Rennen, zu dem sie gemeldet haben, einen ersten Preis machen. Unterlässt der Rennfahrer diese Anzeige, so wird er distanziert. Der Rennfahrer muss die ihm gesetzte Vorgabe annehmen, Verhandlungen über Richtigkeit der Vorgabe würden doch zu weit führen. Eine Aenderung in den Vorgaben kann nötig werden, sofern Malleute oder andere Fahrer ausbleiben, wodurch das Feld verschoben wird. Ein tüchtiger Handicapper muss auch dann schnell neue Vorgaben setzen können. Doch in den meisten Fällen rechnet man mit dieser Zufälligkeit nicht und lässt die einmal festgesetzten Vorgaben bestehen. Es gehört nicht zu den Aufgaben des Vorgabemessers, jedem Startenden seinen Platz auf der Bahn anzuweisen, das ist Sache des Starters.

Gewissermassen als Antwort auf die Ausschreibung eines Rennens gehen von seiten der Rennfahrer die Meldungen oder Nennungen ein. Für die Nennungen ist die Ausfüllung bestimmter Formulare nötig. Der Nennungsbogen muss enthalten: Namen des Fahrers, Namen des Vereins, Farben, Nummer und Name des betreffenden Fahrens, Höhe des beigefügten Einsatzes. Für die Nennungen der Berufsfahrer fallen einige dieser Angaben fort, dafür wird aber häufig eine Angabe über das bei dem Rennen zu benutzende Fabrikat (Maschine oder Reifen) verlangt. Alle Nennungsbogen müssen die Erklärung enthalten, dass dem Fahrer die gültigen Wettfahrbestimmungen bekannt und dass er sich dem Ausspruche des Schiedsgerichts bezw. Preisgerichts unterwirft. Jedem Meldebogen muss der Einsatz beigefügt werden, der je nach der Bedeutung des Fahrens verschieden hoch normiert ist; für kleinere Fahren beträgt derselbe bis 3 Mk., für Hauptfahren bis 20 Mk. Rennfahrern, die ohne genügenden Grund vom Start fernbleiben, werden die Einsätze keinesfalls zurückgezahlt. Betreffend Rückzahlung des Einsatzes an die startenden Rennfahrer herrscht verschiedene Praxis, auf einigen Bahnen werden alle Einsätze zurückerstattet, auf andern Bahnen die Einsätze der Preisträger einbehalten. Nennungen unter fremdem Namen sind nicht gültig. Der Veranstalter der Wettfahrt hat das Recht, unter gewissen Umständen eine Nennung zurückzuweisen.

Ueber die Reihenfolge am Start entscheidet das Los oder die Reihenfolge der eingelaufenen Meldungen, im Programm des Rennens ist die Reihenfolge angegeben. Nr. 1 kommt vorn bezw. an der innern Seite, Nr. 2 hinter bezw. neben Nr. 1 zu stehen u. s. w. Jeder Fahrer trägt auf seiner Maschine eine Nummer, die mit der bei seinem Namen auf dem Programm stehenden Nummer übereinstimmt. Häufiger aber bringt man ausserdem auf dem Rücken des Fahrers seine Nummer in grösserem Format an; dadurch wird die Möglichkeit, den schnell vorübereilenden Fahrer zu erkennen, erhöht.

An dieser Stelle wollen wir auch gleich der Bekleidung der Rennfahrer kurz gedenken. In früheren Jahren gab die oft geradezu mangelhafte Bekleidung zu mancherlei unliebsamen Zwischenfällen Veranlassung. Da erschienen Fahrer ohne Strümpfe oder Socken, in Hosen, die nur den halben Oberschenkel umschlossen, der Tricot zeigte weiten Aermel- und Halsausschnitt. Abgesehen davon, dass eine solche Kleidung gesundheitsschädlich ist, da sie leicht zu Erkältungen Veranlassung giebt, muss man auch zugeben, dass sie geeignet war, das Schicklichkeitsgefühl zu beleidigen. Für den Rennfahrer ist eine derartig dekolletierte Kleidung nicht einmal nötig. Die Wettfahrbestimmungen schreiben folgenden Anzug vor: Wettfahr-Hose, die bis zum Knie reichen muss. Wettfahr-Tricot mit langen, resp. halblangen Aermeln, anschliessend am Halse. Strümpfe, welche mindestens bis zur Wade reichen müssen. Der Sportsbehörde müssen die Rennfahrer vor dem Beginn der Saison ihre Farben aufgeben, die sie während der Rennzeit nicht wechseln dürfen. Früher liebten es die Rennfahrer, Schärpen anzulegen.

Abgesehen von Wettfahren für bestimmte Maschinengattungen unterscheidet man hauptsächlich folgende Arten von Wettfahren:

1. Internationale Fahren, solche, an denen Fahrer aller Länder,
2. Nationale Fahren, solche, an denen alle im Reich ansässigen Fahrer,
3. Bezirks-Fahren, solche, an denen nur Fahrer eines bestimmten Bezirks, z. B. einer Stadt, einer Provinz, eines Verbandes u. s. w.,

4. Vereins-Fahren, solche, an denen nur die Mitglieder des betreffenden Vereins teilnehmen können,

5. Haupt-Fahren sind solche, die bezüglich der Teilnahme wenig oder gar nicht beschränkt sind, an denen sich die besten Rennfahrer beteiligen und bei welchen der Sieg die grösste Bedeutung hat,

6. Vorgabe-Fahren sind solche, bei denen den schwächeren Fahrern Vorgaben vor den besseren gegeben werden, so dass jeder Teilnehmer die gleiche Aussicht auf den Sieg hat,

7. Erst-Fahren sind nur offen für solche Fahrer, welche in einem öffentlichen Bahnwettfahren (ausgenommen bei Jugend-, Vereins- und Trost-Fahren, sowie bei Fahren mit Vorgabe) noch keinen Preis errungen haben,

8. Ermunterungs-Fahren sind nur offen für solche Fahrer, welche in einem öffentlichen Bahnwettfahren (ausgenommen bei Erst-, Landsturm-, Jugend-, Vereins- und Trost-Fahren, sowie bei Fahren mit Vorgabe) noch keinen e r s t e n Preis errungen haben,

9. Versuchs-Fahren sind offen für solche Fahrer, die noch niemals an einem öffentlichen Bahnwettfahren teilgenommen haben,

10. Junior- oder Neulings-Fahren sind nur offen für solche Fahrer, welche in dem betreffenden Jahre das Radfahren erlernt haben,

11. Senioren- oder Landsturm-Fahren sind solche, bei denen, falls in der Ausschreibung nicht anders bestimmt, Fahrer unter 32 Jahren, sowie Rennfahrer, welche in demselben Jahre an offenen Wettfahren teilgenommen haben, ausgeschlossen sind,

12. Eröffnungs-Fahren ist das erste Wett-Fahren im Programm, einerlei, welcher Art dieses Fahren ist,

13. Trost-Fahren sind nur offen für solche Fahrer, welche an dem betreffenden Renntage gestartet, aber keinen Preis errungen haben.

Eine andere Einteilung ergiebt sich, wenn die Art der bei den Rennen verwendeten Maschinen berücksichtigt wird. Falls in der Ausschreibung keine anderen Bestimmungen getroffen sind, ist zulässig:

1. Bei Hochrad-Fahren jedes nicht übersetzte, einsitzige, zweirädrige hohe Fahrrad mit direktem Antrieb,

2. bei Niederrad-Fahren jedes einsitzige Zweirad mit indirektem Antrieb,

3. bei Dreirad-Fahren jedes einsitzige dreirädrige Fahrrad,

4. bei Fahren für zwei- und mehrsitzige Räder jedes Fahrrad, welches für zwei- oder mehr hintereinandersitzende Fahrer eingerichtet ist.

Bislang sind in Deutschland noch alle andern Fahrräder, z. B. elektrische oder andere Motorfahrräder von den Rennbahnen ausgeschlossen.

Den ersten Platz unter allen Rennveranstaltungen nehmen die Fahren um M e i s t e r s c h a f t e n ein, Fahren, durch welche der beste Fahrer eines bestimmten Bezirks über eine bestimmte Strecke festgestellt werden soll. Die Ausschreibung einer Meisterschaft bedarf der Genehmigung der Sportsbehörde, die darüber wacht, dass nicht ähnliche Meisterschaften in einem Jahre zum Austrag kommen. Das Recht, solche Fahren veranstalten zu können, ist nicht an eine bestimmte Bahn gebunden, doch ist jedesmal die Bedingung gestellt, dass die veranstaltende Bahn zeitgemäss ist und die Veranstalter zur Stiftung eines angemessenen Preises bereit sind. Zur Teilnahme sind nur die im Meisterschaftsgebiet geborenen oder ständig ansässigen Rennfahrer berechtigt. Den mit dem Siege verbundenen Titel darf der Fahrer ständig führen.

Das meiste Ansehen geniessen naturgemäss die von der I. C. A. veranstalteten W e l t m e i s t e r s c h a f t e n, deren Schauplatz 1893 Chicago, 1894 Antwerpen, 1895 Köln, 1896 Kopenhagen war. Im übrigen hat der Titel «Meisterfahrer» dadurch an Bedeutung verloren, dass man im Laufe der Jahre mit Veranstaltung von Meisterschaften gar zu wenig haushälterisch verfuhr. — —

Wo es sich um Rennen handelt, die auf Bedeutung Anspruch machen, ist sehr häufig die Zahl der Startenden so gross, dass die Fahrer in zwei oder mehrere Abteilungen (Läufe) getrennt werden müssen. Jeder dieser Abteilungen weist man zunächst einen oder mehrere der besten Fahrer zu; über die Verteilung der übrigen Fahrer entscheidet das Los. Durch dies Verfahren sucht man dem Uebelstande vorzubeugen, dass schliesslich im Entscheidungslauf Fahrer starten, die nach ihrer Qualität keineswegs dazu berechtigt sind. Die Ersten beziehungsweise die Ersten und Zweiten, eventuell auch die Dritten in jedem Lauf fahren unter sich einen Entscheidungslauf, nötigenfalls noch einen Zwischenlauf. Die Vorläufe gehen meistens über eine kürzere Strecke als der Entscheidungslauf. Man hat auch schon Rennen in Scene gesetzt, wo ein eigentlicher Entscheidungslauf nicht gefahren wurde. Da dienen die Zeiten der Fahrer in den Vorläufen als Grundlage für den Preisbewerb; die drei Schnellsten, einerlei welchen Laufes, sind Preisträger.

Die Teilnehmer an einem Fahren, mit Ausnahme von Fahren mit Vorgabe, fahren eine Runde langsam (Blinde Runde) und nähern sich dem Ablasser in einer Reihe neben beziehungsweise hinter einander (Fliegender Start). Der Ablasser, der seinen Stand neben dem Zielband einnimmt, hat die Fahrer, wenn sie noch ungefähr 20 m von dem Abgangspunkt entfernt sind, durch den lauten Ruf «Achtung» aufmerksam zu machen. Sobald der Erste der Fahrer den Abgangspunkt berührt, giebt der Ablasser durch einen Pistolenschuss das Zeichen «Los». Beim Fahren mit Vorgabe werden die Fahrer von den ihnen vorgeschriebenen Stellen abgeschoben. Bei einem derartigen Rennen überzeugt sich der Starter zunächst davon, ob jeder Fahrer den vorgeschriebenen Platz eingenommen hat; darauf veranlasst er einen dreimaligen Glockenschlag als Zeichen zum Aufsitzen und begiebt sich nach der Mitte der Bahn, von wo aus er «Achtung» ruft und gleich darauf das Zeichen zum Abfahren giebt.

Das Verhalten der Rennfahrer auf der Bahn ist durch die Bahnordnung geregelt. Dieselbe schreibt folgendes vor: Die Bahn wird von rechts nach links befahren; der jeweilig Führende hat sich auf der Innenseite der Bahn zu halten. Es wird rechts vorbeigefahren; es darf nur dann links vorbeigefahren werden, wenn der Vordermann mindestens $1^1/_2$ m (Passiergrenze) von der innern Seite fährt. Kein Fahrer darf bei dem Versuche, einen Mitfahrer zu überholen, diesen oder einen andern Mitfahrer an der Entfaltung voller Fahrgeschwindigkeit hindern. Beim letzten Einbiegen in die Gewinnseite ist es keinem Fahrer gestattet, selbst wenn er mehr als 1 m Vorsprung hat, von rechts nach links oder von links nach rechts zu fahren. Jeder muss den von ihm besetzten Teil der Fahrbahn streng innehalten.

Die Reihenfolge, in der die Fahrer nach Zurücklegung der vorgeschriebenen Strecke mit ihren Maschinen das Zielband passieren, ist massgebend für die Verteilung der Preise, sofern nicht durch einen Protest eine Aenderung notwendig wird. Ist ein Fahrer durch Nichtbeachtung der Wettfahr-Bestimmungen seitens des Wettfahr-Ausschusses oder eines Rennteilnehmers in seiner Gewinnaussicht beeinträchtigt worden, so steht ihm das Recht der Beschwerde zu. Ueber ihre Zulässigkeit und eventuelle Anerkennung entscheidet das Schiedsgericht, nachdem Kläger und Beklagte sowie Zeugen vernommen sind. Glaubt der Fahrer sich nicht bei der Entscheidung des Schiedsgerichts beruhigen zu können, so steht ihm noch der Beschwerdeweg an die Sportsbehörden offen.

Hier müssen wir auch noch den Ausdruck «Totes Fahren» erklären. Ein solches liegt vor, wenn zwei oder mehrere Fahrer zu gleicher Zeit das Ziel erreichen. Falls eine Einigung unter ihnen nicht erzielt wird, müssen sie einen Entscheidungslauf fahren.

Die für die Sieger in Wettfahren ausgesetzten Preise richten sich danach, ob das Fahren für Herrenfahrer oder Berufsfahrer veranstaltet war. Als Preise für Herrenfahrer können gegeben werden: Ehrende Anerkennungen in Form von Ehrenurkunden und Kränzen, Ehrenzeichen und Ehrenpreise. Diese Preise müssen den Charakter wirklicher Ehrenpreise haben, ihnen muss ein dauernder Wert innewohnen. Als Preise für Berufsfahrer können ebenfalls derartige Ehrenpreise ausgesetzt werden, vorwiegend zahlt man ihnen aber bares Geld. Neuerdings ist es den Amateuren gestattet worden, sich jederzeit an Fahren für Berufsfahrer zu beteiligen, sie fahren dann aber ausser Preisbewerb. Mit besonderer Erlaubnis der D. S. B. darf ein Herrenfahrer auch mit Berufsfahrern in Wettbewerb treten, doch darf ersterer keinen Geldpreis annehmen, der Rennveranstalter hat vielmehr für Ehrenpreise Sorge zu

tragen. Ein Wanderpreis muss mindestens zweimal hintereinander oder dreimal im ganzen gewonnen werden, bevor er endgültiges Eigentum des Fahrers wird. In jedem Fall sind aber die vom Stifter vorgeschriebenen Bedingungen massgebend.

Eine ganze Reihe von Bestimmungen, die das Wettfahren auf der Bahn regeln, übergehen wir, sie sind minder wichtig und entbehren des Interesses.

Wir erwähnen jedoch noch die Rekorde. Diese zerfallen in zwei Klassen, «beste Zeiten» und «beste Leistungen». Beste Zeiten sind die kürzesten Zeiten, in welcher bestimmte Strecken zurückgelegt worden sind. Man unterscheidet Wettfahr-Rekorde und Zeit-Rekorde. Ersterer muss immer bei einem Wettfahren geschaffen sein. Beim letzteren handelt es sich nur darum, in einer bestimmten Zeit, also etwa in einer Stunde eine grösstmöglichste Strecke zurückzulegen. Dieser Rekord kann also geschaffen werden zu irgend einer Zeit, wo nur die nötigen Personen vorhanden sind, welche ihn beglaubigen. Im allgemeinen sind die Zeit-Rekorde besser als die Wettfahr-Rekorde und zwar weil die Umstände in der Regel günstiger sind. Der Rekordbrecher sucht sich selbstverständlich für seinen Zweck die günstigste Witterung und eine vorteilhafte Bahn aus; ausserdem wird er durch Konkurrenten nicht behindert. Der Zeitnehmer hat genau acht zu geben, auf welcher Stelle der Bahn der Rennfahrer sich bei Ablauf der bestimmten Zeit befindet, um so genau die zurückgelegte Strecke ausmessen zu können.

Anders verhält es sich bei einer «besten Leistung». Der Rekordbrecher wird abgelassen und fährt seine Strecke, sagen wir 50 km, ab. Nachdem er diese Arbeit gethan hat, überzeugt sich der Zeitnehmer, wie viel Zeit dies in Anspruch nahm und ob der bisherige Rekord gedrückt ist oder nicht erreicht wurde. Es ist selbstverständlich zu unterscheiden, ob ein Rekord mit «fliegendem Start» oder mit «stehendem Start» gemacht wurde. Ersterer muss günstiger sein, da der Rennfahrer bei Beginn seiner Rekordfahrt die Maschine bereits in vollem Schwung hat. Ebenso giebt es Rekorde «ohne» und «mit Schrittmachern».

Die Anerkennung eines Rekordes bedingt folgende Beweise:
1. Die Beglaubigung der genauen Länge der Wettfahrbahn,
2. die Anwesenheit offizieller Zeitnehmer,
3. die Benützung zuverlässiger und gut gehender Uhren.

Am Schluss des Jahres stellt die Sportsbehörde alle geprüften und anerkannten Rekorde zu der amtlichen Rekordliste zusammen. In der Regel pflegen bestimmte Rekorde mit Ehrenurkunden und die Schluss-Rekorde (d. h. Rekorde, die am Ende der Saison nicht übertroffen worden sind) mit goldenen Medaillen ausgezeichnet zu werden.

# 9. Noch einiges vom Rennen.

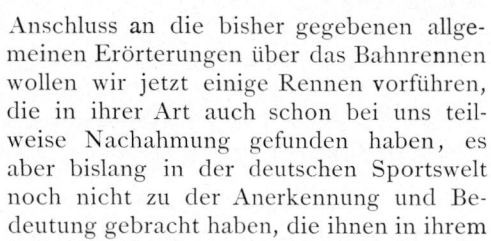

IM Anschluss an die bisher gegebenen allgemeinen Erörterungen über das Bahnrennen wollen wir jetzt einige Rennen vorführen, die in ihrer Art auch schon bei uns teilweise Nachahmung gefunden haben, es aber bislang in der deutschen Sportswelt noch nicht zu der Anerkennung und Bedeutung gebracht haben, die ihnen in ihrem Mutterlande, Frankreich, eigen ist. Es sind dies die Rennen um den Bol d'Or, Grand Prix de Paris und die Armbinde Nr. 1.

### Der Bol d'Or.

Der Bol d'Or ist eine goldene Vase im Wert von 5000 frcs. Gestiftet wurde dieser Preis 1894 durch den bekannten Chokoladenfabrikanten Menier. Die damals noch bestehende französische Sportzeitung «Paris Pédale» stiftete die Barpreise. Das Rennen um diesen Preis ist eine Nachbildung des englischen Cuca Cocoa-Cup-Rennens; während aber dieses nur für Amateure ausgeschrieben wird, ist das französische Pendant den Berufsfahrern überlassen. Das Bol d'Or-Rennen ist die Meisterschaft der Steher und geht über 24 Stunden. In den Jahren 1894 und 1895 war Constant Huret Sieger. Durch diesen zweimaligen Sieg brachte er den wertvollen Preis in seinen endgültigen Besitz. Seit 1896 hat die bekannte grosse, täglich erscheinende Pariser Sportzeitung «Le Vélo» die Erbschaft der «Paris Pédale» angetreten und einen ähnlichen Preis unter gleichen Bedingungen gestiftet. Die hauptsächlichsten Propositionen sind folgende: Eine Jury erlässt Einladungen zu dem Rennen. Es können Rennfahrer, die nicht genannt haben, eingeladen und andere, die genannt haben, zurückgewiesen werden. Die Preise werden in folgender Weise verteilt: Der Sieger erhält 40 frcs. für jede zurückgelegten 20 km, also 2 frcs. für jeden Kilometer. Der Zweite erhält 25 frcs. für 20 km, der Dritte 15 frcs., der Vierte 10 frcs., der Fünfte 5 frcs. für dieselbe Strecke. Für jeden Kilometer, der über den letztjährigen Rekord geschaffen wird, werden ausserdem noch 10 frcs. gezahlt. Wenn einem Fahrer jede Aussicht auf den fünften Platz geschwunden ist, muss er auf Verlangen der Leitung das Rennen abbrechen, bekommt aber 100 frcs. Der Sieger von 1894, Huret, brachte 736,946 km hinter sich; im zweiten Jahre, 1895, wo er mit einem Vorsprung von 111 km abschnitt, erzielte er 829,498 km. Der Sieger von 1896, Rivierre, schuf einen Weltrekord mit 859,120 km.

### Grand Prix de Paris.

Das Rennen um den Grand Prix de Paris, bislang von der Association de la Presse Cycliste veranstaltet, wird seit 1893 auf der städtischen Rennbahn, der Piste municipale im Vincenner Wäldchen ausgefahren. Der Grand Prix zählt mit zu den grössten sportlichen Ereignissen, selbst die politischen Tageszeitungen widmen ihm vorher und nachher besondere Leitartikel. Ungeheuer ist der Zudrang des Publikums, man zählte 25—30,000 Zuschauer. Die ersten Gesellschaftskreise, der hohe Adel, die Finanzgrössen beehren die Rennbahn mit ihrer Gegenwart. Das Rennen wird ausgefahren in drei Tagen; es laufen die Meldungen in dem Umfange ein, dass eine ganze Reihe von Vor- und Zwischenläufen absolviert werden muss, ehe es zur Entscheidung kommt. An Preisen wird die gewaltige Summe von 20,000 frcs. verteilt. Der Sieger erhält 6000 frcs., der Zweite 4000, der Dritte 2000 frcs. Zu beachten ist noch, dass der Ueberschuss dieser Veranstaltung den Armen von Paris zufliesst. 1894 war der Sieger ein Amerikaner, Banker, 1895 und 1896 der Franzose Morin. Der Grand Prix von 1896 überflügelte seine Vorgänger um ein Bedeutendes; ausser vielen andern Rennfahrern erschienen am Start die drei Renngrössen Jacquelin, Morin und Eden.

### Die Pariser Armbinde Nr. 1.

Dieser Preis entstand im Vélodrome de la Seine in Paris und wurde zum erstenmale am 19. April 1896 ausgefahren. Die zu durchfahrende Strecke beträgt 3000 m; es sind 3 Läufe notwendig; in 2 Läufen ist der Sieger entschieden. Der Preis beläuft sich auf 3600 frcs. Es wird aber nicht gleich die ganze Summe ausgezahlt, sondern man verfährt in der Weise, dass man dem Sieger in der Zeit vom 19. April bis zum 15. Oktober Tagesraten in der Höhe von 20 frcs. auszahlt. Man hat die Sieger darum auch Rentner genannt. Ausser diesem Preise erhält der Sieger eine goldgestickte Armbinde, le brassard. Der Gewinner kann jederzeit zum Kampf um diesen Preis herausgefordert werden. Der Herausforderer hat jedoch einen Einsatz von 400 frcs. zu hinterlegen, der zurückerstattet wird, falls er gewinnt; sonst verfällt diese Summe dem bisherigen Inhaber der Binde. Der Verteidiger muss innerhalb fünf Tage erklären, ob er den Kampf aufnehmen will; verzichtet er, so geht die Armbinde ohne Kampf an den Herausforderer über. Nimmt er den Handschuh auf, so ist das Rennen innerhalb drei Wochen im Vélodrome de la Seine zum Austrag zu bringen.

Die Geschichte der Armbinde während der Saison 1896. Am 19. April siegte Jacquelin gegen Dumont und Gougoltz; er konnte in Ruhe seiner Renten leben bis zum 3. Mai, wo er einen Kampf gegen Macdonald vom World Team bestehen musste. Nachdem Jacquelin gegen Macdonald leicht gesiegt hatte, schickte Tom Eck, der Leiter des Teams, seinen besten Mann, Johnson, ins Treffen. Auch diesen fertigte Jacquelin glänzend ab. Am 31. Mai bewarb sich Jaap Eden, «der fliegende Holländer», um den begehrten Preis. Eden war zu der Zeit in so vorzüglicher Form, dass es nur zweier Läufe bedurft hätte. Aber Eden beging die Ungeschicklichkeit, dicht vor dem Ziel nach seinem Gegner sich umzuschauen; dadurch verlor er einen Lauf; den ersten und dritten gewann er. Jacquelin forderte ihn sogleich zum Revanche-Match, der am 21. Juni zum Austrag kam. Infolge seines Sieges ward Jacquelin wieder Inhaber der Binde. Am 28. Juli stellte sich ihm Chinn, am 9. August Pontecchi, beide ohne Erfolg. Am 13. September gelang es Parlby, dem Jacquelin, der allmählich seine grosse Form verloren hatte, die Goldgestickte abzunehmen. Am 27. September nahm Jacquelin dann seine Revanche und riss die Armbinde wieder an sich. Ungestört konnte er sich ihres Besitzes erfreuen bis zum Schluss der Saison, dem 15. Oktober.

Dieses sogenannte Armbinderennen hatte solchen Beifall gefunden, dass man es an vielen Orten nachahmte, in der Alten sowohl als auch in der Neuen Welt. Auch in Hannover und Wien setzte man derartige Rennen in Scene. Freilich haben alle diese Nachahmungen nicht die Bedeutung des Originals erlangt. Die Einrichtung dieses Rennens war aber ein äusserst geschickter Griff vom Direktor des Vélodromes, M. Baduel, denn es brachte ihm jeder Match ein ausverkauftes Haus. Nebenbei wollen wir bemerken, dass es ausser dieser Armbinde für Flieger auch eine solche für Steher giebt.

Gleich der Armbinde hat auch der Grand Prix de Paris viele Nachfolger gefunden; aber sie alle erreichen nicht im entferntesten seine Bedeutung.

Die eben geschilderten Rennen entspringen teilweise dem Bedürfnis, dem Publikum stets etwas Neues zu bieten. Dahin gehört auch ein gutes Verfahren, um den Schnellsten aus einer Reihe von Fahrern herauszufinden, das sogenannte Stichrennen. Dieselben entwickeln sich in folgender Weise:

Es wird angenommen, dass 8 Fahrer starten.

I. Lauf:   I. und   II. Sieger   II.
II.   ,,   III.   ,,   IV.   ,,   III.
III.   ,,   V.   ,,   VI.   ,,   VI.
IV.   ,,   VII.   ,,   VIII.   ,,   VII.

In der 2. Abteilung starten im

I. Lauf:   II. und   III. Sieger   II.
II.   ,,   VI.   ,,   VII.   ,,   VII.

Der Entscheidungslauf, in dem II. und VII. starten, endigt mit dem Siege II.

In Frankreich hat man im letzten Jahr den Match — den Zweikampf mit Vorliebe in Scene gesetzt. Die Direktoren der Pariser Bahnen geben sich die grösste Mühe, zwischen Renngrössen sehr häufig Matches zu veranstalten. Wir haben derselben schon oben gedacht und wollen hier nur noch die Bemerkung hinzufügen, dass ein derartiges Rennen keinen Beweis für die wirkliche Ueberlegenheit des Siegers giebt.

Bei der wachsenden Bedeutung des Rennsports ist es nicht zu verhüten, dass sich hie und da auf den Bahnen Dinge bemerkbar machen, die den Charakter sportlicher Unternehmungen, Prüfung der menschlichen Kräfte, nicht so sehr an sich tragen, als vielmehr nur darauf berechnet sind, der Schaulust der grossen Menge Befriedigung zu gewähren. Die Rennveranstalter sind häufig schwach genug gewesen und haben dem nicht massgebenden Wunsch des nur nach Sensation lüsternen Publikums zuviel Entgegenkommen gezeigt. Solche Reklamenummern mögen für die Rennveranstalter immerhin recht einträglich sein, vom Sportsstandpunkt aus müssen sie entschieden verurteilt werden.

Da werden Damen-Rennen veranstaltet, wie z. B. in Paris und London. So schön die Dame als Radfahrerin sich zeigt, so hässlich ist ihre Erscheinung als Rennfahrerin; nicht Schnelligkeit und Kraftentwicklung wollen wir an der Dame bewundern, sondern Anmut und Grazie soll sie zeigen. Das Auftreten einer Rennfahrerin ist zumeist nichts weiter als ein Amüsement für das Herrenpublikum. Hoffentlich werden diese Art der Rennen bald ganz verschwinden, denn sportlichen Wert haben sie nicht; sie sind im Gegenteil geeignet, den Sport zu schädigen, denn manche Dame wird vor dem Radfahren zurückschrecken, wenn sie befürchten muss, mit den Rennladies auf eine Stufe gestellt zu werden. Die Radfahrerverbände gehen darum auch gegen diese Damenrennen vor und boykottieren Bahnen, die es wagen, Rennen für Damen auf ihr Programm zu setzen.

Man hat auch Rennen für Knaben veranstaltet, sogenannte Jugend-Rennen. Die Abhaltung solcher Rennen begründet man damit, dass man sagt, durch dieselben ermögliche man die Heranbildung guter Rennfahrer. Abgesehen von diesem nicht zu billigenden Zweck müssen wir doch solche Jugend-Rennen im Interesse des Sports verurteilen. Der Körper des Knaben ist keineswegs den Anstrengungen gewachsen und etwaige gar nicht zu vermeidende Unglücksfälle fallen doppelt schwer ins Gewicht. Wenn man unerwachsene Menschen auf die Bahn bringt und schliesslich die Erfolge in diesen Wettkämpfen gar mit Geld und Diplomen belohnt, so ist der Sport in Gefahr, der Lächerlichkeit zu verfallen. Wir erachten überhaupt Schaustellungen jeglicher Art von Kindern für unmoralisch. Die neue Deutsche Sportsbehörde hat mit Recht dergleichen Rennen als unzulässig bezeichnet.

# 10. Distanzfahrt.

ZUR sachgemässen Inscenierung einer Distanzfahrt (Fernfahrt) für Radfahrer in grossem Stile gehören naturgemäss grössere Vereinigungen, da die würdige Veranstalung eines solchen Unternehmens ganz bedeutende Geldmittel erfordert. Während den Rennvereinen, welche Bahnwettfahren abhalten, ein Aequivalent für ihre Ausgaben durch Erhebung von Eintrittsgeld geschaffen wird, können die Veranstalter von Fernfahrten nur auf die Opferwilligkeit von Anhängern und Freunden des Radsportes zählen. Deshalb ist es auch kleineren Vereinigungen fast unmöglich, irgendwie bedeutende Fernfahrten in angemessener Weise mit Preisen auszustatten. Bei uns in Deutschland werden von Zeit zu Zeit solche Distanzfahrten ausgeschrieben von den grossen Radfahrer-Verbänden, dem Deutschen Radfahrer-Bund und der Allgemeinen Radfahrer-Union, bezw. von Gliedern dieser Verbände. Etwas anders liegt die Sache, wenn eine Distanzfahrt veranstaltet werden soll, wie etwa die von Wien nach Berlin im Jahre 1893. Während in dem einen Fall die Verbände selbst mit ihren Mitteln für die finanzielle Sicherheit des Unternehmens aufkommen, kommt es in dem andern Fall darauf zunächst an, einen grössern Kreis von Sportsfreunden für die Sache zu interessieren, die durch Geldmittel und gestiftete Ehrenpreise das Unternehmen in der Weise unterstützen, dass es einen würdigen und glänzenden Verlauf nehmen kann.

Nachdem die finanzielle Sicherung einer Fernfahrt beschafft ist, gilt es, die Bedingungen der Fahrt festzustellen. In Deutschland sind die meisten Fernfahrten für Amateure ausgeschrieben worden. Auch die Distanzfahrt Wien—Berlin war nur für Herrenfahrer offen. An der klassischen Fernfahrt Bordeaux—Paris beteiligten sich beide Klassen der Rennfahrer. Je nachdem die Fahrt ein Prüfstein der Ausdauer des Mannes sein soll, oder man auch darüber eine Entscheidung herbeiführen will, wie das Rad namentlich auch in Bezug auf die Bekleidung der Reifen der Abnutzung über eine lange Strecke gewachsen ist, wird man den Wechsel der Maschine erlauben oder untersagen. Es sind weiter Bestimmungen zu treffen über Meldungen und Einsatz, Preise, Diplome und Medaillen, Art der zu verwendenden Maschine, Start, Wertung u. s. w.

Dass man in der Ausschreibung der Distanzfahrt die zu befahrende Strecke bekannt giebt, ist selbstverständlich. Wo den Veranstaltern der Fahrt die Wahl der Strecke überlassen, dieselbe also nicht von vornherein festgelegt ist, erwächst ihnen zunächst die Aufgabe, eine passende Strecke ausfindig zu machen, welche die Vorbedingungen für eine gute sportliche Leistung bietet. Die Strasse muss, wenn möglich, grosse ebene Strecken haben. Für die Sicherheit der Fahrer ist es wünschenswert, dass man grössere Ortschaften soviel wie möglich zu umgehen sucht. Ab-

gesehen von dem nicht vorteilhaften Steinpflaster, nötigt ihn auch der lebhaftere Verkehr, die Geschwindigkeit zu mässigen. Ist die Strecke endgültig festgelegt, so beginnt die sogenannte «Bearbeitung» derselben. Da gilt es zuerst, die genaue Länge der Strecke nach amtlichen, zuverlässigen Vermessungen festzustellen. Ist das geschehen, so wird die ganze Strecke in Teilstrecken zerlegt. In jedem dieser Teile werden Komitees errichtet, die die Aufgabe haben, für das Gelingen nach jeder Richtung hin Sorge zu tragen. Wenn dann die Mitwirkung zahlreicher Sportsgenossen gesichert ist, ergehen an die einzelnen Leiter eingehende Informationen über Kontrolle, Posten, Verpflegung u. s. w.

Die Kontrollstationen, die stets unmittelbar an der Hauptstrasse liegen müssen, werden durch ein feststehendes Signal, bei Tage durch eine Fahne, bei Nacht durch eine farbige Laterne kenntlich gemacht. Selbstverständlich sind in der Station jederzeit Beamte anwesend, kein Kontrollbeamter darf seinen Platz eher verlassen, bevor er abgelöst wird. Der Kontrollbeamte lässt sich vom Fahrer zuerst das Fahrtenbuch vorlegen, um die Ankunftszeit zu bescheinigen, er vergleicht die Nummer des Buches mit der des Fahrers, untersucht das Rad auf die Plombe und lässt den Fahrer seinen Namen in die Kontrollliste eintragen. Alles wird mit möglichster Schnelligkeit vollzogen. Wenn die Kontrollzeit abgelaufen ist, wird die Liste, in welche alle wichtigen Beobachtungen eingetragen sind, sofort dem Leiter des ganzen Unternehmens übersandt.

Auch für die Verpflegung der Fahrer wird in umfassendster Weise Sorge getragen. Bei einer Fernfahrt im grossen Stil muss dieselbe unbedingt unentgeltlich geschehen. Den einzelnen Verpflegungsstationen gehen genaue Vorschriften über die bereitzuhaltenden Speisen und Getränke zu. Man bietet den Fahrern verschiedene Arten von kaltem Fleisch, verschiedene Kompots, Bouillon u. s. w. Verwerflich sind Portwein, Spirituosen. Selbstverständlich müssen auch diese Verpflegungsstationen direkt an der Strasse gelegen sein und wenn irgend angängig zur ebenen Erde, damit die Fahrer nicht nötig haben, Treppenstufen zu steigen, sondern neben ihrem Rade stehend, sich erquicken können.

Um den Bewerbern das Gelingen der Fahrt zu sichern, werden an geeigneten Stellen Posten aufgestellt. Die Posten nehmen bei Schlagbäumen, Eisenbahnübergängen, Strassenunterbrechungen oder sonstigen Hindernissen und zwar ca. 50 m vor jedem Hindernis ihren Platz ein. Sobald die Strasse thatsächlich gesperrt ist, suchen sie bei Tage durch Schwenken einer Fahne, bei Nacht durch Schwenken einer Laterne, event. durch lauten Zuruf den Fahrer aufmerksam zu machen. Auch vor steilen Gefällen muss der Fahrer in derselben Weise gewarnt werden. Strassenkreuzungen werden gleichfalls durch Posten besetzt, die dem Fahrer den richtigen Weg weisen. Innerhalb der Städte und grösseren Ortschaften werden die Fahrer durch Posten auf Rädern geleitet, welch letztere Fahrer aber die Vorsicht gebrauchen müssen, nicht durch übermässig schnelles Fahren über schlechtes Pflaster, Rinnsteine u. dergl. den Fahrer irgendwie zu gefährden. Die Posten suchen überhaupt durch jegliche Mittel dafür zu sorgen, dass ein Verirren des Fahrers absolut ausgeschlossen ist. Ganz besonders sind aber diese Massregeln mit aller Sorgfalt zu treffen, sobald die Fahrer einen Teil der Strecke zur Nachtzeit durchfahren müssen. Zur Erhöhung der Sicherheit auf der Strecke trägt es auch bei, wenn die den Fahrern entgegenkommenden Fuhrwerke und Fussgänger von dem Herankommen in Kenntnis gesetzt werden, damit sie im gegebenen Falle ausweichen können.

Eine fernere wichtige Aufgabe der Posten besteht darin, dass sie die reelle Durchführung der Fahrt überwachen. Die Fernfahrt Bordeaux—Paris ist ja sicherlich eine klassische, leider aber auch berüchtigt durch die betrügerischen Machereien der Teilnehmer. Es ist ein offenes Geheimnis, dass bei dieser Fernfahrt sehr viel Unlauteres vorkam. So wird glaubwürdig berichtet, dass eine Momentphotographie vorhanden ist, die einen Teilnehmer darstellt, wie er auf einem Triplet sitzt, während eine Person dieser Mannschaft im gleichen Kostüm wie der wahre Rennfahrer als Pseudo-Fahrer der Maschine folgt. Auch ist es vorgekommen, dass die Rennfahrer sich Wegestrecken abgeschnitten haben, oder sie haben auch gar eine Anleihe bei dem bekannten grossen Bruder gemacht. Doch sind uns in diesen Sachen die Franzosen entschieden über, dem deutschen Distanzfahrer kann man dergleichen Dinge nicht nachsagen.

Alle Vorschriften über die Verpflegungs- und Kontrollstationen u. s. w., die Zahl der Teilnehmer, deren Namen und Nummer, überhaupt alles, was mit der Ausführung der Fahrt Beziehung hat, pflegt der Veranstalter in ein Büchlein zusammen zu fassen, welches er den beteiligten Personen zur Kenntnisnahme übersendet.

Glaubt der Leiter des Unternehmens, so alle Vorkehrungen getroffen zu haben, so fährt er die ganze Strecke selbst ab und versammelt an jeder Kontrollstation die dort beschäftigten Personen, welche von seiner Ankunft verständigt worden sind, um diesen nochmals mündlich die Verhaltungsmassregeln einzuschärfen.

So ist unter allen Vorbereitungen der Tag der Fernfahrt herangekommen und die Rennfahrer stellen sich zum Start ein. Häufig ist den Rennfahrern ein bestimmter Renn-Anzug vorgeschrieben. Vor allem trägt man aber Sorge, die Nummer der Fahrer recht deutlich anzubringen, damit dieselbe leicht von den amtlichen Personen erkannt werden kann. Diese Nummern, auf starke Leinewand gedruckt, werden bei den meisten Fernfahrten am linken Oberschenkel getragen. Da Joppe, Sweater etc. oft während der Fahrt gewechselt werden, ist es unpraktisch, die Nummer auf dem Rücken anzubringen.

Die Zeit für den Start zu einer Fernfahrt richtet sich zumeist nach der zu durchlaufenden Distanz. Bei Rennen über 200—300 km wird meistens in den Morgenstunden um 6 oder 7 Uhr gestartet. Dehnt sich die Fahrt über eine noch grössere Strecke aus, so pflegt man auch wohl die Fahrer abends 6 Uhr oder um Mitternacht abzulassen. Letzteres hat jedenfalls manchen Vorzug vor der anderswo befolgten Weise, die Fahrer am Morgen abzulassen.

Die Zahl der Rennfahrer, die sich an einer grossen Distanzfahrt beteiligen, ist meistens gar nicht gering. So starteten bei der Fernfahrt Wien—Berlin 1893 nicht weniger als 150 Fahrer. Selbstverständlich kann diese Menge nicht zu gleicher Zeit abgelassen werden. Die Fahrer werden in Gruppen geteilt, die nacheinander in bestimmten Zeiträumen (z. B. 3 oder 5 Minuten) ihre Fahrt antreten.

Ein Punkt, dem der Veranstalter der Fernfahrt besondere Aufmerksamkeit widmen muss, ist das Schrittmacherwesen. Von den Schrittmachern, die die Fahrer durch Ortschaften hindurchführen, ist schon oben gesprochen. Diese werden von den Veranstaltern für diesen Posten bestellt. Auf der offenen Strecke sorgen die Fahrer meistens selbst für ihre Unterstützung durch Schrittmacher, indem sie Freunde und Mitglieder ihres Klubs über die ganze Strecke zu verteilen pflegen. Das gilt aber nur für Herrenfahrer. Die Berufsfahrer engagieren Schrittmacher gegen Entgelt, wofür sie von den Fabrikanten der Räder und Reifen entsprechende Vergütung erhalten, oder auch die Fabrik richtet selbst den ganzen notwendigen Apparat ein.

Sowie das Zeichen zum Start gegeben ist, pflegen die Rennfahrer in einem mörderischen Tempo loszulegen; dabei verfolgen sie den Zweck, die Mitbeteiligten so bald wie möglich abzustossen, da ja auch gegenseitige Hinderung eintritt, wenn nur 10 oder 12 Fahrer sich auf der Strasse auf einen kleinen Raum zusammendrängen. Die Wirkung dieses Tempos lässt denn auch meistens nicht lange auf sich warten. Mehr und mehr bleibt dieser oder jener zurück, wird gar bald von einem später Abgelassenen überholt. Die Abstände der einzelnen Fahrer wechseln auf der Strecke fortwährend und die auf den Kontrollstationen geführten Kontrollbücher geben schliesslich bei ihrer Zusammenstellung ein ziemlich genaues Bild, in welcher Weise und unter welchen Veränderungen das ganze Feld der Fahrer über die Strecke gegangen ist.

Mehr noch als der Rennfahrer auf der Bahn hat der Dauerfahrer auf der Landstrasse mit Zufälligkeiten verschiedenster Art zu rechnen. Da hat er z. B. auf einem Teil der Strecke mit unangenehmem Gegenwind zu kämpfen; auf einer andern Strecke sind durch Regen die Strassen aufgeweicht, dass es ein schweres Stück Arbeit ist, durch den Schmutz sich hindurch zu arbeiten; da gehen an anderer Stelle schwere Gewitter mit furchtbaren Regengüssen hernieder, den Fahrer bis auf die Knochen durchnässend. Da hindert ihn das Terrain an der vollen Entfaltung seiner Fähigkeit. So hat er unter Umständen mit vielen Widerwärtigkeiten zu kämpfen; aber unverrückt hält er an dem zu erstrebenden Ziel fest. Alle Gefahren werden überwunden, aber ach, da bricht die Maschine, ein Ersatz ist nicht leicht zu beschaffen, da heisst es verzichten. Ein unglücklicher Sturz verwundet ihn, zu Ende ist der schöne Traum von Ruhm und Lohn.

Zumeist verlegt man die Fernfahrten in die Zeit des Spätsommers oder Herbstes, einesteils, weil die Fahrer sich dann meist in guter Form befinden, eine gute Leistung verbürgen, andernteils auch, damit sie nicht durch die Hitze zu früh ermatten.

Bedeutende Fernfahrten waren:
Mailand—München; Sieger Jos. Fischer.

Wien—Berlin 1893. Die Strecke war 582,5 km lang.

I. Jos. Fischer in 31 : 00 : 22²/₅,
II. Georg Sorge-Köln in 31 : 54 : 55⁴.₅,
III. Franz Gerger-Graz in 34 : 22,
IV. Christian Andersen-Kiel in 34 : 30.

Um dieselbe machten sich Ernst Louis und Alex. Hönig sehr verdient.

Basel—Cleve. Erster Fritz Opel.
Wien—Reichenberg.
Hadersleben—Hamburg, 250 km.
Bordeaux—Paris
Paris—Roubaix.
Quer durch England.

## 11. Das Reigenfahren.

UEBER die Entstehung dieses Sportszweiges in Deutschland geben wir dem allverehrten Ehrenvorsitzenden des Deutschen Radfahrer-Bundes das Wort, da dieser Herr wohl mit Fug und Recht als der Begründer und stets eifrige Förderer des Reigenfahrens betrachtet werden kann; Herr C. Hindenburg antwortet uns infolge eines Anschreibens:

Freiherr v. Drais erfand in der ersten Hälfte unseres Jahrhunderts ein Fahrrad, welches den Zweck hatte, eine schnelle, selbstthätige Fortbewegung des Fahrenden zu erzielen und dabei die Belastung des eigenen Körpergewichts von den Beinen auf den über zwei mit einander verbundenen Rädern befindlichen Sattel zu verlegen — die Grundidee des heutigen Tourenfahrens.

Bei der Unbeholfenheit dieses Vehikels besass dasselbe nur geringen praktischen Wert, immerhin ist solches als die Vorläuferin der heutigen Tourenmaschine zu betrachten. — Nahezu ein halbes Jahrhundert ruhte die Idee, bis im Anfang der 60 er Jahre Michaux ein Fahrrad baute, welches mit Tretkurbeln, drehbarem Vorderrad und Lenkstange versehen war, die Holzräder waren mit Eisen umspannt; die neukonstruierte Maschine fand in Frankreich günstige Aufnahme und gelangte zu Ende des Jahrzehnts auch nach Deutschland.*)

Im Jahre 1868 hatten einige junge Leute in Magdeburg derartige Fahrräder, damals Velociped genannt, von Paris bezogen und übten damit in einem Militär-Exerzierschuppen — zu Touren- und Kunstfahren kam es jedoch nicht.

Im Herbst 1869 zeigte ein junger Mann aus Kopenhagen seine Geschicklichkeit auf einem ganz niedrig gebauten Velociped in einer Singspielhalle; ich fand Gefallen an dieser eigenartigen Kunst und beschloss sofort einen Verein zur Uebung derselben zu begründen; der Vorsatz ward schnell zur That und wenige Tage darauf war der noch jetzt bestehende «Magdeburger Velociped-Club» von 1869 von etwa 24 Mitgliedern gegründet. Die Beschaffung der nötigen Maschinen, zum Teil von geschickten Schlossern hergestellt, nahm ebenfalls nur kurze Zeit in Anspruch; auch das Fahren war bald erlernt und nun sollten die Ausflüge ins Freie beginnen. Das damals noch sehr mangelhafte Pflaster und der weite Weg durch die Festungswälle stellten unserem Thun kaum geahnte Hindernisse in den Weg. Das Fahren auf dem holprigen Weg, mit der schwerfälligen, rasselnden Maschine war in der That kein Genuss und eher Höllenqual als Vergnügen zu nennen. Die Illusionen wendeten sich ins Gegenteil um, dabei stand der Winter vor der Thür, mein schnell begründeter Verein drohte ebenso schnell in die Brüche zu gehen, wenn ich nicht sofort Zugmittel schaffte. — Da fiel mir der Kopenhagener mit seinen Kunstproduktionen ein, und mein Vorschlag, unsere Uebungen in den geschlossenen Raum zu legen, fand allseitigen Anklang. — Ein passender Saal war bald gefunden und die Uebungen erst einzeln, dann von mehreren Fahrern in leicht ausführbaren Touren begonnen. Allabendlich ward flott geübt und aus den einfachen Runden und Kehrwendungen wurden in kurzer Zeit kunstvollere Figuren mit militärischem Kommando ausgeführt; zur Abwechslung übten besonders gewandte Fahrer kunstvolle Vorführungen ein. Das Interesse wuchs von Abend zu Abend und nach wenigen Wochen durften wir bereits wagen, einem grösseren Kreis geladener Gäste unsere Produktionen vorzuführen. Der Erfolg war durchschlagend, lauter Beifall folgte jeder Nummer; wir mussten gleich im ersten Vierteljahr drei Vorstellungen jedesmal vor überfülltem Hause ins Werk setzen, — ich selbst ging mit gutem Beispiel voran und fuhr in dem Eröffnungsfahren, in den Quadrillen und Manövern mit und übernahm sogar Einzelscenen im Kunstfahren. — Das war also der geschichtliche Anfang des Reigen- und Kunstfahrens in Deutschland. — Bald aber erschienen uns diese Darstellungen zu einseitig und ermüdend, sowohl für die Fahrer, als auch für die stets zahlreichen von Nah und Fern herbeigeeilten Gäste. Grossartigere Festveranstaltungen, Ausstattungsstücke mit zahlreich

*) Wo allerdings die Pedale schon zu Ende der Fünfziger Jahre durch Fischer-Schweinfurt erfunden worden waren. D. H.

eingefügten Fahrnummern, luxuriöse und originelle Dekorationen der Festräume, ein den Aufführungen folgender glänzender Festball, das alles in steter Abwechslung, in jedem Winter nur einmal geboten, erhielt den im In- und Auslande zu einer gewissen Berühmtheit gelangten Radfahrfesten des Magdeburger Velociped-Klub von 1869 zwei Jahrzehnte hindurch mehr und mehr sich steigernde Zugkraft. — Ein Hauptmoment für diese Erfolge begründete sich in dem von mir von Anbeginn aufgestellten und bis zum Schluss durchgeführten Grundprinzip, das Ideal des Herrenfahrertums auf unsere Fahne zu schreiben. Sämtliche Teilnehmer wirkten selbstverständlich unentgeltlich und die sämtlichen Ueberschüsse wurden für jedesmal im voraus bestimmte patriotische und wohlthätige Zwecke verwendet.

Diese Ueberschüsse waren so bedeutend, dass im Laufe der Zeit, trotzdem die Kosten der einzelnen Festabende sich auf 2 — 3000 Mark beliefen, etwa 15,000 Mark für humanitäre Zwecke verwendet werden konnten. —

Soweit die gütigst uns übermittelten Zeilen unseres verehrten Freundes, dessen allbekannte Verdienste um die Entwickelung des gesamten Radfahrsports für immer in den Annalen desselben verzeichnet sein werden.

Während also der Münchener Velociped-Klub von 1869 hauptsächlich das Tourenfahren und den Rennsport pflegte, sind es besonders die Magdeburger und neben diesen der Altonaer Velociped-Klub, die das Reigenfahren zur hohen Entwicklung bringen. Unter Reigenfahren versteht man die Vorführung einer Anzahl mit einander verbundener schulgerechter Fahrübungen, ausgeführt von mindestens 4 Fahrern. Bei Reigenfahren darf während der Vorführung der Sitz nicht geändert werden. Sehr oft wurden diese Feste, wie schon oben angedeutet, in den Dienst der Wohlthätigkeit gestellt. So liegt vor uns ein Programm des gleichfalls in der Sportsgeschichte rühmlichst bekannten Hamburger Bicycle-Klub von 1882, der zu gunsten der Hinterbliebenen der auf dem Postdampfschiff «Cimbria» verunglückten Besatzung am Mittwoch, den 14. Februar 1883, ein Kunstfahren auf «Bicycles» veranstaltete. Um den Lesern ein Bild derartiger Aufführungen zu bieten, geben wir nachstehend das Programm des letzterwähnten Festes:

1. Entree-Reiten.
2. Solotour, ohne Lenker, geritten von Herrn Arnst.
3. Matrosen-Quadrille, geritten von sechs Herren.
4. Solotour, Brückenreiten, Stillstehen, geritten von Herrn Hemmerden.
5. Fahrschule.
6. Sattelstand, ausgeführt von drei Herren.
7. Juniorfahren.
8. Herkulestour, ausgeführt von den Herren Arnst und Saling.
9. Solotour. Die Wage, ausgeführt von Herrn Lissner.
10. Komisches Intermezzo

11. Parforce-Quadrille, geritten von vier Herren.
12. Contrereiten.
13. Solotour, Damenreiten, Bicyclisten-Liebe, geritten von Herrn Arnst und Hammerden.
14. Hoheschule.
15. Abschiedsreiten.

Man bemerkt unschwer schon in der Bezeichnung der einzelnen Abteilungen, die Anlehnung an den Pferdesport. — Von den verschiedenen Vereinen Deutschlands, welche das Reigenfahren mit besonderem Erfolge pflegen, erwähnen wir u. a. den berühmten Brandenburger Radfahrer-Verein, der unter Leitung seines tüchtigen Vorsitzenden Arno Tiede ungezählte Lorbeeren errungen hat. In allerjüngster Zeit ist es der strebsame Verein Altonaer Radtouristen, der sich durch hervorragende Leistungen auf diesem Gebiete auszeichnet, wie überhaupt im Gau I Hamburg des Deutschen Radfahrer-Bundes das Reigenfahren eine gute Heimstätte gefunden hat; die Gau-Prunkfeste in den enormen Räumlichkeiten des Sagebiel'schen Etablissements in Hamburg sind Sportsfeste ersten Ranges und werden von der besten Gesellschaft besucht.

Das moderne Niederrad verdrängt auch beim Reigenfahren leider das alte Hochrad, obgleich dieses die gegebene Maschine zum Saalfahren ist. Ein Hochradreigen wirkt imposanter, der Gang dieser Maschine ist ruhiger; daher kommen die Reigen gleichmässiger zum Austrag.

Als Fahrraum wählt man eine Fahrfläche von etwa 18 m Länge und 10 m Breite. Diese Raumverhältnisse sind mindestens erforderlich.

Die wichtigste Person bei den Uebungen ist der Fahrwart, der ausser Lust und Liebe zur Sache, Sachverständnis, Geduld und sich eines guten Ansehens im Klub erfreuen muss, sofern er die nötige Disciplin aufrecht erhalten will.

Beim Reigenfahren kommt es hauptsächlich auf das «Zusammenspiel» an. Daher achtet der Fahrer sowohl aufmerksam auf sich selbst, wie auf die übrigen Mitwirkenden. Eine gute Haltung erhöht den guten Eindruck.

Ein praktischer Fahrwart giebt seiner Mannschaft die zu übenden Figuren mit nach Hause, damit sie sich die einzelnen Touren gut einprägen. Bevor man an die Ausführung derselben schreitet, werden sie zuerst «abgegangen» mit der Maschine an der Hand. Der Fahrwart kann bei dieser Gelegenheit schon von seinem erhöhten Standpunkt die Fehler verbessern.

Die ersten Uebungen erstrecken sich auf das «Richtung- und Abstandnehmen», sodann wird darauf geachtet, dass die Kurven gut ausgefahren werden. Alle Uebungen werden vorerst auf «Kommando», später nach «Glockenzeichen» und schliesslich ohne weitere Angaben ausgeführt. Die Hauptsache ist immer das «Wie» der Ausführung, in zweiter Linie kommt erst das «Was».

Man beginnt mit Schulübungen auf einfache und doppelte Wendungen, später wird «auf dem Zirkel» und «durch den Zirkel», d. h. im Kreise gefahren, vorerst in der Saalmitte, dann im kleineren Umfange in den Ecken; die «Runden» werden geübt, jeder fährt einen Kreis um sich selbst etc. Sind so die Schulübungen sicher und präcis eingeübt, dann folgen die eigentlichen Uebungen. Einem phantasiereichen Fahrwart ist hier ausreichend Gelegenheit geboten, einen hübschen Reigen, der eigenartig und neu ist, zusammenzustellen. Denn das sportskundige Publikum verlangt Abwechslung.

Was die Anzahl der Fahrer betrifft, so wechselt diese zwischen 6—24. Je grösser die Zahl, desto mannigfaltiger können die Uebungen ausfallen, desto wirkungsvoller ist der Reigen.

Sehr oft treten die einzelnen Vereine gegeneinander in Wettbewerb. Für diesen Zweck hat man besondere Bestimmungen ausgearbeitet, die bei solchen Anlässen in Kraft treten. Wie bei einem Wettfahren auf der Rennbahn giebt es Schiedsrichter, Preisrichter, Zeitnehmer u. s. w.

Ueber Wertung der selbstgewählten Uebungen bei Reigenfahren wird darauf geachtet, ob die Haltung, Richtung und Abstände der Fahrer gut und gleichmässig sind; hat der Verein, wenn auch nur durch einen einzigen Fahrer, schlechte Haltung, falsche Richtung oder unrichtigen Abstand, so ist dies als ein Fehler zu vermerken. Eigenartige Uebungen, d. h. solche, die eigenartige Figuren zeigen oder die Eigentümlichkeiten in der Zusammenstellung enthalten, werden besonders gewertet. Ferner wird darauf geachtet, ob bei den Uebungen zwei oder mehr Fahrer nebeneinander fahren, ob die Uebungen schwieriger oder leichter sind, ob Kommandos oder Glockensignale zur Anwendung kommen. Ferner ob die einzelnen Uebungen Schlag auf Schlag aufeinander folgen unter grösstmöglichster Ausnützung der Zeit. Als Zeitdauer eines Wettbewerbes werden in der Regel acht Minuten angenommen.

So bietet das Reigenfahren der Klubmannschaft während der «toten Saison» mancherlei angenehme und abwechselnde Beschäftigung. Es hält den Sportsgeist lebendig, ja es bewirkt dieses in der Winterzeit besser, als die sogenannten gemeinschaftlichen Klubfahrten des Sommers, wo die mit höherer Uebersetzung und längeren Beinen Versehenen ihren Klubfreunden vorauszueilen pflegen. Gleichzeitig festigt das regelrechte Reigenfahren auch die stramme Manneszucht, «Gehorsam ist des Klubs Schmuck»! ist hierbei die Losung. Das Reigenfahren erfordert volle Aufmerksamkeit auf die Anordnungen des Fahrwartes wie sorgfältige Führung des eigenen Rades. Dafür bringt es auch dem Ausübenden die sichere Herrschaft über seine Maschine. Sobald man mit dem Saalfahren auf der glatten Parkettfläche beginnt, kommt man zu der oft überraschenden Erkenntnis, wie wenig Gewalt man doch bis jetzt noch über sein Stahlross hatte. Was für den Reiter «die hohe Schule», das ist für den Radfahrer das Reigenfahren. Mit Recht nennt daher auch der Oesterreicher das Saalfest «eine Academie».

## 12. Korsofahren.

KORSOFAHREN ist ein Festzug zu Rad. Die Korsofahrten sind neben den Wettfahren ein vorzügliches Mittel, um für den Radsport Propaganda zu machen. Es werden nur sichere Fahrer zugelassen.

Die Radfahrerverbände veranstalten solche Fahrten gelegentlich ihrer Bundesfeste, Kongresse etc.; auch bei patriotischen Anlässen findet man die Radfahrer in festlichen Aufzügen vertreten und sie verleihen alsdann durch die festliche, kleidsame Tracht, durch die blumengeschmückten Räder dem ganzen vorgeführten Bilde eine schöne Abwechslung, vom Zuschauer immer gern gesehen.

Rauchen, lautes Sprechen, Loslassen der Lenkstange ist bei solchen Anlässen verboten.

Ruhiges, sicheres Fahren, gute Haltung und Richtung, gleichmässige Abstände verleihen auch hier grössere Wirksamkeit.

Dem Verein voran fährt der Bannerträger; dieser muss ein besonders geübter Fahrer sein.

Auch beim Korsofahren tritt oft ein Schiedsgericht zusammen, um nach bestimmten Grundsätzen Preise zu erkennen.

## 13. Kunstfahren.

GLEICH dem Reigenfahren ist auch das Kunstfahren hauptsächlich eine Winterbeschäftigung des Radfahrers. Wenn auch beide Sportszweige Verwandtschaft zeigen, so besteht doch zwischen ihnen eine grosse Verschiedenheit. Bei dem Reigenfahren soll der Ausübende einen festen Sitz im Sattel haben, während der Kunstfahrer, gleich dem Kunstreiter jenen verlässt und in den verschiedenen Stellungen in und am Rade trotzdem die Herrschaft über dieses bewahrt. Wie nicht jeder ein guter Turner wird, ohne gewisse Vorbedingungen in sich zu tragen, so bringen es auch nur wenig Auserwählte zu der grossen Fertigkeit eines Nick Kaufmann. Immerhin hat aber das Kunstfahren den grossen Wert, dass es einmal eine völlige Sicherheit mit sich bringt und andererseits eine grosse, turnerische Gewandtheit erzeugt, ohne die ein Kunstfahren unmöglich ist.

Das Kunstfahren hat gegenüber dem Reigenfahren ausserdem noch den Vorzug, dass es von einer oder zwei Personen und noch dazu bei beschränkteren räumlichen Verhältnissen ausgeübt werden kann.

Als Kostüm wählt der Kunstfahrer einen enganschliessenden Tricot, da dieser die Bewegungs-

Einige Kunststücke auf dem Rade von Emil Ganghofer — Egern bei Tegernsee.

freiheit nicht behindert; die Schuhe sind in der Regel mit Sohlen aus weichem Stoffe versehen.

Die Maschine ist entweder eine gewöhnliche Tourenmaschine oder auch besonders für diesen Zweck gebaut, eine sogenannte Saalmaschine; jedenfalls ist sie aber immer fest gebaut, mit kräftigen Speichen und leicht abnehmbarer Lenkstange versehen.

Die Vorübungen oder Schulübungen können von jedem Fahrer auf jeder Maschine ausgeführt werden. Der Fahrer erlernt ohne Anfassen zu fahren, lernt den Aufschwung vom Pedal, schlägt die Beine über die Lenkstange u. s. w., also Uebungen, welche die Hochradfahrer früher oft auf der Strasse ausübten. In den letzteren Jahren, wo das Niederrad das hohe Bicycle als Tourenmaschine fast völlig verdrängt hat, findet das Hochrad nur noch Verwendung als Maschine zum Kunstfahren; hierfür eignet es sich aber auch entschieden besser als das moderne Niederrad. Die ersten Uebungen des Hochradkunstfahrens werden vom Fussboden aus bei stehender Maschine geübt. Der Fahrer springt in den Reitsitz und bleibt dabei stehen; hat er diese Uebung sicher erlernt, so stellt er Lenker und Sattel auf die Erde und steigt so in den Reitsitz. Sodann wird die Maschine von vorn bestiegen und dabei der freie Stand geübt, hierauf der Sprung von links und rechts in den Damensitz. Bei laufender Maschine werden ähnliche Uebungen ausgeführt, z. B. der freie Stand, wobei das eine Bein auf der Lenkstange ruht und das andere auf dem Sattel. Dann werden Uebungen mit Aufheben und frei schwebendem Hinterrad ausgeführt. Eine gern gesehene Leistung ist die sogenannte «Querwage»; der Künstler hat die linke Hand am Griff, die rechte am Sattelhinterteil, der Körper liegt quer über dem Sattel; dann löst er diesen und erfasst das Pedal, wodurch die Maschine in Bewegung gehalten wird. Eine andere «Wage» besteht darin, dass beide Beine über die Lenkstange gebracht werden, der Oberkörper rückwärts gebeugt, so dass der Körper in wagerechter Lage in der Richtung beider Räder schwebt. In ähnlicher Weise werden noch eine Reihe von Uebungen ausgeführt, bis der Künstler soweit gediehen ist, dass er des einen Rades entbehren kann und nunmehr mit dem übrig gebliebenen arbeitet, vorläufig noch mit der Gabel. Eine grosse Schwierigkeit bietet hier im Anfang der Aufstieg, der beim stillstehenden und laufenden Rade mit grosser Geduld erlernt werden muss. Ist diese Schwierigkeit überwunden, so wird das Vorwärts- und Rückwärtsfahren geübt, mit Lenker und ohne denselben, dann wird auch die Gabel beiseite gelegt und Uebungen am Rade, das jetzt nur noch die Pedale hat, ausgeführt; Aufstieg und Stillstehen

bieten selbstverständlich sehr viel Schwierigkeiten, erfordern unendliche Geduld und Uebung. Zum Schlusse folgt dann das Fahren auf dem kleinen Hinterrade, das zu diesem Zwecke mit Pedalen versehen ist, vor- und rückwärts, von den Fahrern gern als Spielerei vorgeführt.

Das Gruppenkunstfahren auf dem Hochrade wird von zwei oder drei Personen ausgeführt, auf einer oder zwei Maschinen; wird das Niederrad benutzt, so kommt nur ein Rad zur Anwendung. Bei dem Duettfahren ist in der Regel der eine Fahrer der Kletterer, während der andere sich mehr passiv verhält und die Führung der Maschine besorgt. Hierbei bieten sich für die Duettisten so mancherlei Trics, dass eine annähernde Aufzählung unmöglich ist. So tritt der eine Fahrer links, der andere rechts, oder es steigt der eine vom Auftritt auf den Sattel und nimmt auf dem anderen den Schultersitz ein, indem die Beine nacheinander über die Schultern gehoben werden. Der Aufsteigende muss vorsichtig zu Werke gehen, jede ruckartige Bewegung vermeiden, einen katzenleichten Tritt haben. Wir haben nie passendere Duettfahrer gefunden, als Richard Schulz und seinen Freund Hugo Pratje, beide vom Altonaer Radfahrerverein von 1890. Während jener sein Rad mit bekannter Meisterschaft handhabt, führt letzterer scheinbar mit der grössten Leichtigkeit seine Kletterübungen aus. Eine vom Publikum gern gesehene Uebung ist der freie Schulterstand. Je nachdem die beiden Fahrer mehr oder weniger gut eingefahren sind, arbeiten sie freihändig, so dass das Rad vom Führer der Maschine nur mit den Beinen gelenkt wird. Verwerflich ist es, wenn der Fahrer oben allerlei Kunststücke ausführt, wie sie die musikalischen Clowns im Cirkus lieben, also das Spielen einer Mandoline in oben geschilderten Stellungen etc.; dergleichen Sachen haben nichts mit dem Sport gemein und dienen lediglich der Reklame, in deren Dienst jener sich nie stellen darf. — Lediglich als Spielerei pflegt zum Schluss eines Auftretens von den Kunstfahrern ein ovales Rad oder auch ein solches ohne Felgen, also nur mit Speichen versehen, vorgeführt zu werden.

In den letzteren Jahren ist auch das Niederrad vielfach von den Kunstfahrern benutzt worden, in der Regel beschränken sich die Fahrer auf die eine Maschinengattung. Wegen der grösseren Beweglichkeit des Niederrades sind die Uebungen auf demselben ungleich schwieriger.

Die bekanntesten Kunstfahrer in Deutschland sind: Meisterfahrer von Deutschland im Kunstfahren:

1884 W. Dohrmann, Hamburg,
1885 E. Engelmann, Wien
1886     ,,         ,,
1887     ,,         ,,

1888 R. Schulz, Ottensen.
1889 G. Marschner, Dresden.
1890 „ „
1892 W. Albrecht, Frankfurt a. M.
1893 R. Schulz (Hochrad), Ottensen.
1895 G. Schichtholz (Niederrad), Leipzig.
1896 W. Albrecht (Hochrad), Wittenberg.
1896 G. Schichtholz, Leipzig.

Bedeutende Gruppenfahrer sind: Grabe und Belger, Dessau; Lachwitz und Eiden, Hamburg.

Der bekannteste Kunstfahrer (Berufsfahrer) ist der Deutsch-Amerikaner Kaufmann, ferner bieten tüchtige Leistungen die Gebr. Dassler-Hamburg und Max Winter-Hamburg, gleichfalls Berufsfahrer.

Die Meisterschaft von Europa im Kunstfahren für Herrenfahrer errang O. Belger-Dessau im März 1896 in Berlin. *)

Bei der Wertung von Kunstfahren unterscheidet man: a) Hochrad, Strassenmaschinen, bei welchen der Lenkungswinkel begrenzt ist, und unter diesen wieder grosse und kleine Strassenmaschinen; b) Hochrad, Saalmaschinen, bei welchen der Lenkungswinkel unbegrenzt, und dadurch eine Querstellung des Vorderrades ermöglicht ist; c) Niederräder.

Es wird geachtet auf eine musterhafte Durchführung, also auf schulgerechte, gewandte, schöne und sichere Ausführung.

*) Ergänzend sei hier auch auf den Amateur E. Ganghofer in Egern am Tegernsee verwiesen, ein ehemaliger Schiffsoffizier, der in Bayern als bester Schlittschuhläufer und Radfahrer bekannt ist. Von seinen vielen Trics sind auf Seite 107 nur einige reproduziert, worunter der Sprung mit dem Rad über einen Drahtzaun wohl zum Eigenartigsten gehört, was bis dahin überhaupt ausgeführt wurde. Die nebenstehenden sechs Vignetten zeigen den Kunstfahrer Kaufmann.

Es werden zu einer Uebung bis zu höchstens fünf Punkte gewertet.

Ferner wird darauf geachtet, ob es dem Fahrer um eine sportliche Kunstleistung oder um Effekthascherei zu thun ist, letzteres würde den Sportsmann eben zum Akrobaten erniedrigen.

Es wird überall die turnerische Gewandtheit und bei Gruppenfahren das Zusammenarbeiten berücksichtigt.

Was nun die Uebungen selbst anbetrifft, so unterscheidet man, wie oben bemerkt, sowohl beim Reigen- als beim Kunstfahren schwierige und eigenartige. Es sind dies sicherlich zwei Gesichtspunkte, die bei der Beurteilung einer Leistung im Reigen- und Kunstfahren ins Gewicht fallen müssen. Doch ein dritter, ebenso wichtiger Punkt scheint uns ausser Acht geblieben zu sein, nämlich das ästhetische Moment. Bei öffentlichen Schaustellungen im Cirkus u. s. w. sieht man oft mit Grausen, zu welcher Fertigkeit es Personen in allerlei Gliederverrenkungen bringen. Nun soll aber der Sport im Dienste des Schönen stehen, da sein Endzweck harmonische Ausbildung des Körpers ist. Daher darf bei einer Leistung im Kunstfahren eine Uebung nicht vorkommen, die nur schwierig ist, aber sonst das ästhetische Gefühl verletzt, denn der Fahrer sollte bedenken, dass er sich bei seiner Thätigkeit direkt in den Dienst der darstellenden Kunst stellt. Ein schöner Reigen muss daher so zusammengesetzt sein, dass schöne Figuren entstehen, die einem Künstlerauge wohlgefällig sind. Zu einer gerechten Kritik einer sportlichen Leistung gehört daher auch ein Künstlerblick oder doch Kunstverständnis.

# Nachtrag.

Im Anschluss an das vorhergehende Kapitel dürfte wohl die Beschreibung einer Zimmer-Rennbahn Interesse erregen, die ein Hauptanziehungspunkt der Pariser Fahrradausstellung im Dezember 1896 war. Dieses Cyclodrom besteht aus zwei miteinander in Verbindung stehenden Teilen, dem eigentlichen Rennboden und der Miniaturrennbahn. Ersterer ist ein etwa 60 cm hoher Bretterboden, aus welchem in gleichmässigen Entfernungen vier unter dem Boden befindliche Rollen gerade so viel hervorragen, dass sie von je einem darauf gestellten Fahrrade in Bewegung gesetzt werden können. Vier wirkliche Rad- oder Rennfahrer besteigen also ihr Rad, welches auf diesen Rollen vollkommen frei steht; sowohl beim Besteigen als während des Fahrens haben die Radfahrer genau dieselben Regeln des Gleichgewichts zu beobachten wie auf freier Landstrasse; doch ist ein Sturz leicht zu vermeiden, da man sich jederzeit an den Barrièren, welche die vier Fahrer von einander trennen, festhalten kann. Natürlich bleibt das Rad, infolge der sich unter ihm drehenden Rollen, immer auf dem Platze stehen, während diese Rollen je nach der Geschwindigkeit des Fahrers sich mehr oder weniger schnell drehen. Der zweite Teil des Cyclodroms besteht aus einem Tische, auf welchem eine etwa 3 m lange, ovale Rennbahn angebracht ist. Diese Bahn ist mit vier verschiedenfarbigen Bleirennfahrern, welche nebeneinander rund herumlaufen, besetzt; diese Bleifigürchen werden durch die Rollen des Hauptapparates in Bewegung gesetzt, so dass sich also die Schnelligkeit der Drehung der Blei-wettfahrer nach der wirklichen Schnelligkeit der echten Wettfahrer richtet. Daraus lässt sich also ein voll-ständiges Rennen herstellen, indem die Bleifiguren an gleicher Stelle nebeneinander aufgestellt werden und die kämpfenden Radfahrer zu gleicher Zeit starten. Die Wettfahrer haben nicht nur die sie darstellenden radelnden Bleimännchen vor Augen, sondern noch ausserdem einen grossen Kilometermesser, der ihnen zu jeder Zeit das Mass ihrer Schnelligkeit zeigt. Allerdings können auf dem Pariser Apparate nicht mehr als vier Fahrer zur selben Zeit rennen, doch liessen sich Apparate für eine beliebig grosse Anzahl Personen herstellen. — Im Cyclodrom fanden seit Eröffnung des IV. Salon du Cycle, welcher übrigens eine enorme Besucherzahl, 5—6000 an Wochen- und 20—25,000 an Sonntagen aufwies, tagtäglich Wettfahren, ein-geteilt in Haupt-, Vorgabe-, internationale und nationale Rennen, Amateur-, Professional- und Damenfahren, Matches, Armbinderennen etc. statt, welche zahlreiche Neugierige anzogen und von echten Wettfahrern be-stritten wurden. Namentlich die Wettfahrerinnen fanden sich in Menge zu diesen ungefährlichen Käm-pfen ein; aber auch berühmte Radfahrer haben sich schon im Cyclodrom versucht, so Gougoltz, Meister-fahrer von Frankreich 1895, der daselbst ein Match gegen den Franzosen Gras gewann. Der Start wird durch einen Pistolenschuss, die letzte Runde durch Läuten wie auf den öffentlichen Velodromen angezeigt. Gegen Schluss gehen die Wettfahrer wie sonst zum Spurt über; sie kämpfen genau mit derselben Hart-näckigkeit, die sie auf den grossen Rennbahnen ent-falten. Das Publikum verfolgt diese Kämpfe mit lebhaftem Interesse, ermuntert die Kämpfenden durch Zurufe, spornt seine Lieblinge an und zischt auch hie und da einen aus; kurz, es geberdet sich wie in den Velodromen. Bemerkenswert ist, dass die Zeiten der Cyclodromfahren bedeutend besser sind, als diejenigen der Velodromrennen. Dies liegt eines-teils an dem Mangel an Widerstand des Bodens und der Luft, andererseits auch daran, dass die Fahrer genau die angesetzte Strecke ohne Umwege, die im offenen Rennen die gefahrene Strecke bedeutend ver-grössern, zurücklegen; so ist es nicht erstaunlich, dass 50 Kilometer in der Stunde die Durchschnitts-geschwindigkeit geringklassiger Fahrer sind und dass bessere Rennfahrer eine Schnelligkeit von 70 Kilo-meter erreichen und mehr.

Diese interessante Erfindung wird sicherlich auch in Deutschland bald Eingang finden und Furore machen, so wie sie in Paris von allseitigem Erfolg begleitet war. Voraussichtlich kommen in diesem Sommer mehrere Apparate nach den grossen franzö-sischen Badeplätzen, wo sie sicherlich eine interessante Unterhaltung bieten und natürlich auch zu den üb-lichen Wetten Veranlassung geben dürften.

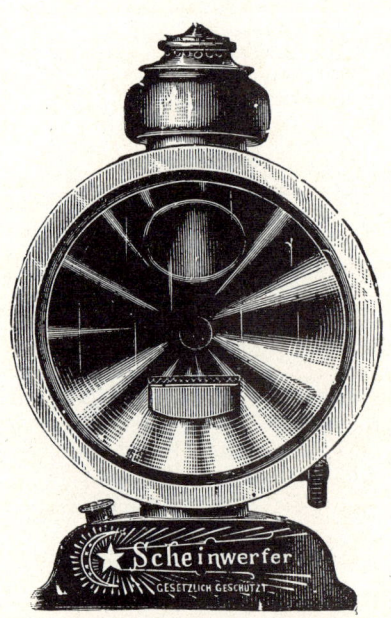

**Radlaterne neuester Art.**
Ellis Menke-Frankfurt a. M.

# VII. Das Damenfahren

von

*Frau A. Rother-Berlin*

Vorsitzende des Damen-Radfahr-Klubs «Berlin» in Berlin.

**Gretchen als Spinnradlerin.**\*)

«Meine Ruh ist hin» —

Zur Illustration dieses Hauptkapitels hat eine Anzahl von Damen der Gesellschaft durch Ueberlassung von Bildern als Radfahrerinnen in dankenswertester Weise beigetragen. Diese Mitarbeiterinnen beanspruchen damit keinen Namen in der Sportswelt — deshalb erscheinen sie auch inkognito — wohl aber dürfen wir sie als Vertreterinnen des guten Geschmacks im Radfahrsport ehren, und dies durch ihre Reproduktion gethan zu haben, betrachtet das vorliegende Werk als selbstsprechendes Verdienst.

\*) Aus dem Witzblatt «Ulk», Beilage zum «Berliner Tageblatt»

---

*Das Damenradeln ist das Länder zwingende Moment in der modernen Frauenbewegung.* v. S.

ENN unter der erlauchten Zahl der Mitarbeiter dieses Werkes auch eine einfache deutsche Hausfrau das Wort zu ergreifen wagt, so mag ihr folgendes zur Entschuldigung dienen: Seit Frauen anfingen, sich unserm schönen Sport zuzuwenden, begann auch die Presse sich mit dem Damenfahren zu beschäftigen. Gut gemeint war wohl das meiste, was wir zu hören bekamen, aber vielfach so ohne jede Kenntnis der Damenradelei selbst und mit so vollkommener Unwissenheit über die einschlägigen Verhältnisse geschrieben, dass die guten Lehren auf die Radlerinnen oft einen ganz andern, vom Verfasser kaum beabsichtigten Eindruck machten. Versuchte man in der Fachpresse zu erwidern, so wurde man entweder gar nicht, oder bis zur Entstellung gekürzt abgedruckt oder bekam wenigstens einige mitleidige Bemerkungen mit auf den Weg. In der nächsten Nummer schlug einen dann die angegriffene hochweise Sportsautorität ganz mäuseleintot. Wollte man gar replizieren, so war die Sache «genügend erörtert».

Das ist ja jetzt anders geworden, seit wir eigene tüchtige Organe für den Damenfahrsport besitzen. Aber jedes Fachblatt bleibt doch mehr im Kreise der Sportsgenossen, während dies Werk sich an die grosse Oeffentlichkeit wendet und jedem, der sich auch nur entfernt für das Rad interessiert, Aufklärung geben will. Deshalb bin ich und mit mir wohl die sämtlichen Kameradinnen, auch wenn sie in manchen Detailfragen anderer Ansicht sind wie ich, dem Herrn Herausgeber für die an eine Frau ergangene Aufforderung zur Mitarbeit an diesem schönen Werke herzlich dankbar. Ob es mir gelingen wird, dem reichen Stoff die rechte Form zu geben, muss ich abwarten. Eins darf ich aber den Lesern ersichern: Jedes Wort der Arbeit beruht auf eigener Erfahrung und Selbsterlebtem. Radfahrerlatein ist mir verhasst, Quellen, die ich missverstehen könnte, habe ich nicht. Wo ich mir erlaube einen Rat zu erteilen, hat sich das empfohlene Verfahren wenigstens für mich als praktisch erwiesen.

Die Teilnahme der Frauen an den meisten Sports, ist neueren Datums. Nur den Reitsport trieben sie seit alters her. Die Reiterei hat auch nie für «unweiblich» gegolten. Aber alle anderen Sports, Turnen, Jagd, Schwimmen, Rudern, Schlittschuhlaufen blieben lange der Frau verschlossen. Nur langsam und zögernd wagten einzelne kühne Pionierinnen der allgemeinen Missbilligung Trotz zu bieten und unbekümmert um alles Altweibergezeter zu thun, war sie für gut und richtig erkannt hatten. Meist hat es eine Reihe von Jahren gedauert, bis ein Sport eine ausreichende Zahl von Anhängerinnen fand, um als eingeführt zu erscheinen. Hier unterscheidet sich der Radfahrsport wesentlich von allen anderen Sports. Es sind lange Jahre seit dem Auftreten des ersten Boneshakers vergangen, bis von einer wirklichen Verbreitung des Radfahrsports die Rede sein konnte. Sowie aber eine praktische Maschine, das Pneumatikniederrad, hergestellt war, stand der Radfahrsport fast mit einem Schlage auf der jetzigen Höhe. Dies trifft auch für das Radfahren der Frauen zu. Das Hochrad war naturgemäss der Frau so gut wie ganz verschlossen. Es ist von Frauen, abgesehen von Artistinnen, nur in ganz vereinzelten Fällen bestiegen worden. In München sollen Anfangs der 8oer Jahre die Damen einzelner eifriger Radfahrer als Knaben verkleidet Hochrad gefahren sein. Namen habe ich nicht erfahren können. Diese Damen sind jedenfalls die ersten deutschen Fahrerinnen gewesen. In Amerika ist das Hochrad etwas mehr von Damen benutzt worden, praktische Erfolge sind auch dort nicht damit erzielt worden. Das «alte stolze Hochrad» war und blieb nun einmal ein gar zu unpraktisches Ding. Es war dem Tode geweiht, sobald ein brauchbares Niederrad hergestellt war. Solange behalfen sich die vereinzelten Damen, die durchaus radfahren wollten, mit dem Dreirade.

In Berlin dürften meine Freundin Frl. Clara Beyer und ich die ersten Damen gewesen sein, die sich dem entsetzten Volke auf dem Rade zeigten, und zwar auf Dreirad. Das war 1890. Wir liessen uns zunächst die Räder nach auswärts bringen und radelten auf stillen Waldchausseen, von den vereinzelten Passanten teils mit tugendhaftem Entsetzen, teils mit Hohngelächter und Bemerkungen unzweideutigster Art begrüsst. Dann wagten wir es, in frühester Morgendämmerung die Stadt zu durchfahren und endlich wurde auch eines schönen Nachmittags vom Blücherplatz aus gestartet. Sofort sammelten sich hunderte von Menschen, eine Herde von Strassenjungen schickte sich zum Mitrennen an, Bemerkungen liebenswürdigster Art fielen in Haufen, kurz, die Sache war das reinste Spiessrutenlaufen, so dass man sich immer wieder fragte, ob das Radfahren denn wirklich alle die Scheusslichkeiten aufwöge, denen man ausgesetzt war. Eigentümlich war dabei, dass am rüdesten und gemeinsten sich nicht die unterste Volksklasse benahm, sondern der Pöbel in Glacéhandschuhen und zur Schande meiner Landsmänninnen muss ich das leider sagen, Frauen, die ihrem Aeusseren nach den besseren Ständen

angehörten. «Pfui, wie gemein!» war ungefähr das Mildeste, was man von «schönen» Lippen zu hören bekam. Ich habe eine Zeitlang die gehörten Redeblüten gesammelt. Leider ist mir die Aufzeichnung verloren gegangen. Neben ganz unflätigen Schimpfworten waren es meist praktische Ratschläge, wie wir wirtschaftlich unsere Zeit an Stelle des Radfahrens besser anwenden sollten. Das Komischste leistete eine alte Dame in Berlin W. Sie stand auf dem Bürgersteig und sah mich ankommen. Ihr Gesicht zeigte ein derartiges starres Entsetzen, dass ich unwillkürlich in langsamstes Tempo fiel und sie mir genau ansah. Während ich ganz langsam bei ihr vorbeifuhr, platzten ihr plötzlich die Worte heraus: «Das ist ja gar nicht möglich!» Und es war nicht nur möglich, es war sogar Thatsache. Heute wird sie sich wohl daran gewöhnt haben. Auch abgesehen von den sympathischen Strassenkundgebungen hatte die Radfahrerin gesellschaftlich mit einem geradezu fanatischen Hasse zu kämpfen. Alles Verweisen auf Reiterinnen, Schlittschuhläuferinnen half nichts, Radfahren war und blieb «unweiblich». Einen vernünftigen Grund, warum, konnte natürlich niemand angeben.

Alles das war wohl geeignet, einem manch liebes mal die Thränen in die Augen zu treiben. Aber dann, wenn man endlich draussen angelangt war und unter dem grünen Laubdach auf schöner Chaussee dahinflog, wenn die Brust sich weitete und das Herz höher schlug, dann schwor man sich wieder: Und wenn es noch neunmal toller käme, ewige Treue dem Radfahrsport! Aehnlich ist es den Radfahrerinnen wohl überall im deutschen Vaterlande ergangen, ich habe wenigstens noch nicht gehört, dass irgendwo die erste Radfahrerin mit grossem Wohlwollen aufgenommen worden wäre.

Auf den Gedanken, die Kleidung der Maschine entsprechend zu ändern, das heisst in Hosen zu fahren, wären damals selbst die Kühnsten unter uns nicht geraten. Auf das Dreirad setzte man sich, weil es zur Not das Fahren im Kleide gestattete. Dass der Rover erheblich leichter und bequemer fahrbar war, sahen wir ja, aber er war uns verschlossen, weil wir ihn nicht im Kleide fahren konnten. Da wurde endlich das Damenrad konstruiert, eine Maschine, die durch Weglassung der oberen Querstange aus dem Rahmen das Fahren im Kleide gestattete. 1892 gesellte sich als dritte Berliner Fahrerin Frau Ida Caspari zu uns und das Zweiradfahren wurde begonnen. Ich bin gewiss heute keine Freundin des eben so hässlichen wie unpraktischen Damenrades, aber das steht fest: Ohne diese Maschine hätte das Damenfahren nie den jetzigen Aufschwung genommen, die besseren Kreise hätten sich viel schwerer zum Fahren entschlossen. Das besserte sich natürlich in dem Masse, in dem die Zahl der Fahrerinnen zunahm. Einen ganz erheblichen Fortschritt brachte hier das erste Damenrennen im September 1893. Ueber Damenrennen an sich werde ich unten Gelegenheit haben mich zu äussern, hier nur soviel, dass durch das Rennen zum erstenmale einem grossen, zum guten Teil sportverständigen Publikum Gelegenheit geboten wurde, eine Reihe guter Fahrerinnen nebeneinander in geschmackvollen Anzügen die Maschine meistern zu sehen. Das wirkte natürlich ganz anders, als wenn man irgendwo eine einzelne Frau vom Gejohl des Pöbels verfolgt daherkommen sah. Jedenfalls war für den sportverständigen Teil des Publikums nun das Eis gebrochen. Die Radfahrer achteten uns als gleichberechtigte Kameraden und der Aufschwung begann, wenn auch zunächst noch langsam. In schnelleres Tempo geriet die Bewegung 1895, bis endlich 1896 der volle Sieg errungen war. Jetzt dürften nur noch ganz vereinzelte alte Perückenstöcke es wagen, die Radfahrerin als «unweibliches» Wesen zu bezeichnen. Im Grunewald sieht man manchmal mehr Fahrerinnen wie Fahrer.

Und das ist ganz natürlich, denn abgesehen von dem hohen Genuss, den das Fahren an sich, die schnelle, nur dem Fliegen zu vergleichende Bewegung, der Aufenthalt in der freien Gottesnatur bieten, ist der segensreiche Einfluss des Radfahrens auf Körper und Geist der Frau ganz unverkennbar. Besonders wir Grossstädterinnen sind ja an sich schon mehr oder minder zum Stubenhocken verurteilt, mögen wir nun unsern Wirkungskreis als Hausfrau haben oder mögen wir einsam im Erwerbsleben stehen. Wie manche Frau lechzt nach der frischen Luft; zur Not kann sie sich ja auch täglich eine oder ein paar Stunden abmüssigen. Aber wie

Frau **A. Rother** — **Berlin.**
«Auf der Tour».

nun ins Freie kommen? Selbst die Equipage der alleroberersten Zehntausend ist nicht immer disponibel, wir equipagenlosen Frauen haben entweder stundenlange Fusswanderungen oder kostspielige, vielfach sehr unangenehme Fahrten in der überfüllten Stadtbahn, im Omnibus u. s. w. vor uns, ehe wir draussen sind. Da unterlassen wir manchmal den Ausflug lieber ganz. Wie anders steht da die Radfahrerin. Die Maschine ist stets gebrauchsfertig, in einer Viertel- oder Halbenstunde sind wir draussen. Ist die Zeit kurz zugemessen, so ist man ebenso schnell wieder zu Haus. Kein versäumter Zug, keine überfüllte Pferdebahn, kein Droschkenmangel mehr! Frei und unabhängig von allem andern kann man auf die Minute bestimmen, wann

und wo man sein will. Das alles ist mehr der geistige Genuss des Radfahrens. Aber auch rein körperlich fühlen wir seine segensreiche Einwirkung, Welcher Kopfschmerz, welche Migräne vermag es, einer schönen Fahrt stand zu halten? Wie mundet uns das einfachste Mahl im bescheidenen Dorfwirtshause, wenn wir eine tüchtige Strecke hinter uns gebracht haben! Der Körper härtet sich ab, eine einigermassen in Training befindliche Fahrerin kennt keine Erkältung oder sonstige weibliche Beschwerden.

Was wir am Radfahren haben, spüren wir so recht, wenn wir es eine Zeitlang aussetzen müssen. Durch das gewöhnliche «schlechte Wetter» lässt sich ja die passionierte Fahrerin nicht zurückhalten. Scheint die Sonne, ist's gut, regnet's, ist's schliesslich auch gut. Eine gewisse Wurstigkeit gegen schlechtes Wetter ist unbedingtes Erfordernis für die Tourenfahrerin. Man fährt ja natürlich weniger, bleibt auch mal zu Hause, wenn's gar zu toll aussieht, aber man setzt nicht ganz und gar aus. Eine schlechte Radlerin, die ihrem Rade einen Winterschlaf gestattet, wie ihn Igel und Murmeltier halten! Aber manchmal giebt's doch besonders im Winter Zeiten, wo das Fahren unmöglich ist. Und das empfindet man sofort körperlich und geistig schwer. So lange Eisbahn ist, ersetzt ja der Schlittschuh einigermassen das Rad. Aber wenn auch der versagt, kommt für die luftgewohnte Lunge, die bewegungsgewohnten Glieder eine schwere Zeit. Die junge Welt stürzt sich dann mit um so grösserer Begeisterung in den Tanz.

Wer aber schon Töchter hat, die selbst radfahren, für den ist das auch nichts rechtes mehr. Und selbst wenn — Tanzen und Radfahren, Ballsaal und freie Gottesnatur, welch himmelweiter Unterschied! Wie gut das Radfahren jeder von uns bekommt, zeigt schon die Thatsache, dass noch keine Radlerin es freiwillig wieder aufgegeben hat. Hier rede ich natürlich nur von solchen, die es bis zur Beherrschung des Rades gebracht haben, nicht von denen, die den Unterricht begonnen und wegen allzugrosser Ungeschicklichkeit oder auch — Trägheit wieder ausgesetzt haben. Die sind nie Radlerinnen gewesen. Die fertige Radlerin, die den Radfahrsport wieder aufgiebt, ist ganz gewiss dazu gezwungen worden. Mir sind nur solche Fälle bekannt, in denen Fahrerinnen ohne oder gar gegen den Rat des Arztes das Fahren begonnen, forciert und dadurch bestehende Uebel verschlimmert hatten. Dass wir hier noch bedeutend vorsichtiger sein müssen wie die Herren, versteht sich von selbst. Das wird der ärztliche Herr Mitarbeiter im übernächsten Kapitel übrigens viel schöner und sachgemässer ausführen, wie ich es je könnte. Aber einen guten Rat will ich hier den angehenden Sportsjüngerinnen geben: Fragt in Radfahrangelegenheiten um ärztlichen Rat nur einen Arzt, der selbst Radfahrer ist. Selbst der allergeheimste Herr Medizinalrat, und wenn er von medizinischer Weisheit trieft, — das Radfahren und dessen Wirkungen kann er nur beurteilen, wenn er selbst Radfahrer ist. Welche Urteile der nicht radfahrende Arzt (übrigens wohl eine aussterbende Menschenklasse) unter Umständen loslässt, ist schier unglaublich. Hat doch vor noch gar nicht langer Zeit eine unserer grössten Berliner Autoritäten Radfahren und Treppensteigen auf die gleiche Stufe gestellt.

Also: Fahren darf nur der, dem sein Gesundheitszustand das gestattet. Das ist aber auch die einzige Grenze. Weiter erkenne ich keine an, weder nach unten noch nach oben. Ueber Kinderstrampeln will ich am Schluss einige hoffentlich die Mütter unter uns interessierende Ausführungen geben. Hier von der Grenze nach oben. Aeltere Damen sind bis jetzt wenig auf dem Rade zu sehen. Ja, warum? Je älter man wird, je schwerfälliger stellt man sich natürlich beim Lernen an. Ich merke das leider an mir selbst. Ich bin gute Dauerfahrerin und unter allen Umständen Herrin meiner Maschine. Aber schon leichte Kunstfahrübungen, die ein junges Mädchen bequem nachmacht, bereiten mir unübersteigliche Schwierigkeiten. Dass also eine ältere Dame längere Zeit zum Lernen braucht wie ein junges Mädchen, versteht sich von selbst. Sie wird um so mehr bedacht sein müssen, einen tüchtigen Lehrer zu finden, dann geht's schon. Was allerdings unter der Firma Radfahrlehrer in der Welt herumläuft, ist oft wunderbar! Kann sie erst fahren, so bekommt es der alten Dame so gut wie der jungen. Das weisse Haar braucht niemanden zu hindern. Als die ersten weisshaarigen alten Herren auf dem Rade erschienen, sah man sich auch erstaunt nach ihnen um. Jetzt findet man das selbstverständlich. Und so kommt es mit uns auch. Hier im Grunewald ist schon jetzt eine der beliebtesten Erscheinungen eine Gruppe von drei Fahrerinnen, zwei Damen und einem kleinen Mädchen, Grossmutter, Mutter und Kind. Und die alte Dame fährt trotz des Schnees auf ihrem Haupte so brav, dass sie manche viel jüngere in den Schatten stellt. Gewiss, für eine ältere Dame ist der Entschluss, aufs Rad zu steigen, noch schwerer wie für eine junge. In der Zukunft, wie ich sie mir denke, werden die alten Damen nicht mehr nötig haben, das Fahren zu erlernen, denn sie werden als Radfahrerinnen alt werden. Schon ich, die ich doch erst mit 25 Jahren das Fahren angefangen habe, kann mir nicht denken, dass ich je dem Rade entsagen könnte. Und die Kinder, die jetzt auf dem Rade gross werden, die noch ganz anders mit der Maschine verwachsen wie wir, die werden sie erst recht als ein unentbehrliches Werkzeug, fast als einen Teil ihres Leibes betrachten und sich nimmermehr von ihr trennen mögen.

Hier dürften einige Ratschläge für Anfängerinnen am Platze sein, die Leserinnen, denen ein radfahrender Gatte, Bruder oder sonstiger Berater zur Seite steht, überschlagen mögen. Die Schülerin wende sich vor allen Dingen nur an einen erprobten Lehrer. Selbst ein guter Fahrer kann noch lange nicht unterrichten. Der ehrenwerte Stand der Fahrradhändler, die ja zugleich die geborenen Radfahrlehrer sind, wird mehr und mehr von allerhand zweifelhaften Existenzen überflutet. So mancher radfahrende junge Kaufmann, der Gelegenheit hat, viel mit Radfahrern zusammenzukommen, verkauft zunächst unter der Hand ein paar Maschinen, natürlich möglichst billigen Schund möglichst teuer. Er verdient dabei bequem ein hübsches Geld, manchmal in einem Tage mehr, wie sonst in einem Monat hinter dem Heringsfass oder auf dem Kontorbock. Gelingt ihm das Geschäft öfter, so ist der Pfuschhändler fertig. Natürlich muss er nun auch unterrichten und er unterrichtet los und wie! Die paar Dutzend blauen Flecke, die die Schülerin bei ihm mehr einheimst, wie bei sachgemässem Unterricht, sind noch nicht das Schlimmste. Balancieren lernt man zur Not auch ohne Lehrer. Aber treten! Ist ein schwerfälliger, plumper Tritt erst angewöhnt, so ist er sehr schwer wieder los zu werden, er strengt gewaltig an und sieht — und darauf müssen wir doch noch mehr sehen wie die Herren — ganz abscheulich aus. Zum Unterrichten gehört meisterhafte Beherrschung des Rades und grosse Körperkraft und Ausdauer. Wer nicht von der fahrenden Maschine aus den Schüler führen kann, wird nicht viel leisten.

Dann übe man nicht etwa auf der eigenen Maschine, sondern lasse sich vom Lehrer ein Uebungsrad stellen. Die eigene Maschine besteige man erst, wenn man einigermassen fahren kann.

Die Kleidung sei so leicht, wie sie die Jahreszeit irgend erlaubt, immer aber versehe man sich mit einer wärmenden Hülle, die man in den Pausen (und aus diesen besteht natürlich der grösste Teil der Uebungsstunden) umlegt. Denn dem Erwachsenen kostet das Lernen gar manchen Schweisstropfen. Es giebt ja gottbegnadete Naturen, die, wenigstens ihrer Behauptung nach, «sofort fahren konnten», oder «es in einer halben Stunde gelernt haben»; ich habe solche praktisch allerdings noch nicht kennen gelernt. Will die Schülerin die einzig praktische Radfahrerinnenkleidung, die Hose, nicht anlegen, so lasse sie wenigstens alle überflüssigen Unterkleider weg. Mit einem halben Dutzend Unterröcken kommt selbst eine tüchtige Fahrerin kaum vom Fleck. Die Schülerin erschwert durch unpraktische Kleidung sich und dem Lehrer die Arbeit aufs äusserste. So, nun wären die Anfangsgründe überwunden! Die Schülerin kann auf- und absteigen, sie fährt, wenn auch noch mit etlichen

Schwankungen, gerade aus, sogar das böse Umkehren ist schon einigemale ganz glatt gegangen. Es geht aus der Lehrbahn oder der abgelegenen Strasse hinaus auf die Landstrasse, die erste Spazierfahrt beginnt. O weh, da kommt uns ein Wagen entgegen. Ein entsetzliches Angstgefühl packt uns, der Schweiss bricht aus, die schlimmste Anfängerkrankheit, das «Wagenfieber», ist da. Wehe dem, der jetzt dem Angstgefühl nachgiebt und von der Maschine springt. Hat er das einmal gethan, so wiederholt er es unfehlbar, bei jedem neuen Wagen wird die Angst grösser, das Wagenfieber nimmt beängstigende Dimensionen an. Da hilft alles nichts, mutig drauf los auf das böse Hindernis. Der Lehrer ist neben dir, wenn die Schwankungen allzu stark werden, packt seine starke Hand zu und hält dich im Gleichgewicht. Und — da ist der schreckliche Wagen auch schon vorbei, beim nächsten geht's schon besser, nach acht Tagen fleissiger Uebung will man kaum noch eingestehen, dass man jemals Wagenfieber gehabt hat.

Ein anderes Hindernis: der erste Berg. Du bist vielleicht schon etwas müde, aber eben ging es doch noch ganz gut! Plötzlich will die Maschine durchaus nicht mehr, sie kommt dir centnerschwer vor, trotzdem die Chaussee ganz eben aussieht.

Sie sieht aber nur eben aus, in Wirklichkeit geht es bergauf. Hier heisst es nun genau die goldene Mittelstrasse halten. Mit aller Gewalt eine Steigung forcieren wollen, die die zu Gebote stehenden Kräfte nicht mehr nehmen mögen, führt besonders für die Anfängerin leicht zur Ueberanstrengung, ermattet nicht nur vorzeitig, sondern kann ernsthaft schädlich werden. Aber ebenso wenig darf man sofort abspringen, wenn die Maschine einmal etwas kräftigeren Tritt verlangt. Wer

das thut, lernt nie Berge fahren. Man darf ohne Furcht vor Ueberanstrengung bergauf fahren, so lange man kein Herzschlagen verspürt und noch bequem den Mund geschlossen halten kann. Gerade hier thut ständige Uebung ungeheuer viel. Allerdings verlernt sich auch nichts so schnell wieder wie das Bergfahren. Hat man eine längere Gebirgstour hinter sich, so merkt man nach der Rückkehr in die Flachlandheimat die dortigen Hügel kaum noch, trotzdem sie uns früher als unersteigbare Kolosse erschienen. Aber nach wenigen Wochen legt sich das und wenn man dann mal wieder den Schildhornberg oder den Havelberg hinauffährt, muss man schon wieder tüchtig in die Pedale treten. Vor dem gewaltsamen Forcieren starker Steigungen kann die Frau, auch die beste Fahrerin, nicht genug gewarnt werden. Gesund sind solche Parforcetouren gewiss nicht einmal für den stärksten Mann, wie viel weniger für uns! Man kann ja durch fortgesetzte Uebung es dahin bringen, dass man, besonders mit niedriger Uebersetzung, ganz bedeutende Steigungen fährt. Das Tempo ist aber dann naturgemäss ein ganz langsames, man legt die Steigung nicht viel schneller zurück, als wenn man sie geht und die Maschine schiebt. Und im letztern Falle kommt man auf dem Gipfel frisch und ausgeruht an, während man nach anstrengendem Bergauffahren oben schachmatt ist.

Aehnlich steht es mit dem Schnellfahren. Das blitzschnelle Dahinfliegen durch eigene Kraft bietet ja besonders der Anfängerin einen wunderbaren, fast zauberischen Reiz. Wer von uns hätte sich nicht schon gefreut, wenn es ihm gelang, einige gemächlich dahintrollende Sportskameraden «abzusägen» (zu überholen) und dann vergebliche Versuche derselben, der schneidigen Fahrerin zu folgen, abzuschütteln. Aber auch hier geht's manchmal wie beim forcierten Bergfahren; einige Kilometer lang dauert die schneidige Fahrt, dann kommen Herzklopfen und Atemnot und die Sache ist alle. Die vorher Abgeschüttelten fahren mit malitiösem Lächeln vorbei. Man fahre auf der Tour kein Tempo, welches man nicht auf die Dauer vertragen kann. Zwischen Tempo und Spurt ist nun einmal ein grosser Unterschied. Kilometerlang spurten kann kein Sterblicher, Michaël und Jacquelin auch nicht.

Betreffs der Erkältungen steht die Radfahrerin ebenso da, wie jede Fusstouristin. Wer einigermassen in Training steht, ist Erkältungen wenig ausgesetzt. Ständige Bewegung in freier Luft härtet ab. Unnütz wird sich trotzdem keine verständige Fahrerin erhitzt starker Zugluft aussetzen, eiskalt trinken u. s. w.

Wie sich die Dame auf dem Rade zu benehmen hat? Ein Thema, welches die Gelehrten der Fachpresse, besonders der männlichen, mit Vorliebe behandeln. Die guten Ratschläge fallen hageldicht. Ich meine: Wer das nicht von selbst weiss, der wird es auch aus Zeitungen und Büchern nicht lernen. Wer Erziehung hat, wird sie auch auf dem Rade zu zeigen wissen. Wer keine hat, der nehme sich ein Beispiel an dem, der welche hat. Das ist der einzige gute Rat, den man ihm geben kann. Albertis Komplimentierbuch, der gute Ton in allen Lebenslagen und ähnliche Werke sind mir immer sehr komisch vorgekommen; ein Komplimentierbuch für Radlerinnen halte ich für mindestens ebenso überflüssig, wie gedachte Litteraturwerke. Sollte ich einem der Herren Mitarbeiter hier ins Gehege geraten sein, so bitte ich um Verzeihung. Dafür wird es von jetzt ab rein weiblich. Die «herrlichen» Leser mögen getrost einige Seiten überschlagen. Wir kommen zur Toilettenfrage, also auch zu dem immer noch heiss umstrittenen Schlachtruf: hie Rock, hie Hose! Was sollen wir tragen? Die Antwort will ich gleich vorweg geben: Beides, und zwar jedes zu seiner Zeit. Bei unserm Sport noch viel mehr, wie bei andern Sports, Reiten, Rudern, Bergsteigen, vom Schwimmen ganz abgesehen, ist praktische Kleidung durchaus erforderlich. Lässt sich praktische Brauchbarkeit und Schönheit vereinigen, gut, dann wird kein vernünftiger Mensch das Hässliche wählen. Hat man aber nur die Wahl zwischen einem praktischen, aber unansehnlichen und einem prächtigen, chiken aber unpraktischen Kostüm, so wird man keinen Augenblick in Zweifel sein, welches den Vorzug verdient. Das erste, was unbedingt in die Rumpelkammer muss, ist das Korsett. Tiefes, lebhaftes Atmen, wie es das Radfahren verlangt, kann nur geschehen bei voller Ausdehnung des Brustkorbes. Wie soll der unglückliche Brustkorb sich weiten, wenn er in einem Stahlpanzer steckt! Hierüber brauche ich weiter kein Wort zu verlieren, in der Verurteilung dieses höllischen Marterinstruments sind ja die vernünftigen Frauen, Radfahrerinnen wie Nichtradfahrerinnen sämtlich einig. Es giebt eine ganze Reihe verständiger Ersatzmittel für das Korsett; Büstenhalter, Pariser Gürtel und andere Konstruk-

tionen gewähren dem Oberkörper, der unter gewissen Verhältnissen eines Halts bedarf, einen solchen, ohne ihn einzuschnüren. Am freiesten und wohlsten fühlt man sich ja allerdings mit ganz unbeengtem Oberkörper. Bei mir persönlich macht es sogar einen ganz bedeutenden Unterschied in der Leistungsfähigkeit, ob ich ganz ungezwungen oder mit wenn auch noch so losem Büstenhalter fahre. In der Mode machen wir leider so vieles den Französinnen nach, das wir besser in Paris liessen. Glücklicherweise haben wir aber den sonst so liebenswürdigen französischen Fahrerinnen das Fahren im Korsett nicht nachgemacht. In dieser Richtung schafft die Pariserin das Unglaubliche. Sie verzichtet unbedingt nicht auf das Korsett. Die natürliche Folge ist, dass sie nicht viel leistet. Touren, die jede Durchschnittsfahrerin bei uns macht, erscheinen ihr schon ungeheuer. Jetzt soll hierin allerdings eine Aenderung eingetreten sein, hauptsächlich infolge des vielgeschmähten Rennfahrens der Damen. Als die Fahrerinnen sahen, dass in praktischem Anzuge sich ganz andere Leistungen erzielen liessen, als Mlle. Lisette selbst Michaël eine zeitlang standhielt, änderten doch wenigstens alle Rennfahrerinnen das Kostüm. Endlich: die eingepresste Wespentaille verletzt schon beim Strassenkostüm ein schönheitsgewohntes Auge, um wie viel mehr erst auf dem Rade! Abgesehen hiervon braucht die Bekleidung des Oberkörpers sich kaum vom Strassenkostüm zu unterscheiden. Einfach und bequem ist die Hauptsache, der Eindruck des Aufgeputzten wirkt auf dem Rade geradezu abstossend. Selbstverständlich kommt es hier darauf an, was in dem Kostüm geleistet werden soll. Wer auf eine grosse Tour geht, wird sich anders kleiden, als wer eine Spazierfahrt im Tiergarten machen will. Immer aber wird die lose Blousenform der festen Miedertaille vorzuziehen sein. Die Kopfbedeckung mag jeder nach Belieben wählen, grosse, breitkrempige Hüte verbietet natürlich der Wind. Auch wird so leicht niemand mit Blumenbeeten und Vogelkäfigen auf dem Hute erscheinen. Am kleidsamsten ist wohl der Matrosenhut (canotier), der im Sommer von Stroh, im Winter von Wachstuch getragen werden kann. Für grössere Tour ist die Mütze mit nicht allzukleinem, nach unten gebogenem, ja nicht wagerechtem Schirm empfehlenswert. Die Mütze hat allerdings die Schattenseite, dass sie, besonders in etwas uncivilisierten Gegenden, sehr auffällt. Ich führe deshalb auf der Tour im Gepäck immer ein leichtes Filzhütchen mit. Für Fahrten in grosser Hitze ist die Idealkopfbedeckung der Tropenhelm. Er lässt nach allen Seiten kühlenden Luftzug über den Kopf streichen, schützt Augen und Nacken und dämpft den vielfach Augenschmerzen, manchmal sogar Augenerkrankungen bereitenden grellen Reflex der Sonne von der hellen Landstrasse wohlthuend ab. In Deutschland fällt ja der Tropenhelm auf dem Kopfe einer Frau ganz gewaltig auf, in Italien, wo notabene die meisten Fahrerinnen, denen man begegnet, Engländerinnen sind, haben ihn die immer praktischen englischen Touristinnen eingeführt. Die Damen tragen den Tropenhelm in einem kleineren

Format, wie ich es in Berlin und auch in München vergebens gesucht habe. Ob man einen Schleier trägt oder nicht, hängt lediglich vom Geschmack ab. Ein sehr dichter Schleier schützt ja einigermassen vor dem Staube und das ist zum Beispiel auf italienischen Landstrassen sehr nützlich und angenehm. Je dichter der Schleier aber ist, desto mehr hemmt er auch die Aussicht und schliesslich fährt man doch in erster Linie, um etwas zu sehen. Im Winter ist der Schleier lediglich ein Instrument zum möglichst bequemen Erfrieren der Nase. Vorzügliche Dienste leistet der Schleier gegen Mücken, Fliegen, Mosquitos und sonstige Insekten, die uns in die Augen zu fliegen drohen.

Selbstverständlich trägt man in der Sonnenhitze nur hellfarbige Kopfbedeckungen. Ein sehr wichtiger Punkt ist die Beschuhung. Der enge Schuh ist schon beim Gehen unbequem. Auf dem Rade wird er zur Tortur. Ein genau passender, durchaus bequem sitzender Schuh ist von grösster Wichtigkeit. Der Fuss muss eine viel lebhaftere Arbeit thun wie beim Gehen, der Schuh muss deshalb mindestens ebenso bequem gearbeitet sein, wie der Bergschuh. So wie diesen lässt man auch den Radfahrschuh am besten bei einem tüchtigen Schuhmacher nach Mass anfertigen. Ob man hohe Stiefel oder Niederschuhe trägt, ist schliesslich Geschmackssache. Die Stiefelschäfte müssen dann aber von ganz weichem, sehr geschmeidigem Leder sein. Die Stiefel probiere man vorher bei jedem Wetter aus und gehe ja nicht mit ganz neuem Schuhwerk auf die Tour. Leichter und bequemer als hohe Stiefel sind jedenfalls Halbschuhe. Diese dürfen aber auch nicht zu niedrig sein; ganz unpraktisch für die Tour sind die merkwürdigerweise so sehr beliebten Radfahrersandalen. Ja, wenn man immer auf der Maschine sässe! Sowie man aber

auf einem einigermassen staubigen Wege nur wenige Schritte geht, sind die Sandalen mit Sand gefüllt. Und wie angenehm das ist, weiss jeder, der es durchgemacht hat. Ebenso unpraktisch sind die Schuhe aus durchbrochenem geknüpftem Gewebe. Auch sie gestatten dem Sand den Zutritt zum Strumpf, ganz zu schweigen vom Schmutz bei nassem Wetter.

Den Strumpf wählt man natürlich der Saison gemäss stärker oder leichter. Die Farbe ist wieder rein Geschmackssache. Die lebhaften Farben in schottischen Dessins zum Kostüm passend, sehen besonders für junge Mädchen recht hübsch aus, ich finde indes, dass der schwarze Strumpf immer am besten und vornehmsten aussieht. Jedenfalls hat er das Gute, dass er zu jedem Kostüm passt. Allzu lebhafte gefärbte Strümpfe verführen leicht zu Uebertreibungen auch im sonstigen Kostüm. Und das männliche Radfahrergigerl ist schon keine sehr sympathische Erscheinung, ins weibliche übersetzt ist es widerlich.

Bei Regenwetter sind Gamaschen empfehlenswert, die natürlich wasserdicht sein müssen. Ebenso im Winter warme Tuchgamaschen. Aber ja keine Pelzstiefel! Im Sommer ist es ein Unsinn, sich mit Gamaschen zu schleppen. Ich kann auch durchaus nicht finden, dass sie besser aussehen, als der einfache Strumpf.

Aeusserst wichtig ist die Unterkleidung. Unbedingt verwerflich ist Leinen. Denn Radfahren ohne Schweissentwicklung giebt es nicht; eine tüchtige Tour in leinenen Unterkleidern bestraft sich meist durch eine gehörige Erkältung. Ich komme am besten mit Wolle (Jäger) aus. Sowie man sich an den Hautreiz gewöhnt hat, den diese auf den daran nicht gewöhnten Körper ausübt, verträgt man die Wolle in unserem Klima auch im Sommer sehr gut. Im Süden bei grösseren Hitzegraden empfiehlt es sich, ein rohseidenes Hemd mitzuführen, das man während der Tageshitze trägt und abends mit dem Jägerhemd vertauscht. Sehr bequem sitzt die Hemdhose aus Jägerstoff. Sie hat nur die Schattenseite, dass man sich gänzlich entkleiden muss, wenn man sie wechseln will, während man das feuchtgewordene einfache Hemd leichter ablegen und durch ein trockenes ersetzen kann.

Und nun zum Palladium der Radfahrerin, der Hose resp. dem Rock. Auf die erfahrene Radfahrerin wirkt das Gezänk «ob Rock, ob Hose» geradezu komisch. Es kommt einem ungefähr so vor, als ob plötzlich unter den Herren ein Zank ausbräche, ob Wasserstiefel oder Lackschuh vorzuziehen sei. Der Wasserstiefel für die Entenjagd, der Lackschuh für den Ballsaal. Man kann ja in Wasserstiefeln zur Not auch tanzen und in Lackschuhen zur Not auch ins Wasser gehen, beides bekommt aber wohl niemanden sonderlich gut. Nun, ebenso ist es auch mit der Hosenfrage bestellt. Ich hoffe, das soll sich aus nachstehendem ergeben. Die Thätigkeit der Radfahrerin besteht hauptsächlich in einer ziemlich energischen Auf- und Abbewegung jedes einzelnen Beines. Ist der eine Fuss oben, so ist der andere unten. Der grösste Höhenunterschied zwischen beiden Fusssohlen ist so gross, wie beide Tretkurbeln zusammen lang sind, also ca. 35—40 cm. Weder beim Bergsteigen noch beim Reiten, noch bei irgend einem andern Sport mit alleiniger Ausnahme des Schwimmens ist die Frau gezwungen, derart energische Bewegungen der Beine zu bewirken. Bei jedem andern Sport versteht es sich auch ganz von selbst, dass die Kleidung möglichst dem Zwecke angepasst wird. Wer hat schon je die Lawn-Tennis-Spielerin im langen Schleppkleide gesehen? Hier, wo lediglich ein möglichst freies und bequemes Ausschreiten erfordert wird, genügt ja allerdings eine angemessene Verkürzung des Kleides vollkommen. Wunderbarerweise hatte nun das Radfahren der Frauen mit einem derart zähen, fest eingewurzelten Vorurteil zu kämpfen, wie es bis jetzt keinem andern Damensport entgegengetreten war. Deshalb ist auch so lange Zeit vergangen, bis unser Geschlecht anfing, sich des Rades zu bemächtigen. Wie ich schon oben ausführte, wäre nicht eine Maschine erfunden worden, die das Fahren im langen Rock gestattete, so wären wir nie dahin gekommen, wo wir heute stehen. Und die Frauen, die zuerst im langen Kleide das Rad bestiegen, verdienen unsern Dank, denn sie haben bewiesen: man kann den Radfahrsport betreiben, ohne seiner weiblichen Würde in den Augen selbst der strengsten Kritiker auch nur das Geringste zu vergeben. Ob es allerdings dem Schönheitssinn entsprach, wenn unter dem langen Kleide ein Fuss nach dem andern sich hervorstreckte und wieder verschwand, wenn bei Gegenwind sich durch Hochfliegen der Kleider manchmal recht sonderbare Bilder zeigten, das will ich dahingestellt sein lassen. Als nun das Tourenfahren begann, als sich herausstellte, dass das Rad ungeheure Strecken zurücklegte in Zeiten, die gar nicht so viel hinter denen der Eisenbahn zurückblieben, wollten die Frauen natürlich auch hieran teilnehmen. Und nun zeigte sich, dass selbst die besten unter uns im Kleide keine irgendwie erhebliche Leistung vollbringen konnten. Selbstverständlich! Denn die Beibehaltung des Kleides zwang zur Benutzung der Damenmaschine. Diese ist als Notbehelf unentbehrlich gewesen, um überhaupt die Frau erst aufs Rad zu führen. Aber als Sportwerkzeug ist sie gänzlich unzulänglich. Soll sie nicht dem Zusammenbrechen bei jeder nur einigermassen ernsthaften Anstrengung ausgesetzt sein, so muss sie sehr schwer sein, die Fahrerin also ein überflüssiges totes Gewicht mit sich schleppen. Die sonstigen technischen Schattenseiten der Damenmaschine werden wir später kennen lernen. Hier soll nur vom Kleide die Rede sein. Der schlimmste Feind des Radfahrers ist der Wind. Ob wir dem Winde einen oder zwei Quadratmeter Fläche bieten, ist selbstverständlich kein kleiner Unterschied. Und mindestens auf der Hälfte aller gefahrenen Strecken haben wir doch mit Gegenwind zu kämpfen. Bei schärferem Tempo hat man natürlich, wenn man nicht gerade mit starkem Rückenwind fährt, immer das Gefühl des Gegenwindes. Das ist schon an sich sehr lästig und welche Fahrerin im Rocke hätte nicht bereits auf der Tour die männlichen Begleiter um ihr bequemes Kostüm beneidet. Der lange Rock hat daneben auch seine sehr gefährliche Seite. Jeder weiss, welche bösen Stürze ein plötzliches Anhalten der Pedalbewegung z. B. durch Aufschlagen auf einen übersehenen Prellstein verursacht. Trägt man aber das Kleid so lang, dass es die Füsse wirklich bedeckt, so bedarf es nur eines leichten seitlichen Windstosses und das dem Winde zugekehrte Pedal verfängt sich im Kleide. Der Sturz ist unausbleiblich, man kann sehr froh sein, wenn man mit einigen blauen Flecken davon kommt. Es kann aber auch schlimmer kommen. In Bergländern, besonders in den Hochalpen, führen die meist ziemlich schmalen Wege häufig direkt am Abgrunde entlang. Die Kutscher denken natürlich gar nicht daran, dem Radfahrer Platz zu machen, sie bleiben an der sichern Berglehne, gleichviel, ob man ihnen entgegenkommt oder neben ihnen vorfahren muss. Will man also nicht absitzen und beiseite treten oder im Leichenwagentempo dem voranbummelnden Kutscher folgen und dessen Staub schlucken, so muss man auf der Seite des Abgrundes bei ihm vorbei. Hakt hier das Pedal ins Kleid, so kostet es den Hals oder mindestens einige Knochen und die Maschine. Denn entweder stürzt man in den Abgrund oder in den Wagen hinein. Man stirbt ja dann allerdings in dem stolzen Bewusstsein, dem Kleide Treue bis zum Tode bewahrt zu haben und das mag auch etwas wert sein. Ich bin leider nicht so romantisch veranlagt und lobe mir auf der Tour meine Hose. Die Radfahrerin ist überhaupt meist ein ziemlich praktisch denkendes Wesen. Und das halte ich für keinen Fehler. Beim Dreirad ist die Gefahr ja nicht so gross, da reisst entweder das Kleid beim Verfangen des Pedals oder die Maschine steht still. Angenehm ist das natürlich auch nicht. Je mehr man das Kleid verkürzt, desto geringer wird aber die Gefahr des Verfangens der Pedale. Um sie ganz zu beseitigen, muss das Kleid allerdings so kurz werden, dass die Pedale es überhaupt nicht mehr berühren, also ungefähr nur bis zum Knie reichen. Und ob das schöner oder decenter aussieht, als die Hose, möchte doch sehr zweifelhaft sein. Dass man unter dem Kleide, sei es nun lang oder kurz, nicht die gewöhnliche Frauenhose, sondern nur ein nach unten festgeschlossenes Beinkleid tragen kann, versteht sich von selbst. Die Hose allein, ohne Rock, war schon früher von vereinzelten Damen getragen worden, die sich mit dem Hochrad befassten. Nach dem Aufkommen des Niederrades lag es nahe, ein Kleidungsstück zu konstruieren, welches einigermassen das Ansehen des Rockes hatte und zugleich die Vorteile der Hose bot. Amerika und England begannen, dann folgten Frankreich und Dänemark, endlich auch wir. Dass das Prinzip der Hose ein durchaus vernünftiges ist, dürften selbst deren erbitterte Gegner kaum bestreiten. Die Frau hat genau ebenso viel Beine, wie der Mann, sie bedient sich derselben, besonders beim Radfahren, in genau derselben Weise, sollte also doch eigentlich darauf bedacht sein, sie ebenso praktisch zu bekleiden, d. h. jedem Bein seine eigene Hülle zu geben, statt beide in eine zu stecken. Ist

doch noch niemand darauf gekommen, beide Arme in ein Futeral zu stecken. Es ist nicht Sitte! Richtig! Aber warum sollte es nicht Sitte werden?

«Es sieht unweiblich, unschön und ungraziös aus.» Das ist das Hauptargument der Gegner. Ist denn das wirklich wahr? Viele Millionen von Frauen tragen die Hose schon seit Jahrtausenden, die Türkinnen, Perserinnen und andere Völker des Orients. Ich bin dort noch nicht gewesen und die vornehmen Orientalinnen, die manchmal nach Europa kommen, legen leider sofort Pariser Tracht an. Eine wirkliche Orientalin in Hose habe ich also noch nie gesehen, abgesehen von denen in Kairo auf der Berliner Gewerbeausstellung. Die waren allerdings wenig graziös. Ob sie im Schleppkleide graziöser gewesen wären? Aber im Bilde habe ich sie gesehen und lebendig verkörpert auf der Bühne. Wer hat z. B. unsere reizende Sportskameradin Frau Sorma schon einmal eine vornehme Orientalin verkörpern gesehen und sie ungraziös gefunden? Mit dem Einwande ist es also auch nichts.

Die enge Bloomerhose der amerikanischen Emancipationistinnen hatte wenig Aussicht, je Gnade vor den Augen des Publikums zu finden. Man vermählte sie deshalb mit dem sehr weiten bauschigen Dienstbeinkleide der französischen Zuaven und die moderne Radfahrerinnenhose war geschaffen. So erklärte mir 1894 der liebenswürdige Herr Bouët, der Rayonchef der Abteilung für Radfahrerinnen-Kostüme im Pariser Louvre. Die Hose wurde früher noch bedeutend weiter und länger getragen wie jetzt und war, wenn man sich zu Fusse befand, kaum vom Rocke zu unterscheiden. Sie beanspruchte aber eine Menge überflüssigen Stoff, blähte im Winde unangenehm und bot nicht viel weniger Widerstandsfläche wie der Rock. Auch blieb man beim Auf- und Absitzen häufig mit den Falten am Sattel hängen. Sie wurde deshalb naturgemäss verengert und verkürzt. Die praktischste Tracht für die Tour ist eine Hose, nur wenig weiter, wie die moderne Herrenpluderhose. Natürlich geht man mit der nicht etwa am Ankunftsorte spazieren, sondern zieht hübsch den auf der Lenkstange mitgeführten Rock darüber. Das dauert bei mir höchstens eine Minute. Leider giebt es ja auch, Gott sei Dank nur wenige, Radfahrerinnen, die radfahren, nur um Hosen zu tragen. Die mögen es anders machen, für die schreibe ich nicht.

Für die kurze Spazierfahrt in die Nachbarschaft kann man natürlich ein anderes Kostüm wählen. Da sind leuchtende Farben, gestärkte Wäsche, elegante Stiefel und Handschuhe gewiss am Platz. Allerdings, auch hier nur kein Uebermass. Être assez élégante pour ne pas être élégante ist hier noch wichtiger wie zu Fuss. Nur auf dem Rade keine auffallenden Moden mitmachen wollen! Es ist derselbe Unterschied wie zwischen den Hochalpen und der Promenade von Ostende oder Westerland. Auch gegen das Kleid ist hier, besonders für ältere Frauen oder für solche, deren Pedale nicht in jeder Beziehung präsentabel erscheinen, durchaus nichts einzuwenden. Ganz selbstverständlich ist das Fahren im Kleide für Frauen, die das Rad geschäftlich benutzen. In der radfahrendsten Stadt, die ich je gesehen, Kopenhagen, kommt auf zwanzig Fahrerinnen im Rock vielleicht eine in der Hose. Die Kopenhagenerin benutzt das Rad als Transportmittel für Stadtwege, für die Fahrt zur und von der Arbeitsstelle, überhaupt geschäftlich in einem Masse, wie ich das sonst nie gesehen, und das geht natürlich nur im Rock. Sie darum als Rockenthusiastin hinzustellen, wie das von gegnerischer Seite versucht ist, geht nicht an. Denn auf der Tour fährt die dänische Dame ebenso gut in Hosen wie wir, allerdings meist Damenmaschine. Man hat vielfach versucht, ein Kleidungsstück zu konstruieren, das sich je nach Bedarf in eine Hose oder Rock verwandeln lässt. Das sind Dinge, die weder Vogel noch Fisch sind und wenig praktischen Wert haben. Die Verwandlungsvorrichtungen sind kompliziert und dem Versagen ausgesetzt. Ganz abscheulich hässlich ist der geteilte Rock, bei dem an jedem Bein ein Miniaturrock flattert. Frau Thenn-München hat mit dem Verwandlungsrock bessere Resultate erzielt. Sie legt, und ganz mit Recht, auch Gewicht auf die Thatsache, dass man die ausgediente Rockhose nachher als Wochentagskleid auftragen kann. Die unansehnlich gewordene Hose ist ja allerdings nachher schlechtweg unverwendbar. Also! Rock und Hose, jedes zu seiner Zeit, jedes da, wo es hingehört. Unentbehrlich auf der Tour ist ferner der Regenmantel. Die gummierten Stoffe sind sehr leicht und lassen sich auf kleinstes Volumen bequem zusammenrollen. Sie sind ferner absolut undurchlässig, bei längerer Fahrt sind sie indes wegen der mangelnden Ventilation nicht sehr bequem zu tragen. Ich ziehe die Lodenmäntel vor. Sie halten ebenfalls stundenlang wasserdicht und sind auch als Schutz gegen die Abendkühle zu benutzen. Ich habe meinen Lodenmantel so eingerichtet, dass ich ihn auch als Kleid benutzen kann. Er stammt aus Graz und ist aus der Wolle der Karstschafe hergestellt, der bei der Zubereitung ein Teil des natürlichen Fettes belassen wird. Der Regenmantel muss so weit sein, dass er über die Lenkstange hinwegreicht. Sonst nässen die Knie durch, was sehr unangenehm ist.

So, nun sind wir fertig ausgerüstet, die Fahrt kann losgehen. Ich höre die übliche Frage: Wie viel fahren Sie denn täglich? Das ist natürlich sehr, sehr verschieden. Denn die Stärke des Radfahrers, die Bewegung durch eigene Kraft, ist zugleich auch seine Schwäche. Wind, Steigung, schlechte und aufgeweichte Wege, wenn diese drei bösen Feinde zusammen kommen, schafft man mit der Arbeit, die sonst hundert Kilometer vorwärts bringt, vielleicht zwanzig. Deshalb hat mir die hohe Verdienstlichkeit des Strassenrekords nie recht einleuchten wollen. Ein Strassenrekord ist doch nur entstanden aus dem Zusammentreffen von guten Weg- und Windverhältnissen, glücklicher Disposition der Fahrer und tüchtigem Schrittmacherdienst. Fehlt auch nur einer dieser Faktoren, so bleibt derselbe vorzügliche Fahrer vielleicht 20 Prozent hinter seinem eigenen Rekord zurück.

Bei den Damenrekords spricht leider auch das Radfahrerlatein manchmal arg mit. Ich erinnere mich, dass 1894 die Presse staunend von einem Damenrekord Berlin-Leipzig berichtete. Ich weiss die Zeit nicht mehr, sie war sehr achtbar. Wir lernten die Dame kennen, fuhren mit ihr — o weh! Mit dem Rade war der Rekord nicht gefahren! Die grössten Leistungen haben natürlich die französischen Berufsfahrerinnen aufzuweisen. Dort hört zunächst jedes Radfahrerlatein auf, denn der Zeitnehmer steht mit dem Chronometer in der Bahn. Die Zeiten, die man von dorther liest, sind auch wirklich gefahren. Noch vor fünf Jahren hätte man diese Leistungen von Frauen für ganz undenkbar erklärt. Und ich halte es sogar für eine offene Frage, ob nicht einmal ein weiblicher Michaël auftaucht, der alle bisherigen Herrenrekords schlägt. Es kommt vielleicht nur darauf an, diese Dame zu entdecken. War doch auch Atalante im Laufsport ihren sämtlichen Konkurrenten überlegen und ward nur durch List überwunden.

Den deutschen Zwölfstunden-Damenrekord hält immer noch meine Klubkameradin Clara Beyer mit 215 km. Das ist um so achtbarer, als dieser Rekord mit Wendepunkt gefahren ist. Derselbe ist auch vom D.R.-B. anerkannt. Dieselbe Dame fuhr die Preistour zum Bundestag Berlin-Halle 1896 in 8 Stunden 40 Minuten. Der Damen-Städterekord Berlin-Paris steht meines Wissens auf 12, Berlin-München auf 5 Tagen, Mailand-Berlin via Gotthard-Bodensee auf 9 Tagen, Ruhetage abgerechnet. Auch bei günstigen Verhältnissen ist eine Tagestour von 200 km für eine Frau schon eine hohe Leistung. Bei jedem, auch dem ungünstigsten Wetter, sofern natürlich die Wege überhaupt noch das Fahren zulassen, kann eine tüchtige im Training befindliche Fahrerin es auf 80—100 km bringen. Wer mit dem Rade reist, wird meist bedeutend geringere Tagesleistungen aufzuweisen haben. Denn man fährt doch, um die Welt zu sehen und kennen zu lernen, nicht bloss des Kilometerfressens halber. Und wenn man abgespannt und ermüdet ankommt, hat man meist mehr Sinn für Abendessen und Bett, wie für die schönste Landschaft und die merkwürdigsten Bauten und Sehenswürdigkeiten. Man mag über die Parforceleistungen der Damen denken, wie man will, solange sie noch einigermassen vernünftig betrieben werden, erfüllen sie immerhin den Zweck einer nicht zu unterschätzenden Uebung, auch geben sie Selbstvertrauen. Und diese gute Seite hat auch das vielgeschmähte Rennbahnfahren der Damen. Dass diese Rennen hie und da zu Karrikaturen herabgesunken sind, dass Scenen vorgekommen sind, wie im Royal Aquarium in London, ja, ist denn das eine notwendige Folge der Abhaltung von Damenrennen überhaupt? Ich habe einen Augenzeugen gesprochen, der s. Z. das berühmte Match Michaël-Mlle. Lisette mit angesehen hatte. Der sehr sportverständige und sehr penible Herr gab zu, dass die Fahrerin während des ganzen Matchs in keinem Moment ein unschönes Bild geboten hatte. Auch unsere Berliner Damenrennen haben stets durchaus decent und hübsch ausgesehen. Das haben selbst die erbittertsten Damenrennfeinde zugegeben. Und diese Rennen hatten das Gute, dass sie die Bahn für das Damenfahren überhaupt öffneten. Das Publikum sah uns (ich war auch dabei, verehrte Leser, habe mich dann allerdings von der Bahn zurückgezogen, aber nur, weil es mir trotz allen Uebens nicht gelang, mir den zu einem erfolgreichen Spurt nun einmal unentbehrlichen leichten Antritt anzueignen), sah, dass wir mit der Maschine gerade ebenso gut umzugehen wussten, wie die Herren, und von Stund' an liessen die Pöbeleien, denen wir sonst auf Schritt und

Tritt ausgesetzt waren, etwas nach. Der erste grosse Schritt zur Einbürgerung des Damenfahrens war gethan.

Ungemein komisch wirkte in der damals entbrannten grimmigen Pressfehde, dass einer der wütendsten Gegner auf meine bescheidene Erwiderung zugab, noch nie ein Damenrennen gesehen zn haben. Er bildete sich augenscheinlich ein, wir führen im Renndress der Herren. — — Die Unkenntnis hinderte ihn aber nicht, fröhlich zu schimpfen.

Und die später in London erfolgten Skandal-

scenen schienen den Tadlern ja auch Recht zu geben. Diese Skandalscenen bewiesen aber doch nur, dass die Damenrennen unter Umständen ausarten können. Sollte es aber nicht möglich sein, die Rennpropositionen für Damen so zu gestalten, dass das Rennen von weiblichen Kräften ohne Unzuträglichkeit bestritten werden kann? Es war mir leider nicht möglich, eins der gemischten Tandemrennen in der Wiener Praterrotunde zu sehen. Aber ich dächte, die Damen, die dort starten, sollten auch ein nach jeder Richtung schönes Einzelrennen fahren können.

Jedenfalls ist das Training auf der Rennbahn, gleichviel ob man nachher wirklich rennt oder nicht, eine ganz vorzügliche Uebung. Es giebt keine Strasse der Welt, die diese ungeheure Geschwindigkeit gestattet, wie eine schnelle Rennbahn. Wenn man sich erst an die erhöhten Kurven gewöhnt hat, und das gelingt in wenigen Tagen, gleicht die Fahrt auf der Bahn fast dem Fluge. Der Endkampf, der Streit um den Platz, alles das sind Feinheiten der Radfahrkunst, von denen man sonst keine Ahnung erhält, und wenn man noch so lange Jahre auf der Landstrasse dahin trottet. Nun, die öffentliche Meinung hat einmal anders entschieden. Der Rennvorstand, der es jetzt noch wagte, ein Damenrennen auszuschreiben, dürfte

wahrscheinlich in einer Weise angegriffen werden, dass ihm schon vor dem Rennen angst und bange werden müsste, ganz abgesehen davon, dass es auch allerhand Mittel giebt, beim Rennen selbst unliebsame Zwischenfälle zu inscenieren. Ich lasse jedem seine Ansicht, gebe auch den Gegnern gern zu, dass bei jedem Damenrennen die Gefahr nahe liegt, dass die Grenzen des Schönen überschritten werden. Die weitere landläufige Phrase aber, nach der jede Frau, die einmal ein Rennen mitgefahren hat, dadurch sich aus der guten Gesellschaft ausgeschlossen haben soll und nunmehr vervehmt sei, keine «feine Dame» mehr sei, wie man sich so geschmackvoll ausdrückte, diese Phrase ist jetzt noch genau ebenso unsinnig, wie sie früher war. Wir alten Berliner Rennfahrerinnen wussten ganz genau, was wir thaten, als wir 1893 auf die Bahn hinaustraten. Wir wollten weder unsere Reize den Zuschauern präsentieren, für Mütter heranwachsender Töchter schon eine etwas schnurrige Zumutung, noch uns an den (NB. sehr bescheidenen) Preisen bereichern, sondern wir wollten dem Publikum zeigen, dass wir Herrinnen unserer Maschine waren und den Damen zurufen: Hier, seht her und macht es uns nach! Beides ist uns gelungen. Und diesen, unsern Standpunkt halte ich auch heute noch für einen idealen und bleibe auf ihm stehen. Ueber das schwere Gewitter, das losbrach, tröstete uns nicht am wenigsten das wunderbare Deutsch, in dem mehrere der schneidigsten Kritiken gehalten waren. Wer mit der deutschen Sprache auf so gespanntem Fusse stand, wie diese Blutrichter, dessen Urteil konnte eine gebildete Frau immerhin ziemlich kühl aufnehmen. Warum hat denn in anderen Sports die Gesellschaft tolerantere Ansichten? Z. B. im Lawn-Tennis-Turnier in Baden-Baden produzieren sich alljährlich Damen der höchsten Aristokratie, ohne dass es der Presse einfällt, über sie herzufallen. Das dürfte übrigens die Damen wahrscheinlich eben so kühl lassen, wie es uns gelassen hat. Von den alten fünf Berliner Rennfahrerinnen bilden noch heute drei den festen Kern unseres Klubs und, wie ich wohl unbestritten sagen darf, den Mittelpunkt der Berliner Radfahrerinnenschaft, soweit diese als sporttreibend gelten darf. Zwei sind, leider durch ihre Familienverhältnisse an der Erfüllung ihrer Klubpflichten gehindert, ausgetreten (zum Spass tragen wir das mit dem Bären belegte Rad, unser Klubabzeichen, nicht!), unsere Freundinnen und lieben Gäste sind sie aber geblieben. Irgend welche gesundheitlichen Nachteile hat keine von uns von dem Training, das einzelne Damen sehr streng betrieben, gespürt. Und heute noch, wenn unsere Abteilung I will, möchten wir den Verein sehen, der uns auf der Tour vorfährt. Mit einzelnen auserlesenen Rennmannschaften grosser Klubs können und wollen wir natürlich nicht konkurrieren, was aber die tüchtige Fahrerin anstreben muss und was die erste Abteilung jedes Damenklubs unter richtiger Leitung erreichen kann und erreichen sollte, das ist: Das Tempo, das die Vereine des Gaus für gewöhnlich fahren, auf die Dauer bequem mitzuhalten. Ich zweifle keinen Augenblick, dass dieses Glaubensbekenntnis das hohe Missfallen mancher Sportsgelehrten erregen wird. Sagt doch z. B. in Nr. 3 der Bundeszeitung vom 9. Jan. c. ein Pariser Berichterstatter (derselbe, der den Bol d'or mit «Klümpchen Gold» verdeutschte? Oder Herr Wippchen — doch nein, der weilt ja jetzt in Kreta) buchstäblich folgendes: «Es giebt in Deutschland eine Reihe Damen, welche den Zweck, welchen das Rad für sie haben soll, ganz verkennen. Sie glauben auch, wie die Männer Eisenbahnfahrgeld damit ersparen zu sollen. Das ist aber völlig verkehrt. . . Das Radfahren der Damen soll sich nur in dem Rahmen von Spazierfahrten halten.» Nun, der selige Seume machte ja s. Z. einen Spaziergang nach Syrakus. So weit bin ich noch nicht gekommen, immerhin aber haben sich meine Spazierfahrten in dem Viereck Chartres, Helsingör, Breslau, Mailand bewegt und ich habe durch das Rad manches Hundert Mark an Eisenbahnfahrgeld gespart, und nebenbei auch noch die Länder kennen gelernt, die ich durchfahren habe. Und das giebt mir den Mut, den Unwillen des gestrengen Herrn Korrespondenten aus Paris zu ertragen. Bei gutem Wetter habe ich bei der Ankunft nicht viel anders ausgesehen, wie bei der Abfahrt, bei schlechtem hat stets eine halbe Stunde genügt, um mich für einen nicht allzu strengen Richter wieder ganz präsentabel zu machen. Vielfach hat man sogar in mir die kurz vorher zu Rad angekommene Fahrerin gar nicht wieder erkannt und so habe ich incognito manchen interessanten Herzenserguss über Radfahrerinnen und Damenfahren entgegengenommen. Endlich hat natürlich jemand, der selbst auf der Rennbahn gefahren ist, ein ganz anderes Verständnis für das Rennen, wie jemand, der die Sache mehr vom Hörensagen oder aus den mehr oder minder sportweisen Rennbahnunterhaltungen kennt. Den Endkampf sieht ja jeder, aber seine Entwicklung, die oft viel interessanter ist als der Endkampf selbst, die sieht nur ein ganz geringer Teil der Rennbahnbesucher. Und zu diesem geringen Teil gehören auch wir, weil wir alte Rennbahnfahrerinnen sind. Die prächtige erste Bundestour Halle-Freyberg, die den Schluss des XIII. Bundestages des D. R.-B. bildete, fuhren einige Damen von uns mit. Das Tempo war ein recht gemütliches. Einige Herren, denen es zu langsam ging, hielten sich darüber auf. Der Leiter der Tour, der liebenswürdige Fahrwart des hallischen Bicycle-Klubs, erwiderte: Das geht nicht anders, wir haben Damen bei uns. Wir hörten zufällig diese Unterhaltung mit an, erklärten, dass wir um keinen Preis als Ballast wirken wollten, und wurden gebeten, die Spitze zu nehmen. Das thaten wir denn auch und legten ungefähr eine halbe Stunde lang los. Da hatte doch die Kolonne schon eine ziemliche Länge erreicht und der Fahrwart ersuchte uns um Verkürzung des Tempos. Mit der uns angeborenen Bescheidenheit begaben wir uns natürlich sofort ins zweite Glied. Unsern Zweck hatten wir aber erreicht. Warum wir unsere Pluderhose trugen und unsere Rahmenmaschine fuhren (über beides hatten einige Damen, die in Halle in schönen langen Schleppkleidern umherfuhren, die Nasen gerümpft), hatte jeder begriffen, und als Ballast galten wir nicht mehr.

Und wenn wir bei irgend einem Strassenrennen einen ermüdeten Fahrer, der seine Schrittmacher verloren hatte, eine Weile geführt haben, so haben die Herren das stets gern angenommen, selbst der berühmte Herr Bergmeisterfahrer von Mittenwalde. Und so beabsichtigen wir es auch weiter zu halten und werden uns dabei hoffentlich immer so wohl fühlen,

wie jetzt. Die Frage: «Gehören Damen auf die Rennbahn» lässt sich deshalb weder mit Ja noch mit Nein
beantworten. Eher lässt sich vielleicht eine praktisch
brauchbare Antwort auf die Frage geben: Was hat
zu geschehen, um ein Damenrennen ohne Auswüchse
zu ermöglichen? Davon vielleicht ein andermal!
Nur nicht das Kind mit dem Bade ausschütten!

Nun zu einem Stiefkinde unseres Sports, dem
Saal- und Reigenfahren *) Wie oft hört
man nicht von den eifrigsten Fahrern: «Ich bin
nicht für s Saalfahren,
ich eigne mich nicht
dazu» u. s. w. Zu-
nächst ist ja das
Saalfahren nur in
Vereinen möglich.
Der Einzelfahrer, der
Neigung dazu hat,
muss sich einem
Verein anschliessen.
Dieser Umstand ver-
schliesst leider der
Mehrzahl der Rad-
fahrer diesen schö-
nen Zweig unseres
Sports. Aber auch
so mancher, der es
könnte, mag es
nicht. Wozu soll ich
mich abends in dem
halbdunkeln, staubi-
gen, kalten Saal her-
umdrücken, heisst
es, und der Fahr-
wart steht betrübt
da, um ihn nur
wenige Getreue. Für
uns Frauen ist das
Saalfahren derjenige
Zweig unseres
Sports, den man uns
allseitig gönnt. Ei-
gentlich wundert
mich das. Denn, wer
im Saale fleissig ge-
übt hat, will doch
auch den Sports-
kameraden einmal
zeigen, was er ge-
lernt hat und fährt
bei irgend einer Festlichkeit oder Konkurrenz mit.
Und das ist doch schliesslich ungefähr ebenso öffentlich, wie die Rennbahn. Hier kommt es weniger auf

Kraft, als auf Geschicklichkeit und Anmut an. In
einem Punkte aber ähnelt das Saalfahren völlig dem
Rennbahnfahren: es fordert eine absolute Herrschaft
über die Maschine. Bei leichten Uebungen mag es
ja gelingen, einige schwächere Fahrerinnen mit durch-
zuschleppen, wenn nur die ungeraden Nummern mit
tüchtigen Fahrerinnen besetzt sind. Sowie aber schwierigere Uebungen beginnen, muss jede einzelne Fahrerin
unbedingt Herrin der Maschine sein, sonst stürzt das
künstliche Gebäude zusammen, genau ebenso, wie die
Maschine des gröss-
ten Oceandampfers
und die kleinste Ta-
schenuhr den Dienst
versagen, sowie ein
kleines Rädchen in
Unordnung gerät.
Und hierin liegt,
ganz abgesehen von
dem sportlichen An-
sehen, das ein wohl-
gelungenes Reigen-
fahren dem dar-
bietenden Verein
giebt, der grosse,
durch keine andere
Uebung, auch durch
die Rennbahn nicht
zu ersetzende Ge-
winn des Saalfah-
rens. Sowohl auf
der Landstrasse wie
auf der Rennbahn
handelt es sich doch
meist um Bewegun-
gen, die in einem
gewissen, wenn auch
oft recht engen Spiel-
raum ausgeführt wer-
den können. Anders
beim Saalfahren.
Hier sind, wenn die
Ausführung tadellos
sein soll, alle Be-
wegungen auf den
Zoll vorgeschrieben.
Es heisst, das Rad
auf der bestimmten
Linie, mit der be-
stimmten Geschwin-
digkeit zu führen, ohne auch nur einen Zoll abzu-
weichen. Und hierbei muss die Führung der Maschine
korrekt, die Haltung der Fahrerin graziös bleiben.
Welche unschätzbaren Vorteile das für jemand bietet,
der das Rad als Verkehrsmittel auf belebter Strasse
benutzen will, liegt auf der Hand. Auf einsamer Landstrasse kommt ja schliesslich jeder durch, sowie er
das erste schlimmste Wagenfieber überstanden hat.
Aber im brausenden Verkehr der Grossstadt, im Strom
von hunderten von Fuhrwerken, da heisst es Acht

---

*) Die federgewandte Autorin kommt hier, wie auch später-
hin, verschiedenen Mitarbeitern dieses Werkes — mit Ausnahme allenfalls des militärischen — mehr oder weniger ins
Gehege. Die Originalität ihrer Exkursionen und stellenweise
eine gewisse Schadenfreude gegenüber denen, gegen welche die
freimütigen Ausführungen sich mitunter richten, veranlassten mich,
der schneidigen Sportskameradin nicht im besten Spurt ins —
Rad zu fallen.                                    Der Herausgeber.

geben und unbedingt Herr der Maschine sein. Eine Unaufmerksamkeit, eine falsche Bewegung kann den Tod bringen. Die Radsportgelehrten haben natürlich das Rezept hiergegen bei der Hand: «Meine Damen, bleiben Sie Strassen mit lebhaftem Verkehr einfach fern, dann passiert Ihnen nichts». Das ist ja unzweifelhaft richtig. Die Frau aber, die das Rad als Verkehrsmittel in der Grossstadt benutzen will, kann ihren Weg nicht immer wählen, sie muss ans Ziel, besonders, wenn dies Ziel — ihre Arbeitsstätte ist. Und um die dazu nötige Sicherheit zu erlangen, ist das Saalfahren die unvergleichliche und unersetzliche Uebung. Im lebhaften Strassenverkehr der deutschen Städte ist ja die Radfahrerin heute noch eine seltene Erscheinung, dass sie aber ebenso gut, wie der Mann dem Strassenverkehr gewachsen ist, zeigt Kopenhagen. Die Französin dagegen begiebt sich ungern ins Strassengewühl. Auf den Boulevards, der hohen Schule für das Strassenfahren, sieht man selten Damen. An das Saalfahren anschliessend werden passend auch die Anfangsgründe des Kunstfahrens geübt. Balancierübungen, Freihändigfahren, Damensitz, alle möglichen Arten des Auf- und Abstiegs sollte jede Fahrerin üben, auch wenn sie die erlangte Fertigkeit nie öffentlich zu zeigen beabsichtigt. Um es hier zur Vollendung zu bringen, muss natürlich die Uebung in früher Jugend beginnen; unsere Töchter, die auf dem Rade gross werden, werden uns bald Leistungen zeigen, die uns Alten unerreichbar blieben. Denn auf dem Wege, ein radfahrendes Volk zu werden, sind wir, so gut wie Dänemark.

Und nun kommen wir zur Krone unseres schönen Sports, zu der alles bisher Besprochene nur die Vorbereitung war, zum Tourenfahren. Wir haben oben bereits angedeutet, dass ein gewaltiger Unterschied zwischen der einfachen Spazierfahrt (nach einigen Gelehrten ja die einzige der Frau zukommende Ausübung des Radfahrsports) und der Ferntour besteht. Bei der Spazierfahrt der Einzelfahrerin sowie bei der Nachmittagstour des Klubs muss man davon ausgehen, dass man sich in bekannter Gegend befindet. Nicht nur die Sportskameraden, auch ein grosser Teil des Publikums weiss genau, wen es vor sich hat. Hier soll man nicht nur praktisch gekleidet sein, sondern auch einen hübschen, gefälligen Eindruck machen. Gepäck ist hier nicht erforderlich, denn Spazierfahrten unternimmt man nur bei gutem Wetter; droht plötzlich Regen einzufallen, so fliegt alles schnell nachhause, und wenn man ein paar Tropfen abbekommt, schadet's auch nichts, denn entweder wetterfest oder waschbar muss das Kostüm der Radlerin nun einmal sein. Bei zweifelhaftem Wetter (und anderes kennt man ja gar nicht mehr) kann übrigens auch zur kleinen Spazierfahrt der Regenmantel auf der Lenkstange nichts schaden. Er wiegt wenig, nimmt wenig Platz ein und ist doch oft sehr nützlich. In durchgeweichtem Zustand zu fahren, ist nicht angenehm, und wenn es auch nur eine halbe Stunde ist. Die Erfindungswut, die sich mit besonderer Vorliebe auf die Fahrradtechnik gestürzt hat, beschäftigt

sich auch vielfach mit dem Zubehör des Damenrades. Viel vernünftiges ist dabei nicht herausgekommen, dagegen allerhand gar schnurriges Zeug. Mit Begeisterung erwähnte die Presse z. B. einen Sonnenschirmhalter, der an der Lenkstange befestigt war. Nun, wenn es schon ein Schirm sein soll, wäre doch wohl so einer praktischer, wie sie die Damen der Halle zur Zeit der seligen Wochenmärkte vor des Wetters Unbilden schützten. Es würde sich ja wahrscheinlich gerade nicht leicht mit ihm fahren, aber er hätte doch einen praktischen Zweck. Sogar die Befestigung eines Körbchens für das Schosshündchen hat sich ein genialer Erfinder schützen lassen. Ob das Möbel zugleich eine Vorrichtung zum Festschnüren des Hündchens enthält, weiss ich nicht. Nötig dürfte die sein, denn wenn das Hündchen ein anderes Hündchen sieht oder hört oder gar ein Kätzchen oder Eichkätzchen, dürfte es doch leicht geneigt sein, in hohem Bogensatze den Korb zu verlassen und vielleicht — von der eigenen Herrin überfahren werden. Ein etwas grösserer Käfig, etwa nach dem Muster des zoologischen Gartens, würde hiergegen Sicherheit bieten. Für ganz kleine Hündchen liesse sich das in eleganter Ausführung vielleicht als Hutschmuck anbringen.

Mit der Ausdehnung, die das Damenfahren gewonnen hat, ist natürlich der enge Zusammenhang, in dem früher die Radfahrerinnen derselben Gegend standen, gelockert. Noch vor drei Jahren kannten wir Berliner Fahrerinnen uns sämtlich. Tauchte ein Neuling auf, so wussten wir alsbald, wer die Dame war. Man traf sich in Beelitzhof, Moorlake und wie die Berliner Chalets du cycle sonst heissen, und selbst wenn man sich nicht kannte, man grüsste sich trotzdem. Das herzliche «All Heil!» unter den Fahrerinnen ist ja jetzt leider fast verklungen; die Bekannten grüssen sich, ebenso die Mitglieder des D. R.-B. und der A. R.-U. untereinander, sonst misst man sich mit prüfenden Blicken, die Hose wirft dem langen Schleppkleid einen mitleidigen, das Kleid der Hose einen verachtenden Blick zu, aber die alte Radfahrergemütlichkeit von dazumal ist stark in die Brüche geraten.

Aber wir wollen ja vom Tourenfahren sprechen. Was ist eine Tourenfahrerin? Ich will mir hier einmal erlauben, mich selbst zu citieren. (Radlerin Nr. 9 S. 138). «Jede, die einmal eine grössere Strecke auf dem Rade zurückgelegt hat, macht Anspruch auf diesen Titel. Sie soll auch als Lehrling willkommen sein, denn wir haben alle einmal angefangen. Wirkliche Tourenfahrerin ist für uns «vom Bau» aber erst, wer eines schönen Nachmittags seine Siebensachen, ja nicht zu viel, zusammenpackt, auf die Lenkstange schnallt und dann beim nächsten Morgengrauen der Heimat auf einige Zeit Valet sagt und zwar zum Thore hinaus, nicht nach dem nächsten Bahnhofe zieht. Die Lust der eigentlichen Tourenfahrerin wächst, je weiter sie sich, natürlich zu Rad, vom Hause entfernt.»

Eine Fahrt, die zuhause beginnt und zuhause endet, kann gewiss eine tüchtige Leistung sein und der Glücklichen, die ein Tourenbuch führt (jetzt bedaure ich manchmal, dass ich es nie gethan habe), die Eintragung einer schönen Anzahl von Kilometern gestatten. Immerhin dürfen wir solche Fahrt noch eine Spazierfahrt nennen. Sie erfordert ausser der Mitnahme des Regenmantels und etwa trockenen Unterzeugs keine weiteren Vorbereitungen. Anders steht es natürlich, wenn man auf längere Zeit sein Heim verlassen will. Da ist zunächst eins vonnöten, ohne das sich ein genussreiches Tourenfahren unbedingt nicht denken lässt, das ist eine gewisse Bedürfnislosigkeit. Wir essen wohl alle lieber gut wie mittelmässig oder gar schlecht, und schlafen lieber in einem guten Bette, wie auf manchmal etwas fragwürdigen Lagerstätten, wer sich aber durch derartiges kleines Ungemach die Laune verderben lässt, der ist für die Radtour nicht geschaffen. Er mag sich vom Bahnzug oder Postwagen von einem Hotel «ersten Ranges» ins andere schleppen lassen. Ich beabsichtigte, in diesem Abschnitt eine vergleichende Zusammenstellung des Damentourenfahrens auch der Nachbarländer zu bringen, auf meine Erkundigungen habe ich indes erfahren, dass Tourenfahren, wie wir es verstehen, bis jetzt nur von deutschen Frauen gepflegt wird. Der liebenswürdige Herr Walther vom Pariser «Cycle» gab mir eine interessante Ausführung über die Gründe des Nichttourenfahrens der Französinnen, die ich im Auszuge wiedergeben will, weil sie auch auf manche deutsche Verhältnisse passt. Hauptsächlich sei schuld die Erziehung der französischen Frau zur Unselbständigkeit. Die Dame der höheren Gesellschaft steckt im Kloster, bis sie ehereif ist. Dann wird der Gatte für sie gesucht und sofort die Ehe geschlossen.

Als Mädchen hat sie also keine Zeit zu fahren, als Frau treten sofort eine Menge gesellschaftlicher Verpflichtungen an sie heran, die eine längere Abwesenheit, wie die Tour sie verlangt, gar nicht gestatten. Man hat auch in Frankreich noch nicht vergessen, dass die ersten Fahrerinnen, die sich öffentlich zeigten, nicht immer ganz zweifellos waren, wie überhaupt Damen der hohen Aristokratie sich erst seit wenigen Jahren auf dem Rade öffentlich zeigen. Das war bei uns glücklicherweise umgekehrt. Hier hat sich die Demimonde erst seit kurzer Zeit des Rades bemächtigt. Dann aber, fährt Herr Walther fort, wird die Französin nie zu bewegen sein, sich irgendwie in derangiertem Zustand zu zeigen. Und das sei doch auf der Tour unvermeidlich. Nun, dies ist ja unter gewissen Umständen natürlich unvermeidlich. Aber dafür befindet sich ja auf der Lenkstange der zweite Anzug, eine halbe Stunde nach der Ankunft kann man sehr wohl wieder präsentabel sein. Auch duldet der Gatte nicht, dass die Frau — sich den Teint ruiniert. Und endlich der Hauptgrund: Die Französin verzichtet auch für die Reise nie auf ihr Toilettenkabinett. Dessen gesamten Inhalt schleppt sie unbedingt überall mit hin. Das geht natürlich unterwegs nicht an. Also: Haupterfordernis ist die Bedürfnislosigkeit. Es heisst, auf eine ganze Reihe von Genüssen und liebgewordenen Gewohnheiten verzichten. Der Laie im Tourenfahren versucht dem Uebelstande zunächst dadurch abzuhelfen, dass er neben der Maschine einen Koffer mitführt und diesen mit Bahn, Post oder sonstwie vorausschickt. Das hat nun eine ganze Menge Schattenseiten. Selbst wenn alles glatt und gut geht, so ist man unbedingt gezwungen, abends an einem vorher bestimmten Punkte

**Damen-Touren-Kostüm,**
Schrittgeteiltes Beinkleid mit Blouse von F. Schulze — München.

zu landen, weil der Koffer dort ist oder — sein soll. Mag man ermüdet sein, was z. B. bei unvermutetem Eintritt von Gegenwind leicht eintritt, mag man aus einem anderen Grunde lieber unterwegs Nachtquartier nehmen mögen, das geht nicht an, man muss dem Koffer nach, man ist sein Sklave. Erreicht man ihn einmal nicht, so gerät man in die schlimmste Verlegenheit. Denn wenn man schon den Koffer mit sich schleppt, so wünscht man doch dafür auch mit möglichst freier Lenkstange zu fahren, hat also auf der Maschine befestigt wenig oder gar nichts. Das ist der eine schlimme Fall, die Fahrerin erreicht ihren Koffer nicht. Noch häufiger ist der andere: Der Koffer erreicht seine Herrin nicht. Du kommst an, frägst im bestimmten Hotel (auch das ist nicht angenehm, dass der Koffer immer genau adressiert sein muss, ich finde es viel hübscher, einen fremden, nicht allzugrossen Ort erst zu durchfahren und mir die Unterkünfte wenigstens von aussen anzusehen) nach deinem Koffer. Kein Mensch weiss etwas von ihm. Nun geht das Suchen, Telegraphieren, Botenschicken, u. s. w. los. Gehörige Unkosten und viel, viel Aerger! Gerade das Schönste der Radreise, die volle absolute Unabhängigkeit fehlt. Darum kommt schliesslich jede Tourenfahrerin nach mehr oder weniger Befürchtungen und Bedenken zu dem endlichen Entschluss: Fort mit dem Koffer, so gut wie die Maschine dich trägt, muss sie auch deine Habe tragen! Und die Sache geht wirklich bedeutend besser, wie man anfangs glaubt. Ich habe meine Touren begonnen mit einem 72pfündigen Vollgummi-Quadrant-Dreirad. Da kam es auf ein paar Pfund Gepäck mehr oder weniger auch nicht so genau an. Hinten an der Maschine hing ein ziemlich umfangreicher, würfelförmiger Koffer, in den sich schon allerhand hineinpacken liess. Vor allem wurde Sorge getragen für eine vollkommene Strassentoilette. Eine halbe Stunde nach der Ankunft war die Radlerin verschwunden und an ihre Stelle eine harmlose, gemütliche Touristin getreten, der es gar nicht darauf ankam, sich an der allgemeinen Entrüstung über «verrücktgewordene Weiber» u. a. ganz vergnügt zu beteiligen. Die Erfahrung zeigte bald, welche Dinge absolut überflüssig und welche leicht zu entbehren waren, so dass schon bei meinen letzten Dreiradtouren der Anhängekoffer erheblich leichter geworden war. Nun begannen (1892) die Zweiradstudien. Meine alte treue Opel-Damenmaschine mit Michelin-Reifen dient mir heute noch als Reservemaschine. Sie wiegt zwar 42 Pfund, aber gegen 72 macht das immerhin 30 Pfund Unterschied. Dazu die Pneumatikreifen, man kam doch ungefähr auf das Doppelte der früheren Leistungsfähigkeit. Auf der Damenmaschine lässt sich ja Gepäck schlechthin nur auf der Lenkstange befördern*), für einen noch so kleinen Koffer ist dort kein Platz, also blieb nur übrig, das Gepäck aufs äusserste zu beschränken.

*) Pardon! Auch hinten unter dem Sattel ist ein nicht zu unterschätzender Raum, wo sich eine reisetüchtige Tasche gut anbringen lässt. Es kommt nur auf die richtige Anbringung des Gepäckträgers an.     D. H.

Hier lassen sich Regeln nicht geben. Einem ist das unentbehrlich, dem andern das. Manche hat die Gabe, mit einem Mindestmass von Toilette immer anständig und chik auszusehen, während andere trotz bedeutenden Aufwandes doch immer verraten, wo ihre Wiege gestanden hat. Kommt man schliesslich in eine grössere Stadt, findet dort Anschluss und etwa geselligen Verkehr, so ist eine bescheidene Toilette (eine andere verlangt kein vernünftiger Mensch von der Touristin) bald beschafft, geht es dann zu Rad weiter, so wird die Toilette mit der Post nachhause geschickt, wo man sie als angenehme Reiseerinnerung bei der Heimkehr vorfindet.

Als Kleiderstoff wählt man am besten Loden, ein stärkeres und ein leichteres Kostüm, Blouse und Hose. Dazu einen Rock, der, wenn man ihn nicht beim Fahren tragen will, sehr dünn und leicht sein kann. Auch lässt sich der unbedingt notwendige Regenmantel sehr bequem als Rock arrangieren.

Ob man ein oder zwei Paar Schuhe mitnimmt, ist vom Wetter abhängig. Schuhe sind immer schwer zu verpacken, besonders nass gewordene. Bei gutem Wetter kommt man ja zur Not mit einem Paar und einem Paar leichter Filzpantoffel aus. Fällt aber ständiges Regenwetter ein, so fehlt das zweite Paar doch manchmal sehr. Für Fahren im Regenwetter noch eine goldene Regel: Dein trockener Anzug sei dein Heiligtum! Lass dich nie verleiten, wenn etwa morgens zur Abfahrzeit der gestern nass gewordene Anzug noch nicht wieder ganz trocken ist, nunmehr den feuchten einzupacken und dich mit dem trockenen auf die Maschine zu setzen. Das ist zunächst sehr angenehm. Aber der zweite Anzug regnet natürlich auch sofort ein und nun hast du nichts trockenes mehr. Bist du bis dahin ohne Erkältung davongekommen, jetzt hast du sie wahrscheinlich weg!

Lebensmittel mitzuführen wird selten notwendig sein, irgend etwas bekommt man unterwegs immer. Gut ist es, einen Schluck guten Cognac bei sich zu haben, mit dem man natürlich sehr sparsam umgeht. Denn der ist unterwegs sehr schwer wieder zu ersetzen. Was man selbst im Lande des Cognacs als Cognac vorgesetzt bekommt, ist unglaublich. Die Lebensweise entspricht am besten möglichst der zuhause gewöhnten. Dem Durstgefühl giebt man nicht zu sehr nach, zu vieles Trinken verursacht starke Transpiration und Ermüdung. Ueber das Essen lassen sich keine Vorschriften geben, man muss essen, was man bekommt. Ob es schmeckt oder nicht schmeckt, ist mehr Nebensache, man isst in erster Linie, um sich bei Kräften zu erhalten.

Früh aufstehen versteht sich beim Radfahren von selbst besonders auf der Tour, die doch meist in den langen Sommertagen gemacht wird. In der tauigen Morgenfrische wirkt eine schöne Landschaft immer am schönsten. Die Morgenstunde hat aber auch einen bedeutenden praktischen Vorteil: Je früher man sich erhebt, desto weiter ist man bei Beginn der eigentlichen Tageshitze schon. An die Hitze gewöhnt man sich übrigens besser, als man denkt.

Das liegt wohl daran, dass man durch die schnelle Bewegung sich einen scheinbar entgegenkommenden Luftzug verschafft. Viel unangenehmer wirkt die Hitze, sowie man das Rad verlassen muss. Darum, möglichst früh hinaus, auch wenn man sich zum Morgenkaffee mal mit altbackener Semmel behelfen muss. Man begnüge sich im Quartier nicht damit, beim Oberkellner oder sonst wem das Wecken zu bestellen, sondern verlange den Hausknecht, Zimmermädchen oder wer sonst die verantwortliche Person ist und schärfe dieser ein: Bei unpünktlichem Wecken kein Trinkgeld und unfehlbare schriftliche Beschwerde beim Wirt. Das hilft sicher. Sonst meinen die dienstbaren Geister merkwürdigerweise oft, den Radfahrern käme es auf eine Stunde nicht so genau an, weil sie ja keinen Zug und keine Post versäumen. Ist einmal gar keine Aussicht auf den gewohnten Morgenkaffee, so thut es zur Not auch ein Glas Wasser und ein Butterbrot. Man lasse sich durch den Aerger über die nutzlose Kaffeewartung nie verleiten, ganz nüchternen Magens abzufahren. Das bekommt unfehlbar schlecht. Ist es einmal unbedingt notwendig, so geniesse man im nächsten Gasthause wenigstens eine Kleinigkeit, auch wenn es dort nicht gerade sehr appetitlich aussieht.

Ueber das Trinken liesse sich auch manches sagen. Heimtückische Gesellen sind namentlich die Südweine. Schon in Südtirol der kräftige, so harmlos schmeckende Terlaner und der Schweizer Veltliner wollen sehr vorsichtig genossen sein. Je weiter nach Süden, desto vorsichtiger muss man sein. Der schwarze

**Pariser Frühjahrs- und Herbst-Kostüm.**
Aus «Die Radlerin»,
Sportsblatt für radfahrende Damen Deutschlands und Oesterreich-Ungarns (Berlin).

Nostrano der Lombardei mit seinem kräftigen Erdgeruch und Geschmack hat die merkwürdige Wirkung, dass uns alsbald das Gewicht der Maschine verzehnfacht erscheint und die rebenbehangenen Ulmen, die den Weg säumen, eine merkwürdige Anziehungskraft auf uns üben. Trotzdem hat der vielgeschmähte Alkohol unter Umständen auch seine guten Seiten. Von all den vielgepriesenen Stärkungsmitteln, Kola u. s. w. habe ich nie eine erhebliche Wirkung verspürt. Dagegen ist ein Schluck vom allerbesten Cognac oder Rum von geradezu zauberhafter Wirkung bei äusserster Ermüdung und Abspannung. Lange hält diese Wirkung natürlich nicht an, es ist aber auch genug, wenn man durch sie an ein sonst vielleicht nicht erreichtes Ziel kommt. Milch, sowohl frische wie Buttermilch, ist fast überall zu haben und bekommt sehr gut, ebenso rohe Eier. Dass man unterwegs so oft wie möglich badet, ist selbstverständlich.

Unliebsame Begegnungen giebt es natürlich oft. Ein ganz mit Unrecht als grimmer Radfahrerfeind verschrieenes Tier ist der Hund. Mir ist schon mancher Hund kläffend nachgelaufen und auch an mir hochgesprungen. Gebissen hat mich noch nie einer. Ich bin Hundefreundin und kann es nicht übers Herz bringen, das übliche Radikalmittel, den Tritt mit dem Absatz auf die Nase, anzuwenden. Ich rede vielmehr den Hunden ruhig und freundlich zu und bin dabei stets gut gefahren. Beim Begegnen

liner wollen sehr vorsichtig genossen sein. Je weiter nach Süden, desto vorsichtiger muss man sein. Der schwarze

mit Rindviehherden und Schafen vermeidet man, die Tiere zu erschrecken, fährt man ruhig vorbei und redet ihnen gut zu, so sind sie auch verständig. Geradezu liebenswürdig und ungemein possierlich sind Ziegen, die mich manchmal lange Strecken begleitet haben.

Im übrigen verhält sich die Radtouristin ebenso wie jede andere erfahrene Touristin. Ihre Hauptsorge muss natürlich die Maschine bleiben. Die Maschine ist ihr Flügelpaar, sowie diese leidet, ist der Flug zu Ende und ein sehr unangenehmes Kriechen beginnt. Darum widmet man ihr die sorgfältigste Pflege. Ist am Ankunftsorte ein maschinenverständiger Hausknecht oder sonstige Person (ob jemand mit der Maschine umzugehen versteht, sieht man, sowie er sie uns abnimmt), so kann man ihm die Reinigung überlassen, thut natürlich wohl, die Maschine nachzusehen, wenn die Reinigung angeblich vollendet ist. Ist die Maschine trocken, so geht es auch mal einen Tag ohne Reinigung, wenn nur morgens vor der Abfahrt die nötige Oelung erfolgt. Ist die Maschine aber eingeregnet und mit Strassenschmutz bedeckt, so muss sie säuber gereinigt und auch die Lager mit Petroleum oder Benzin ausgespritzt, auch die Kette gesäubert werden. Der vielbeliebte Kettenkasten schützt gegen spritzenden Strassenschmutz fast vollkommen, das Verstauben der Kette hindert er aber auch nicht. Und sowie der Kasten eine Zeitlang gefahren ist, fängt er an zu klappern. Und was es heissen will, einen klappernden Teil an der Maschine zu haben, weiss jeder, auch wenn er nicht gerade nervös ist. Jedenfalls geht es auch ohne ihn und was auf der Tour nicht unbedingt notwendig ist, das ist vom Uebel.

Sehr wünschenswert wäre ein guter abnehmbarer Schmutzfänger. Den giebt es leider auch nicht. Ich habe mich deshalb, entgegen einer früher ausgesprochenen Ansicht, wieder zu den festen Blechen bekehrt. Die schützen wenigstens einigermassen. Das Vorderradblech fängt ja etwas Wind, dieser Widerstand ist indes so geringfügig, dass er die grossen Annehmlichkeiten nicht aufwiegt. Glaubt man, eine längere Tour bei gutem Wetter vor sich zu haben, so kann man die Bleche ja jederzeit abnehmen. Für bergiges Terrain ist ferner durchaus nötig eine sicher wirkende Handbremse. Die Fussbremse wirkt ja mit derselben Kraft, ist auch bei gerade aus fallender Strasse eben so bequem zu verwenden, wie die Handbremse. Mit der Fussbremse aber scharfe Wendungen bei starkem Fall, z. B. Serpentinen, hinabzufahren, bleibt auch für den gewandtesten Fahrer sehr gefährlich, ganz abgesehen davon, dass die Kraft des die Fussbremse bedienenden Fusses praktischer zum Gegentreten auf dem sonst freilaufenden Pedale verwendet werden kann. Die Fussbremsen sind überhaupt mehr ein Mittel, der Polizei den Mund zu stopfen, wo diese überflüssiger Weise eine Bremse verlangt, z. B. im Berliner und Münchener Strassenverkehr. In Kopenhagen läuft verhältnismässig die zehnfache Anzahl von Rädern, Bremsen sind dort ganz unbekannt und trotzdem gehören Radunfälle zu den grössten Seltenheiten.

Ob die Touristin Damenmaschine oder Herrenmaschine fahren soll, richtet sich natürlich danach, ob sie sich zur Hose entschliessen kann oder nicht und das ist ja reine Geschmackssache. Eine Touristin in Hose auf Damenmaschine bietet jedenfalls einen sonderbaren Anblick.*) Denn man fährt doch die hässliche und unpraktische Damenmaschine aus dem einzigen Grunde, weil sie eben das Fahren im Rocke gestattet. Wer in der Nachbarschaft im Rock spazieren fahren will, oder wer die Maschine hauptsächlich zu Geschäftswegen in der Stadt braucht, muss ja Damenmaschine fahren. Geringeren Anforderungen hält auch eine gut gebaute Damenmaschine stand, bricht man damit zusammen, so ist man nicht allzuweit vom Hause. Für die Ferntour ist die Damenmaschine aber durchaus unpraktisch. Um einigermassen stabil zu sein, muss sie bedeutend mehr Gewicht haben, wie eine gleichstarke Rahmenmaschine. Die jetzt angebrachten Versteifungen können nie die Festigkeit und Steifigkeit ersetzen, die die obere Querstange dem Rahmen giebt. Das merkt man so recht beim Bergfahren. Sehr bequem ist ja der Aufstieg auf die Damenmaschine. Trotzdem ist es jeder Fahrerin ohne Unterschied anzuraten, auch den Aufstieg auf die Herrenmaschine zu erlernen und ständig zu üben. Denn wenn ihr mit ihrer Damenmaschine unterwegs das Geringste passiert, und sei es nur ein kleiner sofort heilbarer Pneumatikdefekt, so nimmt sie die Maschine eines der mitfahrenden Herren, dieser bleibt zurück, repariert und kommt mit der fertig geflickten Damenmaschine nach. Ist die Fahrerin aber des Auf- und Absteigens von der Herrenmaschine nicht mächtig, so verurteilt sie dadurch die ganze Reisegesellschaft zu unangenehmem Aufenthalt. Den Aufstieg erlernt eine einigermassen gewandte Fahrerin, auch wenn sie sonst nur Damenmaschine fährt, in einer halben Stunde. Auch wenn man Rahmenmaschine wählt, hüte man sich, diese zu leicht zu wählen. Eine Tourenmaschine soll vor allen Dingen zuverlässig und haltbar sein. Und bei dem jetzt modernen Rennen der Fabriken um das leichteste Gewicht der Maschinen, geht leider die Haltbarkeit oft in die Brüche.

Dann nehme man keinen Gummireifen, der sich nicht leicht und bequem montieren lässt. Ohne Pneumatikschaden geht es nicht ab und da ist es sehr wichtig, dass man sich zur Not selbst helfen kann. Sehr praktisch ist es, einen Reserveschlauch mitzuführen. Passiert dann etwas, so ist der Reserve-

---

*) Warum? Sie bietet doch immerhin dem Winde weniger Angriffsfläche und gestattet freiere Bewegung. Dazu kommt eben noch, dass viele Damen, ohne prüde zu sein, einmal kein Herrenrad reiten wollen oder können, und dass notorische medizinische Bedenken gegen dasselbe sprechen. Nicht jede Dame hat endlich die ausgesprochenen Neigungen und Ansichten einer Rennfahrerin oder einer eingefleischten Sportsausübenden. Sie bescheidet sich mit ihrer Eigenschaft als Sportsfreundin und übt das Radfahren neben ihren sonstigen Obliegenheiten schlecht und recht zum Vergnügen und Erholung aus. Dazu genügt die Damenmaschine vollauf. D. H.

schlauch im Augenblick eingelegt und die Reparatur kann in aller Ruhe im Quartier vorgenommen werden. Reparaturen im Chausseegraben sind immer unbequem, häufig misslingen sie auch ganz und gar. Ich habe den Reserveschlauch, der ein faustgrosses Päckchen bildet, unter dem Sattel hängen. Es ist nicht unbedingt notwendig, dass beide Räder gleiche Decken haben. Ein $1\frac{3}{4}''$ Schlauch passt auch in eine $1\frac{5}{8}''$ Felge und umgekehrt. Grösser wie $\frac{1}{4}''$ darf der Unterschied allerdings kaum sein. Der Pneumatikreifen ist immer noch der bei weitem beste Tourenreifen. Das Flicken ist ja kein Vergnügen, aber das Fahren auf anderen Reifen, mögen sie nun heissen wie sie wollen und mögen sie Reklame machen bogenweise, ist noch weniger vergnüglich. Wer doch den pneu increvable erfinden könnte! Hat man dann noch einige Speichen nebst Nippeln, Muttern, Kettenglieder und Reservekugeln, endlich gutes Handwerks- und reichliches Flickzeug bei sich, so reicht das aus. Manche Tourenfahrer gehen ja hierin viel weiter und möchten am liebsten ein ganzes Reserverad mitnehmen. Ich habe indes mehrfach erlebt, dass gerade diesen vorsichtigen Leuten Teile zerbrachen, die sie in ihrem ganzen grossen Reservevorrat doch nicht doppelt hatten. Die Damen verfallen ja meist in das andere Extrem, sie nehmen gar kein Handwerkszeug mit, knapp eine Luftpumpe. Gewöhnlich hilft ja im Notfall unterwegs ein gefälliger Sportskamerad aus, aber wenn mal keiner da ist?? Schön wäre es ja nun für das Fahren im Dunkeln, wozu man doch manchmal gezwungen ist, wenn man eine Laterne hätte, die auch leuchtet. Aber die giebt es bis jetzt nicht. Das schönste Licht ist das elektrische. Aber alles, was ich bis jetzt an elektrischen Laternen probiert habe, ist ganz unpraktisch. Die Petroleumlaternen mit Cylinder leuchten gut, solange der Cylinder hält. Sowie der springt ist die Sache natürlich alle. Einen Pack Reservecylinder mitschleppen ist nicht angenehm und wenn der letzte Reservecylinder glücklich hinüber ist, was dann? Ich bin schliesslich wieder bei der alten braven Oellaterne angelangt. Man sieht ja wenig bei ihr, aber sie macht uns dafür auch wenig Aerger. Wir kommen nun zu dem für die Tourenfahrerin wichtigsten Teile des Zubehörs, dem Gepäck. Wo lassen wir das Gepäck? Wer Damenmaschine fährt, hat keine Wahl, ihm bleibt nur die Lenkstange. Wer Rahmenmaschine fährt, kann auch über den innern Raum des Rahmens verfügen. Herren sieht man auch vielfach mit einer genau in den Rahmen passenden grossen Tasche fahren. Je geringer die Lenkstange belastet ist, je bequemer ist die Steuerung des Rades. Dieser Umstand spricht für die Rahmentasche. Ihre Nachteile sind dagegen: Sie hemmt bei Seitenwind ganz gewaltig, wenn sie einigermassen vollgestopft ist, so bauscht sie sich nach den Seiten auf und ist beim Treten hinderlich. Für manche Beinformationen kommt das ja allerdings weniger in Betracht, schön sieht es indes nie aus. Ausserdem wiegt eine solche feste Tasche immerhin ein ganz Teil. Als Sitz des Gepäcks bleibt also nur die Lenkstange. Wenn man zum ersten Male mit schwer bepackter Lenkstange losfährt, fällt einem die verringerte Lenkbarkeit der Maschine sehr unangenehm auf, man gewöhnt sich hieran aber sehr schnell. Ich führe deshalb Gepäck nur auf der Lenkstange und zwar einfach in Wachstuch eingehüllt. Das ist leichter und auch, wenn es richtig gewickelt und umgeschlagen ist, wasser-

**Damenrad mit R. Temmel's Patent-Kompensations-Radreifen** (Berlin).
Aus «Die Radlerin»,
Sportsblatt für die radfahrenden Damen Deutschlands uud Oesterreich-Ungarns (Berlin).

dichter wie sämtliche Taschen. Das Gepäck lässt sich ausserdem in jedem beliebigen Umfange herstellen. Wird die Wachsleinwand schadhaft, so bekommt man für wenige Groschen überall neue. In dies Wachsleinwandpaket kommt der zweite Anzug, sämtliche Wäsche, kurz alles, was man erst im nächsten Nachtquartier wieder zu brauchen gedenkt. Das Paket wird auf zwei auf der Lenkstange befindliche Packhalter durch Packriemen fest aufgeschnallt. Nachdem man ungefähr eine halbe Stunde gefahren ist, bei schlechten Wegen schon früher, müssen die Packriemen nachgezogen werden. Beim Packen sind eine Reihe kleiner praktischer Handgriffe zu beobachten, die sich nicht beschreiben, sondern nur vormachen lassen. Ausserdem hängen an der Lenkstange nach innen ein Paar Riemen, in die der Regenmantel geschnallt wird. Dieser wird gerollt und birgt in seinem Innern das Necessaire, Reisefläschchen, Frühstück u. s. w.; dies alles ebenfalls in ein kleines Stück Wachstuch gehüllt. Regnet es, so wird der Mantel angezogen und das kleine Wachstuchpaket bleibt allein im hintern Riemen. Saubere und zuverlässige Ausführung der Packarbeit ist Vorbedingung für eine ungestörte Fahrt. Lässt man sich in der Eile verleiten, schlecht zu packen, so muss man das gewöhnlich bald bereuen. Und draussen auf der Landstrasse umzupacken ist bedeutend unbequemer, als wie im Quartier auf der glatten Tischplatte.

Die beste Maschine der jetzt existierenden für die Tour ist unbedingt der Rover, das einsitzige Niederrad. Jeder einsichtige Mensch muss sich deshalb aufs äusserste wundern, dass gerade dieser Maschine gegenüber eine Reihe polizeilicher Beschränkungen aufrecht erhalten worden sind, die dem Hochrad gegenüber allenfalls Sinn hatten. Am sonderbarsten musste es jeden Sachverständigen berühren, dass vielfach, hier in Berlin schon seit langen Jahren, die Dreiräder gestattet wurden, während die Zweiräder verboten blieben. Das Dreirad fährt sich ja auf ganz ebenem Wege fast ebenso leicht, sowie aber der Weg auch nur einigermassen uneben oder weich wird, ist der Unterschied im Lauf ein ganz bedeutender, denn das Dreirad schneidet drei Spuren, das Zweirad eine. Stürze mit dem Dreirad sind gefährlicher, endlich ist es schwerer lenkbar. Touristen auf dem Dreirad trifft man auch kaum mehr an, es ist mehr die Maschine der eigentlichen Berufsfahrer, als da sind Dienstmänner, Hausknechte u. s. w., geworden. Schnurrigerweise in Berlin immer noch die einzig hoffähige. Das Zweirad ist von einer Reihe von Strassen, unter andern aus der Umgebung des Königlichen Schlosses immer noch verbannt, während die genannten Berufssportskollegen dort ungehindert verkehren. Nun, einstmals werden ja auch diese Reste einer zum grössten Teil schon überwundenen Krähwinkelei fallen. Der Verkehr des Dreirades in den engsten, verkehrsreichsten Strassen zeigt jedenfalls den Polizeigewaltigen, die sehen können und wollen, wie unsinnig das Verbot des Zweirades ist. Denn wo die schwerer lenkbare Maschine, die den doppelten Platz braucht, ohne Unzuträglichkeiten verkehren kann, da sollten doch vernünftige Menschen das Zweirad nicht am Verkehr hindern. Aber wann wird man das einsehen?! Wenn das jetzt als Radfahrer heranwachsende Geschlecht erwachsen ist! Wer auf dem Rad gross wird, der wird als Landrat, Bürgermeister oder Polizeipräsident nicht Beschränkungen dulden, deren Unhaltbarkeit ihm klar sein muss. Wess das Herz voll ist, dess gehet der Mund über! Und wenn ich auch mit nachstehendem die mir gesteckte Grenze überschreite, bitte, lieber Herr Herausgeber, streichen Sie mir diese Zeilen nicht! Was jetzt kommt, kann nie oft genug gesagt werden!

Vor einiger Zeit erfuhr man, die Rechtsschutzkommission des D. R.-B. arbeite am Entwurf einer Fahrradordnung für den preussischen Staat. Natürlich nahm man an, dieser Entwurf werde nach seiner Fertigstellung, wie es sonst im öffentlichen Leben üblich ist, veröffentlicht und demnächst den Interessenten Gelegenheit gegeben werden, sich dazu zu äussern.*) Das geschah leider nicht, eines schönen Tages aber hörte man, der Entwurf sei bereits eingereicht. Selbstverständlich wird der Minister nun diesen Entwurf als der Gesamtmeinung des D. R.-B. entsprechend ansehen und dementsprechend behandeln. Was eigentlich in dem Entwurf drinsteht, wissen ja bis jetzt nur die Herren Verfasser, hin und wieder aber hört man, was nicht drin steht. Und besonders das nachstehend besprochene steht leider nicht drin, hoffen wir, dass die Behörde es noch einfügt. Die übrigen Radfahrerschereien, Nummern, Bremsen, wo sie überflüssig sind, Laternen bei Tage, allerhand unpraktische Signale sind ja schliesslich auch keine angenehmen Dinge. Nun, die Unannehmlichkeiten, die hieraus erwachsen, nimmt man schliesslich mit. Hat man als Warnungssignal in Reuss-Schleiz-Greiz-Lobenstein geklingelt statt gepfiffen oder gar in Lippe-Detmold gepfiffen statt geblasen, so bezahlt man, wenn auch oft schweren Herzens den üblichen Thaler und schreibt ihn mit aufs Reparaturconto, in der stillen Hoffnung, dass vielleicht gerade dieser Thaler dazu dient, in gewissen Oberstübchen gewisse recht notwendige Reparaturen vorzunehmen. Viel schlimmer aber sind die unsinnigen Fahrverbote. In bekannten Städten weiss man ja Bescheid, fährt entweder überhaupt nicht oder passt auf Schutzleute, die fanglustig erscheinen, auf und vermeidet oder umfährt sie. Der Zwang, in lebhaftem Verkehr seine Maschine schieben zu müssen, bedeutet übrigens für den Fahrer neben der Unbequemlichkeit eine stete Gefahr. Der Fahrer auf der Maschine gleicht zwar nicht, wie man

---

*) Das ist allerdings gleich viel verlangt! Wenn der Bund eine Rechtsschutzkommission hat und ihr das Vertrauen schenkt, seine Interessen wahrzunehmen, so darf man — abgesehen von taktvollen Rücksichten auf die Behörden — ihr vom Plenum aus dies ebenso gut überlassen, als es die Reichstagswähler den Abgeordneten und dem ganzen Reichstag gegenüber thun. Es kann doch nicht wohl auf das System der schweizerischen «Landsgemeinden» zurückgegriffen werden.　D. H.

so oft hört, dem Vogel. Denn fliegen kann er nicht, er klebt an der Erde. Aber der blitzschnellen Eidechse gleicht er! Mit seinem unendlich lenkbaren, in jedem Augenblick in beliebige Geschwindigkeit versetzbaren Rade ist er jedem Verkehr gewachsen, sofern dieser ordnungsmässig vor sich geht. Dass der Fahrer von einem ihm vorschriftswidrig auf der falschen Seite entgegenrasenden Wagen niedergerissen werden kann, ist natürlich richtig. Das kann ihm aber zu Fuss genau ebenso gut, ja noch leichter passieren. Muss er die Maschine schieben, so ist die Beweglichkeit dahin, aus der Eidechse ist eine Schildkröte geworden. Der langsam dahinkriechende Fahrer wird selbst zum Verkehrshindernis für den sich im Trabe bewegenden Wagenverkehr. Mit demselben Recht wie die Fahrradverbote könnte auch durch Polizeiverordnung befohlen werden, dass z. B. die Berliner Linden im Zuge der Friedrichstrasse von Fussgängern nicht

grüssend umfahren. Schwapp, hat sie dich! Die Hauptstrasse von Tralldorf «ist in ganzer Länge für Fahrräder verboten». Du hast ferner nicht einmal die für Tralldorf und $1\frac{1}{2}$ km Umkreis vorgeschriebene Fahrkarte bei dir, du zahlst 3 Mark pro Verbrechen, thut 6 Mark. Künftig wird es ja mit der zweiten Strafthat besser werden, wir werden Reichsfahrkarten mit schönen hohen Nummern erhalten, vielleicht wird gar die Dalldorfer Fahrkarte auch in Tralldorf gelten und umgekehrt. Die unsinnigen Fahrverbote behalten wir aber. Jeder Dorfschulze kann nach wie vor auf «seinem» Gebiete die bösen Strampelbrüder in Acht und Bann thun. Das verlangen die «Verkehrsinteressen» einmal so. Der Beamte ist dafür verantwortlich, dass der Verkehr sich bei ihm angemessen abwickelt, er muss also die Möglichkeit besitzen, ihn zu «regeln». Und er regelt ihn! Dass das nach vernünftigen Grundsätzen geschieht,

Falke — M.-Gladbach, Nr. XIV.

aufrecht, sondern nur auf allen Vieren kriechend passiert werden dürften. Der Vergleich hört sich barock an, man prüfe ihn aber genau, und der Sachverständige wird finden, es ist bitterer, blutiger Ernst. Und nun möchte ich den Fussgänger sehen, der, wenn er glaubt, vom Schutzmann ungefasst die Passage auf Zweien unternehmen zu können dies unterlässt und gehorsam auf allen Vieren in den Wagenstrom hinein kriecht.

Nun denke man sich in die Lage der Tourenfahrerin unterwegs. Du kommst in ein einsames, weltentlegenes Nest, die Karte nennt es, sagen wir mal Tralldorf. Weit und breit keine Menschenseele, nur dir entgegen kommt eine rotbenaste und rotbekragte Gestalt, die hohe Polizei von Tralldorf. Das Tralldorfer Pflaster zwingt dich zum langsamsten Tempo. Dass dir die hohe Polizei nicht Platz macht, versteht sich von selbst. Du willst sie also höflich

sollte sich ja eigentlich von selbst verstehen. Es geschieht ja auch meistenteils. Ein Bürgermeister, der eines Tages für die Hauptstrasse seines Nestes den Verkehr von leichtem Personenfuhrwerk untersagte, dagegen Frachtfuhrwerk und Düngerwagen verkehren liesse, dürfte wahrscheinlich alsbald in komfortabler Pneumatikzelle untergebracht sein. Aber Radfahrer — ja Bauer, das ist ganz was anders. So ein Radfahrer ist ja viel gefährlicher, als ein durchgehendes Viergespann, ein Pulvertransport, ein Choleraleichenwagen oder sonstige angenehme Verkehrserscheinungen. Und dabei haben wir jetzt die unanfechtbaren statistischen Zahlen aus dem Verkehr der Millionenstadt Berlin, die unwiderleglich nachweisen, dass der Prozentsatz der durch Fahrräder entstandenen Unfälle den durch andere Fuhrwerke verursachten gegenüber unendlich gering ist. Und die statistische Aufnahme hat zu einer für die Radfahrer äusserst ungünstigen Zeit stattgefunden. Denn die Aufnahme hat begonnen unmittelbar nach der Freigabe der Berliner Strassen, zu einer Zeit, als dreiviertel der Berliner Radfahrer Neulinge waren. Wer diese Gestalten mit Angst und Grauen gesehen hat, der muss sich aufs äusserste wundern, dass die Zahlen so günstig lauten. In Kopenhagen sind heute schon Fahrradunfälle fast unbekannt. Und in Berlin werden wir auch noch zu ganz anders günstigen Zahlen gelangen. Diesen Zahlen gegenüber Fahrradverbote aufrecht erhalten, heisst wieder besseres Wissen handeln. In meiner zahlreichen juristischen Verwandtschaft wird ja meine mehrfach geäusserte Idee, juristischer und gesunder Menschenverstand müssten im ganzen übereinstimmen, meist etwas herablassend belächelt. Meine bescheidene Meinung, die Radfahrordnung sollte doch einfach lauten: Einziger Paragraph: «Wer mit dem Rade Schaden anrichtet bezahlt ihn und wird bestraft», findet ebenfalls keinen Beifall. Die Leute müssen klüger sein, wie ich, denn sie haben auf den verschiedensten Hochschulen, manche recht lange und eingehend studiert, ich nicht. Trotzdem aber bleibe ich wenigstens dabei: Eine Radfahrordnung, die nicht als Paragraph Soundso enthält: «Ein Verbot des Fahrrades ist nur zulässig für Strassen, auf denen auch jeder andere Fuhrwerksverkehr verboten ist», kann uns gestohlen werden. Mein Vetter und gewohnheitsmässiger Tourenbegleiter Dr. R. ist zwar auch Jurist, hat sich aber durch langjähriges Radfahren etwas mehr dem gesunden Menschenverstande genähert. Der giebt mir Recht und erzählt mir, die alten Römer hätten schon eine ziemlich ähnliche Ansicht ausgesprochen, trotzdem sie noch nicht radfuhren. Strassenverbote kannten sie nicht, wer sich auf öffentlicher Strasse anständig betrug, durfte mit jedem beliebigen Fuhrwerk darauf fahren. Nur für den Verkehr über Privatgrundstücke gab es gewisse Vorschriften, sog. Servitute. Einer hatte das Recht über das Grundstück zu gehen, ein anderer durfte Vieh treiben, ein dritter mit Wagen fahren. Nun hatte einmal ein besonders gelehrter Jurist die Frage aufgeworfen, ob denn jemand, der das Recht zu fahren hätte, auch über das Grundstück gehen dürfe. Und eine ganze Reihe gar gelehrter Leute hatte sofort erwidert: das müsste ja ein ganz verrückter Zwickel sein, der daran auch nur einen Augenblick zweifeln könnte. Das war ja allerdings schon vor 2000 Jahren, bei uns, an der Schwelle des 20. Jahrhunderts ist es anders. Da darf jeder Tyrann von Mottenburg von rechtswegen den Mistwagen gestatten und das Fahrrad verbieten. Nun, ewig wird das ja nicht mehr dauern. Wenn die jetzigen Kinder Männer sind, verschwindet das Unrecht von selbst. Um aber möglicherweise schon eher dahin zu gelangen, darf keine Gelegenheit verabsäumt werden, in geeigneter Weise dem Zopfe und dessen Vertretern zu Leibe zu gehen. Und dazu erscheint dies Buch, welches sich ja nicht nur an die Sportskameraden, sondern an die ganze gebildete Welt wendet, sehr geeignet. Vielleicht liest ein auf dem Gotthard oder der Furka eingeregneter Geheimer Oberregierungs- und vortragender Rat aus der Wilhelmstrasse in seiner unfreiwilligen Musse gerade dies Kapitel und — beherzigt es nachher in seinem Vortrage bei Excellenz!

Aber nun zurück auf das streng weibliche Gebiet! Darf das Tandem als brauchbare Tourenmaschine für die Frau gelten? Wer selbst nicht gern scharf tritt und über einen kräftigen Ehemann oder sonstigen Tandempartner verfügt, wird die Frage gewiss bejahen. Es sind ja auch schon von Tandempaaren ganz bedeutende Touren ausgeführt worden. Das Tandem ist besonders gegen den Wind eine verhältnismässig sehr schnelle Maschine. Es hat ferner nur zwei Reifen, während zwei Einzelmaschinen deren vier haben, also auch die Chance, die doppelte Anzahl Nägel zu fangen, wie das Tandem. Aber damit sind auch wohl seine Vorzüge erschöpft. Und die Nachteile für die Tour sind ganz bedeutende. Es ist lange nicht so beweglich und lenkbar wie das Einzelrad. Sehr belebte Strassen, schmale Fussteige u. a. sind mit dem Tandem schwierig zu passieren. Der Hintermann hat nie eine volle, unbeschränkte Aussicht, ein Sturz mit Tandem ist immer verhältnismässig schwer. Ein für die Tour ganz unbrauchbares Vehikel ist die neue Erfindung des Kunstfahrers Kaufmann, das Sociable oder Companion, ein Zweisitzer, dessen Sitze nebeneinander liegen. Der Hauptvorteil des Zweisitzers, die geringere Fläche dem Winddruck gegenüber, geht hierbei natürlich verloren. Die Maschine ist mehr eine kostspielige Spielerei. Dass sie sich sonderlich bequem fährt, kann ich mir auch nicht denken. Zur Maschine gehört die Uebersetzung. Auch ein heiss umstrittenes Gebiet. Von mir verlangt der Leser die Beantwortung der Frage: Welche Uebersetzung soll die Frau fahren? Ist für sie eine hohe oder eine niedrige Entfaltung vorteilhafter? Wie in diesem Aufsatz schon so oft, muss ich auch hier antworten: Jede sehe, wie sie's treibe. Wer leicht und behende ist, ohne eigentliche grössere Körperkräfte zu besitzen, wird mit niedriger Uebersetzung besser fahren, wer mit bedeutender Körperkraft gesegnet ist, dem wird es nicht darauf ankommen, in den einzelnen Tritt etwas mehr Kraft zu legen, der wird lieber einige kräftige Tritte thun, als eine Menge leichterer. Natürlich kann selbst der Schwächste mit Rückenwind auf ebener Strasse leichter eine hoch übersetzte Maschine fahren, wie der Stärkste bergauf gegen den Wind eine niedrig übersetzte. Die Technik erfindet so viel, warum nicht endlich eine schnell, womöglich während des Fahrens veränderliche Uebersetzung?*) Hoffentlich kommt bald der Edison des Rades, der diese und noch manche andere offene radtechnische Frage spielend löst. Hat doch der berühmte Schöneberger Erfinder Ganswindt bereits ein Einrad (!) konstruiert, welches bedeutend leichter,

---

*) Ist bereits da, und zwar in Berlin in Gestalt der Duplex-Maschine, auf welcher man mitten im Fahren die Uebersetzung von 56 bis in die 70 erhöhen kann. Die Maschine hat rechts und links eine Kette mit verschiedenem Getriebe, das je nach der Stellung einer auf dem Scheitelrohr befindlichen Hebelvorrichtung in Wirksamkeit tritt. Der Herausgeber.

schneller und bequemer läuft, wie sämtliche bisherigen Räder. Schade nur, dass er diese **Wundermaschine** erst dann zeigt, wenn jemand ihm eine Million für das Patent bezahlt. Also!

Festhalten muss man in der Uebersetzungsfrage immer die Thatsache, dass eine zu niedrige Uebersetzung allenfalls unbequem ist und ermüdend wirkt, während eine zu hohe dagegen leicht Ueberanstrengung und möglicherweise schwere Schädigungen erzeugen kann. Auch hier thut die Gewohnheit sehr viel. Wer sich einmal an eine höhere Uebersetzung gewöhnt hat, wird nicht gern wieder **zurückgehen**.

Das Radfahren ist ein geselliger Sport. Selten sieht man den Radfahrer einzeln. In der Nähe der Heimat erscheint er meist in grösseren Scharen, auch auf der Tour ist er selten ganz einsam. Das ist eigentlich merkwürdig. Denn im Gegenteil zu andern Sports, die nur in Gesellschaft ausgeübt werden können, z. B. Rudern, Fussball, ist an sich jeder Radfahrer durchaus selbständig und, so lange seine Maschine hält, auf keinen Menschen angewiesen. Trotzdem weiss jeder Radfahrer, dass es sich in Gesellschaft besser fährt. So hat sich aus dem Zusammenfahren der Radfahrer ein ungemein reges Vereinsleben entwickelt, über das sich unser Kapitel XIII ausführlich auslässt. Meine Aufgabe kann hier nur sein, einen kurzen Rückblick auf die von Frauen begründeten und nur aus Frauen bestehenden Vereinigungen zu geben. Ich

**Sirius — Nürnberg.**

muss mich hier hauptsächlich auf die Berliner Verhältnisse beschränken, da das mir auf meine Erkundigungen von ausserhalb her zur Verfügung gestellte Material ein sehr geringes ist. Die Entwicklung wird ja aber wohl überall ziemlich die gleiche gewesen sein. Die Vereinsthätigkeit der Frauen ist eine ziemlich umfangreiche, besonders in Berlin haben wir eine Menge von Wohlthätigkeits- und Berufsvereinigungen, die eine durchaus segensreiche Wirksamkeit ausüben. Eine rein sportliche Vereinigung von Damen ausser den Damenradfahrklubs ist mir aber noch nicht bekannt geworden. Die Damenriegen der Turn- und Rudervereine und die Damenabteilungen verschiedener Radfahrklubs, zu deren Einrichtung sich diese endlich entschlossen haben, und die uns leider eine Menge tüchtigen Materials fortnehmen, gehören nicht hier her, noch weniger die sonderbarste Neubildung des Radfahrvereinswesens, die «Ehepaarvereine»! Von Frauenvereinen kann man nur sprechen, wenn die Leitung

und der gesamte Vereinsbetrieb ausschliesslich von Frauen geführt wird. Und das ist bei unsern Damenradfahrklubs durchweg der Fall. Für die gedeihliche Entwicklung des Vereins ist das auch durchaus notwendig. Ich will versuchen, das an der Entwicklung des eigenen Klubs nachzuweisen. Wie ich schon oben bemerkte, ist als Ausgangsort, sozusagen als Geburtsstätte unseres Klubs die Rennbahn Halensee anzusehen. Wir hatten uns dort beim Training kennen gelernt und fuhren auch zusammen Touren. An eine Vereinsgründung dachte vorläufig niemand von uns. Wir suchten Anschluss an verschiedene Klubs, fuhren auch manchmal als Gäste ausser Konkurrenz Distanzfahrten und Strassenrennen mit. Wir wurden stets mit grösster Liebenswürdigkeit aufgenommen, aber was wir begehrten, rein kameradschaftlichen Verkehr, fanden wir nicht. Wir waren den Herren in erster Linie Damen, erst sehr in zweiter Reihe Sportskameraden. Und eine Aufnahme als voll- und gleichberechtigte Mitglieder, ja, die hielt jeder Verein für ganz undenkbar. Als geduldeter, vielleicht von einzelnen besonders eifrigen Fahrern scheel angesehener Ballast eines Klubs zu erscheinen, passte uns wieder nicht.

In Graz bestand bereits ein reiner Damenklub, am 12. Februar 1893 von den Damen: Frau Steininger, Frau Allmeder, jetzt Kleinoscheg, Frl. Louise Sorg, jetzt Frau Fuchs, begründet. Was im Süden möglich war, warum sollte das bei uns nicht gehen? So fand denn unsere konstituierende Generalversammlung am 23. November 1894 statt. Zu den alten fünf Rennfahrerinnen Frl. Beyer, Frau Caspari, Frl. Hoffmann, Frau Runtzel und der Verfasserin hatten sich noch drei weitere Fahrerinnen gesellt, so dass wir mit 8 Mitgliedern als Bundesverein des D. R.-B. ins Leben traten. Wir haben vom ersten Tage unseres Bestehens an eine Ehre darin gesucht, die Pflichten, die wir als Mitglied des D. R.-B. und des Gaus 20 Berlin hatten, ebenso streng zu erfüllen wie jeder andere tüchtige Klub. Und nach der herzlichen und ehrenvollen Aufnahme, die uns seitens der Kameraden stets geworden ist, zu urteilen, ist uns das gelungen. Wir waren jetzt nicht mehr «Damen als Gäste», sondern vollberechtigte Kameraden. Wir hatten der Frau die Gleichberechtigung im Radfahrsport erkämpft. Unser Gau hat das unzweideutig dadurch anerkannt, dass er ein Mitglied unseres Klubs als Ersatzdelegierte zum XIII. Bundestag nach Halle sandte. Die Dame ist nicht in die Lage gekommen, ihr Mandat auszuüben, da der Hauptdelegierte, den sie eventuell zu vertreten bestimmt war, sich des besten Wohlseins erfreute. Hierdurch wird aber an der prinzipiellen Wichtigkeit dieser Wahl für den Damenradfahrsport nichts geändert. Dass man uns als vollberechtigte Kameradinnen achtete, bewies uns auch unsere Aufnahme auf dem XIII. Bundestag in Halle, wo wir zahlreich vertreten waren, sowie das sympathische Entgegenkommen, das unmittelbar darauf die Verfasserin auf den Veranstaltungen der I. C. A. in Kopenhagen fand. Auch unsere Festlichkeiten sind stets glänzend besucht gewesen und erfreulich verlaufen. Differenzen bleiben in keinem Verein aus, also auch im Damenklub nicht. Waren sie ernsterer Natur, so endeten sie bei uns mit dem Austritt der schwächeren Partei. Dieser Austritt hat in zwei Fällen zu der Bildung neuer Damenvereine geführt, die andern Richtungen des Damensports Ausdruck gaben und zu denen wir bald wieder in den besten Beziehungen standen. Die Damen haben uns nie vergessen, dass sie bei uns organisieren gelernt hatten. Solche Krisen haben sich fast immer friedlich und in den besten Formen abgespielt. Erst in einem einzigen Falle haben wir Damen, die durchaus nicht begreifen wollten, dass sie nicht zu uns gehörten, ausschliessen müssen. Dass ein Damenklub bei der Aufnahme von Mitgliedern die äusserste Vorsicht walten lassen muss, liegt auf der Hand. Und auch grösste Vorsicht schützt, besonders in der Grossstadt, nicht immer vor Täuschung. Das aber den Klub entgelten lassen wollen, ist mehr als ungerecht. In den letzten Jahren sind schon in einer ganzen Reihe deutscher Städte Damenradfahrklubs gegründet worden, in denen überall reges, sportliches Leben herrscht. Eine ganz unglückliche Idee tauchte vor einiger Zeit auf, verschwand aber bald sang- und klanglos wieder. Eine Dame, die das Zeug zur Bundespräsidentin in sich fühlen mochte, wollte einen Verband sämtlicher Damenklubs nach dem Muster der grossen Verbände wie D. R.-B. oder A. R.-U. gründen. Die Sache scheiterte am gesunden Sinn der Damenklubs, denn eine gedeihliche sportliche Thätigkeit kann ein Verein nur entfalten als Glied eines grossen Ganzen. Verlassen wir die grossen sportlichen Verbände, so laufen wir Gefahr, zum Kaffeekränzchen und Klatschzirkel herabzusinken.

Unsere Losung ist und bleibt: Fahren, fahren, fleissig fahren! Die Rennbahn ist uns vorläufig verschlossen, ob das ein Vorteil oder Nachteil für unseren Sport ist, darüber lässt sich streiten. Uns bleibt unbestritten die Tour und das Saalfahren. Im Saalfahren sind wir durch unsere verhältnismässig geringe Mitgliederzahl benachteiligt. Dass der Fahrwart eines grossen Klubs unter seinen 2—300 Mitgliedern eher acht Leute herausfindet, die sich zu hervorragenden Saalfahrern eignen, wie unser Fahrwart unter seinen 10 bis 20 Mitgliedern, versteht sich von selbst. Als Vereinsleistung ist deshalb ein gut gefahrener Achterreigen eines kleinen Vereins verhältnismässig viel höher zu

werten, als der schönste Reigen des grossen Vereins. Denn der kleine Verein zeigt, dass er fast seine sämtlichen Mitglieder auf eine achtbare Höhe der Ausbildung gebracht hat, der grosse Verein beweist nur, dass von je zwanzig oder dreissig seiner Mitglieder eins ein guter Fahrer ist.

Wir haben oben von der Altersgrenze der Fahrerin gesprochen und gesehen, dass die Zahl der Jahre am Fahren nicht hindert. Ebenso ist es nach unten. Das Fahrrad war ein beliebtes Kinderspielzeug schon lange ehe das Radfahren den jetzigen Aufschwung nahm. Und es ist durchaus nicht einzusehen, warum es das nicht bleiben soll. Was das Kind in unbewusster Jugend erlernt hat, das behält es bis ins späteste Alter. Die Muskelbewegung beim Fahren ist eine naturgemässe, also gesunde. Das kleine Kind kennt auch im Spiele kaum ein Uebermass. Jetzt spielt es mit der Puppe, dem Hunde oder dem Kaninchen, jetzt mit dem Rade, dann jagt es zu Fuss im Garten herum. Ein Uebermass kann kaum eintreten, und nur das wäre zu fürchten. Racetouren macht das Kind nicht, das verbietet schon die Qualität der Kinderspielzeugmaschine. Natürlich wird es keiner verständigen Mutter einfallen, ihr kleines Kind auf seiner Spielzeugmaschine auch nur auf die kürzeste Tour, und wenn sie in noch so langsamem Tempo gefahren wird, mitzunehmen. Das kleine Kind gehört in Garten und Hof, nicht auf die Landstrasse. Anders wird es, wenn das Kind anfängt zur Schule zu gehen. Nach kurzer Zeit kommt es dahinter, dass sein Klapperkasten doch nur in sehr beschränktem Masse die Bezeichnung Fahrrad verdient. Vielleicht besitzt ein älterer Schulkamerad eine Jugendmaschine, deren Sattel sich so tief stellen lässt, dass unser Sprössling mit seinen kurzen Beinchen die Pedale zur Not erreichen kann. Es ist fast unglaublich, wie das gewandte Kind sich jeder Maschine anzupassen versteht. Dem älteren Jungen macht es natürlich ungeheuren Spass, den Kleinen auf seinem Rade strampeln zu sehen und die Fahrt geht los. Das Kind, welches mit seinem Klapperkasten schon ganz manierlich umzugehen wusste, fliegt natürlich auf der leichtlaufenden Maschine mühelos dahin und erzählt entzückt zu Hause von dem «wirklichen Rad». Nun ist es mit dem Klapperkasten zu Ende, die Parole heisst: Papa, kauf mir ein Rad! Bis jetzt sind die Erfahrungen über das Kinderfahren noch geringe, Fälle, in denen Kinder ernsthaften Schaden an der Gesundheit erlitten hätten, sind mir nicht bekannt geworden, Unglücksfälle natürlich abgerechnet. Knabe und Mädchen unterscheiden sich im Benehmen und sonstigen Verfahren in keiner Weise. Das kleine Mädchen hat vor dem Knaben nur eines voraus, die unendliche Freude, dass es nun ebensolche Hose anziehen darf wie Mama, und will zuerst gar nicht begreifen, dass sich die Hose ausserhalb des Rades «nicht schickt». Kinder sind ja oft unbarmherzig scharfe Logiker. Hat nun das Kind das «wirkliche Rad» errungen, dann heisst es allerdings aufpassen. Geschickte und kräftige Kinder entwickeln schon auf der Spielzeugmaschine ganz achtbare Geschwindig-keiten, mit der guten Jugendmaschine fliegen sie förmlich dahin. Sie brauchen zum Erreichen einer respektabeln Schnelligkeit weniger Kraft, wie sie früher auf dem Klapperkasten anwenden mussten. Wer weiss, wie das Hochgefühl des Dahinfliegens schon auf den Erwachsenen wirkt, kann ermessen, was das phantasie-reiche Kind dabei empfindet. Die nun eintretende Gefahr ist eine doppelte. Einmal die Ueberanstrengung und die Schäden, die Lunge und Herz durch Jagen gegen den Wind erleiden könnten. Hiergegen giebt es ein einfaches Mittel, das auch für Erwachsene durchaus empfehlenswert ist. Dem Kinde wird ein-geschärft: Du darfst nie, unter keinen Umständen, auf dem Rade den Mund öffnen. Thust du es doch, nehme ich dir dein Rad fort. Radfortnehmen ist überhaupt als schwerste Disciplinarstrafe ein sehr em-pfehlenswertes Erziehungsmittel. Es muss natürlich nicht nur angedroht, sondern auch mal auf ein paar

massen sicher ist. Eigentümlich ist, dass selbst träge Kinder, die sonst in Schule und Haus meist einen still beschaulichen Lebenswandel führen, auf dem Rad selten Trägheit zeigen. Das ist eine der schönen erzieh-lichen Seiten des Radfahrens. Die Mahnung: Turne fleissig, sonst kannst du später nie Kunstfahren lernen, macht manchen kleinen Radfahrer zum fleissigen Turner. Eine fernere Lichtseite des Kinderradfahrens ist, dass sich das Kind durch die Behandlung des Rades eine gewisse mechanische Gewandtheit aneignet. Wer weiss, wie ungeschickt der tüchtigste Gymnasiast und die gelehrteste höhere Tochter oft sind, wird das auch zu schätzen wissen. Solange es irgend geht, muss der kleine Radfahrer sich selbst helfen, erst, wenn alle Stränge reissen, darf Mama oder Papa zufassen.

Auffallend ist, wie schnell die meisten Kinder das Fahren erlernen. Die Gefahr von Rennen, die Kinder untereinander ausführen, braucht man nicht zu überschätzen. So gut, wie sie sich beim Greif-

Cito — Köln Nr. 2.

Tage durchgeführt werden. Solange das Kind mit geschlossenem Munde fährt, ist eine Schädigung nicht zu befürchten. Und wird der kleinen Radfahrerin die Maschine eine Zeitlang entzogen, so merkt sie sich das auf ewig.

Natürlich will die Kleine jetzt auch mit den Eltern Touren fahren und das kann man ihr auch nicht gut mehr abschlagen. Jetzt treten die Gefahren des Strassen-verkehrs an uns heran. Der kleine Grossstädter kennt sie und gewöhnt sich schnell daran, sie auch zu Rad zu überwinden. Trotzdem werden vernünftige Eltern wohlthun, ihre Kinder von belebten Strassen mög-lichst fern zu halten. Muss man mit dem Kinde solche Strassen passieren, so lässt man es am besten direkt hinter der eigenen Maschine folgen. Nie ver-suche man im Strassenverkehr ein Kind von der Seite zu führen. Wagenfieber tritt bei Kindern viel weniger auf, wie bei erwachsenen Neulingen, Furcht kennt das Kind nicht mehr, sowie es auf dem Rade einiger-

zeckspiel einmal ausser Atem rennen, thun sie das beim Wettfahren natürlich auch. Diese Rennen dauern aber nie lange. Gefährlich wird die Sache erst, wenn sie auf der Tour veranlasst werden, längere Zeit ein für sie zu scharfes Tempo mitzuhalten. Das unfehl-bare Kennzeichen ist hier wieder das Oeffnen des Mundes. Steigungen nehmen Kinder meist sehr leicht, wohl weil ihre Beinmuskulatur im Verhältnis zum Körpergewicht stark ist. Sowie uns im Verhalten der Kleinen die geringste Veränderung entgegentritt, wird selbstverständlich der Arzt zu Rate gezogen, natürlich nicht ein alter Medizinalrat, sondern ein Radfahrer.

Noch wichtiger wie für den Erwachsenen ist für das Kind die Haltung. Das Mädchen ist meist zu eitel, um die abscheuliche Katzenbuckelstellung ein-nehmen zu wollen, besonders wenn ihm zu Hause die Hässlichkeit derselben gründlich klar gemacht wird. Anders ist es bei den Jungen, besonders, wenn sie Rennen gesehen haben oder fleissig die

Abbildungen der Sportszeitungen studieren. Wenn man ihnen die Lenkstange richtig einstellt, können sie ja nicht katzenbuckeln. Aber sie wissen sich zu helfen. Wenn sie uns ausser Sicht sind, wird die Lenkstange tief-, der Sattel hochgestellt und das Racen geht los. Manchmal vergessen sie dann bei der Nachhausefahrt die Umstellung und man hat sie auf frischer That. Aber auch wenn die Lenkstange wieder hochgestellt ist, sieht man meist an der Bestaubung oder der Stellung der Schraube, dass etwas Verdächtiges vorgekommen ist. Dann wird das oben gegebene Rezept angewendet: Machst du das noch einmal, nehme ich dir die Maschine weg! Abgesehen vom hässlichen Aussehen ist natürlich für den in der Entwicklung begriffenen kindlichen Körper die krumme Haltung noch viel schädlicher wie für den erwachsenen. Man hüte sich aber auch hier, zu viel zu thun und etwa die Kinder steif wie die Lichter hinzusetzen. Besonders beim Fahren gegen den Wind soll der Kopf immer nach vorne gebeugt sein.

Was Kinder leisten können? Hierüber lässt sich keinerlei Norm aufstellen, das hängt ganz und gar von den Umständen ab. Das kräftige Kind leistet natürlich mehr, wie das schwächliche, die Ausdauer ist aber bei günstigen Verhältnissen oft eine ganz unvermutete.

Ein Wort noch über Kindermaschinen. Für Kinder ist das beste gerade gut genug. Trotzdem bringt manche Fabrik ganz unglaublichen Schund als Kindermaschine auf den Markt, allerdings — billig. Thörichte Eltern, die selbst recht teure Maschinen fahren, wollen für die Jugendmaschine eben nur Spielzeugpreise anlegen, während ein gutes Jugendrad unmöglich viel billiger sein kann, wie das für Erwachsene. An solchem Klapperkasten können natürlich weder Kind noch Eltern Freude haben. In Betracht muss man aber ziehen, dass Kinder schlechterdings nicht so vorsichtig fahren, wie Erwachsene und deshalb bald einmal stürzen. Man darf ihnen darum keine allzu leichte Maschine in die Hand geben, wenn man nicht in der glücklichen Lage ist, recht oft eine neue kaufen zu können. Eine leichte Maschine, die erst durch einige tüchtige Stürze gründlich verbogen und verbeult ist, läuft trotz aller Reparaturen nie mehr tadellos.

Für die radfahrende Mutter giebt es wohl kaum eine höhere Freude, als den Anblick der sich kräftig und gesund entwickelnden, ihr Rad vollendet meisternden Tochter. Die Gedanken, die uns da durch den Kopf ziehen, gehen weit über den Radfahrsport hinaus. Ein wehmütiger Zug liegt mit darin, man spürt das erste Wehen des heranziehenden Alters. Und doch, wie ganz anders fühlt man hier, als im faden Treiben des Ballsaales! Dort begegnet der Mutter, die sich zugleich mit der Tochter im Wirbel dreht, stets das gewisse, halb mitleidige, halb ironische Lächeln. Hier, auch wenn die kräftig heranwachsende Tochter der alternden Mutter schon «über» ist, die Mutter bleibt neben ihr unermüdet, unverdrossen, und im stillen denkt sie: Ob wohl die Enkelin einstmals ebenso brav fahren wird? Und wie wirst du selbst dann fahren?? Und niemand belächelt dich. Und ich glaube zum Schluss meinen radfahrenden Leserinnen keinen besseren Segenswunsch darbringen zu können, als den: Setzt eure Kinder aufs Rad, so bald ihr könnt. Das Kind ist in keiner anderen Umgebung so herzig und lieb wie auf dem Rade. All Heil!

Das bayerische Radfahr-Detachement 1896.*)

# VIII. Das Rad im Dienste der Wehrkraft

von

*Julius Burckart — München*

Hauptmann und Batteriechef im k. bayer. 3. Feld-Artillerie-Regiment,
Vorsitzender der bayer. Militärfahrrad-Abnahme-Kommission und Leiter der Militär-Radfahr-Kurse des k. bayer. I. Armeecorps seit 1895.

## 1. Einleitung.

IE Kriegsgeschichte lehrt uns, dass jeder grössere Aufschwung in der Kultur der Völker, jeder bedeutende Fortschritt in der Technik und dem Verkehrswesen auch eine höhere Entwicklungsstufe der Kampfmittel und damit eine Erweiterung und Umgestaltung der Kriegführung zur Folge hatte. Wenn wir dieser Thatsache im einzelnen nachforschen, so treffen wir auf eine ganz charakteristische Erscheinung, die darin besteht, dass die Heeresleitungen der Frage nach Neuerungen fast stets mit einem gewissen Widerstreben und Misstrauen näher treten. Seit es eine «Militär-Litteratur» giebt, war es meist diese, die — oft Jahrzehnte voraus — auf notwendige Neuerungen, Verbesserungen und Erweiterungen der Kampfmittel hinwies und hieraus die Konsequenzen für den Krieg theoretisch ableitete.

Betrachten wir in dieser Hinsicht die Eisenbahnen. Schon Mitte der 30er Jahre wies Moltke, damals noch junger Generalstabsoffizier, in einer kleinen Schrift auf die Bedeutung der Eisenbahnen für militärische Zwecke hin. Die gegenteilige Ansicht, die hierüber noch nach Jahren in der Armee und wohl auch in den leitenden Kreisen herrschte, findet ihren Ausdruck in einem Aufsatz der «Militär-Litteratur-Zeitung»: «Es stellt sich immer mehr heraus, dass man die Eisenbahnen unter Umständen zu militärischen Zwecken zwar wird brauchen können, dass sie aber im wesentlichen auf die Kriegsführung von nur geringem Einflusse bleiben werden. Sie sind einmal friedlicher Natur.» Und nun welch plötzlicher Aufschwung in den 60er Jahren, welch gewaltige Thätigkeit der Bahnen im deutsch-französischen Kriege! Und erst welche Ansprüche an sie in einem zukünftigen! Die Eisenbahnen stellen heute ein Kriegsmittel von weittragendster Bedeutung dar; sie sind von einschneidender Wirkung auf die Entschlüsse der obersten Heeresleitung und ohne sie ist eine Beförderung der heutigen Millionenheere und deren Unterhalt

Bayerischer Militär-Radfahrer.

überhaupt nicht möglich. Aus dem für die Kriegsführung «wenig einflussreichen» Beförderungsmittel «friedlicher Natur» ist eine gewaltige und unentbehrliche Specialwaffe der modernen Kriegskunst geworden.

*) Nach Momentaufnahmen von M. Stuffler in München.

Auch dem Fahrrade war es nicht beschieden, in dieser Beziehung eine Ausnahme zu machen. Es liegt mir ferne, hieraus den Schluss ziehen zu wollen, dass das Fahrrad jemals einen derartigen Einfluss auf die Kriegsführung gewinnen könnte, wie er heutzutage den Eisenbahnen zugesprochen werden muss; aber immerhin halte ich das Fahrrad für berufen, in der zukünftigen Entwicklung der kriegerischen Handlungen eine Rolle zu spielen, der gegenüber die bis jetzt bethätigte «offizielle» Militär-Radfahrerverwendung relativ denselben Abstand aufweisen dürfte, wie etwa die militärische Ausnützung der Eisenbahnen in den 40er Jahren gegenüber jener unserer Tage.

Die heutige «offizielle» Radfahrerverwendung in den einzelnen Armeen erhebt sich nicht über das Stadium mehr oder minder primitiver Versuche. Es wird daher zu untersuchen sein, wo die Grenzen der militärischen Verwendbarkeit des Fahrrades liegen, inwieweit sich hierdurch die verschiedenen Gebiete der kriegerischen Thätigkeit erweitern und günstig beeinflussen lassen, was für Mittel zur Erreichung dieses Zweckes anzuwenden, welche Wege hierzu einzuschlagen und wie Versuche überhaupt anzulegen sind. Hierin dürfte die Hauptaufgabe aller theoretischen Betrachtungen bestehen.

Wenn wir nun Umschau halten, was die Theorie in dieser Hinsicht bisher geleistet hat, so finden wir unter der Masse des Gebotenen nur wenig Rühmenswertes. Die sich mit der Frage immer mehr beschäftigende Tages- und Sportspresse, voran die französische, steht einerseits noch zu sehr unter dem Banne des augenblicklich die Welt beherrschenden Fahrrad-Paroxysmus, anderseits dürfte sie aber — mit geringen Ausnahmen — überhaupt nicht in der Lage sein, sich die Verhältnisse des Krieges stets klar vor Augen zu führen. Die Berichte, die nun gar über amerikanisches Militär-Radfahrwesen zu uns herüberdringen, scheinen grösstenteils der Feder eines Jules Verne zu entstammen. Es liegt auf der Hand, dass derartige Uebertreibungen in massgebenden Kreisen sowohl, wie in der Militär-Litteratur nur Lächeln oder Widerspruch hervorrufen und daher der Sache mehr schaden als nützen.

Aus der Flut jener Litteraturerzeugnisse ragen die Arbeiten dreier Offiziere hervor und zwar des preussischen Premierlieutenants Gerhard Freiherr von Puttkamer, des österreichischen Lieutenants d. R. Franz Smutny und des italienischen Lieutenants Natali Luigi. Diese Offiziere hatten nicht nur das Bestreben, der Sache in objektiver Weise nahezutreten, sondern waren auch imstande, ihre Ansichten durch praktische, ihrer eigenen Initiative zu dankende Truppenversuche, sowie durch persönliche Erfahrungen zu begründen.

Ehe wir uns nun der Betrachtung der uns hauptsächlich interessierenden Radfahrerverwendung in der deutschen, österreichisch-ungarischen und französischen Armee während der letzten Jahre zuwenden, erscheint es zum besseren Verständnis unerlässlich, auf die ersten Anfänge und bescheidenen Versuche, das Fahrrad in den verschiedenen Heeren einzubürgern, einen flüchtigen Blick zu werfen.

### Frankreich.

Wenden wir uns zunächst zu Frankreich. Die erste uns bekannte kriegerische Verwendung des Zweirades fand 1871 in dem belagerten Belfort statt. Es mögen vielleicht noch jene alten Holzräder-Vehikel nach dem System Michaux gewesen sein, die damals berufen waren, die fehlenden Pferde zu ersetzen und es steht wohl ausser Zweifel, dass ihre Verwendung auf den schneebedeckten, von den deutschen Granaten aufgewühlten Strassen nicht dazu angethan war, der Militär-Velocipede eine geachtete Stellung unter den damaligen Kampfmitteln zu erobern.

1878 empfiehlt Oberst Denis, damals Lehrer der Kriegsgeschichte in Saint-Cyr, den Gebrauch von Militär-Radfahrern und zwar auf Grund der Verwendung solcher bei den italienischen Manövern 1874. Die ersten eigentlichen Versuche in Frankreich datieren aus dem Jahre 1886, wo bei den Manövern des 18. Corps acht Radfahrer als Ordonnanzen des Corpsstabes Verwendnng fanden.

Ihre offizielle Weihe erhielt die französische Militär-Velocipede jedoch erst mit dem Erscheinen des provisorischen Reglements vom 2. April 1892. Dieses bestimmt, dass die Radfahrer im Manöver und Felde der Reserve und Territorialarmee zu entnehmen sind und ihre eigenen Maschinen — jedoch nur Niederräder — mitzubringen haben. Das Reglement bestimmt ferner die genaue Anzahl Radfahrer, die im Ernstfalle den Stäben und Truppenteilen zuzuweisen sind; hieraus ergiebt sich die erforderliche Summe von rund 5000 Radfahrern für die ganze mobile Armee.

### England.

In England, der Heimat alles Sports, hat sich das von einem Deutschen erfundene, von einem Franzosen mit Pedalen versehene Fahrrad bekanntlich zu allererst begeisterte Anhänger erworben. Die englische Heeresmacht besteht nun nahezu zur Hälfte aus Freiwilligen-Corps. Es war daher naheliegend, dass von diesen «Volunteers», deren militärische Thätigkeit doch mehr nach der sportlichen als soldatischen Seite hinneigen dürfte, das Fahrrad schon frühzeitig zu militärischen Uebungen benutzt wurde und hierauf auch in dem stehenden Heere Aufnahme fand. Schon 1885 wurde die erste Radfahrer-Abteilung, bestehend aus 10 Offizieren, 98 Freiwilligen als geschlossene Truppe gebildet. 1890 erscheint ein Felddienst-Reglement mit Bestimmungen für das taktische Auftreten von Radfahrer-Abteilungen und bald darauf verfügt jedes Freiwilligen-Bataillon über eine Sektion von 24 Radfahrern, so dass schon bis zum Jahre 1894 die englische Armee die stattliche Summe von 3000 Radfahrern aufweist.[*]

Es mag noch erwähnt werden, dass die Schottischen Freiwilligen-Bataillone die Errichtung von Rad-

---

[*] Diese Zahl ist bis jetzt auf 5000 angewachsen und soll noch auf 20,000 erhöht werden.

fahrersektionen abgelehnt haben und zwar wegen der «Kostümfrage». Nichts vermag den Schottländer zu einem Verzicht auf seine Nationaltracht mit dem bekannten frauenschürzenartigen «Kilt» zu bewegen. In dieser jedoch das Rad zu besteigen, scheinen «ästhetische Rücksichten» zu verbieten.

### Italien.

Italien soll schon vor dem Jahre 1870 Radfahrer zu Ordonnanzdiensten verwendet haben. Organisiert wurde dieser Dienst im Jahre 1886, wo jedes Regiment drei Radfahrer und von den Artillerie-Werkstätten zu Pavia gelieferte Maschinen erhielt. Hier trat besonders Oberstleutnant Massaglia für Radfahrerverwendung in die Schranken. Schon 1892 schlägt er vor, den Kavalleriedivisionen Infanteriekompagnien in der Stärke von 200 Mann zu Rade beizugeben.

### Russland.

Auch Russland hat seit 1891 jedem Infanterieregiment 8, jedem Jägerbataillon und Kavallerieregiment 4 Radfahrer zugeteilt. In jedem Regiment sollen mindestens 2 Offiziere des Radfahrens kundig sein. Um die Offiziere zur Beschaffung eigener Räder zu ermuntern, ist ihnen eine Beihilfe von 3 Rubeln 60 Kopeken (!) in Aussicht gestellt. Leider fehlen bis jetzt «statistische» Nachweise über den Erfolg dieser Massregel.[*]

### Die kleineren Staaten.

Die kleineren Staaten, voran die Schweiz, dann Belgien, Holland, Spanien, Portugal, Dänemark, Norwegen und Schweden, Serbien und Bulgarien haben schon vor 1894 das Fahrrad in ihren Armeen eingebürgert und mit Vorteil bei ihren Manövern verwendet.

### Aussereuropäische Staaten.

Von den aussereuropäischen Staaten sollen vor allem die Vereinigten Staaten Nordamerikas, dann Mexiko, Argentinien, Japan und selbst China[**]) trotz

Hauptmann **Julius Burckart — München.**

seiner Verachtung europäischer Erfindungen und Fortschritte Radfahrer zu militärischen Zwecken verwenden. Es fällt jedoch schwer, in den uns überkommenen Zeitungsnotizen die Grenzlinie zwischen Dichtung und Wahrheit zu bestimmen. Wenn uns beispielsweise amerikanische Blätter von einer Relaisfahrt ihres «Signalcorps» von San Francisco nach New-York (5600 km) berichten, wobei Geschwindigkeiten von 32 km in der Stunde (!) gefahren wurden, will es uns, namentlich auch im Hinblick auf die topographischen Verhältnisse, denn doch bedünken, dass die Fahrer stellenweise ihr Fahrrad mit dem «sleeping car» eines Pacifique-Trains «verwechselt» haben möchten.

Wenn nun die im vorstehenden skizzierten Versuche auch noch als mehr oder minder primitive bezeichnet werden müssen, so geben sie doch Zeugnis von der Bedeutung, welche man dem Fahrrade als modernem Kriegsmittel in den verschiedenen Armeen schon frühzeitig beimass.

### Deutschland und Oesterreich.

Demgegenüber sehen wir bis zum Jahre 1894 Deutschland und Oesterreich eine nicht gerade ablehnende, aber doch sehr reservierte Stellung einnehmen.[***]) Wenn auch mit Beginn der 90er Jahre in den Armeen beider Staaten, hauptsächlich auf Betreiben einzelner Persönlichkeiten oder Truppenteile im Garnisondienste, bei Felddienstübungen und Manövern, bald da, bald dort das ungewohnte Bild eines Radfahrers in Uniform auftauchte, so wurde doch diese Neuerung im allgemeinen mehr geduldet als protegiert. Die Gründe für diese Erscheinung waren

---

[*]) Neuerdings sollen versuchsweise Hauptleute der Infanterie mit Fahrrädern ausgerüstet worden sein. Ferner schwebt zur Zeit ein Truppenversuch mit Schlitten-Velocipeden.

[**]) Neueren Nachrichten zufolge sollen jedoch die Chinesen nicht nur das Pulver, den Kompass, den Zopf und die Buchdruckerkunst, sondern auch das Fahrrad schon lange vor uns Europäern gekannt haben. Unter der Dynastie Yao, 2300 vor

Christi Geburt schon, soll das Fahrrad seinen Einzug im himmlischen Reiche gehalten haben und bis vor 100 Jahren im Gebrauch gewesen sein. Das mit Kettentransmission vom Vorderrade versehene, «der glückliche Drache» genannte Vehikel soll sich jedoch einer derartig zunehmenden Beliebtheit bei den chinesischen Damen erfreut haben, dass ein Kaiserlicher Erlass das Radfahren mit der Begründung verbot, es übe einen ungünstigen Einfluss auf die Zunahme der Bevölkerung aus.

So soll sich wenigstens der Vizekönig Li-Hung-Tschang bei seiner jüngsten europäischen Tournée geäussert haben. Vielleicht war es jedoch nur ein Aprilscherz, den sich der „chinesische Bismarck“ einem allzu eifrigen Interviewer gegenüber oder angeregt durch den Anblick manch einer unserer radelnden europäischen Schönen geleistet hat.

[***]) «Fidèle à sa méthode d'observation constante et opi-

wohl in beiden Heeren ähnlicher Natur. Ich glaube nicht fehlzugreifen, wenn ich den des «unmilitärischen Aussehens» in die erste Reihe stelle. Wenn wir uns die Erscheinung der Radler anfangs der 90er Jahre, das heisst den durch den irrationellen langgestreckten Rahmenbau mit dem zu weit nach hinten liegenden Sattel begünstigten, von vielen im hellen Unverstand als besonders «sportsmässig» bezeichneten, outrierten Katzenbuckelsitz in das Gedächtnis zurückrufen, der alsbald dem Spott des Publikums und dem Stift des Karrikaturenzeichners verfiel, wird es uns vollständig erklärlich, dass man vor dem Gedanken zurückschauderte, einen Mann in «des Königs Rock» in ähnlicher Verfassung den Blicken der Oeffentlichkeit preisgegeben zu sehen. Dazu kam, dass eine Reihe

urteilsloser Litteraturerzeugnisse die zukünftige Entwicklung des Militär-Radfahrwesens als geeignet bezeichnete, die Bedeutung der Kavallerie herabzudrücken, was naturgemäss Opposition bei den Trägern des «Reitergeistes» in der Armee hervorrief. Eine nicht zu unterschätzende Rolle spielte wohl auch die Geldfrage, die Veranlassung war, von kostspieligen Experimenten abzusehen und sich die von andern Nationen angestellten, also auch von diesen bezahlten Versuche nutzbar zu machen. Die Erfahrungen aber, die man bis 1894 in den anderen Armeen machte, waren keineswegs so durchschlagend, dass sie imstande gewesen wären, den festen Damm der oben geschilderten entgegenstehenden Faktoren zu durchbrechen.

## 2. Entwicklung des Militär-Radfahrwesens vom Jahre 1894 an.

Vom Jahre 1894 an tritt in der Haltung der deutschen und österreichischen massgebenden Stellen eine entschiedene Wendung ein. Das Fahrrad erhält allmählich seinen kurzen, gedrungenen Rahmenbau, die Pneumatiks werden widerstandsfähiger und die Erkenntnis, dass nur das Pneumatikrad zu kriegerischer Verwendung geeignet sei, bricht sich Bahn.

Deutschland und Oesterreich treten nun neben Frankreich in den Vordergrund der Erscheinung. Wenn wir im folgenden auf die Betrachtung des Radfahrwesens der übrigen Staaten verzichten, so geschieht dies deshalb, weil uns dessen Weiterentwicklung im Vergleich zu jenem der vorgenannten Grossstaaten im wesentlichen nichts Neues mehr bietet.

### Frankreich.

Ich beginne wieder mit Frankreich. Am 5. April 1895 wurde daselbst das provisorische Radfahr-Reglement vom Jahre 1892 durch ein definitives ersetzt. Das Reglement stellt vor allem die Forderung einer gleichheitlichen Maschine für die gesamte Armee auf und ermächtigt die Truppenteile, dieses Armeemodell in einer genau festgesetzten Anzahl von den Artilleriewerkstätten in Puteaux zu beschaffen.

Die beabsichtigte Verwendung der Radfahrer ist aus den «allgemeinen Grundsätzen» zu ersehen. So sagt:

Art. 1. «Die Militärradfahrer dienen in erster Linie zu Meldezwecken. Sie können ausserdem verwendet werden, teils einzeln, teils in kleinen Gruppen zu Kundschafterdiensten, in besonderen Fällen auch in grösseren Abteilungen als Aufklärungsdetachements und im Parteigängerkriege.»

Art. 4. «Die verschiedenen Fälle, wo Radfahrer im Felde und im Manöver zu Meldezwecken Verwendung finden können, gliedern sich in drei Hauptgruppen: auf dem Marsche, während der Unterkunft (im Quartier und bei den Vorposten) und im Gefechte.»

Art. 8. «Aufklärungsdetachements werden in der Regel von einem radfahrenden Offizier geführt.»

Art. 9. «Radfahrende Offiziere können einzeln ausserdem in vielen Fällen und namentlich im Dienste der Stäbe mit besonders wichtigen Aufträgen betraut werden.»

Art. 11. «Im Kriege sind die Festungskommandanten ermächtigt, einen Radfahrerdienst unter voller Ausnützung der lokalen Hilfsmittel zu organisieren. Das gleiche gilt für die Küstenverteidigung und das ganze System der Etappen.»

Auf eine nähere Ausführung dieser Grundsätze, sowie auf die Details der Organisation einzugehen, verbietet hier der Raum.

In den Manövern des Jahres 1895 sehen wir nun bereits zwei Radfahrerdetachements formiert und zwar das eine beim 6., das andere beim 2. Armeecorps. Das erstere, unter Kommando des Lieutenants Saumade vom 21. Jägerbataillon, bestand aus 25, das letztere, unter Kommando des Kapitäns Gérard vom 87. Inf.-Regt., aus 22 Mann. Beide Detachements waren auf Anregung der genannten Offiziere formiert worden und zwar war das erstere aus Mannschaften verschiedener Regimenter des 6. Corps, das letztere ausschliesslich aus Mannschaften des 87. Inf.-Regts. zusammengesetzt. Die Leute Saumades fuhren eigene Maschinen, jene Gérards das von letzterem konstruierte, zusammenklappbare und alsdann auf dem Rücken tragbare Rad.

Jedenfalls lauteten die offiziellen Berichte über beide Detachements nicht ungünstig, denn ein kriegsministerieller Erlass ordnete alsbald einen weiteren Versuch für die Manöver 1896 an und bestimmte hierzu ein 60 Mann starkes Detachement unter Kapitän Gérards Führung, ausgerüstet mit dessen neuer Maschine. General Aubigny, der kommandierende General des 2. Armeecorps, dem Gérards Truppe unterstellt war, sagt hierüber in einem Tagesbefehl — Crigny — Sainte — Benoite, 15. Sept. 1896 — nachstehendes:

«Der Versuch mit einem Zuge von 60 Radfahrern unter der geschickten Leitung des Kapitäns

niâtre, l'Allemagne est restée jusqu'à présent dans l'expectative» schreibt noch Ende 1893 die «Revue militaire suisse». — In Wien darf noch heute kein Offizier in Uniform auf dem Rade sich blicken lassen.

Gérard hat den Beweis geliefert, dass eine in gleicher Weise mit Rädern ausgerüstete, ebenso ausgebildete und befehligte Kompagnie schnell gewisse wichtige Aufträge in überraschender Weise zu erfüllen imstande sein wird. Er hat ausserdem die gebieterische und beständige Notwendigkeit für alle Waffen nachgewiesen, unablässig und nach allen freien Seiten hin auf ihrer Hut zu sein.»

Bei dem lebhaften Interesse, das die französische Nation ihrer Armee und allen Heereseinrichtungen entgegenbringt, konnte es nicht fehlen, dass die durch eine geschäftige Presse aufgebauschten Manöverleistungen der Radfahrer eine Fülle von Vorschlägen über die zukünftige Ausgestaltung dieses neuen Kriegsmittels zur Folge hatten. Unter diesen verdient jedoch der in der «Revue du Cercle Militaire» ver-

Bald darauf brachte auch ein Telegramm, d. d. Paris 10. Februar 1897, den Franzosen freudige Kunde: «Die Armeekommission der Deputiertenkammer genehmigte den Antrag Le Hérissé auf Bildung von 25 Kompagnien radfahrender Kombattanten».

Die Freude wurde jedoch bald gedämpft und verwandelte sich in Entrüstung gegen den Kriegsminister, General Billot, der es für notwendig erklärte, die im Jahre 1896 gemachten Erfahrungen bei den diesjährigen Manövern nochmals zu prüfen, ehe man daran gehen könnte, Hérissés Projekt zu verwirklichen. Jedenfalls stehen aber für dieses Jahr Versuche in grossem Stil in Aussicht.

Auf die Konsequenzen einer Annahme von Hérissés Projekt werde ich in meinen Schlussbetrachtungen näher eingehen und schliesse daher die Schil-

Der Grazer Kurs. — Schulfahren.

öffentlichte, in geistreicher Weise begründete Vorschlag eines ungenannten Verfassers hervorgehoben zu werden, der jedem Armeecorps und jeder Kavallerie-Division eine 200 Mann starke Radfahrerkompagnie zugeteilt wissen will und daher die Aufstellung von 25 solcher Kompagnien fordert.

Im Dezember 1896 brachte nun der Abgeordnete von Antrain, Le Hérissé — ehemaliger Kavallerie-Offizier — in der Deputiertenkammer den Antrag auf Bildung von 25 Radfahrerkompagnien ein und zwar genau in der Weise, wie ihn der eben berührte Artikel der «Revue du Cercle Militaire» ausführt. Es darf hieraus geschlossen werden, dass der ungenannte Verfasser jenes Artikels und Le Hérissé identisch sind und dass die Publikation einerseits als Fühler zu betrachten, anderseits berufen war, für Annahme des Projekts Stimmung zu machen.

derung der Entwicklung des französischen Radfahrerwesens bis zum Frühjahr 1897, um mich nunmehr Oesterreich-Ungarn zuzuwenden.

### Oesterreich-Ungarn.

Unser Verbündeter liess schon frühzeitig (1885) im Fecht- und Turnlehrerkurs und auf den Militärschulen das Radfahren lehren und verwendete auch seit 1893 waffenübungspflichtige Offiziere und Mannschaften als Radfahrer bei den Manövern. Allein erst das mit 1. Oktober 1896 in Kraft getretene Felddienstreglement sieht eine Verwendung von Radfahrern für gewisse Dienste im Manöver und Felde vor. Ein eigentliches Radfahr-Reglement, sowie eine Organisation des Radfahrwesens existiert in Oesterreich-Ungarn bis heute noch nicht.

Trotz dieser extremsten Zurückhaltung an mass-

gebender Stelle entwickelte sich nun aber vom Winter
1895/96 an in der Metropole Steiermarks auf dem
Gebiete des Militär-Radfahrwesens plötzlich das regste
Treiben. Dem unermüdlichen Wirken eines passionierten
Radfahrers, des durch seine Dienstleistungen als Or-
donnanzoffizier auf dem Rade während der Manöver
der letzten Jahre bekannt gewordenen Lieutenants d. R.
im Inf.-Reg. Nr. 47, Franz Smutny in Graz, war es
zu danken, dass nicht nur ein Anfang gemacht, sondern
dass dieser Anfang auch auf die richtige Basis gestellt
wurde. Die Vorstellungen und Ausführungen genannten
Offiziers fanden den Beifall und die Zustimmung des
kommandierenden Generals des 3. Corps, des Feld-
zeugmeisters Freiherrn von Rheinländer, auf dessen
Befehl im Winter 1895/96 der erste k. u. k. Militär-
Radfahrkurs in Graz aufgestellt wurde, der bis in
den Sommer 1896 hinein währte. Während man in
Oesterreich bisher glaubte, im Bedarfsfalle jederzeit
genügend Radfahrer mit eigenen Maschinen aus dem
Lande zu gewinnen, hatte der Grazer Kurs in erster
Linie den Zweck, aus dem aktiven Stand tüchtige
Militär-Radfahrer heranzubilden. Mit der Leitung des
Unterrichtes war Lieutenant Smutny betraut worden;
die übrige militärische, theoretische, sowie die Schiess-
Ausbildung war einem aktiven Offizier übertragen. Zu
dem Kurse wurden 28 Unteroffiziere und Mannschaften als Frequentanten kommandiert. Es verdient hier hervorgehoben zu werden, dass von der
k. u. k. priv. österreichischen Waffenfabrik in Steyr
aus ihren Swift-Fahrradwerken 20 eigens gebaute
Militärfahrräder dem Kurse unentgeltlich zur Verfügung gestellt wurden.*)

Der Unterricht zerfiel in zwei Teile, den theoretischen und den praktischen. Die Fahrübungen
begannen mit dem Schulfahren. Hierbei wurde das
nahe aneinander Vorüberfahren, ferner das Revolver-
schiessen und der Gebrauch des Fechtsäbels während
der Fahrt geübt. Das Schulfahren als Vorbereitung
für das Fahren im Gelände wurde schliesslich zu
so'cher Virtuosität gesteigert, dass die Fahrer imstande
waren, der Länge nach über die Sprossen einer auf
den Boden gelegten Leiter, ferner über kleine Treppen
hinauf und herunter zu fahren.**) Diesen Uebungen

schlossen sich jene im koupierten Terrain an. Hier
wurde das Fahren auf schmalen Fusspfaden, längs
Wiesen, Acker- und Waldrändern, über Steingeröll
und Baumstämme, durch Strassengraben, über Ravins
herab und dergleichen geübt. Die sich hieran reihen-
den taktischen Uebungen bezweckten Geschicklichkeit
im Aufklärungsdienste, in der Aufstellung von Relais,
Besetzung von Defilées, Verbindung vorgeschobener
Posten untereinander u. s. w. Dass die Fahrer in
der genauen Kenntnis der Maschinen, deren Behandlung vor, während und nach der Fahrt, sowie der
Behebung kleinerer Beschädigungen der Räder wohl
geübt waren, versteht sich von selbst.

Mit einem derartig ausgebildeten Kurse und mit
Maschinen*), die die vorgeschilderten Uebungen
«aushielten», konnte man getrost dem beabsichtigten
ersten Debut im Manöver entgegensehen, ohne ein
Fiasko befürchten zu müssen. Durch kriegsministe-
riellen Erlass war die Anordnung getroffen, den Grazer
Kurs bei den Herbstmanövern an der ungarisch-stei-
rischen Grenze als Radfahrdetachement in vollständig
kriegsmässiger Ausrüstung und Bewaffnung zu verwenden. Letztere bestand aus dem Kavallerie-Karabiner
und dem Infanterie-Seitengewehr. Für die Manöver
war die Führung des Detachements dem Oberlieute-
nant Leber des 31. Feldjäger-Bataillons übertragen.

Die Operationen begannen am 21. August und
endigten mit den grossen Kaiser-Manövern**) zwischen
Mura—Szerdahely und Csakathurn am 23. September.
Ich muss mich an dieser Stelle darauf beschränken,
in Kürze mitzuteilen, welcher Art die Verwendung
des Detachements war, ohne auf die Einzelheiten
näher eingehen zu können.

Die dem Detachement zufallenden Aufgaben
waren chronologisch aufgezählt folgende: Besetzung
eines wichtigen Bahnübergangs, Alarmirung eines feindlichen Kantonnements, Seitendeckung eines vormarschierenden Kavallerie-Regimentes, Brückenbesetzung
zum Schutz der Flanke einer Artilleriestellung, Besetzung einer weit vorwärts gelegenen Ortschaft, Be-

---

*) An diesen Maschinen waren alle blanken Teile dunkel
brüniert; sie hatten ferner Bajonett- und Gewehrträger und besonders hochgestellte Tretkurbellager.

**) Ich habe mich bei einer Besichtigung des Grazer
Detachements persönlich von der ausserordentlichen Fahrsicherheit und Gewandtheit der Mannschaften überzeugt und die Früchte
dieser Art «Schulfahren» im Gelände zu bewundern Gelegenheit
gehabt. Jedem Einsichtigen ist es klar, dass der Radfahrer im
Felde den Gegner vom Rade aus weder mit der Schusswaffe
bekämpfen, noch mit gezogenem Säbel attakieren wird, dass er
weder in die Lage kommen wird, Leitern noch Treppen zu befahren, dass eben alle diese Uebungen ausschliesslich Mittel
zum Zwecke einer hochgesteigerten Fahrsicherheit im Gelände
sind. — Demungeachtet leistete sich die Pariser Sportzeitung
«Vélo» folgende mit billigen Witzen aufgeputzte Expektoration,
die ich zur Erheiterung meiner Leser anführe: «Il semble
qu'en Autriche les chefs aient sur le cyclisme militaire des idées
bien erronées. A l'instar d'une de nos écoles militaires, on ne
voit en Autriche, dans la nouvelle arme, que vitesses, records
et acrobaties. Tout récemment encore, le capitaine Burckart-

Munich, commandant des détachements cyclistes de Bavière,
s'est rendu à Graz (Autriche), pour assister aux exercices des
groupes cyclistes de Graz. Le capitaine a été ravi de ce qu'il
avait vu. Le numéro à sensation était une course générale
du peloton sur un escalier, en montant et en descendant. Les
clowns . . . pardon, les cyclistes militaires de Graz ont, dans
la perfection, exécuté ce tour de force périlleux qui a tant de
succès aux Folies—Bergère de Paris. Il est à souhaiter que
jamais chez nous, en France, on n'aiguille le cyclisme militaire
sur une pareille voie! Des équilibristes ou des recordmen, on
n'en a pas besoin sur les champs de bataille. On ne doit
demander au cycliste combattant que de la vigueur, du sang-
froid, du courage, et cette qualité si rare: «être un bon tireur».
Tout le reste, c'est de la blague.»

*) Ich erinnere hier noch einmal an die hohen Tretkurbel-
lager. Nur mit Maschinen, die das Tretkurbellager höher
als gewöhnlich angeordnet haben, kann man, wie geschildert,
im Gelände fahren. Wir werden später sehen, dass an dem
französischen Gérard-Rade gerade das Gegenteil der Fall ist.

**) Durch gütige Vermittlung des Lieutenants Smutny
bin ich in den Besitz einer Abschrift des die Manöver-Ver-
wendung des Detachements schildernden dienstlichen Berichtes
und der Manöverkarten gelangt.

setzung und Verteidigung eines Defilées im Verein mit Kavallerie, Rekognoszierungen, Streifpatrouillen und Relais. Für die Schlussmanöver war das Detachement durchweg dem 8. Husaren-Regimente für Aufklärungszwecke und Besetzung wichtiger Punkte zugeteilt.

Die bedeutendste österreichische Militär-Zeitschrift «Die Reichswehr» schliesst einen eingehenden Bericht über die Verwendung des Detachements mit den Worten: «Es ist der Beweis vollkommen gelungen, dass im Felde ein Detachement gut ausgebildeter Radfahrer viel bedeutendere Dienste, als man bisher geglaubt, zu leisten imstande ist.»

Es verdient noch hervorgehoben zu werden, dass den Berichten zufolge während der fünfwöchentlichen

ungern Folge, da sie, abgesehen von der unbequemen und behindernden Tragweise, trotz aller Bemühung immer als die Letzten am Ziele ankamen und auch nicht in einem einzigen Falle von der Zusammenlegbarkeit ihrer Räder einen Vorteil hatten.

Der beste Beweis für die Brauchbarkeit und vorzügliche Ausbildung des Grazer Detachements dürfte wohl darin zu erblicken sein, dass für 1897 eine Neu-Aktivierung des Militär-Radfahrkurses beschlossen wurde. Der Kursus ist in zwei zweimonatliche Perioden mit je 30 Frequentanten eingeteilt und es hat die erste Periode ihre Uebungen bereits seit 15. März dieses Jahres begonnen. Der Zweck des Kurses besteht darin, nicht nur vollkommen verlässige Radfahrer für den

Der Grazer Kurs. — Fahren im Gelände.

Manöver die Maschinen nicht weniger als 2400 bis 2800 Kilometer zurückgelegt und sich vortrefflich gehalten haben. Insbesondere hat keiner der noch vor kurzem von gewisser Seite für militärische Zwecke als vollkommen unbrauchbar erklärten «pneumatischen» Reifen einen ernstlichen Schaden erlitten.

Das Detachement war auch mit 3 Stück «zusammenlegbarer» Räder verschiedener Herkunft ausgerüstet. Diese Räder sollen sich jedoch — auch bei Gelegenheiten, wo ein Fussmarsch nicht zu vermeiden war, wie z. B. Durchstreifung eines Waldes, Erklimmen einer mit Unterholz bewachsenen Bergkuppe — nicht bewährt haben. Die damit beteilten Leute leisteten dem Befehle des Zusammenlegens nur

Ordonnanz- und Meldedienst auszubilden, die sowohl in militärischer Beziehung, wie auch in ihren radfahrlichen Leistungen imstande sind, allen an sie herantretenden Aufgaben gerecht zu werden, sondern auch eine Abteilung zu bilden, die befähigt ist, in feldmässiger Ausrüstung einzelne Aufgaben, die bisher grösstenteils der Kavallerie überlassen bleiben mussten, zu übernehmen.

Hiermit ist Oesterreich aus seiner bisherigen Reserve hervorgetreten und schickt sich an, eine Führerrolle in der Frage des Armee-Radfahrwesens zu übernehmen. Auf diesen Erfolg, der in erster Linie dem zielbewussten Handeln und der zähen Ausdauer des Lieutenants Smutny zu danken ist, darf genannter Offizier mit Stolz blicken.

## Deutsches Reich.

Wenn ich erst jetzt auf die Verhältnisse in der deutschen Armee seit 1894 zu sprechen komme, so geschieht dies deshalb, weil sich die hieran anschliessenden Folgerungen und Schlussergebnisse naturgemäss vorwiegend aus diesen entwickeln müssen.

Die erste deutsche Dienstvorschrift, worin vom Radfahren die Rede ist, war die am 20. Juli 1894 neu ausgegebene Felddienst-Ordnung. Diese empfiehlt die Verwendung von Radfahrern an Stelle der berittenen Ordonnanzen und Meldereiter in einer Reihe von Fällen, jedoch stets mit dem Zusatz «wo gute Strassen zu Gebote stehen». Die aufgeführten Fälle sind: Anlage von Relais auf grosse Entfernungen, Verbindung der Spitze einer marschierenden Infanterie-Abteilung mit den rückwärtigen Gliedern der Marschsicherung, Verbindung der einzelnen Glieder der Vorposten untereinander, Bereitstellen von Wasser für Marschkolonnen und das Quartiermachen.

Fast ein Jahr später — am 20. Mai 1895 — erschien die sogenannte Fahrrad-Vorschrift, die eine Beschreibung der Hauptteile des Armee-Fahrrades, dessen Behandlung, ferner Bestimmungen über Ausbildung, Bekleidung, Ausrüstung und Bewaffnung des Radfahrers enthält. Diese Vorschrift gilt jedoch noch als «Entwurf» und kennt nur Maschinen mit Polsterreifen.

Beide Vorschriften bewegen sich in Bezug auf die Ausnützung der Radfahrer noch in den bescheidensten Grenzen. Von einer Radfahrer-Verwendung zu Aufklärungszwecken, einzeln oder in Detachements und im Parteigängerkriege, ferner von besonderen, nur radfahrenden Offizieren anzuvertrauenden Missionen, verlauten die deutschen Vorschriften — im Gegensatze zu dem französischen Radfahr-Reglement — nichts. Und dennoch sehen wir anlässlich der Manöver auch bei uns an radfahrende Offiziere und Mannschaften Aufgaben gestellt, die weit ausserhalb des Rahmens unserer Vorschriften liegen.

Ich erinnere nur an die durch die Presse hinreichend bekannt gewordene Verwendung von Radfahrer-Detachements bei den Manövern des 9. preussischen Armee-Corps, dessen kommandierender General, Generaloberst Graf Waldersee, schon 1894, in noch grösserem Massstabe jedoch bei den Manövern 1895 und 1896 Radfahrer-Detachements — in der Stärke bis zu 60 Mann als kämpfende Truppe verwandte und mit Specialaufträgen betraute. Ich erwähne ferner die Leistung des in Sportskreisen auch als Rennreiter bekannten Premierlieutenants Engel vom Grenadier-Regiment «König Friedrich Wilhelm II.» (1. schlesisches) Nr. 10, der im Manöver 1896 als Radfahrerpatrouille an einem Tag 170 Kilometer auf teilweise sehr bergigen Wegen zurücklegte, bis in den Rücken der Stellungen des feindlichen Armee-Corps vordrang und von dort seinem eigenen Armee-Oberkommando sehr wichtige Meldungen überbrachte.

Unter den sonstigen in der deutschen Armee während der letzten Jahre angestellten Versuchen, dem Militär-Radfahren neue Bahnen zu eröffnen, stehen jene des I. bayer. Armeecorps obenan und erscheinen deshalb einer eingehenderen Betrachtung wert.[*]

In Bayern hatte man im Frühjahr 1894 den Fusstruppen eine bestimmte Anzahl Fahrräder mit Polsterreifen zugewiesen. Die Erwartungen, die man von dieser Massregel hegte, erfüllten sich jedoch nur in ganz geringem Masse. Der Misserfolg veranlasste aber keineswegs dazu, über das Militär-Radfahren nun den Stab zu brechen, sondern nach den Gründen dieser Erscheinung zu forschen. Die einen gaben die Schuld der Qualität der Maschinen, die andern den Polsterreifen. Dies war Veranlassung, eine aus sechs Offizieren und einem Civil-Ingenieur der Artilleriewerkstätten bestehende Kommission zu bilden, die die an ein Militärrad zu stellenden Anforderungen beraten, insbesondere aber sich über die Frage schlüssig machen sollte, ob fürderhin Räder mit Polster- oder Pneumatikreifen zu beschaffen seien.

Das Hauptergebnis der Ende 1894 abgeschlossenen Beratungen dieser Kommission bestand darin, dass man sich nach einer Reihe von Sitzungen und harten Kämpfen endlich dennoch einstimmig für den Pneumatik-Reifen entschied.

Als im Frühjahr 1895 eine neue Lieferung von Armeefahrrädern vergeben wurde, beschloss die Kommission das ihr zur Ansicht vorgelegte Musterrad einer «kriegsmässigen» Probe zu unterziehen.[**]

Es wurde bestimmt, dass dieses eine Strecke von 1000 Kilometern zurückzulegen habe und zwar in Tag und Nacht fortgesetzter, nur durch den Wechsel der Fahrer unterbrochener Fahrt. Ausser der Firma, der die Lieferung übertragen war, hatte noch eine zweite Münchener Firma — ohne konkurrieren zu wollen und nur zur privaten Erprobung ihrer Fahrräder, die Erlaubnis erbeten, sich mit zwei Maschinen verschiedenen Fabrikats an der Probefahrt beteiligen zu dürfen. Dieses Anerbieten kam der Kommission in jeder Beziehung erwünscht und wurde daher mit Freuden angenommen. Es konnte sonach die Fahrt mit drei Maschinen zu gleicher Zeit unternommen werden und es mussten sich daher die zu erwartenden, zweifellos interessanten Ergebnisse verdreifachen. Zur Fahrt wurde die Strecke von der ausserhalb München liegenden Max II.-Kaserne, über Nymphenburg, die Bahnunterfahrt bei Laim, Holzapfelgereuth bis zur Schlosswache von Fürstenried bestimmt. Diese betrug (mit der Kilometer-Uhr gemessen) hin und zurück genau 20 Kilometer. Durch 50malige Wiederholung dieser Fahrt sollten die Proberäder die

[*] Ich sehe mich zu einer ausführlichen Schilderung dieser unter meiner Leitung ausgeführten Versuche und Uebungen auch aus dem Grunde veranlasst, weil sie die Hauptstütze der in vorliegender Arbeit von mir vertretenen Ansichten und Behauptungen bilden. Ich füge gleich hier an, dass die aus diesen Versuchen gezogenen Erfahrungen und Ergebnisse sich in allen Punkten mit jenen der österreichischen (Grazer) Kurse decken.

[**] Die nun folgenden Ausführungen über das bayerische Militär-Radfahrwesen sind den von mir höheren Orts eingereichten dienstlichen Berichten entnommen.

Strecke von 1000 Kilometer ablaufen*) und zwar sollten sie von einer grösseren Anzahl Fahrer derart mit Ablösung gefahren werden, dass immer 3 zusammen hin und zurückfuhren und die Maschinen alsdann von 3 neuen Fahrern bestiegen wurden. Als Fahrer standen 36 ausgesuchte Militär-Radfahrer der Garnison München

Oesterreichischer Militär-Radfahrer.

zur Verfügung. Die Kontrolle geschah durch 9 Offiziere, die, ebenfalls im Wechsel, das Abgehen der Fahrer zu regeln, das Wiedereintreffen zu überwachen und hierüber, wie über besondere Vorkommnisse Buch zu führen hatten. Vor Abgang wurde jedem Fahrer eine Kontrollmarke ausgehändigt, die in Fürstenried auf der Schlosswache abzugeben war. Die zu befahrende Strasse war zweiter Klasse. Ihre damalige Beschaffenheit kann ich wohl am besten charakterisieren, wenn ich sage, dass sie für Neulinge im Fahrradsport unfahrbar war. So war das mittlere, durch Waldungen führende Drittel frisch aufgeschottert und zwang, einen neben der Strasse herlaufenden holperigen Fussweg zu benützen, der infolge vielfacher Windungen, namentlich des Nachts schwer einzuhalten war. Zum erstenmal wurde die Strecke hin und zurück zur Einweisung der Fahrer von sämtlichen Offizieren und Mannschaften befahren. Die eigentliche Fahrt selbst begann am 15. Mai 1895, 12 Uhr Mittags, verlief vollkommen programmmässig und endete am 18. Mai, Abends 9 Uhr. Die Räder hatten sonach innerhalb 81 Stunden die Strecke von 1000 Kilometern zurückgelegt. Es treffen also auf die Stunde nicht ganz $12\frac{1}{2}$ Kilometer. Diese Leistung erscheint zwar gering, war jedoch in Anbetracht der Verhältnisse eine ganz bedeutende. Mit

*) Ich füge zum Vergleich die Entfernungen einiger Distanzfahrten der letzten Jahre an:

Mailand—München 590 Kilometer,
Berlin—Wien 615 Kilometer,
Wien—Paris 1222 Kilometer.

Die Stromlänge des Rheines vom Bodensee bis zur Nordsee beträgt ein weniges über 1000 Kilometer, deckt sich also fast gerade mit der Entfernung der beschriebenen Probefahrt.

Beginn der Einweisungsfahrt hatte nämlich der Himmel nach einer Reihe schöner Tage seine Schleusen geöffnet, um sie bis nach Schluss der ganzen Fahrt nicht wieder versiegen zu lassen. Zu dem Tag und Nacht ununterbrochen niederströmenden Regen gesellte sich ausserdem ein Fallen des Thermometers auf $4^{0}$ C. und ein heftiger Sturmwind. Die ständige und sich in gleichen Zeitintervallen vollziehende Wiederkehr von Militär-Radfahrern auf ein und derselben Strecke hatte alsbald die Aufmerksamkeit der Anwohner erregt. Die Folge davon war, dass die Mannschaften nicht nur in jeder Weise verhöhnt und belästigt wurden, sondern dass sie auch in der Nacht den Weg mit Barrieren versperrt fanden. So waren insbesondere in der zweiten Nacht Baumstämme quer über die ganze Strasse gelegt, wodurch ein Fahrer zu Fall kam. Die keineswegs im Rufe militärfreundlicher Gesinnung stehende Bevölkerung der nächsten Umgebung der Haupt- und Residenzstadt München machte also auch bei dieser militärischen Uebung keine Ausnahme von der Regel. Insoferne trug allerdings auch sie, im Bunde mit den Launen des Himmels ihr Teil dazu bei, den «kriegsmässigen» Charakter des ganzen Versuches zu vertiefen. Trotz dieser Feindseligkeiten, trotz Regen, Sturm und Kälte und wiederholter Stürze der Fahrer verloren diese keinen Moment die Lust und die Begeisterung, die sie von Beginn an der Sache entgegengebracht hatten.

Ich habe oben $12\frac{1}{2}$ Kilometer als Durchschnitt für die Stunde angegeben. Wir haben aber jetzt gesehen, mit welchen Schwierigkeiten die Fahrer zu kämpfen hatten. Ferner bleibt zu bedenken, dass bei dieser Durchschnittszeit die entstandenen Pausen

Grazer Kurs. — Schulfahren.

zwischen dem Eintreffen der einen Fahrergruppe bis zur Abfahrt der nächsten mit eingerechnet sind. Diese Pausen waren aber mitunter sehr beträchtliche, besonders wenn es galt, Beschädigungen der Räder zu beheben. Zu letzterem Zwecke hatten die beteiligten Fahrradfirmen im Hofe der Max II.-Kaserne in feldmässiger Weise Reparaturwerkstätten etabliert, Reserve-teile jeglicher Art bereit gelegt und Arbeiter aus ihren eigenen Reparaturwerkstätten Tag und Nacht abgestellt. Nach der jedesmaligen Rückkehr einer Fahrergruppe entwickelte sich hier das regste Treiben. Zunächst wurden die Maschinen mit einer Ladung Wasser überschüttet, um den Schmutz zu entfernen und die notdürftigste Untersuchung vornehmen zu können. Dann ein Nachziehen der Schrauben, ein paar Tropfen Oel in die Lager — und die nächste Fahrergruppe schwang sich in den Sattel. So glatt ging es jedoch nicht immer ab. Namentlich in der Nacht waren infolge wiederholter Stürze ab und zu Reparaturen nötig, die bis zu einer halben Stunde Zeit beanspruchten.

Auch hielt keine der Laternen dem Winde Stand. Sie verlöschten meist schon nach den ersten Minuten, so dass die Fahrer von jedem weiteren Versuche, sie wieder in Brand zu setzen, abstanden und eben im Dunkeln fuhren. Dass die vor Beginn der Fahrt noch blitzblanken Maschinen am Schlusse jeden Reiz der Neuheit abgestreift hatten, bedarf wohl keines Beweises.

Von allen Teilen der Maschinen hatten sich einzig und allein die einst so vielgeschmähten und für militärische Zwecke als unbrauchbar bezeichneten Pneumatiks intakt erhalten.

Die Probefahrt hatte, abgesehen von dem Urteil über die Räder, eine Reihe interessanter Ergebnisse zur Folge. Zunächst bestätigte sie vollauf den Aus-spruch der Kommission, dass nur Pneumatik-Räder zu kriegerischer Verwendung geeignet seien und er-gab wertvolle Aufschlüsse bezüglich der Anforderungen, die an ein Militär-Rad überhaupt zu stellen sind. Ferner stellte sie fest, dass der Militär-Radfahrer einer besonderen Bekleidung bedarf, dass er durch tägliche Fahrten — Sommer wie Winter — im Training zu erhalten ist und dass er mit der Behandlung seiner Maschine vor, während und nach der Fahrt, mit ihrer Konstruktion und der Ausführung der nötigsten Repara-turen in hohem Masse vertraut sein muss.

In Würdigung dieser Erkenntnis wurde auf Be-fehl S. K. Hoheit des Prinzen Arnulf von Bayern, kommandierenden Generals des I. Armeekorps, der erste Radfahrkursus in der Zeit vom 1. bis 28. November 1895 zu München errichtet. An demselben nahmen 12 Offiziere und 24 Unteroffiziere aller Waffen, ferner die Büchsenmacher und Waffen-meister der Garnison teil. Offiziere und Mannschaften waren sämtlich des Radfahrens vollkommen kundig, sollten daher nur in der Kenntnis und Behandlung der Maschinen und in der Ausführung der im Felde an den Einzelfahrer herantretenden Aufgaben geübt werden. Der Zweck des Kurses war daher in der Hauptsache tüchtiges Lehrpersonal für die Truppen-teile heranzuziehen. Dem Kurse standen für sämt-liche Fahrer teils eigene, teils von Münchener Fahr-radfirmen unentgeltlich überlassene Maschinen, jedoch nur Pneumatik-Räder zur Verfügung. Das Unter-richtsprogramm zerfiel in Vorträge und praktische Uebungen. Die Vorträge wurden von einem Ingenieur der Artillerie-Werkstätten in mustergültiger Weise ab-gehalten und erstreckten sich auf die Darstellung der Entwicklung des Fahrrades, der mechanischen Grund-sätze seines Baues, der Beurteilung der verwendeten Materialien, der Anforderungen an ein Militärrad und seiner Behandlung. Die praktischen Uebungen bestanden in gemeinschaftlichen Ausfahrten bei Tag und bei Nacht, wobei das in den Vorträgen Erlernte angewandt wurde. So wurden den Fahrern auf freier Strecke Aufgaben gestellt, wie z. B. alle Ketten abzunehmen und wieder aufzulegen, die Räder herauszunehmen, die Pneumatiks zu zerlegen, Sattel, Lenkstange und Bremse zu entfernen und dergleichen mehr. Die Schüler wurden ferner in der Ausführung aller jener Aufgaben geübt, für deren Lösung die Felddienstordnung Radfahrer als besonders geeignet bezeichnet, insbesondere in der Aufstellung und Thätig-keit von Relaislinien. Von diesen letzteren Uebungen möchte ich zwei in Kürze vorführen.

Um die Befehlsübermittlung rings um eine belagerte Festung durch Radfahrer-Relais zur Darstellung zu bringen, wurde am Morgen des 20. November eine Radfahrerkette rund um München gelegt und zwar von der Max II.-Kaserne ausgehend über Nymphenburg, Laim, Forstenried, Solln, Thal-kirchen, Giesing, Ramersdorf, Zamdorf, Denning, Bogen-hausen, Schwabing, Neufreimann, Milbertshofen, Mosach und wieder zurück zur Max II.-Kaserne, d. i. im ganzen

eine Strecke von 52 Kilometern. Die einzelnen Stationen waren durch Offiziere besetzt, die beauftragt waren, einlaufende Befehle abzufertigen und weiter-zuleiten; auf je 3—4 Kilometer traf ein Radfahrer. 8 Uhr morgens wurde von der Max II.-Kaserne aus je ein gleichlautender schriftlicher Befehl nach beiden Seiten, d. i. einerseits über Forstenried, andererseits über Mosach abgeschickt. Die über Forstenried laufende Depesche erreichte Ramersdorf (28 Kilometer) um 9 Uhr 23 Min., jene über Mosach (24 Kilometer) um 9 Uhr 30 Min. *) Der ausgegebene Befehl war sonach in weniger als 1½ Stunden in den auf einem Um-kreis von 52 Kilometern um München liegenden Ort-schaften bekannt geworden. — Die Relaisfahrt wurde

---

*) Hier bedeutend schlechtere Wege.

genau in derselben Weise in der Nacht vom 26. auf 27. November wiederholt. Das Thermometer zeigte hierbei — 5 ⁰ C., der Boden war hart gefroren. Der südlich um München geschickte Befehl erreichte diesmal Ramersdorf schon nach 59 Minuten, der nördlich abgesandte in 1 St. 5 Min. Es wurde somit trotz der Dunkelheit der Kilometer in fast nur 2 Minuten gefahren.

Am 23. November 1895 fand eine weitere Relaisfahrt auf grössere Distanz statt. Auf der Strecke München—Argelsried—Stegen am Ammersee—Greifenberg — Landsberg am Lech — Truppenübungsplatz Lechfeld — Augsburg — Mering — Fürstenfeldbruck—zurück München war eine Radfahrer-Relaiskette derart

oblag. Die Gesamtstrecke beträgt 165 Kilometer: eine Entfernung, gleich der von Strassburg nach Metz oder der halben Entfernung von Metz nach Paris, für Infanterie 7—8 Tagemärsche. Ein 8 Uhr 30 Min. morgens in München abgelassenes Schriftstück traf 7 Uhr abends mit dem Kontrollvermerk sämtlicher Offiziere wieder richtig am Abgangsorte ein. In Anbetracht des grösstenteils stark bergigen Geländes, des Umstandes, dass nach Mittag Schneegestöber eintrat und von 5 Uhr abends an in der Dunkelheit gefahren wurde, darf das Zurücklegen von rund 16 Kilometer in der Stunde als bemerkenswerte Leistung angesehen werden. Abgesehen davon, dass ein Fahrer zwischen Greifenberg und Landsberg vom richtigen

Das bayerische Radfahr-Detachement. — Offiziere und Unteroffiziere.
Nach Momentaufnahmen von M. Stuffler in München.

aufgestellt, dass alle 10—12 Kilometer ein Radfahrer postiert war. Die vorgenannten Orte waren durch

Wege abkam und Landsberg erst nach 10 Kilometer Umweg erreichte, erlitt die Fahrt weder durch Unfälle noch durch Beschädigungen der Maschinen irgend welche Störung.*)

Die Leistungen und Ergebnisse des Kurses fanden steigende Beachtung höheren Orts und in den Kreisen der Armee. Die Folge hiervon war, dass das Generalkommando beschloss, für die Manöver 1896 versuchsweise ein Radfahrdetachement zu formieren. Zu dessen Ausbildung wurde wiederum ein 4 wöchentlicher Kursus unmittelbar vor den Manövern

Offiziere besetzt, denen die Kontrolle der Fahrer und die Abfertigung einer durchlaufenden Depesche

*) Zwei besonders trainierte Fahrer des Kurses erklärten sich bereit, die ganze Strecke unabhängig von der Relaisfahrt allein zurückzulegen. Diese fuhren gleichzeitig mit dem ersten Relaisfahrer (8 Uhr 30 Min.) ab, hielten sich, von einer halbstündigen Mittagpause abgesehen, nirgends auf und trafen schon 5 Uhr abends wieder ein. Ihre Durchschnittsleistung ist über 20 Kilometer in der Stunde.

10*

in München errichtet. Das Detachement bestand aus 4 Offizieren, 54 aus dem ganzen I. bayer. Armeecorps besonders ausgewählten Unteroffizieren und Mannschaften, 1 Militärarzt und 1 Lazarethgehilfen — sämtlich des Radfahrens vollkommen kundig. Die Bekleidung bestand in Schirmmütze, Litewka, Tuchhose mit Gamaschen, Schnürschuhen und Mantel.\*) Als Bewaffnung hatten die Leute den Karabiner. Sämtliche Fahrer fuhren eigene oder von Münchener Fahrradfirmen unentgeltlich zur Verfügung gestellte Pneumatik-Räder.\*\*)

Die ersten Uebungen des Detachements bestanden in Fahrten auf Strassen und Wegen, in Kolonne zu zweien und zu einem, ferner in Fahrten auf Wiesen- und Heideboden in Linie. Die ferneren Uebungen bezweckten, die Fahrer gewandt und findig zu machen in der Fortbewegung abseits der Strassen, also auf Fusswegen, Feldrainen, Waldpfaden, auf oder neben Eisenbahndämmen und dergleichen. Ein Gegenstand besonderer Ausbildung war die Abwehr von Kavalleriepatrouillen durch einzelne Radfahrer, die Abwehr grösserer Kavallerieangriffe durch das ganze Detachement.

---

\*) Der Mantel wurde gerollt und war unter dem Sattel der Maschine befestigt.

\*\*) Für die Manöver selbst sollten die Fahrer mit neuen Armeefahrrädern (Pneumatiks) ausgerüstet werden. Die Ablieferung verzögerte sich jedoch aus mannigfachen Gründen derart, dass eine Benützung während der Manöver ausgeschlossen war. Dies war der alleinige Grund, dass das Generalkommando, das die Verantwortung für die eigenen Räder der Mannschaften nicht übernehmen wollte, von der beabsichtigten Detachementverwendung im Manöver wieder abstand.

Nach diesen Vorübungen wurden taktische Aufgaben gelöst, bei denen meist die gegnerischen Truppen und Stellungen markiert waren. Solche Aufgaben waren Erkundung eines Gelände-Abschnittes, eines feindlichen Anmarsches, einer feindlichen Stellung, Besetzung eines weit vorwärts gelegenen Defilées, Deckung eines wichtigen Bahnhofs oder Eisenbahnknotens gegen feindliche Kavallerie-Unternehmungen, Zerstörung von Eisenbahnlinien und Telegraphen, Sprengung von Brücken, Wegnahme feindlicher Bagagen und Trains, Alarmierung eigener weit auseinander nächtigender Truppen, Wegnahme eines feindlichen Postens, Belästigung feindlicher Vorposten, Kantonnements und Biwaks und dergleichen mehr.

Wir haben nun gesehen, dass all diese Uebungen weit aus dem Rahmen der in den Dienstvorschriften vorgesehenen Radfahrerverwendung im Felde heraustreten. In Verfolgung der betretenen Bahn wurde nun auch die Aufstellung eines Radfahrerdetachements für die Manöver 1897 beschlossen.

Wie bekannt, wird in diesem Jahre die vereinigte bayerische Armee gegen eine preussische vor Sr. Maj. dem Deutschen Kaiser in der Umgegend von Hanau Manöver abhalten. In der Ordre de Bataille der bei dieser Gelegenheit formierten preussischen Kavalleriedivision ist auch ein 60 Mann starkes Radfahrer-Detachement des hessischen Pionier-Bataillons Nr. 11 vorgesehen. Es werden also voraussichtlich in diesem Jahre zum erstenmal in der deutschen Armee und zwar auf dem durch Napoleons Rückzug von Leipzig (1813) denkwürdigen Boden Radfahrertruppen sich kämpfend gegenüberstehen.

## 3. Erfahrungen und Folgerungen.

### Der Militär-Radfahrer.

Der Militär-Radfahrer unterscheidet sich von jeder anderen Kategorie Radfahrer vor allem darin, dass seine Thätigkeit Pflicht ist. Wenn die schöne Jahreszeit den Radtouristen herausruft «aus der Strassen quetschender Enge», wenn den Renn- und Distanzfahrer klingende Münze verlockt, seine Gesundheit und geraden Glieder aufs Spiel zu setzen, so erlahmt beider Thätigkeit, sobald jene Reize hinfällig werden. Nicht so der Militär-Radfahrer. Ihn lockt kein Naturgenuss, ihn reizt kein Gewinn, ihn ruft einzig die Pflicht und sein Lohn ist kein anderer, als der eines jeden, der die Ehre hat zu dienen: das Bewusstsein der Pflichterfüllung. Unter Umständen und bis zu einem gewissen Grade kann ja der Dienst des Militär-Radfahrers «ein Vergnügen» sein, allein dieser darf auch nicht versagen, wenn an ihn Anforderungen gestellt werden, die über jenen Grad hinausgehen, wenn er in Sturm, Regen und Kälte und in die Nacht hinaus muss und wenn im Felde von ihm Leistungen verlangt werden, die an die Grenze seiner physischen Kräfte streifen. Es liegt auf der Hand, dass solche Anforderungen nur an einen Radfahrer gestellt werden können, dessen Körperkräfte durch systematische Arbeit

trainiert sind und dessen Wille durch Erziehung dahingebracht wurde, sich bedingungslos in den Dienst der Pflichterfüllung zu stellen.

Neben der Verkennung der an ein Militär-Rad zu stellenden Anforderungen war es aber bisher der in den meisten Armeen begangene Fehler, jene Bedingungen ausser acht zu lassen. Zu den Manövern eingezogene Reservisten, die in ihrem bürgerlichen Berufe zu irgend welchem Zwecke sich des Fahrrades bedienen, ja selbst aktive Mannschaften, die zufällig radfahren können, sind eben noch lange keine «Militär-Radfahrer». Mit ihren Leistungen ist nicht zu rechnen, denn ihr Wille zur Leistung endet mit dem Vergnügen, das ihnen dieser Dienst bereitet. Sie haben fernerhin nur in Ausnahmefällen eine Kenntnis ihrer Maschinen und deren Behandlung, während es in die Augen springt, dass der «Militär-Radfahrer» sein Rad kennen und behandeln können muss, wie der Infanterist sein Gewehr, der Artillerist sein Geschütz. Das sind die Hauptgründe zu den vielfachen Enttäuschungen, die man mit den zu militärischen Zwecken bisher verwendeten Radfahrern erlebte und zu der infolgedessen in militärischen Kreisen noch vielfach verbreiteten geringen Meinung von der kriegerischen Brauchbarkeit des Fahrrades.

Der Militär-Radfahrer muss also erzogen und ausgebildet werden und zwar in gemeinschaftlicher Schule und nach einheitlichem System. Nur dann wird man seine Leistungen mit annähernder Bestimmtheit in Zahlen ausdrücken können und die höhere Führung in der Lage sein, mit ihnen zu rechnen. Aus den bisherigen Erfahrungen lässt sich schliessen, dass von geschulten Einzelfahrern je nach Wege- und Witterungsverhältnissen eine tägliche Durchschnittsleistung von 100, von geschulten Radfahrertruppen von 80 Kilometern bei einer Durchschnittsgeschwindigkeit von 15 Kilometern in der Stunde zu erwarten ist.*)

Ein vollständiges Versagen ausgebildeter Militärfahrer wird nur in seltenen Ausnahmefällen eintreten, dann aber stets durch Verhältnisse bedingt sein, die auch die Marschleistungen der Fusstruppen wie berittenen Waffen auf ein Mindestmass herabdrücken.

Jene Durchschnittsleistungen sind es nun, woraus wir in erster Linie die Verwendungsarten der Radfahrer ableiten müssen. Ganz allgemein betrachtet wird in der Hauptsache das Feld ihrer Thätigkeit daher weit ausserhalb des von einer operierenden Truppenabteilung bedeckten Raumes: vorwärts, rückwärts oder in den Flanken sein müssen und zwar auf Entfernungen, die der Marschleistung der Kavallerie nicht mehr zugemuthet werden können. Hieraus ergiebt sich, dass insbesondere der Einzelfahrer mehr wie jeder andere Kämpfer in Lagen kommen wird, in denen er auf sich selbst angewiesen ist.

**Adler-Klapprad.**
Manipulation des Zusammenklappens.

Er bedarf daher aber auch mehr wie jeder andere Kämpfer des Mutes, der Energie, der Findigkeit und der List, muss ausserdem im Kartenlesen bewandert, mit den notwendigsten Sprachkenntnissen des feindlichen Landes vertraut und ein guter Schütze sein. Die besonderen Aufgaben, die an Radfahrertruppen herantreten werden, erheischen ferner noch die Ausbildung des Einzelnen im Signalisieren, in Bahn- und Telegraphenzerstörungen und anderem mehr.

Diese Vielseitigkeit der Anforderungen weist von neuem auf die unerlässliche Forderung einer Ausbildung der Militär-Radfahrer in geschlossenen Körpern hin. Da aber die geforderten Eigenschaften des Charakters nicht erworben werden können, Schiessfertigkeit und die sonstigen Kenntnisse eine gewisse Beanlagung voraussetzen, so handelt es sich auch darum, die zu Militär-Radfahrern auszubildenden Individuen vorher sorgfältig auszuwählen. So deutet schon die bisherige Entwicklung in Verfolgung ihrer Konsequenzen darauf hin, dass die Militär-Radfahrer der Zukunft eine «Elitetruppe» sein werden.

Abgesehen von den nötigen Eigenschaften und Kenntnissen der Militär-Radfahrer ist aber deren erfolgreiche, kriegerische Thätigkeit noch an eine Reihe wesentlicher Bedingungen geknüpft: die Güte und Beschaffenheit ihres Fortbewegungsmittels, des Fahrrades, ihre Bekleidung, Ausrüstung und Bewaffnung und last not least die Art ihrer Verwendung.

## Das Militär-Fahrrad.

Bezüglich der Beschaffenheit des Militärrades gehen heute die Meinungen mehr auseinander, denn je. Es hat sich zwar die Erkenntnis Bahn gebrochen, dass keine andere Verwendung das Fahrrad derartig anstrengt und abnutzt, wie die militärische, dass an

---

*) Hierbei ist zu bedenken, dass das Zurücklegen dieser Entfernungen immer nur Mittel zum Zwecke der Erfüllung irgend eines Auftrags oder der Lösung einer taktischen Aufgabe bleibt.

ein Militärrad deshalb die höchsten Ansprüche gestellt werden müssen, dass es das allerbeste sein muss, was die Fahrradindustrie hervorzubringen vermag und dass man, um das Beste zu bekommen, mit dem Preise nicht feilschen darf; allein die Frage stellt sich nun so: «Soll das Militärrad zusammenklappbar sein oder nicht?» Die Fahrradindustrie, die — allerdings nicht ganz ohne Grund — bisher der Meinung war, die erste an ein Militärrad zu stellende Bedingung sei «Billigkeit», hat noch bis in die letzten Jahre ihrem minderwertigen Fabrikat mit Vorliebe die Bezeichnung «Militärrad» als Deckmantel und Reklameschild angehängt.

Nunmehr, — obwohl zur Entscheidung der Frage nach zusammenklappbaren Maschinen am wenigsten berufen — baut sie Klappräder. Die Frage nach solchen ist in den Vordergrund des Interesses getreten, seit Capitain Gérard des 87. französischen Infanterie-Regiments in St. Quentin ein zusammenklappbares Rad*) konstruiert hat, das, wie schon bemerkt, in 3 Manövern seine Kriegsbrauchbarkeit erwiesen haben und nach einer noch besonderen Winter-Erprobung**) vom französischen Kriegsministerium als «Armeerad» angenommen worden sein soll. Diese Räder sind in sehr einfacher Weise zusammenklappbar und sollen überall da, wo man sich ihrer nicht zur Fortbewegung bedienen kann oder will, an Stelle eines Tornisters auf dem Rücken des Fahrers getragen werden.***)

---

*) Die Maschinen sind von Charles Morel in Domène im Departement Isère hergestellt.

**) Diese Erprobung bestand darin, dass fünf Maschinen während des Winters 1895/96 je 3600 Kilometer Strassenfahrt zurücklegen mussten.

***) Ich habe ein mir zur Probe übergebenes «Gérard-Rad» im Terrain gefahren und mich von dessen Vor- und Nachteilen persönlich überzeugt. Wie bei allem, was französische Technik hervorgebracht hat, sind auch hier alle Details musterhaft. Zur Veranschaulichung ist im Texte eine Abbildung des Rades beigefügt. Das das Vorder- und Hinterrad verbindende Rohr ist durchschnitten und gestattet das Aufeinanderklappen der Räder. Ueber die Schnittfläche ist im «fahrfertigen» Zustande eine Art Bajonettverschluss geschoben. Zum Zusammenklappen wird die Lenkstange, in deren Innerem sich die Bremsstange befindet, herausgenommen und in eine an der Vorderradgabel befindliche Hülse gesteckt. Lenkstange mit Bremse, Sattel und Bajonettverschluss können durch einfaches Aufdrehen eines Handgriffs, also ohne Zuhilfenahme eines Schraubenschlüssels gelöst werden. Das ganze Rad wiegt 13 Kilogramm und hat eine Länge von 1,59 m gegen 1,76 m der gewöhnlichen Räder. Vorder- und Hinterrad sind 26 zöllig und mit Pneumatique Michelin versehen.

Der kleine Raddurchmesser und der Umstand, dass die Kurbelachse bedeutend tiefer liegt, als die Hinterradachse, hat zur Folge, dass die Pedale in ihrer tiefsten Stellung nur 10 cm über dem Boden wegstreifen. Es darf hieraus mit aller Bestimmtheit geschlossen werden, dass die französischen Strassen von vorzüglicher Beschaffenheit sein müssen und dass Gérards Radfahrer sich nur auf solchen Strassen bewegt haben. Auf holperigen Strassen, auf Fusswegen und dergleichen kann mit derartig tiefgestellten Pedalen nicht gefahren werden, ohne anzustreifen und dadurch zu Fall zu kommen.

Eine deutsche Fahrradfabrik, welche Gérards Erfindung nicht schlafen liess, hat nunmehr ebenfalls ein Klapprad gebaut. Von allen Vorzügen des Gérard-Rades finden wir jedoch nichts

Frankreich dürfte mit der Annahme des Gérard'schen Rades auf eine falsche Fährte geraten sein. Der Militärradfahrer, zur Erfüllung der im vorhergehenden angedeuteten Aufgaben weithin entsendet, bleibt in der Mehrzahl der Fälle auf sich selbst und das, was er mit sich führt, angewiesen und wird meist die Nacht weit abseits seines Corps verbringen müssen. An dem Gérard-Rade, ebenso wie an jedem anderen zusammenklappbaren Rade ist aber nicht einmal das notwendigste Gepäck des Mannes unterzubringen. Die Franzosen wollen in eigenen mit Pferden bespannten Wagen das Gepäck der Radfahrer fortschaffen. Abgesehen von der hierdurch bedingten Vermehrung des Trosses werden aber die Radfahrer in den seltensten Fällen in den Besitz ihres Gepäcks gelangen. Sie werden daher nach anstrengender Leistung nichts haben, um sich vor den Unbilden der Witterung zu schützen und die Folge davon wird sein, dass ihre Leistungsfähigkeit in kürzester Frist in Frage gestellt werden wird. In dieser Hinsicht bieten die Manöver eben gar keine auf den Krieg anzuwendenden Erfahrungen. Der dem Klapprade zugeschriebene Hauptvorteil ist ein eingebildeter: jeder Radfahrer schiebt, wenn nötig, sein Rad lieber, als er es trägt, und in den seltenen Ausnahmefällen, wo selbst das Schieben nicht möglich ist, kann jedes Rad mit Tragriemen quer über den Rücken genommen werden. Der einzige wirkliche Vorteil des Klapprades besteht darin, dass eine Radfahrerkolonne mit dem Rade auf dem Rücken nicht mehr Raum nach der Tiefe beansprucht, als jede beliebige Infanteriekolonne von gleicher Stärke. Bei den an Radfahrer-Abteilungen zu stellenden Aufgaben fällt dieser Umstand jedoch keineswegs derart ins Gewicht, dass er jenen schwerwiegenden Nachteil aufheben könnte. Die Verwendung von Klapprädern für militärische Zwecke erscheint uns daher als ein Irrtum.

Wie soll nun das «Militär-Rad» beschaffen sein? Auf Grund unserer Betrachtungen und der bisherigen Erfahrungen muss ausgesprochen werden, dass noch kein Heer ein vollkommen «kriegsbrauchbares» Rad besitzt und auch noch keine Fabrik bis heute ein solches gebaut hat.*) Die Anforderungen an ein «Kriegsrad» lassen sich — ohne in Details einzugehen — folgendermassen zusammenfassen: Höchste Solidität, Festigkeit und Einfachheit in allen Teilen, beste Pneumatikreifen, Höherstellung der Kurbelachse im Vergleich zur Hinterradachse,**)

---

an demselben; dagegen dessen Hauptnachteil: die tiefstehenden Pedale. Der Beweggrund hierzu soll der sein, dass der Fahrer, im Sattel bleibend, seine Füsse zur Erde stellen und so in der Spreizstellung über dem Rade stehend seine Schusswaffe gebrauchen kann. Diese «originelle» Vorstellung von der Thätigkeit eines Schützen im modernen Feuergefecht ist durch eine Abbildung in dem Katalog der Firma sehr hübsch zur Anschauung gebracht.

*) Die von dem Grazer Detachement benützten Räder mögen diesem Ideal wohl am nächsten kommen.

**) Gerade das Umgekehrte wie beim Gérard-Rade.

keine blanken Teile,*) Gewicht des un-
bepackten Rades 13—14 Kilogramm, Ent-,
wicklung 5—5½ Meter. Diesen Forderungen
schliesst sich jene nach einem «einheitlichen» Rad-
modell für die ganze Armee unmittelbar an.**)

### Mehrsitzer.

Ueber die Verwendung von Zwei- und Mehrsitzern (Tandems etc.) für militärische Zwecke liegen
Erfahrungen nur spärlich vor. Bei den in die Augen
springenden Vorteilen solcher gegenüber dem einfachen Rade erscheint es jedoch dringend wünschenswert, einmal Manöverversuche mit einer grösseren
Anzahl von irgend einer Firma
gegen Entschädigung geliehener
Tandems anzustellen. Grössere
Geschwindigkeit bei geringerem
Kraftverbrauch und Verkürzung
der Marschkolonnen von Radfahrerabteilungen sind wohl die
hervorstechenden Vorteile von
Zwei- und Mehrsitzern. Ein
Nachteil derselben besteht darin,
dass sie mehr als das einfache
Rad an die Strassen gebunden
sind, da sie ihrer grösseren
Länge wegen gewundene Fuss-
pfade und dergleichen, sowie
Bodenunebenheiten schwerer
überwinden. Da es sich bei
der Verwendung von Militär-
fahrern im allgemeinen jedoch
weniger um ausserordentliche Geschwindigkeit, als um die sichere
Erreichung des beabsichtigten
Zweckes handelt, so kann die
Frage nach Mehrsitzern nur durch
ausgedehnte Versuche und nicht
theoretisch entschieden werden.
Die bisherigen Versuche haben
in dieser Beziehung jedoch auch
schon Erfahrungen gezeigt.
Radfahrerabteilungen be-
dürfen stets der Beglei-
tung einiger Tandems und
zwar desshalb, weil der
einzelne Fahrer bei schlechtem Wege, insbesondere aber in der Abteilung nicht in
der Lage ist, sein Augenmerk von der
Strasse, seinem Vorder- und Nebenmann
abzulenken. Es ist aber unumgänglich not-

**Adler-Klapprad.**

wendig, während des Marsches das Gelände
vorwärts und seitwärts mit dem Auge abzu-
suchen, um nicht überrascht zu werden.
Dieses ständige Beobachten und in die Ferne sehen
kann nur durch die auf den hinteren Plätzen von
Tandems sitzenden Fahrer bethätigt werden, da sie
mit der Lenkung der Maschine nichts zu thun haben.

### Räderverkoppelung.

Der schon versuchten Verkoppelung zweier Fahrräder, um Verwundete fortzuschaffen und minder ge-
übte Fahrer verwenden zu können, dürfte nur ein
geringer Wert beizumessen sein, da derlei Experimente
auf vorzügliche Chausseen an-
gewiesen sind. Dagegen verlangt eine Verkoppelungs-
einrichtung zweier ge-
wöhnlicher Militär-Fahr-
räder, die gestattet, auf
Eisenbahnschienen zu
fahren, gebieterisch einer
praktischen Lösung. Es
ist in die Augen springend,
welch eminente Vorteile hiervon
zu erwarten wären, sei es, dass
die übrigen Wege unfahrbar
oder von Marschkolonnen und
Trains besetzt sind, sei es,
dass es sich um die Sicherheit von Militär-Eisenbahn-
transporten, um Zerstörung
feindlicher oder den Schutz
eigener Eisenbahnstrecken und
Telegraphen handelt. Selbstverständlich müsste diese Ver-
koppelungseinrichtung zerlegbar
und auf den gewöhnlichen Rädern
(oder Tandems) in ihren Teilen
mitführbar sein, um jederzeit vom
Bahngeleise wieder auf die Strasse
gehen zu können.***)

### Kleidung, Ausrüstung und Bewaffnung des Militär-Radfahrers.

Dass zur Erreichung guter
Leistungen auf dem Rade eine zweckmässige Kleidung

---

*) Alles, was an den bisherigen Maschinen vernickelt
ist, muss am Kriegsrade matt und dunkel brüniert sein, wie
ein Gewehrlauf. Der ungeheure Vorteil der Lautlosigkeit der
Fortbewegung des Radfahrers darf nicht illusorisch gemacht
werden durch das weithin auffallende Glitzern blanker Teile im
Sonnen- oder Mondenschein.

**) Es ist einleuchtend, dass der Bau derartiger Maschinen
nur einer leistungsfähigen, anerkannt soliden und erstklassigen
Fahradfabrik anvertraut werden kann. Die Einrichtung mili-
tärisch geleiteter Werkstätten zur Selbstfabrikation der Armee-
räder dürfte Kosten verursachen, die den von der Privat-
industrie geforderten Nutzen bei weitem übersteigen und in
gar keinem Einklang stehen zu der ausschliesslich für militärische Zwecke nötigen geringen Jahresproduktion. Abgesehen
davon müssten militärische Fahrrad-Werkstätten des Kostenpunktes
halber aber auch darauf verzichten, epochemachende Verbesserungen ihren Fabrikaten zuzuführen, da dies erfahrungsgemäss
nur grossen Etablissements mit einer Jahresproduktion von
mindestens 10000 Rädern möglich ist.

***) Den Dux-Fahrrad-Werken von Julius Meller in Moskau
soll eine derartige Verkoppelung patentiert sein. Ferner berichtet Premierlieutenant Frhr. von Puttkamer in der von ihm
verfassten Broschüre: «Das Militär-Fahrrad», dass er ein aus
zwei gewöhnlichen Maschinen herzustellendes Schienenrad konstruiert habe. — Inwieweit diese Verkoppelungen den oben
aufgestellten Anforderungen entsprechen, bin ich leider nicht
in der Lage mitzuteilen.

erforderlich ist, weiss jeder Radfahrer. Der Anzug, wie ihn die deutsche Fahrrad-Vorschrift bestimmt: Schirmmütze, Litewka, weite Hose mit Gamaschen, Schnürschuhe, Mantel — entspricht im allgemeinen jenen Anforderungen. Für Regen, Schnee und Kälte erscheint jedoch noch ein Radkragen aus wasserdichtem Leinen unbedingt erforderlich, da der Mantel beim Fahren die Atmung behindert und die herabhängenden Mantelenden, namentlich bei seitlichem Winde, sich leicht in dem Hinterrade fangen und Stürze veranlassen. Der Mantel selbst muss jedoch mitgeführt werden — am besten gerollt unter dem Sattel —, da er dem Manne bei kalter Witterung, bei Rasten und Biwaks unentbehrlich ist. Im übrigen bedarf der Fahrer einer Feldflasche und des Brotbeutels. In der unbedingt erforderlichen Rahmentasche sind Wäschestücke, eiserne Mundportion und Patronen unterzubringen. Auf dem Deckel derselben ist eine zusammengefaltete Zeltbahn zu befestigen. Innen an der Lenkstange hängt die grosse Werkzeugtasche. Auf der Lenkstange selbst darf nichts verpackt sein, da dies den stabilen Gang der Maschine stört und den Fahrer zwingt, sich ausschliesslich der Handgriffe zu bedienen. Als Waffe empfiehlt sich ganz besonders der Karabiner. Das Gewehr ist zu schwer, der Revolver nur auf nächste Distanz zum persönlichen Schutze, niemals aber zum Feuergefecht verwendbar. Wird bei Auswahl der Militär-Radfahrer darauf gehalten, dass dieselben gute Schützen sind, so werden sie mit dem Karabiner zum mindesten ebenso gute Resultate erzielen, wie eine gleiche Anzahl Durchschnitts-Infanteristen mit dem Gewehr. Der Karabiner muss für gewöhnlich an der Maschine anzubringen sein, in Feindesnähe trägt ihn der Fahrer auf dem Rücken. Zum Wirtschaftsgebrauch benötigt der Radfahrer ausserdem ein kurzes Säbelbajonett,*) welches er umgeschnallt trägt. An der Koppel befinden sich endlich zwei gefüllte Patrontaschen.

### Verwendung der Militär-Radfahrer.

Ich habe noch bemerkt, dass die Leistung der Militär-Radfahrer auch von der Art ihrer Verwendung abhängt. Hiezu ist es unerlässlich, dass die Kommandostellen mit der Eigenart des Fahrrades vertraut sind, die an den Radfahrer zu stellenden Aufgaben richtig erkannt haben und ihre Anforderungen je nach den Umständen, Wege- und Witterungsverhältnissen zu modifizieren wissen. Die Aufgaben, die an den Einzelfahrer herantreten werden, haben wir im Verlaufe unserer Betrachtungen wiederholt berührt. Bei ihm wird es unvermeidlich sein, dass er Wege benützt, auf denen Truppenabteilungen marschieren. Er wird jedoch als einzelner leichter Mittel und Wege finden, trotzdem vorwärts zu kommen. Nicht so Radfahrer-Abteilungen. Wir werden in den Schlussbetrachtungen sehen, welcher Art ihre Verwendung sein wird. Vorgreifend sei jedoch erwähnt, dass bei den ihnen zu übertragenden Aufgaben thunlichst darauf zu rücksichtigen ist, dass sie nicht grössere Marschkolonnen passieren müssen.

*) Unter Umständen auch zum Nahkampfe. Für nächtliche Unternehmungen gilt auch heute noch der alte Spruch: «Die Kugel ist eine Thörin, das Bajonett ist weise.»

## 4. Die Radfahrtruppe der Zukunft.

Wie wir gesehen haben, hat sich die Armeekommission der französischen Deputiertenkammer bereits im vergangenen Jahre mit dem Projekt der Aufstellung von 25 Radfahrerkompagnien beschäftigt. Alle Anzeichen deuten darauf hin, dass die Verwirklichung dieses Projektes nur mehr eine Frage der Zeit ist. Bei richtiger Verwendung derartiger Truppen wird Frankreich in einem kommenden Feldzuge in der Lage sein, uns in der empfindlichsten Weise zu schädigen. Diese voraussichtlichen, völlig neuen Kriegshandlungen zu paralysieren, werden nur wieder Radfahrtruppen imstande sein, wenn man nicht ganz ausserordentliche, die Stärke in der Front schwächende Detachierungen von Infanterie und namentlich Kavallerie vornehmen will. Sollte man daher die Vorteile, die man aus Radfahrertruppen ziehen könnte, deutscherseits auch nicht so hoch anschlagen, dass man zu deren Formation schritte, so würde doch das Vorgehen Frankreichs vermutlich sehr bald dazu zwingen. Es hat jedoch den Anschein, als ob Deutschland keineswegs gewillt sei, sich von Frankreich den Rang ablaufen zu lassen, und dürften wir daher über kurz oder lang die Errichtung von «Radfahrertruppen» zum Unterschiede von unseren jetzigen «Truppenradfahrern» erleben. Wie stark in ihrer Gesamtzahl diese neue Truppe werden wird, ob 5000 oder noch mehr, wie die Franzosen beabsichtigen, ist noch gar nicht vorauszusehen; jedenfalls wird man deutscherseits nicht darunter bleiben können. Ein Ueberbieten Frankreichs in der Zahl wird uns hier jedoch ebensowenig möglich werden, wie auf allen anderen Gebieten der Heeresorganisation. Es wird sich daher auch bei dieser neuen Truppe nur wieder um ein Ueberbieten in der Ausbildung und richtigen Verwendung handeln.

Es würde zu weit führen, die beabsichtigte Organisation Frankreichs einer eingehenden Untersuchung zu unterziehen und zu erörtern, ob es zweckmässig wäre, Frankreich hier in allen Punkten nachzuahmen, allein es dürfte von allgemeinem Interesse sein, sich über zwei Punkte Klarheit zu verschaffen: nämlich über die Art der Aufgaben, die eine Radfahrertruppe zu lösen, und über die Stärke, in der sie aufzutreten vermag. Beides geht Hand in Hand.

Um im folgenden verständlich zu bleiben, erscheint es mir unerlässlich, hier Einiges über Heeresorganisation, Gliederung und Vormarsch einer Armee und Etappenwesen einzuschalten.

Wie bekannt gliedern sich die Gesamtstreitkräfte des deutschen Heeres im Felde in mehrere Armeen. Jede dieser Armeen besteht aus 3, 4 bis 6 Armeecorps und 1 bis 3 Kavalleriedivisionen. Wenn wir bedenken, dass ein Armeecorps rund 100 Eisenbahnzüge (zu 100 Achsen) braucht, um befördert zu werden, wenn wir uns ferner vor Augen halten, dass ein Armeecorps mit seinen Bagagen, seinen Lazarethen, seinen Munitions- und Proviantkolonnen — auf einer

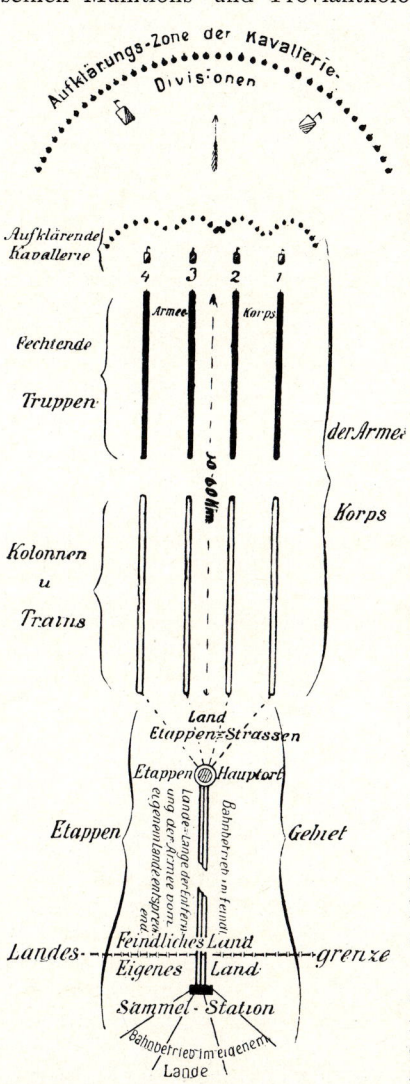

Strasse marschierend — eine Länge von 50—60 Kilometern hat, also beispielsweise die Strasse München—Augsburg nahezu in ihrer ganzen Länge bedeckt, dann werden wir uns annähernd eine Vorstellung von der gewaltigen Masse von nur einer der deutschen Armeen machen können. Um nun unsere Armeen an die feindliche Landesgrenze zu bringen, bedienen wir uns des Bahntransportes. Dass dieser nicht an einem Tage bewältigt werden kann, sondern Wochen bedarf, ist wohl einleuchtend. Während dieser Zeit haben jedoch die Feindseligkeiten schon begonnen: kleinere schon an der Grenze garnisonierende Truppenkörper, Kavallerie - Streifkommandos und

**Schematische Darstellung des Vormarsches einer aus 4 Armeecorps und 2 Kavalleriedivisionen bestehenden Armee.**

Patrouillen werden beiderseits schon jetzt versuchen, in Feindesland einzudringen, den Eisenbahnaufmarsch zu stören oder zu schützen, Nachrichten über den Feind zu bringen und Schrecken in der Bevölkerung zu verbreiten. Alle sich hieraus entspinnenden kleineren Gefechte und Rekontres begreift man unter dem Namen «kleiner Krieg» im Gegensatz zu den eigentlichen grossen, zur Schlacht drängenden Operationen der Armeen. Dem grossen Kriege geht also eine Periode des «Kleinen

Krieges» unmittelbar voraus und ich weise schon jetzt darauf hin, dass sich für Radfahrertruppen hier das erste Gebiet ihrer Thätigkeit aufthun wird.

Betrachten wir uns nun den Vormarsch einer Armee in Feindesland. Die beigefügte schematische «Skizze» möge das Gesagte veranschaulichen. Nehmen wir an, die Armee bestünde aus 4 Armeekorps und 2 Kavalleriedivisionen. Auf 4 Parallelstrassen, untereinander etwa 3 bis 5 Kilometer entfernt, marschieren die Armeecorps vor, hinter sich ihre Kolonnen und Trains, vor sich ihre aufklärende Kavallerie. Vor dieser — einen Tagemarsch und mehr voraus haben die Kavalleriedivisionen in weitem Umkreise ihre Fühler nach dem Feinde ausgestreckt und ihren dem Feinde den Einblick verwehrenden Schleier um die Front und die Flanken der Armee gezogen. Hinter der Armee ist das Gebiet der Etappen aufgerichtet mit einer der Entfernung von der Landesgrenze entsprechenden Anzahl Etappen-Orte und dem Etappen-Hauptort, der den Endpunkt des aus dem eigenen in das feindliche Land hineinreichenden Bahnbetriebes bezeichnet. Der Etappenhauptort schiebt sich ständig der vormarschierenden Armee nach, seine Verbindungen reichen mit ihren Wurzeln aber immer bis in das eigene Land zurück. Die Aufgabe der gesamten Etappeneinrichtungen besteht darin, der Armee ständig alle Bedürfnisse (Lebensmittel, Munition, Waffen u. s. w.) zuzuführen, alle Abgänge der Armee (Kranke, Verwundete u. s. w.) zurückzuleiten, alle das Etappengebiet Passierende (frische Truppen, Gefangene u. s. w.) zu verpflegen und weiter zu führen und die ständige Erhaltung der rückwärtigen Verbindungen sicher zu stellen Die heutigen Massenheere können nicht lange aus dem besetzten Gebiete ernährt und verpflegt werden. Sobald der Nachschub durch die Etappen versagt, werden die Armeen in kürzester Frist unfähig sein, sich zu schlagen. Die Bedeutung des Etappenwesens hat daher gegen früher eine eminente Steigerung erfahren und jeder der Gegner wird aus diesem Grunde mehr wie je bestrebt sein, neben den grossen Operationen durch Streifzüge kleineren Charakters die rückwärtigen Verbindungen des Anderen zu unterbrechen und so dessen Lebensnerv zu durchschneiden. Deshalb muss jede Armee zur Sicherung ihrer Etappeneinrichtungen eine ganz beträchtliche Anzahl Truppen zurücklassen, die dann naturgemäss zur Durchführung der grossen Kampf-Aktionen in Abgang kommen. Alle Unternehmungen unsererseits gegen die rückwärtigen Verbindungen des Feindes, sowie alle Abwehr feindlicher Einwirkungen auf unsere Verbindungen begreift man ebenfalls unter dem Namen «Kleiner Krieg». Je mehr die grossen Operationen sich an feindlichen Festungen und befestigten Stellungen stauen und zum Stillstand gezwungen werden, desto heftiger wird dieser «Kleine Krieg» aufflackern. Erst nach diesen Ausführungen glaube ich ohne weiteres verständlich zu sein, wenn ich sage: Der «kleine Krieg» ist vor allem Anderen das Feld der Thätigkeit zukünftiger Radfahrtruppen. Also weit voraus in den Rücken des Feindes, ihn an seiner empfindlichsten Stelle zu treffen, sowie in den eigenen Rücken zum Schutz unserer Lebensadern werden Radfahrertruppen zu entsenden sein. Die Entfernungen, die hier in Betracht kommen, sind durch die heutigen Massenaufgebote in einer früher nicht gekannten Weise gesteigert worden und weisen deshalb gebieterisch auf die Verwendung des Fahrrades hin, das 4mal so schnell als der Fussgänger, doppelt so rasch wie der Reiter ist, das sich ausserdem durch kein Geräusch verrät, kein Futter braucht und dessen Fahrer kein Zielobjekt darbietet, wie der Reiter. Die Mittel des kleinen Krieges werden hiermit in ungeahnter Weise eine Bereicherung erfahren. Ueberfälle, Verstecke und Hinterhalte, Zerstörungen feindlicher Bahnen, Telegrafen und Brücken, Wegnahme oder Vernichtung feindlicher Armee-Vorräte und Transporte, Beitreibungen, nächtliche Alarmierungen, Verbreitung von Schrecken und Verwirrung bei der Bevölkerung und Bestrafung derselben, lauter dem «Kleinen Kriege» eigentümliche Unternehmungen und bisher von besonderen Detachements, fliegenden Kolonnen, Streif-Corps und Parteigängern ausgeführt, werden künftighin vorwiegend Radfahrertruppen als Aufgaben zufallen. Für die Führer solcher Abteilungen handelt es sich vor allem um Kühnheit und Entschlossenheit, klares Urteil und Kombinationsgabe, militärisches Wissen und taktisches Verständnis. Für die Mannschaften aber sind jene schon berührten Eigenschaften unerlässlich, die eine Truppe zur «Elitetruppe» stempeln.

Wenn nun das Gesamtgebiet des «Kleinen Krieges» recht eigentlich als das Feld der Thätigkeit zukünftiger Radfahrertruppen bezeichnet wurde, so soll damit keineswegs gesagt sein, dass jede andere Verwendung ausgeschlossen ist. Sehr wohl können Radfahrertruppen auch im Verein mit Kavalleriedivisionen oder in der Zone zwischen diesen und der aufklärenden Kavallerie der Armeecorps (siehe Skizze) oder in den Flanken einer operierenden Armee unter Umständen wertvolle Dienste leisten, besonders wenn es sich darum handelt, wichtige Stützpunkte frühzeitig in die Hand zu bekommen, weit vorwärts gelegene Defileen zu sperren, den Feind zu täuschen oder nach den Flanken weitgehende Aufklärung vorzunehmen.

Dagegen erscheint eine Verwendung von Radfahrertruppen in der eigentlichen Schlacht als vollständig verfehltes Experiment. Hier, wo Weg und Steg von kämpfenden und marschierenden Truppen angehäuft, von Artillerie und Truppenfahrzeugen versperrt sind, wo sich auf den Strassen Stäbe und Adjutanten, Meldereiter und Ordonnanzen in ständiger Bewegung befinden, wo sich ausserdem durch den Truppenverkehr, Pferde und Geschütze der

Zustand aller Kommunikationen von Stunde zu Stunde verschlechtert, würden Radfahrertruppen nur eine beklagenswerte Rolle spielen, überall im Wege sein und doch nichts ausrichten. Die von dem einen oder andern Sportsblatt gebrachten «sensationellen» Verkündigungen einer durch Radfahrertruppen-Verwendung bevorstehenden Umwälzung der Schlachtentaktik qualifizieren sich als «Phantasien in der Redaktionsstube». Sie verkennen das Wesen der Schlacht, die Eigentümlichkeiten einer Radfahrertruppe, ja selbst des Fahrrades. *)

Die Stärke, die man einer Radfahrertruppe geben kann, findet ihre Begrenzung in der Marschlänge. Auch in dieser Beziehung trifft man in der Sportspresse bald da, bald dort auf die wunderlichsten Anschauungen: ganze Regimenter und Brigaden sollen auf Räder gesetzt werden und nun gegen den Feind losziehen. Solches schreibt aber in der Regel der «militärische Mitarbeiter» des treffenden Blattes und der muss es ja wissen. Beweise bedarf es da keiner: «frisch behauptet, ist halb bewiesen».

Da handelt es sich denn doch darum, die Sache einmal bei Licht zu betrachten. Da einem grossen Teil der Leser Münchens Umgebung bekannt sein dürfte, wollen wir uns in dieser einen Fall konstruieren, der uns vielleicht rascher als theoretische Betrachtungen erkennen lässt, was es mit den «verblüffenden» Vorschlägen jener «militärischen Mitarbeiter und Korrespondenten» auf sich hat. Wer das Gelände nicht kennt, für den genügt jede Umgebungskarte von München.

Gesetzt nun, es hätten sich von der gesamten Münchener Radfahrerschaft etwa 12,000 früh 7 Uhr auf der Theresienwiese versammelt, um gemeinschaftlich nach dem von hier aus 24 Kilometer entfernten Starnberger-See zu radeln. Jeder Radfahrer weiss, dass man in Gesellschaft genügend Abstand vom Vordermann halten muss und zwar mindestens eine Radlänge. Es müssen daher für jeden Radfahrer plus dem rückwärtigen Abstand zu seinem Nachmann zwei Radlängen, d. i. rund vier Meter, in Anrechnung gebracht werden. Nehmen wir nun an, die Fahrer führen paarweise — mehr nebeneinander gestattet die Strasse nicht — in schöner, militärischer Ordnung, so giebt die gesamte Radfahrerschaft Münchens — 6000 Paare zu 4 Meter Länge — einen Zug von 24,000 Meter, also 24 Kilometer Länge ab. Wenn daher das vorderste Radlerpaar — etwa um $1/_2$ 9 Uhr — des «himmelblauen» Sees ansichtig wird, steht das letzte Radlerpaar noch abgesessen auf der Theresienwiese bei München und kann Betrachtungen darüber anstellen, wie es bei rechtzeitiger Vornahme jener Berechnung anderthalb Stunden länger in Morpheus Armen hätte liegen können. Gesetzt nun, es hätten sich etwa hundert sportsfeindliche Starnberger verschworen, der Münchener Radlerschaft den Ausflug einmal gründlich zu verleiden, sich hiezu

*) Dagegen ist auf eine im «Militärwochenblatt» erschienene Studie des Premierlieutenants im Infanterie-Regiment Nr. 140, Frhr. v. Puttkamer I hinzuweisen, welche untersucht, wie sich bei Beginn des Krieges 1870/71 das bei Saarbrücken stehende kleine preussische Detachement mit Radfahrern hätte helfen können. — Das war eben «Kleiner Krieg».

ausserhalb Starnbergs, vielleicht bei der Würmbrücke auf der Strasse nach Percha aufgestellt, die Spitze des Zuges nach Passieren der Brücke überfallen und die vordersten Fahrer von den Rädern geschlagen. Was wäre die Folge davon gewesen? Die Maschinen der vordersten 10—20 Radlerpaare, ausserdem das Handgemenge hätte sofort die Strasse gesperrt und die Stockung hätte sich allmählich durch den Forstenrieder Park zurück bis zu den letzten noch bei München befindlichen Radlern fortgepflanzt, so dass zunächst alle 12,000 Fahrer gezwungen worden wären, abzusitzen. Die Ursache der Stockung wäre höchstens von den vordersten 100 bis 150 Radlerpaaren richtig erkannt worden. Dieselben wären jedoch nicht in der Lage gewesen, Hilfe zu bringen, da der Knäuel von Menschen und herumliegenden Maschinen an der Spitze des Zuges jedes Vorwärtskommen auf der Strasse unmöglich gemacht hätte und zu beiden Seiten der Strasse unpassierbares Sumpfland sich ausdehnt. Alle übrigen 11,700 bis 11,800 Radfahrer, die ganze Strasse bis zurück nach München bedeckend, wären — ohne richtig erfahren zu können, was denn «los» sei, — ratlos bei ihren Rädern gestanden. Die frechen Uebelthäter aber wären jederzeit in der Lage gewesen, unbehelligt das Weite zu suchen. So hätten 100 Starnberger zu Fuss über 12,000 Münchener auf Rädern einen

**Französisches Armeerad.**
Nach Capt. Gérard's Konstruktion.

unbestreitbaren Erfolg errungen. Wer nun dieses Beispiel auf die Verhältnisse des Krieges anwendet und sich beide Parteien mit der Schusswaffe versehen denkt, wird wissen, was er davon zu halten hat, wenn ihm wieder einmal von «radfahrenden Regimentern und Brigaden» vorgefabelt wird.

Auf Grund praktischer Versuche und theoretischer Erwägungen muss eine Abteilung von 200—250 Mann als grösstmöglichste Radfahrertruppen-Einheit erkannt werden. Die Marschkolonne einer derartigen Abteilung hat im schlimmsten Falle — wenn auf schmalen oder schlechten Wegen die Fahrer gezwungen sind, einer hinter dem andern zu fahren — die Länge von einem Kilometer. Wenn hiebei zur Marschsicherung eine Spitze von einigen Fahrern weit genug vorgetrieben wird, wenn in der Kolonne auf den Rücksitzen einiger Tandems Auslugposten mitgeführt werden und die Mannschaften exerziermässig geschult sind, bei plötz-

licher Ueberraschung sich zum Feuergefecht rasch und zweckmässig zu entwickeln, so besteht keine Befürchtung, dass die Abteilung einen unvorhergesehenen Echec erleiden dürfte. Nehmen wir nun an, die von uns im vorhergehenden betrachtete Armee habe beispielsweise acht solcher Radfahrer-Kompagnien zu 250 Mann und zwar jedes Armeecorps zwei, so würde zur Erfüllung der oben angedeuteten Aufgaben den Generalkommandos, unter Umständen auch dem Armee-Oberkommando jederzeit besonders geeignete Truppen-Abteilungen zur Verfügung stehen. Diese wären nach allen Richtungen rund um die Armee mit Sonderaufträgen zu entsenden. Unter Umständen könnten auch einige, ja sogar alle acht — wenn es möglich ist, sie auf verschiedenen Wegen vorzuschieben — mit einer gemeinschaftlichen Aufgabe betraut und auf diese Weise durch das Einsetzen von bis zu 2000 Feuergewehren an unerwarteter Stelle dem Feinde folgenschwere Ueberraschungen bereitet werden. Ganz besonders würden aber auch solche Radfahrer-Kompagnien im eigenen Rücken, zum Schutz der eigenen rückwärtigen Verbindungen unschätzbare Dienste leisten. Da letztere fast ausschliesslich an Bahnen und Strassen gebunden sind, könnte ihr Schutz bei richtiger Ausnützung der, Radfahrertruppen innewohnenden, Geschwindigkeit mit bedeutend geringeren Kräften an Infanterie und Kavallerie durchgeführt werden, als früher. Was das zu bedeuten hätte, möge man aus dem Umstande ersehen, dass Ende des Feldzuges 1870/71 deutscherseits zur Rückensicherung im Etappengebiet 114,090 Mann Fusstruppen, 5686 Reiter verwendet werden mussten.

«Radfahrertruppen werden zwar keine Umwälzung auf dem Gebiete der Schlachtentaktik hervorrufen, aber sie werden die Offensivkraft des Heeres steigern, indem sie sich als neues Kampfmittel den schon bestehenden zugesellen und bei richtiger Verwendung frontschwächende Detachierungen anderweitiger Art in den meisten Fällen entbehrlich oder in bedeutend geringerem Masse notwendig machen. Sie werden die Bedeutung der Kavallerie erhöhen, indem sie ihr — im Verein mit den Truppenradfahrern — eine ganze Reihe wichtiger Aufgaben abnehmen und ihr daher gestatten werden, zu ihrer Hauptthätigkeit als Schlachtenreiterei be-

**Das bayerische Radfahr-Detachement. — Abwehr eines durch einige Reiter markierten Kavallerie-Angriffs.**
Nach Momentaufnahmen von M. Stuffler in München.

deutend stärker zu sein. Allerdings wird in einem kommenden Kriege die Kavallerie den Radfahrern dafür die Eröffnung des blutigen Reigens überlassen müssen, denn Radfahrer werden es sein, die die ersten Schüsse wechseln und die ersten Opfer bringen. Keines Infanteristen Fuss, keines Rosses Tritt wird zuerst den feindlichen Boden berühren: lautlos werden noch vor diesen unserer Radfahrer Pneumatiks über die Grenze gleiten.»

«Wie schon heute das Fahrrad alle Gebiete des modernen Lebens in ganz charakteristischer Weise beeinflusst, so wird daher auch das «Rad im Dienste der Wehrkraft» der zukünftigen Kriegsführung völlig neue Kampfelemente zuführen, auf den Gang der kriegerischen Operationen unter Umständen von schwerwiegendstem Einflusse sein und seinen Anteil am Siege fordern.»

# IX. Die Hygiene des Radfahrers

von

*Dr. med. Martin Siegfried — Berlin-Bad Nauheim.*

## 1. Allgemeines.

MIT der Zahl der Anhänger wächst das Interesse an der gesundheitsmässigen Ausübung eines Sports und gewinnt eine sociale Bedeutung, wenn erstere, wie es beim Radfahrsport der Fall ist, nicht nur in allen Berufsarten und Gesellschaftskreisen, sondern auch in allen Altersklassen und unter dem weiblichen Geschlechte nach Hunderttausenden zählen. Es kann für ein Gemeinwesen nicht gleichgültig sein, wenn die männliche Jugend bei falscher Ausübung des Sports sich durch systematische Heranzüchtung enger Brust und runden Rückens in ihrer Tauglichkeit zur Erfüllung der Wehrpflicht beeinträchtigt, und wenn es wahr ist, dass, wie die Gegner des Radsports behaupten, das weibliche Geschlecht durch seine Ausübung Erkrankungen ausgesetzt ist, welche die Gesundheit kommender Generationen zu gefährden im Stande sind. Es ist daher sowohl für den einzelnen Radsportjünger wie für seine Familie und den Staat von gleicher Wichtigkeit, den Radsport von denjenigen Untugenden zu säubern, die ihm durch seine Herkunft von der Rennbahn her leider häufig noch anhaften, sowie die Grundsätze aufzustellen, durch deren Beobachtung der Radfahrsport nicht nur alle schädlichen Eigenschaften verliert, sondern sogar zu einer den Körper und den Geist in gleicher Weise stählenden Gymnastik wird. —

Das erste Erfordernis einer gesundheitsgemässen Ausübung des Radsports, seine unerlässliche Grundbedingung ist die Einnahme und Bewahrung einer geraden aufrechten Haltung, wie wir sie auf dem Pferde bei dem schulmässigen Reiten in der Reit-Bahn lernen, und welche ich daher kurz mit dem Namen des «normalen Reitsitzes» bezeichnen möchte. Der Rumpf wird hierbei kerzengerade in senkrechter Richtung aufrecht getragen, ohne die geringste Beugung beziehungsweise Abknickung nach vorne, oder ein Ueberlegen nach hinten zu zeigen. In letzterem Falle tritt nur ein indirekter Schaden für die Gesundheit des Fahrenden ein, indem ein Kraftverlust bei der Uebertragung der als Hebel wirkenden unteren Extremitäten auf die rotierenden Pedale und dadurch schnelle Ermüdung und Ueberanstrengung entsteht. Der erstgenannte Fehler, das katzenbuckelartige Krümmen der Wirbelsäule nach vorne kann vom gesundheitlichen Standpunkte aus nicht scharf genug bekämpft werden, ganz abgesehen davon, dass diese Haltung einen unästhetischen und lächerlichen Eindruck macht. Ihr schädlicher Einfluss erstreckt sich auf sämmtliche Organe der Brust- und der Bauchhöhle, sowie auf das Knochengerüst der Wirbelsäule und des Brustkorbes. Zunächst werden die Organe der Bauchhöhle — der Magen, die Leber, der Darm, die Blase, — durch Eindrücken der nachgiebigen, nur aus fleischigen Teilen bestehenden Bauchwand gedrückt und, da sie sich infolge ihres hohen Wassergehaltes nicht auf ein kleineres Volumen zusammendrücken lassen, aus ihrer natürlichen Lage nach oben verdrängt. Hierdurch wird das horizontale, zwischen Brust- und Bauchhöhle liegende Zwerchfell mit grosser Gewalt gleichfalls nach oben verschoben und dadurch dasjenige Organ, welches der Radfahrer nächst dem Herzen am meisten anstrengt, die Lunge, an ihrer freien Entfaltung gehindert. Die unmittelbare Folge hiervon ist, dass die Lunge ihre Hauptaufgabe, bei der Einatmung dem Blute neuen Sauerstoff zuzuführen und bei der Ausatmung die für den Organismus giftige Kohlensäure fortzuschaffen, nur ungenügend erfüllen kann, wodurch eine Aufspeicherung der schädlichen Kohlensäure im Blute um so mehr eintritt, als durch exakte Versuche nachgewiesen ist, dass durch Muskelarbeit die Menge der im ruhenden Organismus gebildeten Kohlensäure um das Vier- bis Fünffache vermehrt wird. Da sämtliche Gewebe und Organe des Körpers den zu ihrer Erhaltung notwendigen Sauerstoff aus dem sie durchströmenden Blute beziehen und dabei gleichzeitig die in ihnen stets in Bildung begriffene schädliche Kohlensäure abgeben, so ist es klar, dass unter obigen Bedingungen eine allmähliche Kohlensäurevergiftung des ganzen Organismus eintreten muss, deren Stärke sich nach der Zeitdauer und der Intensität richtet, während und mit welcher die forcierte Muskelarbeit in dieser Haltung ausgeübt worden ist, eine Vergiftung, die sich zunächst in beginnender Atemnot kundgiebt, und in dem blau verfärbten Gesicht der Racemen nach vollbrachtem Rennen ihren weithin erkennbaren, klassischen Ausdruck findet.

Gleichzeitig wird aber die Lunge ganz unmittelbar dadurch geschädigt, dass durch das Nachvorneziehen beider Schultern die Lungenspitzen eingeengt werden, indem die vordere Wölbung der oberen Rippen, welche die Lungenspitzen umschliessen, abgeflacht wird. Bekanntlich beginnt die Lungenschwindsucht fast ausschliesslich in den Lungenspitzen, so dass «anhaltender Lungenspitzenkatarrh» für gewöhnlich nur eine schonende Umschreibung der Lungenschwindsucht bedeutet, und jede Vorbeugungsmassregel gegen diese verheerendste aller Krankheiten gipfelt darin, eine möglichst ausgiebige Ventilation gerade der Lungenspitzen herbeizuführen. Nun kennt jeder Radfahrer die Thatsache, dass bei normaler Fahrt sich die Atemzüge in überraschender Weise vertiefen, ohne zunächst an Zahl zuzunehmen, und es muss als ein Verbrechen gegen die Gesundheit bezeichnet werden, wenn der katzbuckelnde Radler sich nicht nur diesen Vorteil entgehen lässt, sondern durch künstliche Verkümmerung der Lungenthätigkeit seinem Körper dauernden Schaden zufügt. Bei jugendlichen, noch in der Entwicklung stehenden Radfahrern kommt die Gefahr dazu, dass die Krümmung der Wirbelsäule durch dauernde Erschlaffung der Wirbelbänder und die Abflachung der Brust durch Einbiegung der noch weichen Rippenknorpel zu derjenigen bleibenden Verunstaltung führt, welche man bei dem Schwindsüchtigen als die traurige Folge der Zerstörung einzelner Lungenabschnitte zu beklagen hat.

Ausser dieser verdammungswürdigen Katzbuckelhaltung, welche überall da, wo es sich um noch einer Aufsicht unterstehende Radler handelt, seitens der Eltern, Vormünder, Schulbehörden u. s. w. auf das strengste verboten werden sollte, giebt es noch einige Abarten krummer Haltungen, welche harmloser aussehen, jedoch gleichfalls vom gesundheitlichen Standpunkte aus zu verwerfen sind. Es ist dies zunächst derjenige Sitz, bei welchem zwar das Kreuz — der untere Teil des Rückens — gestreckt gehalten wird, die Schulterblätter jedoch in der oben beschriebenen Weise nach vorne zusammengezogen und der obere Teil der Wirbelsäule ebenfalls nach vorne gekrümmt getragen wird. Bei der zweiten Abart wird der Oberkörper zwar gestreckt, jedoch nicht aufrecht, sondern nach Art eines nicht völlig geöffneten Taschenmessers im Hüftgelenk stumpfwinklig nach vorne abgeknickt getragen.

Die erstere, die «unvollständige Katzbuckel-Haltung» birgt dieselben Schädlichkeiten, wie die vollständige, nur in etwas abgeschwächtem Masse, die zweite, die «Taschenmesserhaltung» thut dasselbe und verursacht Druck seitens des schnabelförmigen vorderen Sattelfortsatzes und dadurch bedingte Erkrankungen des Dammes, des sogenannten Mittelfleisches, und zwar mit zunehmender Wahrscheinlichkeit, je stärker die Abknickung nach vorne gewählt wird, je kleiner also der durch Körper- und Sattelachse gebildete Abknickungswinkel ist. Ein zweiter hygienischer Nachteil dieser Haltung wird dadurch bedingt, dass das Körpergewicht seinen Hauptunterstützungspunkt nicht mehr im Sattel, sondern in den auf die tief gestellten Lenkstangengriffe aufgesetzten Armen findet. Diese ganz unnötige und auf der falschen Voraussetzung einer dabei möglichen grösseren Kraft-

entfaltung beruhende Belastung der Arm- und Handmuskulatur hat das gefürchtete Zittern der Hände nach der Fahrt zur Folge, welches, wenn es mit dem Wesen des Rades notwendig verknüpft wäre, seine Benutzung den Vertretern einer ganzen Reihe von Berufsarten unmöglich machen würde, deren Ausübung ohne eine stetige ruhige Hand nicht denkbar ist. [*]

Nur eine einzige Haltung wird den hygienischen Anforderungen gerecht, welche im Interesse der Volksgesundheit an eine die Welt erobernde Körperübung gestellt werden müssen: Der aufrechte, gerade Reitsitz mit ungezwungen, lose getragenem und unmerklich in jede Bewegung hineingehendem Oberkörper, zurückgenommenen Schultern, frei gewölbter Brust, so dass Herz und Lunge ihre vermehrte Thätigkeit in gesunder Weise entfalten können, mit lose, nicht ganz, gestreckten Armen und der Lenkstange leicht aufliegenden Händen, das Körpergewicht fest im Sattel ruhend, so dass Radler und Rad wie Reiter und Pferd zu eins verschmelzen. Hierzu kommt, dass bei Einnahme des Reitsitzes nach den Gesetzen der Mechanik die Hebelwirkung der unteren Extremitäten die günstigsten Ansatzpunkte und die ergiebigste Ausnützung findet. Schliesslich ist der Reitsitz die einzige Haltung, welche auch dem ästhetischen Gefühl Befriedigung verleiht, und wenn dieser Punkt an dieser Stelle auch nur gestreift werden kann, so ist er doch von wesentlicher Bedeutung bei der Aufstellung hygienischer Anforderungen, da letztere um so mehr Aussicht haben, anerkannt und befolgt zu werden, je mehr sie sich mit dem ästhetischen Bedürfnisse decken und je mehr dadurch die Möglichkeit gegeben wird, die vom Standpunkte der Gesundheitspflege aus bekämpften Mängel gleichzeitig dem vernichtenden Fluche verdienter Lächerlichkeit preiszugeben.

Bei der Besprechung des Sitzes kann diejenige des Sattels nicht übergangen werden, jedoch sollen hier nur die hygienischen Grundsätze des Sattelbaues im allgemeinen erörtert werden, da der Damensattel später noch eine specielle Berücksichtigung nötig macht.

Dass der Sattel zur Zeit das Schmerzenskind sowohl der Radler wie der Erfinder ist, beweisen die vielfachen Klagen über seine Unbequemlichkeit und die in fast jeder Nummer der Fachzeitschriften auftauchenden Abänderungsvorschläge und neuen Modelle. Letztere entfernen sich zum Teil soweit von der natürlichen Form, dass man nicht mehr einen Reitsattel für Gesunde, sondern Luft- oder Wasserkissen eines Krankenhauses zu sehen glaubt.

Die Schmerzen, welche der Sattel auf der Fahrt verursacht, sind dreierlei verschiedener Art und Herkunft.

Die Betrachtung des knöchernen Beckens lehrt, dass die Last des ganzen Körpers beim aufrechten Sitzen auf den beiden stumpfkegelig hervorragenden Knochenvorsprüngen ruht, welche «Sitzbeinhöcker» genannt werden. Die beim Radeln eintretende ungewöhnliche, dauernde Belastung lässt Schmerzen in ihnen und der sie bedeckenden Haut auftreten,

---

[*] Also bei Malern, Klavier-, Violin-, Cellospielern etc.

Schmerzen, welche gewöhnlich am ersten Tage einer längeren Tour innerhalb der ersten 30—50 Kilometer auftreten und so heftig werden können, dass sie den Reiter stöhnend und thränenden Auges zum zeitweiligen Absitzen zwingen.

Zweitens kann sich die hintere Sattelkante durch Eindrücken in die Haut und Muskulatur sehr lästig fühlbar machen, zumal, wenn bei falscher Sattelstellung die unterste Spitze der Wirbelsäule, das Steissbein, — gleichfalls gedrückt wird. Letztere Klasse von Beschwerden lässt sich durch die später genauer zu besprechende Sattelstellung und durch strafferes — nicht, wie es öfter geschieht, loseres — Anspannen der ledernen Sitzfläche beseitigen.

Die zuerst geschilderten Schmerzen sind, so lästig sie auch werden können, als Lehrgeld zu betrachten, welches jeder Anfänger beim Beginn der Ausübung einer ihm ungewohnten Gymnastik zahlen muss. Sie finden sich — nicht im Prinzip, sondern nur nach dem örtlichen Sitz verschieden — ebensogut beim Reiten, Rudern, Fechten, Turnen wie beim Radeln. Sie schwinden mit der zunehmenden Uebung und Abhärtung und verdienten vom hygienischen Standpunkte überhaupt kaum einer Erwähnung, wenn sie nicht oft mit einer dritten Klasse von Schmerzen, welche bei ihrem Vorhandensein eine sanitäre Schädigung darstellen, zusammengeworfen würden, und wenn man nicht zu ihrer Beseitigung auch unzweckmässige Mittel angewendet hätte. Es ist dies das Anbringen einer sehr leicht und elastisch wirkenden Federung in Gestalt zweier Spiralfedern, welche unterhalb des Sattels ungefähr den beiden Stellen entsprechen, an welchen auf ihm die Sitzbeinhöcker ruhen. Allerdings wirkt ein solcher, leicht federnder Sattel beim ersten Aufstieg durch seine Weichheit und Nachgiebigkeit bestechend, aber sofort beim Beginn der Fahrt verwandelt

sich der scheinbare Vorteil in eine ganze Reihe von Nachteilen: Der ausgiebigen Zusammendrückbarkeit der Spiralfedern beim Durchfahren einer Rinne etc. entspricht ein ebenso ausgiebiges Emporschnellen, so dass der unachtsame Radler aus dem Sattel geschleudert wird; der Sattel hängt abwechselnd rechts und links herunter, je nachdem das rechte oder linke Bein das Pedal hinuntertritt, unter dem Einfluss der Bodenunebenheiten entsteht ein regelloses dauerndes Auf und Abschwanken des Sattels, ein Gefühl des «Schwimmens» auf dem Rade und eine ermüdende Erschwerung der Hebelthätigkeit der Beine, da durch die fortwährende Veränderung der Entfernung zwischen Sattel und Pedal auch die Angriffspunkte der Hebel — Hüftgelenk und Fuss — regellos einander genähert und von einander entfernt werden. Von der Möglichkeit eines Verwachsens des Reiters mit dem Rade ist dann keine Rede mehr und doch ist diese Verschmelzung beim Radeln nicht weniger wie beim Reiten des Pferdes die Hauptbedingung, wenn die höchste Leistung bei geringstem Kraftverbrauch erreicht werden soll. Darum muss von seiten der Hygiene dringend die Anforderung gestellt werden, dass die Federung des Sattels erst unter voller Belastung eine federnde Wirkung überhaupt erkennen lasse, nicht aber jedem leichten Fingerdruck nachgebe.*)

Von hohem sanitären Interesse ist die Frage nach der Entstehung und Verhütung des durch den schnabelförmigen Sattelfortsatz ausgeübten

---

*) Derselbe Grundsatz findet sich beim Bau der Blattfedern für die Güterwagen der Eisenbahnen. Der leere oder unvollständig gepackte Güterwagen federt gar nicht. Ein erkennbares Nachgeben der Federblätter tritt erst bei starker Packung ein. Sollen daher Güterwagen z. B. für den Verwundeten-Transport eingerichtet werden, so müssen die Federn durch Herausnehmen der Hälfte der Blattfedern auf die Hälfte ihrer Kraft geschwächt werden.

Druckes auf das Mittelfleisch, den Beckenboden und seine Organe. Aus der Betrachtung der beiliegenden Zeichnungen (Fig. a—c) geht ohne weiteres hervor, dass die Gebilde des Mittelfleisches nur dann einem Drucke unterworfen sind, wenn die Sitzfläche schmäler ist als die Entfernung beider Sitzbeinhöcker von einander beträgt. Dies ist der Fall, wenn der Körper auf dem Sattel nach vorne gleitet, wie es durch die Eigenart der Radfahrbewegung auch bei horizontal gestelltem Sattel geschieht, so dass dann die Sitzbeinhöcker durch das von oben wirkende Körpergewicht unter das Niveau der Sattel-Oberfläche gedrückt werden. Dass in diesem Falle ein schädlicher Druck auf das Mittelfleisch ausgeübt werden muss, leuchtet um so mehr ein, da die betreffenden Weichteile durch das knöcherne Beckendach verhindert sind, nach oben auszuweichen. Sie werden vielmehr zwischen dieses und den von unten eindringenden Sattel wie von einem Schraubstock zusammengepresst.

Dass die ganze Gefahr vermieden ist, wenn das Becken mit seinen beiden Sitzbeinhöckern auf der breiten eigentlichen Sitzfläche des Sattels ruht, geht unwiderleglich aus Fig. b hervor, welche ausserdem anschaulich macht, dass selbst bei einer beträchtlichen Hebung des Sattelschnabels bei dieser Position ein Druck auch seitens des erhobenen Sattelschnabels auf den Beckenboden ganz unmöglich ist.

In dieser steilen Stellung des Sattels besteht das beste und völlig ausreichende Gegenmittel gegen jene gefürchteten Druckerkrankungen, die in den Köpfen von Theoretikern das Rad bereits als ein den Körper und das Nervensystem zerrüttendes Werkzeug erscheinen liessen. Wer pneumatische Sättel, geteilte Sättel, solche mit oder ohne Schnabel vorzieht, mag seiner Liebhaberei folgen: eine Notwendigkeit sind alle diese Erfindungen nicht, und kein Polster und kein Luftkissen kann die geschmeidige Elastizität des einfachen Ledersattels und den ruhigen festen Halt ersetzen, den ein richtig, d. h. aufrecht stehender Schnabel dem Reiter gegen seitliche Verschiebungen auf dem Sattel gewährt. Das hygienische Haupterfordernis eines Sattels ist Vorhandensein einer Vorrichtung, welche seine Drehung um eine horizontale Achse ermöglicht, wie u. a.

dadurch geschieht, dass die von vorne nach hinten ziehenden stählernen Stützstangen nicht in gerader Linie, sondern in der Form eines Kreisabschnittes verlaufen, zu welchem der horizontale Ast der Sattelstütze die Tangente bildet.

Die Kleidung des Radlers muss die von Jaeger zuerst aufgestellte Forderung der Durchlässigkeit aller Schichten erfüllen, wenn sie den Radler vor Ueberhitzung und nachheriger Erkältung schützen soll. Seitdem es der Industrie gelungen ist, auch Baumwolle*) und Leinwand**) in poröser Modifikation herzustellen, ist es jetzt möglich, eine Kleidung zu tragen, welche äusserlich den Ansprüchen der Eleganz und innerlich den Forderungen der Hygiene entspricht. Nach meinen fünfjährigen fast täglich auf dem Rade gemachten Erfahrungen, die sich auf alle Witterungsverhältnisse und Jahreszeiten erstrecken, erscheint mir folgende Zusammenstellung des Anzuges für das Radeln am geeignetsten:

Unmittelbar auf der Haut ist keine Wolle zu tragen, da diese die Haut weich, fettig und empfindlich macht, sondern eine grobe, knotenfreie Netzjacke aus reiner Flachsfaser, welche das darauf liegende **kurze**\*\*\*), aus poröser Leinwand gefertigte Hemd von der Haut durch eine isolirende, schlechtleitende Luftschicht trennt. Diese Luftschicht verhindert zu schnelle Abkühlung, sowie zu schnelle Ueberhitzung, ähn-

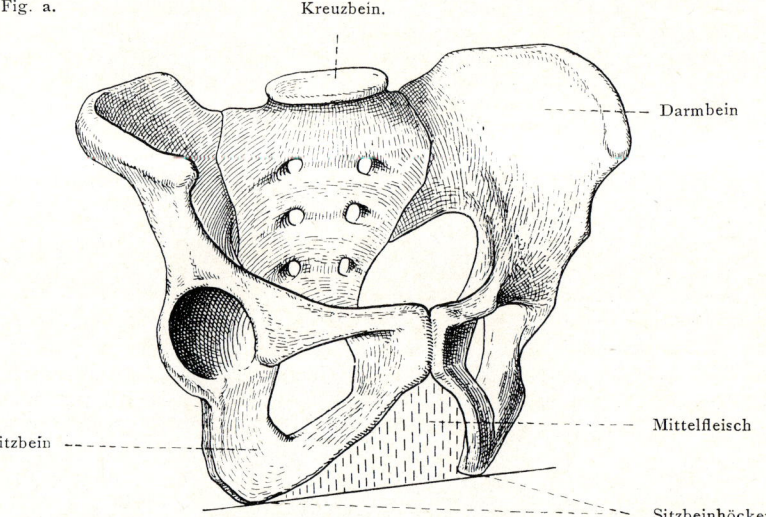

Fig. a.         Kreuzbein.

Darmbein

Mittelfleisch

Sitzbein

Sitzbeinhöcker

**Vorderansicht des Beckens.**

Der Abstand der beiden Sitzbeinhöcker beträgt 10 cm beim männlichen, 12 cm beim weiblichen Geschlecht. Deshalb muss auch der Damensattel mindestens 2 cm breiter sein als der Herrensattel. Von den Sitzbeinhöckern bis an den Sattelrand sollten beim normalen Sattel immer noch circa 5 cm Raum verbleiben, woraus sich die Gesamtbreite des Herrensattels mit circa 20 cm, des Damensattels mit 22 cm ergiebt.

lich wie Doppelfenster durch die eingeschlossene Luftschicht wirken, nicht durch die Verdoppelung des Glases. Die Oberkleidung (Weste, Rock, Beinkleid) von gewebtem oder gestricktem **Wollen**stoff enthält Futter aus leichter «Jaegerwolle». Die Unterbeinkleider sind am besten aus Reformbaumwolle, die langen Beinkleider auf Façon gestrickt, so dass sie dem sich beugenden Knie nicht den geringsten Widerstand darbieten, sich beim Radeln ausserdem nicht in die Höhe ziehen und gleichzeitig zur Ausübung jedes Berufes getragen werden können, ohne auch nur im Geringsten auffallend zu wirken. Als Handschuhe sind im Sommer nur solche

---

\*) Die Lahmann'sche Reform-Baumwolle.

\*\*) Durch die Firma Schönherr & Cie. in Köln, Bazar Nürnberg in Berlin, Franzöz. Strasse.

\*\*\*) Bis zum Schritt, nicht bis an die Knie (!) reichende. Vgl. meine Broschüre «Wie ist Radfahren gesund?» S. 44.

aus Waschleder brauchbar, während im Winter nur gestrickte Handschuhe die Finger und Hände vor der erkältenden Wirkung der Lenkstange schützen.

Aus dem Hut — der auf den Fahrten im Beruf oft nicht entbehrt werden kann — sollte endlich das ekelhafte Schweissleder entfernt und durch einen leichten, eleganten, weissen Cachemirstreifen — nicht durch filzige, grobe Wolle, welche die Stirne wund reibt — ersetzt werden.

Bei den Strümpfen ist zu beachten, dass nicht dicke, sondern weite Kleidungsstücke warm halten, weil sie Luftschichten einschliessen. Man kann daher im Winter und Sommer Strümpfe aus leichtester Reformbaumwolle tragen, wenn sie scheinbar «zu weit» sind, und wird dabei stets warme Füsse haben, während der Träger dicker aber enger, wollenen Strümpfe nicht aufhört, über kalte Füsse zu klagen.

Auch beim Schuhwerk sollte auf Durchlässigkeit gehalten und das stets übelriechende und bei nassem Wetter stets die anstossenden Kleidungsstücke beschmutzende Wichsleder durch Naturleder ersetzt werden.

Einer besonderen Sportskleidung bedarf es demnach für Fahrten im Berufe oder für kleine Spazierfahrten nicht, und wer obige Ratschläge befolgt, braucht nur den Hut mit der Mütze und das mit gestärktem Einsatz versehene poröse Oberhemd mit einem Sportshemd aus poröser Leinwand zu vertauschen, um ein allen hygienischen Anforderungen entsprechendes und gleichzeitig sportsmässig und vor-

nehm wirkendes Tourenkostüm zu erhalten. Bei Fahrten im Berufe z. B. zwischen Wohnung und Geschäftslokal, Schule, Theater, bei Patientenbesuch, beim Visitenmachen etc. wahrt und fördert man seine Gesundheit, wenn man statt zu gehen oder sich in eine Droschke oder Pferdebahn einschliessen zu lassen, die eigene Fortbewegung in frischer, bewegter Luft auf dem Rade vorzieht, aber nur unter der Voraussetzung, dass der Radreiter nicht schweisstriefend und keuchend an seinem Ziele anlangt, sondern in einem Zustande, welcher nach Beiseitestellung des Rades es Niemandem ermöglicht, zu entscheiden, welches von den genannten Beförderungsmitteln gewählt worden ist.

Hierzu ist aber nicht nur die Wahl einer richtigen Haltung und Kleidung, sondern auch die eines rationellen Tempos erforderlich.

Die zur Zeit noch herrschende Verwirrung der Ansichten über das Wesen des Radsports und der Mangel einheitlicher Grundsätze für seine Ausübung macht sich am deutlichsten bei der Frage nach der auf dem Rad zu entfaltenden Geschwindigkeit fühlbar. Die Beantwortung dieser Frage ist vom fachsportlichen Standpunkt überaus schwierig, wie ich anderwärts[*] ausführlicher ausgeführt habe, vom Standpunkt der Gesundheitspflege aus sehr einfach. Hier besteht eine Grundregel, von welcher es keine Ausnahme gibt:

Die Grenze der Verstärkung der Muskelarbeit und der hierdurch bedingten Vergrösserung der Geschwin-

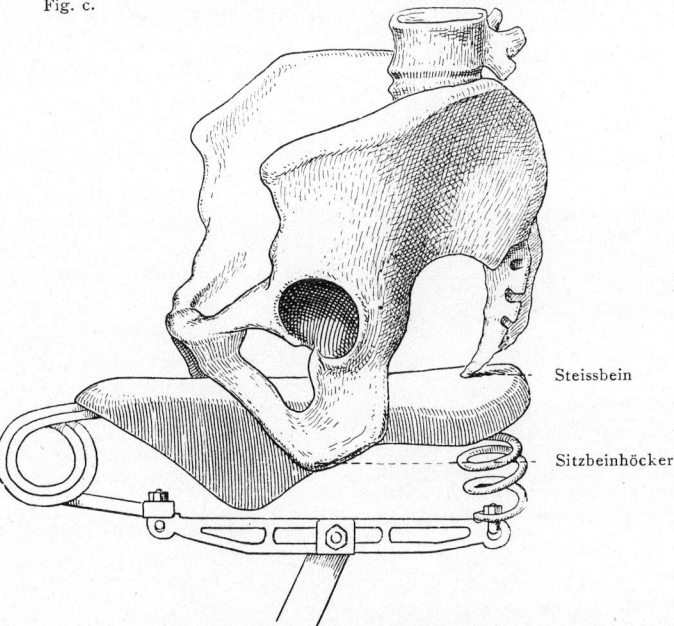

**Normale Fixirung des Beckens auf dem Sattel.**
Seitenansicht zu Figur a.
Der Sattel ist vorn gehoben. Die Sitzbeinhöcker sind links und rechts circa 5 cm vom Sattelrand entfernt. Die Zeichnung markiert dies zu wenig. Mittelfleisch und Steissbein sind druckfrei.

Fig. b. Lendenwirbel — Darmbeinschaufel — Hüftgelenkpfanne — Steissbein — Sitzbeinhöcker

Fig. c. Steissbein — Sitzbeinhöcker

**Falsche Sattelstellung, falscher Sitz.**
Vor- und Hinabgleiten des Beckens bei horizontal gestelltem Sattel und dadurch bedingten schädlichen Satteldruck.

*) Vgl. S. 9 von «Wie ist Radfahren gesund?»

digkeit ist erreicht, sobald sich die geringsten Anzeichen von Atemnot oder überhaupt eine bemerkbare Beschleunigung der Atmung einstellt.

Wer diesen Grundsatz zur unweigerlichen Richtschnur macht, sobald er im Sattel sitzt, und sich weder durch die Einflüsterungen der Eitelkeit oder eines falschen Ehrgeizes noch durch den Druck eines falschen Schamgefühls vor Mitfahrern irgendwie beirren lässt, wird stets nur eine Förderung seiner Gesundheit und niemals eine Schädigung derselben erfahren. Gerade in der hierzu anfangs notwendigen Selbstüberwindung besteht ein Teil der erziehenden Wirksamkeit des Radsports.

Das Auftreten von Atemnot ist nämlich das sichere, untrügliche Anzeichen für das Herannahen der einzigen wirklichen Gefahr, welche das Rad für den unkundigen Reiter mit sich bringt: der Ueberanstrengung des Herzens.

Das Radfahren übt eine spezifische Wirksamkeit auf die Thätigkeit des Herzmuskels aus, in der Weise, dass eine Vermehrung und Kräftigung der Pulsschläge auftritt, während gleichzeitig die Atmung nicht beschleunigt, dagegen beträchtlich vertieft wird. Hierbei kann die Anzahl der Atemzüge sogar eine Verminderung erfahren. Tritt jetzt bei forcierter Uebung Atemnot auf, so wird die Pulswelle, ohne dass die Zahl der Pulsschläge sich zu vermehren braucht, niedriger, d. h. die Herzthätigkeit schwächer. So kommt es, dass dieselbe Anzahl vermehrter Pulsschläge ein Zeichen der Schwächung und der Kräftigung des Herzens sein kann, **je nachdem die Atmung beschleunigt ist oder nicht.**

Die beiliegenden Kurven veranschaulichen dies in deutlich erkennbarer Weise, indem Kurve 2 und 3

### Einfluss der Zeitdauer der normalen Radfahrt.

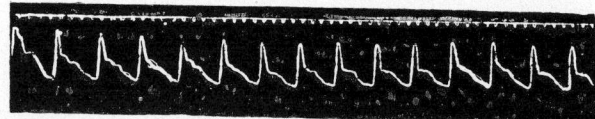

Kurve 1. **Vor der Ausfahrt:** Atmung 12, Puls 78 in der Minute.

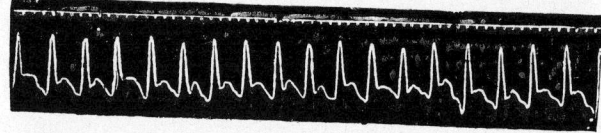

Kurve 2. **Nach einstündiger Fahrt:** Atmung 12, Puls 96 in der Minute.

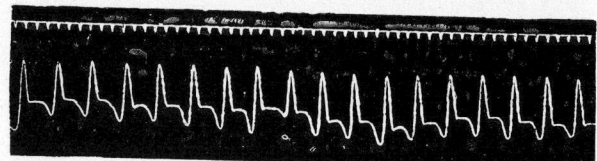

Kurve 3. **Nach vierstündiger Fahrt:** Atmung 12, Puls 110 in der Minute.

### Ermüdungskurven nach Zurücklegung von 78 Kilometern mit beträchtlichen Steigungen.

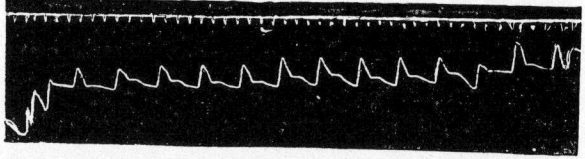

Kurve 4. Atmung 24, Puls 104. Dauer von Ermüdungsgefühl und nervöser Abspannung 4 Stunden.

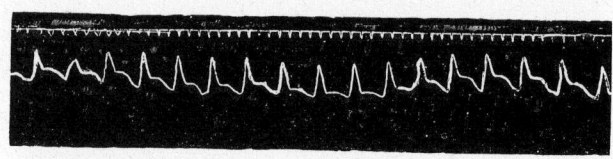

Kurve 5. **2 Stunden nach der Radfahrt von 78 Kilometer.** Atmung 15, Puls 104. Wohlbefinden.

die Verstärkung der Herzthätigkeit bei ordnungsmässiger Ausführung, Kurve 4 die starke Schwächung des Herzmuskels nach Ueberanstrengung und Kurve 5 seine langsame Erholung nach einer solchen vor die Augen führen.

Zu beachten ist daher die Thatsache, dass die Verlangsamung und Vertiefung der Atmung des Radfahrers nicht die Frucht einer zum Zwecke des Radfahrens vorgenommenen Vorübung oder einer während des Radfahrens gleichzeitig absichtlich zu betreibenden Atemgymnastik ist, sondern, wenn bei geschlossenem Munde durch die Nase geatmet wird, eine vom Willen unabhängige, selbst gegen den Willen eintretende kompensatorische Folge, ein integrierender Bestandteil der physiologischen Einwirkung des Radfahrens auf den Organismus des Radlers ist.

Die Geschwindigkeit, welche bei Beobachtung obiger Grundregel erreicht wird, ist im Verhältnis zu der eines Reiters oder eines Wagens noch immer eine sehr beträchtliche und stellt die Leistung des flottesten Einspänners stark in den Schatten. Ausserdem verschiebt sich die Grenze der gesundheitsgemässen Maximalleistung gerade bei anfänglich strengster Beobachtung der Vorschrift, dass die Reizschwelle der Atemnot niemals überschritten werden darf, von Tag zu Tag in erstaunlicher Weise nach oben, so dass nach wenigen Wochen Steigungen spielend genommen werden, bei deren versuchsweise vorgenommenen Anläufen der Anfänger zusammenbricht. Andrerseits macht sich eine einzige, nur einmal und kurze Zeit ausgeführte Ueberanstrengung auf Tage, selbst Wochen durch auffällige Verminderung der Leistungsfähigkeit, bei der kleinsten Steigung auftretende Atemnot und sofort fühlbares Herzklopfen bemerkbar, Ursache genug, obige Regel zur Grundlage jeder Lehre der Stahlrad-Reitkunst zu machen.

Welch mächtigen Einfluss die methodische Uebung auf die Regelmässigkeit und Tiefe der einzelnen

Atemzüge hat, lehren Kurve 6 und 7, die dem Vortrage Mendelsohn's über den Einfluss des Radfahrens entnommen sind.

Nicht minder wichtig sind die Folgen der verstärkten Muskelarbeit und der vermehrten Atmungsthätigkeit auf den allgemeinen Stoffwechsel, der eine beträchtliche Beschleunigung erfährt, wie sich aus der gleichfalls dem obigen Vortrag entstammenden Kurve 8 über die vor und während der

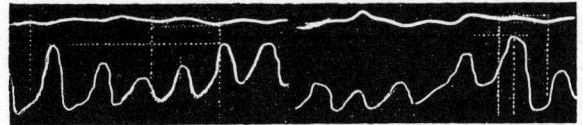

Kurve 6. **Respirationskurven eines Ungeübten.**
Die obere Linie **vor** der Fahrt, die untere **nach** 2 Minuten Fahrt.

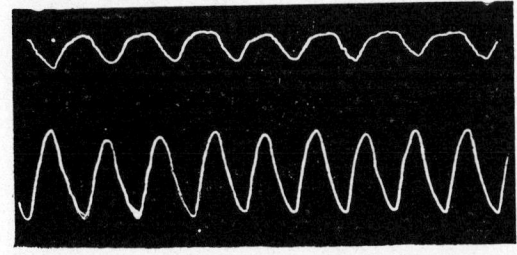

Kurve 7. **Respirationskurven eines Geübten.**
Die obere Linie **vor** der Fahrt, die untere **nach** 20 Kilometer Fahrt.

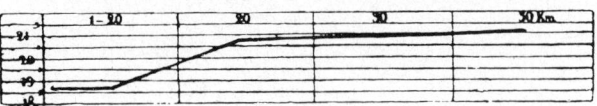

Kurve 8. **Harnstoff-Ausscheidung während des Radfahrens.**

Fahrt ausgeschiedene Menge des Harnstoffes ergiebt. Die Quantität des im Harn vorgefundenen Harnstoffes gilt als direkter Massstab für die Intensität des Stoffwechsels; sein Steigen bedeutet eine Steigerung, sein Sinken eine Verminderung des Stoffwechsels. Beim Radfahren tritt nun eine zuerst schneller, dann nach Zurücklegung von 20—30 Kilometern langsamer aber stetig sich vollziehende Erhöhung der Harnstoffausscheidung auf, wie auf der graphischen Darstellung des erst steiler, dann langsamer sich erhebenden Kurvenschenkels ersichtlich ist.

Eine sehr wichtige und noch vielfach umstrittene Frage ist diejenige nach der Einwirkung des Radfahrens auf die Organe des Beckens, auf die sogen. Unterleibsorgane. Es möge hier genügen, die Thatsache festzustellen, dass diese Einwirkung eine **blutableitende**, eine **blutentleerende** ist, wie mir jeder Radfahrer aus Erfahrung bestätigen wird. Wenn überhaupt Reizungen vorkommen, so sind sie stets Druckerscheinungen infolge falscher — d. h. zu horizontaler — Sattelstellung und, was ganz besonders hervorgehoben zu werden verdient, ohne Ausnahme sehr schmerzhafter, höchst unangenehmer Natur.

Die gegenteilige Ansicht findet zwar auch ärztliche Vertreter, wie z. B. Mendelsohn in obiger Broschüre, ist jedoch lediglich das Produkt theoretischer Spekulationen seitens Nichtradfahrer und muss um so energischer bekämpft werden, als ihr erstens die in unserer Wissenschaft unentbehrliche Bestätigung durch das Experiment — welches das Gegenteil ergiebt — fehlt, und weil diese Ansicht, wenn sie auch nur stillschweigend als unter Umständen zulässig gedacht wird, geeignet ist, dem Radsport einen unauslöschlichen Makel anzuheften, der die Empfehlung seiner Ausübung uns Aerzten erschweren und in vielen Fällen, vor allem bei dem weiblichen Geschlechte, unmöglich machen würde. Meine eigenen vieljährigen Erfahrungen — ich benutze das Rad sowohl zur Ausübung meines ärztlichen Berufes, wie zu kleineren und ausgedehnten Touren und Reisen —, meine zahlreichen während der Tour auf diesen Punkt gerichteten und zwar ganz unbemerkt und unauffällig ausgeführten Beobachtungen, meine direkten Anfragen bei solchen Radlern und Radlerinnen, bei denen ich auf Grund meiner hausärztlichen Thätigkeit und Menschenkenntnis mit Sicherheit auf eine unbefangene, objektive, der Wahrheit entsprechende Auskunft rechnen konnte, haben ausnahmslos zu dem übereinstimmenden Ergebnis geführt, dass das Radfahren mit dem Auftreten sinnlicher Erregungen und Empfindungen unvereinbar ist, dass es vielmehr das beste und wirksamste Gegenmittel gegen eine etwa dazu vorhandene Neigung darstellt.

Denn den grössten und umwälzendsten Einfluss übt der Radsport auf das Nervensystem aus, ein Umstand, der bei Weitem noch nicht die ihm gebührende Würdigung erfahren hat[*]) und dessen Kenntnis demjenigen stets verschlossen bleiben wird, der seine Studien am Schreibtisch statt aus dem Sattel heraus macht. Wie sämtliche Funktionen der vegetativen Organe — Atmung, Herzschlag, Appetit, Verdauung, Hautthätigkeit, Ausscheidungen aus der Niere und dem Darm — eine Erhöhung und Beschleunigung erfahren, so wächst die Leistungsfähigkeit des ganzen Nervensystems in einer jedem Radfahrer an sich selbst deutlich fühlbaren Weise von Tag zu Tag. Es äussert sich dies in einer erhöhten Geschwindigkeit der Nervenleitung, der Fähigkeit, blitzschnell in voller Fahrt die Wegestrecke und alles, was sich darauf befindet, aufzufassen, mit ruhiger Geistesgegenwart den richtigen Entschluss zu treffen und ihn gleichzeitig auf das jedem Gedanken folgende willige Werkzeug, das Rad, zu übertragen. Die sichtbare Leistung der eigenen Kraft hat ein wohlthuendes Selbstbewusstsein zur Folge und lässt das Gefühl der Individualität wieder erwachen, welches bei jeder passiven Einzel- oder Massenbeförderung durch Wagen, Eisenbahnen, Omnibusse, Pferdebahn, elektrische Bahnen etc. verloren geht und nur noch beim Reiten und Selbstkutschieren in ähnlicher, wenn auch nicht so unmittelbarer Weise zu finden ist. Die zum Radfahren notwendige Anspannung der

---

[*]) Trotz der vorzüglich begründeten Empfehlung seitens sachkundiger Aerzte, wie Eulenburg, Pluczak, Fressel.

Aufmerksamkeit, die unausgesetzte Inanspruchnahme der Intelligenz und des Verstandes schliesst die Möglichkeit, Träumereien nachzuhängen, gänzlich aus: des süssen Träumers harrt ein sofortiges, unsanftes Erwachen in dem stets bereitwilligst geöffneten Chausseegraben. —

Hunger und Durst kennzeichnen den «radgerechten» Radler auf der Tour — Appetitlosigkeit bei Beendigung der Fahrt ist ein sicheres Kennzeichen vorausgegangener Ueberanstrengung — und so drängt sich die hygienisch bedeutsame Frage auf: «Wann und was soll man trinken?»

Aerzte und Laien sind darüber einig, dass auch bei erhitztem Körper jederzeit kalt getrunken werden kann, wenn die Muskelarbeit gar nicht oder doch nur, so weit es die Einnahme des Trunkes notwendig macht, unterbrochen und dann weiter fortgesetzt wird. Anders steht es mit der Beantwortung nach dem Nutzen oder Schaden, welchen der Genuss alkoholhaltiger Getränke auf der Fahrt mit sich bringt. Letztere sind unbedingt dann zu verwerfen, wenn es sich um Touren, und zwar solche, welche in der **warmen Jahreszeit** ausgeführt werden, handelt. Wer sein Rad zur Beförderung im Beruf, oder zu kleinen Nachmittagsspazierritten benutzt, mag trinken, was er will, wenn es nur in gewohntem Masse geschieht. Sobald aber eine irgendwie grössere Anforderung an die Körper- und Geisteskräfte gestellt wird, wie dies bei jeder Tour — namentlich im heissen Sommer — der Fall ist, so ist vor Alkohol zu warnen, da er die Spannkraft des Nerven- und Muskelsystems nach einer momentanen, schnell verschwindenden, scheinbaren Anregung dauernd herabsetzt, den Radler schlaff und müde und daher für Ueberanstrengung empfänglich macht. Vor allem treten diese Erscheinungen beim Genuss des Bieres auf, welches meist noch den besonderen Nachteil hat, sehr kalt zu sein. Die plötzliche Abkühlung des erhitzten und leeren Magens bewirkt ein Zusammenziehen der Blutgefässe des Magens, wodurch das Blut auf die Körperoberfläche, die Haut, getrieben und dort Veranlassung zu einem ungemein lästigen Hitzegefühl und zu einem allgemeinen profusen Schweissausbruch wird. Umgekehrt wirkt der Genuss lauwarmer Getränke — Bouillon, Thee, Kaffee, Milch — abkühlend und trocknend auf die Haut, wenn sich der Körper in einem überhitzten und ausgetrockneten Zustande befindet.

Anders verhält es sich bei Wintertouren, wenn das Thermometer wenige Grade über oder unter dem Gefrierpunkte steht. *) Hier spürt man von einem gelegentlichen Schluck Cognac, einem Glase Bier, Wein oder Sekt umgekehrt eine belebende, erwärmende, die Ausdauer erhöhende Wirkung, und zwar am deutlichsten, wenn dies im Freien geschieht.

Ueberhaupt empfiehlt es sich, einige Genussmittel, welche gleichzeitig Nährwert besitzen, mit sich zu führen. Es eignet sich hierfür am besten die Chokolade — in abgeteilten, einzelnen Stücken — und Cakes der verschiedensten Arten. Von Fleischsaftpräparaten können für den Radfahrer nur diejenigen in Betracht kommen, welche, ohne erst aufgelöst werden zu müssen, sofort geniessbar sind. Es sind dies die flüssigen Präparate, welche zweitens noch die Bedingung erfüllen müssen, wohlschmeckend und nicht zu teuer zu sein. Denn nur letztere haben eine solche Verbreitung, dass man sie beim Passieren jeder kleinen Stadt sofort ersetzen kann. Auch dürfen bei etwaigem Bruch der Flasche nicht gleich vier bis fünf Mark verloren sein. Nach mancherlei Versuchen habe ich in der Maggi'schen sogen. Suppenwürze eine alle diese Bedingungen erfüllende Flüssigkeit kennen gelernt, die bei drohenden Erschöpfungszuständen halb mit Wasser oder Cognac gemischt eine fast unmittelbar eintretende belebende Wirkung ausübt, beim Einkehren in ein Wirtshaus zur Verbesserung der oft sehr dünnen Bouillon benutzt und bei jedem Kolonialwaarenhändler wieder aufgefüllt werden kann.**) Als Behälter dient vorteilhaft eine flach gegossene Glasflasche mit Schraubenverschluss, die in der Brusttasche oder in einer Satteltasche mitgeführt wird. Das Umhängen einer Feldflasche hat einen den Theoretiker überraschenden sehr ungünstigen Erfolg: das lästige, überflüssige und bei rationeller Fahrt und Kleidung fast ganz vermeidbare Schwitzen tritt sofort auf, da durch den dauernden ziehenden Druck, welchen die Trageschnur ausübt, die einzelnen Schichten der Kleidung aneinander und gleichzeitig gegen die Haut gedrückt werden. — Aehnlich, wenn auch nicht ganz so ungünstig, wirken Hosenträger, die daher, wenn sie nicht ganz fortgelassen werden können, während der Fahrt so lang zu stellen sind, dass sie nicht mehr tragend, d. h. andrückend wirken.

---

*) Der angenehmsten und gesündesten Temperatur für — vernünftig ausgeführte — Radfahrten. Nasenatmung mit geschlossenem Munde ist allerdings dabei noch mehr unbedingtes Erfordernis wie im Sommer.

**) Der Preis beträgt für dieselbe Quantität Maggi ungefähr soviel Pfennige, wie die — sonst vorzüglichen — amerikanischen Präparate Mark kosten.

## 2. Die Hygiene des Damenradfahrens.

Nicht jeder für das männliche Geschlecht geeignete und gesunde Sport ist es auch für das weibliche. Hygienische und ästhetische Rücksichten, gegründet auf die Verschiedenheit des Körperbaus und der Kleidung zwingen uns leider nicht selten, die Ausübung einer an und für sich gesunden Gymnastik dem weiblichen Geschlecht zu verbieten, wie wir es beim Reiten und Turnen zu thun oft in der Lage sind. Um so freudiger müssen wir Aerzte es daher begrüssen, dass in dem Radsport eine Gymnastik erstanden ist, welche der Gesundheit des weiblichen Körpers nicht weniger dienlich ist, als der des männlichen, und die bei der oft erzwungenen Unthätigkeit und Beschäftigungslosigkeit des weiblichen Geschlechts zugleich einem viel intensiver und bei seiner Nichterfüllung sich viel nachteiliger als bei uns bemerkbar machenden Bedürfnis nach Bethätigung durch eigene Kraft und eigene Leistung in heilsamster und vollkommenster Weise abhilft.

Allerdings gehört beim Damenradfahren zur Erreichung dieses Zieles die Beachtung einiger Modifikationen der Regeln, die für das Herrenfahren massgebend sind.

Zunächst ist das Herrenrad für gesundheitgemässes Damenradeln nicht geeignet: es nötigt durch seinen geschlossenen Rahmenbau zum Auf- und Absitzen von hinten — mag dies nun durch Auf- und Abspringen oder auf einem Fuss stehend, bei stark seitwärts geneigtem Rade durch Ueberführen des anderen Fusses über das Hinterrad und den Sattelrücken, ähnlich wie beim Besteigen eines Pferdes geschehen. Auf alle Fälle ist der weibliche Körper hierbei starken plötzlichen, ruckweise auftretenden Erschütterungen ausgesetzt, die erfahrungsgemäss nachteilig auf die Unterleibsorgane wirken, zumal die unteren Extremitäten sich dabei in gespreiztem Zustande befinden. Es ist ein bedeutender Vorzug des Rades, dass es seinen Reiter nicht «wirft», wie es beim Trabreiten der Pferderücken thut, und gerade aus diesem Grunde kann das Reiten des Stahlrosses noch eine gesunde Uebung sein in Fällen, wo dasjenige des Pferdes durch sofort auftretende Unterleibsschmerzen unmöglich gemacht wird. Radeln und Reiten zeigen in diesem Punkte eine grundsätzliche Verschiedenheit der Einwirkung auf die Beckenorgane, eine Verschiedenheit, die gerade für das weibliche Geschlecht und seine zahllosen Unterleibsleiden von höchster Bedeutung ist: Das Trabreiten bewirkt bei Damen durch das unausgesetzte Auffallen des Rumpfes auf den Sattel bei gänzlich mangelnder Thätigkeit des rechten und sehr geringer Thätigkeit des linken Beines einen Blutandrang nach dem Unterleib, während beim Radfahren umgekehrt durch die fortgesetzte aktive Muskelarbeit beider unterer Extremitäten bei ruhig im Sattel sitzendem und fast ohne jede Erschütterung dahingleitenden Oberkörper eine starke Ableitung des Blutes vom Unterleib in die Ober- und Unterschenkel eintritt. *) Diese heilsame und für das Damenradeln wichtigste körperliche Wirkung sollte man nicht durch die oben erwähnten Turnübungen des Auf- und Abspringens wieder aufheben oder in ihr Gegenteil verkehren und darum sollte jede Dame nur das sogenannte Damenrad besteigen, welches bei offenem Rahmenbau, kleinem Hinterrade, niedriger stehendem Sattel ein ruhiges, gleichmässiges, in keiner Bewegung etwas eckiges oder stossweises mit sich bringendes Auf- und Absitzen möglich macht. Der kleinere Durchmesser des Hinterrades bedingt ausserdem einen kleineren Kraftverbrauch, um es in Bewegung zu setzen, als der grössere des Herrenhinterrades. Und wenn auch

die meisten Damen eine viel grössere Leistungsfähigkeit und Ausdauer zeigen, als wir anzunehmen uns angewöhnt haben und als die Damen oft vorher selbst glauben, so muss der Thatsache doch Rechnung getragen werden, dass der weibliche Körper im Punkte der physischen Kraft nicht ohne Schaden mit derjenigen des Mannes wetteifern kann. Alle ärztlichen Erwägungen sprechen daher für die Beibehaltung des sogenannten «Damenrades».

Wichtiger noch als bei uns ist beim Damenradfahren das Verpassen des Rades an die Figur der Reiterin. Es sollte ebenso selbstverständlich sein, wie bei den Steigbügeln des Pferdes, welches ohne vorherige Verpassung zu besteigen als eine Absurdität anerkannt werden würde; auch wird eine Dame von sehr kleiner Figur sich nicht auf ein Riesenpferd setzen und eine Erscheinung stattlichster Grösse keinen Pony besteigen.

Was beim Pferde die Bügel, sind beim Rade die Pedale, der Unterschied ist nur der, dass bei ersterem der verstellbare Punkt durch die Bügel, bei letzterem durch den Sattel gegeben wird. Sonst gleichen sich Pferd und Rad wieder darin, dass beide weder zu weit nach vorne noch zu weit nach hinten gesattelt sein dürfen. Der Sattel des Rades muss also nicht nur durch Hoch- und Niedrigstellen der senkrechten Sattelstütze, sondern auch durch Verschieben auf dem wagerechten Rohre nach vorne oder hinten diejenige Stellung erhalten, welche die grösste Ausnutzung der Muskelkraft des Beines ermöglicht und ihre nutzlose Verschwendung, die dann leicht zu schädlicher Ueberanstrengung führt, sicher vermeiden lässt. Um dies zu erreichen, muss der Sattel zunächst so hoch gestellt werden, dass bei tiefstem Stand des Pedales — welches wie der Steigbügel mit dem vorderen Fussballen, nicht am Absatz, gehalten werden muss — das Bein fast völlig gestreckt ist, so dass bei Hochstand des Pedals das Knie verhältnismässig wenig gebeugt wird. Hochgezogene Knie wirken auf dem Pferde lächerlich, auf dem Rad sind sie lächerlich und gesundheitsschädlich zugleich. — Bei der wagerechten Verschiebung des Sattels nach vorne oder hinten ist dann die hygienisch günstigste Stellung erreicht, wenn die Tretbewegung weder flach nach vorne, noch senkrecht nach unten, sondern wenn sie annähernd senkrecht, zugleich aber etwas nach vorne stattfindet. Kennzeichen hierfür ist, dass bei tiefstem Pedalstand das Bein senkrecht steht, so dass Schulter, Hüfte und Ferse durch eine senkrechte Linie gleichzeitig getroffen werden. Begiebt sich das Pedal in den vorderen Abschnitt des von ihm beschriebenen Kreises, so entspricht diese Linie dann genau der für das Reiten auf dem Pferde massgebenden: sie trifft Schulter, Hüfte, Kniescheibe und Fussspitze.

Um die gerade Haltung zu ermöglichen, müssen die Lenkstangengriffe mit nur ganz wenig gebeugtem, lose gestrecktem Arm bequem erreicht werden können. Dies ist niemals der Fall, wenn die Lenkstangengriffe tiefer als der Sattel stehen. Sie müssen je nach der Länge der Arme — die sehr verschieden

---

*) Wie schon S. 63 beim Herrenfahren erwähnt ist und hier gegenüber haltlosen Verdächtigungen noch einmal ausdrücklich hervorgehoben werden soll.

ist — entweder auf demselben Niveau wie der Sattel oder 5—10 cm höher stehen.

Für den Sattel des Damenrades sind einige Abweichungen vom Bau des Herrensattels erforderlich.

Entsprechend der grösseren Weite des weiblichen Beckens (vgl. S. 160) muss die Sitzfläche des Damensattels einige Centimeter breiter sein, als diejenige des Herrensattels. Der lange schnabelförmige Fortsatz nach vorne muss fortfallen und durch einen kürzeren ersetzt werden, aber nicht aus Gesundheitsrücksichten[*]), sondern weil er das Auf- und Absitzen von und nach vorne unmöglich macht. Von dem angeblichen schädlichen Einfluss des Sattels auf das Nervensystem gilt in erhöhtem Masse das oben (S. 163) Gesagte. Das Einzige, was dem Sattel mit Recht vorgeworfen werden kann, ist, dass er nicht bequem ist, dass er dem Neuling sogar Schmerzen[**]) bereitet. Aber thut dies der Reitsattel des Pferdes nicht? Wird dieser letztere deswegen mit Gummipolster, Luftkissen, Riemen, Vertiefungen etc. versehen? Jede Reiterin wird gelehrt, dass die Reitschmerzen notwendige und nur durch Abhärtung und Uebung zu überwinden sind. Selbst die Unterlagdecke von Filz gilt, obwohl sie den Sitz gleichmässig macht, mehr der Schonung des

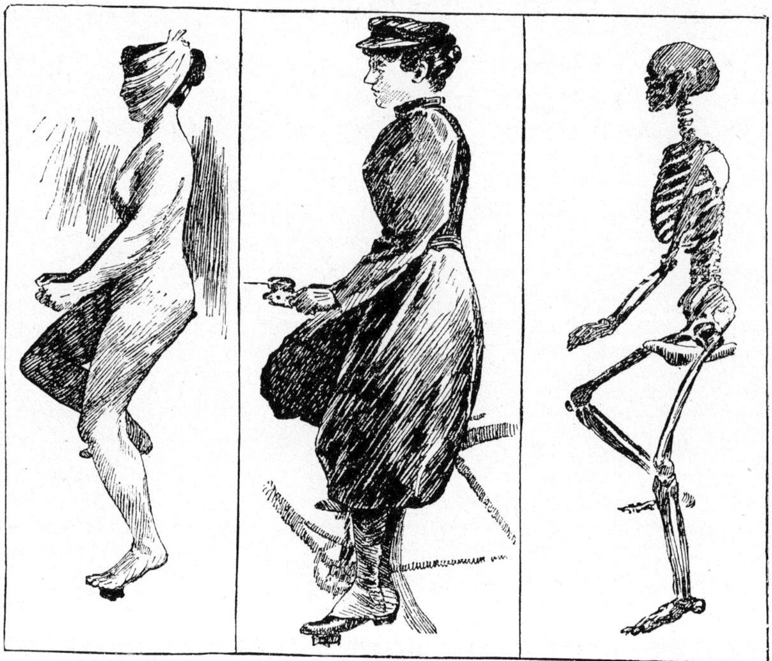

Fig. 1. **Richtiger Sitz.** Linker Fuss auf der tiefsten Stelle, das Knie leicht gebogen, wie aus der Abbildung des Kniegelenksknochens zu ersehen; das Fussgelenk ist nur wenig gestrekt, der Ellenbogen **ein wenig** gekrümmt, das Handgelenk nicht gebogen. Der Oberschenkel des rechten Beins steht schräg nach **unten**, während er bei Fig. 2 fast horizontal steht.

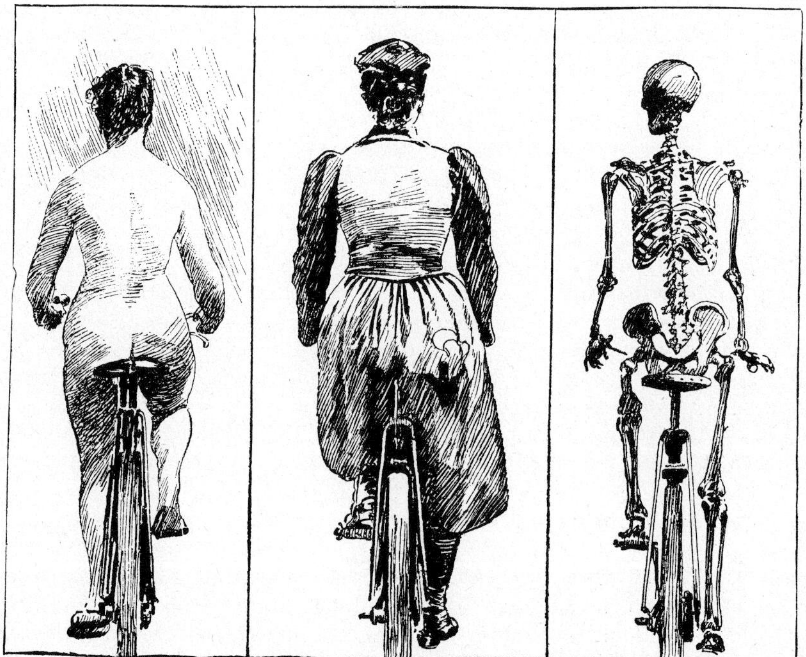

Fig. 2. Richtiger Sitz **von hinten**; ein Lot aus der Pfanne des Hüftgelenks fällt durch die Mitte des Pedals. Eine gleichmässige, leichte Bewegung und Arbeit der äussern und innern Beinmuskeln wird erreicht. Die Handgriffe der linken Figur sind zu weit auseinander im Verhältnis zu ihrer Schulterbreite.

Pferdes als der der Reiterin. Das Reiten des Stahlrads ist eben nicht, wie die oben erwähnten Sattelnichtkenner meinen, eine müssige Spielerei, sondern ebenso wie das des Pferdes mit Strapazen und Schmerzen verbunden, zu deren Ueberwindung Ausdauer und Selbstverleugnung gehört. In der Ausbildung dieser beiden Charaktereigenschaften besteht der hohe, sittliche Wert, der beiden Leibesübungen, dem Reiten wie dem Radeln, gemeinsam ist.

Direkt schädlich wirken alle Ueberlegdecken, seien sie gestrickt, gewebt, seien sie von Filz oder Leder. Erstens verbreitern sie den Schnabel des Sattels und verursachen dadurch Wundreiten, zweitens ist es auf die Dauer unmöglich, sie unverrückbar auf dem Sattel aufzubinden oder aufzuschnallen, und drittens machen sie den Sitz unangenehm warm. Folgende Modifikation hat sich mir stets vorzüglich bewährt: man lässt eine Sattelfilzdecke, wie sie zwischen Sattel und Pferderücken untergelegt zu werden pflegt, so ausschneiden und aufleimen, dass die dreieckige Figur den Sattel derart bedeckt, dass die hintere Sattelkante überragt, das Vorderteil des Sattels dagegen nicht mehr von ihr bedeckt, also auch nicht im geringsten verbreitert wird. Ueber die Filzdecke, die sich bei Regen wie ein Schwamm vollsaugen würde und die bei gutem Wetter zu warm wäre, wird dann ein wasserdichter, dünner poröser

---

[*]) Wie selbst Aerzte, wenn sie Nichtradfahrer sind, irrtümlicherweise glauben; vgl. Mendelsohn S. 37.

[**]) Worüber S. 159 das Nähere bereits gesagt ist.

Stoff — Mackintosh — genäht, um den Sattel wasserdicht und kühl zu halten. Da die vordere Spitze der Filzdecke keilförmig und in der Fläche messerschneidenartig zulaufend geschnitten ist, so füllt sie die hängemattenartige Einsenkung des unter dem Körpergewicht nachgebenden Sattelsitzes aus und verhindert jeden Druck, sowohl des Sattelrandes, wie des Sattelschnabels, vorausgesetzt dass der letztere steil gestellt ist (vergl. S. 161). Nichts ist falscher, als den etwa drückenden Schnabel zu senken, um seinem Drucke zu entgehen, denn der Erfolg ist gerade der umgekehrte, nämlich der, dass der Körper immer mehr nach vorne, d. h. auf den Schnabel rutscht und so den Druckschmerz geradezu unerträglich macht.*) Damen, welche bereits im Begriff waren, aus diesem Grunde das Radfahren ganz aufzugeben, sind, nachdem sie auf meinen Rat, wenn auch zweifelnd und kopfschüttelnd, die Sattelstellung in der scheinbar widersinnigen Weise geändert hatten, eifrige Radlerinnen geworden und freuen sich, der Leib und Seele stärkenden Einwirkung unseres Sports nicht durch ein Vorurteil verlustig gegangen zu sein.

Eine der umstrittensten Fragen ist diejenige, ob das Korsett auf dem Rade beibehalten werden soll oder nicht. Während

Fig. 3. b, c. **Falscher Sitz** mit **zu stark gekrümmtem Knie,** herrührend entweder von falscher Bewegung des Fussgelenks oder von zu niedrig stehendem Sattel. Der linke Absatz steht zu hoch, der rechte zu tief. Der falsche Sitz zieht auch Schwierigkeiten beim Tragen des Kleides nach sich, wie aus den Falten am Rock zu ersehen ist. Fig. a sitzt auf einem genügend nach vorn gestellten Sattel, so dass die Knie nicht zu hoch stehen, während die Oberschenkel von Fig. b und c fast horizontal sind.

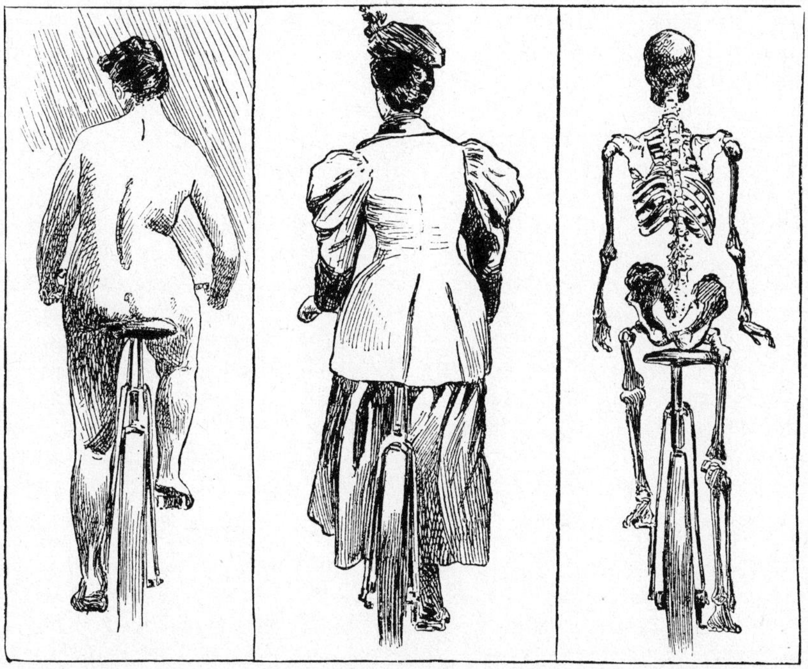

Fig. 4. **Falscher Sitz** von hinten. Der Sattel zu hoch; infolgedessen liegt die Last des Körpers abwechselnd auf dem rechten und linken Beckenknochen; das Rückgrat wird entsprechend nach rechts oder links gebogen. Dieser Sitz kommt auch vom falschen Treten beim Bergauffahren.

ich in Bezug auf die sonstige Frauenkleidung ganz auf dem Standpunkte der von Berlin und Dresden ausgehenden Reformbewegung stehe, kann ich in Bezug auf das Korsett nach meinen auf Radtouren gemachten Beobachtungen nicht unbedingt in das übliche, schablonenmässig gegen sein Tragen geschleudertes Verdammungsurteil einstimmen. Es handelt sich hier nicht um die Frage, ob die weibliche Jugend mit oder ohne Korsett emporwachsen soll — hier würde jeder Arzt bedingungslos für die letztere Art stimmen — sondern darum, ob ein an das Korsett gewöhnter Körper dasselbe für die Zeit der Radfahrt aus Gesundheitsrücksichten ablegen soll und ob er Schaden erleidet, wenn er dies nicht thut. Dabei muss zunächst einmal den stets wiederkehrenden, ebenso bequemen wie oberflächlichen Phrasen der «Einschnürung» entgegengetreten werden, durch welche das Korsett die Gesundheit seiner Trägerin vernichten soll. Zugegeben, dass in der Entwicklungszeit, wenn das ungewohnte Kleidungsstück zuerst angelegt worden ist, die Eitelkeit dazu verführen mag, den Umfang der unteren Rippen mit Gewalt zu verkleinern, so ist die Wirkung des Korsetts in den späteren Jahren fast ausschliesslich die eines Stütz-Apparates für die Wirbelsäule und die an ihr befindlichen Rückenmuskeln. Dazu kommt,

---

*) Vgl. die Beckenzeichnung Fig. c, S. 161.

dass das moderne Korsett sich tief herab auf die Bauchdecke erstreckt und dadurch sowohl diesen wie den sämtlichen Organen der Bauchhöhle einen Halt bietet. Beweis hierfür ist die sofort nach vorne zusammensinkende Haltung, welche man jedesmal beobachten kann, wenn aus irgend einem Grunde das Korsett plötzlich fortgelassen wird, sowie die Klagen über Magendruck im Sitzen und über das Gefühl des Schlotterns im Leibe bei Bewegungen. Ein Arzt, der seiner Patientin beim ersten Verlassen des Bettes nach der Schablone das Anlegen des Korsettes verbietet, wird fast immer die unangenehme Beobachtung machen, dass er seine Patientin wieder im Bett findet, in welches sie Rücken- und Magenschmerzen zurückgebracht haben. Das Innehalten des aufrechten Reitsitzes ist nun für Jedermann eine Strapaze, wie jeder Reiter und jede Reiterin weiss, und ebensowenig wie man die Reitdame der gewohnten Stütze des Korsetts beraubt, darf man es bei der Stahlradreiterin thun, wenn man nicht sofort die Katzbuckelhaltung mit all ihren schädlichen Folgen hervorrufen will, Folgen, die beim weiblichen Geschlecht in Bezug auf die Unterleibsorgane noch weit gefährlicher sind, als beim männlichen.

Irrationell, weil die falsche Haltung durch permanenten Zug und Druck direkt begünstigend, ist jedes Schulterband, sowie der selbst von Aerzten gemachte Vorschlag, die Kleider auf den Schultern aufzuhängen. Der grösste hygienische Vorzug des Korsetts ist gerade der, dass es die Schultern gar nicht belastet, die Lungenspitzen frei lässt und sie zu tiefster Atmung und dadurch zu ausgiebigster Ventilation zwingt. Nicht dahinter zurück steht der, dass die Last der Kleidung dort getragen wird, wo sie nach physiologischen Gesetzen am günstigsten liegt, nämlich in der Nähe des Körperschwerpunktes, welcher in der Gegend des sogenannten Kreuzes liegt, und dass jede Einschnürung der Rockbänder in das Fleisch durch das unnachgiebige Gerüst des Korsetts verhindert wird.

Es ist daher vom Gesundheitsstandpunkt das Tragen eines Korsetts beim Radeln durchaus zu empfehlen, allerdings unter der Voraussetzung, dass es von durchlässigem Stoffe*) und für die aussergewöhnliche Strapaze mehrere Centimeter weiter wie gewöhnlich getragen wird, sowie dass sämtliche mit Binden, Bändern oder Knöpfen versehenen Unterkleidungsstücke über diesem Stützapparat befestigt werden.

Zum Schluss dieses Abschnittes möchte ich ganz kurz noch auf einen Irrtum hinweisen, dessen Verbreitung ebenso gross wie ungerechtfertigt ist: es ist die Annahme, dass das Radfahren in irgend einen Vergleich mit dem Nähmaschinennähen gesetzt werden könnte. Wer dies thut, hat weder jemals an einer Nähmaschine, noch auf einem Rade gesessen; ein Vergleich wäre nur dann berechtigt, wenn man die interessante Thatsache illustrieren wollte, dass zwei Bewegungen, welche in anatomischer, physiologischer, dynamischer, mechanischer und psychischer Beziehung totale Gegensätze sind, bei ganz grobem oberflächlichem Hinsehen und einer durch Sachkenntnis nicht beeinflussten Phantasie eine entfernte äusserliche Aehnlichkeit darbieten können.

\* \* \*

Nach jeder einigermassen anstrengenden Fahrt, sei es, dass Hitze, Steigungen, Gegenwind, Länge der Strecke oder schlechte Beschaffenheit der Wegedecke die Veranlassung zu aussergewöhnlicher Anstrengung gewesen sind, ist nicht Trinken oder Essen, sondern sofortige Ruhe das allerwichtigste und allererste Erfordernis, um das gestörte Gleichgewicht der körperlichen und geistigen Kräfte wiederherzustellen. Man unterscheidet beim Radsport zweckmässig nur zwei Arten der Ermüdung: die körperliche und die geistige, die Muskel- und die Nerven-Erschlaffung. Beide Arten können ganz scharf getrennt vorkommen: bei kurzer aber sehr schwieriger Fahrt kann bei völliger geistiger Frische die Muskelermüdung so stark sein, dass der Reiter mit dem Rade umfällt, und umgekehrt kann bei einer Fahrt von 100 Kilometern, die sich auf erstklassiger Wegedecke und bei Rückenwind abspielt, die Muskelermüdung kaum bemerkbar, die geistige Abspannung dagegen so hochgradig sein, dass sie eine Fortsetzung der Fahrt unmöglich macht.

Erst nach erfolgtem Ausruhen — wozu kurze Zeit, $\frac{1}{4}$—$\frac{1}{2}$ Stunde, ausreicht — soll man zur Nahrungsaufnahme schreiten. Ist die Pause auf mehrere Stunden ausgedehnt oder ist die Fahrt beendet, so ist gegen Alkoholgenuss nicht das Geringste einzuwenden, nur empfiehlt es sich auch hier, vorher dem erhitzten, leeren Magen eine lauwarme Flüssigkeit einzuführen, z. B. einen Teller Suppe, eine Tasse Bouillon, Kaffee oder dergleichen. Was die feste Nahrung betrifft, so halte ich den oft empfohlenen Speisezettel für Radfahrer für gänzlich überflüssig, da die stärkende Wirkung des Radfahrens bei keinem Organ so glänzend hervortritt, als bei dem Magen. Speisen, welche sonst Magendrücken, Uebelkeit, Kopfschmerz, Erbrechen zur Folge haben, werden auf der Tour anstandslos vertragen, namentlich wenn circa 1 Stunde nach Beendigung der Mahlzeit noch ein kleiner Rest der Fahrt absolviert wird.

Vor einer weitverbreiteten Ansicht möchte ich dringend warnen: in durchgeschwitzter Kleidung zu ruhen oder Mahlzeiten einzunehmen. Dies lässt sich in jedem Falle vermeiden; entweder indem der letzte Teil der Fahrt in verlangsamtem Tempo zurückgelegt wird, oder durch Vornahme einer nassen Abreibung des ganzen Körpers ganz unmittelbar im Anschluss an die Fahrt mit nachfolgendem Anlegen trockener Kleidung. Jede Furcht vor irgend einer schädlichen Folge dieses, fälschlicherweise «heroisch» genannten Mittels ist unbegründet. Die Erfrischung ist um so grösser, je erhitzter der Körper ist und je weniger Minuten seit dem Verlassen des Sattels verstrichen sind. Ausser dem hygienischen hat diese Prozedur auch einen kosmetischen Er-

*) Wie die miederartigen Gesundheitskorsetts.

folg, indem durch den schnellen Wechsel des Wärmereizes (auf der Fahrt), des Kältereizes (bei der Abwaschung) und des wieder nachfolgenden wohlthuenden Wärmegefühls die einzelnen Schichten der Haut sich abwechselnd ausdehnen und zusammenziehen, wodurch im Laufe der Zeit der Zustand entsteht, den man unter dem Ausdruck: «festes Fleisch» versteht und bei dem alle Falten und Zeichen der Welkheit verschwinden. Dies macht sich namentlich in Gesicht, um die Augenwinkel herum und zwischen Nase und Mund bemerkbar, worin der auffallende verjüngende Einfluss besteht, den der Radsport nicht nur auf das Eigengefühl, sondern auch auf die äussere Erscheinung, vor allem auf die Gesichtszüge ausübt.

Dieses fortwährende «Turnen der Haut» — wie unser berühmte Du Bois-Reymond die abwechselnde Zusammenziehung und Ausdehnung der Haut genannt hat — wirkt abhärtend, d. h. es erhöht die Widerstandsfähigkeit des Körpers gegen Erkrankungen [*]). Es prägt sich ausserdem in dem aufgeweckten, intelligenten Gesichtsausdruck aus, wie man es namentlich bei solchen Kindern beobachten kann, die vorher einen müden und welken Eindruck machten.

Da Kinder stets zu Uebertreibungen geneigt sind, und die Beweglichkeit des Rades selbst Erwachsene zuweilen in Versuchung führt, so sollte beim Kinderfahren die unmstössliche Regel sein, dass es nur unter Aufsicht geschieht. Hier liegt eine dankbare Aufgabe für den Turnlehrer, den Haus- oder Klassenlehrer, seine Schüler zu Rad in die Schön-

**Hygienisches Damen-Kostüm.[*])**

heiten der Natur einzuführen und so im gesunden Körper auch den gesunden Sinn zu pflegen. Dass die Schulbehörden die Benutzung des Rades für den Schulweg nur unter der Bedingung gestatten sollten, dass die aufrechte Haltung des Reitsitzes eingehalten wird, habe ich schon oben auseinandergesetzt.

Was die Unglücksfälle auf dem Rade betrifft, so würden sie nicht häufiger sein, als die auf dem Pferde, dem Wagen, der Eisenbahn vorkommenden, und eine ausdrückliche Belehrung über zweckmässiges Verhalten bei solchen würde hier ebensowenig notwendig sein, als in einem Lehrbuch der Reitkunst, wenn die Ueberzeugung allgemein durchgedrungen wäre, dass zur Erlernung der Stahlradreitkunst ebenso ein erfahrener Lehrer notwendig ist, wie zu derjenigen des Reitens auf dem Pferde. Bei dem Radsport glauben aber noch die Meisten, ihr Heil auf eigene Faust versuchen zu können, und daher stammen die zahllosen Karrikaturen auf dem Rade und — die Unglücksfälle, wobei ich jedoch nur an die kleineren Verletzungen denke, die bei der unbeabsichtigten Trennung vom Rade entstehen und deren Sitz meistens die Handflächenballen, die Kniescheiben, die Knöchelvorsprünge und die Bänder des Fussgelenks sind. Nur auf letztere hat sich daher der Radfahrer speziell vorzubereiten, und zwar genügt hiezu die Mitnahme eines kleinen Päck-

---

[*]) Wie Dedolph (Aachen) in dem vortrefflichen Vortrage: «Die Bedeutung der Körperübungen», gehalten auf der Frankfurter Versammlung Deutscher Naturforscher und Aerzte 1896 unter Bezugnahme auf den gleichen Standpunkt von Eulenburg und Hueppe des Näheren ausführt.

[*]) Das oben reproduzierte Damenkostüm empfiehlt sich als das vorteilhafteste Kleiderregime. Es ist der unterhalb des Knies geteilte Rock. der ein Mittelding zwischen den Pumphosen und dem unschönen bis oben geteilten Rock bildet, der wie zwei Flügel an beiden Seiten herunterhängt. Der Oberkörper trägt Gesundheitskorsett, leichte Weste ohne Rücken und Jackett, welches den Uebergang von Taille zur Hüfte maskiert. Für nicht schlanke Damen wird so der Eindruck des Lächerlichen oder Unschönen nicht nur vermieden, sondern die Figur erscheint sogar schlanker. Durch die Teilung des Rockes, dessen beide Teile nach innen umgestülpt unterhalb des Knies befestigt sind, wird die Abzeichnung des Gesässes (im Profil) unmöglich gemacht, die bei dem ungeteilten Rock immer eintritt, wenn das eine Bein in der höchsten Stellung sich befindet.

chens Wundwatte, einer kleinen Quantität englischen Pflasters und einer gestärkten Gazebinde. Kommen hiezu noch einige kleine, ca. 5 ccm haltende Fläschchen für Baldriantinktur, Choleratropfen, Rhabarberwein, Hoffmannstropfen und eines geruchlosen Pulvers, welches auf grössere Wundflächen gestreut wird — ich halte das «Airol» für das zweckentsprechendste — so ist die Reiseapotheke des Radlers hinreichend gefüllt, um für alle Eventualitäten der Tour gerüstet zu sein: was darüber ist, das ist vom Uebel. Wer sich als Radler über Knochenbrüche, Zerschmetterungen etc. unterrichten will, findet in den zahlreichen Leitfäden, die über die «erste Hülfe bei Unglücksfällen» erschienen sind, ausreichende Belehrung: in ein Radfahrwerk gehören sie nicht hinein.

Dagegen bedarf eine Gefahr, welcher das Damenrad speciell ausgesetzt ist, einer kurzen Besprechung. Durch seinen offenen Rahmenbau fehlt dem Damenrade die richtige Stütze des horizontalen Rohres. Um daher vor einem Verunglücken durch plötzlichen Rahmenbruch in voller Fahrt oder beim Passieren von Rinnen, Unebenheiten etc. gesichert zu sein, sehe man bei der Wahl einer Damenmaschine weniger auf leichtes Gewicht derselben, als vielmehr auf festen Bau und darauf, dass die Rohrverbindung zwischen Vordergabelrohr und Sattelstützrohr eine gerade und doppelte ist. Nicht die leichteste, sondern die bruchfesteste Maschine ist die beste, zumal Damen ihr Körpergewicht mehr im Sattel ruhen lassen, als Herren, die gewöhnt sind, Stösse, die durch schlechten Weg verursacht sind, durch Stehen in den Pedalen unschädlich zu machen. Neue Räder mit U förmig gebogenem einfachem Rohr sollten Damen von schwererem Gewicht nicht besteigen.

Unter Befolgung obiger hygienischer Grundsätze stellt der Radsport für den Gesunden jeden Alters und jeden Geschlechts eine für Körper und Geist gleich heilsame Gymnastik dar, welcher wir keine andere Art von Gymnastik gleichwertig an die Seite stellen können. Ihre allgemeine Einführung in die medico-mechanischen Heilmethoden ist nur eine Frage der Zeit. Die Erfolge, welche ich persönlich in der vorsichtigen, methodischen Anwendung der Zwei- und Dreiradgymnastik bei gichtischen und sonstigen chronischen Gelenksteifigkeiten der unteren Extremitäten gesehen habe, sind so eklatanter Natur, dass sie diejenigen der Zander-Apparate bei weitem übertreffen, zumal die Radgymnastik allein den Vorzug hat, stets an die frische Luft gebunden zu sein, niemals langweilig zu werden und eine fast noch grössere geistige als körperliche Erfrischung und Anregung zu geben. Aus diesem Grunde ist bei geistiger Ueberarbeitung, allgemeiner Nervosität, melancholischen Verstimmungen, überhaupt leichteren Gehirn- und Rückenmarkserkrankungen die Wirkung der unter ärztlicher Aufsicht betriebenen, der Individualität des Falles in ihrer Stärke sorgfältig angepassten Rad-

gymnastik eine ganz überraschende. Die dabei stattfindende Erhöhung des Stoffwechsels und Verbesserung der Blutmischung giebt die dritte Richtung an, in welcher die Ausübung der Radgymnastik segensreich wirken muss: bei allen auf allgemeinen krankhaften Veränderungen der Körpersäfte beruhenden Erkrankungen, den sogen. Dyskrasien oder Diathesen; hierher gehören vor allem die Krankheitsgruppen der Blutarmut, der Bleichsucht, der Skrophulose, der harnsauren Diathese. Aus der den Blutstrom vom Becken ableitenden Wirkung der Radgymnastik erklären sich endlich viertens naturgemäss die thatsächlich beobachteten günstigen Beeinflussungen von Blasenleiden und einer Reihe von Unterleibsleiden der Frauen.

Allerdings ist bei jedem Gebrauche des Rades zu Heilzwecken der Rat und die fortgesetzte Beaufsichtigung der Kur seitens eines in der medico-mechanischen Behandlungs-Methode im allgemeinen und speciell im Radfahren nach allen Richtungen gründlich versierten Arztes unerlässlich. Nur so können die richtigen Fälle ausgesucht und sowohl schädliche Uebertreibung wie ungerechtfertigte Entmutigung und vorschnelles Aufgeben der Kur verhütet werden. Zu letzterem sind natürlich Patienten leicht geneigt, wenn nach jahrelangem Aufenthalt im Rollstuhl selbst bei vorsichtigster Aufnahme der gänzlich ungewohnten Gymnastik Schmerzen in den Muskeln und vor allem in den durch rheumatische Erkrankungen und langjährige Inaktivität steif gewordenen Gelenken auftreten. Gerade in solchen Fällen leistet das Dreirad, wenn es mit bequemem Sitz, Rückenlehne und mit verstellbaren oder ganz kurzen Pedalkurbeln versehen wird, Erstaunliches, so dass der lebensmüde, an Krücken gehende, dem Muskelschwund und allgemeiner fettiger Entartung verfallene, auf den guten Willen seines Dieners angewiesene Rollstuhlfahrer sich in wenigen Monaten in einen lebensfreudig die Welt durchstreifenden Radler umwandeln kann, der mit dem Rollstuhl gleichzeitig die früher unentbehrlichen, verweichlichenden und den Körper immer mehr für Rückfälle empfänglich machenden wollenen Decken und warmen Polster verlassen hat und so aus einem sich selbst und anderen zur Last fallenden Krüppel wieder ein selbständiges, thatkräftiges Glied der menschlichen Gesellschaft geworden ist. —

Zu vermeiden ist das Radfahren nach meinen Erfahrungen nur da, wo durch Verwachsung des Lungen- und Rippenfells, wie sie nach Brustfellentzündung eintreten kann, oder durch knöcherne Unnachgiebigkeit des Brustkorbes die vertiefte Atmung unmöglich gemacht worden ist, deren Möglichkeit die Vorbedingung für jede Ausübung des Radsports ist.

Fassen wir die Einwirkung der Radgymnastik auf Gesunde und Kranke kurz zusammen, so kann dies in dem Satze geschehen: **dass sie eine Verjüngung und Potenzierung der körperlichen und geistigen Kräfte seiner Anhänger zur Folge hat.**

# X. Recht und Gesetz im Radfahrwesen

von

*Rechtsanwalt und Notar von Schimmelfennig-Bartenstein i. Ostpr.*

Vorsitzender der Rechtsschutz-Kommission des Deutschen Radfahrer-Bundes.

---

Einigkeit und Recht und Freiheit
Für das deutsche Vaterland!

EINIGKEIT und Recht und Freiheit, das sind nach dem Liede die Hauptwünsche des Deutschen und darum mag es wohl auch uns Radfahrern erlaubt sein, uns gerade in dieser Beziehung als Deutsche zu fühlen, uns auf das lebhafteste zu sehnen nach Einigkeit und Recht und Freiheit oder um es etwas anders auszudrücken, nach einem einheitlichen deutschen Radfahrrecht, das uns erst die Freiheit der Bewegung in unserem Vaterlande in vollem Masse gewährt. Das Streben nach Einheit auf politischem Gebiete, es hat sein Ziel erreicht, die blutigen Kämpfe gegen unsern westlichen Nachbarn haben den Traum des geeinigten Deutschen Reichs zur Wirklichkeit werden lassen. Der Ausbau des einheitlichen Rechts, begonnen, bereits lange vor der politischen Einigung, auf handelsrechtlichem Gebiete, fortgesetzt im Strafrecht und den Prozessordnungen, hat seinen vorläufigen Abschluss gefunden durch die Schaffung des bürgerlichen Gesetzbuches. Auch dann noch werden Einigungswünsche bleiben; noch manches Rechtsgebiet, auf dem nicht Stammes- und Landes-Eigentümlichkeiten gesonderte, landesgesetzliche Behandlung erheischen, wird für das ganze Deutsche Reich in einheitlicher Weise geregelt werden können und müssen, wenn auch nicht immer auf dem Wege der Reichsgesetzgebung, so doch, was im Erfolge dasselbe ist, durch gleichmässiges Vorgehen der einzelnen Bundesstaaten.

Ein wenn auch bescheidenes, so doch immerhin für weite Kreise der Bevölkerung sehr wesentliches Steinchen in dem stolzen Gebäude der Rechtseinheit ist die einheitliche Radfahrordnung, wie wir sie in Kürze bezeichnen wollen statt des etwas schleppenden Titels einer «Polizei-Verordnung betreffend den Verkehr auf Fahrrädern im Gebiete des Deutschen Reiches». Aus diesem Untertitel ergiebt sich schon, dass das, was wir erstreben, weniger auf dem Gebiet des Gesetzes liegt als auf dem der polizeilichen Vorschriften.

Wenn weder das corpus iuris civilis des Kaisers Justinian, das die Grundlage des in einem grossen Teile von Deutschland geltenden gemeinen Rechts bildet, noch das zu Ende des achtzehnten Jahrhunderts in Kraft getretene preussische Landrecht, weder der Sachsenspiegel noch die neueren Gesetzbücher der deutschen Einzelstaaten Sonderbestimmungen für Radfahrer enthalten, so ist das begreiflich schon darum, weil diese Gesetze immerhin etwas älter sind, als die Fahrräder. Aber auch in dem bürgerlichen Gesetzbuch für das Deutsche Reich suchen wir vergeblich nach einem das Recht der Radfahrer behandelnden Abschnitt. Mit gutem Grunde, denn der Radfahrer ist eben (Wippchen würde sagen: verzeihen Sie das harte Wort) ein Mensch wie andere und hat auf dem Gebiete des Civilrechts eine Sonderstellung weder zu beanspruchen noch zu wünschen.

Dass der Radfahrer besondere Veranlassung hat, sich mit gewissen Bestimmungen des Strafgesetzbuches eingehend vertraut zu machen, werden wir weiter unten zu erörtern haben.

Wesentlich anders aber liegt die Sache auf dem Gebiete der Polizei-Gesetzgebung.

Mit der Einführung des Rades, mit der immer allgemeiner werdenden Verbreitung dieses Sportswerkzeuges im edelsten Sinne, mit der ständig wachsenden Zunahme der Benutzung des Rades als Verkehrsmittel ist ein neues Element auf die Strasse getreten, für das die bisherigen Vorschriften nicht ausreichten. Auch der von niederen und höheren Gerichten verschiedentlich in Urteilen ausgesprochene Rechtssatz, dass das Fahrrad als Fuhrwerk anzusehen sei und dass daher die für den Fuhrwerksverkehr erlassenen polizeilichen Vorschriften für den Verkehr auf Fahrrädern sinngemässe Anwendung zu finden hätten, genügt nicht für eine allseitig befriedigende Regelung der Frage. Die Verschiedenheiten zwischen dem von Pferden gezogenen Wagen und dem Fahrrade sind doch zu vielseitige und einschneidende, als dass man mit diesem allgemeinen Rechtssatze auskommen könnte. So war es nicht nur ein gutes Recht, sondern geradezu eine Pflicht der Polizeibehörden, neue Bestimmungen für den Fahrrad-Verkehr zu erlassen, Bestimmungen teils allgemeinerer Natur, teils zum Schutze der Radfahrer, teils auch, — welcher einsichtige Radfahrer wollte die Notwendigkeit leugnen, — zum Schutze des Publikums gegen die Radfahrer. Es liegt ferner in der Natur der Sache, dass solche Bestimmungen zunächst da erlassen wurden, wo sich durch die wachsende Zunahme des Radfahr-Verkehrs die Notwendigkeit am auffälligsten zeigte, d. h. in den dicht bevölkerten, ebenen Gegenden Deutschlands, und dass erst allmählich auch die anderen Teile unseres Vaterlandes diesem Beispiel folgten. Teils daraus, teils aus dem leider nicht immer in gleichem Masse vorhandenen

Verständnis der Behörden für die Eigenart des Fahrrad-Verkehrs resultiert die für uns an sich schon im höchsten Masse bedauerliche Verschiedenheit der uns betreffenden polizeilichen Vorschriften, ein Missstand, der noch vermehrt wird dadurch, dass manche dieser Vorschriften, wie sich nicht anders sagen lässt, wenigstens bei strikter Durchführung das Radfahren fast zur Unmöglichkeit machen. Wenn schon an sich die Rechtseinheit innerhalb eines grösseren Gebietes von wesentlichem Interesse ist für jeden Staatsbürger, so trifft dies gerade im vorliegenden Falle ganz besonders zu für den Radfahrer. Kein Beförderungsmittel gleicht dem Rade darin, dass es den Beförderten in raschester Aufeinanderfolge durch die verschiedensten Gegenden und dabei in ständige Berührung mit deren Bewohnern und in die häufige Möglichkeit bringt, gegen örtliche Verordnungen zu verstossen. Die Herbeiführung einheitlicher Vorschriften wenigstens für möglichst grosse Teile des Reiches ist daher ausserordentlich erstrebenswert. Bevor wir auf die in dieser Richtung gethanen Schritte und deren Erfolg eingehen, scheint es angebracht, den wesentlichen Inhalt der innerhalb Deutschlands erlassenen einschlägigen Verordnungen in Kürze unter Hervorhebung einiger Hauptpunkte zu skizzieren.

Diese Vorschriften beziehen sich im wesentlichen auf das Verhalten des Radfahrers gegenüber andern Benutzern der Strasse, auf die Ausrüstung des Rades, die Legitimation des Radlers und die erlaubten oder verbotenen Strassenteile und Strassen.

Häufig beginnen die Verordnungen mit dem oben bereits erwähnten allgemeinen Satz, dass die Räder als Fuhrwerke zu erachten seien und es lässt sich nicht leugnen, dass diese Gleichstellung in mancher Beziehung für den Radfahrer von grossem Vorteil ist. Es kann dann z. B. dem Radler nicht, wie dies im Regierungsbezirk Kassel geschieht, zugemutet werden, Fuhrwerken, Reitern und Fussgängern auszuweichen oder es kann nicht, wie in der Provinz Westfalen, verlangt werden, dass beim Ueberholen scheu werdender Tiere das Rad an der Hand vorbeigefuhrt werde, wobei dem Radler zu raten ist, dass er erst einen Kursus im Schnelllaufen nehme, um trabende Pferde überholen zu können. Bei Annahme obiger Bestimmung ist der Radfahrer den andern Benutzern der Strasse mindestens gleichberechtigt, nicht nur geduldet, wie z. B. im Kreise Ploen, wo er unglaublicherweise beim Begegnen von Reitern oder Wagen sein Gefährt anzuhalten und abzusteigen hat. Es erscheint sogar durchaus billig, das Fahrrad vor anderen Fuhrwerken insoweit zu bevorzugen, als ihm bei beiderseitigem Ausweichen genügender Platz auf dem Steindamm der Strasse gelassen werden muss.

Wenn auch nichts dagegen einzuwenden ist, dass dem Radfahrer namentlich an verkehrsreichen Orten die Einhaltung einer nur mässigen Geschwindigkeit zur Pflicht gemacht wird, so macht es doch immerhin einen etwas zu ängstlichen Eindruck, wenn das Nebeneinanderfahren von mehreren Rädern teils nur

bedingt erlaubt, teils wie in der **Stadt** Wiesbaden nur zu zweien gestattet, oder sogar wie im Landkreis Wiesbaden gänzlich verboten ist.

Gegen die Vorschrift der Ausrüstung des Fahrrades mit Bremse, Laterne und Glocke wird sich im allgemeinen nicht viel einwenden lassen, sofern es nur vermieden wird, in diesen Anordnungen gar zu sehr ins Specielle zu gehen und so den Radfahrer z. B. zu zwingen, ein ganzes Arsenal von Signal-Instrumenten bei sich zu führen. Denn bald ist Glocke, Pfeife oder Horn gestattet, bald eines von diesen unter Ausschluss der übrigen vorgeschrieben. Welche Annehmlichkeit für Radfahrer und Publikum darin liegt, wenn z. B. in der Stadt Bayreuth bei Nacht nur mit fortwährend tönender Glocke gefahren werden durfte, ist leicht zu ermessen.

Dem Radfahrer das Mitführen einer Legitimation vorzuschreiben, hat für ihn selbst seine mannigfachen Vorteile, namentlich wenn die Pflicht zur Vorzeigung auf den Bedarfsfall beschränkt und dadurch unnötigen Belästigungen vorgebeugt wird, und wenn ferner auch die Erlangung der Fahrkarte nicht durch Bestimmungen über Fahrprüfung, kurze Giltigkeit der Karte u. s. w. unnütz erschwert wird.

Eine angenehme Mannigfaltigkeit herrscht auf dem Gebiet der, wie das Polizei-Präsidium in Berlin ausdrücklich ausgesprochen hat, praktisch völlig unnützen Nummerschilder, was Farbe, Grösse, Zahl und Anbringung angeht. Bald sind die Ziffern vorschriftsmässig weiss auf rot, bald rot auf weiss, weiss auf schwarz, schwarz auf orange, von 3 bis 8 cm hoch, nach vorn oder nach beiden Seiten sichtbar, unter, auf der Laterne, an der Bremse, Lenkstange, Satteltasche oder Kopfbedeckung anzubringen. Auch die praktisch ebenso bedeutungslosen Namensschilder kommen in zahlreichen Spielarten vor. Erwägt man nun noch, dass durchaus nicht alle diesbezüglichen Vorschriften ihre Giltigkeit auf einheimische Fahrer beschränken, so ist es ohne weiteres klar, dass hierin Wandel geschaffen werden muss.

Das Befahren von Banketts ausserhalb bewohnter Ortschaften kann unter gewissen einschränkenden Bestimmungen namentlich bezüglich des Ausweichens sehr wohl allgemein gestattet werden und es ist durchaus nicht erforderlich, diese Erlaubnis davon abhängig zu machen, dass der Zustand des Fahrdammes dessen Benutzung ungewöhnlich erschwert.

Auch das Verbot bestimmter Strassen wird, davon sind wir überzeugt, im Laufe der Zeit immer mehr und mehr eingeschränkt werden, wie dies z. B. in Berlin und München thatsächlich schon geschehen ist, namentlich hat es im allgemeinen gar keinen Sinn, wenn sogar kleine und kleinste Städte das Fahren innerhalb ihres Weichbildes gänzlich untersagen.

Ein bedeutsamer Schritt vorwärts geschah, als der Deutsche Radfahrerbund bei Gründung seiner Rechtsschutz-Kommission es ihr zur Pflicht machte, die Einführung einer einheitlichen Radfahr-Ordnung mit allen zulässigen Mitteln zu erstreben.

Freilich währte es noch einige Zeit, bis das unumgänglich notwendige Material gesammelt war, dann aber konnte unter dem 8. April 1896 eine von dem Verfasser dieses Kapitels ausgearbeitete Petition an den preussischen Minister des Innern abgehen, in der unter ausführlicher Darlegung der oben angedeuteten Gesichtspunkte um Erlass einer einheitlichen Polizei-Verordnung für das Gebiet des Königreichs Preussen gebeten wurde. Dieser Weg musste gewählt werden, da die durch die Verfassung festgelegte Zuständigkeit der Reichsbehörden auf diesem Gebiet versagte; ist es doch sogar zweifelhaft, ob nach den bestehenden gesetzlichen Bestimmungen der preussische Minister des Innern die erforderliche Kompetenz besitzt. Diese an sich gewiss zu bedauernden Umstände bilden aber zweifellos kein unüberwindliches Hindernis für unser Streben; denn wenn auf Anregung des Ministers erst die sämtlichen preussischen Oberpräsidenten gleichlautende Verordnungen erlassen haben werden, so ist wohl zu hoffen, dass sich die andern Bundesstaaten diesem Vorgehen anschliessen werden. Und dass die eben erwähnte Vorbedingung in Erfüllung gehen werde, ist wohl anzunehmen. Denn nachdem auf die Petition hin der Herr Minister zunächst die Einreichung eines den dort gemachten Anführungen entsprechenden Verordnungs-Entwurfs veranlasst hatte, ist dieser Entwurf mit einigen minder wesentlichen Aenderungen den Oberpräsidenten zur Begutachtung vorgelegt.

Bei dieser Gelegenheit wollen wir auch noch eines andern Berührungspunktes zwischen Radfahrer und Behörde gedenken, der Steuerfrage.

Rechtsanwalt und Notar v. Schimmelfennig-Bartenstein i. Ostpr.

Die von einigen Gemeinden versuchte kommunale Besteuerung der Fahrräder hat mit vollem Recht die Zustimmung der vorgesetzten Behörden nicht gefunden, denn diese Steuer kann nach gesetzlicher Vorschrift nur verhängt werden als Luxussteuer und ein Luxusmöbel ist das Fahrrad noch viel weniger, als z. B. das Piano, dessen Besteuerung aus dem gleichen Gesichtspunkt ja auch mehrfach unternommen ist.

Etwas anderes ist es freilich, wenn im Zusammenhang mit dem Erlass einer einheitlichen Radfahrordnung und gewissermassen als Aequivalent für das, was die Behörde dem Radfahrer leistet, mag dies nun lediglich in der allgemeinen Aufsicht oder auch im besondern in der Darbietung von Fahrkarten, Nummer- und Namensschildern u. s. w. bestehen, eine

mässige Abgabe von dem Radfahrer erhoben wird. Für eine solche lässt sich von unserem Standpunkte aus schon das geltend machen, dass der damit übernommenen Pflicht notwendig auch gewisse Rechte gegenüber stehen müssen und dass es vielleicht vorteilhafter ist, diese Rechte als Gegenleistung in Anspruch nehmen zu können, als sie nur zum widerruflichen Geschenk zu erhalten.

Der Radfahrer wird also auch ohne Besteuerung existieren, aber er wird auch eine geringe Steuerauflage, wenn es sein muss, ertragen können und die ganze Frage dürfte es nicht wert sein, dass man sich darob besonders ereifert.

Hoffen wir nun, dass das, wonach wir alle streben, brüderlich mit Herz und Hand, dass Einigkeit und Recht und Freiheit uns möglichst bald zu Teil werden möge. Freilich, ob sie es allen recht machen wird, diese ersehnte Verordnung? Wohl kaum, denn wenn auch die Zahl derer, die das Rad als eine Erfindung des Teufels ins Pfefferland wünschen, immer geringer wird, so ist doch auf der andern Seite das Pferd immer noch ausserhalb der zoologischen Gärten einigermassen häufig und das Zufussgehen noch nicht zu einem nur ausnahmsweise betriebenen Sport herabgesunken, mit anderen Worten, der Radfahrer ist noch nicht Alleinherrscher auf der Strasse und zu mannigfacher Berücksichtigung der nicht radelnden Passanten gezwungen. So musste auch der oben erwähnte Entwurf, wenn er irgend welche Aussicht auf Annahme haben sollte, nicht einseitig die Interessen des Radlers betonen, sondern den Bedürfnissen des allgemeinen Verkehrs Rechnung tragen. Ja, aber sollte dazu der einsichtige Radler nicht auch ohne polizeiliche «Bevormundung» imstande sein? Ganz gewiss, allein einmal hat der Radler als solcher noch durchaus kein Privilegium der Einsichtigkeit und dann kommen auch sehr leicht Fälle vor, in denen es dem Radfahrer sehr erwünscht sein muss, auf gutes Recht, statt auf gute Sitte pochen zu können. Da es aber immerhin noch einige Zeit dauern wird, bis wir uns einer allgemeinen deutschen Radfahr-Ordnung erfreuen, so dürfte es nicht unangebracht erscheinen, einige Verhaltungsmassregeln für den Radfahrer zu entwickeln und vielleicht behalten diese Ausführungen auch noch einen gewissen Wert, wenn das Streben nach Einheitlichkeit längst nur noch der Geschichte angehört.

Als Grundprinzip wird dabei festzuhalten sein, dass das Rad als Fuhrwerk anzusehen ist und dass der Radler auf der Strasse nur solche Vorrechte beanspruchen darf, die nach der Natur seines Beförderungsmittels notwendig erscheinen und den sonstigen Strassenverkehr möglichst wenig stören. Wenn der Radler sich ausserdem stets erinnert, dass ein gutes Wort auch gute Statt findet und dass man mit Höflichkeit, «mit dem Hute in der Hand», allerwärts weiter kommt, als mit Schroffheit, so wird die Zahl der Kollisionen sich auf ein ganz bescheidenes Mass beschränken lassen. Kommt es doch zu einer solchen, so wird der verständige Radler es auch an der nötigen Energie nicht fehlen lassen. Damit ist eigentlich alles gesagt, was sich im allgemeinen über das Verhalten des Radfahrers auf der Strasse sagen lässt, und es erübrigt nur noch, einige Anwendungen dieser Regeln auf den Einzelfall klarzulegen. Die Kollisionsgefahr ist am grössten bei der Begegnung mit Fuhrwerken, Reitern, Fussgängern. Die Anwendung obiger Prinzipien ergiebt: bei Fuhrwerken und Reitern gegenseitiges Ausbiegen je nach der Landessitte nach rechts oder links; bleibt dabei für den Radler kein fahrbarer Wegstreifen übrig, höfliche Bitte an den Fuhrwerkslenker, noch weiter auszubiegen oder die andere Seite freizulassen. Dabei muss der Radfahrer selbstverständlich berücksichtigen, dass Zug- und Reittiere leicht vor dem Rade scheuen und dass daher alles zu vermeiden ist, was diesen Erfolg herbeiführen könnte. Dazu gehören namentlich alle heftigen Bewegungen, plötzliches Abspringen kurz vor den Tieren, starkes Klingeln u. a. m. Auf der andern Seite wirkt ein beruhigender Zuruf des Radlers an die Pferde häufig ganz vorzüglich. Im Tempo wird das richtige Mittelmass einzuhalten sein zwischen dem zu schnellen und daher erschreckend wirkenden Vorbeifahren und zu grosser Langsamkeit, die zur Folge hat, dass das scheue Tier den Radler unnötig lange vor Augen behält. Begegnende Fussgänger werden im allgemeinen auf dem Fahrdamm dem Rade ebenso auszuweichen haben, wie andern Fuhrwerken. Häufig aber liegt es im Interesse des Radfahrers, seinerseits auszuweichen. So manche Rotte johlender Burschen, die den Weg zu versperren drohten, sind auf einen freundlichen Gruss des Radlers auseinander und zur Seite getreten.

Bei dem Ueberholen von Passanten wird es sich häufig nicht empfehlen, vorher ein Glockenzeichen zu geben, da ein solches die Pferde nur unruhig macht. Um den lautlos von hinten vorbeifahrenden Radler kümmern sich Pferde erfahrungsmässig fast nie. Beim Ueberholen von Fussgängern pflegt das Glockensignal die Folge zu haben, dass der Fussgänger die krampfhaftesten Anstrengungen macht, in das Rad hineinzulaufen. Auch hier ist aber Rücksicht durchaus geboten, namentlich in der Beziehung, dass man ein Erschrecken der überholten Personen durch unnötig nahes Vorbeifahren vermeidet.

Auf den Fusswegen, wenn deren Befahren überhaupt gestattet wird, ist der Radler nur geduldet und hat daher seinerseits in allen Fällen Platz zu machen, nötigenfalls durch Absteigen. Hat sich trotz aller Vorsicht ein Unfall zugetragen, so ist es die Pflicht des Radlers, das Seinige zur Beseitigung der üblen Folgen zu thun, nicht aber das Weite zu suchen und die andern ihrem Schicksal zu überlassen. Nur durch ein derartig korrektes Vorgehen und zwar ganz abgesehen davon, wen die Schuld an dem Unfall trifft, wird es möglich sein, das bei vielen Personen noch vorhandene Vorurteil gegen die Radfahrer zu beseitigen.

Es ist eine an sich unbestreitbare Thatsache, dass wohl niemals der Radfahrer derjenige sein wird, der absichtlich eine Kollision herbeizuführen sucht, denn gerade er wird bei einer solchen fast immer der leidende Teil sein. Der erwachsene Fussgänger, der, von einem Radler angefahren, zu Boden fällt, wird in den meisten Fällen ganz heil oder vielleicht mit einigen blauen Flecken davon kommen, der Radfahrer dagegen wird selbst in diesem harmlosesten Fall, ganz zu geschweigen von Zusammenstössen mit Fuhrwerken, in der Regel einige leichtere Beschädigungen seiner Maschine und einige schwerere seiner Kleidung und Person zu verzeichnen haben. Auf der andern Seite aber lässt es sich auch nicht leugnen, dass so manche Fahrer durch ihr Verhalten auf der Strasse einen Unfall geradezu herausfordern.

Uebermässig schnelles Fahren selbst in belebteren Gegenden, Loslassen der Lenkstange, um dem staunenden Publikum zu imponieren, Fortnehmen der Füsse von den Pedalen auch bei nicht völlig übersichtlichen Abhängen und ähnliche Unarten werden im Falle einer Kollision von dem einsichtigen und sachverständigen Richter stets als ein schuldhaftes Verhalten des Radfahrers angesehen werden, der Strafrichter wird darin eine «Fahrlässigkeit» finden. Dabei wird festzuhalten sein, dass das Reichsstrafgesetzbuch eine fahrlässige Sachbeschädigung nicht kennt, diese vielmehr nur bestraft, wenn sie vorsätzlich und rechtswidrig geschehen ist. Es kann sich also im vorliegenden Falle nur um fahrlässige Körperverletzung oder Tötung handeln. Eine Fahrlässigkeit ist dann anzunehmen, wenn der Thäter bei Aufwendung gehöriger Aufmerksamkeit und Vorsicht die Körperverletzung bezw. den Tod als Folge seines Verhaltens voraussehen können musste. Nun muss aber jeder Radler, und sei er noch so unerfahren, voraussehen können, dass sehr leicht in den oben angeführten Fällen unvorsichtigen Fahrens ein Unglück sich ereignen kann und dass er eben wegen der Unvorsichtigkeit eintretenden Falls nicht imstande ist, durch Ausweichen, Anhalten, Abspringen u. s. w. die Kollision zu vermeiden. Abgesehen von dem in derlei Unvorsichtigkeit an sich schon liegenden Verstoss gegen das «auf Schadensverhütung abzielende Polizeigesetz» kann mithin dadurch der Radfahrer leicht vor den Strafrichter kommen und sich eine Geldstrafe von 3 bis 900 Mark oder eine Gefängnisstrafe von einem Tag bis zu drei Jahren zuziehen. Daneben läuft eventuell noch der Anspruch des Geschädigten auf Zahlung einer Busse bis zu 6000 Mark oder seine unter Umständen noch höhere civilrechtlich verfolgbare Forderung von Kurkosten, Schmerzensgeld, Unterhalt für kürzere oder längere Dauer, ja für Lebenszeit oder gar der Anspruch der Familie des Getöteten auf Unterhalt, Ausstattung der Kinder u. s. w.

Bemerkt mag noch werden, dass die Fahrlässigkeit ebensowohl in einem Thun (z. B. übermässig schnellem Fahren) wie in einem Unterlassen (z. B. Nichtanzünden der Laterne, Nichtanwendung der Bremse) bestehen kann und dass im allgemeinen ein schuldhaftes Verhalten des durch den Radfahrer Geschädigten, also eine Mitschuld desselben eine Bestrafung des Radlers keineswegs ausschliesst.

Man sieht, es sind recht ernste Folgen, die unvorsichtiges Fahren nach sich ziehen kann und jeder Radler wird gut thun, sich das stets zu vergegenwärtigen und sich dadurch im eigensten Interesse zur Vorsicht mahnen zu lassen, wenn er nicht auf dem höheren Standpunkte steht, abgesehen von der Furcht vor Strafe und vor eigenem Unfall aus Rücksicht auf seine Mitmenschen gesetzwidriges Thun zu meiden.

Das Bedenkliche bei derartigen Rücksichtslosigkeiten, die ja immer nur einem verschwindend geringen Teile der Radfahrer zur Last zu legen sind, ist es, dass dem Radfahren fernstehende oder gar feindlich gesinnte Leute solche Vorkommnisse verallgemeinern, in den Tageszeitungen darüber Lärm schlagen und so um der Ungezogenheit vielleicht eines einzigen Radfahrers willen den ganzen Sport in Misskredit bringen und häufig genug die nicht sachverständig beratene Polizeibehörde zu Massregeln veranlassen, die, im Interesse der Allgemeinheit keineswegs erforderlich, die berechtigten Interessen der Radfahrer auf das Empfindlichste schädigen. Nicht jede Behörde ist so einsichtig, wie z. B. das Berliner Polizei-Präsidium, das die ins Masslose gehenden Beschwerden fortschrittsfeindlicher Spiessbürger an der Hand der Unfallstatistik auf ihr richtiges Mass zurückführt und namentlich in neuerer Zeit die den Radfahrer beengenden Vorschriften nach Möglichkeit einzuschränken bestrebt ist.

Schon darum ist es die Pflicht jedes anständigen und verständigen Radfahrers den Ausschreitungen seiner sogenannten «Sportskollegen», wo sich immer die Veranlassung dazu bietet, nach Kräften entgegenzutreten und nötigenfalls solche Burschen zur Bestrafung zu bringen. Ob dies gerade in richtiger Weise dadurch geschieht, dass sich, wie in Hildesheim die Radfahrer der Polizeibehörde als officielle «Hilfsbeamte zur Beaufsichtigung der Radfahrer» zur Verfügung stellen, kann aus mannigfachen, hier nicht näher zu erörternden Gründen zweifelhaft sein. Immerhin ist das Bestreben, aus dem diese Massregel entsprungen ist, ein zweifellos löbliches und die Erwägung, die dazu Anlass gegeben hat, die durchaus zutreffende, dass der Radfahrer, der Vertreter eines neuen Verkehrs-Prinzips, nicht ruhig dastehen und warten darf, bis ihm die erwünschte Verkehrsfreiheit als reife Frucht

in den Schoss fällt, sondern dass er im Zusammenschluss mit Gleichgesinnten seine Kräfte regen muss, um ans Ziel zu gelangen.

Solche und ähnliche Erwägungen haben in neuerer Zeit mehrfach zu der Gründung von Radfahrer-Schutzverbänden geführt. Als ältester und umfassendster derselben ist die schon oben erwähnte Rechtsschutz-Kommission des Deutschen Radfahrer-Bundes anzusehen, die im März 1895 ins Leben trat, um den Bundesmitgliedern in rechtlichen Streitfällen durch Erteilung von Rat Beistand zu leisten und auf die einheitliche Radfahrordnung unter Beseitigung einengender Sonder-Vorschriften hinzuarbeiten. Wenig später, am 15. November 1895 bildete sich mit im wesentlichen gleichen, teilweise auch noch weiteren Zielen der «Verband zur Wahrung der Interessen der Münchener Radfahrer», der seit dem 27. März 1896 seine Wirksamkeit über ganz Bayern erstreckt und bereits segensreiche Erfolge nach verschiedenen Richtungen hin erzielt hat. An einigen Orten veranlassten im Frühjahr 1897 die übermässig hohen Nachschussforderungen zweier Raddiebstahls-Versicherungs-Gesellschaften die davon bedrohten Radfahrer zum Zusammenschluss auch für andere Gebiete und so bestehen heute Schutzverbände in Köln a. Rh., Berlin, Frankfurt a. M., Breslau, Hannover u. a. m.

Man sieht also, schutzlos ist der Radler heute keineswegs, aber er bedarf auch des Schutzes in reichem Masse.

Schon die mehrerwähnten Anfechtungen, die er von mangelhaft orientierten Behörden und deren häufig ebenso sachunkundigen wie diensteifrigen Organen, von böswilligen Fussgängern wie von nachlässigen oder übelgesinnten Fuhrwerkslenkern zu erfahren hat, lassen diesen Ausspruch berechtigt erscheinen; ganz übel aber ist es, wenn der Radfahrer auf den Hund kommt. Die Hundeplage ist ein so wesentlicher Punkt in dem Strassenleben des Radlers, dass es wohl angemessen erscheint, auch dieser vom rechtlichen Gesichtspunkt aus einige Worte zu widmen. Dabei werden wir uns wieder mit einigen juristischen Begriffen zu beschäftigen haben und zwar dem der Sachbeschädigung, der Notwehr und des Notstandes.

Das Reichsstrafgesetzbuch bedroht in § 303 denjenigen mit Geldstrafe oder Gefängnis, der vorsätzlich und rechtswidrig eine fremde Sache beschädigt oder zerstört. Fragen wir uns nun nach der Anwendbarkeit dieser Vorschrift auf den Radler, der den nach seinen Waden lüsternen Hund anschiesst oder tötet, so steht zunächst das eine ausser jedem Zweifel, dass der Hund als fremde Sache anzusehen ist und dass dieser durch den Schuss oder auch einen kräftigen Hieb beschädigt werden, d. h. Schaden an seiner Unversehrtheit erleiden oder zerstört, d. h. getötet werden kann. Fraglicher kann es schon sein, ob Vorsätzlichkeit anzunehmen ist; der Vorsatz des Radfahrers wird in den meisten Fällen zunächst darauf gerichtet sein, das in dem Hunde verkörperte Verkehrs-Hindernis loszuwerden. Freilich wird er in der Regel nichts dagegen haben, dass dies auch unter Störung der Integrität des Hundes geschehe und damit hat er sich schon gegen den berühmten dolus eventualis versündigt. Es lässt sich aber sehr wohl der Fall denken, dass der Radfahrer, lediglich um den Hund zu schrecken, vielleicht mit Platzpatronen schiesst. Wird dann der Hund trotzdem beschädigt, so ist der Radler nicht strafbar, denn das Vergehen der Sachbeschädigung kann nur vorsätzlich, nicht auch fahrlässig begangen werden. Freilich wird der Nachweis, dass der Vorsatz der Sachbeschädigung nicht vorgelegen habe, häufig recht schwierig werden und der Strafrichter wird nur zu leicht geneigt sein, eine dahin gehende Behauptung des Angeklagten für eine leere Ausflucht zu halten. So bleibt uns nur noch das letzte Thatbestandsmerkmal der Sachbeschädigung, die Rechtswidrigkeit, übrig.

Dabei kann für den vorliegenden Fall von vornherein abgesehen werden von den Sonderbestimmungen, die unter Umständen dem Jagdberechtigten das Töten fremder Hunde gestatten und es bleiben nur zu erörtern die Strafausschliessungsgründe der Notwehr und des Notstandes.

Notwehr ist nach der Begriffs-Bestimmung des Strafgesetzbuches diejenige Verteidigung, welche erforderlich ist zur Abwendung eines gegenwärtigen, rechtswidrigen Angriffs. In diesem Hervorheben der Rechtswidrigkeit des abzuwendenden Angriffs liegt bereits, dass dieser Angriff nur von einem Menschen ausgehen kann, denn ein Tier kann nicht rechtswidrig handeln. Wir können also die Erörterung dieser Gesetzes-Bestimmung völlig übergehen, um uns lediglich der Frage des Notstandes zuzuwenden. Ueber diesen bestimmt das Strafgesetzbuch: «Eine strafbare Handlung ist nicht vorhanden, wenn die Handlung ausser dem Falle der Notwehr in einem unverschuldeten, auf andere Weise nicht zu beseitigenden Notstande zur Rettung aus einer gegenwärtigen Gefahr für Leib und Leben des Thäters oder eines Angehörigen begangen worden ist».

Man sieht also, dass zwischen den beiden Strafausschliessungsgründen der Notwehr und des Notstandes recht erhebliche Unterschiede obwalten.

Bei der Notwehr muss ein Angriff vorliegen, der aber auch z. B. gegen das Eigentum gerichtet sein kann, bei dem Notstande muss Gefahr für Leib oder Leben vorhanden sein. Das Recht der Notwehr wird dadurch nicht unter allen Umständen ausgeschlossen, dass der Angegriffene sich dem Angriff durch die Flucht entziehen konnte, bei Notstand muss die That das einzige Mittel gewesen sein, um sich aus der Gefahr zu retten. Bei der Notwehr kann der Thäter auch für einen anderen schlechtweg eintreten, bei Notstand muss dieser andere ein Angehöriger des Thäters sein. Notwehr ist auch statthaft, wenn der Thäter sich dem rechtswidrigen Angriff schuldhaft ausgesetzt hat, der Notstand dagegen muss unverschuldet sein. Die Notwehr darf nur soweit gehen, als es zur Abwehr des Angriffs erforderlich war und eine Ueberschreitung der Notwehr ist nur dann nicht strafbar, wenn der Thäter in Bestürzung, Furcht oder Schrecken über die Grenzen der Verteidigung hinausgegangen ist, ein Zuviel bei der Beseitigung des Notstandes hebt die Straflosigkeit stets auf. Aus diesen mehr theoretischen Erwägungen ergeben sich die praktischen Folgerungen von selbst.

Wird der Radfahrer von einem Rowdy angefallen, so darf er sich seiner Haut wehren, soweit dies erforderlich ist, um den Angriff oder den Angreifer zu beseitigen. Dazu wird es in den meisten Fällen nicht notwendig sein, den Angreifer zu töten oder lebensgefährlich zu verletzen, je nach den Umständen des Falls kann aber auch ein solches Vorgehen straflos sein und eine Ueberschreitung der Notwehr durch die aus dem Angriff resultierende Bestürzung, Furcht oder Schrecken eventuell entschuldigt werden. Läuft dagegen ein Köter kläffend neben dem Rade her, so ist der Radler nicht ohne weiteres berechtigt, seinen Revolver zu ziehen und den Hund zur Strecke zu bringen; er wird vielmehr gut thun, sich zunächst auf die Schnelligkeit seiner Beine zu verlassen und nur wenn des Hundes Appetit nach seinen Waden durchaus nicht zu bändigen ist oder ein Kopfsturz in sicherer Aussicht steht, sich des unerwünschten Begleiters zu entledigen. Dazu wird meistens eine kräftige Peitsche weit bessere Dienste leisten, als der Revolver. Denn die Mitführung dieser Waffe, die überdies recht unzuverlässig zu sein pflegt und deren Anwendung während des Fahrens durchaus nicht einfach ist, birgt mannigfache Gefahr für den Radler in sich. Abgesehen davon, dass er sich sehr leicht, namentlich im Falle eines Sturzes, selbst verletzen kann, ist er auch der steten Gefahr einer Anklage wegen fahrlässiger Körperverletzung oder gar fahrlässiger Tötung ausgesetzt, wenn er, was leicht genug geschehen kann, den geladenen Revolver an einem anderen Menschen zugänglichen Orte liegen oder stecken lässt und von andern damit der beliebte Unfug verübt wird. Zudem liegt namentlich für jugendliche oder heissblütige Radfahrer die Anregung sehr nahe, sich des Revolvers auch bei anderen Gelegenheiten, Menschen gegenüber, zu bedienen, wo ein solches, leicht zu Gewaltthätigkeiten provozierendes Auftreten durchaus nicht am Platze ist. Wir wollen also, auch ohne dass uns ein gesetzliches Verbot dazu nötigt, den Revolver lieber auf die Fahrt nicht mitnehmen. Die ausser der Peitsche und dem unter Umständen sehr empfehlenswerten Fusstritt noch angeratenen Mittel zur Verscheuchung von Hunden sind teils für den Radler selbst nicht ganz ungefährlich, wie z. B. die Knallbomben im Falle eines Sturzes, teils wenig wirkungsvoll oder geradezu lächerlich. Oder soll man annehmen, dass es ernstlich gemeint ist, wenn jemand in einer Zeitschrift den Rat giebt, den Köter aus einem mitgeführten Gummiballon mittelst einer Spritze irgend eine wenig anmutende Flüssigkeit zu applizieren oder ihm, was zwar in der Idee erheblich einfacher, in der Ausführung aber doch wohl recht schwierig ist, auf die Nase zu spucken? Da erscheint der Vorschlag schon annehmbarer, den angreifenden Hund in den eigens dazu mitgebrachten Sack zu stecken und ihn darin zusammen mit den Trümmern eines alten Rades so lange durchzuschütteln, bis er von der Verwerflichkeit seines bisherigen Thuns überzeugt, jedem Rade auf hundert Schritt aus dem Wege geht.

Bei jedem Vorgehen sowohl gegen Menschen als gegen Tiere muss sich übrigens der Radfahrer gegenwärtig halten, dass er zwar verlangen kann, dass ihm bei einer etwaigen Anklage seine Strafthat durch die Anklagebehörde bewiesen werde, dass aber für die Strafausschliessungsgründe der Notwehr und des Notstandes er die Beweislast hat und dass diese Last unter Umständen, auch das nicht immer vorhandene Sachverständnis und Wohlwollen des Gerichtshofes vorausgesetzt, eine recht schwere sein kann.

Dass es dem Radfahrer sehr zu empfehlen ist, sich gegen etwaige civilrechtliche Folgen solcher Renkontres zu versichern, wozu ihm namentlich von den grossen deutschen Verbänden, so dem deutschen Radfahrer-Bund, bequeme und billige Gelegenheit geboten wird, ist an anderer Stelle dieses Werkes auszuführen.

So schliessen wir dieses Kapitel mit dem Wunsche, dass die obigen Ausführungen über die gesetzlichen und polizeilichen, den Radfahrer betreffenden Bestimmungen möglichst vielen Radlern dazu verhelfen mögen, dass sie weder mit dem Gericht, noch mit der Polizei jemals in Berührung kommen.

---

# XI. Das radsportliche Versicherungswesen

von

*Ed. Panzerbieter - München,*

Oberbeamter der Münchener Rückversicherungs-Gesellschaft.

 S sind die dem Radfahrsport eigentümlichen Gefahren schon längere Zeit Veranlassung gewesen, dass die Versicherungs-Institute den Anhängern dieses Sports eine gewisse Ausnahmestellung anwiesen. Man betrachtete unsern «Sport» als einen lebensgefährlichen, wie das Besteigen hoher Berge, das Luftballonfahren, und Lebens- sowohl als Unfall-Versicherungs-Gesellschaften schlossen entweder die Gefahren aus dem Radfahren in der Police von ihrer Entschädigungspflicht aus, oder sie übernahmen dieselben nur gegen eine nicht unbedeutende Zuschlagsprämie. Nachdem jedoch heute das Radfahren eine solche Ausbreitung erlangt hat, zeigen sich teilweise ganz neue Punkte, von denen ausgehend man zu einer wesentlich andern Beurteilung des Radfahrens als Versicherungsrisiko kommt. Es treten jedoch auch ganz neue Gefahren in den Gesichtskreis, gegen die sich zu schützen ein Bedürfnis besteht. Die Versicherungswelt hat nicht ermangelt, hieraus ihre Konsequenzen zu ziehen, und so fehlt es heute keinem Sportskameraden an der Möglichkeit, sich gegen die verschiedenen Eventualitäten, denen er, bezw. sein Rad, ausgesetzt ist, durch Versicherungsnahme zu schützen.

In folgendem sei nun dem Radfahrern eine kurze Uebersicht gegeben über den gegenwärtigen Stand des Radfahr - Versicherungswesens. Wo allgemeine Gegenstände des Versicherungswesens zur Sprache gelangen müssen, soll dies mit der grössten Kürze geschehen; das Hauptgewicht ist auf die Praxis gelegt.

Gehen wir von der heute populärsten Art der Versicherung, der Feuerversicherung, aus, so finden sich für den Radfahrer zwei Punkte, die er zu berücksichtigen hat.

In der gewöhnlichen Mobiliarpolice ist das Rad, wenn deklariert, gegen Feuersgefahr gedeckt, jedoch gewöhnlich nur, wenn es sich an dem Ort, der in der Police bezeichnet ist, d. h. in der versicherten Wohnung befindet. Trifft also den Radfahrer auf der Tour das Unglück, dass das Rad im Gasthaus etc. durch eine Feuersbrunst vernichtet wird, so wird er eine Entschädigung nicht erhalten. Es ist jedoch von den Feuerversicherungs-Gesellschaften die Einrichtung getroffen, dass einzelne Gegenstände, z. B. Wäsche, Betten für einen Badeaufenthalt, auch «auf Reisen» versichert werden können (sog. Aussenversicherung). Es kann dies natürlich auch für das Rad vorgesehen werden, und ist jedem Radfahrer anzuraten, seine Mobiliarpolice eventuell in dieser Weise ergänzen zu lassen.

Ein anderer Punkt, der kurzer Besprechung bedarf, und, obgleich er sich nicht auf die Feuerversicherung beschränkt, wohl am besten hier besprochen wird, ist der Wert des Rades. Kein anderer Gegenstand verliert bekanntlich seinen Wert so schnell, als ein Rad. Ein Rad neuester Konstruktion ist übers Jahr bereits veraltet. Nicht als ob es dann nicht mehr zu brauchen wäre: der in Zahlen ausgedrückte Wert ist jedoch ganz bedeutend gesunken. Dieser Wert, den der versicherte Gegenstand im Augenblicke des Schadens hat, ist nach dem Grundsatze, dass die Versicherung zu keinem Gewinne führen darf, der Schadenberechnung zu Grunde zu legen; für welchen Wert man die Prämie entrichtet hat, kommt im Schadenfalle nicht in Betracht.

(§ 7 der Allgem. Vers.-Bed. der deutschen Privat-Feuer-Vers.-Gesellsch.): Die Versicherung soll nicht zu einem Gewinne führen; ihr alleiniger Zweck ist der Ersatz des nach dem wahren Werte der versicherten Gegenstände zur Zeit des Brandes .... festzustellenden Schadens ....

Man kommt daher bei der schnellen Wertverminderung, die das Rad erleidet, leicht in die Lage, nutzlos Prämie auszugeben. Hiergegen kann man sich nun dadurch schützen, dass man in der Police eine besondere Bestimmung beantragt, wonach der Versicherungswert sich von Jahr zu Jahr verringert, und wonach die Prämie stets von dem verminderten Versicherungswert zu bezahlen ist. Bei Anschaffung eines neuen Rades muss ev. eine neue «Ersatz»-Versicherung genommen werden.

Die erwähnte Bestimmung könnte ev. auch für die Feuer-Versicherung in derselben Weise gemacht werden, wie sie in der S. 182 abgedruckten Diebstahlpolice der «Allianz», Versicherungs-Aktien-Gesellschaft in Berlin, enthalten ist, also etwa wie folgt:

**Abnützungs-Skala:**
Ende des  I. Jahres Abschreibung von 20% der Vers.-Summa.
  „   „  II.   „        „     von 20% der reduzierten Sa.
  „   „  III.  „        „      „  15%  „        „      „
  „   „  IV.   „        „      „  10%  „        „      „
  „   „  V.    „        „      „   5%  „        „      „

Die für die Versicherung zu zahlende Prämie wird vom zweiten Jahre ab jeweils von der für das betreffende Jahr giltigen Versicherungssumme berechnet.

Am einfachsten schliesst also der Radfahrer, um sein Rad gegen Feuergefahr zu schützen, dasselbe in seine gewöhnliche Mobiliar-Versicherung ein, unter Berücksichtigung der beiden erwähnten Punkte: 1. Aussenversicherung, 2. Abnützungsskala.

Es mag jedoch — namentlich in dem unter den Radlern stark vertretenen Junggesellentume — trotz der allgemeinen Verbreitung der Feuerversicherung immer noch Radler geben, die eine allgemeine Mobiliarversicherungspolice nicht abgeschlossen haben, auch nicht abschliessen wollen. Diese seien darauf aufmerksam gemacht, dass die «Allgemeine Fahrradversicherungs-Gesellschaft» in Wittenberge, sowie die «Germania», Erste Fahrrad-Versicherungs-Gesellschaft in Berlin die Räder auch gegen Feuersgefahr versichern. Näheres über diese Gesellschaften, ihre Bedingungen und Tarife wird weiterhin mitgeteilt werden.

Die Unfallversicherungs-Gesellschaften haben, wie bereits oben bemerkt, dem Radfahren schon frühzeitig insofern Beachtung geschenkt, als sie Entschädigungen aus Radfahr-Unfällen entweder ganz aus ihren Verpflichtungen ausschlossen, oder aber das Risiko des Radfahrens nur gegen eine Zuschlagprämie in die anderweite Unfall-Versicherung einschlossen. Dass das Radfahren mit einer ziemlich hohen Unfalls-Wahrscheinlichkeit zu rechnen hat, weiss jeder Radfahrer, zumeist durch Erfahrungen am eigenen Leibe. Selbst der vorsichtigste Fahrer kann schwere Unfälle erleiden. Es ist interessant, den Berichten der New-Yorker Sektion der amerikanischen Radfahrer-Liga — eine deutsche Statistik steht mir leider nicht zu Gebote — zu entnehmen, dass nahezu 50% der Radfahrer wenigstens einmal im Jahre einen grösseren oder geringeren Schaden nehmen, mindestens jedoch durch einen Unfall einen Schaden am Rad haben. Ueber die Ursachen und Folgen von Velocipedunfällen sei aus dem Material einer schwedischen Gesellschaft erwähnt, dass von 150 Unfällen der Statistik verursacht waren 111 durch Fall von der Maschine, 19 durch Absteigen, 4 durch Aufsteigen, 16 durch diverse Gründe. 6 Personen zogen sich Arm- und Beinbrüche zu, 85 erhielten Wunden und Kontusionen an Armen und Beinen etc. 56 Unfälle verursachten Verrenkungen und Verstauchungen, 3 Personen wurden invalide. Von den Verunglückten waren 73 Kaufleute, 12 Beamte, 7 Landleute etc. Die meisten Unfälle ereignen sich an Sonntagen; was die Tageszeit anlangt, so entfallen die meisten Unfälle bezeichnender Weise auf 7—10 Uhr Nachmittags (Jahresbericht der «Fylgia»-Stockholm).

Im allgemeinen versichern die Unfall-Versicherungs-Gesellschaften das Radfahrrisiko nur zusammen mit einer allgemeinen Unfallversicherung.

Neuerdings sind jedoch mehrere Gesellschaften mit speciellen Radfahr-Unfall-Policen hervorgetreten, von denen die Einrichtungen einzelner kurz besprochen sein mögen.

So hat die Erste Oesterreichische Allgemeine Unfall-Versicherungs-Gesellschaft in Wien mit dem deutschen Radfahrer-Bund folgenden Vertrag abgeschlossen:

Jedes Bundesmitglied, welches zehn Mark an den General-Agenten C. Schäffer, Leipzig, Hainstrasse 7/II, unter Angabe seiner Mitgliedsnummer, seines Gaues und Vereins, beziehentl. ob Einzelfahrer, sowie der genauen, deutlich geschriebenen Adresse, Vor- und Zunamen, Wohnort und Wohnung (Strasse und Hausnummer) durch Postanweisung einsendet, wird auf die Dauer eines Jahres folgendermassen versichert: a) mit 10,000 Mk. für den Todesfall, b) mit 10,000 Mk. für den Fall bleibender Invalidität, c) mit 6 Mk. pro Tag bei vorübergehender Invalidität. Diese Versicherung deckt alle jene Unfälle, die das Mitglied bei Ausübung des Radfahrsports mit Ausnahme von Wettfahrten auf Bahnen und Kunstfahren erleiden sollte, und zahlt die Gesellschaft, falls durch den Unfall der Tod des Versicherten sofort oder innerhalb eines Jahres, vom Unfalltage ab gerechnet, eintritt, die volle Versicherungssumme von 10,000 Mk. an die Hinterbliebenen des Versicherten. Ferner, wenn der Unfall den Tod nicht herbeiführt, aber eine gänzliche oder teilweise für die Lebensdauer der Versicherten bleibende Invalidität hinterlässt, zahlt die Gesellschaft, je nach dem Grade der Invalidität, 3 bis 100 pCt. der Versicherungssumme von 10,000 Mk. und, unabhängig von diesen beiden Entschädigungsarten, pro Tag die versicherte Kurquote von 6 Mk., so lange der Beschädigte infolge eines Radfahr-Unfalles gänzlich erwerbs- resp. arbeitsunfähig ist. Würde infolge eines solchen Unfalles der Versicherte nur teilweise erwerbs- resp. arbeitsunfähig, so zahlt die Gesellschaft je nachdem ein Viertel resp. die Hälfte dieser Quote. Die Entschädigung für bleibende Invalidität wird nicht in einer Rente, sondern in Kapitalzahlung prozentual von der Versicherungssumme, ohne jede Kürzung, geleistet.

Die «Allianz», Versicherungs-Aktien-Gesellschaft in Berlin berechnet in der kombinierten

Police, welche sie für Haftpflicht-, Unfall- und Diebstahlversicherungen ausgiebt, folgende Prämiensätze:

0,20 $^0/_{00}$ für den Todesfall bei . . . . . Mk. 6000.— = Mk. 1.20

0,30 $^0/_{00}$ für den Invaliditätsfall bei . . . „ 12000.— = „ 3.60

Mk. 0,60 für Mk. 1.— tägliche Enschädigung bei „ 4.— = „ 2.40

in Sa. Mk. 7.20

Wird Hochrad benützt, so wird die Prämie verdoppelt, also auf Mk. 14.40 festgesetzt.

Auf die kombinierte Police der «Allianz» werde ich noch weiter unten zu sprechen kommen.

Die Bedingungen der Versicherung, die Skala, nach der im Schadenfalle vergütet wird, Rententabelle etc. sind für die Radfahrversicherung die nämlichen, wie für die gewöhnlichen Unfallversicherungen, und es muss hier auf die allgemeinen Bedingungen hingewiesen werden, die sich im Einzelfalle jeder Interessent von den betreffenden Gesellschaften leicht verschaffen kann.

Ganz neuerdings haben verschiedene Gesellschaften sich entschlossen, die Fahrten, welche der Versicherte zwischen Wohnung und Geschäft, bezw. Bureau täglich macht, ohne Extraprämie in die allgemeine Unfallversicherung mit aufzunehmen; es ist anzunehmen, dass sich dies noch verallgemeinern wird.

Ausser der Gefahr, durch Unfälle beim Radfahren selbst eine Beschädigung zu erleiden, bedroht den Radfahrer überall noch die, für einen Unfall, den er einem Dritten zufügt, haftpflichtig gemacht zu werden. Es ist allgemein bekannt, dass derartige Fälle in letzter Zeit sich zusehends vermehren. Der «Verband zur Wahrung der Interessen der bayerischen Radfahrer» macht auf diese Gefahr in einem im Januar d. J. verteilten Circular wie folgt aufmerksam:

Wie gross die Gefahr ist, für Unfälle regresspflichtig gemacht zu werden, die wir Dritten zufügen, haben viele von uns schon an sich selbst erfahren, zahlreiche gerichtliche Erkenntnisse liegen uns vor, durch welche Mitglieder unseres Verbandes zu ganz erheblichen Entschädigungen an die durch sie verletzten Personen verurteilt worden sind, ohne dass man ihnen ein wirkliches Verschulden, eine Ausserachtlassung der nötigen Vorsicht beim Fahren zur Last legen könnte. Wir wollen nur an den bekannten Fall erinnern, der sich im August 1895 am Moorhäusel ereignete, und wie häufig werden uns aus bösem Willen Hindernisse in den Weg gelegt, die Veranlassung zu Unfällen geben, für die man immer uns haftbar machen wird, weil der Beweis, dass der Verletzte eigentlich selbst den Unfall verschuldet hat, in vielen Fällen nicht erbracht werden kann. Gegen diese Gefahr sich zu versichern, erachten wir geradezu als eine Pflicht für jedes unserer Verbandsmitglieder.

Hierzu ist nun bei zahlreichen Gesellschaften Gelegenheit. Die Gesellschaften übernehmen hierbei alle Haftpflichtverbindlichkeiten, welche gegen den Versicherungsnehmer in seiner Eigenschaft als Radfahrer auf grund der bestehenden Reichs- und Landesgesetze für die materiellen Schadensfolgen körperlicher Unfälle oder für Sachbeschädigung geltend gemacht werden können. Die sich etwa notwendig machende Führung eines Prozesses übernehmen die Gesellschaften auf eigene Kosten. Ausgeschlossen von der Versicherung sind Unfälle, von denen festgestellt ist, dass sie durch Vorsatz des Versicherungsnehmers herbeigeführt worden sind; ebenso werden Strafbussen nicht ersetzt. Von den vielen Gesellschaften, die dergleichen Haftpflicht-Versicherungen gewähren, sei die «Kölnische Unfall-Versicherungs-Aktien-Gesellschaft in Köln» und der «Allgemeine deutsche Versicherungs-Verein» in Stuttgart erwähnt. In das Abkommen, welches, wie oben erwähnt, die «Erste Oesterreichische Allgemeine Unfall-Versicherungs-Gesellschaft in Wien» mit dem Deutschen Radfahrer-Bund geschlossen hat, ist auch die Haftpflicht-Versicherung einbezogen und festgesetzt, dass ein Mitglied, welches an den 1. Vorsitzenden des D. R.-B. Herrn Th. Boeckling in Essen a/R. 15 Mark einsendet, auf die Dauer eines Jahres ausser den oben angeführten Vergünstigungen noch folgende geniesst: die Gesellschaft übernimmt alsdann nicht nur die Deckung der dem Radfahrer selbst zustossenden Unfälle, sondern sie verpflichtet sich auch, für alle Schadenersatzansprüche aufzukommen, welche Bundesmitglieder auf grund gesetzlicher Bestimmungen in dem Falle zu befriedigen haben, dass sie in Ausübung des Radfahrsports die Verletzung oder Gesundheitsschädigung von Personen oder Schädigung deren Eigentums verschulden. Die Gesellschaft leistet hierfür eine Entschädigung bis zur Höhe von 5000 Mark. Ansprüche für Sachbeschädigungen bis zum Betrage von 20 Mark sind dagegen von der Versicherung ausgeschlossen.

Die «Allianz» berechnet in ihren mehrerwähnten Kombinationspolicen eine Prämie von 1 $^0/_{00}$ des gewünschten Höchstbetrages der Haftung, z. B. für einen solchen von 3000 Mark beträgt die Prämie 3 Mark.

Eine besondere Art von Haftpflichtversicherungen ist diejenige, welche die «Allgemeine Fahrrad-Versicherungsgesellschaft» in Wittenberge für Gastwirte eingerichtet hat: die Gesellschaft versichert nämlich die Wirte gegen die Ansprüche, welche gegen sie erhoben werden, wenn Räder, die ihnen von einem Gast zur Aufbewahrung übergeben wurden, aus ihren Räumen durch Diebstahl abhanden kommen.

Den Schluss dieser cursorischen Schilderung der einzelnen Branchen bildet die Diebstahlversicherung.

Jeder Radfahrer kommt fast auf jeder Tour in die Lage, sein Rad zeitweise unbeaufsichtigt lassen zu müssen, und fast täglich lesen wir in den Tageblättern, dass da und dort ein Rad auf Nimmerwiedersehen verschwunden ist. Es ist daher gewiss nur mit Freuden zu begrüssen, dass diese Versicherung jetzt ermöglicht ist, und es sollte kein Radfahrer die Gelegenheit sich nutzbar zu machen unterlassen, um so mehr, als die Prämie eine äusserst geringe und von jedem Radfahrer leicht aufzubringen ist.

12*

Wie bedeutend das Bedürfnis für diese Versicherungsart ist, zeigt das Aufsehen, welches dieselbe bei ihrer Einführung erregt hat, es zeigen dies jedoch auch die zahlreichen Schäden, welche nach dem Berichte einer Anstalt so bedeutend sind, dass bereits auf achtzehn versicherte Räder ein Diebstahl kommt (!). Diese Versicherungsart wird in Deutschland von vier Gesellschaften betrieben, und zwar sind dies:

1. die «Germania», Erste Fahrrad-Versicherungs-Gesellschaft in Berlin,
2. die «Allgemeine Fahrrad-Versicherungs-Gesellschaft» in Wittenberge,
3. die «Saxonia», Allgemeine Fahrrad-Versicherungs-Gesellschaft in Leipzig;
   (die drei genannten Gesellschaften sind Gegenseitigkeits-Gesellschaften);
4. die «Allianz», Versicherungs-Aktien-Gesellschaft in Berlin.

Die Versicherungsbedingungen der beiden ersten Anstalten sind sich sehr ähnlich; Material über die «Saxonia» war nicht erhältlich, die Kombinationspolice der «Allianz» ist unten besprochen.

Wie in der Feuerversicherung, so kommt auch bei der Diebstahlsversicherung die Wertverminderung in Betracht, für welche die beiden genannten Gesellschaften eine etwas andere Skala eingeführt haben, als die «Allianz». Im Schadenfalle kann jedoch bei der «Germania» von dieser Abnützungsskala, wenn die Gesellschaft sich bei Anwendung dieser Skala benachteiligt glaubt, ein Abschätzungsverfahren nach allgemeinen versicherungstechnischen Grundsätzen auf gemeinsame Kosten eintreten.

Von der ermittelten Entschädigung werden 10% als Kosten des Ermittelungsverfahrens in Abzug gebracht.

Was die Prämien anlangt, die die beiden Gesellschaften erheben, so ist zunächst darauf aufmerksam zu machen, dass bei Gegenseitigkeits-Gesellschaften diese Prämien, je nach Ausfall des Jahresendresultates, durch Nachschusszahlungen ergänzt werden können; reichen die Prämien nicht zur Deckung der Schäden, der Kosten und der technisch notwendigen Reserven, so müssen die jeweiligen Versicherten im Verhältnis ihrer Versicherungssummen zur Deckung des Deficits Nachschüsse leisten. Die Resultate der deutschen Fahrradversicherungsgesellschaften auf Gegenseitigkeit waren nun im Jahre 1896, dem ersten Jahre ihres Bestehens durchaus nicht günstige: die «Saxonia» und «Germania»*) haben Nachschusszahlungen ausgeschrieben, die «Allgemeine» in Wittenberge hofft ihr Deficit aus 1896 in Höhe von Mk. 14,198.09 im nächsten Jahre wett zu machen. Seit Anfang des

*) Die oben berührten Nachschüsse, welche seitens der «Germania» zur Einforderung gelangten, sind Veranlassung zu Verhandlungen zwischen den Versicherten und der Leitung dieser Gesellschaft gewesen. Die Generalversammlung vom 1. Juni 1897 hat die Liquidation der Gesellschaft beschlossen und einen Vertrag genehmigt, nach welchem sämmtliche Versicherungen bei der «Allianz» rückversichert werden. Den Versicherten ist der Umtausch der «Germania»-Policen in solche der «Allianz» durch coulante Uebergangsbestimmungen erleichtert.

Jahres 1897 haben die drei Gegenseitigkeitsgesellschaften einen gemeinsamen Tarif angenommen, der nachstehend abgedruckt ist:

### a) Für Zweiräder.

| Versicherungs-Summe | f. Diebstahl allein | | f. Diebstahl u. Feuerschaden | | Versicherungs-Summe | f. Diebstahl allein | | f. Diebstahl u. Feuerschaden | |
|---|---|---|---|---|---|---|---|---|---|
| 125 | 4 | 50 | 5 | — | 275 | 10 | | 11 | — |
| 150 | 5 | 30 | 6 | — | 300 | 11 | | 12 | — |
| 175 | 6 | 30 | 7 | — | 325 | 12 | | 13 | — |
| 200 | 7 | — | 8 | | 350 | 13 | | 14 | — |
| 225 | 8 | — | 9 | | 375 | 14 | | 15 | — |
| 250 | 9 | | 10 | — | 400 | 15 | | 16 | — |

Obige Prämiensätze für Zweiräder erhöhen sich bei Versicherungen in Städten über 100,000 Einwohner um 25 Procent.

### b) Für Dreiräder und mehrsitzige Maschinen.

| 225 | 5 | 70 | 6 | 80 | 375 | 10 | — | 11 | 30 |
|---|---|---|---|---|---|---|---|---|---|
| 250 | 6 | 30 | 7 | 50 | 400 | 10 | 80 | 12 | 80 |
| 275 | 7 | — | 8 | 30 | 425 | 11 | 50 | 13 | 80 |
| 300 | 7 | 80 | 9 | — | 450 | 12 | 30 | 14 | 50 |
| 325 | 8 | 50 | 9 | 80 | 475 | 13 | | 15 | 50 |
| 350 | 9 | 30 | 10 | 50 | 500 | 14 | | 16 | 50 |

Aus obigem Tarif mögen zugleich die Prämien für die Feuerversicherungen (s. oben) entnommen werden.

Die kombinierte Police der «Allianz», Versicherungs-Aktien-Gesellschaft in Berlin, sieht einen Prämiensatz von 3% vor, so dass ein Rad von Mk. 300.— versichertem Wert 9 Mk. Prämie kostet. Die «Allianz» versichert jedoch nicht den vollen Wert der Räder, sondern nur 80% desselben, während 20% unversichert bleiben müssen. Die Prämie der «Allianz» ist eine feste und kommen Nachschusszahlungen irgend welcher Art nicht in Frage.

Ich hoffe, dass durch vorstehende Ausführungen, die ja der notwendigen Raumbeschränkung halber nicht den Gegenstand bis ins kleinste Detail erschöpfen konnten, den Herren Sport-Kameraden und Kameradinnen einen annähernden Ueberblick über das Radfahrversicherungswesen gegeben ist. Es versteht sich von selbst, dass namentlich in «Unfall» und «Haftpflicht» nicht alle Gesellschaften genannt werden konnten, die Radfahrer und Fahrräder versichern: nur Beispiele konnten angeführt werden.

Eines kann ich jedoch als Versicherungspraktiker nicht umhin, eventuellen Versicherungskandidaten ans Herz zu legen: die Fragen der Anträge genau, vollständig und vor allem wahrheitsgemäss zu beantworten. Nur dann können die Versicherungs-Gesellschaften imstande sein, sich über den Aufzunehmenden ein richtiges Urteil zu bilden, und nur dann sind, im Falle eines Schadens, die sonst sichern Weitläufigkeiten hintangehalten.

Als Beispiel und Illustration einer vollständig ausgefertigten Urkunde lasse ich nachstehend eine «kombinierte Police» der «Allianz» in teilweisem Facsimile folgen.

Agentur: **Direkt**

General-Agentur: **München**

# "Allianz"

### Versicherungs-Aktien-Gesellschaft in Berlin und München.
### Grundkapital: Vier Millionen Mark.
### Zweigniederlassung München.

## Radfahr-
## POLICE

**Versicherung.**

**No.** 33400.

**Anfang:** 1. Mai 1897

**Nächster Ablauftermin:** 1. Mai 1902.

**Prämie** Mark 22.40 ₰ für das Jahr.

**Prämie** Mark 112.— für die Dauer der Versicherung.

ALLIANZ

---

Die "ALLIANZ" Versicherungs-Aktien-Gesellschaft in Berlin und München gewährt auf Grund des eingereichten Versicherungs-Antrages *Von Herrn Anton Müller, Kaufmann* in *München, Linnstr. 5* nachstehende Versicherung:

**I. Versicherung gegen alle Haftpflichtverbindlichkeiten,** welche gegen den Versicherungsnehmer in seiner Eigenschaft als **Radfahrer** auf Grund der zur Zeit des Police-Abschlusses in Deutschland bestehenden Reichs- und Landesgesetze für die materiellen Schadensfolgen körperlicher Unfälle oder für Sachbeschädigung geltend gemacht werden können, und zwar bis zu den festgesetzten Höchstbeträgen von

M. *Dreitausend* für Körperverletzungen und

M. 2000.— *Zweitausend Mark* für Sachbeschädigung.

Hierbei gelten folgende Bedingungen:

1. Ausgeschlossen von der Versicherung sind Unfälle, von denen festgestellt worden ist, dass sie durch Vorsatz des Versicherungsnehmers herbeigeführt worden sind; ebenso werden Strafbussen von der Gesellschaft nicht ersetzt.

2. Alle gegen den Versicherungsnehmer erhobenen Ansprüche sind baldmöglichst, spätestens binnen acht Tagen, der Gesellschafts-Direktion oder der zuständigen General-Agentur anzuzeigen, unter thunlichst genauer Angabe der näheren Umstände des Falles, sowie unter Beifügung der bezüglichen Belege, Processakten etc.

Ferner hat der Versicherungsnehmer alle von der Gesellschaft weiter zu verlangenden Mittheilungen über den Schadenfall möglichst vollständig mit thunlichster Beschleunigung zu beschaffen.

3. Die Prozessführung übernimmt die Gesellschaft auf eigene Kosten. Der Versicherungsnehmer ist nicht berechtigt, ohne Genehmigung der Gesellschaft an ihn gestellte Schadenansprüche anzuerkennen, widrigenfalls die Gesellschaft zu einer Ersatzleistung nicht verpflichtet ist.

4. Nach Feststellung der Ersatzsumme, welche Feststellung durch Vergleich oder gerichtliches Urtheil erfolgt, leistet die Gesellschaft binnen 14 Tagen gegen ordnungsmässige Quittung Zahlung und zwar vergütet sie bei Personenverletzung den vollen Ersatzbetrag, bei Sachbeschädigung 80% des Ersatzbetrages, jeweils jedoch mit der Beschränkung auf den oben angegebenen versicherten Höchstbetrag, welch letzterer bei etwaigen Rentenzahlungen den Grenzwerth der zu kapitalisirenden Rente bildet.

## II. Versicherung gegen den dem Versicherungsnehmer durch **Diebstahl** seines Rades

*„Dürkopp" von Dürkopp in Bielefeld, Fabrik № 29147 Polizei № 15315*

verursachten Schaden bis zum Höchstbetrage von

### *M. Zweihundertvierzig.*

Hierbei gelten folgende Bedingungen:

1. Zubehörtheile der Maschine (Sattel, Laterne etc.) sind nicht versichert.

2. Die Versicherung erstreckt sich lediglich auf das vorbezeichnete Rad, und auf den Fall, dass dasselbe von seinem Eigenthümer, dem Versicherungsnehmer, gefahren wird. Soll die Versicherung für ein anderes Rad gelten, so muss dies bei der Gesellschaft auf besonderem Formulare beantragt werden.

3. Jeder Diebstahl muss der „Allianz" binnen 48 Stunden, der betreffenden Polizeibehörde binnen 24 Stunden, angezeigt und bei letzterer Verfolgung des Diebes beantragt werden. Auch ist nach Möglichkeit jede verlangte Beihilfe zur Ermittlung der Thäter bezw. Wiedererlangung des gestohlenen Rades zu leisten.

4. Nach Feststellung des Schadens leistet die Gesellschaft binnen 14 Tagen Zahlung und zwar bei Schäden innerhalb des ersten Versicherungsjahres die **volle** Versicherungssumme, welche 80% des nachzuweisenden Ankaufspreises nicht übersteigen darf..

Die von der Gesellschaft zu leistende Entschädigung vermindert sich bei Schäden

innerhalb des II. Jahres um 20% der Versicherungssumme
" " III. " " 15% " reducirten Summe
" " IV. " " 10% " " "
" " V. " " 5% " " "

Vom zweiten Versicherungsjahre ab wird die jeweilige Prämie von dem nach vorstehender Scala zu berechnenden Entschädigungsbetrage berechnet.

## III. Versicherung gegen die Folgen körperlicher Unfälle, welche dem Versicherungsnehmer beim **Radfahren** (Preis-, Kunst- und Wettfahren ausgeschlossen) zustossen, und zwar:

für den **Todesfall** in Höhe von *M. 6000.—,*
für den **Invaliditätsfall** " " " *12000.—,*
für den Fall **vorübergehender Erwerbsunfähigkeit** " " " " *4.—* pro Tag.

Für diese letztere Versicherung gelten mit obiger Einschränkung auf Unfälle, welche dem Versicherungsnehmer beim Radfahren zustossen, die dieser Police angehefteten Einzel-Unfallbedingungen E. B. 96 der Allianz.

Die Versicherung beginnt am *1. Mai 1897* Mittags 12 Uhr und

endet am *1. Mai 1902* " " " .

Falls nicht 3 Monate vor Ablauf seitens einer der beiden Partheien mittelst eingeschriebenen Briefes Kündigung erfolgt, erneuert sich die Versicherung stillschweigend für die gleiche Zeitdauer.

Die Prämie beträgt laut untenstehender Berechnung:

M. 22. 40 ₰ p. a., mithin M. 112.— für die Dauer der Versicherung, und ist mit M. 22. 40 ₰ zunächst für die Zeit vom 1. Mai 1897 bis 1. Mai 1898 zu entrichten.

Die Police tritt mit Entrichtung der ersten Prämie in Kraft; für die Zahlung der weiteren Prämien wird eine Respektfrist von 30 Tagen gewährt.

Alle Rechtsstreitigkeiten aus dieser Police gehören vor das k. Amts- bezw. Landgericht München I.

Abgeschlossen zu München den 1ten Mai 18 97.

# „ALLIANZ" Versicherungs-Aktien-Gesellschaft in Berlin und München,

## Zweigniederlassung München:

## Prämien-Nota.

**Haftpflicht-Versicherung:**

a) körperliche Verletzungen . . M. 3.—
b) Sachbeschädigung . . . . „ 5.— M. 8.—

**Diebstahls-Versicherung** M. 240.— à 3% „ 7.20
**Unfall-Versicherung** . . . . . . . „ 7.20

Totalprämie . . . . . . M. 22.40
Policegebühr . . . . . „ —.—
zusammen M. 22.40

Empfangen

..................................................... den ............ten ........................................... 18 ..........

# Eine neue Radfahrordnung für Niederösterreich.

Für ganz Niederösterreich hat die Statthalterei kürzlich eine neue Radfahrordnung erlassen, welche bis zur etwaigen gesetzlichen Regelung Bestimmungen für ganz Niederösterreich festsetzt. Dieselbe schliesst sich bei thunlichster Berücksichtigung der Ergebnisse der jüngst veranstalteten Radfahr-Enquête möglichst enge an jene Bestimmungen, welche in den anderen Kronländern bezüglich des Radfahrwesens, sei es durch einzelne Specialgesetze, sei es durch Radfahrordnungen erlassen worden sind. Zu dieser neuen Radfahrordnung ist folgende amtliche Erläuterung gekommen: Unter jenen Aenderungen, welche ab 1. Mai l. Js. besonders für Wien eintreten, sind folgende hervorzuheben: Es hören auf der Prüfungszwang, die Notwendigkeit der auf Grund einer Prüfung zu erwirkenden behördlichen Fahrbewilligung, endlich auch die damit im Zusammenhange stehende Numerierung der Fahrräder. Jeder Radfahrer wird aber gut daran thun, sich jedenfalls mit einem dokumentarischen Identitäts-Ausweise zu versehen. Als solcher Ausweis kann nur ein behördlich ausgestelltes Dokument angesehen werden. Im allgemeinen wird es für den Radfahrer am einfachsten sein, wenn derselbe eine Legitimations-Karte mit sich führt, wie solche für Reisen im Inlande, in Wien von der Polizeidirektion, auf dem Lande von der politischen Bezirksbehörde ausgestellt werden. Die materiellen Bestimmungen der neuen Verordnung schmiegen sich enge an jene Vorschriften an, welche nach den niederösterreichischen Strassenpolizei-Vorschriften für den Verkehr des leichten Fuhrwerkes massgebend sind. Es gilt dies namentlich von der Freiheit des Verkehres, dann bezüglich des Ausweichens und Vorfahrens, sowie bezüglich des Bremsens und Beleuchtens. Die Normen für die Ausrüstung des Rades und die Anordnungen für das Fahren selbst sind so präcis, dass sie jeden Zweifel ausschliessen. Die Begriffe «langsam fahren» und «schnell fahren» sind derart klar umschrieben, dass der Radfahrer stets genau zu wissen in der Lage ist, wie er sich zu benehmen hat. Nicht minder ist aber auch damit den Wachorganen eine unzweideutige Richtschnur in Bezug auf die im Falle einer Beanstandung ihnen obliegenden Amtshandlungen gegeben. Die neuen Bestimmungen sind weiters für den Verkehr in geschlossenen Orten und auf frequenten Strassen derart strenge, dass die Rücksichten auf die allgemeine Verkehrssicherheit voll gewahrt erscheinen. Es darf wohl mit Sicherheit gewärtigt werden, dass die Erleichterungen, welche den Radfahrern mit der Aufhebung des Prüfungszwanges, der Numerierung, der Einholung behördlicher Fahrbewilligungen u. s. w. geboten werden, von denselben auch dadurch anerkannt werden, dass sie sich den neuen Anordnungen genauestens fügen und so zu Klagen des nicht radfahrenden Publikums oder gar zu Beanstandungen durch die Wachorgane und die Behörden keinen Anlass geben werden. Diese Erwartung muss um so nachdrücklicher betont werden, als etwaige ungünstige Erfahrungen sicherlich bei der eventuellen definitiven Regelung des Radfahrwesens im Gesetzeswege zu Beschränkungen des Radfahrverkehrs führen würden.

Da nach der neuen Verordnung der Durchzug durch Ortschaften und Ortschaftsteile nicht mehr behindert werden soll, so werden von der Polizeidirektion auch jene Strassen in Wien, namentlich in der inneren Stadt, für das Radfahren freigegeben werden, bezüglich welcher nicht zwingende öffentliche Rücksichten eine besondere Einschränkung des Radfahrverkehrs erheischen.

Zur Ergänzung dieser Erläuterung entnehmen wir der neuen Radfahrordnung, welche im niederösterreichischen Landes-Gesetz- und Verordnungsblatt vom 15. April l. J. veröffentlicht wurde, noch folgende Bestimmungen:

Mit dem Fahrrade dürfen, abgesehen von den festgesetzten Ausnahmen, alle öffentlichen Fahrstrassen und Gemeindefahrwege befahren werden. Mit dem Zweirade dürfen ausserhalb geschlossener Ortschaften auch die Strassenbanquette befahren werden. Wo aber längs öffentlicher Strassen eigene Radfahrwege für das Zweirad vorhanden sind, haben die Radfahrer nur diese Fahrbahn zu benützen. Radwettfahrten auf öffentlichen Strassen sind, als den Verkehr auf denselben behindernd, im allgemeinen verboten. Eine ausnahmsweise Bewilligung kann von der Wiener Polizei-Direktion oder von den zuständigen politischen Bezirksbehörden erteilt werden. Alle Gattungen Räder müssen mit einer sicher wirkenden Handbremse versehen sein, welche an der Lenkstange in solcher Weise angebracht ist, dass sie sofort in Thätigkeit gesetzt werden kann. Vom Beginne der Dunkelheit bis zur Morgendämmerung müssen alle Gattungen Fahrräder mit einer beleuchteten Laterne versehen sein, welche am Kopfe der Maschine vor dem Körper des Fahrers angebracht sein muss und keine färbigen Gläser haben darf. An anderen Stellen des Rades dürfen beleuchtete Laternen nicht angebracht sein. Ausserdem muss jedes Fahrrad bei der anderen Handhabe der Lenkstange mit einer laut tönenden Glocke versehen sein.

Der Radfahrer darf innerhalb geschlossener Ortschaften oder in sonst frequenten Strassen nur mit der Lenkstange in beiden Händen, die Füsse auf den Pedalen, mit dem Fahrrade fahren. Schnellfahren, das ist ein das Tempo eines im frischen Trab fahrenden Wagens überschreitendes Fahren, ist innerhalb der geschlossenen Ortschaften verboten. Die Mitnahme von kleinen Kindern auf dem Fahrrade ist verboten. Ebenso ist es untersagt, Hunde mit einer Leine an das Rad zu binden und nachlaufen zu lassen. Rahmen, Speichen und Felgen, sowie die Laterne dürfen weder in der Weise poliert, noch so vernickelt sein, dass sie in der Sonne glitzern.

# XII. Publizistik, Bibliographie und Kartographie.

## 1. Unsere Fachpresse.

Von August Geisser-Regensburg.

IE Schaffung einer Fachpresse geht mit der Entwicklung des Sportes Hand in Hand: jene ist nur eine Folge dieses. Deutschland blieb auch in dieser Beziehung keineswegs zurück und nimmt in der Gegenwart eine durchaus Achtung gebietende Stelle ein.

Es wäre gewiss interessant, würde aber zu weit führen, wollte man eine vollständige Geschichte der deutschen Fachpresse geben; die zunächst liegende Aufgabe wird sein, sich mit den Lebenden zu beschäftigen. Aber auch die Toten haben nicht umsonst gelebt und die Spuren ihres Wirkens sind in der Geschichte des deutschen Radsports unverwischbar. Allerdings bietet die deutsche Fachpresse nicht das erfreuliche Bild des gegenseitig fördernden Nebeneinanderarbeitens, sondern häufig ist ein Gegeneinanderarbeiten bemerkbar, das nicht selten in Kampfmut und bedenkliche Parteilichkeit ausartet und auch heutzutage wird von der Presse der Grundsatz leben und leben lassen nicht immer in wünschenswertem Masse anerkannt.

Von den inzwischen wieder eingegangenen Blättern sind es vornehmlich zwei, auf welche zurückzukommen gestattet sein mag. Es sind das Walker'sche «Velociped», «ein Fachblatt für die Gesamtinteressen des deutschen Velocipedensportes» und Ferdinand Rittinger's «Velocipedist».

Die erste Nummer des Walker'schen «Velociped» erschien am 1. August 1881 zu Berlin und hielt sich mehrere Jahre als Monatsblatt. Am 1. Januar 1884 erschien es monatlich zweimal, 1885 benannte es sich «Der Radfahrer» und wurde gleichzeitig das amtliche Organ des inzwischen gegründeten Deutschen Radfahrerbundes bis zum 1. Januar 1888, an welchem Datum der D. R.-B. sein eigenes Organ sich schuf.

Die erste Nummer des «Velocipedist» erschien im Januar 1883, von 1885 an leitete ihn Ferdinand Rittinger, der jetzige Hauptschriftleiter des Münchener «Radfahr-Humor und Radfahrchronik». Der «Velocipedist» war amtliches Organ des Deutschen und Deutsch-Oesterreichischen Velocipedistenbundes bis zur Vereinigung der beiden damals bestehenden Bünde zu Leipzig am 17. August 1884, doch wurde er neben dem oben angeführten Walker'schen Organ als Bundeszeitung beibehalten. Die letzte Nummer des «Velocipedist» erschien 25. Dezember 1891.

Beide Blätter sind eine wertvolle Quelle der Sportsgeschichte, besonders bezüglich des Werdens der grossen deutschen Verbände und schneidig geführte Parteiblätter.

---

Die hauptsächlichen Erscheinungen der deutschen Fachpresse der Gegenwart mögen wohl am besten nach den Jahren ihrer Gründung der Reihe nach aufgeführt werden.

Der «Deutsche Radfahrer» eröffnet hier die Reihe. Seine erste Nummer kam am 10. August 1885 als Schöpfung und unter Leitung von Karl Lutz-Nürnberg heraus. Mit der zweiten Nummer vom 7. Februar 1886 tritt zum erstenmale der Name «Allgemeine Radfahrer-Union» auf, die sich am 30. Januar 1886 zu Nürnberg gründete und von da an ist der «D. R.» die amtliche Zeitung der A. R.-U. Mit Juni 1889 ging er in das Eigentum von Franz Mondrion-Dachau-München und drei Jahre später an Gutmann & Reusch in Nürnberg über, immer steigende Besserungen an Inhalt und Ausstattung machen sich bemerkbar. Mit Nr. 19 vom 5. Oktober 1893 wurde der Deutsche Radfahrer Eigentum von Glaser & Sulz in Stuttgart; für die Schriftleitung zeichnet Dr. C. Biesendahl. Bis zum Jahre 1893 erschien der «D. R.» jährlich in 24 Heften, 1894 und 95 in 30 und seit 1896 in 36 bezw. 38 Nummern; der letzte Band zählt 600 Seiten grössten Quartformats, mit vielen Illustrationen und in gediegener Ausstattung. Der «D. R.» pflegt zwar alle Zweige des Radfahrsportes, aber kein anderes Fachblatt in Deutschland kommt ihm an Fülle des radtouristischen Stoffes gleich.

Das «Stahlrad» wurde gegründet und geleitet von Theophil Weber, Frankfurt; im Herbst 1886 erschien die erste Nummer; es wird durch Uebersiedelung Th. Webers von Leipzig bis 1892 zuletzt als amtliche Zeitung des «Sächsischen Radfahrerbundes» weitergeführt; anfänglich erschien es monatlich zweimal. Hernach wurde es Wochenblatt. Nach mancherlei Schwierigkeiten, welche das «Stahlrad» seiner Parteistellung wegen durchzukämpfen hatte, ging es ins Eigentum von Grumbach in Leipzig über; von nun an wurde es als unabhängiges Organ weitergehalten und die Schriftleitung Willy Werner hat das Blatt «so unparteiisch als möglich» geführt. Willy Werner erwarb hierauf das «Stahlrad» als Eigentum, am 27. April 1894; es erscheint als illustriertes Wochenblatt.

Die erste Nummer des «Radfahrhumor» erschien am 1. Oktober 1887. Zuerst war es als rein radsportlich-humoristisches Blatt, ohne andere Beilage, in 24 Nummern jährlich unter Leitung von W. Hildebrand in München gehalten. Im 2. Jahrgang trat «Fabrikation und Handel» als Beilage dazu, welche sich im dritten Jahre zu einem sportlichen Fachblatte unter dem Titel «Radfahrchronik» entwickelte. In den folgenden Jahrgängen steigerte sich die Heftezahl — gross Quart in reicher Ausstattung — auf 36, auf 42 Nummern, am 1. Oktober 1893 trat Ferdinand Rittinger in die Schriftleitung; 1894 trat W. Hildebrand aus derselben aus, um sich ganz seinem Motorrad widmen zu können und F. Rittinger ist seit 1. Januar 1895 alleiniger Schriftleiter unter Mithilfe des bekannten Grazer Sportsmanns Kleinoscheg; heuer, im X. Jahrgang des Bestehens des «Radfahrhumor und der Radfahrchronik» erscheint das Blatt in 78 Heften jährlich; Weihnachten 1896 erschien die 500. Nummer.

«Bundeszeitung.» Wie eingangs bei Aufführung der Walker'schen Zeitung und des «Velocipedist» schon angeführt wurde, hatte der 1885 gegründete Deutsche Radfahrerbund in den ersten Jahren seines Bestehens keine eigene amtliche Zeitung. Erst am 1. Januar 1888 gab der D. R.-B. sein eigenes Organ heraus und als Schriftleiter zeichneten F. Rittinger und Louis Stein. — Von Nr. 9 an, Mai 1888, trat Rittinger zurück und Louis Stein allein verblieb. Zuerst erschien die «Bundeszeitung» zweimal monatlich in Quartformat, eng gedruckt; seit 1894 wurde sie im Winterhalbjahre 14tägig, im Sommer wöchentlich herausgegeben, im Januar 1896 erschien sie im Winter zweimal wöchentlich und im Sommerhalbjahre als eine Zeitung im Format und Gesamthaltung einer solchen. Die «Bundeszeitung» behandelt alle Zweige unseres Sports und hat, nach Mitteilung Louis Stein's gegenwärtig eine Auflage von 32,000. Die «Bundeszeitung» wird, wie der «Deutsche Radfahrer» an die Unionsmitglieder, an die Mitglieder des D. R.-B. kostenlos hinausgegeben.

Der Sächsische Radfahrerbund hatte anfänglich das «Stahlrad» als amtliche Zeitung gehalten. Nachdem mit diesem der Vertrag gelöst worden war, gründete der S. R.-B. sein eigenes Organ, das jetzt im V. Jahrgange steht, seinen Mitgliedern kostenlos ausgefolgt wird und unter der Leitung Bernhard Böhm's steht. Es erscheint zweimal monatlich, Quartformat, in Leipzig.

Der «Velosport» wurde am 1. März 1894 in Mülhausen im Elsass als «Elsass-lothringischer Velosport» von Alfred Weiss und E. Riss gegründet. Er erschien, den Verhältnissen in den Reichslanden entsprechend, zweisprachig, französisch und deutsch, und hatte auch sportlich eine gewisse Doppelhaltung. Bald wurde er ein gelesenes Blatt wegen seiner entschiedenen Stellungnahme für das Geldpreisfahren. Durch Vermittlung von Richard Herbst-Lahr ging das neue, «Velosport» betitelte Blatt in den Besitz von Otto

Schauenburg-Lahr-Baden über und Richard Herbst wurde Redakteur desselben; unter seiner Leitung schwang sich der «Velosport» bald zu einer entschiedenen, deutschen Sport pflegenden, geachteten Zeitschrift auf; der «Velosport» erscheint wöchentlich und ist illustriert.

«Die Radwelt», deren erste Nummer am 2. April 1895 in Berlin erschien, und laut Programm auf der ersten Seite als «Zeitung für die Gesamtinteressen des Radfahrens und alle Zweige desselben» als erstes Tageblatt unseres Sports in Deutschland ins Leben trat, verspricht an eben derselben Stelle Objektivität und Unparteilichkeit. «Die Radwelt» hat seit ihrem Bestehen schon mancherlei Anfeindungen durchgemacht. Verlag Reinhard Strauss, Schriftleiter F. Mercks, Berlin.

Im Format anfänglich Quart, nahm die «Radwelt» mit Januar 1896 Folio an und ist nun in Format und Ausstattung eine richtige Zeitung und nimmt eine wichtige Stellung inmitten der Einzelgruppen der deutschen Radfahrerschaft ein. Sie erscheint im Winterhalbjahre zweimal wöchentlich, im Sommer täglich.

Die «Radfahrerzeitung» von W. Hagemann & Co. in Wandsbeck erschien am 1. Januar 1895 zuerst zweimal monatlich als «radfahrpol. Zeitung» und als unabhängige Zeitschrift für die allgemeinen Interessen und das allgemeine Wohl der Radfahrer Deutschlands. Seit 1. Januar 1897 erscheint die «Radfahrerzeitung» wöchentlich.

Zu den älteren Erscheinungen und doch auch wieder zu den jüngsten zählt «Das Fahrrad»-München. Zu den älteren deshalb, weil das «Fahrrad» gleichzeitig die amtlichen Bekanntmachungen des Hauptkonsulats München, des Deutschen Tourenklubs A. R.-U. enthält und diese schon seit 1892 erscheinen. Diese wurden 1. Januar 1897 mit dem «Fahrrad» verschmolzen und zur Zeitung in ihrem jetzigen Gewande erweitert. Der Verleger ist Ign. Velisch-München; als Schriftleiter zeichnet Rob. Tochtermann jun.-München und als Herausgeber der Hauptkonsulatsmitteilungen Robert Tochtermann sen.-München. Das «Fahrrad» erscheint im Winter monatlich, im Sommer zweimal im Monat und wird den Mitgliedern des Hauptkonsulates München neben dem «Deutschen Radfahrer», der amtlichen Zeitschrift des D. T.-C., A. R.-U., kostenfrei geliefert.

Ausser den eben angeführten Zeitschriften im grossen Stil bestehen in Deutschland noch eine Reihe von kleinen Fachblättern, die berufen sind, den Interessen einzelner Orts- oder Partei-Gruppen von Radfahrern zu dienen; in diese Klasse gehören vornehmlich die Gau- und Klubzeitungen; — ihre Einzelaufzählung würde zu weit führen.

Das Radfahren der Damen pflegen zwei Zeitungen: die «Draisena», begründet von Frau Lutz in Augsburg; sie steht im 3. Jahrgang und ist seit 1897 von Frau Wettstein-Adelt-Nürnberg geleitet; der Verlag ist E. Mayer in Dresden; die «Draisena» erscheint zweimal monatlich.

«Die Radlerin», ein Sportblatt der radfahrenden Damen Deutschlands und Oesterreich-Ungarns, entstand 1896, erscheint zweimal monatlich und wird geleitet von Rosa Matzner, Edle von Heilwerth in Berlin. Sowohl «Draisena» als «Radlerin» sind gut ausgestattet und illustriert.

Der in Stuttgart im II. Jahrgang erscheinende «Arbeiterradfahrer», mit dem Begrüssungsruf «Frisch auf!», ist ein Organ für die Interessen der Arbeiter - Radfahrervereine «Arbeiter - Radfahrerbund Solidarität».

Unter den technischen Blättern nimmt an Alter der «Radmarkt» die hervorragende Stelle ein. Seine erste Nummer erschien am 1. April 1886, als Fachblatt für Fahrrad-Industrie und Handel in Bielefeld, Verlag von E. Gundlach. Heute ist der «Radmarkt» amtliches Organ des Verbandes deutscher Fahrradhändler.

«Die Fahrrad-Industrie», eine technisch-wirtschaftliche Halbmonatsschrift mit Patentanzeiger für Fabrikation, Handel und Sport, kommt in Dresden heraus, steht im 5. Jahrgang unter der Leitung von Otto Ludwig-Dresden.

«Der Fahrradexport», ein Blatt für internationale Fahrrad-Industrie, erscheint im 3. Jahrgang in Berlin; wird herausgegeben von P. Stankewicz-Berlin, geleitet von Max Heiden. Der «Fahrradexport» erscheint monatlich dreimal und hat den Text in deutscher, englischer, französischer und russischer Sprache.

Dieser Ueberblick über die Fachpresse unseres Vaterlandes beweist das rege Leben in diesem Zweige der Presse, die ausschliesslich unserem Sporte dient. An der schriftstellerischen Behandlung des Radfahrsportes nehmen aber auch Zeitschriften teil, welche wie «Sport im Bild» in Berlin, allen Sportszweigen dienen, oder ihrem sonstigen Texte, politischer oder allgemeiner Natur, eine Rubrik für den Radfahrsport offen halten. Wenn auch einige solcher Zeitschriften, wie die «Leipziger Illustrierte Zeitung» sich durch Vornehmheit und Sachverständnis auszeichnen, giebt es auch viele Zeitungen, besonders politische, welche diese Sportsrubrik Mitarbeitern überlassen, welche entweder nur mit der Schere schreiben und dabei auch noch eine wenig glückliche Hand haben oder deren Unkenntnis von unseren oft eigenartigen Verhältnissen nur von ihrer Einbildung, etwas davon zu verstehen, übertroffen wird. Erfreulicherweise haben sich diese Verhältnisse bereits gebessert und in immer weiteren Schichten der Schriftsteller- und Journalistenwelt bricht sich die Ueberzeugung Bahn, dass sie im Radfahrsport einer Sache gegenüber stehen, der sie die allergrösste Beachtung schenken und diese durch gediegene Behandlung in ihren Organen zum Ausdruck bringen sollten.

Oesterreich zählt mehrere sehr gut geleitete Fachblätter in deutscher Sprache. Das älteste von ihnen ist Dominikus Habernal's «Oesterreichisch-Ungarische Radfahrerzeitung», die im 12. Jahrgange steht und seit heuer dreimal wöchentlich erscheint. — Waldemar Jessen's «Deutsch-Oesterreichischer Radfahrer», monatlich zweimal erscheinend, steht im 9. Jahre; die «Ostmark» von Alex. Erfurth, mit der Beiblättern «Kärntner und Tiroler Radsport» erscheint monatlich dreimal in Wien.

Der «Radfahr-Sport» — Wien, ist die amtliche Zeitung des «Bundes Deutscher Radfahrer Oesterreichs», erscheint wöchentlich und steht im 5. Jahrgang. Schriftleiter sind Ferd. Loidl und Josef Adametz.

Das «Centralblatt für Radsport und Athletik», Wien, erscheint unter Balduin Groller's Leitung im 4. Jahrgang als Wochenblatt. Seit April 1897 ist das «Centralblatt» das amtliche Organ des «Oesterreichischen Touring-Club».

Sehr eingehend und gut wird unser Sport auch durch Victor Silberer's «Allgemeine Sportszeitung», XVIII. Jahrgang, behandelt.

An nicht deutschsprachlichen Blättern haben Böhmen, Galizien, Kroatien, Ungarn ihre Organe in den Landessprachen.

Was nun das übrige Ausland anlangt, würde der Raum es nicht gestatten, auch nur die Titel anzuführen. Uebrigens ist auch ein sehr bedeutender Wechsel im Vergehen und Entstehen und eine heute völlig zutreffende Liste würde es in der nächsten Woche sicher nicht mehr sein.

Wie der Sport selbst, hat sich auch seine Presse die ganze Welt erobert. Vor sehr wenigen Jahren noch belief sich der Stand unseres Zeitungswesens auf fünfzig Blätter und heute beläuft er sich bestimmt auf 180 Zeitungen, bei denen allerdings die sogenannten Klubzeitungen mit eingerechnet sind.

Frankreich hat heute 16 Fachblätter, darunter das «Vélocipède Illustré», das mit seinen XXIII Jahren der Veteran unter den Presserzeugnissen ist. Unser westliches Nachbarland besitzt auch zwei Tagesblätter, das «Vélo» und «Paris-Vélo».

England hat ohne Zurechnung von vielleicht einem Dutzend Vereinsblättern 17 für die Oeffentlichkeit bestimmte Zeitungen.

Belgien hat 7 Blätter, darunter «Le Cycliste Belge Illustré», 9. Jahrgang und «Le Véloce», ein Tageblatt.

Dänemark und die Schweiz haben je 4, Norwegen und Schweden je 2, Holland 3, Russland 7, Italien und Spanien je 13, Nordamerika mit Canada hat 23 Zeitungen, Südamerika 5, Mittelamerika 2, Westindien 1, Australien 9, Afrika 4 und Holländisch-Indien hat eine Fachschrift.

## 2. Die Litteratur des Wanderfahrers.

Von August Geisser-Regensburg.

Die Bücher und Karten, welche vornehmlich in Deutschland, nicht minder aber auch im Auslande, für den Radtouristen geschaffen wurden oder wenigstens seinen Zwecken dienlich gemacht werden können, füllen eine reiche Bibliothek. Jede Woche legt neue Gaben auf den Tisch; fähige Köpfe und arbeitsfreudige Praktiker auf radlerischem Gebiete, aber auch eine ganze Anzahl von Verlegern sind damit beschäftigt, unseren Bedürfnissen nach dieser Richtung entgegenzukommen.

Vieles ist bereits geschehen. Was Karten anlangt, sind wir durch die Mittelbach'sche Karte sogar weit voraus; was aber Bücher anlangt, ist noch viel mehr zu thun als bereits gethan wurde.

Zwar liegen alle Arten von Büchern vor, von einfachen, wenigstens Grundlagen schaffenden Entfernungsverzeichnissen bis zum reinen Tourenbuch hinauf, in den verschiedensten Ausführungsarten. Manchmal muss freilich der Wille für das Werk genommen werden. Dieser verhältnismässig kleinen Zahl steht aber eine Menge von Werken gegenüber, welche als Wegeführer Muster zu nennen sind. Was wir aber eigentlich wünschen möchten: Radfahrerbädeker, die vollständig neutral gehalten werden müssten, die haben wir noch nicht. Neben dem technischen Material: Strasse, Unterkunft, findet man wohl hier und dort auch kurz, zu kurz meistens, Hinweise auf die Sehenswürdigkeiten. Der Raum sprach in den meisten Fällen gegen die jedenfalls gewollte weitere Behandlung gerade dieser Seite eines Führerbuches. Man ging vom Gedanken aus, einen Bädeker, wie er für die Eisenbahnreisenden bestimmt ist, kann man doch nicht bieten. Das ist es aber gerade, was geschaffen werden sollte. Genau wie der Eisenbahnreisende sein Buch hat, das ihm alles für ihn Wissenswerte bietet, sollte der Wanderfahrer besitzen, was ihm von nöten ist, so dass er ein anderes Buch als «sein» Tourenbuch nicht mehr braucht; es sei denn, dass ein Tourist Sonderzwecke verfolgt, in welchem Falle er immer einen Specialführer brauchen wird.

Was noch nicht ist, wird gewiss noch werden und der frische, belebende Zug, der eben jetzt durch die Sportswelt weht, wird uns bringen, was wir wünschen: Radfahrerbädeker!

Im folgenden soll die augenblickliche Litteratur des Wanderfahrers an Büchern und Karten behandelt werden; auf eine katalogartige Aufführung und auf Vollständigkeit musste verzichtet werden; die erstere würde nicht passen und die andere verbietet der Raum. Das Wichtigere soll herausgegriffen werden und es mag dem Interessenten überlassen bleiben, sich durch Lesung der Fachpresse, unter welcher unter anderen der «Deutsche Radfahrer» durch seine seit Jahren bestehende Rubrik «Radtouristisches Schrifttum» eine ehrenvolle Stelle einnimmt, in dieser Beziehung auf dem Laufenden zu halten.

Da haben wir vor allem die Tourenbücher, welche die beiden grossen Vereinigungen Deutschlands, der Deutsche Radfahrerbund und der Deutsche Tourenklub, Allgemeine Radfahrer-Union, für ihre bezw. Mitglieder herausgegeben haben. Beide sind in mehreren Auflagen erschienen, umfassen das Gesamtgebiet der grossen Heerstrassen des Landes und Hauptstrecken des Auslandes; sie werden stets verbessert und erweitert.

Als Karten zu diesen Tourenbüchern erschien bundesseitig die von Mittelbach zu Radfahrerzwecken umgearbeitete Gäbler'sche Karte: «Strassenübersichtskarte von Deutschland und Oesterreich in 1/1750';

die Sektionen der Mittelbach'schen Strassenprofilkarte sind in blau eingezeichnet. Die Karte deckt nicht das Gesamtgebiet des Tourenbuches, sie reicht südlich bis zum Inn.

Von seiten des Deutschen Tourenklubs, A. R.-U., ist eine Karte herausgegeben worden, 3. Aufl. 1897, welche gleichzeitig als Inhaltsverzeichnis zum Tourenbuch dient, mit Zahlenbezeichnung der einzelnen Touren.

Der D. T.-K., A. R.-U., giebt 1897 Profile heraus, in gediegener Ausführung, farbig mit Text, und vorläufig folgende Strecken behandelnd: 1. Innsbruck—München, 2. München—Treuchtlingen, 3. T.—Würzburg—Frankfurt, 4. T.—Nürnberg—Bamberg, 5. Salzburg—München. — Die Fortsetzungen an die belgische und holländische Grenze, dann Profile vom Bodensee bis Stettin u. s. w. werden nacheinander in Angriff genommen werden.

Beide Verbände haben eine Reihe von Bezirkstourenbüchern, einzelne Gaue, bezw. Hauptkonsulate umfassend, herausgegeben und sind nähere Angaben in den Jahrbüchern des D. R.-B. und des D. T.-K., A. R.-U., enthalten.

«Der Tourist in Elsass-Lothringen», auch unter französischem Titel erschienen, von Ernst Meininger, Leiter der Zeitung «Express» — Mülhausen i. E. giebt etwa 24,000 Entfernungen. Eine Spinnwebkarte liegt bei.

Touren- und Fahrtenbuch für Elsass-Lothringen und Baden von Brennfleck. Selbstverlag, Strassburg Eisgruben 18.

Tourenbuch vom Schwarzwald. Verfasst von Emil Schwehr. — 47 Seiten, 147 Touren, 3. Aufl. mit Karte. — Zu beziehen von Otto Schauenburg-Lahr (Baden).

Württemberg. Tourenbuch von W., herausgegeben vom Hauptkonsulate W. — 144 Strecken mit Karte. — Zu beziehen von Martin Zimmermann, Stuttgart, Silberburgstr. 128.

Nordwest-Deutschland. — Führer- und Fahrtenbuch für Radfahrer und Touristen. Von Gregers Nissen. Hamburg. Verlag Julius Bruse-Hamburg, Poststrasse 5/7. — Sehr praktisch gehaltenes Buch für das Gebiet von Hamburg, Lübeck, Bremen, Schleswig, Schwerin, Rostock, Kiel.

Bremen. Gautourenbuch von C. Spelter. 2. Aufl. Zu beziehen von J. Behrens & Co. Fedelhören 1895.

Mitteldeutschland. Von Traugott Hirsch. I. Teil. 170 Touren. Königreich und Provinz Sachsen. Mit 8 Städteplänen und Routenkarte. Ausdehnung: Dresden—Wittenberg—Berlin—Ludwigslust—Uelzen—Nordhausen—Weimar—Schleiz—Chemnitz. — Verlag Willy Werner-Leipzig.

Sachsen ist als Tourengrund behandelt von Theophil Weber-Leipzig. 295 Touren, 1 Mk. — Max Hertel-Dresden. Gaufahrwart. 219 Touren, 1.50 Mk.

Wegweiser durch Thüringen von R. Albert in Rudolstadt. — 75 Routen, 1900 km umfassend. Mit mehreren Plänen und einer Karte in 1/300'. — Ein Muster von Tourenbuch und Kartenzeichnung.

Thüringen, Harz und Rhöngebirg von Otto Bahlsen, zu beziehen von Theophil Weber-Leipzig.

Tourenbuch von Südbayern-Nordtirol von Ed. Kammel-Wertheim. Verlag von Gebr. Bögler ebendort. Erscheint 1897 in 3. sehr vermehrter und auf den augenblicklichen Stand gebrachter Auflage, mit Karte und ist ein ganz vorzügliches Buch, das weit über die Grenzen dessen hinausgeht, was der Titel besagt.

Paul Hildebrand's Radfahrer-Reisebuch. — 27 Hefte zumeist das südliche Bayern enthaltend. Zu beziehen vom Verfasser: P. H. in München, Schwanthalerstr.

Münchener Tourenbuch von Emil Gunsser.

An Karten hat Deutschland eine Menge von vorzüglichen Werken in Massstäben für alle Bedürfnisse. Die in allen Buchhandlungen erhältlichen Uebersichtsblätter geben den wünschenswerten Aufschluss. Meistens sind es amtliche Karten, die Karte des Deutschen Reiches in 1/100'; die Specialkarte von Mitteleuropa, die sogen. Reymannkarte in 1/200'; Südwestdeutschland in 1/250'; die Liebenow'sche Karte (Oppermann-Hannover) in 1/300'; die Post- und Eisenbahnkarte des Deutschen Reiches in 1/450', mit Angabe der Entfernungen, eine sehr sorgfältige Verkehrskarte.

Von österreichischer Seite wurden bearbeitet die Generalkarte von Centraleuropa in 1/300' und eine Uebersichtskarte von Mitteleuropa in 1/750'. — Blätterreiche, feine Werke.

Eine der allerneuesten Karten ist die Karte des Deutschen Reiches in 1/500'. — Von Dr. Vogel. Im Verlage von Justus Perthes in Gotha. 27 Bl. Die Karte bildet einen Uebergang von der topographischen zur eigentlichen Landkarte; an statistisch administrativen Angaben einfach gehalten, wurde den Verkehrswegen die grösste Sorgfalt zugewendet. Das Wegenetz führt eine Scheidung von Haupt- und Nebenstrassen durch. Ein Blatt deckt 200 km Länge und 160 km Höhe; die Terrainzeichnung ist von unübertrefflicher Klarheit und macht durch zweimaligen Kupferdruck einen reliefartigen Eindruck.

———

An Karten, welche für unsere Zwecke geschaffen werden, haben wir in Deutschland ein grosse Auswahl.

Ihnen allen geht die Mittelbach'sche Deutsche Strassenprofilkarte unbedingt voran. Diese Karte ist eine so hochwichtige Erscheinung, dass ihr verdientermassen ein eigenes Kapitel gewidmet werden soll.

Mittelbach's deutsche Strassen-Profilkarte. Im Jahre 1885, als man unter Radsport eigentlich nur das Rennwesen verstand und das Wanderfahren im Vergleiche zu heute äusserst gering entwickelt war, gab es zwar Specialkarten in Menge, aber Radfahrerkarten gab es keine: es fehlte das Bedürfnis.

Doch unternahm es der im königl. sächsischen Generalstab angestellte Topograph Robert Mittelbach in Kötzschenbroda bei Dresden auf Anregung seiner Freunde, nach einem bis dahin nicht geübten Verfahren eine Strassenübersichtskarte für Radfahrer zu entwerfen: — er stellte die Strassenprofile zu einer Karte zusammen und so entstanden die vier nach dem damaligen Gaufahrwart Roch benannten Radfahrerkarten — Sektionen von Sachsen.

Einige, vier, Jahre waren vergangen; in Sportskreisen wurde diese neue Kartenmanier lebhaft besprochen und in der Fachpresse das Für und Wider behandelt. Da nahmen sich im Jahre 1889 die grossen deutschen Verbände «D. R.-B.» und «A. R.-U.» der als gediegen erkannten Sache kräftig an und es wurde auf dem Bundestage wie auf dem Unionskongresse, welche beide in jenem Jahre in München abgehalten wurden, das Unternehmen Mittelbachs bei den beziehungsweisen Beratungen zur Sprache gebracht und als Ermunterung von beiden Verbänden namhafte Zuschüsse gewährt und die Mitglieder zur Mitarbeit aufgefordert. Daraufhin wagte es Robert Mittelbach, ganz Deutschland, einen sehr grossen Teil von Oesterreich und der Schweiz nach dem als vorzüglich anerkannten Profilsystem zu bearbeiten.

Mittelbach ist es gelungen, denjenigen Weg einer Kartendarstellung zu finden, welche praktisch und technisch allen Anforderungen entspricht: er hat unsere Generalstabskarte geschaffen. Viele Länder haben Streckenprofile, teilweise ausgezeichnet in ihrer Art, aber eine Länderkarte besitzt bloss Deutschland. — Heute liegt das Werk in 82 Sektionen und in drei Doppelblättern vollendet vor uns und Mittelbach hat durchgeführt, was kein grosser Verband zu unternehmen sich getraut hatte.

Der Massstab der deutschen Blätter ist 1 : 300000, also 1 cm Karte ist gleich 3 km Natur. — Es ist das ein glücklich gewählter Massstab, der es gestattet, das wünschenswerte Einzelne im Kartenbilde aufzunehmen und dabei durch ein Blatt die ansehnliche Länge von 105 km zu 81 km Breite decken zu lassen.

Die Doppelblätter Schweiz, Tirol und Steiermark sind in 1 : 600' gezeichnet.

Die deutsche Karte ist in ihren Sektionen nach zwei Systemen gezeichnet: die Flachlandsektionen des deutschen Nordens, von Flensburg an der dänischen Grenze bis Insterburg an der litauisch-russischen, von Thorn bis Glogau und Dessau und aus besonderem Grunde Wesel, Bielefeld, Köln und Siegen sind in der gewohnten Landkartenmanier gezeichnet; die Strassenbeschaffenheit und die Verhältnisse des Geländes sind aber auch vollständig mitbezeichnet.

Das Hügel- und Bergland Mittel- und Süddeutschlands verlangte die Profilzeichnung. Ohne die geographische Lage aller Punkte zu verschieben, wurde in der übersichtlichsten Weise Steigung und Gefälle der Strasse zum Ausdruck gebracht. Die Verkürzung der Basis der Profile, welche durch die Windungen der dem Terrain angepassten Strassenzüge bedingt ist, wurde durch Angabe der Strassenlänge in ganzen und Zehntel-Kilometer berichtigt, die aus gleichem Grunde auftretende Uebertreibung einzelner Teile der Profillinien durch die Angaben der Steigungsquotienten klar gestellt.

So ermöglicht die Karte eine sofortige Orientierung und dabei hat man noch alles, was man von einer unseren Zwecken dienenden Karte nur verlangen kann: Beschaffenheit der Strasse nach Güte ausgeschieden, Angaben gefährlicher Punkte, Bezeichnung des Waldes und so manches andere noch, was ein Blick auf diese Karte zeigt.

Die Kartenblätter werden sorgfältig auf dem neuesten Stande gehalten und die in allen Gegenden des Landes lebenden Mitarbeiter unterstützen Mittelbach in seinen erfolgreichen Bestrebungen. In den letzten Jahren haben bezüglich der Verbesserungen die meisten Blätter, von denen einige Sektionen bis zu zwanzig Neuauflagen erlebten, eine so sehr veränderte vollere Form bekommen, dass man Erstlingsblätter, mit neuen Ausgaben verglichen, kaum mehr als ähnlich erkennen wird.

In der neuesten Zeit hat der Herausgeber eine bereits früher begonnene Erweiterung der Karte wieder aufgenommen: den Sektionen wird eine Führerbeilage beigegeben, in der die sehenswerten Objekte kurze Beschreibung finden.

So arbeitet Mittelbach rastlos weiter und hält den Grundsatz seines Arbeitens fest: «Nur das Beste ist für den deutschen Wanderfahrer gut genug!» —

An uns deutschen Radfahrern ist es, Robert Mittelbach und sein Werk nach allen Kräften zu unterstützen: wir fördern dadurch nur unsere eigenen Interessen.

Von den Wolf'schen Radfahrerkarten erschien das erste Blatt 1887, heute sind es 17 Sektionen, Massstab 1/500'. Die Karte ermöglicht es, mit einem Blicke weite Landesstrecken zu übersehen. Höhenangaben in Meter, die Entfernungen sind nach einem Kilometer-Massstab schnell zu berechnen. Sie stammen aus dem Gäbler'schen Geograph. Institut und sind verlegt von Guillermo Levin, Leipzig, Lindenstrasse 2.

Karte von Ostpreussen von Oskar Naujock, Alle Strassen von Dirschau ostwärts. Mit Entfernungsangaben. Zu beziehen vom Verfasser, Königsberg, Kaplansstrasse 15.

Profile von Sachsen. Von Max Möller, Leipzig, Elsterstrasse 53. 12 Sektionen in 1/250' mit begleitendem Texte.

Karte des Hauptkonsulates München. 3. Aufl. 1897. 1/250'. Deckt Gebiet von der Donau bis Mittersill—Innsbruck—Donauwörth—Nassereit—Radstatt—Passau. Strassen rot und je nach Klassen bezeichnet, Entfernungsangaben, Steigungen und Gefälle nach Hauptmann Letoscheck's Manier.

Karte der Verkehrsanstalten von Bayern. Zugleich Ortsentfernungskarte. Nach amtlichen Materialien von Piloty & Löhle-München. Sehr gutes Werk, das ganz Süddeutschland umfasst.

Alpengebiet. Allgemeine Karte: Ravenstein's Karte der Ostalpen. 9 Bl. 1/250'. Das Terrainbild in plastisch wirkenden Höhenstufen in je 250 m Abstand; Uebersichtskarte des gleichen Gebietes in 2 Bl. Ravenstein's Verlag in Frankfurt.

Atlas der Alpenländer von G. Mayr. Verlag

Justus Perthes. 11 Bl. 1/450'. Revidiert 88/89. Sie reicht von Strassburg—Passau—Wien, 60 km westlich von Besançon, Grenoble, Sisteron—Aix—Nizza—Salerno—Agram. Eine ältere Karte, die Höhenangabe in Fuss, Poststrassen rot.

Die Mittelbach'schen Profilkarten von Tirol und Steiermark. Tirol reicht von Hall und Abtenau bis Triest, Venedig, Mailand, Comersee (westlicher Arm), Bodensee, Kempten, Tölz. 1/600'.

Steiermark schliesst sich an die Tirolerkarte an und reicht südlich bis Pirano, Karlstadt, im Osten bis nach Ungarn.

Im Zusammenhalt mit der Profilkarte der Schweiz, die weiter unten noch besonders vorgeführt werden soll, ist das Alpengebiet vom Genfersee bis Ungarn durch Profilkarten gedeckt.

Wien, Profilkarte von Mittelbach. Reicht von Nikolsburg, Pressburg, Mariazell, Waidhofen.

Einzelne Strassen bearbeitete Karl Jäger und K. Seeger-Graz, zu beziehen von K. Seeger-Graz, Albrechtgasse 9. Das Werk führt den Titel:

Strassenprofile der österreichischen Alpenländer und umfasst 8 Touren: 1. u. 2. Wien—Triest, 3. Bruck - Mur — Klagenfurt, 4. Marburg—Klagenfurt, 5. Klagenfurt—Franzensfeste—Toblach—Cortina, 6. Sankt Michael—Salzburg, 7. Salzburg—Innsbruck, 8. Innsbruck—Ala = im ganzen 1675 km. Dreifarbig, nach amtlichem Material, Entfernungen nach beiden Richtungen angegeben. 3 Mk. das ganze Werk, 50 Pfg. die einzelne Karte.

Umgebungskarten, verlegt von K. Lechner's k. k. Hof- u. Univ.-Buchhandlung-Wien, Graben 31. Blätter: Wien, Graz, Linz, Klagenfurt, Brünn, Budweis, Prag, Triest, alle aneinander anschliessend. Massstab 1/300'. Die Strassen sind nach Güte ausgezeichnet und kräftig rot; die Entfernungen sind angegeben. Der Grad von Steigung und Gefälle in schwarzer anschwellender Strichführung innerhalb der roten Strassenzeichnung eingezeichnet, nach der sinnreichen Manier Hauptmann Letoscheck's. Ein Blatt aufgezogen 90 kr.

G. Freytags Radfahrerkarten, deren erstes Blatt, Niederösterreich, erschienen ist, zeigt ein ganz neues und sehr gutes System der Darstellung des Terrains: sämtliche Strassen sind in parallelen Linien, zwischen welchen die Steigungen in rot und grün — über, bezw. unter 4 % — eingezeichnet sind. Ebene bleibt weiss. 1/300,000. 1 fl. Verlag von G. Freytag & Berndt, Wien, VII/1.

Ein Tourenbuch der Hauptstrecken Oesterreich-Ungarns findet sich im Mitgliedsbuch des Bundes deutscher Radfahrer Oesterreichs, 1896. Wien VI, Theatergasse 8. — Für Nichtmitglieder 2 fl. — Auch Dr. H. Bohatt's Radfahrertaschenbuch für 1896 enthält die Haupttouren. Verlagshandlung Leopold Weiss. — Wien I, Wallnerstrasse 15.

Die wichtigsten Fahrstrecken Oesterreich-Ungarns. Von Robert Seeger, Graz, Albrechtgasse 9.

Tirol ist bearbeitet worden von Paul v. Sternbach, 32 Seiten, mit Karte, Mahl'sche Buchdruckerei in Bruneck, 30 kr. — und vom Tiroler Radfahrer-Gauverband. Adresse Heinz Bederlinger, Innsbruck. 1 fl. 78 Touren mit Karte.

Steiermark. 2. Auflage. Bearbeitet und beziehbar von Robert Seeger, Graz, Albrechtgasse 9. 1.80 fl. Geht in der Behandlung der Strassen weit über die Grenzen des Landes hinaus und bringt auch die Hauptstrecken in Krain, Salzburg, Tirol, Kroatien, Bosnien und der Herzegowina. 126 Touren, mit Strassenübersichtskarte. — Das Ganze vortrefflich.

Böhmen. Fahrtenbuch von B. und M. Zimmermann und G. Herrmann, Prag. Im Selbstverlag der Verfasser.

Kärnten. Bearbeitet von Adler. 2. Auflage. 1897. Klagenfurt, Wodleystrasse 4. — Sehr gut; mit Strassenübersichtskarte und Entfernungsangaben in sinnreicher Manier. — 56 Touren.

Kroatien-Slavonien hat durch Juan Mihelic einen kilometrischen Strassenausweis erhalten. Es sind 63 Touren und eine Uebersichtskarte. Herausgegeben vom Hrv.-Klub Bicikliste «Sokol»-Agram.

Der Wegweiser durch Küstenland und Krain, herausgegeben vom Laibacher Bicycle-Club, als Geschenk für die Radfahrerschaft, ist ein Prachtwerk von Tourenbuch. 200 Seiten, 9 Haupt- und 61 Nebentouren, ausserordentlich gut gelungen, mit 52 schönen Bildern und einer Strassenübersichtskarte in 1:300. Nicht im Buchhandel, sondern durch Ueberweisung von 5 fl. von Prof. Gratzy-Laibach zu erhalten. Der Betrag dient zu Klubzwecken.

Siebenbürgen ist von Josef Kolbe, k. k. Lieutenant im 111. Regt. in Fogarasch, bearbeitet worden; eine Karte mit Einzeichnung der im Text behandelten Strecken ist beigegeben. 1 fl.

Kilometrischer Strassenzeiger von Görz und Gradisca von Johann Bresnig-Görz. Verlag Pallich. 30 kr.

Uebergehend auf andere der für Radfahrer wichtigeren Länder möge vorbemerkt werden, dass mehr als einige Hinweise nicht gegeben werden konnten. Der Raum würde gar zu sehr in Anspruch genommen worden sein. Touristen, welche nach Belgien, Frankreich, nach der Schweiz, nach Italien u. s. w. ziehen wollen, werden gut thun, sich als Mitglieder in die Touring Clubs der bezw. Länder aufnehmen zu lassen oder sich doch wenigstens von jenen Touring Clubs die einschlägigen Litteralien zu verschaffen. Die Adressen sind in dem Kapitel «Ausserdeutsche Radtouristen-Verbände» zu finden.

Schweiz. Ein Tourenbuch der Schweiz gab die Office Polytechnique d'Edition et de Publicité, Bern, Marktgasse 59, heraus und ist eine Karte für Radfahrer in 1:850', von Müllhaupt in Bern, beigegeben. Letztere Karte ist auch einzeln zu haben.

Müllhaupt in Bern, kartographischer Verlag, gab eine grössere Karte für Radfahrer in 1:445' heraus; das Terrain ist zwar in alter Stichart, aber die Strassen sind sehr deutlich ausgeführt, farbig ausgezogen und die Entfernungen sind angegeben. Die Karte kostet 2 Fr. unaufgezogen.

Die Specialkarte der Schweiz, welche der Männer-Radfahrerverein Zürich veröffentlicht, ist bis jetzt zu 4 Blättern gediehen. 2 Fr. das Blatt.

Blatt I deckt Pians — Kempten — Reichenau am Bodensee;

,, II Radolfzell — Einsiedeln — Solothurn — Titisee;

,, III Vierwaldstättersee — Bern — Gemmi — Biasca — Lukmanier bis Dongio;

,, IV Bern — Biel — Salins — das waadtländische Ufer des Genfersees.

Maasstab 1:200', ohne Terrain, die Situation aus dem Siegfriedatlas; enthält bei allen Vorzügen zu viel Detail.

Mittelbachs Strassenprofilkarte der Schweiz geht von Mülhausen i. E. und Bodensee aus, im Westen hat das Blatt Anschluss an Tirol, ebenfalls von Mittelbach bearbeitet; im Süden reicht das Blatt bis Mailand, Ivrea, Moutiers-Tar., Chambéry und im Osten nimmt es noch den Lac de Bourget und Bésançon herein. 1/600,000.

Belgien. Der «Touring Club Belge», 11 rue des Vanniers, Bruxelles, gab eine vorzügliche Radfahrerkarte von Belgien und 150 Itinéraires heraus.

An Tourenbüchern giebt es ausser dem Guide von Henri Bossut, welcher das ganze Land umfasst, auch eines von Menne & Vanderelst verfasstes: «A travers la Haute Belgique» in 3 Teilen in einem Bande. I. Luxemburg, die Eifel, Mosel, Rhein, Wasgau und Schwarzwald; II. Zwischen Sambre und Maas; III. Die Ardennen. Um 2 Frcs. zu beziehen von Josef Delacre-Charleroi.

Holland. Der «Algemeene Nederlandsche Wielrijdersbond» gab neben einem Fahrbuch durch Holland und die anstossenden Nachbargebiete einen Atlas heraus und einen Führer durch Belgien und Luxemburg, in holländischer Sprache. Ausgezeichnete Werke.

Frankreich. An allgemeinen Karten hat Frankreich die Carte de France de service vicinal in 1/100', die Nouvelle Carte de France in 1/200', alle Strassen rot, sechsfarbig gedruckt, 81 Blätter; eine weitere Reduktion der Generalstabskarte in 1/320', 33 Bl., vierfarbig; und die Carte de la France entière, 1/500', 14 Bl. Type I ist die vollständige Karte.

Der Touring Club de la France, 5 rue Coq Héron, hat eine grössere Anzahl von Radfahrkarten, Itinéraires, Tourenbüchern herausgegeben.

Die Itinéraires des «Veloce-Sport & Bicyclette», 200 an der Zahl, umfassen ganz Frankreich; auch Le Cycle-Paris giebt seit mehreren Jahren gute Profile als Beilage zu seinen Nummern.

In Bädekerstil sind Bertot's Guides du Cycliste en France gehalten — mehrere Bände. Zu beziehen von C. Mendel, Editeur, 118 rue d'Assas, Paris.

Der Guide-Vélo, vom Verleger A. Taride, 18/20 Bd. St. Denis-Paris, hat 2000 Itinéraires in alphabetischer Ordnung behandelt, dabei sind 200 in Karten und eine grosse Karte des Landes ist beigegeben. 560 S., 25 Fr. ohne Porto.

Italien. Ueber Karten in grösserem Massstabe giebt der Catalogo di Carte e Libri, publicati dal R⁰ Istituto Geografico Militare, Firenze, Auskunft. Es giebt solche zu 1:1″, 1:800′, 1:500′, 1:100′.

Der Touring Club Ciclistico Italiano, Milano, 2 via Giulini veröffentlichte Tourenbücher, die das ganze Land umfassen und solche einzelner Provinzen; erschienen sind bis jetzt Lombardia, Lazio; in Bearbeitung sind Venezia und Sizilien. Ausserdem sind 1896 18 Profile erschienen, denen weitere 18 1897 folgen werden. — Die Litteralien des T.C.C.I. sind auch Nichtmitgliedern zugänglich.

Die nordischen Staaten: Dänemark. Der Dansk Cycle Ring-Kopenhagen hat Entfernungstabellen, Veidistancer, herausgegeben. Nach Meilen zu 7,5 km. Auch Karten von Fünen, Seeland und Jütland, von letzteren beiden den südlichen Teil.

Für Schweden bestehen die Radfahrerkarten von Lieutenant Hall; 4 Bl. im Massstab zu 1:500′; die Strassen sind nach Güte in verschiedenen Farben, Steigungen und Gefälle sind durch Zeichen angedeutet.

Der norwegische Radtouristenklub gab eine sehr gute Karte des südlichen Norwegen, welcher Landesteil allein in Betracht kommen kann, heraus; sie ist im Massstab 1:1200′ und umfasst Norwegen bis Namsos, 64½%ₒ hinauf. Es besteht auch ein Handbuch dazu, 31 Touren. In Kommission von Feilberg & Landmark-Christiania.

## 3. Sonstiges für die Bibliothek des Radfahrers.

**Band, Moriz. Handbuch des Radfahr-Sport.** Technik und Praxis des Fahrrades und des Radfahrers. Mit 120 Abbild. 8⁰. 319 S. Wien, A. Hartleben. 1895.

Wenngleich dieses vor zwei Jahren erschienene Handbuch in vielen wesentlichen Punkten als veraltet bezeichnet werden muss — es wäre auch bei der rapiden Entwicklung, die der Velosport genommen hat, nicht anders möglich — so enthält es doch so viele allgemein gültige Vorschriften und Anleitungen, dass die Lektüre jedem Sportskameraden bestens empfohlen werden kann. Eine grosse Anzahl gelungener Illustrationen erleichtert das Verständnis des Textes.

**Fressel (†), Dr. med. C. Der Radfahr-Sport vom technisch-praktischen und ärztlich-gesundheitlichen Standpunkte.** Illustr. Handbuch. 3. Auflage. 8⁰. 308 S. Neuwied, Heusers Verlag, 1896. Preis geb. 3 Mark.

Das Buch ist in jeder Hinsicht höchst lesenswert. Ist auch der Verfasser, der leider zu früh dem Sport entrissen wurde, in dem technisch-praktischen Teil etwas einseitig (er kennt und lobt nur Seidel & Naumann-Räder) und ist nicht alles wirklich praktisch, was angeführt wird, so bringt er doch so viel Gutes und Wissenswertes, dass jeder Leser befriedigt werden dürfte. Der ärztlich-gesundheitliche Teil vollends scheint ebenso den tüchtigen Fachmann zu verraten, wie er durchweht ist von einem wohlthuenden Hauch echter Sportsfreude. Leider hat der Verlag das Werk hinsichtlich der Illustrationen in unwürdiger Weise ausgestattet. Solche Abbildungen gehören nicht in so gediegene Bücher vom Werte des Fressel'schen. Dr. H.

**Freytags (G.) A B C für Touristen und Radfahrer.** Von E. L. Mit 3 Tafeln. 8⁰. 45 S. Wien, G. Freytag & Berndt. Preis 1 Mark.

Wir finden in dem praktischen Büchlein Anleitung zu allen touristischen Beobachtungen, z. B. auch zu Wetterprognosen, ferner Verhaltungsregeln für Radfahrer etc. Die Ausstattung ist nicht minder lobenswert als der Text.

**Hoffnung, Dr. J., prakt. Arzt. Für Radfahrer.** II. Aufl. 16⁰. 96 S. Berlin, A. Goldschmidt. Preis 80 Pfg.

Man findet in dem handlichen Büchlein in knapper Form eine Fülle lehrreicher Gesundheitsregeln, ferner Ratschläge für die Behandlung des Rades, sowie allgemeine praktische Winke.

**Kallenberg, Friedrich. Quer durch Frankreich auf dem Rade.** Gr. 8⁰. 140 S. Leipzig, Verlag des «Stahlrad».

«Einer Giftpflanze gleich überwuchert das Rennfieber alle gesunden und praktischen Seiten des Radsports, in erster Linie des Tourenfahrens. Mit einer Gewissenhaftigkeit, als handle es sich um Tabellen über geographische Längen und Breiten in Central-Afrika, registrieren die Fachblätter die neuesten «besten Zeiten». An diese hängt sich die Reklame der Fahrradfabriken und, indem die Sportpresse diesen Wust von erstaunlichen Ziffern, von pompösen Anpreisungen der «Marken» und Verhimmelungen der Rennfahrer in die Welt hinausposaunt, glaubt sie ihre Aufgabe, den Radfahrsport zu heben, zu erfüllen.» Welcher vernünftige Freund unseres schönen Sports möchte nicht diese gelegentliche Bemerkung des Verfassers unterschreiben? Er stellt sich in Gegensatz zu der unsinnigen Kilometerfresserei der «Nur-Radler» und zeigt, wie man ausgedehnte Radtouren — in diesem Falle nicht weniger als 3708 km — ausführen soll, um wirklichen Genuss und bleibenden Nutzen davon zu haben. Kallenberg hat die lange Fahrt mit seiner Gemahlin unternommen und zwar, was manchem schwer verständlich erscheinen wird, auf einem 55 Kilo-Dreirad mit Polsterreifen! Zahlreiche Illustrationen nach Photographien und Zeichnungen gereichen dem lebhaft und fesselnd geschriebenen Werke zum Schmucke.

**Liederbuch für Radfahrer.** Herausgegeben vom Bicycle-Club Ellwangen. XV., verbesserte und vermehrte Auflage. 8⁰. 288 S. Verlag des Bicycle-Club Ellwangen.

Die Thatsache, dass bereits fünfzehn Auflagen des Liederbuches abgesetzt wurden, spricht zur Genüge für seine Brauchbarkeit und Beliebtheit. Sangesfrohe Radler finden hier so manches schöne und flotte Lied; allerdings sollte die Redaktion stellenweise etwas kritischer verfahren und die teils veralteten, teils nicht recht geschmackvollen Piècen ausrangieren.

**Müller, Ed. J. L. Aus deutscher Gebirgswelt.** Kombinierte Reiserouten. Heft I: Fichtelgebirge, böhmische und sächsische Schweiz, Iser- und Riesengebirge. 8⁰. 64 S. Wunsiedel, G. Kohler. Preis 50 Pfg.

Zwar nicht speciell für Radler bearbeitet, aber dennoch für diese recht brauchbar.

**Peips Chr., Taschenatlanten:** 1. *Berlin und weitere Umgebung.* Neue verm. und verb. Ausgabe. Mit 18 Karten und div. Plänen, nebst Führer von Paul Lindenberg. Preis 2 Mark. — 2. *Wien und weitere Umgebung.* Mit 20 Karten und 1 Plan, nebst Führer von A. Kühnel. Preis 2,50 Mark. — 3. *Mittelrhein-Gebiet.* Mit 16 Karten. Preis 2 Mk. Stuttgart, Hobbing & Büchle.

Die vorliegenden kartographischen Werkchen wirken thatsächlich bestechend durch ihre überaus saubere Ausführung und praktische Anordnung, verbunden mit bequemem, handlichen

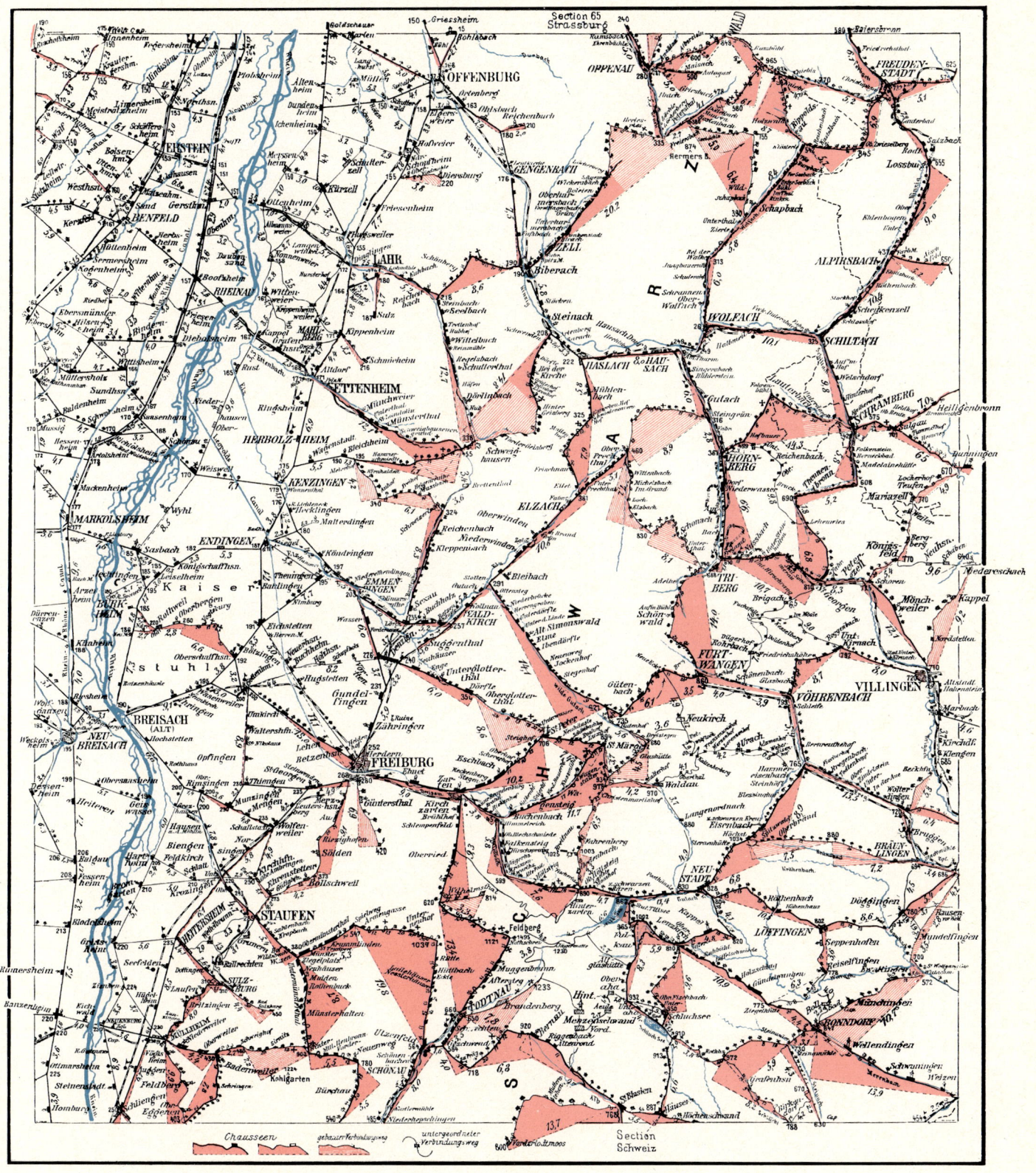

Format. Die Zeichnung ist klar und übersichtlich, alles Unwesentliche fällt weg, Kolorit und Schraffierung heben sich plastisch ab. Als sehr brauchbare Neuheit begrüssen wir auch die Einteilung der Hauptwege und Eisenbahnen in ½ km-Strecken durch Punkt-Markierungen, denn so kann man ohne Anwendung des Zirkels schnell jede Entfernung abmessen. Besonders der Tourenfahrer wird die hübschen Kartenwerke bevorzugen.

**Placzek, S. Auf dem Rade.** Eindrücke und Erfahrungen, gesammelt auf Wanderfahrten durch den Schwarzwald, Oberbayern, Schweiz, Tirol, Oberitalien. 8⁰. 167 S. Berlin, T. Trautwein'sche Buchhandlung.

Abseits von den grossen Heerstrassen, hat der Verfasser auf einsamen Hochgebirgspfaden sein Stahlross getummelt und weiss über seine Erlebnisse in anziehender Weise zu plaudern. Besonders der Anfänger wird manchen wertvollen Wink in dem hübschen Buche finden.

**v. Puttkamer, Gerhard Freiherr, Premierlieutenant. Das Radfahren.** Die militärische Brauchbarkeit des Rades und seine Verwendung in den Militärstaaten. Mit 12 Abbild. Gr. 8⁰. 66 S. Berlin, E. S. Mittler & Sohn, 1894.

— — **Das Militär-Fahrrad.** Gleichzeitig parteiloser Ratgeber bei Anschaffung von Fahrrädern. Mit 34 Fig. Gr. 8⁰. Leipzig, Zuckschwerdt & Co. 1895. Preis 1,20 Mark.

— — **Fahrschule für Militär-Radfahrer.** Mit 12 Abbild. 8⁰. 64 S. Leipzig, Zuckschwerdt & Co. 1896. Preis 1 Mark.

Von den drei militär-technischen Schriften unseres Herrn Mitarbeiters ist der Inhalt der beiden ersten, wie es nicht anders sein kann, schon in manchen Punkten veraltet, so dass dieselben nur noch einen geschichtlichen Wert beanspruchen können, während letztere vollständig auf der Höhe der Zeit steht und auch dem nichtmilitärischen Radler viel Interessantes bietet.

**Siegfried, Dr. med. Martin. Wie ist Radfahren gesund?** Hygienische Studien auf dem Zweirade. Gr. 8⁰. 64 S. Wiesbaden, J. F. Bergmann. Preis 1,20 Mark.

Unser ärztlicher Mitarbeiter hat in seinem Kapitel Gelegenheit gehabt, auf diese seine frühere Publikation über radsportliche Hygiene Bezug zu nehmen. Wer an der instruktiven und überzeugenden Darstellungsweise des Verfassers Gefallen gefunden hat, der wird die gleichen Vorzüge in dieser Broschüre finden.

**Stern, Alois. Wie lernt man das Radfahren?** Kurzgefasste Anleitungen und praktische Winke für den Radfahrer. Mit 12 Illustr. 8⁰. 29 S. Mähr.-Ostrau, Jul. Kittl. Preis 20 kr.

Die kleine Anleitung ist für Autodidakten bestimmt und wird ihnen gute Dienste leisten.

**Underborg, Gebr. Vademecum für Radfahrer und solche, die es werden wollen.** Mit 22 Illustr. 8⁰. 51 S. Hamburg, C. A. Henschel. Preis 80 Pfg.

Das bekannte Brüderpaar zeigt, dass es nicht nur das Tandem, sondern auch die Feder gut zu führen versteht, und entwirft ein anschauliches Bild von allem, was der Radler notwendig wissen muss, mag er Anfänger sein oder schon Vorgeschrittener.

**Vademecum für Radfahrerinnen.** Ein Hilfsbuch in Fragen der Fahrtechnik, der Gesundheit, der Etikette und der Kleidung. Herausgegeben von der *Redaktion der „Wiener Mode"*, mit einem Vorwort von Balduin Groller. 8⁰. 86 S. Wien, Verlag der «Wiener Mode». Preis 2 Mk.

Wenn der Generalstab eines so hervorragenden Modejournals seine Kraft auf die Abfassung eines Vademecums für die radelnde Damenwelt konzentriert, so darf man gewiss etwas Eigenartiges und Gelungenes erwarten. In der That bietet das flott geschriebene Büchlein viel Hübsches und Interessantes, wenn es dem ernsteren Leser mitunter schwer fällt, ein Lächeln zu unterdrücken, z. B. bei den Ausführungen auf die Frage: «Darf eine Dame, sobald sie allein radelt, während ihrer Tour irgend ein öffentliches Lokal aufsuchen, um eine Erfrischung zu sich zu nehmen?» und ähnliche tiefgründige Doktorfragen, die mit Recht zu den höchsten Problemen der Menschheit gerechnet werden.

**Waentig-Haugk. Kurze Chronik der reichsdeutschen Radfahrer-Vereinigungen, unter Vorausschickung eines Rückblickes über die ersten Erfindungen.** 8⁰. 36 S. Neuwied, Heusers Verlag. Preis 40 Pfg.

Diese gedrungene Darstellung skizziert kurz die historische Entwicklung des Radfahrsports und des Vereinigungswesens und eignet sich besonders für diejenigen, denen an schneller Orientierung über den umfangreichen Stoff liegt.

**Deutscher Radfahrer-Kalender.** Vierter Jahrgang, 1897/98. Zusammengestellt unter Mitwirkung von Fachautoritäten. Kl. 8⁰. 176 S. Leipzig, Schulze & Co. Preis geb. 1 Mark.

Der hübsche Kalender enthält ein vom Mai 1897 bis April 1898 laufendes Kalendarium und eine Fülle wertvoller Winke und Mitteilungen. Zweifellos wird dieses praktische Vademecum bald in allen Radlerkreisen Eingang gefunden haben.

**Jahrbuch der deutschen Radfahrer-Vereine 1897/98** (II. Jahrgang) mit Beiträgen hervorragender Fachschriftsteller und unter Mitwirkung der Vereine selbst herausgegeben von Arthur Loewy. Mit einer Beilage: Mittelbachs Strassen-Uebersichtskarte von Deutschland und Deutsch-Oesterreich für Radfahrer. 8⁰. 404 S. Berlin, H. u. H. Zeidler.

Das Handbuch, das sich bereits bei seinem erstmaligen Erscheinen im Fluge die Sympathien der Radlerwelt erworben hat, liegt nunmehr in völliger Neugestaltung und Umarbeitung vor und vereinigt auch diesmal eine solche Fülle anregenden und brauchbaren Materials, dass es ein Universalhandbuch der Radfahrerschaft genannt werden kann. Aus dem Inhalt sei folgendes hervorgehoben: Führende Geister im deutschen Radfahrsport. — Sportliche Aufsätze. — Empfehlenswerte Radtouren nebst Routenzeichnungen und als wichtigsten Teil eine umfangreiche Zusammenstellung der deutschen Radfahrer-Verbände und Vereine, aus welcher hervorgeht, dass z. B. Berlin nicht weniger als 85 Vereine zählt, München 71, Leipzig 42, Hamburg 41, Hannover 36 u. s. w. Wir können das überaus fleissige Werk bestens empfehlen.

**Oesterreich.-ungar. Radfahrer-Compass 1897.** (I. Jahrgang.) Auskunftsbuch für das gesamte Fahrradwesen mit Anhang: Die internationalen Radfahrverbände. Herausgeber: Hans Czermak. 8⁰. 448 S. Wien, W. Braumüller & Sohn.

Ein österreichisches Gegenstück zu dem «Jahrbuch der deutschen Radfahrer-Vereine», will das Werk ein Universal-Adressbuch des österreichischen Radlers sein, indem es in eingehender Weise über das gesamte Vereinswesen und alles, was dazu gehört, unterrichtet. Von der Beigabe allgemein instruktiver Artikel ist Abstand genommen worden. Man muss dem Herausgeber nachrühmen, dass er seine Aufgabe mit grösster Sachkenntnis erledigt und ein Buch geschaffen hat, das dem österreichischen Sportskameraden bald unentbehrlich sein wird.

## Schweizer Radfahrer-Taschen-Kalender 1897.
Herausgeber: Velo-Klub Weinfelden. I. Jahrgang. 8⁰. 264 S. Frauenfeld, Vereinsbuchdruckerei.

Der zum erstenmal erscheinende Kalender vereinigt in sich eine Reihe von nützlichen Tabellen, Eintragsrubriken und Anleitungen und wird damit seiner Aufgabe vollkommen gerecht. Die Redaktion thäte aber gewiss gut, wenn sie von der Aufnahme von Humoresken und anderen belletristischen Beiträgen künftig absehen würde, denn dergleichen wird ja von der Sportpresse in Hülle und Fülle geboten und belastet nur unnötig einen Kalender, der zum Mitführen in der Tasche bestimmt ist. Ebenso ist anzuraten, in der äusseren Gestaltung die Form des Kalenders lieber aufzugeben und dafür grösseres Gewicht auf das schweizerische Tourenwesen zu legen, insonderheit die bereits sehr geschickt und umfassend skizzierten Radrouten besser aus- und durchzuarbeiten.

## Trautwein, Th. Das Bayrische Hochland mit dem Algäu, das angrenzende Tirol und Salzburg nebst Salzkammergut. Achte
Auflage, bearb. von H. Hess, mit 26 Karten u. 2 Stadtplänen. 8⁰. 304 S. Innsbruck, A. Edlingers Verlag. Preis geb. 3.50 Mk.

Unter den zahlreichen Alpenführern nehmen die Trautweinschen eine besonders geachtete Stellung ein, da ihre Vorzüge in absoluter Zuverlässigkeit und äusserst geschickter Gruppierung des Stoffs bestehen. Aus diesem Grunde eignen sie sich, auch im Hinblick auf das handliche Format, vortrefflich für den Tourenfahrer. Der vorliegende Band umfasst in erster Linie die reizvollen Gebiete des bayrischen Hochgebirges vom Bodensee bis zur Salzach und die vielgestaltigen Kalkalpen von Nordtirol und Salzburg, sowie das herrliche Seengebiet des Salzkammergutes. Angegliedert sind noch die wichtigsten Seitenrouten der Giselabahn; das Gasteiner-, Rauris-, Fuscher- und Kaprunerthal, dann von Innsbruck aus die Brennerbahn bis Gossensass. Innsbruck, seine Sehenswürdigkeiten nnd Umgebung sind so eingehend behandelt wie sonst nur in Specialführern. Die Karten stammen zumeist aus der rühmlichst bekannten Anstalt von Ravenstein, dem bergsteigerischen Bedürfnisse dienen 14 Anstiegskärtchen.

## Meyers Reisebücher: Schweiz. XIV. Auflage.
Mit 21 Karten, 10 Plänen u. 27 Panoramen. 8⁰. 403 S. Leipzig, Bibliographisches Institut. Preis geb. 6 Mk.

Der Tourenfahrer, der die Schweiz, ein Radfahrergebiet par excellence, zum Wanderziel erwählt und einen praktischen und zugleich handlichen Führer sucht, wird kaum einen besseren finden als den berühmten «Meyer». Er vereinigt die sorgfältigste Redaktion mit höchster Vervollkommnung des kartographischen Teils und hat sich seit vielen Jahren als ebenso zuverlässiger wie bequemer Reisegenosse bewährt.

# XIII. Die grossen Radfahrer-Verbände.
## Vereinswesen.
### 1. Geschichtlicher Ueberblick.
Von Waentig-Haugk in Meiningen.

---

## a) Von der Bildung des ersten Klubs bis zur Gründung des Deutschen Radfahrer-Bundes 1869—1884.

US dem Kapitel II, Geschichte des Fahrrades, wird ersichtlich geworden sein, mit welchen unendlichen Schwierigkeiten die ersten Vorläufer des Radfahrwesens, vor allen der Nestor desselben, Freiherr Karl Friedrich Drais von Sauerbronn zu kämpfen hatten. Es war ihnen nicht beschieden, eine weitgehende Verbreitung dem nach unseren Begriffen schwerfälligen Laufrade zu verschaffen.

Eine neue Aera begann erst, als Ende der fünfziger, Anfang der sechziger Jahre das Laufrad durch die Anbringung der Pedale vervollständigt wurde. — Da und dort tauchten mutige Männer und Jünglinge auf, die sich auf die «Velocipede» schwangen und oft genug das Heil ihrer «Knochen» riskierten. Wie wir wissen, nannte man bis gegen Ende der sechziger Jahre die damals recht unbequemen Fahrräder «Boneshaker», soviel wie «Knochenschüttler».

Es war gewiss mehr als natürlich, dass sich seiner Zeit die sehr wenigen Jünger des «Velocipeden-Reitens» als natürliche Genossen zusammenfanden, gemeinschaftliche Ausflüge unternahmen oder ihre Fertigkeiten in einem Saale probierten. Genug, die Folge davon war, dass aus diesem Zusammenschluss heraus sich das Bedürfnis zur Bildung von Klubs entwickelte.

Als älteste Vereinigung tritt uns der heute noch in Blüte stehende Altonaer Bicycle-Klub 1869/80 entgegen, welcher bei seiner satzungsgemässen Gründung am 17. April 1869 unter dem Namen «Eimsbütteler Velocipeden-Reit-Klub» ins Leben trat. In den sehr präcis bearbeiteten Satzungen begegnen wir bereits einem ausführlichen «Reitreglement» unter Leitung eines «Velocipeden-Rittmeisters». Im Frühjahr desselben Jahres wurde der Münchener Velociped-Klub gegründet, im November 69 der Magdeburger Velociped-Klub, das gleiche Gründungsjahr hat der Berliner Velociped-Klub.

Die Kriegsjahre 1870/71 hemmten sowohl Fabrikation, als weitere Ausbreitung des Vereinswesens, denn erst 1876 taucht der V.-K. Bernburg, 1878

der V.-K. Köln a. Rh. auf. 1880 und 1881 beginnt aber ein lebhaftes Pulsieren in den grösseren Städten, so dass wir Ende 1881 bereits 26 Radfahrervereine im Deutschen Reiche zählen.

Wenn auch damals noch nicht ein fühlbares Bedürfnis nach einer Zusammenschliessung der kleinen Anzahl von Klubs zu einem grossen Verband vorlag, so gab doch der Frankfurter B.-Kl. den ersten Anstoss hierzu durch seine Einladung zu einem Kongress deutscher Bicycle-Klubs, dessen Endzweck die Bildung einer «Deutschen Bicycle-Union» werden sollte. Dieser erste Kongress fand am 6. Juni 1881 in Frankfurt a. M. statt. Das Resultat der Beschlüsse war, die Gründung einer deutschen B.-U. anzubahnen und das nötige auf den für das Jahr 1882 zu Pfingsten nach München zu berufenden II. Kongress zu veranlassen. Und das geschah auch durch die daselbst am 29. Mai 1882 stattgehabte Konstituierung des «Deutschen Velocipedisten-Bundes», welcher bald nach Gründung «Deutscher und deutsch-österreichischer Velocipedisten-Bund» genannt wurde, da man beabsichtigte, auch die deutschen Kronländer der österreichisch-ungarischen Monarchie heranzuziehen.

Bereits im September 1882 machte sich aber im Norden, wo die Interessen zwischen den süd- und norddeutschen Velocipedisten oft recht verschiedene waren, die Tendenz bemerkbar, den D. u. D.-Oe. V.-B. in zwei Unterabteilungen zu gliedern, nämlich in einen Norddeutschen und einen Süddeutschen Verband jedoch unter derselben Centralleitung. — Da die Vorstandschaft des D. u. D.-Oe. V.-B. diese Einteilung ablehnte, trat bereits am 1. Dezember 1882 der «Norddeutsche Velocipedisten-Bund» ins Leben, denen sich die meisten norddeutschen Vereine mit Ausnahme des Altonaer und Magdeburger B.-Kl. anschlossen.

Als offizielles Organ fungierte für den D. u. D.-Oe. V.-B. der in München erscheinende «Velocipedist», während das früher gemeinschaftliche Bundesblatt «Das Velociped, Berlin» amtliche Zeitung des N. V.-B. wurde.

Das Auseinandergehen der Anschauungen brachte es mit sich, dass beide Verbände bald in scharfen Gegensatz zu einander gerieten. Um diesem Zwie-

13*

spalt aus dem Wege zu gehen, ventilierte man im Königreich Sachsen und in den Rheinlanden die Begründung von weiteren Verbänden. Trotzdem oder vielmehr gerade deswegen machte sich das Bedürfnis nach gegenseitiger Annäherung immer wieder fühlbar. Private Verhandlungen zwischen Magdeburg und Hannover wurden gepflogen, denen sich offizielle anschlossen und das Endresultat war die Beschickung eines gemeinsamen Kongresses durch bevollmächtigte Delegierte seitens des D. u. D.-Oe. V.-B. und des N. V.-B. Am 29. Juni 1884 fand dieser Kongress in Meiningen statt, woselbst in eingehendster Weise die Friedenspräliminarien festgesetzt wurden, die am 16. August 1884 in Leipzig zur Gründung des Deutschen Radfahrer-Bundes führten.

## b) Der Deutsche Radfahrer-Bund, die Allgemeine Radfahrer-Union, der Sächsische Radfahrer-Bund. 1884—1892.

Unter denjenigen Bestimmungen, die die Bildung des D. R.-B. zeitigten, mögen folgende angeführt werden, welche das Prinzip und die Organisation des neuen gemeinschaftlichen Verbandes einrahmten. 1. Der neue Bund tritt am 17. August 1884 in Thätigkeit. In demselben Moment hören der D. und D.-Oe. V.-B. und der N. V.-B. durch Uebertritt sämtlicher Mitglieder und Uebergabe des beiderseitigen Vereinsvermögens in und an den neuen Bund auf, zu bestehen. 2. Der Bund wird in Gauverbände eingeteilt, deren Zweck die Förderung des Radfahrsportes ist, namentlich durch Veranstaltung von Wett- und Tourenfahrten nebst Pflege des Kunstfahrens. Ferner hat der Bund die Rechte und Interessen seiner Mitglieder wahrzunehmen und sonstige Schritte zur Verbreitung und Verbesserung des Radfahrsportes zu thun. 3. Dem Bunde steht ein Bundesausschuss bei, welcher aus den Vorsitzenden der Gaue zusammenzusetzen ist. Dieser Ausschuss hat den Bundes-Vorstand zu wählen. Der Leipziger Kongress vom 16./17. August 1884 erhob die vorstehenden Bestimmungen zum Gesetz und die Vereinigung beider Verbände war erreicht.

Der II. Bundestag des D. R.-B. tagte im August 1885 in Nürnberg. Für die politische Entwicklung der deutschen Radfahrer-Vereinigungen treten einzelne Beschlüsse von dort scharf hervor, welche mehr oder minder die Veranlassung wurden, dass gegen Ende des Jahres 1884 eine abermalige Spaltung eintrat. Zuvörderst wurde als Bundesorgan das Berliner Blatt «Velociped» gewählt, welches als solches aber den Titel «Der Radfahrer» erhielt. Im ferneren wurde bestimmt, dass die Einzelfahrer (Nichtmitglieder von Bundesvereinen) höhere Beiträge zahlen mussten, wie die Angehörigen von Bundesvereinen. Diese Umstände mochten geeignet gewesen sein, in süddeutschen Kreisen gewisse Verstimmungen hervorzurufen. Diese fanden ihren besonderen Ausdruck in einer Versammlung von Bundesmitgliedern, welche am 15. November 1885 in Nürnberg zusammentrat und für die Bildung eines «Allgemeinen Deutschen Radfahrer Vereins» plaidierte. In dem für die Interessen des neuen Vereines wirkenden und neu entstandenen Sportblatte «Der Deutsche Radfahrer»*) war bereits vor dieser Versammlung eine entsprechende Erklärung dahingehend

erschienen, die Einzelfahrer des D. R.-B. innerhalb Deutschlands und Deutsch-Oesterreichs auf anderer Grundlage zusammenzuschliessen.

Vorläufig sah aber die am 15. November 1885 in Nürnberg tagende Versammlung davon ab, sich sofort neu zu konstituieren und stellte bei der Vorstandschaft des D. R.-B. den Antrag, eine ausserordentliche Hauptversammlung einzuberufen, um die bemängelten Beschlüsse vom Nürnberger Bundestag einer Revision zu unterziehen. Die Bundesvorstandschaft glaubte aber die endgültige Lösung der in Frage kommenden Punkte erst dem nächsten Bundestag unterbreiten zu brauchen.

Die vom 15. November 1885 auf den 31. Januar 1886 vertagte Versammlung konstituierte sich nach diesem Entscheid am letzteren Tage wiederum und schritt nunmehr definitiv zur Gründung eines neuen Bundes, welchem der Name «Allgemeine Radfahrer-Union» beigelegt wurde. Da auch Meldungen für den neuen Verband aus der Schweiz und Oesterreich eingelaufen waren, wurde das Gebiet der A. R.-U. auf diese Länder ausgedehnt.

Als grundlegende Bestimmungen für die A. R.-U. wurden folgende Prinzipien festgelegt:

1. Die A. R.-U. bezweckt die Vereinigung aller Radler deutscher Zunge;
2. der Radsport ist durch ausgiebige Pflege des Tourenfahrens zu fördern;
3. je nach Stand der Kasse sind grössere Tourenfahrten zu prämiieren;
4. den Mitgliedern ist unentgeltliche Auskunft über Strassen und Unterkunft und sonstige Verhältnisse zu geben;
5. selbständige Prozesse im Interesse ihrer Mitglieder zu führen u. s. w.

Die Organisation wurde speciell den Punkten 2 und 4 angepasst. Für grössere Städte und bestimmte Landbezirke wurden Konsuln ernannt resp. gewählt, welche die Auskunftserteilung, gleichzeitig aber auch die geschäftliche Verwaltung des ihnen unterstehenden Bezirkes übernahmen. Allmählich durch bestimmte Grenzen markiert, erhielten die Lokalbezirke den Namen Konsulate. Diese konglomerierten sich zur gemeinsamen Wirksamkeit in den einzelnen Provinzen, aus welcher Verbindung später die Hauptkonsulate oder Provinzialbezirke hervorgingen, welche als solche schliesslich mehr oder weniger dasselbe wurden, wie die Gauverbände des D. R.-B.

---

*) Im weiteren Verlauf dieser Abhandlung wird von der speciellen Bezugnahme auf die amtlichen Organe der Verbände Abstand genommen, da im Kapitel XII darüber bereits eingehend gesprochen ist.

Obgleich sicher mit dem besten Willen seitens des I. Präsidenten der A. R.-U. bei der Gründung derselben die Losung ausgegeben war, mit den Mitgliedern des D. R.-B. auf bestem Fusse leben zu wollen, konnte es doch nicht infolge der Konkurrenz ausbleiben, dass sich ähnliche unliebsame Verhältnisse entwickelten, wie seinerzeit zwischen dem Nord.Vel.-B. und dem Deutsch u. D.-Oest. V.-B.

Ferner trat in der sportpolitischen Entwicklung im Jahre 1887 eine grosse Depression im Gau 4, Rheinland, zu Ungunsten des D. R.-B. in den Vordergrund, welche die provisorische Neubildung eines Rheinischen Radfahrer-Verbandes zeitigte. Durch verständiges und einsichtsvolles gegenseitiges Vorgehen wurde diese rheinländische Episode schliesslich zum Segen des D. R.-B. und führte zu einer Reorganisation an Haupt und Gliedern desselben.

Aehnliche Bestrebungen, wie im Rheinland, tauchten in Schlesien und Thüringen auf, später im Königreich Sachsen, wo man schon zur Zeit des D. u. D.-Oest. V.-B. an die Gründung eines eigenen Landesverbandes gedacht hatte. Indirekt mögen einzelne Vorkommnisse auf dem Breslauer Bundestag 1891 die Veranlassung gewesen sein, die Gründung des sächsischen Landesverbandes zu beschleunigen.

Am 10. Oktober 1891 fand eine Versammlung von Sportsleuten in Leipzig statt, die von Radfahrern besucht wurde, welche einerseits dem D. R.-B., der A. R.-U. und andererseits keinem der beiden Verbände angehörten. Ausgeschlossen wird bei der faktisch am 10. Oktober erfolgten Gründung des «Sächsischen Radfahrer-Bundes» nicht das Motiv gewesen sein, dass in Sachsen über die Verhältnisse sowohl in dem D. R.-B. und in der A. R.-U., als auch zwischen beiden Korporationen eine tiefe Misstimmung Platz gegriffen hatte. Dieselbe äusserte sich speciell in einem vom S. R. B. erlassenen Aufruf, in dem es heisst: «Unser Bund fasst die Radfahrer aller Parteien zusammen, er wird als neutral dazu beitragen, dass dem seit Jahren anhaltenden Kampfe zwischen Bund und Union ein Ende bereitet wird, indem sich beide Parteien im neuen Bunde kennen und achten lernen. — In diesem Sinne beizutragen zu gemeinsamem Wirken, fordern wir Sie auf, unserem Bund Ihr Vertrauen zu schenken und uns zu ermöglichen, das uns gesteckte Ziel zu erreichen.»

Was die Organisation des Sächs. Bundes anlangt, wurde derselbe in Bezirke und Ortsvereine eingeteilt, eine Organisation, die dem kleineren Landesverband, gegenüber den grossen Verbänden D. R.-B. u. A. R.-U., wohl manchen Vorteil zu bieten vermochte.

In einer sportgeschichtlichen Besprechung der übrigen kleineren Landes- oder Lokalverbände, wie Voigtländischer Radfahr-Bund, Mecklenburger Radfahr-Verband, Oberlausitzer Bund, Lipp. Westph. Bund, welcher Anfang 1897 wieder in der A. R.-U. aufgegangen ist, u. s. w. besonders zu gedenken, verbietet der Raum dieser Abhandlung. Die Verbreitung des Radfahrsportes und des Radfahrwesens überhaupt hatte bereits Ende 1891 eine solche Ausdehnung erreicht, dass kleinere Verbände, wie die genannten, welche allerdings 1860—80 eine hervorragende Rolle gespielt hätten, unter den derzeitigen Verhältnissen mehr oder weniger in den Hintergrund treten müssen.

## c) 1892—1895. Weiterentwicklung der Verbände bis zur Gründung des Verbandes der Vereine für Radwettfahren und die sogenannte Geldpreisfrage.

Trotz des wohlgemeinten Erlasses des S. R.-B. trug die Gründung desselben nicht dazu bei, den immer tiefer werdenden Spalt zwischen A. R.-U. und D. R.-B. zu beseitigen. Dagegen traten sich S. R.-B. und A. R.-U. kameradschaftlich näher, namentlich 1892 beim Unionskongress in Koburg, bei welcher Gelegenheit der S. R.-B. offiziell durch seine Vorstandschaft vertreten war.

Diese kameradschaftlichen Annäherungsversuche konnten aber nicht hindern, dass in einzelnen Bezirken Sachsens sich dieses Verhältnis löste und in offene Gegnerschaft überging. Hierzu kam noch, dass der S. R.-B. versuchte, sein Gebiet nach Thüringen auszudehnen, wo die Sehnsucht nach einem eigenen Landesverband nicht erloschen war. Man glaubte schliesslich, einen Sächsisch-Thüringischen Bund ins Leben rufen zu können. Der D. R.-B. und die A. R.-U. begegneten aber einer weiteren Decentralisation mit geschlossenen Kräften. Während der folgenden Zeitperiode schlug jeder der drei grossen Verbände seine eigene Marschroute ein und suchte, soviel als möglich die eigenen Interessen wahrend, sich immer grösseres Gebiet zu erringen. So gelang es der A. R.-U. unter den Deutschen Russlands Fuss zu fassen und auch Anhänger in den Balkanländern und Griechenland zu gewinnen. Auch war die A. R.-U. eifrig bemüht, die Zollschwierigkeiten an der Reichsgrenze beim Uebertritt der Tourenfahrer auf fremdländisches Gebiet zu erleichtern. In der letzten Zeit hat die A. R.-U. darin hervorragendes geleistet, nicht minder war aber der D. R.-B. beflissen, seinen Mitgliedern ähnliche Vorteile zu verschaffen.

Wenngleich das eigentliche Gebiet der A. R.-U. ihren Grundprinzipien nach die Pflege des Tourenwesens sein sollte, so konnte es nicht ausbleiben, dass bei dem immensen Aufschwung, welchen das Bahnrennwesen nahm, sie auch diesem Zweig des Radfahrsports eingehende Berücksichtigung schenken musste. Der D. R.-B. hatte längst dem Bahnrennwesen specielle Pflege angedeihen lassen. Er besass einen selbstständig neben der Vorstandschaft fungierenden Sportausschuss, während der spätere Sportausschuss der A. R.-U. eine der Vorstandschaft untergeordnete Behörde war.

Beiden Sportausschüssen lag ausser der besonderen Berücksichtigung des Touren- und Kunstfahrwesens die Verpflichtung ob, das Rennwettfahren in ihren resp. Verbänden zu regeln und zu beaufsichtigen.

Die Rennfahrer waren mittlerweile zu einer nicht zu unterschätzenden Macht angewachsen, auch hatten sich in Bezug auf die Prämiierungen derselben nicht unerhebliche Missstände herangebildet. Die Vertreter des reinen Herrenfahrertums stellten sich auf den Standpunkt, dass der Amateur nur um einen Ehrenpreis starten dürfte. Für die minderbemittelten Rennfahrer war dieser Modus mit Nachteilen verbunden, weil die Sieger öfter ähnliche Ehrenpreise errangen, die ihnen nichts nutzten und deren Veräusserung zudem untersagt war. Um diesem Uebelstand abzuhelfen, kam man auf die Idee, statt der Ehrenpreise den Gewinnern sogenannte Bons (Gutscheine), die einen bestimmten Geldwert repräsentierten, auszuhändigen, welche den Siegern das Recht gaben, sich in näher bezeichneten Geschäften etwa diejenigen Dinge anzuschaffen, die ihnen als Ehrenpreise nützlich und zum Privatgebrauch verwendbar schienen. Dieses Verfahren zeitigte eigentlich zuerst das verkappte Berufsfahrertum, denn gewisse Rennfahrer scheuten sich nicht, sich unter Abzug eines Prozentsatzes in den Geschäften bares Geld auszahlen zu lassen anstatt Preise zu kaufen. Nebenbei liessen sich auch diese verkappten Berufsfahrer heimlich von den Fahrrad- und Gummifabriken Maschinen liefern und für den Start mit klingender Münze honorieren. — Andrerseits gab es aber schon Rennfahrer, die sich offen bezahlen liessen, die eigentlichen Berufsfahrer. Der D. R.-B. schloss letztere offiziell von der Mitgliedschaft aus und suchte das Herrenfahrertum rein zu halten, während sich in der A. R.-U. die Bewegung fühlbar machte, dass ein Rennfahrer auch dann Herrenfahrer sei, wenn er um bares Geld starte unter der Voraussetzung, dass er sich nicht noch extra von Fabriken bezahlen liesse und den rennveranstaltenden Vereinen seine Reisen u. s. w. in Anrechnung brächte. Der Herrenfahrer wurde mit dem Herrenreiter und dem Schützen in eine Linie gestellt, welche gelegentlich ihrer Wettkämpfe gleichfalls Geld als Preise annehmen durften. Aus diesen Umständen heraus entwickelte sich die sogenannte Geldpreisfrage, die einen weiteren Riss zwischen den deutschen Verbänden schuf.

Wie sich die beiden grossen Vereinigungen zu der Frage stellen würden, sollte der Bundestag in Hannover und der Unionskongress in Regensburg 1894 entscheiden.

Während dieser höchst misslichen Lage kam man in einzelnen Kreisen beider Verbände wieder auf die Idee, eine Verschmelzung derselben zu versuchen. Beim D. R.-B. wurde ein diesbezüglicher Antrag in Hannover zu spät eingebracht.

Die A. R.-U. dagegen lehnte, nachdem man in Hannover die Annahme der Geldpreise für Herrenfahrer verworfen und sie selbst in Regensburg die Annahme derselben gestattet hatte, einen Verschmelzungsantrag ab. — Ein anderer Antrag, der Sportausschuss der A. R.-U. möge sich mit demjenigen des Bundes zum Zwecke der Hebung des deutschen Sportes unter Wahrnehmung beiderseitiger Selbstständigkeit in Verbindung setzen, fand indes in Regensburg Annahme. Dass die Ausführung dieses Antrages frommer Wunsch blieb, war bei der herrschenden Situation nicht anders zu erwarten.

Letztere wurde in der Folge immer unerquicklicher, zumal sich eine starke Minorität innerhalb des D. R.-B. für die Geldpreisfrage fühlbar machte und so kam es, dass am 16. und 17. Februar 1895 eine Versammlung in Leipzig zusammentrat, welche von Delegierten des D. R.-B., der A. R.-U., des S. R.-B. und österreichischen Abgeordneten besucht wurde. Der Zweck der Versammlung war, einen Verband derjenigen Rennvereine zu bilden, welche den Amateuren allerdings nicht die Annahme von Geldpreisen, aber das Starten mit Berufsfahrern erlauben sollte. Ein weiterer Zweck der Versammlung war, gleichzeitig neue Wettfahrbestimmungen festzulegen. Dieselben deckten sich mit dem obengesagten und der neue in Leipzig am 17. Febr. 1895 sich konstituierende «Verband der Vereine für Radwettfahren» gestattete demgemäss den Amateuren, an allen Rennen teilzunehmen, nur hinsichtlich der Preise wurde ihnen die Beschränkung auferlegt, diese nie in barem Gelde anzunehmen.

Erläuternd sei hier hervorgehoben, dass der D. R.-B. einen gemeinschaftlichen Start der Amateure mit Berufsfahrern nie zugelassen hatte.

## d) Die neuesten Vorgänge und die Centralisationsbestrebungen bis zur Bildung der deutschen Sportbehörde für Bahnwettfahren, 1895 bis Mai 1897.

Die sogenannte Geldpreisfrage war somit durch die Gründung des V. d. V. f. W. aus dem Weg geschafft und ein Modus gefunden, welcher zwischen den Beschlüssen von Hannover und Regensburg lag.

Dem V. d. V. f. W. traten neben einer grossen Anzahl von Rennvereinen auch die A. R.-U. und der S. R.-B. bei. Man hoffte in Verbandskreisen, dass auch schliesslich der Sportausschuss des D. R.-B. diesen modus vivendi billigen würde. Entsprechende beim Bundestag in Graz 1895 gestellte Anträge wurden aber mit grosser Majorität abgelehnt und so standen sich Ende 1895 D. R.-B. einerseits, der V. d.

V. f. W., die A. R.-U. und der S. R.-B. in dieser Prinzipienfrage schärfer als jemals gegenüber.

Den friedlich gesinnten und zur wiederholten Einigung neigenden Kreisen der deutschen Radlerwelt bereitete die neugeschaffene Situation wenig Freude.

Gelegentlich der in Frankfurt a. M. tagenden Vorstandssitzung der A. R.-U. am 6. Januar 1896 lagen Anträge vor, die einerseits die Bildung eines Allgem. Radfahrer-Verbandes, d. h. die Bildung einer gemeinsamen Sportsbehörde des D. R.-B., der A. R.-U., des V. d. V. f. W., des S. R.-B. und des Bundes deutscher Radfahrer Oesterreichs für alle Zweige des Radfahrsportes, als Renn-, Touren-, Distanz- und Kunstfahrwesen, anbahnen, andererseits nur allein die Bildung eines gemeinschaftlichen Sportausschusses aller Verbände für das Bahnrennwesen zeitigen sollten.

Auf dem am 9. Februar 1896 folgenden Verbandstag wurde abermals der Antrag zur Bildung einer gemeinschaftlichen Centrale auf allen Gebieten des Radfahrwesens für A. R.-U., S. R.-B., B. D. R. Oe. und V. d. V. f. W. — unter vorläufigem Ausschluss des D. R.-B. — eingebracht. Dieser Prinzipalantrag wurde jedoch, noch ehe in die eigentliche Diskussion eingegangen war, aus Utilitätsgründen zurückgezogen, und nur am Antrage, eine gemeinsame Behörde der genannten Verbände für Bahnwettfahren zu schaffen, festgehalten, welche einerseits ein Gegengewicht gegenüber dem Sportausschuss des D. R.-B. bilden, andererseits aber als solche ein geschlossenes Ganze der beteiligten Verbände geeignet sein sollte, gelegentlich in Friedensverhandlungen mit dem D. R.-B. einzutreten. Da dieser Antrag angenommen wurde, trat der «Allgemeine deutsche Sportausschuss für Bahnwettfahren» am 9. Februar 1896 ins Leben.

Die Folge dieser Neubildung war vorläufig nur die, dass sowohl der Sportausschuss des D. R.-B. als auch der allgemeine Sportausschuss gegenseitig die Rennfahrer auf ihren Bahnen boykottierten, je nachdem diese die eine oder andere der Wettfahrbestimmungen übertraten.

Dieser Zustand schien bloss damit enden zu können, dass eine Partei die andere vollständig besiegte. Um dieser fast unhaltbaren Lage eventuell ein Ende zu bereiten, wurden für den 14. Juni 1896 der D. R.-B., die A. R.-U., der S. R.-B., der B. D. R. Oe. und der V. d. V. f. W. zu einer vertraulichen Besprechung über die Bildung einer allgemeinen Centralsportsbehörde (Allg. Radf.-Verb.) nach Meiningen eingeladen, mit der Bitte, bevollmächtigte Delegierte abzusenden. — Die A. R.-U. hatte vorweg die Beteiligung abgelehnt, infolge dessen sendete der S. R.-B. keine Delegierte; der V. d. V. f. W. sah seinerseits ein eventuelles Einigungswerk als verfrüht an und blieb fern, nur der D. R.-B. sendete einen Delegierten. Die in Meiningen versammelten, vom besten Willen beseelten Sportsleute konnten daher nichts anderes thun, als eine «Kommission zur Bildung einer Centralsportsbehörde für Radfahrwesen» gründen, welche den Zweck haben sollte, bei den beteiligten Verbänden dahingehende Anträge zu stellen, dass letztere eine bestimmte Anzahl Delegierte ernennen möchten, um mit der in Meiningen gebildeten Kommission und allen anderen sich dieser Einheitsbestrebung anschliessenden Vereinigungen in eingehende Verhandlungen zu treten und eine Versammlung an irgend einem geeigneten Platze behufs Feststellung der einzuschlagenden Wege zur Erreichung obigen Zweckes vorzubereiten.

Diesbezügliche Anträge wurden seitens der verschiedenen Mitglieder der Meininger Kommission, welche teils dem D. R.-B., der A. R.-U., dem V. d. V. f. W. und dem S. R.-B. angehörten, bei den entsprechenden Hauptversammlungen der drei ersteren Verbände gestellt, welche im Sommer 1896 tagten. Am 5. Juli 1896 nahm der ausserordentliche Verbandstag in Berlin den Meininger Kommissions-Antrag an, im Prinzip der Entsendung von Delegierten zustimmend, sobald ein diesbezüglicher Wunsch der Meininger Kommission an den Verband gerichtet würde, damit anerkennend, dass er jeder vernünftigen Anregung zur Hebung des Radfahrsportes im allgemeinen, des Rennsportes im besonderen jederzeit zugänglich sei. Am 7. und 8. Aug. 1896 nahm der Bundestag in Halle a. S. einen analogen Antrag von Meininger Kommissions-Mitgliedern, welchen sich noch andere Mitglieder des D. R.-B. angeschlossen hatten, einstimmig an.

Auf dem am 16./17. August 1896 in Aachen tagenden Kongress der A. R.-U. fiel aber der von ca. 300 Unionsmitgliedern eingebrachte Meininger Kommissions-Antrag u. a. mit der Begründung, der Verband habe es in seiner Sitzung vom 5. Juli abgelehnt, sich auf die Meininger Vermittlerdienste zu beziehen, auch habe es die A. R.-U. noch niemals nötig gehabt, ihre sportlichen Arbeiten von Nichtmitgliedern ausführen zu lassen.

Diese bona fide gebrachte Begründung stützte sich auf das Protokoll des Verbandtags vom 5. Juni worin es heisst: «Die Versammlung spricht, ohne den Antrag betr. der Delegierten anzunehmen, in der Form und im Prinzip ihre Bereitwilligkeit aus, einen Frieden zu schliessen, wenn für denselben eine annehmbare Grundlage geschaffen sei.» Diesen Boden vorzubereiten, sei der Meininger Kommission zu überlassen.

Wie sich erst im Februar 1897 herausstellte, waren allerdings die Meinungen über den Verbandsbeschluss verschiedene. In Wirklichkeit lautete aber der Beschluss, wie er angegeben ist.

Infolge dieses Irrtums entwickelte sich zwischen «Bundeszeitung», «Stahlrad», «Velosport» einerseits und «Unionszeitung» andererseits eine ausserordentlich heftige Pressfehde, welche keineswegs geeignet war, den Einigungsgedanken zu fördern und das allgemeine Ansehen der im Treffen stehenden Verbände zu heben.

Obgleich die Meininger Kommission kurz vor dem Ziel dadurch aufgehalten wurde, arbeitete dieselbe im Stillen weiter und hatte eine Sitzung für den 30./31. Januar 1897 in Leipzig lange vorbereitet. Gleichzeitig hatte aber der Unionspräsident Schaefer die Initiative ergriffen und sich Ende Dezember 1896 brieflich an den Bundesvorsitzenden Holtbuer mit dem Vorschlag gewandt, eine vertrauliche Besprechung der Vorstände des D. R.-B., des V. d. V. f. W., des S. R.-B. und der A. R.-U., behufs Anbahnung besserer Verhältnisse einzuberufen. Der Vorschlag des Unionspräsidenten wurde sympathisch von allen Verbandsvorständen begrüsst und als Ort der Zusammenkunft Leipzig am 31. Januar 1897 bestimmt. Gegenseitig meist ahnungslos über das zufällige Zusammentreffen beider Versammlungen an einem Tage und in derselben Stadt, fanden sich die Vorstandschaften der einzelnen Verbände und die grössere Anzahl der Meininger Kommissions-Mitglieder in Leipzig ein. Durch die Vermittlung des Bundesvorsitzenden hatten letztere Gelegenheit, der vertraulichen Besprechung beizuwohnen.

Die Meininger Kommission brachte folgende Resolution zur Kenntnisnahme der Versammelten: «Die Kommission zur Bildung einer deutschen Central-Sports-Behörde für Radfahrwesen», die am heutigen Tage in Leipzig tagt, hat Kenntnis davon genommen, dass am gleichen Tage Vertreter der Haupt-Radsport-Verbände Deutschlands ebenfalls in Leipzig zusammentreten, um eine für das deutsche Radfahrwesen wünschenswerte Einigung im Rennwesen zu erzielen. Die Kommission erblickt darin die gegebene Möglichkeit, die eigenen Bestrebungen ohne ihr Eingreifen verwirklicht zu sehen und beschliesst, vorläufig ihre Thätigkeit einzustellen. Sie spricht den Wunsch aus, dass die Zusammenkunft der Verbände zum Segen des deutschen Radfahrwesens gute Früchte tragen möge.»

Und das geschah auch im vollsten Masse. Die nachstehenden Leipziger Beschlüsse mögen dies darthun:

1. Die Versammlung erkennt an, dass die Scheidung der Radwettfahrer in solche, welche Geldpreise erhalten und solche, welche Geldpreise weder direkt noch indirekt annehmen, grundlegend sein soll für die zu schaffenden neuen Wettfahrbestimmungen. Auf Militärwettfahren sollen diese Bestimmungen keine Anwendung finden.

2. Amateurfahrer dürfen sich auch mit Berufsfahrern messen, erhalten aber als Preis nur ein Diplom oder Eichenkranz. Der Bestimmung der Sportbehörde bleibt es überlassen, kleineren Bahnen unter besonderen Umständen Ausnahmen zu gestatten.

3. Die am 31. Januar in Leipzig anwesenden Vertreter der grossen Radfahrverbände Deutschlands fassen den Beschluss, die Vorstände ihrer Vereinigungen zu ersuchen, Delegierte von jedem Verbande zu einer Besprechung über zu schaffende Wettfahrbestimmungen nach Berlin zu entsenden.

Ehe jedoch die betreffenden Delegierten am 28. Februar 1897 in Berlin zusammentraten, schob sich ein Faktor dazwischen, welcher der geplanten Einigung hinderlich zu werden schien. Der Sportausschuss des D.-R.-B. hielt das Entgegenkommen des Bundesvorsitzenden Holtbuer in Leipzig als zu weitgehend. Die Folge war, dass Holtbuer sein Amt niederlegte und Boeckling, Essen, II. Bundesvorsitzender, die Geschäfte übernahm. Gleichzeitig hat sich noch ein anderes Ereignis vollzogen, das Erwähnung verdient. Die A.-R.-U. hatte bereits auf ihrem letzten Kongress in Aachen beschlossen, sich ihren alten Traditionen gemäss den Namen «Deutscher Touren-Bund» beizulegen. Nachdem also die Einigung im Bahn-Rennwesen gesichert schien, kam man nach der Leipziger Sitzung in massgebenden Kreisen der A.-R.-U. zur Ansicht, sich vom Bahn-Wettfahren möglichst zurückzuziehen und ganz dem Tourenwesen zu widmen. Schon an anderer Stelle ist darauf hingewiesen worden, welche grosse Verdienste die A. R. U durch

Grenzerschliessung und durch Verträge mit ausserdeutschen Radsportverbänden auf dem Gebiete der Touristik sich erworben hatte.

Aber neben der A. R.-U. hat nicht minder der D. R.-B. auf dem gleichen Gebiete hervorragendes geleistet, während der S. R.-B. bemüht war, in seinem engeren Landesverband das Radfahrwesen nach allen Seiten hin zu fördern. Jedenfalls stellte sich mit der Zeit heraus, dass der S. R.-B. als einziger Provinzialverband es verstanden hatte, sich während aller Fährnisse auf der Höhe der Situation zu erhalten und sich Anerkennung zu verschaffen.

An die früheren Vorgänge anschliessend, sei erwähnt, dass am Vorabend der Delegiertenversammlung der deutschen Radfahrer-Verbände in Berlin der Verbandstag des V. d. V. f W. stattfand, gelegentlich welchem für den kommenden Tag folgende Anträge zum Beschluss erhoben wurden:

a) Falls es unter Zustimmung der Verbandsmitglieder zur Festsetzung von allgemeinen deutschen Wettfahrbestimmungen kommen sollte, werden diese für den Verband als bindend anerkannt unter Aufhebung des diesseitigen Sportausschusses (allgemeinen deutschen) und der diesseitigen Wettfahrbestimmungen,

b) den Delegierten soll gebundene Marschroute nicht gegeben werden, diese sollen vorerst nur sprechen; dagegen soll vor wichtigen Abstimmungen eine kurze Beratung unter den Verbandsdelegierten stattfinden.

Am 28. Februar 1897 traten vormittags die Delegierten der verschiedenen Verbände zusammen. Der D. R.-B. hatte 4, der V. d. V. f. W. 3, die A. R.-U. 2, und der S. R.-B. 1 Abgeordneten entsendet.

Nachdem in der Vormittagssitzung mit grossem gegenseitigen Entgegenkommen die heikeln Punkte einer genügenden Besprechung unterzogen waren, nahm die Versammlung folgende Beschlüsse an:

a) den in Leipzig gefassten Beschluss, siehe sub 1;

b) Amateure dürfen in Berufsfahrer-Rennen starten mit Genehmigung der Centralsportbehörde oder ausser jeder Preisbewerbung.

Seitens der Bundesdelegierten wurde hierzu ein Zusatzantrag eingebracht und fand nun folgender redigierter Antrag, welcher dem Berliner Verbandsprotokoll entnommen wird, im Prinzip die Genehmigung der übrigen Delegierten: «Amateure dürfen an Berufsfahrer-Rennen teilnehmen, jedoch ist in jedem einzelnen Falle die Genehmigung der Sportsbehörde rechtzeitig zu erwirken, es sei denn, dass sie ausser Preisbewerb fahren. Im letzteren Falle muss — falls der Name des Amateurfahrers im Rennprogramm Aufnahme findet — besonders bei dem Namen bemerkt sein: «Ausser Preisbewerb».

Nachdem dieser Punkt erledigt war, bildete man den neuen Ausschuss unter dem Namen «Deutsche Sportbehörde für Bahnwettfahren».

Dieselbe wurde zusammengesetzt aus

2 Vertretern der Verbandsbahnen,
2 „ der dem Verband nicht angehörenden Rennbahnen,
2 „ des D. R.-B.,
1 Vertreter der A. R.-U.,
1 „ des S. R.-B.,
1 „ des Deutsch. Rennfahrer-Verbands.

Nachtragend muss hier noch hinzugefügt werden, dass bei den misslichen Verhältnissen gegen Ende 1896 die Rennfahrer Deutschlands einen eigenen Verband zur Wahrung ihrer Interessen gegründet hatten. Dieser Verband trat durch einzelne Verhandlungen mit dem Sportausschuss des D. R.-B. in den Vordergrund und auch dadurch, dass ein Vertreter zur vertraulichen Sitzung nach Leipzig geladen wurde. Der D. R.-V. ist vorher nicht erwähnt worden, weil er ganz specielle Sonderinteressen vertritt und nur nebenbei in der vereinspolitischen Entwicklung der Verbände in Frage kommen konnte.

Mit der Bildung einer Deutschen Sportsbehörde für Bahnwettfahren sind wir aber so ziemlich am Ende unserer geschichtlichen Betrachtungen angelangt, welchen höchstens noch beizufügen ist, dass am 11. April 1897 die Wettfahrbestimmungen der neuen Behörde

in Wirksamkeit traten. Damit hörte der Sportausschuss des D. R.-B. und der Allg. Deutsche Sportausschuss im Gebiete des Bahnwettfahrens innerhalb des Deutschen Reiches auf, zu existieren. Der diesbezügliche Sportausschuss des D. R.-B. fungiert allerdings in Oesterreich für die Bundesmitglieder weiter, dürfte aber auf die österreichischen Verhältnisse einen wesentlichen Einfluss in Zukunft nicht haben.

Am Schluss sei gestattet, auch hier mit ein paar Worten den Abschluss des im Jahre 1885 begonnenen grossen Kartenwerkes «Deutsche Strassenprofilkarte für Radfahrer», Bearbeiter und Herausgeber R. Mittelbach, zu streifen. Das Kapitel XII hat diesem Faktum eingehend Rechnung getragen, doch wird vielleicht die Vollendung dieses Werkes, zu dessen Uebergabe an die deutsche Radfahrerschaft seitens des Verfertigers alle deutschen Verbände ihre Vertreter entsendet hatten, den idealen Gedanken allmählich Durchbruch verschaffen, auf allen Gebieten des Radfahrwesens, wie es bereits auf dem Gebiete des Bahnwettfahrens zur Thatsache wurde, eine Centralisierung in einer gemeinsamen Sportsbehörde (Allg. deutsch. Radf.-Verb.) zum Segen der Allgemeinheit der Wirklichkeit näher zu führen.

# 2. Schutzverbände.

### Von August Geisser-Regensburg.

Es giebt eine ansehnliche Zahl von Radfahrern, denen die sportliche Seite des Radfahrens gleichgültig ist; manche würden nicht einmal genug Gemeinsinn haben, sich überhaupt einem Verbande anzuschliessen, sondern wünschten nur mühelos zu geniessen, was ihnen jene geschaffen haben. Aber sie fühlen sich unangenehm beengt durch die häufig von mangelhaftem Verständnis für das Fahrrad und seine heutige Stellung im Verkehrsleben zeugenden polizeilichen Vorschriften und sonstige Beschränkungen der persönlichen Freiheit in der Bewegung auf den Strassen der Stadt und des platten Landes.

Die Bedrängnisse der Radfahrer einzelner Bezirke, irgend ein besonders schweres Vorkommnis veranlasste die Radfahrer bestimmter Orte, sich zu gemeinsamer Abwehr und Arbeit zusammenzufinden, ohne Rücksicht auf etwaige sonstige Angehörigkeit zu einem Verbande sportlicher Natur.

Der erste Verband dieser Art entstand am 15. November 1895 unter dem Namen «Verband zur Wahrung der Interessen der Münchener Radfahrer».

Man wollte zweckentsprechende Fahrvorschriften erzielen und Unterstützung in Rechtsschutzangelegenheiten gewähren, insoferne letztere von grundsätzlicher Bedeutung für den Radfahrsport sein würden.

Die Pflichten der Mitglieder dieses Münchener Verbandes, der sich am 27. März 1896 unter dem Namen: «Verband zur Wahrung der Interessen der bayerischen Radfahrer» auf das ganze Land ausdehnte, sind vor allem, dass sie die ortspolizeilichen Vorschriften genau einhalten und nach Möglichkeit

dazu beitragen, dass sie auch von Radfahrern, die dem Verbande nicht angehören, beobachtet werden.

Den Mitgliedern stehen gegen geringen Jahresbeitrag Aufbewahrungsstellen für Fahrräder, Hilfsstationen, Werkzeugkästen, Winterfahrplätze, vorteilhafte Versicherung gegen Unfälle, Haftpflicht, Invalidität, Todesfall, Raddiebstahl zu Gebote, natürlich ausser den bedeutenden Vorteilen ideeller Natur, die in der Angehörigkeit zum Verbande selbst liegen.

Der Vorsitzende des Verbandes ist Freiherr von Rotenhan, Oberst z. D.

Das volkstümliche Programm und die Arbeitstüchtigkeit des Verbandes, die ganz besonders aus dem Jahresbericht für 1896 hervorgeht, haben ihn schnell auf jetzt 135 angehörige Körperschaften mit über 10,000 Mitgliedern gebracht.

Ein Jahr nach Gründung des Münchener Verbandes, 1. Oktober 1896, wurde in Berlin nach Münchener Vorbild auch ein Schutzverband gegründet.

Er hiess sich «Schutzverband Berliner Radfahrer» und als Zweck desselben ist angegeben, unter Ausschluss aller geselligen und rein sportlichen Ziele:

1. Wahrung der Interessen der Radfahrer durch Erzielung zweckentsprechender Fahrvorschriften auf dem Wege loyaler Verständigung und fachmännischer Mitarbeit mit den zuständigen Behörden;
   durch fachmännische Unterstützung in Rechtsschutzsachen;

2. Förderung aller öffentlichen und privaten Bestrebungeu, welche abzielen auf

Hebung der vernunftgemässen Ausübung des Radfahrens als Verkehrsmittel und Leibesübung;

3 Strenge Selbsterziehung im Einhalten der Fahrvorschriften als Vorbild für das gesamte radfahrende Publikum;

4 Vorgehen gegen Uebertretungen der Fahrvorschriften durch Radfahrer (insbesondere die sogenannten Rowdies auf dem Rade) und Wagenführer, auch im Interesse des Fussgängerverkehrs und der anderen Verkehrsmittel.

Auch Frankfurt, Kiel und Köln sind in der Gründung von Schutzverbänden begriffen. Es ist offenbar, dass Schutzverbände eine segensreiche Ein-richtung werden können und dass durch ihre Mitwirkung es gelingt, für einzelne Städte oder Landesteile diejenige Bewegungsfreiheit zu erkämpfen, auf die wir ein Recht haben.*)

---

*) Mit der Zeit dürften solche Verbände wohl auch der Frage noch näher zu treten haben, welche Mittel und Vorkehrungen geeignet erscheinen, um ihre Mitglieder vor der vielfach überhandnehmenden Ueberteuerung der notwendigsten Gebrauchsartikel und vor der Uebervorteilung durch gewinnsüchtige Zwischenhändler in Schutz zu nehmen. Wenn es nämlich so weiter geht, wie der Ton gegenwärtig vielerorts angeschlagen wird, so sind radsportliche Konsumvereinsgründungen nur eine Frage kürzester Zeit.

Der Herausgeber.

## 3. Der Deutsche Radfahrer-Bund.

### Mitteilungen des Bundes-Vorstandes.

Am 17. August 1884 traten in Leipzig die Vertreter des damaligen Deutschen und Deutsch-Oesterreichischen, des Norddeutschen und des Rheinischen Velocipedisten-Bundes zu einem

«Deutschen Radfahrer-Bunde»

zusammen, welcher am Gründungstage 2537 Mitglieder zählte und seitdem stetig angewachsen ist, so dass er heute die weitaus grösste Vereinigung deutscher und deutsch-österreichischer Radfahrer darstellt.

Die Mitgliederzahl betrug 1885: 4981, 1886: 7285, 1887: 9193, 1888: 10966, 1889: 11959, 1890: 13406, 1891: 14551, 1892: 17144, 1893: 19761, 1894: 22283, 1895: 25556, 1896: 27865, 1897 bis zum 1. Juni: 29853.

Der Bund erstreckt sich über Deutschland und die deutschen Kronländer Oesterreichs und ist in 44 Gauverbände gegliedert:

#### A. In Deutschland:

| | | | | | |
|---|---|---|---|---|---|
| 1. Hamburg | mit 2720 Mitgl. | | 18. Magdeburg | mit 2603 Mitgl. |
| 2. Bremen | „ 1191 „ | | 19. Güstrow | „ 412 „ |
| 3. Westfalen | „ 1153 „ | | 19a. Schwerin i/M. | „ 273 „ |
| 4. Rheinland | „ 2158 „ | | 20. Berlin | „ 2383 „ |
| 5. Mittelrheingau | „ 569 „ | | 21. Sachsen | „ 2095 „ |
| 6. Oberrheingau | „ 239 „ | | 21a. Voigtland-Thüringen | „ 485 „ |
| 7. Schwarzwald | „ 304 „ | | 22. Cottbus | „ 587 „ |
| 8. Württemberg | „ 150 „ | | 23. Görlitz | „ 787 „ |
| 9. Frankfurt a/M. | „ 1522 „ | | 24. Breslau | „ 1392 „ |
| 10. Würzburg | „ 141 „ | | 25. Posen | „ 318 „ |
| 10a. Süd-Thüringen | „ 170 „ | | 26. Frankf. a/Od. | „ 490 „ |
| 11. Augsburg | „ 152 „ | | 27. Stettin | „ 178 „ |
| 12. München | „ 527 „ | | 28. Cöslin | „ 60 „ |
| 13. Landshut | „ 30 „ | | 29. Danzig | „ 418 „ |
| 14. Bamberg-Hof | „ 143 „ | | 30. Königsberg in Preussen | „ 905 „ |
| 15. Nürnberg | „ 193 „ | | 31. Schleswig-Holstein | „ 684 „ |
| 16. Thüringen | „ 733 „ | | | |
| 17. Hannover | „ 2041 „ | | 37. Oberschlesien | „ 372 „ |
| 17a. Cassel | „ 164 „ | | | |

#### B. In Oesterreich:

| | | | | | |
|---|---|---|---|---|---|
| 32. Dtsch-Böhmen | mit 160 Mitgl. | | 36. Steiermark | mit 205 Mitgl. |
| 33. Mähren | „ 14 „ | | 38. Krain | „ 24 „ |
| 34. Nied.-Oesterr. | „ 385 „ | | 39. Tirol | „ 4 „ |
| 35. Salzburg-Ober-Oesterreich | „ 77 „ | | 40. Oesterreich.-Schlesien | „ 56 „ |

Ausserhalb des Bundesgebietes sind 186 Bundesmitglieder vorhanden, wodurch die nach dem Abschluss vom 1. Januar 1897 angegebene Gesamtmitgliederzahl von 29,853 erreicht wird. Vertreter des Deutschen Radfahrer-Bundes sind in Petersburg, Kiew, Moskau, Odessa, Warschau, Lodz, Riga und Libau für Russland, Paris für Frankreich, Zürich für die Schweiz, Lüttich für Belgien, Rotterdam für Holland und Bukarest für Rumänien bestellt.

Der Deutsche Radfahrer-Bund gehört der «International Cyclists'-Association» an und hat sich zu Anfang 1897 auch mit den anderen deutschen Radfahrer-Verbänden zum Zwecke der Begründung einer «Deutschen Sportbehörde für Bahnwettfahren» verbunden. Die letztere ist im März 1897 gebildet worden und hat besondere Wettfahrbestimmungen für Bahnwettfahren festgesetzt, welche am 15. April 1897 in Kraft getreten und für die Bundesmitglieder rechtsverbindlich sind.

Der Bund hat sich die Förderung des Radfahrsports im allgemeinen und die Wahrnehmung der sportlichen Interessen seiner Mitglieder im besonderen zur Aufgabe gestellt.

Der Förderung des Radfahrsports dient die Veranstaltung von Wanderfahrten, von Strassen- und Bahnwettfahren, sowie von Wettbewerben im Kunst-, Reigen- und Korsofahren. Der Bund hält nach seinen Satzungen in seinem Mitgliederkreise alles Berufsmässige fern. Wenn er auch nicht nach Turnerart auf die Verleihung von Ehrenkränzen und Ehrenurkunden sich beschränkt, sondern den Siegern im Wettfahren der «Herrenfahrer», insbesondere also seiner Mitglieder, wertvolle Abzeichen und Wertgegenstände als Ehrenpreise verleiht, so bleibt doch die Annahme von Geldpreisen, welche das wesentliche Kennzeichen des Berufsfahrertums bilden, in seinen Mitglieder-Reihen gänzlich ausgeschlossen. Dagegen trägt der Bund doch der Thatsache, dass auch das «Berufsfahrertum» der Entwicklung des Sports wesentliche Dienste leistet, dadurch Rechnung, dass er besondere Berufsfahrer-Wettfahren ausserhalb des Kreises der Bundesmitglieder veranstaltet und zwar unter Aussetzung von Geldpreisen aus seinen Mitteln. Es soll damit gleichzeitig auf die Ordnung des Berufsfahrertums durch sportliche Disciplin und Fernhaltung unsauberer Elemente hingewirkt werden.

Eine besondere Auszeichnung der Sieger im Wettfahren ist durch die Einrichtung von Meisterschaftsfahren für das Bundesgebiet oder einzelner Teile desselben vorgesehen, indem den Siegern in solchen Fahren der Titel «Meisterschaftsfahrer» beigelegt und durch eine besondere Urkunde beglaubigt wird.

Sein Augenmerk richtet der Bund zum Zwecke der Förderung des Radfahrsports auch auf die Erreichung einheitlicher Polizeiverordnungen, durch welche unnötige Beschränkungen des Radgebrauchs, wie sie sich noch immer in Strassenverboten, Pass- bezw. Legitimationszwang, Numerierung der Räder und Fahrer u. s. w. zähe erhalten, beseitigt werden sollen, ferner auf die Abfertigung von Vorurteilen gegen das Radfahren, auf die Richtigstellung absprechender Meinungen, auf die Belehrung des Publikums über den Wert des Radfahrens, auf die Unterstützung von Kartenwerken für Radfahrer und auf die Erreichung erleichternder Bestimmungen für die Beförderung und schonende Unterbringung der Fahrräder als Eisenbahn-Personengepäck, auf die Bestellung von Gasthäusern mit Preisermässigung (Bundeshôtels) und endlich auf die Abstellung von Zollschwierigkeiten beim Grenzübergange der Wanderfahrer in das Ausland und zurück u. a. m.

Die Wahrnehmung der sportlichen Interessen der Bundesmitglieder bethätigt sich in der Einrichtung eines umfassenden Auskunftswesens im Bundesgebiete, in der Wahrung der rechtlichen Interessen der Mitglieder in allen radsportlichen Angelegenheiten, in bezüglicher Raterteilung durch Rechtsgelehrte, in Führung von Streit- und Strafsachen der Mitglieder auf Bundeskosten in solchen Fällen, in welchen allgemeine radsportliche Gesichtspunkte vorliegen, und nicht zum mindesten in der Pflege der Kameradschaftlichkeit durch Veranstaltung von Zusammenkünften in grösseren und kleineren Gruppen.

Die Verwaltung des Deutschen Radfahrer-Bundes, seine Vertretung nach innen und aussen, liegt in Händen des aus 19 Mitgliedern bestehenden Bundesvorstandes, dessen gegenwärtiger Vorsitzender Theodor Boeckling, Zeitungsverleger in Essen a. d. Ruhr, ist. Seine Amtsvorgänger waren: Kaufmann L. Holtbuer-Leipzig im Jahre 1896 und Anfang 1897, Rechtsanwalt Rudolf Vogel-Königsberg i. Pr., von 1893—1896, Rentier Carl Hindenburg-Magdeburg, von 1884—1893.

Neben dem Bundesvorstande besteht ein Sportausschuss mit vier Bundesfahrwarten für alle sportlichen Angelegenheiten, soweit sie nicht unter die Zuständigkeit der schon erwähnten Deutschen Sportbehörde für Bahnwettfahren fallen. Den Vorsitz des Sportausschusses führt Arno Tiede, Mühlenbesitzer in Brandenburg a. Havel.

Ein Zeitungs-Verwaltungs-Ausschuss, Vorsitzender Fr. Fischer, Verlagsbuchhändler in Steglitz-Berlin, wacht über die Herausgabe und Redaktion des Bundes-Organs «Deutscher Radfahrer-Bund», einer umfangreichen, im Sommer-Halbjahr täglich, im Winter-Halbjahr zweimal wöchentlich erscheinenden Sportzeitung, und vermittelt ferner nach aller Möglichkeit die Veröffentlichung radsportfreundlicher Artikel durch die politische Tagespresse.

Ein Rechtsschutz-Ausschuss, dem Rechtsanwalt W. von Schimmelfennig-Bartenstein, Ostpr., vorsteht, sorgt für juristischen Beirat in allen sportlichen Dingen und leitet auch bezügliche Massregeln zu gunsten des Radfahrsports, des Bundes und seiner Teile und Mitglieder in die Wege.

Ein Ehren- und Schiedsgericht unter dem Vorsitz des kgl. pr. Amtsrichters, Baron Achim von Koeller-Elmshorn schlichtet bezw. entscheidet bei etwaigen Streitsachen zwischen Bundesmitgliedern oder gegen Bundes-Körperschaften.

Die Bundeskasse verfügte am 31. Mai 1897 über einen Barbestand von 131,000 Mk. und 30,000 Mk. Effekten als Reservefonds. Der letzte, auf dem vorjährigen Bundestage vorgelegte, pro 1. Juli 1896 aufgestellte Vermögens-Abschluss — einschliesslich Inventar — ergab 53,719.85 Mk. als Bundesvermögen. Der Etat pro 1897 weist in Einnahme und Ausgabe je 135,080 Mk. auf.

Die Mitgliedschaft des Deutschen Radfahrer-Bundes können Radfahrer-Vereinigungen — Vereine, Klubs — Radfahrer, Radfahrerinnen und Freunde des Radfahrsports nach Vollendung des 18. Lebensjahres erwerben, mit Ausschluss aller Berufsfahrer. Berufsfahrer sind bezw. werden Radfahrer, welche um Geldpreise in Wettbewerb treten, zu ihrem Erwerb, Nebenerwerb oder der Reklame wegen als Radfahrer auftreten, Ehrenpreise veräussern oder verpfänden, von Fabrikanten oder Händlern der Fahrradbranche für Wettfahrzwecke irgendwelche Beihilfen annehmen, oder welche als Angestellte der Fahrradbranche sich am Wettfahren überhaupt beteiligen. Auch erwerbsmässige Gymnastiker oder ähnliche Künstler sind wie die Berufsfahrer von der Mitgliedschaft im Deutschen Radfahrer-Bunde ausgeschlossen.

Die Meldung zur Bundesmitgliedschaft ist unter Beifügung des Eintrittsgeldes von 4 Mk., des ersten Jahresbeitrags an den Bund von 3 Mk. und des Beitrags an den Gau, der 3 Mk. nicht übersteigen darf, an den Zahlmeister des zuständigen Gauverbands zu richten. Ausserhalb des Bundesgebiets wohnende Personen müssen sich mit ihrer Meldung an den Bundeszahlmeister, H. Pelates, Fabrikführer in Krefeld, wenden; ihr Jahresbeitrag zur Bundeskasse beträgt 6 Mk. Der Mitgliederbeitrag ruht übrigens auf Antrag während der Militärdienstzeit der betr. Mitglieder.

Jede Anmeldung zur Bundesmitgliedschaft wird im Bundesorgan veröffentlicht. Die Aufnahme in den Bund gilt erst als vollzogen, wenn innerhalb 14 Tagen kein Einspruch erfolgt; durch diese vorsorgliche Massregel sichert sich der Bund vor dem etwaigen Einschieben nicht passender Persönlichkeiten.

Ueber einen Einspruch entscheidet zunächst der betreffende Gauvorstand und im Wege der Berufung endgültig der Bundesvorstand, welcher letztere diese Entscheidung aber auch dem Ehren- und Schiedsgericht überweisen darf.

Jedes Bundesmitglied erhält neben Mitgliedskarte und Abzeichen unentgeltlich je ein Exemplar des Bundesorgans, des Bundeshandbuchs und eines Tourenbuches nebst Karte. Es hat das Recht der Teilnahme an allen sportlichen Veranstaltungen des Bundes und der Gauverbände. Die Vertretung der Bundesmitglieder ist dahin geregelt, dass für je 20 oder angefangene 20 Bundesmitglieder eines Bundesvereins ein Mitglied in den Gau-Ausschuss entsendet wird und dass es dieser Gauvertretung überlassen ist, in gleicher Weise die Vertretung der Einzelfahrer, die keinem Bundesverein angehören, zu regeln. Auf den Gautagen wird für je 200 oder angefangene 200 Bundesmitglieder ein Bundesausschussmitglied bestellt.

Diese Bundesausschussmitglieder bilden im Verein mit dem Bundes-Vorstande die Bundeshauptversammlung, die höchste Instanz und die gesetzgebende Körperschaft des Deutschen Radfahrer-Bundes. Die Bundeshauptversammlung wird alljährlich abgehalten und tagt in diesem Jahre vom 6.—9. August in Bremen. Die letzten Bundestage, 1896 in Halle an der Saale, und 1895 in Graz sind von ca. 6000 Radfahrern besucht gewesen.

Schauen wir zurück auf den Entwicklungsgang des Bundes und verfolgen wir, was er während seines Bestehens in reger Wirksamkeit erreicht hat, so tritt uns ein kräftig pulsierendes Leben in echt deutscher Sitte, deutscher Art, deutschem Charakter entgegen. Der Wert und der Reiz des Radfahrens liegt in der Vereinigung einer gesund erhaltenden oder Gesundheit schaffenden Leibesübung mit dem grossen Genusse, in freier Luft aus eigener Kraft in kurzer Zeit grössere Wegestrecken zu durchmessen. Das Radfahren hat nicht das geringste an sich, was deutscher Art zuwiderläuft, erzieht zu Umsicht, Mut und Ausdauer und bietet auch in der Ausübungsform nichts gegen den Schönheitssinn Verstossendes dar. Darum erobert es sich fortgesetzt mehr Anhänger unter den besseren und besten Gesellschaftskreisen und es darf an diese die Mahnung gerichtet werden, mit einzutreten für die Unterstützung der vielseitigen Bestrebungen des Deutschen Radfahrer-Bundes zu gunsten des herrlichen Radfahrsports.

«Immer strebe zum Ganzen, und kannst Du selber ein Ganzes nicht werden, — als dienendes Glied schliess' an ein Ganzes Dich an!» —

# 4. Die Allgem. Radfahrer-Union, nunmehr „Deutscher Touren-Club".

## Mitteilungen der Vorstandschaft.

Die Allgemeine Radfahrer-Union wurde auf Anregung des Herrn C. Lutz am 15. November 1885 in Nürnberg gegründet und zwar zunächst unter dem Namen «Allgemeiner Deutscher Radfahrer-Verein». Gleichzeitig entstand am 10. Oktober 1885 eine neue Fachzeitschrift, als deren Leiter Herr Carl Lutz figurierte und die den Titel «Der Deutsche Radfahrer» führte. Diese Zeitung wurde von dem neuen Verband als Verbandsorgan angenommen und ist es heute noch. In einer am 31. Januar 1886 stattgefundenen Versammlung wurde dann der Name in «Allgemeine Radfahrer-Union» umgeändert. In die Vorstandschaft wurden gewählt: J. Schwabe, Kaufmann, Nürnberg, I. Vorstand, A. Langkammerer, Fabrikbesitzer, Ansbach, II. Vorstand, Carl Lutz, Redakteur, Nürnberg, Generalkonsul, Leonh. Kolb, Kaufmann, Nürnberg, Kassier, Wilh. Schwarz, Kaufmann, Nürnberg, Sekretär.

Am 29. August 1886 fand in Nürnberg der I. Kongress statt, dem sich am 30. Juli 1887 in Würzburg der II. Kongress, in den Tagen vom 4.—6. August 1888 in Mannheim der III. Kongress,

| | | | | |
|---|---|---|---|---|
| 24.—27. | „ | 1889 | „ Dresden | „ IV. „ |
| 9.—12. | „ | 1890 | „ München | „ V. „ |
| 15.—19. | „ | 1891 | „ Berlin | „ VI. „ |
| 30. Juli b. 2. Aug. | | 1892 | „ Coburg | „ VII. „ |
| 12.—14. August | | 1893 | „ Karlsruhe | „ VIII. „ |
| 11.—14. | „ | 1894 | „ Regensbg. | „ IX. „ |
| 10.—13. | „ | 1895 | „ St. Johann | „ X. „ |
| 8.—11. | „ | 1896 | „ Aachen | „ XI. „ |

anschlossen. Der XII. Kongress findet in den Tagen vom 16.—21. Juli 1897 in München statt.

Beim Kongress 1886 wurde Herr Bezirkshauptlehrer Jakob Schaefer-Fürth zum I. Vorstand und Herr Christ. Habelt, Kaufmann in Nürnberg, zum Kassier gewählt. Nach dem Kongress 1887 setzte sich die Vorstandschaft wie folgt zusammen: I. Vorstand: J. Schaefer, Bezirkshauptlehrer, Fürth, II. Vorstand: Rob. Höfer, Kaufmann, Leipzig, Generalkonsul: Friedr. Eyfriedt, Privatier, Nürnberg, Kassier: Chr. Habelt, Kaufmann in Nürnberg, Sekretär: L. Möckel, Kaufmann, Nürnberg.

1888 trat an die Stelle des Herrn Robert Höfer als II. Vorstand Herr Johs. Förster, Prokurist bei Seidel & Naumann in Dresden. 1889 trat an Stelle des Herrn Eyfriedt als Generalkonsul Herr Adolf Braun, Papier-Grosshändler, Nürnberg; für Herrn L. Möckel als Sekretär trat Herr P. Weiss, Lehrer, Fürth, ein; 1890 an die Stelle des Herrn Chr. Habelt als Kassier dessen Sohn Herr Georg Habelt, und 1890 an die Stelle des Herrn P. Weiss als Sekretär Herr Alb. Prechtelsbauer, Lehrer, Nürnberg. 1892 wurde als Generalkonsul und Vorsitzender des ständigen Sportausschusses Herr Aug. Geiser, Regensburg, gewählt, der aber infolge beruflicher Verhinderung zurücktrat; an seine Stelle trat Herr Alb. Prechtelsbauer, Nürnberg. Für Herrn Prechtelsbauer wurde dann 1893 beim Kongress in Karlsruhe Herr Hans Leibold in Nürnberg zum Sekretär und für Herrn Direktor Förster, der schon 1892 in Koburg ersucht hatte, ihn angesichts seiner grossen Berufspflichten zu entlasten, Herr Alex. Hönig in Berlin zum II. Vorstand gewählt.

Die Vorstandschaft setzt sich demnach jetzt wie folgt zusammen:

J. Schäfer, Fürth-Nürnberg, I. Vorsitzender, Alex. Hönig, Berlin, II. Vorsitzender, Georg Habelt, Nürnberg, Kassier, Hans Leibold, Nürnberg, Sekretär, Alb. Prechtelsbauer, Nürnberg, Generalkonsul.

Ausserdem gehören noch 30 Präsidialmitglieder der Vorstandschaft an.

Der Hauptzweck der Allg. Radf.-Union war von Anfang an die Pflege des Tourenfahrens und es wurde zu dessen Hebung die Prämiierung der Jahresleistungen, Stiftung von Ehrenzeichen für Strassenrennen und Distanzfahrten eingeführt. Um das Reisefahren zu erleichtern, wurden dann später mit den ausländischen Tourenverbänden Gegenseitigkeits-Verträge abgeschlossen und der zollfreie Grenzverkehr herbeigeführt. Im Jahre 1896 ist es der A. R.-U. gelungen, nachdem bereits seit einigen Jahren, dank der Bemühungen des Herrn Tochtermann-München die österreichische Grenze frei war, auch die Grenzen der umliegenden Länder den Unionsmitgliedern zu öffnen, so dass dieselben heute ohne Zollerlag die Grenzen von Oesterreich, Frankreich, Belgien, Italien und der Schweiz überschreiten können.

Die Zahl der Mitglieder betrug im Jahre 1886 — 400, 1887 — 1200, 1888 — 2200, 1889 — 3200, 1890 — 4500, 1891 — 5500, 1892 — 6500, 1893 — 7000, 1894 — 7800, 1895 — 8500, 1896 — 10,600.

Der Jahresumsatz belief sich im Jahre 1886 auf 1757 Mk. 34 Pfg., 1887 auf 6531 Mk. 27 Pfg., 1888 auf 11,941 Mk. 82 Pfg., 1889 auf 18,673 Mk. 03 Pfg., 1890 auf 25,692 Mk. 59 Pfg., 1891 auf 36,630 Mk. 28 Pfg., 1892 auf 36,214 Mk. 08 Pfg., 1893 auf 34,236 Mk. 49 Pfg., 1894 auf 39,558 Mk. 44 Pfg., 1895 auf 42,260 Mk. 70 Pfg.

Ehrenmitglieder der Allgem. Radfahrer-Union sind: Herr Rechtsrat Ferdinand Jäger in Nürnberg. Herr Thomas Stevens in New-York, welcher vom April 1884 bis Januar 1888 die Reise um die Welt auf dem Zweirade zurückgelegt hat. Der Gesamtweg betrug 1700 englische Meilen oder rund 1900 Kilometer. Herr Major Demetrius Weidner in München.

Die Aufnahmegebühr zur A. R.-U. beträgt 3 Mk., der Jahresbeitrag 5 Mk.

Briefe sind zu richten an die Vorstandschaft der Allgem. Radfahrer-Union in Fürth-Nürnberg.

Geldsendungen sind zu richten an die Kasse der Allgem. Radfahrer-Union in Nürnberg.

# 5. Der Sächsische Radfahrer-Bund.

Bund zur Pflege und Förderung des vaterländisch-deutschen Radfahrsportes.

Mitteilungen des Bundes-Vorstandes.

Gegründet am 10. Oktober 1891.

Sitz. Leipzig.

Geschäftsstelle: An der Pleisse 2 a (Lehmanns Garten).

Mitgliederzahl: 3000.

Ehren-Vorsitzender: Alexander Duncker, Verlagsbuchhändler, Leipzig.

Ehrenmitglied: Kommissionsrat Julius Reichard, Besitzer der «Dresdner Nachrichten», Dresden.

Vorstandschaft: I. Vorsitzender: Dr. med. Hermann Bauer, Markneukirchen i. S.; Geschäftsführender Vorsitzender: Eduard Lehmann, Kaufmann, Leipzig; Zahlmeister: Wilhelm Vogt, Kaufmann, Leipzig.

Bundesbeisitzer: Graf von Einsiedel, Schloss Reibersdorf bei Zittau; Arthur Serbe, Verlagsbuchhändler, Leipzig; Horst Wolff, Fabrikdirektor, Leipzig; Felix Gerhard, Buchdruckereibesitzer, Leipzig; Emil Busch, Lehrer, Penig; Heinrich Aschenborn, Fabrikbesitzer, Zwickau i. S.; August Teichmann, Schlossermeister, Leipzig.

Sportausschuss: Vorsitzender und Bundes-Rennfahrwart: Arthur Klarner, Fahrradfabrikant, Leipzig; Bundes-Tourenfahrwart: Robert Weniger, Buchbindermeister, Leipzig; Bundes-Kunstfahrwart: Max Arendt, Hôtelbesitzer, Werdau i. S.; Schriftführer: Bernhard

Böhm, Lehrer, Leipzig; Beisitzer: Gustav Baumann, Lehrer, Grünbach b. Falkenstein; Eduard Lehmann, Kaufmann, Leipzig; Franz Pröhl, Maschinenmeister, Leipzig.

Der Sächsische Radfahrer-Bund ist in 27 Bezirke eingeteilt, von denen 25 das Gebiet je einer Amtshauptmannschaft des Königreichs Sachsen umfassen. Der 26. Bezirk wird gebildet von den beiden Amtshauptmannschaften Dresden-Altstadt und Dresden-Neustadt und der 27. Bezirk von den beiden Fürstentümern Reuss.

Die Hauptsitze dieser Bezirke sind in Leipzig, Zwickau, Dresden, Chemnitz, Oelsnitz, Plauen, Rochlitz, Wurzen-Grimma, Zittau, Schwarzenberg, Meissen, Auerbach, Kamenz, Glauchau, Freiberg, Groitzsch-Pegau, Lausigk-Borna, Reuss, Neugeln-Oschatz, Leisnig-Döbeln und Pirna.

Ausser Verwaltung sind zur Zeit die Bezirke Löbau, Bautzen, Grossenhain, Dippoldiswalde, Marienberg, Annaberg.

Der Sächsische Radfahrer-Bund besitzt als amtliches Organ die «Sächsische Radfahrer-Zeitung». Dieselbe steht im 6. Jahrgange und erscheint alle 14 Tage Sonnabends. Zeitungszahlmeister: Eugen Serbe, Verlagsbuchhändler, Leipzig; verantwortlicher Schriftleiter: Bernh. Böhm, Leipzig.

# 6. Die übrigen Verbände Deutschlands.

Der beispiellose Aufschwung, den der Radsport genommen hat und der noch weit von seinem Kulminationspunkt entfernt ist, wird durch die Thatsache gekennzeichnet, dass im April 1897 in 52 deutschen Städten mit einer Gesamteinwohnerzahl von 6,600,000 Personen 160,000 Radfahrer gezählt wurden, das sind also 2 1/2 %.[*]) Schliesst man hieraus auf den Gesamtbestand, so dürfte es nicht übertrieben sein, anzunehmen, dass es im Frühjahr 1897 etwa 1 1/2 Millionen Deutsche gab, die sich des Rades bedienten. Natürlich veralten diese Ziffern von heute auf morgen, denn jeder Tag führt dem Sport eine grosse Zahl neuer Anhänger zu, und vergeblich wird man sich nach einem Analogon zu der vor wenigen Jahren noch kaum geahnten Entwicklung des Radfahrwesens umsehen.

Die Ziffern lehren, dass nur ein gewisser Prozentsatz der radelnden Legion sich der Vorteile bewusst ist, den der Anschluss an ein grosses Ganzes dem Einzelnen bietet, und des Nutzens für die allgemeine Sache, den jedes Scherflein darstellt. Grosse Ziele sind nur durch grosse Mittel zu erreichen, der Einzelne kann nichts, die geschlossene Gemeinschaft alles, deshalb sollten auch jene, die von einer durchaus berechtigten Abneigung gegen die liebe deutsche Vereinsmeierei beseelt sind, sich nicht der Einsicht verschliessen, dass die grossen Radfahrverbände doch Höheres bezwecken als kleinliche Vereinssimpelei. Was umfangreiche Körperschaften, die überdies dem Einzelnen nur sehr bescheidene Lasten auferlegen, zu leisten vermögen, das sieht man so recht an dem Wirken des Deutsch-österreichischen Alpenvereins und nicht weniger auch an den Resultaten, die unser Sport den vorhin geschilderten drei grossen Radfahrverbänden trotz der noch kurzen Zeit ihres Bestehens zu verdanken hat.

Ausser diesen grossen Verbänden giebt es noch verschiedene kleinere, die ihre Thätigkeit nach der einen oder anderen Richtung hin specialisieren.

Der Arbeiterradfahrerverband «Solidarität» sucht erfolgreich die radfahrenden Arbeiter mit Hilfe einer geschlossenen Centralisation zu einem Ganzen zu vereinigen. Er umfasst augenblicklich 64 Ortsvereine mit 1556 Mitgliedern und hat seinen Sitz in Stuttgart; sein offizielles Organ ist der «Arbeiter-Radfahrer».

Der Deutsch-Nationale Radfahrer-Verband verbindet die Pflege des Sports mit gewissen politischen Bestrebungen. Er hat seinen Sitz in Hamburg und besteht aus den Unterverbänden Hamburg und Berlin, ausserdem befinden sich in 48 anderen Städten Ortsvertretungen.

[*]) Nach einer Mitteilung des «Jahrbuchs der deutschen Radfahrer-Vereine», 1897/98, (Verlag von H. und H. Zeidler, Berlin), dem wir auch bei der Wiedergabe einiger weiterer Daten folgen.

Der Harz-Rad-Touren-Verband, gegründet 1895, Sitz in Koethen, specialisiert sich auf das Tourenfahren im Harz. Er zählt 96 Mitglieder, Verbandsorgan: «Radwelt».

Radfahrer-Verband für Ostfriesland und Papenburg, Sitz in Emden.

Schleswig-Holsteinischer Radfahrer-Verband, Sitz in Rendsburg.

Vereinigung Mecklenburger Radfahrer von 1886, unter dem Protektorat des Grossherzogs von Mecklenburg-Schwerin, Sitz in Schwerin.

Westfälisch-Lippescher Radfahrer-Verband, Sitz in Dortmund.

Voigtländischer Radfahrer-Bund, Sitz in Plauen.

Vereinigung Magdeburgischer Radfahrer-Vereine.

\* \* \*

Eine Reihe weiterer Verbände stellt sich speciell in den Dienst des Rennwesens und konzentriert ihre Thätigkeit auf die Pflege des Rennsportes und die Interessenvertretung der Rennfahrer:

Der Verband der Vereine für Radwettfahren, gegründet 1895, Sitz in Berlin, umfasst 22 deutsche Rennvereine mit Rennbahnen, Verbandsorgane sind «Radwelt», «Velosport», «Stahlrad». Der Verband bezweckt laut Statut die Förderung des Wettfahrsports auf der Rennbahn, und zwar durch Aufstellung einheitlicher Wettfahrbestimmungen, Unterstützung der Mitglieder durch Rat, That und Belehrung und durch Fernhalten aller ungeeigneten Elemente. Die Rennveranstalter, welche Verbandsmitglieder sind, haben für jeden im Jahre abzuhaltenden Renntag eine Kaution von 50 Mark zu hinterlegen, die zur Sicherung der eingegangenen Verpflichtungen dient. Der Verbandsvorstand, bestehend aus drei Mitgliedern und fünf Beisitzern, bildet die oberste Sportbehörde, bezw. das Schiedsgericht bei allen Differenzen zwischen den Mitgliedern selbst, sowie auch zwischen Rennveranstaltern und Rennfahrern, ohne indes in die Befugnisse des eigenen Schiedsgerichtes des Rennveranstalters auf jedem Rennplatze einzugreifen.

Deutscher Rennfahrer-Verband, gegründet 1895, Sitz in Berlin. Er zählt 151 Mitglieder, Verbandsorgan ist die «Radwelt».

Verband der Rad-Wettfahrvereine für Bahnfahren in Schleswig-Holstein, Hamburg und Lübeck, Sitz in Schleswig.

Verband der Rennbahn-Besitzer von Schleswig-Holstein, Hamburg und Lübeck, Sitz in Kiel.

# 7. Die Radfahrer-Verbände der Deutschen in Oesterreich.

Von Hans Czermak-Wien.

Die Entwicklung der Radfahrer-Vereinigungen in Deutsch-Oesterreich, besonders in ihrem ersten Teile von 1885—93, ergiebt ein keineswegs erfreuliches Bild. Auch hier kommt das alte Erbübel der deutschen Stämme, die Uneinigkeit, immer wieder und wieder zum Vorschein.

Zahlreiche und mühevolle Versuche zur Bildung eines einzigen grossen und mächtigen Bundes, der naturgemäss viel eher in der Lage wäre, die Interessen der österreichischen Radfahrer kräftig wahrzunehmen und den Sport selbst zu fördern, scheiterten an den widrigsten Verhältnissen.

Trotz der Unparteilichkeit, mit der hier das Werden und Sein der deutsch-österreichischen Radfahrer-Verbände dem Leser in kurzen Zügen vor Augen geführt werden soll, wird stellenweise schon aus der blossen Anführung leidiger Thatsachen erhellen, dass die oben erwähnte Untugend der Deutschen auf lange Zeit die wirksame Entfaltung der ruhenden Kräfte der österreichischen Radfahrerschaft behinderte.

Die Hauptstreitfrage war in Oesterreich zunächst die, ob für eine Gesamtvereinigung der Radfahrer deren Ausgestaltung als Reichs- oder Landesverband vorzunehmen wäre.

Im Jahre 1885, fast gleichzeitig mit Aufstellung der Gaue 32 «Deutschböhmen», 33 «Mähren», 34 «Nieder-Oesterreich», 35 «Salzburg-Oberösterreich», 36 «Steiermark» und 40 «Oesterr. Schlesien» des Deutschen Radfahrer-Bundes regten sich auch die Anhänger des Gedankens eines selbständigen österreichischen Radfahrer-Bundes; allein die Rivalität zweier bedeutender Wiener Vereine verhinderte das Zustandekommen eines diesbezüglichen Radfahrertages und damit auch die beabsichtigte Gründung. Immerhin war aber schon damals in mehreren Vollversammlungen der grösseren Wiener Radfahrer-Vereine die grundsätzliche Geneigtheit zu einer derartigen allgemeinen Vereinigung ausgesprochen worden.

In Steiermark dagegen, das als Geburtsstätte des deutschen Radfahrsportes in Oesterreich zu betrachten ist, ging man bald darauf, d. h. 1887 resolut an die Gründung eines selbständigen «Steierischen Radfahrer-Gauverbandes» und schuf damit den ersten Landesverband deutscher Radfahrer in Oesterreich.

1888 wurde dann in Wien der «Oesterreichisch-ungarische Radfahrer-Bund» gegründet, der aber trotz vieler Bemühungen der leitenden Männer lediglich ein Scheindasein führte.

Am 29. Juni 1889, gelegentlich des Bergmeisterschaftsfahrens am Semmering traten Sportleute zusammen und in einer Versammlung unter freiem Himmel wurde der Beschluss gefasst, dass ab 1. Jänner 1890 der «Oesterr.-ungar. Radfahrer-Bund» und der «Verband der deutschen Radfahrer Oesterreichs» resp. die österreichischen Gauverbände des

«D. R.-B.» sich zu einem neuen Bunde unter dem Titel «Bund deutscher Radfahrer Oesterreichs» vereinigen. Dieser Bund sollte auf «deutsch-nationaler Grundlage» beruhen und seinen Sitz in Wien haben.

Doch abermals wurden alle Hoffnungen auf das Zustandekommen eines allgemeinen deutsch-österreichischen Bundes enttäuscht. Der Umstand, dass der IV. Hamburger Bundestag des «D. R.-B.» den Schuldrest mit 3000 Mark vom III. Bundesfeste in Wien auf Rechnung des gesamten Bundes übernahm, hatte das Abschwenken der österreichischen Gaue des «D. R.-B.» von der geplanten Vereinigung zur Folge.

Erst am 9. April 1890 wurde thatsächlich die Gründung des «Bund deutscher Radfahrer Oesterreichs» in Wien vollzogen und das darauf folgende Bundesfest des «B. d. R. Oe.» in Graz erfüllte viele Sportkollegen mit freudigen Gefühlen und frohen Hoffnungen.

Die folgenden Bundeshaupttage des «B. d. R. Oe.» der zweite und dritte in Wien, der vierte in Brünn, der fünfte und sechste in Wien waren Beweise dafür, dass gerade diese Vereinigung, die von Anfang dazu bestimmt war, die bedeutendste in Oesterreich zu werden, thatsächlich auch die meisten Kämpfe gegen Widerwärtigkeiten aller Arten zu bestehen hatte. Die Folge davon war ein sehr mässiges Wachstum des Bundes bei wenig erspriesslicher Arbeit auf sportlichem und organisatorischem Gebiet.

Mit dem Jahre 1894 gelangt der «B. d. R. Oe.» endlich in das Gebiet gemeinnütziger Thätigkeit. Bis dahin waren schon in den meisten Provinzen der Monarchie 15 Gauverbände als Arbeitsstellen für die engeren Ländergebiete geschaffen, von denen die überwiegende Mehrzahl sowohl rasch an Mitgliedern zunahm als auch an den radsportlichen Aufgaben ihre Schaffenskraft erwies.

Der Mitgliederstand des «B. d. R. Oe.» betrug: 1891: 600; 1892: 800; 1893: 1165; 1894: 2245; 1895: 3540; 1896: 3875.

16 Gauverbände, von denen die Gaue I «Niederösterreich», Gau II «Steiermark», Gau III «Karstgau» (Krain, Istrien), Gau IV «Kärnten», Gau VII »Ober-Oesterreich», Gau VIII «Böhmen», Gau IX «Mähren», Gau X «Sudetengau», Gau XIV «Bukowina», Gau XV «Beskidengau» und Gau XVI «Siebenbürgen» selbstständige Leitungen haben, während die Gaue V «Tirol», VI «Salzburg», XI «Ungarn», XII «Bosnien und Herzegowina», XIII «Galizien» vom Bundesvorstande verwaltet werden, geben Zeugnis von frisch pulsierendem Leben und ernster Arbeit zu gunsten der gemeinsamen Sache.

Im Jahre 1896 machte sich anlässlich der Aufrichtung des Gau IV «Kärnten» die durch die allgemeinen politischen Verhältnisse bedingte antisemitische Bewegung in einschneidender Weise fühlbar. Bereits in der Hauptversammlung des Gauverbandes I «Niederösterreich» des «B. d. R. Oe.» am 13. Dezember 1896 kam es zur Spaltung und mit dem Jahre 1897 begann der «B. d. R. Oe.» auf ausgesprochen deutschvolklicher Grundlage seine neue Thätigkeit.

Obgleich numerisch ziemlich geschwächt, entwickelte der Bund unter neuer Leitung auf dem Gebiete des Interessenschutzes der Radfahrerschaft eine energische, zielbewusste und auch erfolgreiche Thätigkeit.

In kameradschaftlichem Einvernehmen mit sämtlichen anderen Verbänden wurde der niederösterreichische Radfahrertag am 7. März 1897 in das neue Rathaus zu Wien einberufen und die äusserst zahlreiche Beteiligung der Sportkollegen bewies, dass der «B. d. R. Oe.» noch immer Anhänger und Gönner genug hatte.

Der niederösterreichische Radfahrertag trug durch seinen imposanten Verlauf gewiss viel zu den bekannten Errungenschaften der bald darauf behördlicherseits eingeleiteten «Radfahrer-Enquete» bei. Die Aufhebung des Nummern- und Prüfungszwanges und der Polizeitaxe verdienen als Resultate weittragender Konsequenz bezeichnet zu werden.

Auch in den Provinzen tritt heuer der «B. d. R. Oe.» mit Entschiedenheit gegen die verschiedenen Fahrverbote von radfahrerfeindlichen Gemeindeverwaltungen auf und arbeitet unverdrossen an der Auflassung der veralteten Landesfahrordnungen für Radfahrer und an deren Ersetzung durch zweckentsprechendere Vorschriften.

In sportlicher Beziehung leistete der «B. d. R. Oe.» durch Abhaltung seiner Bundesmeisterschaften auf der Rennbahn, sowie im Strassen- und Kunstfahren, ausserdem durch den Wetttourenbewerb für seine Mitglieder in jeder Hinsicht Beachtenswertes.

Durch die Anbahnung der Gründung einer obersten Sportbehörde für Oesterreich, die von allen Verbänden und für alle Verbände als massgebend gebildet werden soll, wird hoffentlich die leidige Geldpreisfrage, die ebenso lange als unheilsvoll auf den auch in Oesterreich frisch aufblühenden Radsport gewirkt hatte, aus der Welt geschaffen werden.

Auch der Ausgestaltung des Ortsfahrwartwesens, der Aufstellung und zweckmässigen Einrichtung der Bundesgasthöfe wird die nötige Sorgfalt gewidmet. Es erhellt aus diesen Thatsachen, dass der «B. d. R. Oe.» gegenwärtig auf der richtigen Bahn ist, wenn er seinen Mitgliedern ausser den angeführten Vorteilen noch zahlreiche andere Vergünstigungen, u. a. verschiedene Preisermässigungen, billige Kartenwerke, ein gutes Touren- und Handbuch für ganz Oesterreich sowie das Gratis-Abonnement der wöchentlich erscheinenden Bundeszeitung «Radfahrsport» um den sehr minimalen Mitgliederbeitrag bietet.

Für die Weiterentwicklung des deutsch-österreichischen Radfahrsports ist wichtig, wie wir schon oben erwähnten, dass das seit 1885, als sich aus dem deutsch-österreichischen Velocipedisten-Bunde der «Deutsche Radfahrer-Bund» herausentwickelte, fünf Gauverbände des letzteren in Oesterreichs deutschen Provinzen errichtet wurden, denen sportliche Bedeutung in ihrer Anfangszeit und auch in den drei letzten Jahren gewiss zugesprochen werden muss, wenngleich dieselben mit den grossen Gauverbänden des «D. R.-B.» im deutschen Stammlande keinen Vergleich aushalten. Es sind dies: Gau 32 «Deutschböhmen», 1896 mit 143 Mitgliedern, Gau 34 «Niederösterreich», 1896 346 Mitglieder, Gau 35 «Salzburg-Oberösterreich», 1896 121 Mitglieder, Gau 36 «Steiermark», 1896 256 Mitglieder, und Gau 40 «Oesterr. Schlesien», 1896 65 Mitglieder.

Ausserdem bestehen noch drei Gauverbände des «D. R.-B.» in Oesterreich und zwar: Gau 33 «Mähren», Gau 38 «Krain» und Gau 39 «Tirol», doch kommt denselben infolge der geringen Mitgliederzahl keine wesentliche Bedeutung zu.

Der Gau 34 «Niederösterreich» des «D. R.-B.» hat besonders in den letzten zwei Jahren seines Bestandes einen erfreulichen Aufschwung genommen, was wohl das Verdienst der leitenden Männer desselben ist. Die Organisation des Gau 34 ist eine besonders stramme und der Verkehr der Mitglieder untereinander der denkbar beste. Als amtliche Zeitung dieses Gaues 34 erscheint der «Deutsch-Oesterr. Radfahrer».

Der Gau 36, «Steiermark», ist infolge eigentümlicher Verhältnisse — obwohl nominell selbständig — ganz in den «Steirischen Radfahrer-Gauverband» verlegt, weshalb wir auf denselben bei der Besprechung des letztgen. Verbandes zurückkommen werden.

Die Gaue 32 «Deutsch-Böhmen», 35 «Salzburg-Oberösterreich» und 40, «Oesterr.-Schlesien», leiden unter der Eigentümlichkeit, dass ihre Mitglieder sehr zerstreut wohnen und daher die Gaue als solche zu grösseren sportlichen Unternehmungen leider nicht geeignet sind. Trotzdem haben sich jedoch auch diese Gauverbände durch stramme Organisation des Ortsfahrwartwesens und praktische Einrichtung von Bundesgasthöfen besonders um das Wanderfahren sehr verdient gemacht.

Mit 1. Januar 1896 trat ferner das «Cartell der vier selbständigen Herrenfahrer-Verbände in Deutsch-Oesterreich» in Kraft. Dasselbe besteht aus folgenden Vereinigungen: Steirischer Radfahrer-Gauverband, Niederösterreichischer Radfahrer-Verband «Ostmark», Kärntner Radfahrer-Gauverband und Tiroler Radfahrer-Verband.

Die Ursache dieser Vereinigung der vier selbständigen Verbände lag hauptsächlich in den während der Jahre 1894 und 1895 ganz unhaltbar gewordenen Verhältnissen bezüglich der richtigen Beurteilung der Begriffe: Herrenfahrer und Geldpreisfahrer. Wir sagen ausdrücklich nicht Berufsfahrer, da sich eben hauptsächlich um die Frage, ob der Geldpreisfahrer auch zugleich Berufsfahrer sei, der Streit der Meinungen bewegte. Mit der ausgesprochenen Auffassung, dass jeder Geldpreisfahrer als Berufsfahrer gelte und dass selbst der blosse Start mit einem Geldpreisfahrer zur Verrufserklärung genüge, ist die grundsätzliche Bedeutung des «Cartells» gegeben. Das «Cartell» bezweckt durch Aufstellung gemeinsam gültiger Herrenfahrer-Bestimmungen innerhalb der vier genannten Verbände gemeingültige Normen aufzustellen. Da jedoch die Abfassung und Annahme der grundsätzlichen Rennbestimmungen erst anfangs 1897 erfolgte, so war bisher keine Gelegenheit, dieselben zu erproben. Die Selbständigkeit der vier Gauverbände in allen anderen nicht sportlich gemeinsamen Angelegenheiten wurde ausdrücklich gewahrt.

Der bedeutendste derselben ist der «Steirische Radfahrer-Gauverband». In der Hochburg der deutsch-österreichischen Radfahrerschaft, Graz, am 6. März 1887 gegründet, hatte dieser Verband das günstige Geschick, vom Beginn an stetsfort in zielbewusster und thatkräftigster Weise geleitet zu werden.

Unermüdlich wurde an der Ausgestaltung des «St. R.-G.-V.» gearbeitet. Eine genaue Anleitung für die in mehr als 80 Orten wohnhaften Ortsfahrwarte, eine musterhafte Einrichtung der an 200 zählenden Verbandsgasthöfe machen das Wanderfahren in der Steiermark um so angenehmer, als der «St. R.-G.-V.» auch der Strassenpflege seine besondere Sorgfalt zuwendet und ausserdem mit seinem bereits in zweiter Auflage erschienenen «Tourenbuch für Steiermark» (auch im Buchhandel erhältlich) seinen Mitgliedern das beste Tourenmaterial geliefert hat, was bisher auf diesem Gebiete bestand.

Auch in der inneren Organisation wird der «St. R.-G.-V.» mit grossem Geschicke verwaltet und weist im zehnten Jahre seines Bestandes bereits einen Mitgliederstand von 1530 Personen auf.

Eine Kraftprobe seines Könnens gab der «St. R.-G.-V.» im Vereine mit dem Gau 36 des »D. R.-B.» bei dem im Jahre 1895 in Graz abgehaltenen XII. Bundestage des «D. R.-B.». Das Fest wurde in seiner grossartig angelegten Fassung glänzend durchgeführt und trug viel dazu bei, dem in Graz und der Steiermark ohnehin schon so volkstümlichen Radsporte eine grosse Zahl neuer Anhänger zu gewinnen.

Der Sitz des Verbandes ist in Graz.

Zur Verlautbarung benützt derselbe von Fall zu Fall seine «Mitteilungen», ausserdem ist der in München erscheinende «Radfahr-Humor» als amtliche Zeitung des Verbandes aufgestellt.

Der Niederösterreichische Radfahrer-Verband «Ostmark» wurde 1891 von Alexander Erfurth, der ununterbrochen bis heute als I. Vorsitzender des Verbandes fungiert, im Vereine mit gleichgesinnten Sportskollegen gegründet.

Die «Ostmark» hat seit jeher ihre Hauptstärke im südlichen und südöstlichen Teile von Niederösterreich gefunden. Dadurch, dass dem Rennsport von vornherein keine grössere Beachtung zuerkannt wurde, konnte sich dieser Verband naturgemäss um so erfolgreicher dem Wanderfahren und dessen Ausgestaltung zuwenden.

Als bei der «Scheidung der Geister» anlässlich der Geldpreisfrage sich die «Ostmark» der Auffassung des reinen Herrenfahrertums zuneigte, war auch die innigere Anreihung an die übrigen selbstständigen Landesverbände gegeben, aus welcher als Schlussergebnis das «Cartell» entstand.

Das Gedeihen der «Ostmark» als Verband ging bis in die Mitte der neunziger Jahre nur sehr langsam vor sich, doch wurde auch bei diesem Verbande durch die Aufstellung von Ortsfahrwarten und guten Verbandsgasthöfen dem Wanderfahrer mancher Dienst erwiesen. Im grossen und ganzen war aber das Geleistete gering im Verhältnisse zu den ihrer Bewältigung harrenden Aufgaben.

Die verschiedenen jährlichen Hauptgautage bedeuteten aber ebensoviele Abschnitte der angebahnten Wendung zum Besseren. Bereits 1896 wurde eine grundlegende Aenderung der ganzen Verbandsgestaltung beschlossen: Das Kronland Niederösterreich zerfällt künftig in drei Gaue und zwar: Gau Wien mit dem Sitze daselbst, Westgau mit dem Sitze in Krems und Ostgau mit dem Sitze in Berndorf. Ausserdem wurden die Mitgliedsbeiträge in verschiedene Kategorien eingeteilt, da hierbei die Absicht bestand, gerade durch sehr geringe Beiträge den Beitritt zahlreichen Radfahrern des flachen Landes in die «Ostmark» zu ermöglichen

Dies scheint auch im heurigen Jahre erfreulicherweise in Erfüllung zu gehen und mit der Zeit wird es wohl auch noch möglich werden, durch entsprechende Beiträge die Geldmittel der «Ostmark» so zu stärken, dass sie sich den vielen notwendigen aber auch kostspieligen Aufgaben zuwenden kann, deren Erfüllung eben den Grundzweck einer grösseren Vereinigung bilden soll.

Der Sitz der «Ostmark» ist Wien.

Als amtliche Zeitschrift dient die von Alexander Erfurth geleitete und seit der Gründung des Verbandes bestehende «Ostmark». Dieselbe ist durch die stete Beilage des «Kärntner und des Tiroler Radsport» inhaltlich mannigfaltig und für den Wanderfahrer insbesondere sehr anregend. Das von Kurz-Mautern im Vereine mit Erfurth-Wien ausgearbeitete «Tourenbuch von Niederösterreich», welches die Mitglieder der «Ostmark» zu ermässigtem Preis beziehen können, dient infolge seines entsprechenden und reichen Inhaltes als ein sehr verlässlicher Wegweiser für Niederösterreich.

Der dritte in der Reihe der selbständigen Landesverbände ist der «Kärntner Radfahrer-Gauverband». Gleichwie die «Ostmark» 1891 gegründet, hatte der Gründer und erste Vorsitzende seit Beginn, Herr Johann W. Adler, besonders in den ersten Jahren harte und unermüdliche Arbeit zu leisten. Er wurde hierbei von einer Reihe tüchtiger Männer unterstützt und jetzt — nach beinahe siebenjährigem Bestande — zählt der «K. R.-G.-V.» beinahe 500 Mitglieder und steht gekräftigt und achtunggebietend da.

Auch in Kärnten wurde trotz der gebirgigen Eigenart des Landes gerade dem Wanderfahren besondere Pflege zugewendet. Eine musterhafte Organisation des Ortsfahrwarts- und Gasthofswesens giebt Zeugnis für die rührige Arbeit des «K. R.-G.-V.».

14

Sportlich hervorragend ist auch die im Rahmen des «Cartells» jährlich durchgeführte Fernfahrt Oberdrauburg-Unterdrauburg, welche als Teilnehmer nur Herrenfahrer zulässt und dem Sieger als Ehrenzeichen den einfachen aber edlen Eichenkranz widmet.

Ein vorzüglich zusammengestelltes, bereits in zweiter Auflage erschienenes «Tourenbuch von Kärnten» giebt jedem Radfahrer über die Weg- und Strassenverhältnisse und alles sonst Wissenswerte erschöpfende Auskunft.

Als Verbandszeitschrift wurde der «Kärntner Radsport» geschaffen, welcher als unzertrennliche Beilage der «Ostmark» erscheint und ausser den Kärntner Verbands- und Vereinsnachrichten hauptsächlich Berichte über Wanderfahrten seinen Lesern mitteilt.

Der vierte Cartellverband ist der «Tiroler Radfahrer-Verband». Im Jahre 1894 gegründet, strebt dieser jüngste Verband des Cartells eifrig seinen älteren Kameraden nach. Einen Beweis des raschen Fortschreitens des «T. R.-V.» geben die jährlichen Mitgliederzahlen seit der Gründung des Verbandes: 1894 zählte derselbe 155 Mitglieder, 1895 270, und 1896 510 Mitglieder. Der äusserst rührige und umsichtige Verbandsvorstand, an dessen Spitze Herr Heinz Bederlunger steht, sorgt unermüdlich für alle Zweige des Sportes. Durch die Innsbrucker Rennbahn wurde dem Rennbahnsport eine Pflegestätte geschaffen, darüber aber keineswegs das Strassenfahren vernachlässigt, sondern sowohl Bergmeisterfahren als auch Strassenwettfahren veranstaltet.

Das Wanderfahren ist namentlich auf eine hohe Stufe gebracht worden und zwar einesteils durch die Herausgabe eines musterhaften und gediegenen «Tourenbuches für Tirol», andernteils durch die Aufstellung zahlreicher verlässlicher Ortsfahrwarte und zweckentsprechend eingerichteter Verbandsgasthöfe. Nicht zum wenigsten trug diese Fürsorge des «T. R.-V.» dazu bei, dass so zahlreiche Radwanderer die Naturschönheiten der Tiroler Berge aufsuchen und immer gerne wiederkehren.

Der Sitz des Verbandes ist Innsbruck. — Als amtliche Zeitung dient der «Tiroler Radsport», welcher als Beilage der «Ostmark» erscheint und in ähnlicher Weise wie der «Kärntner Radsport» geleitet ist.

Auch die «Allgemeine Radfahrer-Union» besitzt in Oesterreich in den verschiedenen deutschen Provinzen Konsulate. Die grössten derselben sind in Böhmen, im Egerlande, in Tirol (Innsbruck) und in noch einigen Städten. Diese Konsulate lenken ihr Hauptaugenmerk, dem Charakter der «A. R.-U.» als deutscher Tourenbund entsprechend, auf das Wanderfahren und entwickeln auf diesem Gebiete eine anerkennenswerte Thätigkeit.

Zu Anfang des Jahres 1896, also noch vor Beginn der Spaltungen im «B. d. R. Oe.», wurde in Wien als eine Reflexerscheinung der in Wien und Niederösterreich zur Geltung kommenden politischen Strömungen der «Verband christlicher Radfahrer Niederösterreichs» gegründet. Derselbe hat als Grundbedingung der Aufnahme eines Mitgliedes die christliche Konfession gestellt. Zuerst schwerer zur Gel-

tung gelangend, zählte dieser Verein, der seit Beginn des heurigen Jahres seinen Wirkungskreis über ganz Oesterreich ausgedehnt hat, gegen Ende Mai 1897 bereits über 2000 Mitglieder, was auch vielleicht mit dem raschen Wachsen der Radfahrerschaft überhaupt zusammenhängen mag. Sportlich ist bisher der «V. chr. R. Oe.» nicht nennenswert hervorgetreten. Als Protektor fungiert Fürst Alois von und zu Liechtenstein. Der Verbandssitz ist Wien. Als amtliches Verbandsorgan dient die Samstagausgabe der dreimal wöchentlich erscheinenden «Oesterr.-Ungar. Radfahrer-Zeitung», Herausgeber Dominik Habernal, die älteste in Oesterreich erscheinende und verbreitetste Radfahrer-Zeitung (XII. Jahrgang).

Die Folge des Austrittes der liberalen und semitischen Mitglieder des «B. d. R. Oe.» war endlich die zu anfang 1897 erfolgte Gründung des «Oesterreichischen Touring-Klub». Trotz der kurzen Zeit seines Bestandes hat der «Oe. T.-Kl.» bereits Beweise seiner Rührigkeit und des besten Willens für die Gesamtinteressen der Radfahrer zu wirken, erbracht.

Bis Mitte Mai bereits einen Bestand von 1200 Mitgliedern aufweisend, hat der «Oe. T.-Kl.» besonders der Aufstellung zahlreicher, guter und sehr zweckmässigerweise mit kleinen Reparaturgelegenheiten ausgestatteter Verbandsgasthöfe seine besondere Aufmerksamkeit zugewendet. Bei der kurzen Dauer seines Bestandes kann man noch keine grossen Erfolge verlangen, schreitet der «Oe. T.-Kl.» jedoch auf der von ihm bisher eingehaltenen Bahn der ruhigen und unermüdlichen Arbeit für die Ausgestaltung des Wanderfahrens fort, dann hat er den schönsten Beweis für die Notwendigkeit seines Bestehens erbracht.

Der Verbandssitz ist in Wien.

Als offizielles Organ des «Oe. T.-Kl.» wurde das «Centralblatt für Radsport und Athletik» gewählt, das unter der bewährten und sportlich tüchtigen Leitung Balduin Groller's sich unter den österreichischen Radsport-Fachblättern bald einen Platz in erster Reihe zu erringen wusste. Nun wendet das «Centralblatt f. R. u. A.» auch dem Tourenfahren seine besondere Aufmerksamkeit zu und giebt durch die Beilage von Bezirks-Tourenkarten für Radfahrer den Mitgliedern des «Oe. T.-Kl.» auf einzelne Strecken wichtige und nützliche Behelfe in die Hand.

Von deutschen Radfahrer-Verbänden bestehen noch zwei Kreisverbände in Böhmen, und zwar:

Der «Verband deutscher Radfahrer Nordböhmens», der anfangs 1896 in Bodenbach gegründet wurde und im gleichen Jahre einen Mitgliederstand von 428 Mann erreichte. Leider konnte derselbe eine umfassende Thätigkeit nicht entwickeln, da dieselbe durch Meinungsverschiedenheiten unter den Gründungsvereinen sehr beeinflusst wurde. Erst im heurigen Jahre fasste die Mehrheit klarstellende Beschlüsse, die den Sitz des Verbandes nach Nordböhmen verlegten. Als Verbandszeitung wurde der in München erscheinende «Radfahr-Humor» aufgestellt.

Weiters besteht in Südböhmen der «Bund deutscher Radfahrer im Böhmerwald». 1895 gegründet, führt dieser Verband thatsächlich nur ein Traumleben, da nicht einmal die als amtliche Zeitung bestellte «Oesterr.-ungar. Radfahrer-Zeitung» während des ganzen Jahres auch nur einen Bericht über irgend eine Verbandsthätigkeit veröffentlichen konnte.

Schliesslich hat sich in Brünn am 25. April 1897 der «Verband deutscher Radfahrer Mährens» gegründet. Sowohl die Gründer als auch die Mitglieder des jungen Verbandes ergänzen sich vorläufig hauptsächlich aus den drei grössten liberalen Brünner Radfahrer-Vereinen.

Dieser Verband will seine Thätigkeit für den Radsport und dessen Interessen über ganz Mähren erstrecken, doch gilt als einer der Hauptpunkte seines gegenwärtigen Strebens die Schaffung einer grossen Sporthalle in Brünn, die auch als grosses Wintervelodrom gedacht ist.

Zum Verbandsorgan wurde die seit Mai d. J. erscheinende «Mährische Radfahrer-Zeitung» aufgestellt.

Zum Schlusse noch einige kleine statistische Notizen, die mit Beginn des laufenden Jahres aufgenommen wurden und nach den authentischen Quellen des «Oesterr.-Ungar. Radfahrer-Compass» zusammengestellt wurden.

I. Mitgliederstand der Radfahrer-Verbände in Deutsch-Oesterreich Ende 1896:

Bund deutscher Radfahrer-Vereine in Oesterreich 3875 Mitgl.,
Steirischer Radfahrer-Gauverband . 1530 „
Niederösterr. Radfahrer-Verband . 1730 „
_____
Uebertrag 7135 Mitgl.

Uebertrag 7135 Mitgl.
Kärntner Radfahrer-Gauverband . 435 „
Tiroler Radfahrer-Verband . . . 510 „
Verband christl. Radfahrer Oesterr. 800 „
Die österr. Gaue des «Deutschen
Radfahrer-Bundes» . . . 971 „
_____
Zusammen 9851 Mitgl.

II. Zahl der Deutschen Radfahrer-Vereine in Oesterreich nach Kronländern:

Böhmen 169, Bukowina 2, Istrien 4, Kärnten 27, Krain 6, Mähren 56, Niederösterreich 340, Oberösterreich 22, Salzburg 4, Schlesien 14, Steiermark 82, Tirol 34, Vorarlberg 5; zusammen also 765 Radfahrer-Vereine.

III. Zahl der Deutschen Radfahrer-Vereine in den verschiedenen Kronlands-Hauptstädten:

Prag 6, Czernowitz 2, Görz 2, Klagenfurt 7, Laibach 2, Brünn 5, Wien 206, Linz 4, Salzburg 3, Troppau 2, Graz 24, Innsbruck 7, Triest 2, Bregenz 1 Verein.

Damit glauben wir dem Leser ein ziemlich erschöpfendes Bild des Werdens und des Seins der deutsch-österreichischen Radfahrer-Vereinigungen gegeben zu haben. An den Erfahrungen anderer lässt sich bekanntlich leichter lernen und manches vermeiden, was der Entwicklung der eigenen Schöpfung oft hinderlich wird. Sollte dies auch auf Grund dieser Darstellung der österreichischen Landesverhältnisse zutreffen, dann wäre der Sache des Radsports selbst ein Dienst erwiesen, dessen wir uns herzlichst freuen dürften.

All Heil!

## 8. Die schweizerischen Verbände.

Da es uns trotz mehrfacher Bemühungen nicht möglich gewesen ist, von den Vorständen der schweizerischen Verbände eigene Angaben über die Organisation zu erhalten, so müssen wir uns auf die Wiedergabe dessen beschränken, was in dem «Schweizer Radfahrer-Taschen-Kalender 1897» darüber mitgeteilt wird. Hiernach sind von den schweizerischen Vereinen 48 in zwei Verbänden inkorporiert, deren grösserer, der

Schweizerische Velocipedisten-Bund,

38 Vereine umfasst und seinen Sitz augenblicklich in Zürich hat, während der

Ostschweizerische Radfahrerbund 10 Vereine zählt und von St. Gallen aus geleitet wird.

## 9. Die ausserdeutschen radtouristischen Verbände.

### Von August Geisser-Regensburg.

In kleineren Verhältnissen mag die Pflege des Sportes und diejenige des Tourenfahrens wohl in den nämlichen Händen gedeihlich ruhen; ganz anders aber wird das in den grossen Verhältnissen, wie sie heute in fast allen sportlich überhaupt in Betracht kommenden Ländern gegeben sind, sein müssen. Hier ist die Arbeitsteilung Voraussetzung einer tüchtigen Führung des einen und des anderen Zweiges des Radfahrsportes.

In mehreren Ländern nahm die Pflege des reinen Sportes die Thatkraft des bestehenden Landesverbandes in dem Masse in Anspruch, dass für das Tourenfahren, dem die ungeheure Anzahl der Sportanhänger allein Interesse entgegenbrachte, weder Zeit noch Arbeitskraft noch Geld übrig blieb.

Derartige Zustände mussten die Tourenfahrer zur Gründung von Verbänden treiben, in denen sie ihre Interessen ausgiebig zu pflegen vermögen. Diese Verbände wurden Touring-Klubs genannt und heute bestehen schon eine ganze Reihe tüchtig geleiteter, mächtiger und segensreich wirkender Touring-Klubs.

Das Arbeitsprogramm der Touring-Klubs ist ihnen allen ziemlich gemeinsam: es umfasst vor allem die Herbeiführung angenehmer Verhältnisse für den Rad-

14*

reisenden vor der Tour und auf derselben: so die Erreichung guter Tarife in Gasthöfen, die Erleichterung der Grenzschwierigkeiten, die Regelung des Auskunftsdienstes, das Versicherungswesen, die Beschaffung von litterarischen Hilfsmitteln für den Wanderfahrer an Karten, Profilen, Tourenbüchern, die Bezeichnung von unfahrbaren Bergen durch Anbringung von Warnungstafeln, die Verbesserung der Strassen selbst und des Verkehrs auf denselben, wie z. B. die Durchbringung von Gesetzen, dass jedes Fuhrwerk bei Nacht beleuchtet sein muss, die Stellungnahme gegen bedrückende und ungleichartige ortspolizeiliche Vorschriften für den Fahrradverkehr, die Schaffung eines ausgiebigen Rechtsschutzes für die Mitglieder, die Niederlegung von Verband- und Werkzeugkästen an passenden Orten, in welcher Beziehung Italien in den Alpen und auf den Apeninnenstrassen Grossartiges geleistet hat, die Herausgabe von wertvollen Zeitschriften, Jahrbüchern und noch vieles andere, was alles ein ausserordentlich reiches Arbeitsfeld darstellt. Die Arbeiten eines wirklichen Touring-Klubs erfordern ohne Zweifel sehr viel mehr Kenntnisse, Geduld, Umsicht und auch Geld, wie andere Zweige des Sportes.

Der älteste dieser Touring-Klubs ist der englische Cyclists' Touring-Club, der seit 1878 besteht; seine Mitgliederzahl betrug Ende 1895 16,343 und 1896 34,655; der Sitz des C. T.-C. ist London, 47 Victoriastreet, Westminster, SW., der Schriftführer (Leiter des ganzen Klubs) heisst E. R. Shipton. Der Klub giebt eine Monthly-Gazette heraus, die jetzt beim 19. Band steht. Der Jahresbeitrag ist 5 Mark und es giebt über ihn Auskunft Herr Treuter, Leipzig, Kolonnadenstrasse, welcher Vertreter (Chief-Consul) des C. T.-C. für Deutschland ist.

Frankreich hat seinen Touring-Club de France. Gegründet mit 1. Januar 1890 in Paris, 5 rue Coq Héron, brachte es der T.-C. F. in den ersten drei Jahren seines Bestehens nur auf rund 3000 Mitglieder; von da an aber steigt seine Mitgliederzahl ins Riesige, in Europa noch nicht Dagewesene. 1894 betrug die Zahl 8024, 1895 24,923 und 1896 37,000, um am 1. März 1897 die «ersten 50,000» zu überschreiten. Der Kassavoranschlag für 1897 beläuft sich auf eine halbe Million Franken. Es sind beim T.-C. F. eine Masse fürstlicher Persönlichkeiten als Ehrenmitglieder und der Präsident der Republik ist Ehrenvorsitzender. Geschäftsleiter ist Abel Ballif, der seine Kraft ausschliesslich dem T.-C. F. widmet. Der T.-C. F. hat auch die Pflege des Automobilismus in sein Programm aufgenommen. Die «Revue Mensuelle» ist eine sehr lesenswerte Zeitschrift. Jahresbeitrag 6 Frs. (eingeschlossen 1 Fr. für postfreie Zusendung der Monatsschrift). Vertreter des Touring-Club de France für Deutschland ist August Geisser-Regensburg.

Anfang November 1894 wurde in Mailand der Touring-Club Ciclistico Italiano gegründet, an dessen Spitze Cav. Federico Johnson steht, und welcher am 1. März 1897 bereits seine Zahl von 8000 Mitgliedern überschritten hat. Der Gesellschaftssitz ist 2 via Giulini; der Jahresbeitrag ist 5 Lire, Eintrittsgeld 2 Lire. Bestand vor Gründung des T.-C. C. I. für Italien so viel wie nichts an radtourist.-litterarischen Hilfsmitteln, so steht jetzt bereits der T.-C. C. I. als einer der leistungsfähigsten unter seinen Brüdern da, seine Tourenbücher und Profile bilden schon eine stattliche Reihe; auch sonst ist der T.-C. C. I. staunenswert rührig. Die Monatsschrift heisst: «Rivista Mensile.» Vertreter des T.-C. C. I. für Deutschland ist August Geisser-Regensburg.

Der Touring-Club Belge wurde im Jahre 1895 gegründet; sein jetziger Präsident ist Herr Beirlaen. Ende 1895 betrug der Mitgliederstand 5000 und 1. März 1897 bereits 14,000; der Gesellschaftssitz ist 11 rue des Vanniers in Brüssel. Der T.-C. B. hat eine reiche Menge von Itinéraires und eine vorzügliche Karte herausgegeben; seine Monatsschrift heisst Bulletin Officiel. Der Jahresbeitrag ist 3 Frs. 50 C. und giebt Auskünfte der Vertreter des T.-C. B. für Deutschland, August Geisser-Regensburg.

Am 1. September 1896 wurde in Genf der Touring-Club Suisse gegründet. Vorsitzender ist der Advokat Frédéric Raisin, Genf, und Schriftführer Herr Henri Kündig, 10 Corraterie, Genf. Die Mitgliederzahl hat das erste Tausend schon überschritten und ist dem zeitgemässen, gut geleiteten T.-C. S. aller Erfolg vorauszusagen. Die «Revue du Touring-Club de Suisse» erscheint monatlich und ist ein durchaus würdiges Organ. Der Jahresbeitrag beläuft sich auf 6 Frs.

Sozusagen ein Neugeborener ist der Touring-Club Luxembourgeois, dessen Sitz Luxemburg, Waffenplatz 10, ist; der T.-C. L. entwickelt sich kräftigst.

Auch in Russland, mit dem Sitze in Petersburg, wurde 1897 ein Touring-Club gegründet.

Was die hier aufgeführten ausserdeutschen Touring-Klubs auch für uns deutsche Radfahrer ganz bedeutend an Wert gewinnen lässt, ist in dem Bestreben zu erblicken, diese ausschliesslich radtouristischen Verbände untereinander und auch mit Deutschland in Verbindung zu setzen, so dass Gegenseitigkeitsverträge zwischen einer Reihe dieser Touring-Klubs abgeschlossen wurden.

Der Inhalt dieser Verträge betrifft hauptsächlich das Zugeständnis, dass Mitglieder der jenseitigen Touring-Klubs auf deutschem Gebiete alle diejenigen Vorteile geniessen, wie sie den eigenen Mitgliedern erwirkt wurden und dass die Mitglieder der verbündeten Touring-Klubs in allem wie eigene Mitglieder aufgenommen werden, ebenso werden auch die litterarischen Hilfsmittel zum Selbstkostenpreis bezw. mit 50 Prozent Ermässigung des Verkaufspreises gegenseitig zur Verfügung gestellt.

Solche Gegenseitigkeitsverträge sind bis jetzt zwischen den französischen, belgischen und italienischen Touring-Klubs, sowie zwischen der Allgemeinen Radfahrer-Union als dem deutschen Touring-Klub und den italienischen, belgischen, luxemburgischen und schweizerischen Touring-Klubs abgeschlossen worden.

# XIV. Die Fahrradindustrie und die zugewandten Geschäftszweige in den Ländern deutscher Zunge.

Von

*Ingenieur R. Ritter von Paller — München.*

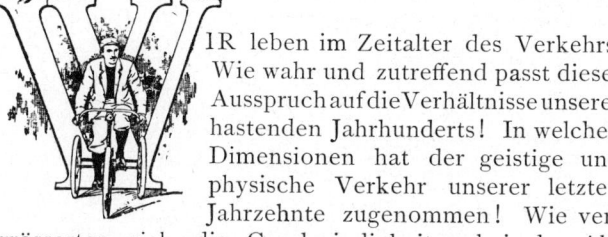

IR leben im Zeitalter des Verkehrs. Wie wahr und zutreffend passt dieser Ausspruch auf die Verhältnisse unseres hastenden Jahrhunderts! In welchen Dimensionen hat der geistige und physische Verkehr unserer letzten Jahrzehnte zugenommen! Wie vergrösserten sich die Geschwindigkeiten bei der Abwicklung desselben! Wenige Minuten genügen, um unsere Wünsche und Gedanken von einem Erdteil zum anderen zu übermitteln, mit Hilfe des Telegraphs. Unsere Stimme, in ihrer Klangfarbe genau erkenntlich, können wir fast momentan Hunderte von Kilometer deutlich vernehmbar übertragen, mittelst des Telephons. Wir selbst vertrauen uns den schwimmenden Hotels, den Ozeandampfern, an und erreichen in wenigen Wochen das Meer durchquerend unsere Antipoden. Oder wir besteigen in unserem Heimatlande bei frostigem Nebel des Abends den Schlafwagen eines Expresszuges und erwachen den nächsten Morgen unter der lachenden Sonne Italiens, nachdem uns das pustende Dampfross über Nacht 700 Kilometer weit südwärts gebracht hat.

Alle diese Kommunikationsmittel beruhen auf der Ausnützung geheimnisvoller Naturkräfte, der Anwendung von Elektricität, dem Gebrauch der Dampfkraft.

Im letzten Jahrzehnte hat sich jedoch ein bescheidenes Ding, mit Hilfe dessen sich der Mensch durch seine eigene Muskelkraft allein vorwärts bewegen kann, zum Weltverkehrsmittel emporgeschwungen, es ist dies unser gummibereiftes, auf Kugeln laufendes Fahrrad.

Vor 50 Jahren brauchte der Schnelläufer mehr als eine Woche, um von Wien nach Berlin zu marschieren. Heute legt der Distanzfahrer diese Strecke in 30 Stunden zurück. Selbst vor 10 Jahren dachte noch niemand daran, dass ein Rennfahrer mehr als 50 Kilometer in einer Stunde leisten werde. Heute gehört es zu keiner Seltenheit mehr, dass ein geübter Fahrer mit einem Personenzuge mehrere Stationen weit in gleichem Tempo fährt.

Mit der fortschreitenden Verbesserung und erhöhten Leistungsfähigkeit hat sich das Fahrrad in immer weiteren Volkskreisen eingebürgert. Im Jahre 1880 gab es kaum etliche Tausend Radfahrer, heutzutage zählt man deren mehrere Millionen. Das Fahrrad, das vorerst nur ein Sportsartikel war, ist zu einem der wichtigsten und volkstümlichsten Verkehrsmittel geworden. Seine Verbreitung nimmt in stets steigendem Masse zu und wenn es auch voraussichtlich noch technische Umwandlungen mitzumachen hat, so wird es doch seine einmal errungene Stellung im Weltverkehre behaupten. James Starley, der Gründer der englischen Fahrradindustrie, prophezeite auf seinem Totenbette: „So lange die Menschheit Arme und Beine rühren kann, hört das Radfahren nicht auf!"

Der Verbrauch an Fahrrädern wächst von Jahr zu Jahr ganz bedeutend. Mit ihm Hand in Hand geht das Emporblühen der Fahrradindustrie. Die Gesamtproduktion von Fahrrädern auf dem Weltmarkte dürfte diese Saison (d. i. Oktober 1896 bis Oktober 1897) fast 2 Millionen Stück betragen. An der Spitze stehen die Vereinigten Staaten Nordamerikas mit einer Produktionsziffer von ca. 900,000 Stück. Den nächsten Platz erreicht Grossbritannien mit rund 500,000 Stück jährlich. An dritter Stelle steht Deutschland, welches in dieser Saison über 350,000 Stück Fahrräder produziert. Frankreich dürfte 90,000 Stück, Oesterreich-Ungarn 60,000 Stück herstellen. Belgien, Holland, Schweiz, Italien, Russland, Norwegen und Schweden sind mit geringeren Produktionsziffern interessiert. Von anderen Kontinenten wären die britischen Kolonien und vor allen Japan an der Fahrradfabrikation teilnehmend zu nennen. Zur Fabrikation dieser 2 Millionen Fahrräder werden 11,000 km Stahlrohr, 300 Millionen Stahlkugeln und, wenn man die Pneumatikschläuche der Länge nach messen wollte, 8000 km von solchen benötigt. Die Fahrradindustrie mit der Erzeugung des Rohmateriales und des Fahrradzubehöres, mit ihren stammverwandten und durch sie selbst bedingten Nebenindustrien beschäftigt auf allen Erdteilen zusammen sicherlich $\frac{1}{2}$ Million Menschen, viele tausende von Pferdekräften und Hilfsmaschinen. Das Gesamt-Betriebskapital auch nur annähernd zu konstatieren, wäre ein Ding der Unmöglichkeit.

Die Geburtsstätte der Fahrradindustrie liegt in England. Coventry brachte die ersten Fahrräder aus Weldlessstahlrohr mit Gummireifen und Kugellagern ausgestattet zur Welt, Birmingham hingegen war jahrelang für die Erzeugung von Fahrradrohmaterial und Zubehör tonangebend.

Ganz selbstredend gab England für Deutschland für die Fahrradfabrikation den Lehrmeister ab. Doch ist die deutsche Fahrradindustrie älter als die amerikanische und französische. Schon in der zweiten Hälfte der 70er Jahre fand ein Import von englischen Fahrrädern nach Deutschland statt. Damals hatten unsere Maschinenbauer und Mechaniker noch so wenig Interesse oder Verständnis für das Hoch- und Dreirad, dass fast alle schwierigen Reparaturen nach England gesandt werden mussten. Nach und nach gelang es mit dem kaufmännisch richtigen Vertrieb von Fahrrädern auch Reparaturwerkstätten zu schaffen. Aus einer solchen entstand im Jahre 1879 in Düsseldorf die erste deutsche Fahrradfabrik unter der Firma Dissel & Proll. Freilich wurden hier im Anfange nur halbfertige Fahrradteile von England bezogen und zusammengesetzt. Die ersten Kugellager dürften in Deutschland kaum vor 1880 erzeugt worden sein. Um dieselbe Zeit versuchte sich in Norddeutschland wohl ab und zu ein Mechaniker in der Fertigstellung einzelner Hochräder. Im Jahre 1882 begannen die Brüder Franz Xaver und Eduard Pirzer in Ansbach mit der Fahrradfabrikation und erhielten noch im gleichen Jahre auf der Nürnberger Ausstellung die höchste Auszeichnung für ihre Erzeugnisse. Im nächsten Jahre übersiedelten dieselben nach Nürnberg und vereinigten sich mit der Herdfabrik von Gebr. Goldschmidt in Neumarkt i. d. O. unter der Firma Goldschmidt & Pirzer. Auch in München nahm damals der Mechaniker J. Walch die Herstellung von Hochrädern in die Hand und erfreute sich bald eines vorzüglichen Rufes. Dies waren die ersten Pioniere der deutschen Fahrradindustrie. Zur nämlichen Zeit wurden das D. H. F.- (Double hollow forks, d. h. doppelt hohle Vordergabeln) Hochrad von Hilman, Herbert & Cooper, das Rudge-Hochrad und die Dreiräder der Coventry Machinist Co. und Starley Brothers als besonders begehrenswert nachgeahmt

Die älteste deutsche Fabrik in Düsseldorf ging Mitte der 80er Jahre ein. Goldschmidt & Pirzer trennten sich 1888; erstere fabrizierten unter Gebr. Goldschmidt in Neumarkt i. O., letztere unter Gebr. Pirzer in München weiter. J. Walch gab die Fahrradfabrikation vor 1890 auf. Unterdessen entstand 1885 unter der Firma Winkelhofer & Jaenicke in Chemnitz eine neue Fahrradfabrik. Auch der Import englischer Maschinen nahm rapid zu. Mit der Einfuhr dieser Marken ist der Name Heinrich Kleyer innig verbunden; derselbe hatte als Kaufmann den wahren Wert und die Zukunft des Fahrrades richtig erfasst und sich rechtzeitig die Generalvertretung der besten englischen Fabrikate für Deutschland gesichert. Durch ihn wurde Frankfurt a./M. frühzeitig ein Hort des Bicyclesportes und gar bald tonangebend für Sportsangelegenheiten in ganz Deutschland.

Fast gleichzeitig, als Heinr. Kleyer in Frankfurt a. M. sich mit dem Gedanken umtrug, nebst der Vertretung der englischen Fahrradfabriken selbst Fahrräder zu erzeugen, wurden in den grössten deutschen Nähmaschinenfabriken die ersten Versuche, Fahrräder zu fabrizieren, gemacht. In den Jahren 1886 und 1887 nahmen der Reihe nach die Firmen Dürkopp & Co. in Bielefeld, Seidel & Naumann in Dresden, Adam Opel in Rüsselsheim a/Rh., Gebr. Kayser in Kaiserslautern und W. Stutznäcker in Dortmund die Fahrradfabrikation in die Hand. Kaum viel später entstanden die Fahrradfabriken von Frankenburger & Ottenstein, Karl Marschütz & Co. in Nürnberg, der Neckarsulmer Strickmaschinenfabrik und der Eisenwerke Gaggenau, W. H. Schladitz, F. Trinks, Kretzschmar & Co. und Schlick & Hinkelmann in Dresden, Hilman, Herbert & Cooper in Doos bei Nürnberg. In Berlin begannen Haase & Stamm, J. Mehlich, ferner in Brandenburg a. d. H. Deutschlands grösste Kinderwagenfabrik, die Firma Gebr. Reichstein, nachdem dieselben schon in den 70er Jahren hölzerne Fahrräder bauten, mit der Erzeugung von Fahrrädern. Fast jede dieser Fabriken versuchte sich zuerst in Hochrädern, ging aber schliesslich zum sichereren Niederrade über. Als im Jahre 1889 die erste Fahrradausstellung im Krystallpalaste zu Leipzig stattfand, waren zwar wieder einzelne neue Fahrradfabriken entstanden, die sich auch an der Ausstellung beteiligten, doch musste der unbefangene Beobachter zugestehen, dass damals sowohl in Qualität als auch in Quantität die englischen Maschinen den deutschen noch weit überlegen waren. Auf der im nächsten Jahre folgenden zweiten Fahrradausstellung in Leipzig hatte sich das Verhältnis schon wesentlich verändert. Nicht nur, dass mehr deutsche als englische Maschinen ausgestellt waren, es fanden sich hier bereits einzelne Fabrikate, die sich den englischen ebenbürtig zeigten. Bei alledem muss besonders darauf hingewiesen werden, dass bei dieser Ausstellung der inzwischen gegründete Fahrradfabrikantenverein sich offiziell nicht beteiligte, sondern nur indirekt durch seine Vertreter ausstellen liess.

Um das Jahr 1890 hatte das Niederrad bereits die unumschränkte Alleinherrschaft errungen. Der Kreuzrahmen war dem Halbdiamond und Humberrahmen gewichen. Statt des schmalen und harten Vollreifens wurde der breitere und elastische Kissenreifen eingeführt. Fast schien es, als wollte nun eine Stockung im Absatze der Fahrräder eintreten, da lenkte der Pneumatikreifen durch seine Leistungen auf der Rennbahn die ganze Aufmerksamkeit der Fahrradfabrikanten und Sportsleute auf sich. Binnen kurzem wurde dieser Hohlreifen auch auf Strassenrädern gebraucht, fand ungemein rasch die grösste Verbreitung und brachte in die Fahrradfabrikation einen gewaltigen Umschwung. Eine Maschine mit Pneumatikreifen lief schneller und geräuschloser, vor allem aber fuhr sich dieselbe sicherer und angenehmer, ohne fühlbare Erschütterung. Die Fahrrad- und Gummireifenfabrikation nahm durch die Einführung der Pneumatiks einen ungeahnten Aufschwung.

Beide Industrien könnten ohne den Letzteren in ihrem heutigen Bestande gar nicht existieren.

In den Jahren 1890 bis 1894 entstanden noch folgende neue Fahrradfabriken: Die Allrightfahrradwerke von G. Sorge & Co. in Köln, die Falkefahrradwerke in M.-Gladbach, Hoyer & Glan tn Schönebeck a. d E., Salzer & Co. in Chemnitz, Gebr. Nevoigt in Chemnitz-Reichenbrand u. a.

Mit 1894 beginnt für die deutsche Fahrradindustrie eine neue Aera durch die Gründung zahlreicher Aktiengesellschaften. Zunächst wurden die Adlerfahrradwerke von Heinrich Kleyer in eine Aktiengesellschaft umgewandelt. In den nächsten Jahren entstand aus der Firma Winkelhofer & Jaenicke

in Mannheim, die Citofahrradwerke in Köln, die Braunschweiger Fahrradwerke A.-G. in Braunschweig, die Alliancefahrradwerke in Magdeburg, die Pantherfahrradwerke in Magdeburg, die Süderlandfahrradwerke in Mühlenrahmede, deutsche Fahrradfabrik «Sturmvogel» in Berlin-Halensee.

Ferners nahmen im Vorjahre noch nachfolgende Betriebe die Herstellung von Fahrrädern mit auf: die Nähmaschinen-Fabriken Maschinenfabrik - Aktiengesellschaft vorm. Gritzner in Durlach, Gebr. Nothmann A.-G. in Berlin, Frister & Rossmann A.-G. in Berlin durch Erwerbung der Danziger Fahrradwerke, die Nähmaschinenfabrik und Eisengiesserei A.-G. vorm. H. Koch & Co. in Bielefeld, die Gussstahlfabrik A. Hartung in Berlin, die Maschinenfabrik Aktiengesellschaft G. A. Kroll & Co. in Hannover als Albatros-

Arbeitssaal der Pneumatik-Abteilung der Sächsisch-Böhmischen Gummiwarenfabrik A.-G. in Dresden-Löbtau.

ın Chemnitz die Wandererfahrradwerke-Aktiengesellschaft, aus Frankenburger & Ottenstein in Nürnberg die Victoriafahrradwerke, aus H. W. Schladitz in Dresden die Aktiengesellschaft Fahrrad- und Maschinenfabrik, aus Hengstenberg & Co. in Bielefeld die Bielefelder Nähmaschinen- und Fahrradfabrik-Aktiengesellschaft. Auch die Nürnberger Velocipedfabrik Carl Marschütz & Co. und die Fahrradfabrik von Gebr. Goldschmidt in Neumarkt i. d. Oberpfalz wurden in Aktiengesellschaften umgewandelt.

Im Jahre 1895 und 1896 wurden zahlreiche neue Fahrradfabriken gegründet: die Deutschen Triumphfahrradwerke Aktiengesellschaft in Nürnberg, die Siriusfahrradwerke in Nürnberg, die Hessfahrradwerke in Mannheim, Cyclopfahrradwerke in Mannheim, die Superbefahrradwerke in Mannheim, Draisfahrradwerke

fahrradwerk, Mövefahrradwerk in Mühlhausen und andere.

Bereits mehr als hundert Fahrradfabriken, welche mit Kraftbetrieb arbeiten und eine Mindestproduktion von 1000 Stück haben, existieren heute in Deutschland. Trotzdem entstehen immer noch neue Firmen.

Die Fahrradfabriken Deutschlands lassen sich nach zwei Gesichtspunkten klassifizieren. Erstens in Fabriken, welche nur Fahrräder erzeugen und zweitens in Fabriken, welche sich mit der Herstellung eines oder mehrerer Nebenartikel befassen. Dann aber auch in Fabriken, welche auf dem Lande und in Fabriken, welche in den Städten ihren Sitz haben. Die Fabriken, welche nur Fahrräder allein erzeugen, stehen bei einer Arbeiterzahl von ca. 50 Mann meist unter der Rentabilitätsgrenze, d. h. dieselben können ihre Existenz nur durch Detailverkauf fristen. Die gleiche Gattung von Fahrradfabriken mit über 300 Arbeitern gelten in Deutschland fast ausnahmslos für Betriebe von technisch höchster Vollkommenheit und bester Rentabilität in kaufmännischer Beziehung.

Von den Fahrradfabriken, welche einen Nebenartikel erzeugen, kommen in erster Linie die Nähmaschinenfabriken, dann Fabriken von Maschinen und Massenartikeln der Eisen- oder Metallbranche, seltener Hüttenwerke in Betracht. Die meisten Nähmaschinenfabriken besitzen in der Fahrraderzeugung einen angeborenen Fehler. Sie geben ihren Fahrrädern nur zu häufig jene nähmaschinenartigen Verzierungen mit Goldfiguren, Schnörkeln und Linien, welche der Maschine zwar von Anfang für manches Näherinnenauge ein hübsches Aussehen verleihen und wohl auch bei der Landbevölkerung eine gewisse Zugkraft haben mögen, aber niemals dieselbe Dauerhaftigkeit aufweisen, wie die tiefschwarze Emaillierung allein.

Dem Betriebskapitale und der Arbeiterzahl nach bildet diese Klasse von Fabriken jedenfalls das Gros der deutschen Firmen.

Die Fabriken auf dem Lande und die in Städten unterscheiden sich wesentlich durch ihre Arbeiter und das Beamtenpersonal. Erstere besitzen einen gesunden, wenig wechselnden, soliden Arbeiterstamm, der sich aus der Landbevölkerung der Umgebung dieser Fabriken rekrutiert. Obwohl solche Arbeiter oft stundenweit bis zur Fabrik eilen müssen, so sind sie doch an dieselbe gebunden, da sie Grund und Boden in der Nähe derselben besitzen, welchen sie nicht ohne weiteres preisgeben können. Ein solches Arbeiterpersonal ist zweifelsohne billiger und verlässlicher, als jenes in den Grossstädten. Auch die kaufmännischen und technischen Beamten dieser Fabriken sind sehr anspruchslos, da dieselben zumeist als Lehrlinge mit ihren Firmen aufgewachsen und gross geworden sind.

Ganz anders verhält es sich bei den Fahrradfabriken in den Grossstädten, deren Arbeiter ausnahmslos gelernte Professionisten sind, die jedoch bedeutend höhere Lohnansprüche stellen, als die ländlichen Arbeiter, politisch nie so unverdorben sind, wie letztere, und auch häufiger ihre Arbeitsplätze wechseln. Die Fahrradfabriken dieser Städte besitzen daher unverhältnismässig höhere Regiekosten und wenn sie auch stellenweise den Fabriken auf dem Lande bezüglich der Qualität ihrer Erzeugnisse voranstehen, so bleiben letztere durch ihre billigeren Produktions- und Regieverhältnisse doch stets bedeutend leistungsfähiger.

Durch die Zunahme der Fabriken ergab sich natürlich auch eine Steigerung der Produktion. Nachstehende Tabelle veranschaulicht Deutschlands ungefähre Fahrräderproduktion vom Jahre 1882 ab:

| Jahr | | Stück |
|------|------|---------|
| 1882 | Stück | 2 500 |
| 1885 | ,, | 5 000 |
| 1888 | ,, | 20 000 |
| 1891 | ,, | 55 000 |
| 1894 | ,, | 120 000 |
| 1897 | ,, | 350 000 |

Nimmt man an, dass im Durchschnitt je 50 Mann im Jahre 1000 Stück Fahrräder erzeugen können, für eine Fabrik mit 50 Arbeitern eine Dampfmaschine von 25 Pferdekräften benötigt wird und für ein Fahrrad der Durchschnittspreis von Mk. 250 erzielt wird, so wären zur diesjährigen Produktionsziffer von 350,000 Stück Fahrrädern ohne Rücksicht auf die Zugehörfabrikation 15,000 Arbeiter, 7500 Pferdekräfte notwendig und es repräsentiert diese Produktion einen Verkaufswert von Mk. 75'000,000.

Der Einfuhrzoll auf fertige Fahrräder nach Deutschland beträgt Mk. 24 per 100 Kilo. Für ein 15 Kilo schweres Fahrrad würde man also nur Mk. 3.60 Zoll zahlen. Dass bei diesem geringen Einfuhrzolle der Import fremder Marken seit dem Bestehen des Radfahrsportes sehr lebhaft stattfand, ist begreiflich. Am stärksten war stets England an der Einfuhr beteiligt. Seit zwei Jahren bemüht sich besonders Nordamerika, in Deutschland ein Absatzgebiet zu finden. Der Import französischer Maschinen ist verhältnismässig gering, dagegen wächst derselbe von österreichischen Fabrikaten rapid. Die Fahrräder und Fahrradzubehörartikel wurden bei der Einfuhrstatistik bis Ende 1896 je nach der Beschaffenheit des Materiales unter Eisenwaren, Holz- oder Sattlerwaren mit eingereiht und mit anderen ähnlichen Waren gemeinschaftlich nachgewiesen. Erst seit Beginn dieses Jahres existieren gesonderte Aufzeichnungen. Nach den uns vom kaiserlich statistischen Amte in Berlin zur Verfügung gestellten Daten waren die Einfuhr- und Ausfuhrverhältnisse im ersten Quartale 1897 folgende:

Fahrräder { Einfuhr 3707 Stück
{ Ausfuhr 3582 ,,

Fahrradbestandteile { Einfuhr 952 Meterzentner
und Zubehör { Ausfuhr 892 ,,

Die Thatsache, dass die Einfuhr von Fahrrädern die Ausfuhr überschreitet, ist wohl der sicherste Beweis, dass in Deutschland noch lange keine Ueberproduktion existiert. Weiters darf man den erfreulichen Fortschritt der deutschen Fahrradzubehörindustrie konstatieren. Vor 10 Jahren wurden alle Fahrradbestandteile und alles Zubehör noch von England eingeführt. Heute ist die Ausfuhr dieses Artikels nur wenig geringer als die Einfuhr. Es bezeugt dies auch eine Besserung des deutschen Geschmackes, welcher seinerzeit nur das für gut und schön hielt, was von England kam. Ausser jedem Zweifel ist Deutschland durch seine billigeren Arbeitslöhne und seine solidere Arbeit noch berufen, auf dem Weltmarkte in Fahrrädern den Hauptexportländern England und Nordamerika erfolgreich Konkurrenz zu machen.

Die Fahrradindustrie Oesterreichs ist bedeutend jünger als jene Deutschlands. Erst um 1884 beginnen die Versuche zur Fahrradfabrikation. J. Jax in Linz und J. Almer in Graz waren die ersten, welche mit Kraftbetrieb im bescheidenen Massstabe die Erzeugung von Hochrädern begannen. Beide fabrizieren heute nicht mehr. Im Jahre 1886 richtete sich Oesterreichs grösste Nähmaschinenfabrik von

K. Greger in Wien zur Fahrradfabrikation ein. Die Firma B. Albl in Graz, die später den Namen Meteorfahrradwerke annahm, entstand im Jahre 1888. J. Puch & Co. in Graz, die nunmehr unter dem Namen «Styriafahrradwerke» weit über Oesterreichs Grenzen hinaus bekannt ist, wurde 1890 gegründet.

Während in Deutschland nur eine Fahrradfabrik mit fremdem Kapitale existiert, es ist dies die Dooser Filialfabrik der Premier Cycle Co. Ltd. in Coventry, wurden in Oesterreich bald Fabriken ausländischer Firmen errichtet. Im Jahre 1892 gründete die Premier Cycle Co. in Eger eine Zweigfabrik. Wenige Jahre später entstanden Zweigfabriken der Dresdener Firmen Seidel & Naumann und Kretzschmar & Co. Die Wiener Nähmaschinenfabrik von Dürkopp & Co. in Bielefeld begann gleichfalls Fahrräder zu erzeugen. In Teplitz gründete F. Bernhardt aus Dresden mit Mörbitz die Austriafahrradwerke.

Es entstanden ausserdem in Böhmen und in Wien noch mehrere kleinere Fahrradfabriken und Ende 1894 griff die österreichische Waffenfabrik-Aktiengesellschaft in Steyr in grösserem Massstabe in die Fahrradfabrikation ein.

Oesterreichs Fahrrad-Produktion gestaltete sich folgendermassen:

|      |     |       |        |
|------|-----|-------|--------|
| 1885 | . . . | Stück | 600    |
| 1888 | . . . | „     | 3 000  |
| 1891 | . . . | „     | 12 000 |
| 1894 | . . . | „     | 25 000 |
| 1897 | . . . | „     | 60 000 |

Dass trotz des hohen Schutzzolles die Fahrradindustrie in Oesterreich noch keinen grösseren Aufschwung nehmen konnte, hat mehrfache Gründe. Fürs erste ist der Verbrauch an Fahrrädern kein so grosser, als in Deutschland, da Oesterreich nicht jenen vermögenden Mittelstand von gewerbetreibenden Kleinbürgern besitzt, sondern mit Ausnahme einiger Industriebezirke Böhmens und Mährens verhältnismässig viel weniger Städte und Märkte aufzuweisen hat. Die Mehrzahl der übrigen Bevölkerung ernährt sich durch Ackerbau und Viehzucht, hat weder ein Bedürfnis nach Fahrrädern, noch die Mittel, um solche zu kaufen. Zweitens sind die Strassen nicht überall von einer Beschaffenheit, welche auf das Radfahren fördernd einwirken könnten. Endlich fehlt der solvente Zwischenhändler, der dem Fabrikanten den Verkehr mit dem Publikum vermittelt und erleichtert.

Der Einfuhrzoll für Fahrräder beträgt 25 fl. in Gold per Stück; es ist dies der höchste Schutzzoll, der existiert. Trotzdem zeigt sich derselbe als ungeeignet, die österreichische Fahrradindustrie gegen ausländischen Import zu schützen, da er vielfach umgangen werden kann. So beträgt der Einfuhrzoll auf halbfertige Fahrradteile, welche in Partien gesondert, die Grenze überschreiten, per Fahrradgarnitur, d. h. für alle jene Bestandteile, welche man zur Herstellung eines kompletten Fahrrades benötigt, nur 3 fl. Thatsächlich fabrizieren alle ausländischen Fahrradfilialfabriken in Oesterreich nicht durch Verarbeitung von Rohmaterial, sondern dieselben montieren nur die von ihren Mutterfabriken bezogenen halbfertigen Bestandteile. Die Einfuhr von solchen halbfertigen, zusammengepassten Fahrradteilen findet besonders seit den letzten drei Jahren in sehr grossem Umfange statt. Fast jeder Schlosser oder Mechaniker auf dem Lande bezieht diese Fahrradteile von England oder Deutschland durch Zwischenhändler, setzt dieselben zusammen, verlötet sie und lässt sie vernickeln und emaillieren. Dass diese fraglichen Erzeugnisse die inländischen Fahrradfabriken nur schädigen, liegt auf der Hand. Will sich Oesterreich seine Industrie durch einen hohen Einfuhrzoll fertiger Waaren schützen, so muss es analog auch den Zollsatz auf halbfertige Waren höher halten.

Nachfolgende Tabellen, welche wir teilweise auf Grund einer Zusammenstellung des «Oesterreichisch-Ungarischen Radfahrer-Compasses» wiedergeben*), zeigen uns die Ein- und Ausfuhr von fertigen Fahrrädern in Oesterreich:

## Einfuhr:

| 1891. | Von Deutschland . . . . . | 818 | Stück |
|-------|----------------------------|-----|-------|
|       | „ England . . . . . . | 403 | „ |
|       | „ den übrigen Ländern . . | 35 | „ |
|       | Zusammen: | 1256 | Stück |
| 1892. | Deutschland . . . . . . | 1330 | Stück |
|       | England . . . . . . . | 587 | „ |
|       | Uebrige Länder . . . . . | 51 | „ |
|       | Zusammen: | 1968 | Stück |
| 1893. | Deutschland . . . . . . | 1782 | Stück |
|       | England . . . . . . . | 1146 | „ |
|       | Uebrige Länder . . . . . | 174 | „ |
|       | Zusammen: | 3102 | Stück |
| 1894. | Deutschland . . . . . . | 1930 | Stück |
|       | England . . . . . . . | 1537 | „ |
|       | Uebrige Länder . . . . . | 179 | „ |
|       | Zusammen: | 3617 | Stück |
| 1895. | Deutschland . . . . . . | 1058 | Stück |
|       | England . . . . . . . | 1043 | „ |
|       | Uebrige Länder . . . . . | 227 | „ |
|       | Zusammen: | 2328 | Stück |
| 1896. | Deutschland . | (Diese Ziffern sind amtlich noch nicht festgestellt.) | — Stück |
|       | England . | | — „ |
|       | Uebrige Länder | | — „ |
|       | Zusammen: | | — Stück. |

## Ausfuhr:

| 1891. | Nach Deutschland . . . . | 156 | Stück |
|-------|---------------------------|-----|-------|
|       | „ Russland . . . . . | 199 | „ |
|       | „ dem Oriente . . . | 142 | „ |
|       | „ übrigen Ländern . . . | 61 | „ |
|       | Zusammen: | 558 | Stück |

*) Oesterreichisch - Ungarischer Radfahrer-Compass 1897. Auskunftsbuch für das gesamte Radfahrerwesen mit Anhang: die internationalen Radfahrerverbände. I. Jahrgang. Herausgeber Hans Czermak, Wien, 1897.

**1892.** Nach Deutschland . . . . 97 Stück
    ,, Russland . . . . 91 ,,
    ,, dem Oriente . . . 182 ,,
    ,, übrigen Ländern . . 25 ,,
                Zusammen: 495 Stück

**1893.** Nach Deutschland . . . 181 Stück
    ,, Russland . . . . 20 ,,
    ,, dem Oriente . . . 185 ,,
    ,, übrigen Ländern . . 66 ,,
                Zusammen: 452 Stück

**1894.** Nach Deutschland . . . 256 Stück
    ,, Russland . . . 34 ,,
    ,, dem Oriente . . . 275 ,,
    ,, übrigen Ländern . . 136 ,,
                Zusammen: 701 Stück

**1895.** Nach Deutschland . . . 1115 Stück
    ,, Russland . . . . 148 ,,
    ,, dem Oriente . . . 262 ,,
    ,, Italien . . . . 307 ,,
    ,, übrigen Ländern . . 113 ,,
                Zusammen: 1940 Stück

**1896.** Nach Deutschland . — Stück
    ,, Russland . . — ,,
    ,, dem Oriente . (Diese Ziffern sind amtlich noch nicht festgestellt.) — ,,
    ,, Italien . . — ,,
    ,, übrigen Ländern — ,,
                Zusammen: ca. 3500 Stück.

Bis 1890 war die Einfuhr englischer Fahrräder nach Oesterreich erheblich grösser, als die Einfuhr deutscher. Von 1891 ab überflügelte Deutschland Grossbritannien. Seit 1895 ist der Fahrradimport im Fallen begriffen. Oesterreichs Ausfuhr an Fahrrädern geht hauptsächlich nach Deutschland, Russland, nach dem Orient und Italien. Nach Deutschland hat sich der Export seit 1895 erheblich gesteigert.

Auch die Schweiz hat ihre Fahrradindustrie aufzuweisen. Doch ist dortselbst entsprechend den schwierigen Terrainverhältnissen des grösseren Teils des Landes, dann aber hauptsächlich wegen des Vorwiegens der Landbevölkerung und nicht zuletzt wegen der einfachen Lebensweise der Bewohner der Bedarf an Fahrrädern kein grosser. Schon um Mitte der 80er Jahre gab es in der Schweiz mehrere Mechaniker, die sich mit dem Zusammensetzen von bezogenen Fahrradteilen befassten. Von den jetzt bestehenden Fahrrad-Fabriken verdienen genannt zu werden: Saurer & Co. in Arbon, F. Schönfeld in Zürich, Th. Schilt & Co. in Madretsch bei Biel, Gebr. Gaeng in Basel, Weber & Co. in Uster und Ernst Stortz in Winterthur. Diese Fabriken zusammen erzeugen in diesem Jahre ca. 5000 Stück Fahrräder. Ein Export von diesen Fabrikaten findet nur in bescheidenem Massstabe statt. Dagegen wird die Einfuhr von Fahrrädern nach der Schweiz von Deutschland, England, Frankreich und Oesterreich ziemlich lebhaft betrieben. Der Einfuhrzoll beträgt 70 Frcs. per 100 Kilo.

Es mögen hier auch die Einfuhrzölle jener Länder, nach welchen die deutsche und österreichische Fahrradindustrie hauptsächlich ihre Absatzgebiete haben, und deren Grenzen von den Radfahrern am häufigsten passiert werden, aufgeführt werden.

Einfuhrzoll:

Russland . . . . . 38.— Mk. per Fahrrad,
Italien . . . . . 33.50 ,, ,, ,,
Frankreich . . . . 2.20 Frcs. per Kilo
Belgien . . . . . 12 % vom Werte
Holland . . . . 5 % ,, ,,
Schweden . . . . 15 % ,, ,,
Norwegen . . . . 27 % ,, ,,
Dänemark . . . . 13.50 Mk. per 100 Kilo
Spanien . . . . 57.— ,, ,, ,, ,,
Portugal . . . . 27 % vom Werte
Serbien . . . . — —
Bulgarien . . . . 10½ % vom Werte
Rumänien . . . . 5.50 Mk. per Fahrrad
Griechenland . . . 20 % vom Werte
Türkei . . . . . 8 % ,, ,,
Aegypten . . . . 8 % ,, ,,

In jüngster Zeit macht die amerikanische Konkurrenz den Fahrradfabriken in England und auf dem Kontinent viel Sorgen. Unter den deutschen, desgleichen unter den österreichischen Fahrradfabrikanten wurde sogar eine Vereinbarung getroffen, in Fachblättern, welche Inserate von amerikanischen Firmen aufnehmen, keine geschäftlichen Ankündigungen zu veröffentlichen. Auch in die Tagespresse wurden gegen die transatlantische Konkurrenz gerichtete Artikel lanciert. Im Grunde genommen ist diese Furcht total ungerechtfertigt und es bilden alle gegen die Einfuhr der Amerikaner unternommenen Schritte nur eine indirekte Reklame für dieselbe. Zudem hat sich die amerikanische Fahrradindustrie, obwohl jünger wie die englische und deutsche Fahrradindustrie, trotzdem schon wesentliche Verdienste um die Verbesserung unserer Fahrräder erworben. Bei der Konstruktion seiner Fahrradmodelle entwickelte der Amerikaner einen ganz aussergewöhnlichen Scharfsinn. Auf Grund der richtigen Beobachtung, dass der Mensch beim normalen Gehen seine Beine eng aneinander geschlossen hält — selbstverständlich ist hier nur der von Mutter Natur mit gerade geformten Beinen ausgestattete Mensch gemeint — passte er die Fussbewegung beim Radfahren jener beim Gehen möglichst an durch die Konstruktion von engen Kurbelgetrieben. Ebenso richtig erkannte der amerikanische Fahrradkonstrukteur, dass komplizierte Federn am Sattel oder gar federnde Rahmen einen Kraftverlust beim Fahren mit sich bringen und der Stoss selbst nur direkt bei seinem Angriffspunkte am Boden abzuschwächen sei. Er baute deshalb den Rahmen möglichst steif, den Sattel hart und fest, legte jedoch besonderes Augenmerk auf den Pneumatikreifen. Ist dieser nämlich elastisch und gut, so fährt man nicht nur angenehm und leicht, sondern es wird auch die ganze Maschine geschont. Was dagegen die Fabrikation betrifft, so warf sich der Amerikaner mit voller Kraft auf die Erzeugung nur weniger Fahrradmodelle und richtete sich für diese die beste Arbeitsmethode ein, indem er automatisch wirkende Maschinen konstruierte und möglichst die Handarbeit vermied. Wo er aber der letzteren nicht ausweichen konnte, da wurden bei möglichster Arbeitsverteilung für jeden einzelnen Artikel bis ins kleinste Detail Accordlöhne geschaffen. Grössere Fahrradfabriken Nordamerikas emanzipierten sich sogar vom Einkaufe des Fahrradzubehörs und der Rohmaterialien, indem sie sich zur Selbstfabrikation von Sätteln, Felgen, Kugeln, Stahlröhren und Gummireifen einrichteten.

Nach dem vorhergehenden dürfte mancher vielleicht glauben, dass die amerikanischen Fahrräder bedeutend besser seien als unsere inländischen Fabrikate. Zugegeben nun, es wären einzelne Elitemaschinen aus Amerika dem deutschen Primafabrikate gleichwertig, so steht doch das eine fest, dass die ganzen deutschen Mittelprodukte und billigeren Marken den amerikanischen, was Präcision der Arbeit betrifft, ganz entschieden vorzuziehen sind, da jeder Fachmann den letzteren das Gepräge eines schablonenhaften Massenfabrikates von weitem ansieht.

Und nun die Thatsache: Der Unterschied zwischen den Arbeitslöhnen in Amerika und Deutschland ist

Tourenrad von Seidel & Naumann-Dresden.

enorm. Die teuren Lebensverhältnisse bringen die Preise der übrigen Fabriksbedürfnisse und Regiekosten der Rohmaterialien und Fahrradzubehör-Artikel auf eine ganz andere Höhe, als dies bei uns zulande der Fall ist. Berücksichtigt man noch die Fracht- und Zollspesen, so ist doch klar, dass sich die deutschen Fahrradfabriken, vorausgesetzt, dass dieselben selbst richtig arbeiten, vor der amerikanischen Konkurrenz absolut nicht zu fürchten brauchen. Wer hindert uns ausserdem, ebenfalls dem amerikanischen Genre angepasste Modelle zu bauen?

Statt der Grossthuerei, mit der oft Fabriken mittlerer Grösse, ja untergeordneten Ranges über ein Dutzend verschiedener Modelle in ihren Preislisten sich ergehen, dabei aber nur mit Schwierigkeiten ihre Existenz fristen, wäre es doch viel vernünftiger, mit voller Kraft sich auf die Herstellung weniger Modelle zu verlegen, bei denen alle einzelnen Teile durch bessere Arbeitsverteilung viel billiger erzeugt werden könnten.

Sind nicht für gutes deutsches Geld amerikanische Specialmaschinen jederzeit zu kaufen? Die langweilige Stanley- und National-Show in London wird alle Jahre von deutschen Fabrikänten und Händlern stark besucht, trotzdem alle wissen sollten, dass der englische Geschmack für uns längst nicht mehr tonangebend ist; aber Ingenieure und Werkmeister nach Amerika zum Studium der dortigen Fabrikseinrichtungen und Arbeitsmethoden zu senden, das vergisst man! Mit einem Worte, würde der deutsche Fahrradfabrikant nach amerikanischer Manier arbeiten, so braucht er die Einfuhr der Erzeugnisse Amerikas nicht zu fürchten, sondern könnte mit letzterem infolge seiner erheblich billigeren Arbeitslöhne in allen Ländern, wohin Amerika selbst exportiert, mit Erfolg konkurrieren.

Vollständig nutzlos wäre eine jetzt so oft besprochene Zollerhöhung für die Einfuhr ausländischen Fabrikates. Und nur auf amerikanische Fahrräder allein den Zoll zu erhöhen, würde aus zwei Gründen unthunlich sein: Fürs erste wegen der Schwierigkeit des Ursprungszeugnisses, welches sich doch durch indirekte Einfuhr z. B. über England leicht umgehen liesse, zweitens aus handelspolitischen Rücksichten, da die Vereinigten Staaten Nord-Amerikas zweifelsohne Repressalien üben würden, welche z. B. den bis jetzt so lohnenden Export von Artikeln der sächsischen, thüringischen und westphälischen Hausindustrie schwer schädigen könnten.

Noch unsinniger müsste man eine allgemeine Zollerhöhung aus blosser Furcht vor dem amerikanischen Import nennen. Nur durch den freien Wettbewerb mit England hat die deutsche Fahrradindustrie ihre heutige Höhe erreicht. Wird dieser Wettbewerb mit der fremden Konkurrenz durch einen hohen Schutzzoll eingeschränkt, so bleibt unsere Fahrradindustrie sicherlich, wie dies bei anderen durch hohen Schutzzoll gesicherten Industrien thatsächlich der Fall ist, hinter der des Auslandes zurück. Das feinere Publikum aber wird wie gewohnt, trotz des erhöhten Einfuhrzolles, erst recht ausländisches Fabrikat kaufen.

Die besten ausländischen Marken werden neben den deutschen stets fortbestehen, mag der Zoll auch noch so sehr erhöht werden. Die minderwertigen fremden Waren aber, die aus Konkursmassen stammenden Schleuderfabrikate werden sich sehr bald selbst unmöglich machen, erstens wegen der Schwierigkeit der Beschaffung von Ersatzteilen, zweitens auch deshalb, da jeder patriotische Deutsche die Reparatur von solchen Schundfabrikaten verweigern wird. Der glückselige Besitzer eines derartigen Yankeefahrrades hat dann, bis er seine Reparatur von Amerika aus besorgt bekommt, genügend Zeit nachzudenken, ob es für ihn denn doch nicht vernünftiger gewesen wäre, ein einheimisches, deutsches Fabrikat zu erwerben, bei dem genügende und verlässliche Garantie für raschen Ersatz und Reparaturen jederzeit geboten wird.

Die Fahrradindustrie Deutschlands steht heute im Stadium der Massenfabrikation. Wer mit grösserem Betriebskapitale, mit den zahlreichsten Hilfsmaschinen arbeitet, wer durch bedeutende Abschlüsse die Rohmaterialien am billigsten einkaufen kann, der hat den greiflichsten Erfolg. Wie im Naturleben der grosse Fisch den kleinen auffrisst, so zehrt in der Fahrradbranche der Grossbetrieb den Kleinbetrieb auf. Die kleinen Fabriken müssen ganz verschwinden oder kümmerlich ihr Dasein als Reparaturwerkstätten fristen. Immer grössere Massen von Fahrrädern werden alljährlich zu Markte gebracht und dennoch zeigt die Finanzwelt stets noch Neigung zu neuen Gründungen von Fahrradfabriken.

Zur Beruhigung aller Fahrradfabrikanten und Händler sei in Bezug auf die vielfach gefürchtete Ueberproduktion konstatiert, dass wir in Deutschland noch sehr weit bis zu einer solchen an Fahrrädern haben. Fürs erste beteiligt sich bei uns im allgemeinen noch keineswegs jener Prozentsatz der Bevölkerung am Radfahren, als dies in anderen Ländern, z. B. in England und Dänemark, der Fall ist. Die Zunahme der Radfahrer durch neue Sportsjünger dürfte noch mehrere Jahre mit der Mehrproduktion von Fahrrädern Schritt halten. Nicht jeder Neuling kauft sich zwar sofort eine neue Maschine, sondern nimmt häufig mit einer alten, gebrauchten, aber billigeren vorlieb; doch erwirbt sich dafür in den meisten Fällen der Besitzer des alten Rades zumeist ein neues.

Ferner halten selbst die besten Kugellager und Pneumatikreifen selten länger, selbst bei den feinsten Rädern, als drei Jahre aus und müssen nach dieser Frist erneuert werden. Gar mancher Fahrer zieht solchen Reparaturen die Anschaffung eines neuen modernen Fahrrades vor. Thatsächlich gehört es unter den besitzenderen Sportsleuten bereits zur Mode, sich alle Jahr ein neues Fahrrad, das mit den letzten Verbesserungen ausgestattet ist, anzuschaffen.

Endlich dürfen die älteren Betriebe der Fahrradbranche die Konkurrenz der Neugründungen nicht als zu gefährlich betrachten, da alle neuentstandenen Fabriken mindestens zwei bis drei Jahre lang an den Kinderkrankheiten der Fabrikation zu laborieren haben. Die Ursache dieser Erstlingsübel liegt, wie bei jeder jungen Industrie, auch hier nur in dem Mangel an geschultem Arbeitspersonale und erfahrenen Fachtechnikern.

Vor 15 Jahren hatten die zur Fahrradfabrikation in Verwendung kommenden Stahlröhren ausnahmslos eine Wandstärke von 1,5—2,5 mm, heute gebraucht man Röhren von 0,5—0,7 mm Wandstärke. Jeder Laie kann sich vorstellen, wie schwierig das Zusammenlöten dieser papierdünnen Röhren ist und wie leicht solche überhitzt oder verbrannt werden können. Ein gefehlter Feilstrich, ja ein blosses Ausgleiten der Feile des Arbeiters beim Ausfeilen des dünnwandigen Rahmens kann die ganze Tragfähigkeit eines Fahrrades beeinträchtigen. Zu jeder Arbeit an einem Fahrrade gehört daher eine gewisse Fertigkeit. Diese muss erlernt sein. Es ist deshalb nicht jeder Schlosser, Dreher oder Mechaniker sofort in einer Fahrradfabrik verwendbar.

Wird schon von einem Arbeiter eine gewisse Geschicklichkeit und Erfahrung verlangt, so erhöht sich diese Anforderung noch bedeutend beim technischen Leiter einer Fahrradfabrik. Die Auswahl des Rohmateriales, dem später soviele tausende von Menschen ihre ganzen Glieder anvertrauen, bedingt die grösste Gewissenhaftigkeit. Die Verteilung der Arbeit, die Kontrolle und Entlohnung derselben kann nur durch jahrelange Praxis erlernt werden. Alles Hasten oder Uebertreiben, um grosse Quantitäten herzustellen, geht auf Kosten der Qualität der Erzeugnisse. Am schwierigsten für den Fahrradtechniker ist es, unter den vielen Neuheiten und auftauchenden Erfindungen das richtige herauszufinden und seinem Betrieb anzupassen. Als Beispiel sei hier erwähnt, dass der leitende Ingenieur einer der ältesten und bekanntesten englischen Fahrradfabriken seine Firma durch den Patentankauf und die Fabrikation eines neuartigen Kurbelantriebes, der sich nachträglich nicht bewährte, um nicht weniger als 25,000 £, d. i. $\frac{1}{2}$ Million Mark schädigte. Gar manche von den in jüngster Zeit neu entstandenen Fahrradfabriken wird infolge des Mangels an geschultem Arbeitspersonal und infolge schlechter technischer Leitung die Herstellung von Fahrrädern bald wieder aufgeben. Die übrigen können aber erst nach teuern Lehrjahren mit den älteren Betrieben in eine ernstliche Konkurrenz treten.

Solange das feinere Publikum sich nach dem Geschmacke der Mode richtet, d. h. alljährlich das beste, neueste und eleganteste in Fahrrädern kaufen will, solange wird nach Primafabrikaten, nach Luxusfahrrädern stets eine rege Nachfrage sein und, da deren Herstellung bis jetzt nur in beschränkterem Masse stattfindet, eine Ueberproduktion an solchen feinsten Präcisionsmarken auch nicht so rasch eintreten. Was hingegen das billige volkstümliche Fahrrad betrifft, so beweisen die immer noch verhältnismässig hohen Preise an billigen Marken, dass auch hier das Angebot noch hinter der Nachfrage zurücksteht.

Als die Nähmaschine seinerzeit 70 Thaler kostete, fand man sie nur in den Salons der Reichen. Heute wo der Preis um mehr als das Dreifache gesunken ist, steht sie im Heim des Handwerkers ebensogut wie in der Hütte des Taglöhners. Analog dürfte es sich mit dem Fahrrade verhalten. Je billiger dasselbe verkauft wird, in desto weitere Kreise verbreitet es sich. Das sogenannte «Volksrad» wird entschieden das Verkehrsmittel der Zukunft. Gerade die vielfach angefochtene Preisreduktion ist die sicherste Gewähr für die Vergrösserung des Absatzes und wird, wie jeder billig denkende Fabrikant ehrlicher Weise zugeben wird, nicht nur eintreten müssen, sondern auch eintreten können. Solange das Radfahren als Sport nur von einzelnen wenigen, beziehungsweise von den Besitzenden betrieben wurde, war es vollständig gerechtfertigt, dass die Fahrräder als Sport- und Luxusartikel auch entsprechend höhere Preise hatten. Vom Momente an, wo jedoch die Bewegung ins volkstümliche hinüber greift und das Fahrrad dem Menschen als Hilfsmittel im Kampfe gegen Raum und Zeit zur Verfügung steht, wird ein Massenartikel

Damenrad von Salzer & Co.-Chemnitz.

überschreiten heutzutage nicht selten direkt das Mass des Zulässigen. Wir haben keineswegs die Absicht, hier etwa zu polemisieren, aber dem Machtspruche der vorwärtsschreitenden Zeit werden sich auch auf diesem Gebiete alle Sonderinteressen zu beugen haben.

Sowohl Fahrradfabrikanten als auch Fahrradhändler besitzen in Deutschland ihre besonderen Vereinigungen. Erstere gründeten in Leipzig im Jahre 1889 bei der ersten deutschen Fahrradausstellung in der Alberthalle den «Verein deutscher Fahrradfabrikanten». Der damalige Zweck desselben war, zu verhindern, dass einzelne Korporationen in Deutschland ohne Einvernehmen mit den Fabrikanten Fahrradausstellungen veranstalteten. Thatsächlich hatten die Mitglieder des Fabrikanten-Vereines sich an der zweiten Fahrradausstellung in Leipzig nicht direkt beteiligt, sondern sie brachten ihre Maschinen nur durch ihre Leipziger Vertreter oder in eigens gemieteten

Herrenrad von Salzer & Co.-Chemnitz.

nicht mehr dasselbe kosten können und dürfen, wie obengenannter Luxusartikel. Das ergiebt sich übrigens von selbst, dass zeitgemässe Institute und Betriebe auf breitester Basis noch entstehen werden, welche ein billiges Volksrad in Masse mit ganz geringem Nutzen zu Markte bringen. Die durch den Zwischenhandel für Maschinen, Einzelteile und Zubehör geforderten Preise

in der Nähe der Alberthalle gelegenen Lokalitäten zur Schau. Ob der Fabrikantenverein der deutschen Fahrradindustrie durch die Hintanhaltung von alljährlichen grossen, allgemeinen Fahrradausstellungen, wie solche jedes Jahr in England und Frankreich stattfinden, eine Wohlthat erwiesen hat, möge dahingestellt sein. Der Fahrradfabrikantenverein zählte Ende 1896 bei ca. 100

deutschen Fahrradfabriken 38 Mitglieder und hat seinen Sitz in Dresden.

Es existiert auch ein Verband deutscher Fahrradhändler. Derselbe wurde 1895 gegründet und zählt an 200 Mitglieder. Sein Zweck ist die Wahrung der Interessen der Fahrradhändler und man hört von seiner Thätigkeit verhältnismässig mehr, als von der des Fabrikantenvereines. Beide Vereinigungen geben in ihren Statuten als Hauptziel ihres Wirkens an: Verhinderung von marktschreierischer Reklame, unlauterer Konkurrenz und Schleuderpreisen. Inwieweit beide Vereinigungen die erstgenannte Aufgabe erfüllen, kann das Publikum bei der Durchsicht von Fach- und Tagesblättern selbst beurteilen, dass aber «Schleuderpreise» mit grösstem Erfolg mehr als vermieden werden, empfindet man im intelligenten und rechnenden Publikum täglich mehr.

In Oesterreich existiert ein Verein Wiener Fahrradhändler und Fahrradfabrikanten. Ein erspriessliches Zusammenwirken von Fahrradhändlern und Fabrikanten, deren Interessen doch gerade konträr laufen, kann man sich nicht gut vorstellen. Die Versuche, einen österreichischen Fahrradfabrikantenverein nach Muster des deutschen zu gründen, scheiterten an der Engherzigkeit mehrerer dortiger Firmen.

Das rasche Emporblühen der Fahrradindustrie hat auch auf andere Industrien mächtig fördernd eingewirkt. Fast die ganzen Rohteile zur Fahrradfabrikation, welche seinerzeit ausschliesslich von England eingeführt wurden, produziert jetzt das Inland. Gussstahl für Konusse und Lagerschalen, Bessemerstahl für Axen, Stahldraht für Speichen, Stahlblech für diverse Verbindungteile, Klammern und Felgen werden in grossen Quantitäten konsumiert und fast ohne Ausnahme von den heimischen Hüttenwerken erzeugt. Die Gesenkschmiedereien decken nicht nur den Bedarf des Inlandes, sondern exportieren bereits rege. Ebenso steht es mit der Erzeugung von Stahlscheiden, an welchen hauptsächlich der Solinger Platz interessiert ist. Die Stahlkugelfabrikation hatte durch Jahre ein Monopol in Schweinfurt, bis in jüngster Zeit auch anderwärts Kugelfabriken entstanden sind. Unter den neuen Kugelfabriken verdient in erster Linie eine Berliner Firma genannt zu werden, welche sich in grossartigem Stile zur Erzeugung von Stahlkugeln eingerichtet hat. Das nahtlose Stahlrohr, wenn es nicht von Birmingham kam, galt seinerzeit als schlecht. Heute ist das Fabrikat deutscher Röhrenwerke dem englischen, was Exaktheit der Arbeit und Güte des Materials betrifft, zum mindesten ebenbürtig, wenn nicht überlegen. Speciell die Mannesmannröhrenwerke exportieren ihre Erzeugnisse sehr lebhaft nach Amerika, England und Oesterreich. Zahlreiche Fabriken sind mit der Herstellung von Temperguss für Fahrradteile vollauf beschäftigt und diverse andere Rohmaterialien der Metallbranche haben ein sicheres und mächtiges Absatzgebiet an den Fahrradfabriken gefunden.

Hand in Hand mit dem Aufblühen der Fahrradfabriken ging auch jenes der Gummireifenfabriken. Deutschland fabriziert heute nicht weniger als $1\frac{1}{4}$ Milli-

onen Stück Pneumatikreifen. Den Löwenanteil an dieser kolossalen Produktionsziffer hat Hannover mit der Continental-Caoutchouc- & Guttapercha-Compagnie an der Spitze. Mag vielleicht diese Summe zu gross erscheinen, so muss dagegen bedacht werden, dass darunter nicht nur Reifen für neue Maschinen, sondern auch der Ersatz für alle im Umlauf befindlichen defekt gewordenen Gummireifen und die Exportziffer inbegriffen ist.

Das Paragummi, welches zur Pneumatikreifenfabrikation in Verwendung kommt, ist ein vegetabilisches Rohprodukt Brasiliens, das durch die dortigen Eingebornen geerntet wird. Bei dem kolossalen Verbrauche von Para zu technischen Zwecken im allgemeinen und zu Fahrradartikeln insbesondere, steht voraussichtlich zu befürchten, dass in Kürze die Beschaffung des Rohmateriales aus Amerika mit dem Konsume nicht mehr wird Schritt halten können. Es dürfte dies eine Preissteigerung des rohen Para und der aus demselben hergestellten Waren, d. i. auch der Pneumatikreifen mit sich bringen.

Nicht unerwähnt möge an dieser Stelle bleiben, dass die Pneumatikreifenfabrikation in grösserem Massstabe in Deutschland zuerst von der obgen. Continental Caoutchouc- und Guttapercha-Co. in Hannover in die Hand genommen wurde. Diese Firma ist zweifelsohne auch heute noch die bedeutendste der Reifenbranche. Wie in Kap. XV noch gezeigt wird, befasst sich dieselbe hauptsächlich mit der Herstellung von drei Reifensorten.

Oesterreich produziert sich seinen Bedarf an Pneumatikreifen grösstenteils selbst und exportiert solche auch, doch in bescheidenerem Massstabe wie Deutschland, welches ganz lohnende Absatzgebiete in Russland, Dänemark, Holland, Schweden, Norwegen und den englischen Kolonien gefunden hat.

Alle Fahrradzubehör, welche früher zu oft enorm hohen Preisen von England gekauft wurde, erzeugt heute Deutschland selbst. Englische Fabrikate kommen nur in geringerer Zahl, insoweit dieselben Maschinenprodukte sind, zur Einfuhr, während die ganzen Zubehörartikel als Handarbeit, die Erzeugnisse der sächsischen, thüringischen und westfälischen Hausindustrie, einem sehr lebhaften Export unterliegen.

Die Fahrradsättel aus den Fabriken in Bielefeld, Mühlhausen in Th., Rothenburg o. d. T. u. s. w. sind nicht nur auf fast allen inländischen Maschinen zu finden, sondern werden auch nach Oesterreich, Belgien, Russland und Italien versandt. Durch den grossen Bedarf an Werkzeug- und Gepäcktaschen hat die Lederindustrie reichlich Arbeit.

Die Celluloidfabriken wetteifern in der Herstellung von Griffen, Kettenkästen und Oelkännchen. Vor allem aber sei der Laternenfabrikation gedacht. Die deutsche Fahrradlaterne wandert in vielen tausend Stücken nach England, Frankreich, Amerika, Oesterreich, Italien und anderen Ländern. Hauptsitze der Laternenfabrikation sind für feinere Sorten Magdeburg, Chemnitz, Dresden, Berlin, für billigere zahlreiche Orte in Thüringen. Letzteres Land liefert alljährlich viele Hunderttausende von Fahrradglocken, welche gleichfalls nach aller Herren Länder exportiert werden. Die Herstellung zahlreicher Bedarfsartikel aus Nickelblech wie Gepäckträger, Gewehr-, Säbel-, Peitschenhalter, ferner Nummerschilde, Schlösser, Schraubenschlüssel u. dgl. anderes Radfahrernecessaire beschäftigt viele tausende fleissiger Hände. Das Radfahren hat auch in der Bekleidungsindustrie lebhafte Thätigkeit und gesteigerten Umsatz hervorgerufen. Zahlreiche andere Industriezweige wurden durch die Fahrradfabrikation erst neu geschaffen und werden durch dieselbe erhalten. Man kann im allgemeinen konstatieren, dass die Fahrradindustrie in nationalöko-nomischer Beziehung wahrhaft segensreiche Wirkungen mit sich gebracht hat. Manch' Gewerbetreibender, der vor dem Entstehen der Fahrradfabrikation mit Sorgen in die Zukunft blickte, ist heute durch seine Beteiligung an derselben oder an mit ihr stammverwandten Industriezweigen ein gemachter Mann geworden.

Es ist bis dahin wohl einzig in der Weltgeschichte, dass aus einer in den ersten Anfängen barock erscheinenden Liebhaberei, aus einem verlachten Sport, eine national - ökonomische Bewegung hervorging, welche, tonangebend wie das Radfahren, unserer Zeit eine eigene Signatur verleiht.

---

# Der Kautschuk und die Kautschuk-Industrie.

Der Erfindung des Pneumatik-Reifens durch den irischen Tierarzt John Boyd Dunlop im Jahre 1888 verdankt bekanntlich der ganze Radsport und die Fahrradindustrie den geradezu phänomenalen Aufschwung.

Selbstredend war dies auch für die Gummiindustrie von grösster Bedeutung, welche in allen Kulturländern sofort ganz andere Dimensionen, vielfach einen ganz anderen Charakter annahm.

Speciell die deutsche Gummi-Industrie hat dadurch in der Radbereifungsbranche eine dominierende Stellung auf dem Weltmarkte und vollständige Unabhängigkeit vom Auslande erlangt.

Gegenwärtig dürfte die Ziffer von $1\frac{1}{4}$ Million Radreifen als Jahresproduktion kaum zu tief gegriffen erscheinen.

Es ist deshalb sicherlich am Platze, auch in diesem Werke bei dieser Industrie, ihrer Technik und ihrem Rohmaterial etwas länger zu verweilen. Wir folgen dabei einer instruktiven kleinen Broschüre, welche die «Vereinigten Berlin-Frankfurter Gummiwaren-Fabriken» auf der Berliner Gewerbe-Ausstellung 1896 an die Besucher verteilen liessen:

Eines der eigenartigsten Naturprodukte ist der Kautschuk oder das Gummi-Elasticum. Längst waren die Gummibäume der Urwälder des Amazonenstromes dem Naturforscher bekannt, aber erst seit Anfang der 20 er Jahre unseres Jahrhunderts begann man aus ihrem Lebenssafte einen Stoff zu bereiten, welcher das Rohmaterial einer vielbedeutenden Industrie wurde.

Die Gummibäume, von welchen der Kautschuk gewonnen wird, gedeihen nur in den Tropen. Man unterscheidet vier Hauptgruppen: 1. den südamerikanischen, 2. den centralamerikanischen, 3. den asiatischen und 4. den afrikanischen Kautschuk. An Qualität unübertroffen steht der brasilianische, schlechthin Para-Kautschuk genannt, oben an. In den sumpfigen Stromgebieten des Amazonenstromes und des Orinoco heimisch, gedeiht die Gattung Hevea oder Syphonia brasiliensis in mächtigen Exemplaren bis zu 20 m Höhe. Dem Milchsaft dieser Baumart wird der Kautschuk entnommen. Da dem mörderischen Fieberklima, der noch dazu im Ueberfluss mit giftigen Reptilien und Insekten überreich bevölkerten Urwaldgegenden kein Weisser auf die Dauer widerstehen kann, liegt die Gewinnung des Kautschuks ganz in den Händen der eingeborenen Indianer und ist die denkbar primitivste. Dicht um den Fuss der Bäume wird ein wagerechter tiefer Schnitt und in diesen mündend dem Stamm entlang senkrechte Einschnitte in die saftige Rinde gemacht. Die sofort reichlich ausfliessende Milch wird gesammelt und zu den Räucherplätzen transportiert. Aus stark qualmenden Gesträuchern mit ölhaltigen Nussarten, denen man noch eine besondere Einwirkung auf den Kautschuk zuschreibt, wird ein Feuer angezündet. Die Räucherer tauchen nun breite Stäbe oder auch Stöcke mit flaschenförmigen Thonkugeln in den Milchsaft — «Cahoutchu», wie er von einigen Indianerstämmen genannt wird — und halten sie so lange in den Rauch, bis sich der Saft verdickt und als Ueberzug auf den Stäben haftet. Das Eintauchen und Räuchern wird fortgesetzt, bis sich Klumpen von 5—10 Kilo Gewicht um das Holz geheftet, wozu gewandte Räucherer ca. 3 Stunden Zeit gebrauchen.

Hierauf wird die Kugel heruntergenommen und einige Tage an der Sonne getrocknet. Das Rohprodukt ist nun fertig und tritt aus dem Innern des Urwaldes die Reise nach den Hafenstädten Para, Ceara oder Pernambuco an, um nach New-York, Boston, vornehmlich Liverpool, sowie London, Havre, Hamburg, Antwerpen oder Lissabon, den für die Kautschuk-Einfuhr besonders in Betracht kommenden Häfen, verladen zu werden.

Der Para-Kautschuk zeichnet sich durch seine Reinheit aus und hat nur einen Feuchtigkeitsgehalt von ca. 10 – 15%. Je älter und trockener der Kautschuk, um so höher wird er im Preise bezahlt. Je nach Ausfall der Ernte resp. je nach Thätigkeit der an sich trägen Eingeborenen und unter dem Einfluss der Spekulation variiert der Kaufpreis. Während man im allgemeinen als Normalpreis für das engl. Pfd. Sh. 3/— annimmt, hat es auch Zeiten gegeben, wo das Pfd. zu Sh. 1/8 erhältlich, und wieder andere, wo man den glücklichen Besitzern fast Sh. 5/— bezahlen musste. Wir werden später bei der Fabrikation der Gummiwaren sehen, wie es die Technik verstanden, durch Beimischung anderer Substanzen den verhältnismässig hohen Preis des Rohprodukts, also etwa M. 7 per Kg., zu reduzieren, um den Fabrikaten weitestgehende Verbreitung zu verschaffen. Ueber die Bedeutung und die Steigerung des Exports des Para-Kautschuks giebt uns vorliegende Statistik eines der ersten Liverpooler Rohgummi-Import-Häuser interessanten Aufschluss. Es wurden versandt vom Hafen Para im Jahre

| 1869 | 1875 | 1880 | 1885 | 1890 | 1894 |
|------|------|------|------|------|------|
| 5200 T. | 6800 T. | 8450 T. | 13,200 T. | 16,900 T. | 20,000 T. |

Nach England allein ging fast $\frac{1}{3}$ der ganzen Produktion, in den Rest teilten sich vornehmlich Amerika, Deutschland, Russland und Frankreich. Der Gesamtwert der Ausfuhr von Para betrug also im letzten Jahre die bedeutende Summe von circa 130 Millionen Mark.

Nächst dem Fine Para werden die verschiedenartigen Gummisorten aus Central-Amerika unter den Namen West Indian Rubber sehr geschätzt. Während die besseren Sorten eine Para ähnliche hellgelbe Speckfarbe zeigen, sind die geringeren Sorten mehr dunkel, oft mit Erde und Sand vermischt.

In Asien wird der Gummi aus der ficus elastica und verwandten Pflanzenarten gewonnen und kommt in den verschiedenartigsten Formen, teils in Blöcken, gepressten Platten, Kugeln etc. in den Handel. Haupt-Produktionsgebiete sind Java, Batavia, Borneo, Penang, Singapore und Assam. Der rötlich schimmernde Java-Gummi wird wegen seiner Elasticität und Trockenheit sehr geschätzt. Die aus Borneo stammenden Gummisorten zeigen ein schwammiges poröses Aussehen; sie sind meist hell von Farbe, sehr feucht, verlieren oft an 40—50% von ihrem Gewicht, und es verbreiten manche Sorten einen unangenehmen Geruch.

Einen ganz erheblichen Aufschwung hat in den letzten Jahren der Import von afrikanischem Gummi genommen. Man unterscheidet zwei grosse Gruppen, je nachdem der Gummi von der West- oder Ostafrikanischen Küste kommt, und so zahlreich und verschiedenwertig sind die Arten, dass eine lange Erfahrung für den Fachmann dazu gehört, seine Wahl vorteilhaft zu treffen, Vom 5° nördl. Br. hinab bis zur Höhe der Insel St. Helena produzieren die Länder an der Westküste alle mehr oder minder Kautschuk-Sorten: Gambia, Bissao, Bolamo, Sierra Leone und Lome bringen alle gute zähe Mittelsorten hervor, dagegen charakterisiert den Gummi von Liberia, Accra und Lagos ein oft geradezu unerträglicher fauliger Geruch.

Unser deutsches Schutzgebiet Kamerun liefert die kleinen schwarzen nussartigen Cameroon Balls, deren rationelle Gewinnung und Ausbeutung für unsere junge Kolonie eine bedeutende und sich stets steigernde Einnahmequelle bildet.

Zu nennen sind noch an der Westküste weiter südlich fortschreitend die Kautschuksorten Batangaballs, Gaboon Zungen, Congo, Majumba, Loanda und Beguela Niggers, woraus erhellt, dass es dem Fabrikanten an Auswahl nicht fehlt.

Nicht ganz so reichhaltig an Gummi-Arten ist die Ostafrikanische Küste. Was ihr aber an Quantität abgeht, wird reichlich durch die Qualität ersetzt, denn der Kautschuk der Mozambiqueküste und der von Madagaskar stehen an Wert namentlich in Bezug auf Elasticität dem Para nicht viel nach.

Die Art der Gummi-Gewinnung in Afrika steht ebenfalls auf sehr niedriger Stufe und es sind schon afrikanische Gummis in den Handel gekommen, welche nicht weniger wie 65% Beimischung fremder Substanzen, Erde, Holzteile, Sand etc. ergaben. Dabei ist aber auch der Beruf des Kautschuksammlers einer der mühevollsten und beschwerlichsten.

Die Haupteigenschaft des Kautschuk ist seine grosse Elasticität, welcher derselbe seine vielfache Verwendung im Dienst der Industrie verdankt. Unter dem Einfluss der Temperaturveränderung zeigt der Kautschuk ein eigenartiges Verhalten. Während ein Stück unter gewöhnlichen Temperaturverhältnissen beim Biegen und Strecken elastisch stets auf sein früheres Volumen zurückschnellt, hört die Elasticität schon bei 0 Grad auf. Bei einigen Graden unter Null wird der Kautschuk hart ohne sich jedoch brechen zu lassen, beim Erwärmen stellt sich die frühere Elasticität wieder ein. Die einzelnen Moleküle des Kautschuks untereinander weisen eine zähe Kohäsion auf. So ist es z. B. nicht oder doch nur mit grösster Anstrengung möglich, mit einem scharfen trockenen Messer den Kautschuk zu zerschneiden Es bedarf immer einer feuchten Klinge, um der Kohäsion wirksam zu begegnen und den Kautschuk zu zerteilen.

Reiner Kautschuk ist leichter als Wasser und schwimmt deshalb. (Spec. Gewicht = 0,9 bis 0,925.) Im Wasser löst er sich nicht, quillt aber sehr stark und nimmt bis zu 18% von seinem Gewicht auf.

Gegen die meisten Säuren zeigt der Kautschuk ein indifferentes Verhalten, dagegen löst er sich in seiner chemischen Eigenschaft als ein Produkt von Kohlenwasserstoff-Verbindungen ($C_4 H_7$) in einer Reihe von ätherischen Oelen, Terpentinöl, ferner in Schwefelkohlenstoff und dem in der Fabrikation am meisten zur Verwendung kommenden Benzin. Der Luft und

besonders dem Licht ausgesetzt, oxydiert der Kautschuk zu einer klebrigen, harzartigen Masse. Bis auf 120° erhitzt, schmilzt er und verbrennt bei einer Temperatur von etwa 200° mit stark russender Flamme. Kautschuk leitet Elektricität nicht, wird aber beim Reiben elektrisch.

Die erste Kunde, welche von dem Kautschuk nach Europa kam, verdanken wir dem kühnsten Entdecker aller Zeiten, dem grossen Columbus.

Im Anfang des 18. Jahrhunderts wird von Forschungsreisenden in Süd-Amerika berichtet, dass die Indianer rohe Schuhe und Gefässe aus Gummi im Gebrauche gehabt haben. Die erste eigentliche wissenschaftliche Erklärung über den Kautschuk als Produkt des Milchsaftes von Pflanzen verdanken wir dem geistvollen französischen Astronomen und Forscher La Condamine, demselben Mann, der auch Europa mit der Entdeckung der Chinarinde beglückte. Seine Forschungsreisen fallen in die Jahre 1735 und 1744. Der berühmte englische Chemiker Prisley nahm im Jahre 1770 die Eigenschaft wahr, dass Kautschuk sich zum Ausradieren von Bleistiftstrichen eigne. Bis zum Jahre 1820 war dies die einzige praktische Nutzbarmachung des Stoffes. Ein winziges Stückchen von 1 Kubikcentimeter Inhalt bezahlte man damals mit ca. 3 Mk. Es war den Schotten Thomas Hancock und Charles Macintosh vorbehalten, dem bisher vernachlässigten und wenig beobachteten Rohstoff den Weg zu einer neuen, wichtigen Industrie zu bahnen. Mit Recht bezeichnet man diese beiden Männer als die Pioniere der modernen Kautschuk-Industrie.

Hancock nahm im Jahre 1820 ein Patent auf elastische Gewebe aus Kautschukstreifen, und drei Jahre später gelang es Macintosh seine weltberühmten, wasserdichten Stoffe durch Bestreichen von Geweben mit in Steinkohlenbenzin gelöstem Kautschuk herzustellen. Wie diese Männer den ersten Anstoss gaben, den Kautschuk in den Dienst der Menschheit zu stellen, so war es dem Amerikaner Goodyear im Jahre 1839 beschieden, durch die Erfindung des berühmten Vulkanisierverfahrens, d. h. durch Verbindung des Schwefels mit Kautschuk bei entsprechender Hitze denselben temperaturbeständig zu machen, und damit die eigentliche Kautschuk-Industrie ins Leben zu rufen.

Wie Goodyear seine Erfindung für Amerika durch ein Patent ausbeutete, so nahm Hancock im Verein mit Charles Macintosh ein Patent auf das Vulkanisierverfahren fast gleichzeitig in England und begründete die heute noch existierende tonangebende Firma Charles Mc. Intosh & Co. in Manchester. Selten dürfte ein Patent seinem Inhaber ein so grosses Vermögen eingebracht haben, wie diesen beiden Männern. Von Amerika und England, der Wiege der Kautschuk-Industrie, verbreitete sich die Fabrikation nach Deutschland, Frankreich und Russland.

In Berlin gründete der Engländer Elliot 1849 eine Gummiwarenfabrik, aus welcher sich später die Berliner Aktien-Gummiwarenfabrik, heute die Vereinigten Berlin-Frankfurter Gummiwarenfabriken mit Filialen in Gelnhausen und Grottau in Böhmen entwickelten, eine Aktiengesellschaft, welche in ihren Etablissements an ca. 500 Arbeiter beschäftigt und zu den ersten Fabriken in der Branche zählt.

Neben Berlin, wo sich allein 10 grössere Gummifabriken befinden, hat namentlich in Hannover die Gummi-Industrie festen Fuss gefasst. Grössere Gummiwarenfabriken finden wir ausserdem noch in Harburg, Hamburg, Mannheim, Leipzig, Hildesheim, Köln, Gotha, Dresden und München. Die ausgedehnteste Gummiwarenfabrik auf dem Kontinent ist in Russland zuhause. Die St. Petersburger Gummiwarenfabrik beschäftigt nicht weniger als 5000 Arbeiter. Von der Bedeutung dieses Etablissements vermag man sich einen Begriff zu machen, wenn man vernimmt, dass täglich 40,000 Paar der bekannten russischen Gummiüberschuhe fertig gestellt werden können.

In Frankreich ist die Gummiwaren-Industrie besonders in Paris heimisch. In Italien finden wir in Mailand eine der besteingerichteten Gummiwarenfabriken. Auch in Oesterreich hat die Gummiwarenfabrikation in den letzten Jahren einen erheblichen Aufschwung genommen, und es versorgen mehrere Fabriken den Bedarf des eigenen Landes, sowie des Orientes.

Bei der Verarbeitung des Rohproduktes, welches, wie wir erwähnten, sehr unrein in den Handel kommt, ist es die nächstliegende Aufgabe des Fabrikanten, den Kautschuk von diesen Beimischungen, wie Erde, Sand, Holzfasern etc. zu befreien. Zu diesem Zweck wird der Kautschuk in Wasser gekocht und auf eisernen Walzen, über welche fortwährend Wasser läuft, zu Fellen und Streifen ausgewalzt. Die erdigen Bestandteile dieser Prozedur sinken während dieser Prozedur zu Boden. Die Kautschukfelle werden dann in Trockenkammern aufgehängt und gründlich getrocknet. Hierauf bringt man sie von neuem diesmal auf mit Dampf geheizte Walzen. Unter dem Einfluss der Hitze wandelt sich der Kautschuk in eine klebrige, kompakte Masse und kommt nun auf die Mischwalzen. Als unerlässliche Bedingung ist die Beimischung von Schwefel erforderlich, um die Gummiwaren gegen Temperaturwechsel unempfindlich zu machen. Es werden ferner die verschiedensten Chemikalien, mineralische, vegetabilische und animalische Stoffe den Fabrikaten zugesetzt, wie es gerade die mannigfaltigen Bestimmungszwecke erforderlich machen. Besonders spielen Kreide, Zinkweiss, Lithopon, Kalk und Schwerspat, Fette und Harze etc. in der Gummifabrikation eine Rolle; zum Färben für rote Gummiwaren verwendet man Goldschwefel und italienisch Rot, schwarze Ware erhält man durch Zusatz von Russ. In den Mischungen beruht das Geheimnis der Fabrikation, und es setzt kaum eine andere Branche soviel praktische Erfahrung voraus, wie gerade die Gummi-Industrie. Da eine chemische Analyse der Gummifabrikate sehr schwierig ist, dient dem Fachmann als hauptsächlichstes Mittel zur annähernden Beurteilung das specifische Gewicht, die Elasticität und Zugfestigkeit.

Es ist eine bekannte Erscheinung, dass Gummiwaren namentlich unter dem Einfluss des Sonnenlichtes und der Wärme leicht brüchig werden und zerfallen. Es beruht dies auf der zerstörenden Wirkung des Schwefels, die um so schneller von statten geht, wenn in der Mischung nur eine geringe Menge Gummi vorhanden ist.

Aus oben Gesagtem leuchtet ein, dass in der Gummi-Industrie das teuerste Fabrikat in der Regel das preiswürdigste ist, und sich durch längere Gebrauchsfähigkeit dem anscheinend im Preise billigeren aber minderwertigen gegenüber doppelt bezahlt macht.

Der nächstfolgende Prozess in der Gummiverarbeitung besteht darin, die fertig gestellten Mischungen auf Kalandern, d. i. grossen Walzwerken, zu Platten auszuwalzen Die Walzen dieser Kalander sind verstellbar, und man kann je nach Bedarf die Stärke der Platten bestimmen. Bis zu $\frac{1}{10}$ mm lassen sich noch gleichmässige Platten ziehen. Aus diesen Platten werden die meisten technischen Fabrikate angefertigt.

Um z. B. Schläuche herzustellen, legt man die Platten auf mit Talcum eingeriebene Eisen- oder Messingröhren, presst sie an den Nahtstellen zusammen, umwickelt sie mit Stoffumlagen und vulkanisiert sie in langen eisernen Kesseln bei gespanntem Dampf bei einer Temperatur von ca. 120⁰ bis 130⁰. Unter der Einwirkung der Hitze geht der Schwefel mit dem Kautschuk eine innige Verbindung ein, und die so erzeugten Waren sind gegen Temperaturwechsel widerstandsfähig Werden Mischungen mit quantitativ grösserem Schwefelzusatz einer erhöhten Temperatur von ca. 140⁰ bis 150⁰ längere Zeit in den Vulkanisierkesseln ausgesetzt, so bildet sich das sogenannte Hartgummi, welches ebenfalls vielfache Verwendung findet z. B. zu Kämmen, Thürgriffen, in der Telegraphie, zu chirurgischen Artikeln etc.

Alle Gummifabrikate wie z. B. Pumpenklappen, Billardbanden etc., die eine vorgeschriebene Gestalt haben, können nicht frei vulkanisiert werden. Man bringt die Mischungen in Eisenformen, in denen sie unter grossen mit Dampf geheizten Pressen ihre Form annehmen.

Ausser dem oben erwähnten Vulkanisierverfahren mit Dampf kennt man noch ein anderes System, das sogenannte kalte Vulkanisierverfahren. In der Praxis findet dies besonders Anwendung zur Herstellung der verschiedenartigsten chirurgischen Artikel aus Patentgummiplatten. Letztere werden aus grossen gekneteten und nachher eingefrorenen Gummiblöcken durch besondere Schneidemaschinen bis zu den feinsten durchsichtigen Tafeln hergestellt. Man taucht die aus solchen Platten hergestellten Fabrikate in eine Mischung von Chlorschwefel und Schwefelkohlenstoff, laugt sie aus, und trocknet sie bei 40⁰ in eisernen Schränken.

Gummierte Gewebe werden hergestellt, indem man den Kautschuk in Benzin oder einem anderen Lösungsmittel löst und ihn auf eigenen (Spreading-)Maschinen auf dem Gewebe aufstreicht.

Da die moderne Technik grosse Anforderungen an die Gummi-Industrie stellt, leuchtet es ein, dass eine auf der Höhe der Zeit stehende Gummifabrik allein schon zu den Pressen und dem vielseitigen Formenmaterial ein grosses Betriebskapital erfordert. Der gewaltige Aufschwung der Gummiwarenfabrikation basiert auf dem an Umfang und vielseitiger Nutzanwendung in der Industrie, sowie im täglichen Leben ständig zunehmenden Verbrauch der Gummifabrikate. Es darf wohl behauptet werden, dass die meisten Industriezweige und technischen Betriebe Gummi heute nicht mehr entbehren können.

Die Eisenbahn-Verwaltungen z. B. haben einen regelmässigen Konsum in Heiz-, Brems- und Lokomotivschläuchen sowie in Puffern und Ringen, die Schiffswerften und Maschinenfabriken, die Bergwerke und Kohlenzechen, die Papierfabriken und Brauereien, die Zuckerfabriken und chemischen Werke, sie alle gebrauchen den Gummi, sei es in Gestalt von Dichtungen, von Schnüren, Platten, Ringen, oder in Form von Walzen, Schläuchen, Treibriemen, Säurepumpen aus Hartgummi, Röhrenleitungen und dergl. mehr. Als ein Beispiel, in welchem Umfange einzelne Industrie-Betriebe Abnehmer der Gummifabriken sind, möchten wir nur erwähnen, dass z. B. der Verbrauch an Pneumatikreifen in der Fahrradbranche in Deutschland allein im Jahre 1895, niedrig veranschlagt, die Summe von ca. 4 Millionen Mark erreicht haben dürfte.

Und wie in der Industrie, so begegnet uns das Gummifabrikat bekanntlich auch im täglichen Leben auf Schritt und Tritt.

Die uns insonderheit interessierende Fabrikation des Pneumatikreifens erfolgt nach verschiedenen Methoden. Mäntel in Formen erzeugt, sind entschieden schöner als solche, die auf «Trommeln» hergestellt werden, dagegen muss man das erstere Verfahren als schwieriger bezeichnen, da bei dem Aufvulkanisieren des Gummi auf der Leinwandeinlage in den gusseisernen Formen nur zu leicht kleine Schönheitsfehler entstehen. Die Luftschläuche werden auf Stangen von Metall oder Glas vulkanisiert und weit über das gewöhnliche Mass der Inanspruchnahme in Bezug auf Luftdichtigkeit geprüft. Auch bei Herstellung der Luftschläuche weichen die Arbeitsmethoden der einzelnen Gummifabriken mehr oder minder von einander ab. Auf die einzelnen Specialitäten, über welche noch oft der Schleier des Fabrikgeheimnisses gezogen wird, genauer einzugehen, würde jedoch zu weitläufig sein. Das eine sei noch besonders hier konstatiert, dass alle Gummifabriken ihre fertigen Reifen in eigens dafür gebauten, dunklen Räumen aufbewahren, in welchen der Gummi nicht vom Tageslichte angegriffen wird und sich geraume Zeit konserviert. Leider befolgen nicht alle Fahrradfabriken zum Nachteile ihrer Kunden diesen über Aufbewahrung von Gummireifen gegebenen Wink. Die Red.

# Verzeichnis der in diesem Werke vertretenen Firmen der Fahrradbranche.*)

## Berlin.

**Frister & Rossmann, A.-G.** Altrenommierte Nähmaschinenfabrik, welche die Danziger Fahrradwerke im Jahre 1895 käuflich erworben hat und seitdem unter der Marke «National» ein Fahrrad auf den Markt bringt, das in jeder Beziehung ein vornehmes Modell darstellt.

**Deutsche Gummiwaarenfabrik, A.-G., vorm. Volpi & Schlüter,** führte vor 2 Jahren als erste deutsche Gummifabrik den einfachen Schlauchreifen (Single Tube) für Renn- und Halbrennzwecke wieder ein.

**Vereinigte Berlin-Frankfurter Gummiwaarenfabriken, A.-G.,** nennen ihren Pneumatik nach dem Vater der Gummi-Industrie in Deutschland, dem Engländer Elliot, «Elliotreifen».

**J. Schwarz** war zuvor in Chemnitz als Kassenschrank-Fabrikant thätig, erzeugte später mit bestem Erfolge Schutzbleche, Oelkännchen, endlich auch Laternen, und übersiedelte vor 1½ Jahren nach Berlin. Seine Laternen, vor allem die «Weltlaterne», werden als ganz vorzügliche Fabrikate gelobt.

## Bielefeld.

**Bielefelder Maschinenfabrik vorm. Dürkopp & Co.** Von Nic. Dürkopp 1868 gegründet, erwarb sich diese Firma bald den Ruf als einer der ersten der Nähmaschinenbranche. Die Fabrik erzeugt ausser Nähmaschinen und (seit 1886) Fahrrädern auch Gasmotore und ist der Gesamtarbeiterzahl nach entschieden die grösste Fabrik dieser Art in Deutschland (800 Pferdekraft und über 3000 Arbeiter, wovon ca. 2000 auf Fahrräder arbeiten). Dieselbe hat auch Filialfabriken bei Hamburg und in Wien. In Fahrradbestandteilen, als Kugeln, Naben und Pedalen, kann man diese Firma gleichfalls zu den leistungsfähigsten zählen.

**Bielefelder Nähmaschinen- und Fahrradfabrik, A.-G., vorm. Hengstenberg & Co.** Die 1876 begründete Firma befasst sich seit 1893 mit der Fabrikation von Fahrrädern und wurde 1895 in eine Aktiengesellschaft mit einem Kapital von 1,250,000 Mk. umgewandelt. Ihre Marke «Anker» hat sich dank ihrer unbestreitbaren Vorzüge schnell einen hochgeachteten Platz unter den deutschen Fahrrädern zu verschaffen gewusst, dergestalt, dass die Firma bereits 6000 Räder im Jahre auf den Markt liefert und beständig 400, in der Hochsaison 1000 Arbeiter nur in dieser Branche beschäftigt. Die 3 Dampfmaschinen repräsentieren 490 HP.

## Brandenburg a. H.

**Gebr. Reichstein, Brennabor-Fahrradwerke.** Von den drei Brüdern Reichstein 1871 als Kinderwagenfabrik begründet, fabrizierte die Firma einige Jahre später auch hölzerne Fahrräder. Jetzt dürfte sie der Produktionsziffer nach (1897: 35,000 Räder) mit 2150 Arbeitern von allen deutschen Fahrradfabriken an der Spitze stehen. Fabrikgebäude und Bureaux überraschen ebenso durch ihren imposanten Umfang wie durch die ausserordentlich praktische Anlage. Dampfkraft 450 HP.

## Braunschweig.

Die **Braunschweiger Fahrradwerke, Act.-Ges.**, von mehreren Braunschweiger Industriellen und Kapitalisten gegründet, besitzen in der Nähe des Nordbahnhofes einen geräumigen, hellen Fabrikbau. Für ihre Brunsvigia-Fahrräder haben dieselben schon im ersten Fabrikationsjahre sich ein Modell konstruiert, das allgemeine Anerkennung gefunden hat.

## Chemnitz.

**Wanderer-Fahrradwerke vorm. Winklhofer & Jaenicke,** Chemnitz-Schönau. Im Jahre 1885 durch Winklhofer & Jaenicke gegründet, erregte die Fabrik schon auf der ersten Leipziger Fahrradausstellung durch die exakte Arbeit und hochelegante Emaillierung ihrer Erzeugnisse allgemeines Aufsehen. Die Marke «Wanderer» muss man unstreitig eine deutsche Elitemarke nennen. Thatsächlich war in diesem Frühjahr die Nachfrage nach derselben eine so grosse, dass die Wandererfahrradwerke keinen Auftrag mehr annehmen konnten. Compound-Dampfmaschine von ca. 180 HP. 500 Arbeiter.

**H. Riemann** besitzt auf einer freien Anhöhe bei Chemnitz in schöner Lage einen ganz bedeutenden Fabrikbau und betreibt aufs Erfolgreichste die Herstellung von Sätteln und sonstigen Fahrrad-Utensilien.

## Dortmund.

**Nähmaschinen- und Fahrräder-Fabrik W. Stutznäcker.** Im Jahre 1872 begründet, befasste sich die Fabrik zunächst mit Specialmaschinen für Treibriemen, Steppdecknäherei und Plissee und nahm 1886 die Fahrradfabrikation im bescheidenen Umfange auf. Der grosse Beifall, den ihre Produkte fanden, veranlasste die Fabrik zu beständiger Vergrösserung des Betriebes, so dass sie heute ihre Regentfahrräder mit Recht zu den angesehensten Erzeugnissen rechnen darf. Das 25jährige Geschäftsjubiläum, welches heuer die Firma feierte, gab ihr Veranlassung zur Herausgabe eines Prachtkataloges, worin wir 15 Modelle vertreten finden. Den besonderen Beifall der Kenner findet die peinliche Sorgfalt, mit der die Fabrik ihre Kugellager fertigt.

## Dresden.

**Nähmaschinenfabrik und Eisengiesserei vorm. Seidel & Naumann.** Diese 1868 begründete, altbekannte Firma besitzt in Dresden-Friedrichstadt palastartige Fabriksgebäude. Wie ihr Nähmaschinenfabrikat sich seit Jahrzehnten den Ruf der Erstklassigkeit zu wahren wusste, haben Naumann's Germaniafahrräder sich unter allen deutschen Erzeugnissen einen der ersten Plätze gesichert.

**Aktiengesellschaft Fahrrad- und Maschinen-Fabrik vorm. H. W. Schladitz.** Leistungsfähige, ältere Firma der Fahrradbranche, welche infolge grosser Nachfrage nach ihren Fahrrädern erst vor kurzem ihr Aktienkapital vergrössern und zu Neubauten schreiten musste.

**Komet-Fahrrad-Werke, Kirschner & Co.,** begründet 1887, erzeugen die bestens renommierte Marke der Kometfahrräder und befassen sich ausserdem in grösserem Massstabe mit der Herstellung von Naben, Pedalen, Sätteln, Laternen etc. Eine Specialität der Firma bilden ihre vorzüglich gearbeiteten Gestelle mit dünnwandigen Rohren, horizontalem, kurzen Parallelbau und schmalen Tretkurbellagern.

**E. Kretzschmar & Co., Attilafahrradwerke,** gehören gleichfalls zu den älteren Fahrradfabriken, denen eine langjährige Erfahrung zur Seite steht. Die Firma ist Ende des Vorjahres in einen stattlichen Fabriksneubau übersiedelt und besitzt verschiedene patentgeschützte Neuheiten und Verbesserungen an ihren diesjährigen Modellen. Sie hat eine Filialfabrik in Teplitz sowie Engros- und Detail-Nieder.age in Budapest.

**Sächsisch-böhmische Gummiwarenfabrik, A.-G.** Diese bestens renommierte Fabrik geniesst den Ruf grösster Leistungsfähig..eit für Fahrrad-Gummiteile, wie Pedale und Bremsgummi. 1897 erzeugten die Werke der Fabrik ca. 60,000 Paar Reifen bei 4—500 Arbeitern und ca. 500 HP.

## Frankfurt am Main.

**Adler-Fahrradwerke vorm. Heinrich Kleyer** erzeugen eine deutsche Elitemarke. 1880 gegründet, erfolgte 1894 die Umwandlung in eine Aktiengesellschaft mit zur Zeit vielbegehrten Aktien. 2,500,000 Mk. Aktienkapital. Dampfkraft von mehr als 200 HP., über 1200 Arbeiter. Jahresproduktion pro 1897 ca. 30,000 Räder in 21 Modellen.

**Louis Peter, Mitteldeutsche Gummiwarenfabrik,** hat auf den Selbstverschluss des Wulstpneumatik ⟍⟍⟍ ausschliesslich Patente. Der Reifen dieser Firma zeichnet sich ähnlich wie der von Metzeler durch sehr schöne weisse Farbe aus.

**Ellis Menke,** leistungsfähige Grosshandlung für Fahrradzubehör, besitzt die Generalvertretung von Brooks & Cie. in Birmingham, der grössten und leistungsfähigsten englischen Sattelfabrik, und von Will. Bown in Birmingham, dem ältesten Fabrikanten von Kugeln, Naben, Pedalen etc.

## Hannover.

**Continental Caoutchouc- und Guttaperchafabrik, A.-G.** Für die Bedeutung dieses Riesenetablissements, auf welches wir in diesem Werke an verschiedenen Stellen hinzuweisen Gelegenheit hatten, und für die Güte seiner Fabrikate sprechen am besten die Ziffern der Jahresproduktion an Radreifen seit Aufnahme dieses Artikels. Dieselbe beträgt pro 1893: 55,632 Reifen, 1894: 161,565, 1895: 211,059, 1896: 387,537 und pro 1897 voraussichtlich 5—600.000 Reifen.

**Hannoversche Gummi-Kamm-Co.** Aktiengesellschaft mit 1,200,000 Mark Aktienkapital. Gegründet 1862. Maschinen mit ca. 1350 Pferdekräften, ca. 1200 Arbeiter, wovon ca. 350 auf Fahrradartikel arbeiten. Erzeugen einen ausgezeichneten Pneumatik mit dem in Kap. III beschriebenen «Hannover-Ventil».

## Harburg.

**Vereinigte Gummiwarenfabriken Harburg-Wien, A.-G.,** verwenden für ihre sehr haltbaren und geschätzten Pneumatikreifen ein eigenartiges, von keiner anderen Firma geführtes Gewebe.

## Heilbronn.

**L. Boie, Triumph-Fahrradwerke.** Die Firma wurde im J. 1865 für Kochherdfabrikation begründet und befasst sich seit 1888 in einer besonderen Abteilung mit der Fahrrad-Erzeugung. Gehört ihr Betrieb auch nicht zu den umfangreichsten, so hat sich die Firma doch den Ruf zu verschaffen gewusst, ein solides und preiswürdiges Fabrikat auf den Markt zu bringen.

## Köln.

**Cito-Fahrrad-Werke, G. m. b. H.** Die noch junge, erst im Vorjahre von dem Direktor Leo Hirsch im Verein mit mehreren Bankfirmen begründete Gesellschaft hat es bereits zu einer Jahresproduktion von 5000 Maschinen gebracht und damit den Beweis von ihrer grossen Leistungsfähigkeit geliefert. Die sieben Modelle der Firma befriedigen durch Solidität u. Eleganz.

**Rheinische Gummiwarenfabrik Franz Clouth in Köln-Nippes.** Die Firma gehört zu den vornehmsten ihrer Branche und bringt vorzügliche, mit Veith-Ventil versehene Reifen auf den Markt. Sie arbeitet mit einem ständigen Personal von 900—1000 Mann, woraus sich auch ihre hohen Produktionsziffern erklären.

---

*) NB. Einige Firmen, welche sich zu spät anmeldeten, konnten wohl noch im Kap. XVI, aber nicht mehr hier Aufnahme finden, da die Drucklegung dieses Bogens nicht länger verzögert werden durfte.

## Leipzig.

**Bruno Zirrgiebel,** eine renommierte, leistungsfähige Firma, erzeugt Lipsia-Fahrräder, sowie Luftpumpen en gros und en detail. Der Jahresumsatz weist die stattliche Ziffer von über eine Million Mark auf, und die Anlagen haben erst neuerdings durch einen Fabrikanbau für ca. 100 Arbeiter und Anschaffung einer neuen grossen Dampfmaschine Erweiterung erfahren.

**Thomann & Büttner.** Renommierte Sattelfabrik. Neuerdings besonders bekannt durch ihre «Reformsättel», welche in Kapitel XV näher beschrieben sind und durch welche zuerst das Prinzip des hygienischen Sitzsattels gegenüber dem Reitsattel praktisch durchgeführt erscheint.

## Magdeburg.

**Die Pantherfahrradwerke von Ernst Kuhlemann** besitzen von allen neueren Fahrradfabriken in Special- und Werkzeugmaschinen eine auffallend gute Einrichtung und haben letztere durch den Ankauf des in der Leipziger Ausstellung befindlichen, viel bewunderten grossen Wolff'schen Lokomobiles mit 200 Pferdekräften noch mehr vervollkommnet.

**Beisser & Fliege** sind vor ca. 2 Jahren von Chemnitz nach Magdeburg übergesiedelt. Die Firma leistet sehr Tüchtiges in Laternen, Teilhaber und kaufmännischer Leiter ist Louis Stein, der bekannte Inhaber der Bundes-Zeitung.

## Mannheim.

**„Drais"-Fahrradwerke, G. m. b. H.** Der allen Radfahrern wohlklingende Name Drais, der merkwürdiger Weise bisher noch von keiner der vielen Fahrradfabriken adoptiert wurde, hat hier endlich auf ein seiner Würde entsprechendes Fabrikat Anwendung gefunden, da das Erzeugnis der Draisfahrradwerke in Arbeit, Konstruktion und Ausstattung erstklassig genannt werden darf.

## Mühlhausen i. Th.

**Fr. Stephan** bringt verschiedene Sattelmodelle auf den Markt, die in Bezug auf Material, Arbeit und Form hervorragend genannt werden dürfen.

**Claes & Flentje** stellen eine sehr gute Radmarke, den «Claes-Pfeil» her. Sonstige Angaben über diese Firma fehlen, da unser Fragebogen unbeantwortet blieb.

## München.

**Metzeler & Co., Hof-Gummiwarenfabrik.** Wir finden an anderer Stelle dieses Werkes Gelegenheit, uns über Pneumatikreifen auszusprechen und thun dabei der eminenten Vorzüge des Metzeler'schen Erzeugnisses gebührende Erwähnung. In der That verdienen die Metzeler-Reifen die heute so oft gemissbrauchte Kennzeichnung «erstklassig» in jeder Hinsicht, das weiss jeder Fahrer, der sich des famosen Fabrikats bedient.

**Fahrradwerk Riesenfeld.** Die junge Firma verdankt ihre Begründung der Initiative des bekannten Münchener Grossgrundbesitzers L. Petuel und huldigt dem Prinzip, unter Umgehung des Zwischenhandels, direkt an das Publikum zu liefern. Hierbei hat sie sich die Aufgabe gestellt, auch dem Minderbemittelten ein aus gutem Material solide gebautes Fahrrad zu ausserordentlich mässigem Preise zu bieten. Sie sucht dieses Ziel dadurch zu erreichen, dass sie die Spesen auf ein Minimum verringert, also die teuren Reklamekosten vermeidet, und ferner nur gegen Kassa verkauft. So ist es der Fabrik möglich, für 165—175 Mark ein Rad zu liefern, welches vollauf einen Zweck erfüllt und stabil, dauerhaft und elegant genannt werden muss. Diese Thatsache wird auch durch den Umstand bestätigt, dass die Firma von März bis Mai 1897 700 Räder abgesetzt hat und bereits ein Personal von 70 geschulten Arbeitern beschäftigt.

**E. Härting.** Wohl die grösste deutsche Fahrrad- und Nähmaschinenhandlung. 75 Angestellte, 6 Verkaufsstellen und 5 grosse Fahrschulen. Umsatz pro 1897 ca. 4000 Fahrräder und 12,000 Nähmaschinen. Generalvertrieb der Olympia-, Opel-, Wanderer- und Columbia-Fahrräder.

**Chr. N. Schad.** Grosses Fahrrad- und Nähmaschinengeschäft. Vertreter der Dürkopp- und Swift-Räder. Lieferant der Diensträder für die bayerische Armee. Sehr beliebtes und infolge seiner aufmerksamen Bedienung und kulantesten Entgegenkommens sehr empfehlenswertes Geschäft.

**August Tochtermann** hält in seinem Fahrradlager gute deutsche und auch ausländische Marken, sowie einen grossen Vorrat von Zubehören und Ersatzteilen und hat sich durch seine aufmerksame Bedienung wie durch kulante Bedingungen einen grossen Renommee erworben. Erwähnung verdienen auch die Reparaturwerkstätte und die Fahrschule der Firma.

**Justus Waldthausen** fabriziert Fahrradteile en gros und besitzt eigene Patente. Seine Neuheiten bieten dem Sportsmen vielseitiges Interesse. Verschiedenes darüber findet man in den Kapiteln XV und XVI.

**Anton Anwander** sorgt für Bekleidung und Ausrüstung des Radfahrers «vom Kopf bis zum Fuss» und verfügt über ein reichhaltiges Lager von praktischen Neuheiten. Der liebenswürdige Chef der Firma geht auch jedem mit sportlichen Auskünften und Ratschlägen bereitwilligst zur Hand.

**Johann Deininger,** kgl. bayer. u. württembergischer Hoflieferant, bietet eine reiche Auswahl vorzüglicher deutscher, englischer und französischer Anzugstoffe, ferner Pelerinen, Sweater, Sporthemden, Strümpfe, Gürtel und alle anderen Bedarfsartikel.

**Fritz Schulze,** kgl. bayer. Hoflieferant, eine weltberühmte Firma für Lodenspecialitäten, verarbeitet nur die allerbesten Lodenstoffe und behauptet hinsichtlich der Qualität wie der eleganten Ausführung eine der vornehmsten Stellungen in der Kostümbranche. Auch die vielen Neuheiten der Firma in Seide- und Velvet-Artikeln sind dazu angethan, den Sportsman zu fesseln.

**F. Hirschberg & Co.** befassen sich lediglich mit Damen-Konfektion und richten ein Hauptaugenmerk auf die Schöpfung geschmackvoller Modelle für Radfahrerinnen-Modelle. Die Leistungsfähigkeit in dieser Branche ist ebenso renommiert wie der auserwählte Chick, der alle aus dem Atelier der Firma hervorgegangenen Kostüme kennzeichnet.

**Heinrich Schwaiger,** kgl. Hoflieferant, giebt durch seinen sehr interessanten, mit einer hübschen Einleitung versehenen Katalog, den er allen Reflektanten gratis zustellt, eine Vorstellung von dem enormen Reichtum seines Lagers an Sportausrüstungs-Artikeln, besonders in Alpen- und Radfahrer-Specialitäten. Da der Chef der Firma selbst ein eifriger Radler und Hochtourist ist, so bietet schon diese Thatsache Gewähr, dass man bei ihm nur wirklich praktische und solid gearbeitete Ware erhält.

## Nürnberg.

**Deutsche Triumph-Fahrrad-Werke, A.-G.** Als Schwesterfirma der Triumph Cycle Co. Ltd. in Coventry 1896 von deutschen Kapitalisten gegründet, wusste die Firma das von England her rühmlichst bekannte Renommee der Triumphfahrräder auch in Deutschland zu wahren. Die diesjährigen Triumphmodelle wurden ebenso rasch allgemein eingeführt als beliebt, so dass die strebsame Firma jetzt schon zur Kapitalvergrösserung und Aufführung von Neubauten gehen musste.

**Marsfahrradwerke, Paul Reissmann,** in Nürnberg-Doos. Die Marsfahrräder sind unter den Fabrikaten des dortigen Platzes durch die höchste Eleganz der Ausstattung hervorragend.

**Carl Marschütz & Co., Nürnberger Velocipedfabrik, A.-G.,** fabrizieren die rühmlichst bekannten Hercules-Räder, eine stabile, leichte Marke, die bei den Kennern regen Beifall findet.

**The Premier Cycle Co. Ltd.** ist eine Filialfabrik der englischen New Premier Cycle Co. Ltd. in Coventry, welche mit ihren diversen Filialen und Depots über ein Aktienkapital von 14 Millionen Mark verfügt. Der Produktionsziffer nach, nimmt die Premier Cycle Co. Ltd. unter den deutschen Fabriken den zweiten Rang ein. Ihre Erzeugnisse, die Helicalfahrräder, findet man auf dem ganzen Kontinent verbreitet.

**Siriusfahrradwerke, G. m. b. H.,** nennen einen stattlichen, modern eingerichteten Fabriksneubau bei Doos ihr eigen. Durch geschützte Neuheiten zeichnet sich die Konstruktion ihrer Fahrradmodelle vorteilhaft aus.

**Wölfel & Kropf,** älteste und grösste Fahrradhandlung Nürnbergs, hat schöne Läden im eigenen Hause und macht bedeutenden Umsatz. Die Firma besitzt die Generalvertretung der Deutschen Triumph-Fahrradwerke sowie den alleinigen Vertrieb der Specialfahrräder.

**Georg Stützel,** Radfahrer-Requisiten-Fabrik. Obwohl es schwer erscheint, die schon zahlreich vorhandenen praktischen Requisiten des Radlers durch noch praktischere Erzeugnisse zu übertreffen, so darf sich dennoch die Firma Georg Stützel rühmen, das fast Unmögliche erreicht zu haben. Ihre verschiedenen Konstruktionen von Rahmen-, Lenkstangen- und Satteltaschen, ihr Regenschutz, ihre Gamaschen, Bestecke, Taschenapotheken und hundert andere, meist sehr sinnreich konstruierte Requisiten zeichnen sich sämtlich durch Originalität der Erfindung und solide Arbeit aus.

## Offenbach a. M.

**Veith & Co.** Herr Veith ist wohl der erste und älteste Pneumatik-Konstrukteur in Deutschland und auch im Besitze der ältesten diesbez. Grundpatente, über deren Wert und Giltigkeit zur Zeit unter Umständen folgenreiche Prozesse geführt werden. Das neue Ventil dieser Firma, das in Kap. III beschrieben ist, hat seiner Einfachheit wegen eine grosse Zukunft.

## Rüsselsheim.

**Adam Opel** nennt sich die altrenommierte, 1862 gegründete Firma, welche allen Verlockungen zur Gründung in eine Aktiengesellschaft bisher widerstanden hat. Die Marke «Opel» ist in Nähmaschinen und Fahrrädern weltberühmt geworden. Das Verdienst, unter deutschen Fahrradfabriken zuerst eine Rennmaschine geschaffen zu haben, welche den englischen ebenbürtig war, gebührt unstreitig dem Hause Opel. August Lehr fuhr in seiner Glanzperiode den Opelracer, er wurde durch ihn gross und als er sich anderer Fabrikate bediente, verliess ihn sein Glückstern. Wer gute Rennmaschinen zu bauen versteht, kann gewiss auch tadellose Tourenräder herstellen. Für diese Thatsache liefert bei dieser Firma der sich jährlich steigernde Umsatz, die fortwährende Notwendigkeit sich baulich zu vergrössern, die sicherste Beweis. Nicht unerwähnt sei endlich hier noch, dass die Opel'sche Fabrik in Bezug auf automatisch arbeitende, amerikanische Specialmaschinen für Fahrradteile kaum von einer andern Fahrradfabrik am Kontinent erreicht wird.

## Stettin.

**Bernh. Stoewer, Nähmaschinen- und Fahrräderfabrik, A.-G.** Ein grossartig angelegter Fabriksbetrieb, der seit einem Jahre auch Fahrräder und zwar mit bestem Erfolge herstellt. Die Jahresproduktion beläuft sich auf 13,500 Maschinen.

## Steyr.

**Oesterreichische Waffenfabriks-Gesellschaft.** Seit 1867 bestehend, gehört die Firma jetzt zu den grossartigsten industriellen Etablissements Oesterreichs. Ihre 89 Fabrikgebäude bedecken einen Flächenraum von rund 45,000 Quadratmetern, und auf diesem ungeheuren Raume sind Maschinen mit einer Gesamtbetriebskraft von 4000 Pferdekräften in Thätigkeit. Von den 10,000 Arbeitern der Firma befassen sich 2000 mit der Erzeugung des famosen «Waffenrades», einer brillanten Maschine, die sich im Fluge die Sympathien der Radlerwelt erobert hat. 25,000 Räder verlassen in diesem Jahre die Fabrik.

## Wien.

**Gebr. Böhler & Co., Berg- und Hüttenwerke.** Diese in ihren Hauptbranchen weltberühmte Firma bringt die bestrenommierte «Böhler- oder Sternkette» auf den Radmarkt und erzielt damit enormen Umsatz.

**Jos. Reithoffer's Söhne** fabrizieren eine der besten Radbereifungen in Oesterreich.

15*

# XV. Besprechungen, Versuchsergebnisse, Neuheiten.

**Vorbemerkung.** Es sind der Redaktion eine grössere Anzahl von Gebrauchsartikeln, Zubehören und Ausrüstungsgegenständen von in diesem Werke vertretenen Firmen zur praktischen Erprobung überreicht worden. Es ist dies wohl der beste Weg, um neben den einmal üblichen Ankündigungen der Produzenten selbst das konsumierende Publikum auf den Wert dieser oder jener Neuheit oder Erfindung aufmerksam zu machen. Da nur das hier besprochen wird, was sich als wirklich zweckentsprechend erwiesen hat, dürfen wir unsere Leser auch speciell auf die nachstehenden Referate hinweisen.

---

**Billiges Qualitätsrad.** Es wurde schon vielfach darüber debattiert und polemisiert, ob es nicht möglich sei, gute, haltbare Räder für 100—150 Mk. auf den Markt zu bringen. Von gewisser Seite wurde dies entschieden verneint, von anderer befürwortet, und im grossen Publikum verhält man sich hierzu einstweilen ebenso abwartend, wie den exorbitanten Preisen und Aufschlägen gegenüber, womit viele Händler die Massengeduld in nicht gerade kluger Weise auf ihre Zerreissungsfähigkeit zu prüfen scheinen. Auch die Frage mit dem «äussersten Preis» eines guten Rades ist ein ähnliches Experiment, bei welchem sich derjenige die Finger sicherlich nicht verbrennt, der bei Zeiten loslässt, oder aber — geschickt zugreift!

Wir haben kein Interesse daran, diese Punkte hier näher zu erörtern. Wir prüfen lediglich das, was dem radfahrenden Publikum geboten wird, und urteilen ohne Voreingenommenheit auf Grund eigener Erfahrung und fachmännischer Erprobung. Von diesem Standpunkte aus soll nachstehend über ein **neues Rad** referiert werden, das als billiges Qualitätsrad zum Preise von 160—180 Mark demnächst auf den Radmarkt gebracht werden soll. Infolge einer sehr grossen Bestellung macht es sich eine unter dem Namen «**Velo**», Fahrrad-Gross-Vertriebsunternehmen zu Volkspreisen entstandene Firma, welche demnächst Näheres über ihre Organisation und über den Vertrieb ihrer Räder bekannt geben wird, zur Aufgabe, durch einen **Massenumsatz** auf die Kosten und zu Gewinn zu kommen. Wir haben das Muster-Modell dieser Firma, ohne Angabe der Provenienz und seines Preises, einem best erfahrenen Sachverständigen zur Erprobung und Zerlegung übergeben und von demselben folgendes **Gutachten** erhalten:

«Dem Unterzeichneten wurde unten beschriebene Maschine einer ihm völlig unbekannten Firma mit der Fabriknummer 80804 zur Prüfung und Begutachtung übergeben.

Die Tourenmaschine, 1897er Modell mit modernem, horizontalem Rahmen (Rohre grossen Durchmessers), schwarzer Emaillierung, Felgen in Elfenbeinfarbe, Tangentspeichen, Kontinentalpneumatik, auf 68⁴/₉ übersetzt, wurde auf einigen Touren auch bei schlechter Strasse und bergigem Terrain gefahren und unter fachmännischer Assistenz völlig zerlegt und untersucht. Hierbei zeigten sich folgende Eigenschaften: die Maschine besitzt grosse Kettenräder mit Böhler-Sternkette; dies und insonderheit die Konstruktion der staubsicheren und ölhaltenden Kugellager mit grossen Kugeln verleiht derselben einen sehr leichten Gang. Die Kugellager sind bei aller Vorzüglichkeit leicht zu montieren. Besondere Erwähnung verdienen die kräftigen Tretkurbelteile, die für die Dauerhaftigkeit des Triebwerkes von grosser Bedeutung sind.

Abgesehen von einigen kleineren Mängeln untergeordneter Natur, welche leicht vermieden werden können, ist die Ausführung der einzelnen Teile im übrigen in jeder Beziehung tadellos.» (Unterschrift.)

Dieses Gutachten deckt sich vollständig mit unseren eigenen Wahrnehmungen, welche auf einer grösseren Tour bei teilweise schlechten Wegverhältnissen vom Schreiber dieser Zeilen und einem seiner Mitarbeiter gemacht wurden, und es kann daher auf Grund dieser Feststellungen getrost behauptet werden, dass, wenn die einzelnen Räder der in der Ausführung begriffenen namhaften Bestellung durch Vermeidung der oben angedeuteten Mängel das Probemodell einerseits noch übertreffen und wenn andererseits durch eine zweckentsprechende Organisation bezw. Vertretung der Firma der Verkaufspreis, dem Hauptgrundsatz des jungen Unternehmens entsprechend, keine erhebliche Steigerung erfährt, dem radfahrlustigen Publikum in der That eine erstklassige, tadellose Maschine geboten wird, deren Erscheinen auf dem Markte von grosser Tragweite sein kann.

\* \* \*

**Neue Gabel-Konstruktionen.** 1. Gabelscheiden aus D-Rohren:

Ein neues und eigenartiges Profil zeigen die patentierten Vorder- und Hinterradgabelscheiden sämtlicher 1897er Sirius-Räder; vom Profil der eigentlichen D-Rohre unterscheidet sich dasselbe allerdings durch die stark abgerundeten Ecken und die dachförmige Innenseite. Diese Abweichung dient einer wesentlichen Vergrösserung des Widerstandsmomentes und es haben sich trotz sehr geringer Wandstärke (⁵/₁₀ bis ⁸/₁₀ mm) die mit solchen Scheiden versehenen Vorderradgabeln gegen Stösse sehr gut bewährt; ebenso bietet eine derartige Hinterradgabel dem Kettenzug hinreichenden Widerstand.  Eine Rahmenkonstruktion mit solchen D-Rohren zeigt insonderheit das 1897er Damenrad der Siriuswerke, das auf Seite 133 dieses Werkes abgebildet ist. Mit dem unteren Rahmenrohr parallel geht vom Steuerrohr aus ein zweites Rohr, welches aber nicht wie bei den älteren Rahmenformen direkt am Sitzrohr endigt, sondern sich auf ein nahezu horizontales Rohr stützt. Dieses stellt eine starre Verbindung zwischen dem unteren Rahmenrohr und dem Sitzrohr her. Auch giebt diese eigens den Anforderungen der Tragfähigkeit angepasste Neuerung diesem Rade ein gefälliges Aussehen.

2. Die «Normal-Fahrradgabeln» von Just. Waldthausen-München werden ebenfalls sehr günstig beurteilt und sollen von verschiedenen grösseren Fahrradwerken auf den 1898er Modellen eingeführt werden. Beide Gabelmodelle sind je aus einem Stücke.

Die Vorderradgabel ist aus zwei aneinander liegenden entsprechend gebogenen und mit Einlagen versehenen halbrunden Stahlrohren gefertigt und vermittelst einer aufgepressten Stahlhaube verbunden. Die Gabel ist ohne jede Lötstelle, ohne Verschraubung und wird demgemäss ein Bruch derselben auch bei der grössten Anforderung kaum vorkommen. Das Gewicht der Gabel beträgt nur 800—900 Gramm. Die äussere Form kann auf Wunsch auch der jetzt gebräuchlichen genau angepasst werden.

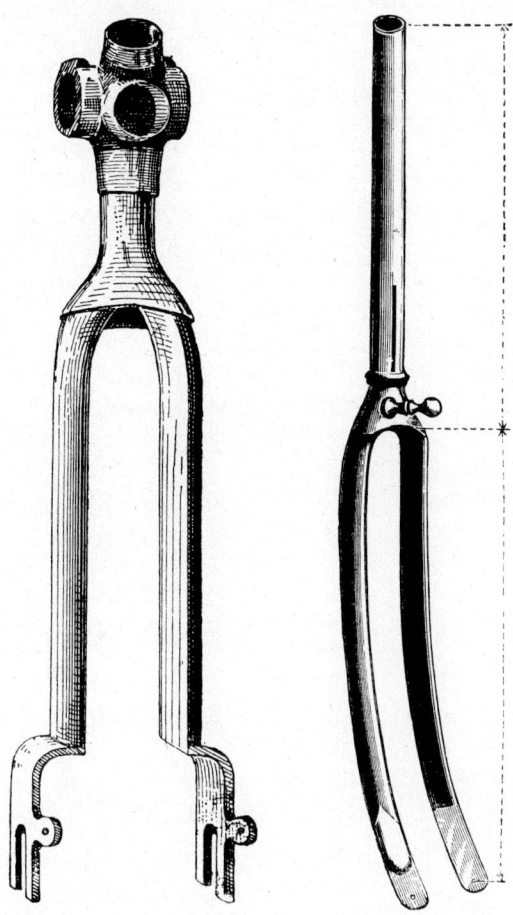

Normal-Vorderradgabel.     Normal-Hinterradgabel.

Die Hinterradgabel ist ähnlich konstruiert mit einem für die Aufnahme der verschiedenen Radteile zweckentsprechend façonnierten Gabelkopf. Bei den häufig vorkommenden Gabelbrüchen, welche schon oft das Leben des Fahrenden bedrohten, oder zum mindesten grössere oder kleinere Verwundungen zur Folge hatten, auch das Fahrrad vollständig gebrauchsunfähig machten, erscheint es zweckmässig, umfassende Versuche mit dieser Neuheit zu machen.

\* \* \*

**Neue Bremsvorrichtung.** Die «Drais»-Fahrradwerke in Waldhof-Mannheim bringen auf ihren neuesten Modellen eine Bremsvorrichtung an, welche um so beachtenswerter erscheint, als auch sie die Sicherheit des Radfahrers, insonderheit des noch ungeübten Radfahrers, zu erhöhen geeignet ist.

Bei dieser Konstruktion ist der rechte Handgriff der Lenkstange drehbar und derart mit dem Bremshebel verbunden, dass wirklich «im Handumdrehen» die Bremse ihre volle Wirkung entfaltet. Beim Bergabfahren sind zahlreiche Unglücksfälle bekannt, welche namentlich Damen zustiessen, welche infolge eines Handkrampfes oder wegen Ermattung die Bremse während der Fahrt losliessen. Es leuchtet ein, dass bei dieser Konstruktion das Anziehen der Bremse weit geringere Kraft erfordert, als das längere Festhalten des federgespannten Hebels. Am Herrenrad ist wohl die alte Konstruktion vorzuziehen, weil man das Gefühl der Stärke der Bremswirkung durch mehr oder weniger bethätigtes Anziehen des Bremshebels nur in der Hand empfindet, für das Damenrad dagegen bedeutet die Neuerung einen Fortschritt und eine Beruhigung für die Fahrerin.

Die «Drais»-Fahrradwerke gedenken diese Bremsvorrichtung zunächst auf ihren 1898er Modellen einzuführen.

\* \* \*

*Verschiedene Bereifungssysteme und Ventile.*

Wir haben im vorigen Kapitel auf den Kautschuk und die Gummi-Industrie im allgemeinen hingewiesen. Nachstehend wollen wir, unter Bezugnahme auf die produzierenden Firmen, einige Bereifungssysteme sowie deren Fabrikation besprechen, deren Vorzüge, nach jeglicher Richtung in weiteren Sportkreisen bereits bekannt, auch an dieser Stelle hervorgehoben zu werden verdienen (vgl. auch pag. 28 ff. des vorliegenden Werkes):

Continental «Non slipping».

**a) Die Continental Pneumatik.** Die Continental-Caoutchouc- & Guttapercha-Compagnie zu Hannover war der erste Grossbetrieb in Deutschland, welcher die Fabrikation von pneumatischen Reifen aufnahm. Der Continental-Reifen wird zur Zeit in drei verschiedenen Arten angefertigt:

1. Als Tourenreifen und zwar meistens in den Dimensionen 26, 28 u. 30×2", 1 3/4, 1 5/8" u. 1 1/2",

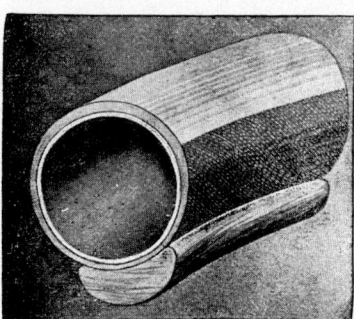

Continental-Rennreifen.

Derselbe ist speciell ein geeigneter Reifen für schwerere Maschinen und schwere Fahrer. Zwei starke Gewebe-Einlagen, mit einer genügend dicken Schicht Gummi bedeckt und durch Vulkanisation innig miteinander verbunden, verleihen diesem Reifen eine ganz besondere Haltbarkeit; infolge dieser dauerhaften Konstruktion ist derselbe namentlich da vorteilhaft zu verwenden, wo schlechte Wegverhältnisse die Bereifung stark in Anspruch nehmen.

2. Der Halbrennreifen wird gegen früher in einer neuen Form und hauptsächlich in den Dimensionen 26, 28 und 30 × 1 3/4, 1 5/8" und 1 1/2" mit einer besonders elastischen und doch widerstandsfähigen Einlage angefertigt. Dieser Reifen sollte nur für leichte Strassenmaschinen verwandt und von geübteren Fahrern benützt werden und ist in Betreff der Stärke je nach den Wegverhältnissen zu wählen. Verwöhnten Fahrern, die an Maschinen und Reifen die höchsten Anforderungen bezüglich Leichtigkeit, Schnelligkeit und Elastizität stellen, aber auch Maschinen und Reifen zu behandeln verstehen, kann er besonders empfohlen werden.

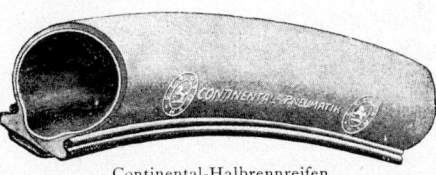

Continental-Halbrennreifen.

3. Der Rennreifen (Schlauchrennreif, single tube), dunkler, wird speciell in den Dimensionen 28 × 1 1/2", 1 1/4" und 1 1/8" gefertigt und besteht aus einem besonderen Gewebe,

das dem Reifen eine grosse Elasticität verleiht. Der Reifen wird in zwei Formen gefertigt, entweder als abnehmbarer Reifen zu Jointless-Hohlstahlfelgen passend, so dass ein Paar 28 × 1 3/8″ Reifen ein Gewicht von ca. 2 bis 2,5 kg hat, und als Schlauch-Rennreifen, für die Boston Holzfelge passend. Der Reifen muss auf die Felge gekittet werden; die Garnitur inkl. Boston-Holzfelgen wiegt nur 1,900 kg. Dieser Reifen wurde bereits von hervorragenden deutschen Rennfahrern, wie August Lehr, Huber, Mündner, Oberberger, Breitling, Habich u. v. a erfolgreich benutzt, wie überhaupt die Verbreitung der Continental-Pneumatik eine ausserordentlich grosse ist.

**b) Metzelers Münchener Pneumatik** darf als eine unserer besten und, ihrem äussern dauernd weissen Aussehen nach, entschieden als die eleganteste Bereifung angesehen werden. Zahlreiche unbefangene Urteile stimmen mit der auf Grund praktischer Erprobung beruhenden Anschauung des Verfassers vollständig überein, dass das Metzeler'sche Fabrikat, das nur in der einen Art (glatt und non slipping) hergestellt wird, besonders auf den schlechten und holprigen Strassen Bayerns, sowie auf

den Gebirgsstrassen allen Anforderungen genügte, welche ein Fahrer bei rücksichtslosester und strengster Benützung an dasselbe stellen muss. Als Tourenreif steht die Metzeler'sche Pneumatik rühmlich auf der Höhe technischer Vollendung. Zum Beleg — aus zahlreichen — möge hier angedeutet werden, dass der Meisterschaftsfahrer des S. R.-B. Kurt Wald-Leipzig auf ein und derselben Metzeler-Garnitur ab 1. März 1895 bis 1. Januar 1896 über 22,300 km gefahren hat.

**c) Die Imperial-Pneumatik der Sächsisch-Böhmischen Gummiwaren-Fabriken, A.-G., Dresden-Löbtau und Bünauburg b. Bodenbach i/B.** Die beiden vorgenannten Etablissements

der Gesellschaft produzierten in diesem Jahre ca. 60,000 Paar Pneumatiks, bei einer Arbeiterzahl von 4—500 und Maschinenanlagen von ca. 500 HP. Der Flächenraum beider Fabriken zusammen beläuft sich auf ca. 65,000 qm.

Die Gesellschaft produziert einen sehr widerstandsfähigen, guten Tourenreifen, glatt und non slipping (s. die beiden Abbildungen) und ausserdem einen Rennreifen (single tube. Vide Abbildung unten).

Ueber die technische Herstellung dieser Reifen sind wir in der Lage, folgendes zu berichten:

Zwei wohlgereinigte und ausgewalzte Gummiplatten, die eine Breite von 1 m und eine Länge von 25 m haben, werden auf einer Dubliermaschine, deren wichtigster Teil wie eine lange Wäschewringmaschine aussieht, zusammengepresst. Dieses Verfahren hat gegen das andere, den Luftschlauch gleich in Rohrform herauszupressen, den Vorteil, ein Poröswerden des

Schlauches zu verhüten, denn es dürfte ein sonderbarer Zufall sein, wenn beim Dublieren 2 poröse Stellen gerade übereinander zu liegen kommen würden.

Die nun zur Verarbeitung fertigen Platten werden in Streifen von 12 cm Breite und ca. 2 m Länge auf langen Tafeln geschnitten, auf gläserne Stangen der Länge nach herumgelegt und die Längsseiten genau gegeneinander zusammengedrückt, wodurch bereits ein guter Verschluss erzielt wird. Zur grösseren Sicherheit und Haltbarkeit wird noch auf diese Berührungsstelle ein Plattenstreifen von ca. 1¼ cm Breite aufgelegt und mit einer Walze festgedrückt. Nachdem noch ein Stückchen Platte mit Stoffeinlage aufgeklebt ist, um als Ventilstelle zu dienen, werden die umwickelten Stangen mit Talcum eingerieben, damit sie nicht zusammenkleben, und in den Vulkanisierapparat gebracht, woselbst sie einer Hitze von ca. 120 Grad längere Zeit ausgesetzt werden. Durch diese Behandlung erhält der Gummi erst seine bedeutende Festigkeit und Widerstandsfähigkeit.

Nach dieser Prozedur werden die Schläuche von den Stangen derart abgezogen, dass die auf den Glasstangen ganz glatt gewordene Innenfläche nach aussen kommt. Mit pein-

licher Genauigkeit werden darauf die Ventile eingesetzt und die beiden Enden des Schlauches zusammengeklebt, was durch Ueberstülpen der Schlauchenden geschieht.

Erfordert schon die Herstellung des Schlauches eine grosse Geschicklichkeit und Akkuratesse, so beansprucht die Herstellung des Mantels diese Eigenschaften in noch viel höherem Grade.

Um die Elasticität des Reifens zu erhöhen, wird auf eigenen Maschinen eine Einlage aus geklöppelter amerikanischer Baumwolle hergestellt, die nicht bloss den Reifen bedeutend elastischer macht, sondern auch eine grosse Haltbarkeit besitzt und bei der Vulkanisierung nicht im geringsten an ihrer Zug-

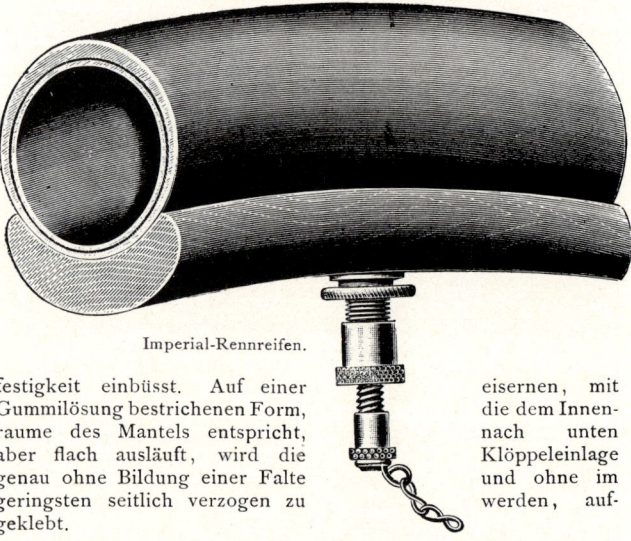

Imperial-Rennreifen.

festigkeit einbüsst. Auf einer mit Gummilösung bestrichenen Form, die dem Innenraume des Mantels entspricht, aber flach ausläuft, wird die genau ohne Bildung einer Falte und ohne im geringsten seitlich verzogen zu geklebt. eisernen, mit der dem Innen-nach unten Klöppeleinlage und ohne im werden, auf-

Eine zweite Einlage, ebenfalls aus amerikanischer Baumwolle bestehend und wie Segeltuch gewebt, wird darauf über die erste gelegt und in ihre beiden Längsseiten die beiden Wulste von zusammengerolltem und gummiertem Baumwollenstoff eingewickelt. Ueber diese doppelte Lage kommt ein Gummistreifen von ca. ³/₄ cm Stärke, welcher an der Leinwand haften bleibt und später sich in der Form verteilt. Zwei schwere eiserne Formen, deren Aushöhlungen dem äusseren Umfang des Reifens entsprechen, nehmen das Ganze auf. Mit starken Schrauben werden die Formenteile unter kolossalem Druck zusammengepresst und in den Vulkanisierapparat gebracht, um dann als vollendeter Mantel aus seiner eisernen Umhüllung herausgenommen zu werden.

In dem Montageraume werden Schlauch und Mantel auf Felgen gezogen und einem inneren Luftdrucke von etwas über 6 Atmosphären ca. 4—5 Tage ausgesetzt. (Also ungefähr dreifache Sicherheit.) Das geringste Nachlassen des Luftdruckes während dieser Zeit erklärt den Luftschlauch als unbrauchbar.

**d) Der «Tourist»-Reifen der Rheinischen Gummiwaaren-Fabrik Köln-Nippes** verdient ebenfalls hier besonderer Erwähnung. Er ist mit dem im III. Hauptartikel dieses Werkes bezw. auf pag. 30/31 näher beschriebenen Veith-Ventil versehen, und erfüllt alle Anforderungen, welche an einen haltbaren Dauer- und Tourenreif gestellt werden. Der «Tourist» wird ebenfalls glatt und non slipping hergestellt. Ueber die Fabrik selbst, welche 1862 gegründet wurde, dürften folgende Daten von allgemeinem Interesse sein:

Die Gesamtanlagen erstrecken sich über einen Flächenraum von mehr als 20,000 qm, wovon der weitaus grössere

Teil überbaut ist; abgesehen von den Kesselhäusern und Räumen für Betriebsmaschinen, bestehen die Anlagen zumeist aus hohen, hellen Shedbauten. Nebenbei bemerkt, giebt es hier einen Arbeitssaal von annähernd 3000 qm und zwei andere von mehr als 1500 qm Fläche, die in ihrer weiten Ausdehnung eine leichte Uebersichtlichkeit der darin untergebrachten Betriebe möglich machen. 10 Dampfmaschinen verschiedener Konstruktion, mit zusammen mehr als 800 Pferdekräften, befinden sich in Thätigkeit. Dazu kommen noch 3 Elektromotoren mit zusammen 70, und 2 Gasmotoren mit zusammen 5 Pferdekräften. Die Kesselbatterien umfassen 4 Boullieurkessel und 5 Röhrenkessel verschiedener Systeme mit zusammen ca. 1000 qm Heizfläche.

Die Arbeiterzahl der Fabrik beziffert sich auf 8—900, das kaufmännische und technische Beamtenpersonal auf mehr als 60 Personen.

In einem eigenen Konstruktions-Bureau werden alle, sowohl für das Werk selbst, wie auch für die mit den einlaufenden Aufträgen verknüpften technischen Fragen erledigt und in einer besonderen Reparatur-Werkstätte und Maschinenfabrik werden alle, von der Fabrik benötigten Formen, sowie auch eine grosse Anzahl von Maschinenteilen und ganzen Maschinen ausgeführt.

**e) Die Hannover Gummi-Kamm-Compagnie, A.-G. Hannover** bringt einen sehr haltbaren und elastischen Tourenreif **«Excelsior»**, glatt und non slipping, sowie einen Rennreifen (Single tube, cfr. Abbildung auf pag. 88) auf den Markt. Der Tourenreif hat das bekannte Hannover-Ventil (cfr. pag. 30 ff.).

Die Fabrik wurde 1862 gegründet, hat einen Grundkomplex von ca. 20 Morgen, wovon ca 14 Morgen überbaut sind und verfügt über ca. 1350 HP. Die Gesamtzahl der Arbeiter beläuft sich auf ca. 1200, wovon ca. 350 auf Radreifen arbeiten. Die Produktion der letzteren hat in den letzten Jahren eine ganz bedeutende Steigerung erfahren.

**f) Die «Elliot» Pneumatik-Reifen der Vereinigten Berlin-Frankfurter Gummiwaren-Fabriken Berlin — Gelnhausen — Grottkau i. B. und London.**

Die Elliot-Pneumatiks wurden in den üblichen Grössen von 24″ bis 30″ und in den Flächen von 1½″ bis 2″ angefertigt, sowohl mit glatter,

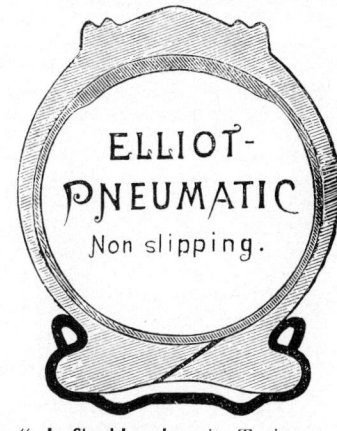

wie mit gerippter Lauffläche.

Die Firma verfertigt auch die schiffskielförmigen Universalreifen und Kissenreifen.

Die sämtlichen Reifen zeichnen sich durch ziemlich spitzes Profil aus, was eine geringe Reibungsfläche ergiebt und daher leichte und schnelle Fortbewegung. Eine starke Lauffläche bietet grösstmöglichen Schutz gegen das Eindringen spitzer oder scharfer Gegenstände.

Als besondere Neuheit und Specialität fabriziert die Firma den allenthalben gesetzlich geschützten „Veritas"-Luftschlauch mit Tricot-Gewebe-Einlage, dessen Vorzüge insonderheit darin bestehen, dass der Schlauch der Gefahr des Platzens weniger ausgesetzt ist, wenn der Mantel aus der Felge springt; das Tricot-Gewebe verhütet Vergrösserung etwaiger Defekte und es sind Reparaturen daher leicht ausführbar, weil grössere Risse fast ausgeschlossen erscheinen.

Der «Veritas»-Luftschlauch hält freiliegend ca. 2 Atmosphären Druck, so dass derselbe vor dem Einlegen auf etwaige Fehler genügend geprüft werden kann.

\* \* \*

**Neue Ventile.** Im Anschluss an das Kapitel bewährter Bereifungs-Systeme gehören auch noch einige Notizen über neue Ventile gebracht zu werden.

Das bis dahin gebräuchlichste Ventil ist das Dunlop-Ventil, das aber wegen seiner ziemlich leicht defektwerdenden Dichtung vermittelst des kleinen Luftschlauches manches zu wünschen lässt. Entschieden vorzuziehen sind daher die bereits auf pag. 30 ff. dieses Werkes näher beschriebenen und abgebildeten beiden neueren Ventile, das „Hannover"- und das „Veith-Ventil". Den Ansprüchen einfachster Manipulation entspricht namentlich das Veithventil, bei dem die Dichtung hauptsächlich auf ein dauerhaftes kreisrundes Gummischeibchen reduziert erscheint, das nur auch aus Leder oder Pappe erstellt werden kann. Difficiler ist die Rückschlagsdichtung, d. h. das kleine, dünne, kreisrunde Scheibchen des Rückschlagventils, das beim Aufpumpen der Reifen eine wesentliche Rolle spielt und nicht so leicht und einfach ersetzt werden kann, wie das grössere Scheibchen der eigentlichen Ventildichtung.

Aehnlich wie das Veithventil ist auch das **Lucasventil**, mit welchem die Continental-Pneumatiks versehen sind und endlich wird neuerdings auch in München durch die Firma Justus Waldthausen ein patentiertes Ventil unter dem Namen „Schwarzventil" in den Handel gebracht, das bedeutende Vorzüge auf seiner Konstruktion zu vereinen scheint.

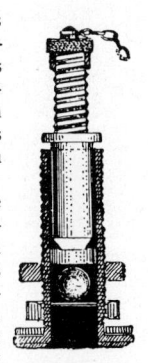

Von irgend einer Gummidichtung, welche dem Defektwerden durch Oxydierung etc. ausgesetzt ist, wurde hier gänzlich abgesehen. Ein präcis gearbeitetes — «mathematisch» rundes Glaskügelchen dichtet im Sinne eines Rückschlagventils gegen eine Lederscheibe. Dem festeren Anziehen oder Los- bezw. Aufschrauben des Ventilkörpers mit dem Pumpengewinde - Ansatz und Staubdeckel folgt das Aufpumpen bezw. Entlüften des Luftschlauches ganz analog wie beim Veithventil. Auch beim „Schwarzventil" wird zuerst die Pumpe auf-, dann der Ventilkörper hochgeschraubt und nach vollendetem Aufpumpen in umgekehrter Weise verfahren.

\* \* \*

**Stahlpanzerung des Luftschlauches.** Wir haben es bei diesem neuen Patente keineswegs mit einer neuen Idee zu thun, denn bereits vor einigen Jahren wurden in England Versuche mit einer ähnlichen Schutzvorrichtung gemacht. Die moderne Konstruktion hat aber verstanden, die Fehler der alten zu vermeiden, namentlich beeinträchtigt sie die Elasticität des Rades nicht und gewährt dem Luftschlauch vollständigen Schutz gegen jedwedes Defektwerden, das bekanntlich jeden Augenblick und durch den kleinsten spitzen oder scharfen Gegenstand, der auf der Fahrbahn oder Strasse liegt, verursacht werden kann. Nicht alle Fahrer sind bekanntlich reparaturkundig und nicht unter allen Verhältnissen — man denke an eine Nachtfahrt, an eine Dauer- oder Distanzfahrt, an ein Fahren in Sturm und Regen — kann ein Pneumatikdefekt sofort ausgeführt werden.

Da hilft und bewahrt davor die neue **Stahlschuppenpanzerung** mit a b s o l u t e s t e r Sicherheit!

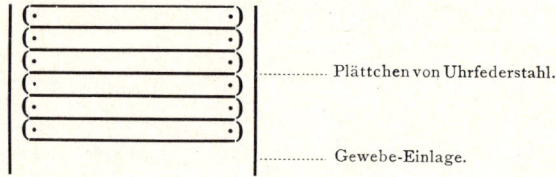

.......... Plättchen von Uhrfederstahl.

.......... Gewebe-Einlage.

S y s t e m   d e r   P a n z e r u n g.

Die Panzerung besteht aus einem an der Untenfläche mit einer Gummischichte überzogenen dichten Gewebe, auf dem dachziegel- oder schuppenförmig ganz dünne und sehr biegsame Stahlplättchen von ca. 43 mm Länge und 8—9 mm Breite links und rechts durch solide Vernietungen befestigt sind. Die Stahlpanzerglieder sind gegen den Rost mit einem bronzefarbigen Lack überzogen. Die ganze Breite dieser Panzereinlage, welche, zwischen Luftschlauch und Mantel gelegt, gerade auf die Lauffläche des letzteren zu liegen kommt, beträgt ca. 6 mm, die Länge richtet sich nach dem Radumfang und misst 2—3 cm weniger als die äussere Lauffläche des Mantels.

Die komplette Panzergarnitur hat für ein 28"-Fahrrad ein Maximalgewicht von 500 gr. Referent hat bereits verschiedene Touren mit dieser Schutzvorrichtung gefahren und kann sich nur mit vollster Anerkennung darüber aussprechen. Abgesehen von dem Mehrgewichte von 500 gr, das zwar bei einem schweren Fahrer keine Rolle spielt, erleidet, wie bereits erwähnt, die Elasticität der Bereifung und somit auch das leichte und angenehme, stossfreie Fahren keine nennenswerte Beeinträchtigung, dagegen ist man vollständig beruhigt und verschont vor jedweder unliebsamen Ueberraschung, welche durch gewöhnlich im unpassendsten Momente eintretende Pneumatikdefekte dem arglosen Fahrer bereitet werden. Das Montieren der Panzer ist höchst einfach, ebenso die von Zeit zu Zeit vorzunehmende Revision derselben in Bezug auf richtige Lage, Freisein von Rost, Staub und dergl.

\*
\*  \*

**Empfehlenswerte Sättel.** Auf die Anforderungen an einen guten Sattel ist schon an verschiedenen Stellen dieses Werkes hingewiesen worden. Insonderheit hat unser medizinischer Mitarbeiter in Kap. IX vom hygienischen Standpunkte auf dieselben verwiesen. Glatt und straff gespannt, vor allem richtig gestellt und für den Sitz die nötige Fläche bietend, das sind Bedingungen, die jeder normale Sattel zu erfüllen hat, und trotzdem gehen so viele Sattelarten zu sehr in die Länge auf Kosten ihrer Breite, oder sie weisen angenehm sein sollende Federnsysteme auf, welche jeden scharfen Tritt paralysieren, den Fahrer, namentlich aber die Fahrerin unnötig ermüden und bei der geringsten Steigung einen ganz überflüssigen Kraftaufwand erfordern.

Neuerdings ist aus hygienischen Gründen mit dem rationell gebauten straffen und glatten auch der geteilte Sattel in engeren Wettbewerb getreten und es hält schwer, zu sagen, welchem System der Vorzug zu geben ist. Indessen ist auch hier schon der Fehler gemacht, dass von gewissen Fabrikanten angenommen zu werden scheint, die Zweiteilung sei dafür da, um wechselnd der einen oder anderen Gesässhälfte ihren Bewegungen beim Treten entsprechend nachzugeben. Damit wird der Fehler der zu weichen Spiralfedersättel nicht nur erhöht, sondern der Sattel selbst direkt unbrauchbar und gesundheitswidrig. Hauptzweck der Zweiteilung ist und bleibt lediglich die grösstmögliche Entlastung des Mittelfleisches und die Erhöhung einer stetigen Luftcirculation ebenfalls von gesundheitlichem Interesse.

Für zweckentsprechend konstruierte glatte Sättel verweisen wir insonderheit auf die verschiedenen Modelle der Fabriken von **Stephan-Mühlhausen i. Th.** und von **Hugo Böheim-Düren i. Rheinland.** Wir haben von beiden Firmen auf pag. 38 oben links und rechts einige Abbildungen gebracht, auf welche wir hier Bezug nehmen. Die S t e p h a n -Sättel sind bei normaler Konstruktion etwas weicher und eignen sich mehr für leichteres Gewicht, die B ö h e i m -Sättel sind straffer und für den schwereren Fahrer passender. Hauptvorzug der letzteren ist die absolut verlässige und äusserst solide Befestigungsvorrichtung, bezw. Drehklammer, welche gestattet, den Sattel auf vertikale wie auf horizontale Stützen in einer Weise festzustellen, dass ein Verschieben während der Fahrt bei Bewegungen des Fahrers oder bei Stössen des Rades ausgeschlossen ist. Eine praktische Vorrichtung der Stephan-Sättel ist ein unter dem Sitzleder senkrecht zur Längsachse des Sattels angebrachter Ledersteg, welcher durch Zusammenhalten der Seitenteile des Sattels ein Auseinandertreiben derselben bei der Belastung und damit auch eine Reibung der Schenkel, oder ein gesundheitsschädliches Aufsitzen des Fahrers auf dem eisernen Sattelgestell oder auf der Klemme verhindert.

S t e p h a n - wie Böheim-Sättel sind besonders als T o u r e n s ä t t e l zu empfehlen; sie repräsentieren ausserdem d e u t s c h e Fabrikate, welche, in normaler Preislage, allen nötigen Anforderungen genügen.

Gewissermassen als Mittelglied zwischen dem glatten und dem geteilten Sattel steht der «Reformsattel» der Leipziger Firma T h o m a n n & B ü t t n e r. Derselbe ist ein ausgezeichneter und ziemlich hoch gepolsterter, 25—26 cm breiter, herzförmiger Ledersattel mit langem, nach vorn mässig ansteigendem durchbrochenen Schnabel-Ansatz. Die Basis, bezw. Sattelschale, mit dem Sitzfedergestell, das aus zahlreichen kleinen Spiralfedern mit weichem Polsterüberzug besteht, ist aus Metall. Der Sattel ist nach jeder Richtung verstellbar, das Körpergewicht ruht nur auf dem Polster, der Schnabelansatz dient lediglich zur Führung, seine Durchbrechung ermöglicht grösste Luftcirkulation.

Die Firma baut diesen Reformsattel in verschiedenen Modellen: Zunächst mit sehr nachgiebiger, elastischer Federung, d. h. mit einem sehr sinnreich konstruierten Federgestell, welches hinten zwei sehr starke Spiralfedern und vorn einen kräftigen Federndoppelbügel hat. Dieses Modell eignet sich besonders für die Gesundheits-Cyklistik, für ältere oder empfindliche Fahrer, bei Hämorrhoidalleiden, sowie für schlechte Strassen.

Ein weiteres Modell ist im Grundprinzip gleich, aber o h n e Federgestell und lediglich mit patentamtlich geschützter, auswechselbarer Befestigungs- und Verstellvorrichtung versehen. Aehnlich ist der Damensattel, jedoch im Schnabelansatz erheblich kürzer.

Die Sättel werden für wagrechte und senkrechte, hohle und volle Sattelstützen geliefert, d. h. die Befestigungsvorrichtung ist eine andere, je nach der Befestigungsart. Es kann also ein und derselbe Sattel nicht auf jeder Stütze verwendet werden. Die Einführung einer Universal-Befestigungsvorrichtung wäre im Interesse der Sache sehr zu begrüssen, ebenso muss der Firma geraten werden, die Sättel nicht zu breit zu halten; die Sitzbeinhöcker sind beim Menschen unterschiedslos 10 cm (beim männlichen) bis 12 cm (beim weiblichen Becken) von einander entfernt. Z w i s c h e n denselben sind die empfindlichen Teile. Was aussen herum ist und quantitativ variieren kann, ist unempfindliches Muskelfleisch und Fett. Wenn also, wie unser medizinischer Mitarbeiter auf pag. 158 ff. verlangt, links und rechts noch mindestens 5 cm Sitzfläche sich befinden, so erhält der Sattel eine Breite von 20—22 cm, welche völlig ausreicht. Eine noch grössere Breite vergrössert unnötigerweise das Gewicht und behindert das Aufsteigen über den Antritt.

Als ein ganz vorzüglicher Sattel und idealer T o u r e n s a t t e l ist endlich der «Excelsior-Sattel» der G u m m i - K a m m - Co., H a n n o v e r, zu bezeichnen, dessen Hauptansicht wir hier nochmals wiedergeben, während die instructive Untenansicht auf pag. 38 eingesehen werden kann. Der Excelsior-Sattel ist ein glatter Ledersattel, ca. 23—24 cm breit, in der Teilungsrinne gemessen ca. 10,5 cm lang. Er ist ebenfalls auf Metall gearbeitet; die höchst solide Polsterung aber besteht aus vertikalen Gummizellen. Als Federung dienen hinten zwei sehr starke und massive Spiralfedern, nach vorne ein einfacher in die vorgenannten Spiralfedern auslaufender Eisenbügel, an dem die auf jede Sattelstütze passende Universaldrehklammer angebracht ist (vgl. die Untenansicht auf pag. 38). Damit ist diese Beschreibung zu Ende und wie der gute und kräftige Reiter sich den dauerhaften harten Traber als Lieblingspferd aussucht, so greift der gesunde Fahrer, der mit keinen «hinterlistigen» Beschwerden zu kämpfen hat, namentlich für die Weitfahrt zum härteren Sattel. Charakteristisch ist beim Excelsiorsattel, dass man sich an seinen Sitz erst gewöhnen muss, denn er ist infolge der Gummizellenunterlage weich und doch nur wenig nachgiebig, dagegen sind Sitzbeschwerden durch die reichliche Luftcirkulation völlig ausgeschlossen. Die Federwirkung des Sattels beginnt normalerweise erst bei s t a r k e m Druck, ist aber gross genug, um alle Stösse des Rades infolge von Terrainunebenheiten oder Hindernissen abzuschwächen und zu parieren. Der Excelsiorsattel ist etwas schwer, e n t s c h i e d e n aber e i n e r u n s e r e r b e s t e n, gesundesten und einfachsten Sättel. Als Tourensattel darf ihm eine grosse Zukunft vorausgesagt werden, denn gerade die Fehler, welche dem im Prinzip gut gedachten amerikanischen «Christy-Sattel» zur Last fallen, vermeidet, ohne an Vorzügen einzubüssen, der «Excelsior-Sattel».

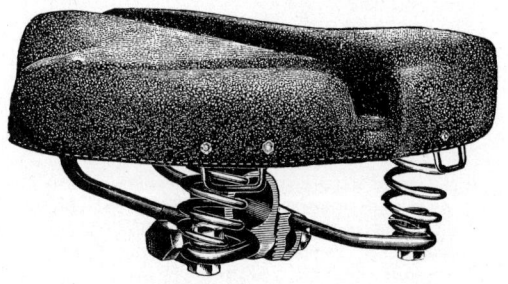

Zur Vervollständigung dieser Notizen geben wir nachstehend noch eine kleine U e b e r s i c h t ü b e r d i e G e w i c h t s v e r h ä l t n i s s e der hier besprochenen Sättel und zwar im Vergleich mit dem englischen «Brooks-Sattel», mit welchem zahlreiche Fabriken ihre Räder auszustatten pflegen:

1. Gewicht des kompletten engl. B r o o k s-Sattels 1,310 kg
2. Stephan-Halbrennsattel . . . . . . . . . 0,720 „
3. „ Tourensattel . . . . . . . . 0,750 „
4. Reform-Sattel mit grossem Federgestell . . . 1,510 „
5. „ ohne Federgestell . . . . . 0,920 „
6. „ Damen-Sattel ohne Federgestell . 0,890 „
7. Böheim-Düren, Tourensattel . . . . . . . 0,750 „
8. „ Damensattel . . . . . . . 0,995 „
9. Excelsior-Sattel der Gummi-Kamm-Comp.Hannover 1,220 „

\* \* \*

Im Anschluss an die Sättel sei noch der gefälligen **dreieckigen Satteltasche**[1]), wie überhaupt der eleganten und soliden Werkzeugtaschen der Firma S t e p h a n i n M ü h l h a u s e n i Th. Erwähnung gethan (cfr. auch pag. 41), und wer aus irgend welchen Gründen eine **Sattelauflage** haben soll oder m u s s, den verweisen wir auf die nachstehenden zwei Modelle, die so hygienisch als möglich konstruiert, die Annehmlichkeiten eines Polstersitzes mit solider und praktischer Anordnung verbinden. Die S t ü t z e l'sche Sattelauflage besteht aus einem dicken lockeren Wollsitz, welcher zwei den Sitzbeinhöckern entsprechende Ausschnitte aufweist. Zwischen den letzteren befindet sich noch für die Luftcirkulation ein Längsausschnitt. Das Ganze hat einen soliden, glatten Lederüberzug und wird mittelst Riemen vorn und hinten am Sattel festgeschnallt. Die durch die Firma J u s t. W a l d t h a u s e n-München vertriebene

[1]) Auch die Firma J. W a l d t h a u s e n-München bringt demnächst eine originelle dreieckige Rahmentasche aus Holz und Rohrgeflecht auf den Markt, welche, an japanische Arbeiten erinnernd, sehr leicht und gefällig ist.

**Schwarz - Satteldecke** hat eine rationelle Form mit rehlederem Polsterüberzug. Die Befestigung ist ebenfalls sehr einfach, der Sitz angenehm. Vor allen teppichartigen Auflagen kann dagegen nicht genug gewarnt werden, und wenn zehnmal darin an wenig passender Stelle ein kräftiges «All Heil» nach «Smyrner» Manier eingewoben ist. Alles bleibt bei solchen Auflagen in der Regel nicht heil!

\* \* \*

Die **Weltlaterne** von J. S c h w a r z - B e r l i n, eine grosse und elegante Petroleumlaterne, darf wirklich als eine der besten Laternen bezeichnet werden. Referent hat wenigstens bis dato keine andere Laterne gesehen, welche diese enorme Leuchtkraft besitzt. Es bezieht sich dies auf das grössere Modell genannter Firma, während das kleinere an Leuchtkraft auf der Stufe der übrigen Fabrikate steht. Da zu beiden Laternen auch G l i m m e r c y l i n d e r geliefert werden, ist der Fahrer, insonderheit der Tourist, dem das grosse Modell völlige Sicherheit bietet, auch vor der misslichen Situation bewahrt, welche einzutreten pflegt, wenn ein Glascylinder bricht oder springt, ohne dass Ersatz vorhanden ist. Mit Glascylindern ist der Lichteffekt allerdings der grösste und schönste.

Auch die verbesserte **Unique Lampe No. 2** der M a nh a t t a n B r a s s C o m p a n y, N e w - Y o r k, zeigt in ihrer originellen und eleganten Form einen unserer geschmackvollsten Fahrradbeleuchtungskörper. Die wenigsten Laternen sind brauchbar und hübsch zugleich. Die Unique Lampe vereinigt diese Vorzüge mit demjenigen genügender Leuchtkraft. Verschluss und Manipulation sind amerikanisch einfach und handlich, die Brenndauer soll sich auf 8—10 Stunden erstrecken. Alle Teile sind genietet, nicht gelötet, was ebenfalls wesentlich ist. Die Leuchtkraft wird gesteigert durch eine sehr starke geschliffene Konvex-Linse. Auch diese Neuheit wird auf den 1898er Modellen der «Drais»-Fahrradwerke Verwendung finden.

\* \* \*

**BORA**-Pumpen aus der bekannten Fahrradpumpenfabrik von B r u n o Z i r rg i e b e l-L e i pz i g werden in Deutschland wohl so ziemlich an der Spitze aller diesbezüglichen Fabrikate stehen. Die Firma liefert sowohl T a s c h e n- als Gestell- und Werkstattpumpen aus präcis und nahtlos gezogenen Messingröhren. Auch die Befestigung dieser Pumpen am Rade ist höchst einfach und praktisch.

Ebenso verdient das **Fahrrad-Manometer** von Zirrgiebel hier der Erwähnung, das besonders Anfängern und bei neuen Reifen gute Dienste leistet.

Meist werden die Reifen nicht genügend aufgepumpt, deshalb drücken sie sich sehr zusammen, und durch die reibende Bewegung werden die Gewebefäden mürbe, reissen und die Folge davon ist, dass die Pneumatiks platzen. Anstossen an Hindernisse drückt einen nicht genügend gefüllten Reifen so hart an die Felge, dass er zerdrückt wird und dies macht die Pneumatiks undicht.

Viele Reparaturen an Lufttreifen sind auf die ungenügende Luftfüllung zurückzuführen und es erspart daher der Gebrauch der Manometer Verdriesslichkeiten und Unkosten.

Die Firma erstellt zwei verschiedene Manometerarten und zwar Manometer mit einfachem Stutzen und mit Absperrvorrichtung. Letzteres gestattet die Abnahme und Wieder-anbringung des Manometers, ohne dass die Luft entweicht.

Es wird somit bei Anwendung solcher Stutzen für mehrere Räder nur 1 Manometer gebraucht uud das Fahrrad wird wieder um das Gewicht des Manometers entlastet.

\* \* \*

**Schutzvorrichtungen gegen Fahrraddiebstahl.** Um das vielbegehrte Fahrrad vor Diebstahl zu schützen, sind bereits verschiedene Massregeln und Vorrichtungen in Vorschlag gebracht und ausgeführt worden.

Besonders zweckmässig erscheint die von der Firma Seidel & Naumann-Dresden auf den Rädern dieser Firma bezw. an den Marken «Germania» 6, 9 u. 10 eingeführte und patentierte **abnehmbare Lenkstange.**

Zweck der Erfindung ist: ein leichtes Entfernen der Lenkstange ohne Lockerung des Gabelrohres zu ermöglichen und beim Wiedereinsetzen der Lenkstange ihr sofort die richtige Lage geben zu können, damit der Fahrer dieselbe stets mit sich nehmen kann, wenn er das Rad auf der Strasse stehen lässt. Das Abnehmen erfolgt auf ebenso einfache als mühelose Weise. So wird einer unberufenen Benutzung oder dem Diebstahl des Rades in sicherer Weise vorgebeugt, ausserdem leichtere und bessere Verpackung sowie bequeme und gute Aufbewahrung desselben ermöglicht.

**Die diebessichere Steuersperre** der Komet-Fahrradwerke, Kirschner & Co-Dresden, hat den gleichen Zweck und ist dabei von höchst einfacher Konstruktion:

Wie aus nachfolgenden Zeichnungen ersichtlich, wird die

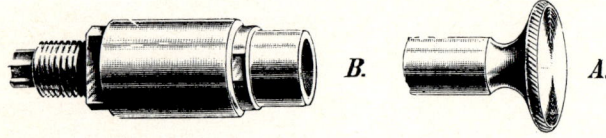

Feststellvorrichtung mittelst abnehmbaren Schlüssels «A», wovon ein jeder im Dorn verschieden ist, gesperrt, resp. durch leisen Druck in der den Mechanismus tragenden Patrone «B»

arretiert; das Rad wird dadurch sofort vor unbefugtem Gebrauch, also auch Diebstahl geschützt und kann nur wieder von dem Besitzer des betreffenden Schlüssels freigemacht werden.

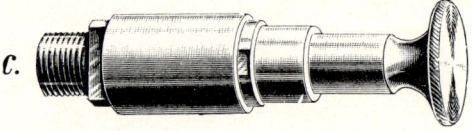

«C» zeigt den ganzen Apparat ausser Thätigkeit, dessen Montage in das Steuerrohr durch Einschrauben erfolgt. «B» zeigt den herausgeschlossenen Stift, resp. Apparat in Thätigkeit.

\* \* \*

**Die Antivibration-Holzlenkstange** der «Sport»-Fahrradwerke von Schaeffner & Taggesell in Oberursel bei Frankfurt a. M, deren Fabrikationsrecht die Firma von

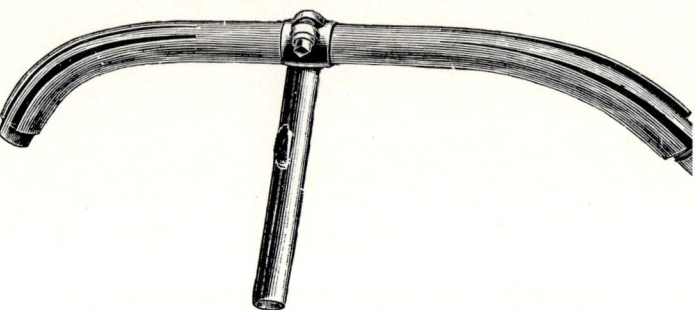

dem amerikanischen Erfinder O'Brien für ganz Deutschland erworben hat, stellt eine ebenso elegante als praktische Neuheit dar.

Diese aus zähestem Eschenholz gebogene Lenkstange ist auf beiden Seiten doppelt eingesägt, wodurch eine Federung erzielt und dabei doch der Stange eine so grosse Haltbarkeit verbleibt, dass ein Bruch fast ausgeschlossen ist. Ganz besonders beim Befahren schlechter, holperiger Strassen kommen die grossen Vorzüge der Antivibration-Lenkstange zur Geltung, indem die Stösse aufgenommen, die unangenehmen Erschütterungen des Körpers vermindert und infolgedessen nicht allein der Fahrer, sondern auch die Maschine geschont wird. Die Lenkstange ist durch Lösen von 2 Schrauben an dem Rohrverbindungsstück leicht verstellbar und eignet sich insonderheit für leichtere Luxusräder.

\* \* \*

Die **«Sternkette»** (vergl. Abbildung auf Seite 34) der Gebr. Böhler & Co. in Wien, welche die berühmte Oesterreichische Waffenfabrikgesellschaft Steyr auf Bestellung obgenannter Firma erzeugt, wird z. Z. als eine der besten Fahrradketten genannt. Wer übrigens weiss, mit welcher Gewissenhaftigkeit die «Waffenfabrik» mit ihren genauen Prüfungsmaschinen, mit Perspektiv, Mikroskop, Mikrometer und chemisch die Festigkeit, Elasticität, Konstruktion, Dehnung, Biegung und chemische Beschaffenheit ihrer Erzeugnisse feststellt, allenfallsige Bruchflächen untersucht und das Material schon im rohen Zustande sichtet, bevor sie es in ihren mächtigen Schmieden in Steyr und Letten verarbeiten lässt, den wird das obgenannte Lob keineswegs verwundern. Die Kette darf wirklich als «mathematisch genau» ausgeführt bezeichnet werden, was nicht nur zu einem leichten Gang der Maschine, sondern auch zur persönlichen Sicherheit des Fahrers wesentlich beiträgt. Auf Rennrädern wird die in verschiedenen Flächen gefertigte Böhlerkette ebenfalls gerne gesehen, und für starke Tourenräder ist sie besonders zu empfehlen.

\* \* \*

**Gepäckträger.** Es giebt bekanntlich viele Arten von Gepäckträgern, darunter aber wenige, die wirklich praktisch sind. Fast alle weisen den Uebelstand auf, dass das Aufschnallen des

Gepäckes sehr zeitraubend ist, die Löcher der Packriemen gewöhnlich da sind, wo man sie nicht brauchen kann und umgekehrt, und dass namentlich die Abnahme der Packung vielfach das Auseinanderfallen derselben zur Folge hat. Eine

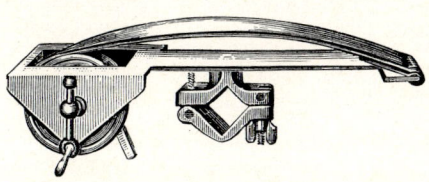

sehr schnelle und solide Packung ermöglicht nun der nebenstehende **Gepäckträger**, den die Firma Anwander in München verkauft, und bei welchem durch eine kleine Kurbel der Packriemen angezogen wird und selbständig auf jedem Punkte fest einstellt. Ein leichter Fingerdruck auf den in der Abbildung rechts von der Kurbel bemerkbaren Ausschaltehebel löst die Stellung und gestattet das Weitermachen der Riemen.

**Härting's Gepäckträger,** den J. Waldthausen-München anfertigt und vertreibt, hat den Vorzug, dass die Packung jederzeit mit einem Griffe von der Lenkstange entfernt und mitgenommen werden kann. Derselbe ist nämlich derart konstruiert,

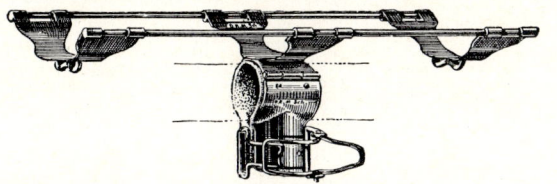

dass er mit dem sogen. «Bierflaschenverschluss» an der Lenkstangenstütze festhält. Die Packung bleibt dabei stabil, ein Verschieben derselben ist ausgeschlossen.

\* \* \*

**Waldthausen's Kleiderschutz** für **Damenräder** ist eine von Just. Waldthausen-München konstruierte Neuheit, welche den schweren Kettenkasten durch ein leichteres Rahmenwerk mit Rohrgeflecht ersetzt. Das Ganze wirkt sehr gefällig, indessen bleibt abzuwarten wie die Temperaturunterschiede, insonderheit wie die Nässe und Trockenheit sich zu dem Geflecht verhalten, d. h. ob sich dasselbe unter solchen Einflüssen nicht zieht, oder der Rahmen sich nicht wirft.

\* \* \*

**Persönliche Ausrüstung des Radfahrers.** Wir haben bereits an anderen Stellen dieses Werkes darauf hingewiesen, auf wie manches Industriegebiet der Radfahrsport seinen immer grösser werdenden Einfluss geltend macht, wie manches Erzeugnis nationalen Gewerbefleisses diesem jüngsten und mächtigsten Sporte seine Entstehung verdankt. Die persönliche Ausrüstung des Radlers und der Radlerin, vom geschmackvollen ganzen Kostüm bis auf zahlreiche Einzelheiten liefert hierfür allein schon den «klingenden» Beweis und hat in manchen Geschäftszweig frisches Leben und neue Schaffenskraft gebracht.

Die grossen Konfektionsfirmen sind mit Aufträgen jeder Art überschwemmt und wenn schon der Alpen- und Tourensport die Specialgeschäfte der Loden- und Wollstoffbranche ziemlich in Thätigkeit hielt, so wurde letztere noch erheblich gesteigert durch die Zweckmässigkeit dieser Stoffe für Radfahrzwecke. Im nächstfolgenden Kapitel XVI dieses Werkes sind einzelne Münchener Firmen nach dieser Richtung vertreten, welche auch auswärts alle Beachtung verdienen: In erster Linie das schon allenthalben bekannte **Specialgeschäft für Loden und Sportkostüme** von **Fritz Schulze**-München, Maximilianstrasse. Besonders die Tourenkostüme dieser Firma sind für Damen wie für Herren sehr praktisch und kleidsam. Unsere Aufnahme auf pag 125 des Damenkapitels darf als Beleg hierfür gelten. Zu bemerken ist noch, dass über die mehr oder weniger kurze Lodenhose von gleichem Stoff ein Rock auf der Lenkstange mitgeführt wird, der auf Wunsch auch als Pelerine getragen werden kann, und die

Fahrerin auf alle Fälle in den Stand setzt, nach Beendigung oder bei grösseren Unterbrechungen der Fahrt, sofort d. h. binnen wenigen Minuten in geschmackvollem und unauffälligem Reise- oder Strassenkleid zu erscheinen. Wenn wir nicht irren, hat die Firma Schulze auch die Licenz zur Anfertigung des von Frau Thenn-München erfundenen «Thenn-Sonderschen Verwandlungsrockes», welcher gestattet, aus einem Strassenkleide ein Radfahrerkostüm zu erstellen.

In ähnlicher Weise fertigt der bekannte **Modebazar von E. Hirschberg & Co., München**, ein sogenanntes «Welt-Rad-Verwandlungs-Kostüm», das zwar nicht die Welt oder das Rad oder alle beide, sondern einen feschen Kostümrock je nach Belieben für das Rad in Rock oder Hose verwandelt. Die Weltdame im Strassenkleid steigt demnach verwandelt als Radlerin aufs Stahlross und rechtfertigt so die immerhin etwas hyperbolische Bezeichnung. Ein geschmackvolles, luftiges Bolero-Jäckchen vervollständigt dieses Kostüm Im übrigen hat die genannte Firma auch reiche Auswahl an allen sonstigen modernen Rad- und Sportkostümen für Damen.

Für einzelne Bekleidungsgegenstände haben die Firmen **Anwander**- und **Deininger**-München ebenso grosse als geschmackvolle Auswahl; daneben ist aber auch einer Firma zu gedenken, welche, seit vielen Jahren auf dem Specialgebiete des Sportes thätig, auch für den Radfahrer eine Reihe höchst praktischer Ausrüstungsgegenstände verschiedenster Art auf den Markt bringt. Es ist die in alpensportlichen Kreisen bereits allenthalben bekannte Firma **Hrch. Schwaiger**-München, aus deren reichhaltigem Lager wir lediglich auf einige Neuheiten und Specialitäten hinweisen:

So führt gen. Firma eine sehr praktische **Radfahr-Pelerine,** von 500 gr. Gewicht inkl. Kapuze, aus blauem Patentstoffe, deren Vorzüge neben der Leichtigkeit darin bestehen, dass bei stärkstem Regen die Pelerine nicht die mindeste Feuchtigkeit aufsaugt, sondern steif wird und dadurch das lästige Anliegen vollständig verhindert. Nach Trocknen erhält sie sofort wieder die alte Geschmeidigkeit.

Als zweite Neuheit darf neben eleganten Sweaters aus bester Zephirwolle das «Thurings-Hemd» bezeichnet werden, welches in zweierlei Farbe — crème oder meliert — als bester Schweisssauger bezeichnet wird und bald grossen Anklang finden dürfte.

Neben **Brust-Geldtäschchen** aus Sämischleder und gefüttert, ein wohl schon lange bekanntes, kleines Ausrüstungsstück, kann als weitere Specialität ein **Netz-Rucksack** (blau oder grau) ev. mit «Knotenschloss» verschliessbar, für Damen und Herren gelten, der auch auf dem Rade äusserst praktisch ist und unbenützt in Grösse eines Taschentuches in der Rocktasche getragen werden kann.

Ebenso haben sich in Radfahrerkreisen **Velociped-Taschen** der Firma aus graugrün wasserdicht imprägniertem Segeltuch mit Aussentasche, bequem an der Lenkstange anzubringen, bereits eingeführt; Grösse 33 : 45 cm. Dieselben werden auch in gleicher Ausführung aus dem stahlblauen Patentstoff der Pelerine hergestellt.

Originell in ihrer Art, weniger ansehnlich als praktisch ist die **amerikanische Staubbrille** zu nennen, deren Gläser statt aus Glas aus durchsichtigem Glimmerschiefer bestehen und deshalb äusserst leicht sind. Dieselben können bequem über jedem Augenglas getragen werden und sind gegen Staub und Insekten ein gutes Schutzmittel.

Ein unentbehrlicher Ausrüstungsgegenstand ist auch ein leichtes **Toilette-Necessaire.** Ein solches wird wasserdicht aus Segeltuchstoff zusammenrollbar gefertigt und enthält je 1 Teil Zahnpasta, Lanolin und Seife, sowie einen Kamm, 1 Schwamm, 2 Sicherheitsnadeln und verschiedene Fäden und Nadeln; Gewicht 200 gr.

Grossen Anklang findet ferner das «**Vademecum**», ein Verband- und Arzneitäschchen für Touristen und Radfahrer. Diese wirklich praktische Taschenapotheke zeichnet sich durch handliche Form (10 : 14 cm) und leichtes Gewicht (130 gr) aus. Umgehung aller Flüssigkeiten durch Anwendung der Medikamente in trockener konzentrierter Form, praktische Zusammenstellung von Verbandzeug und den nötigen innerlichen Mitteln, völlig wasserdichte Umhüllung.

Inhalt: 2 Kompressen, 1 Binde, Sicherheitsnadel, Dermatolstreupulver, blutstillende Watte, Englisches Pflaster, Heftpflaster, Salicyltalg, Rotter-Pastillen, Bleiacetat, Uebermangansaures Kali, Kolikpillen, Chininpillen, Kolapillen, Natrontabletten, ebenso eine Gebrauchs-Anweisung, sowie Winke zur Hilfeleistung bei Unfällen und plötzlichen Erkrankungen.

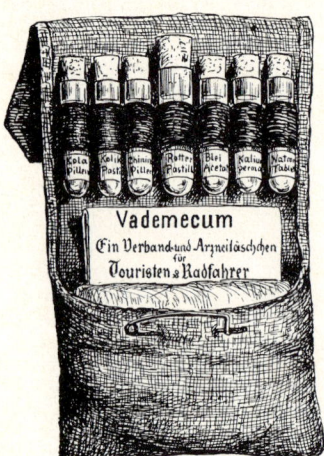

Ein noch einfacheres kleines Hilfsmittel bei Unfällen ist die **Verbandpatrone.** Inhalt: 1 Stück Verbandwatte, 1 Stück Jodoformgaze, 1 Stück Billroth-Battist, 1 Stück Kompresse, 1 Stück Kalikobinde, 2 m lang, 1 Stück Sicherheitsnadel, und neben diesen die **Salmiak-Fläschchen** in Metallschutzhülse mit Bajonettverschluss, sehr empfehlenswert bei Insektenstichen zur raschen Neutralisierung des Giftes.

Zu diesen Artikeln gehört auch der **Patent-Hosenhalter,** als Ersatz für Hosenträger, sowie für den Schnallgurt an der Hose, zugleich Armtragbinde, Bandage im Falle der Verwundung und sonstiger Unglücksfälle auf Reisen, Eisenbahnen u. s. w.

\* \* \*

Von der Firma **G. Stützel** in Nürnberg, Fabrik für Radfahrertaschen, Gürtel, Sattelpolster und Regenmäntel, verdienen ebenfalls verschiedene Neuheiten besonderer Erwähnung. In erster Linie:

**Die Universal-Stahlrosstasche.** So praktisch es in einer Hinsicht auch ist, das Rahmengestell durch eine demselben ganz angepasste Tasche voll auszunützen, so erweist sich diese Füglichkeit doch insoferne für unzweckmässig, als sie die Verwendung der Tasche vielfach erschwert. Fast jedes Fahrrad-System zeigt eine eigene Rahmenform und beansprucht deshalb die besondere Tasche, die überdies wegen ihrer unsymmetrischen rhombischen Gestalt ausserhalb der Maschine kaum zu benützen ist.

Diese Uebelstände soll die Universal-Stahlrosstasche beseitigen, die vor einigen Jahren mit grossem Erfolg eingeführt und seitdem noch vielfach verbessert wurde. Universal ist diese Tasche nicht bloss deshalb, weil sie vermöge

ihrer umsichtig gewählten Form für jedes Fahrrad verwendbar ist, sondern auch wegen ihrer geschickten Vorrichtungen, die es möglich machen, sie als Hand- und Umhängetasche, sowie als Tornister zu gebrauchen. Aus blaugrauem oder braunem Militärzelttuch hergestellt, mit Leder umnäht und mit einem vernickelten Vexierschloss versehen, gewährt diese Tasche ein hübsches Aussehen und verbindet mit einem geringen, kaum 1 Pfund betragenden Gewicht ein grosses Fassungsvermögen. Eine Aussentasche, die mit ihrem Inhalt auch aufgerollt werden kann, dient zur Bergung des Radfahrermantels und eine Kartentasche auf dem Deckel, sowie eine Revolvertasche an der Seite vervollkommnen eventuell die Ausstattung, die auf Wunsch auch auf eine Toiletten-Einrichtung ausgedehnt wird

**Stützels Wetterschutz für Herren und Damen.** Den bis dahin bei Regen-Pelerinen und Mänteln aller Art vielfach empfundenen Uebelständen, wie Behinderung der Bewegungsfreiheit, Vermehrung an Gewicht, Erhöhung der Körpertemperatur durch ungenügende Luftcirkulation u dergl., soll diese neue Schutzkleidung für Radfahrer abhelfen. Aus einem, vor kurzem erst eingeführten, wasserdichten Battist, dem sog. Mobastoff, hergestellt, besteht diese Schutzkleidung in der Hauptsache aus einem bequemen Jacket, das für Damen modisch zugeschnitten und ausserdem mit Aufschlägen versehen ist, die zum Schutze der Hände über diese gelegt werden können.

Das Herren-Jacket besitzt zwei einschlagbare bezw. anknüpfbare Schossverlängerungen, die, über die Knie reichend, zu deren Schutz mit Bändern an den Beinen befestigt werden. — An Stelle dieser Schossverlängerung tritt bei der Damenausrüstung eine Mobaschürze. Vervollständigt werden diese Schutzkleidungen durch eine Kapuze aus gleichem Stoff.

Diese Wetterkleidung besitzt unter allen Umständen den Vorzug grösster Leichtigkeit und geringster Raumerfüllung, denn eine Garnitur, bestehend aus Jacket mit Schossteilen, bezw. mit einer Schürze und aus einer Kapuze vermag in einer beigegebenen ganz kleinen Tasche untergebracht zu werden und wiegt mit dieser zusammen für Herren nur 290 gr, für Damen nur 450 gr.

\* \* \*

**Die Radausrüstung des Amateurphotographen.** Die Herstellung photographischer Aufnahmen ist besonders durch die Erfindung der Trockenplatten so erleichtert worden, dass jetzt Tausende von Amateuren mit kleinen Apparaten bewaffnet, sich als Andenken die schönen Punkte auf einer Reise oder auch die interessanten oder lauschigen Plätzchen der Heimat und deren Umgebung fixieren und ihrem Album einverleiben: «Selbst gemacht!» Die neuere Technik hat dabei auch das bis jetzt noch etwas störende Gewicht der Apparate bis auf ein Minimum vermindert durch die Erfindung, die lichtempfindliche Substanz statt auf Glasplatten, auf sogenannte Films (Gelatinehaut), nicht schwerer und dicker wie Papier, aufzutragen. Hierdurch fällt nicht nur das bedeutende Gewicht des Glases, sondern auch die kräftigere Bauart der Apparate weg, da diese Films durch Papier-Ueberzug vollständig lichtdicht geschützt sind und eine ganz leichte Umhüllung die Stelle der schweren Kamera einnimmt. Nur wenige hundert Gramm wiegt jetzt der ganze mit Films für zwölf und mehr Aufnahmen gefüllte Apparat.

Die Verwendung der Rollfilms gestattet Apparate zu konstruieren, die nur mehr einige hundert Gramm wiegen und somit überall hin leicht mitgeführt werden können. Ein entsprechender Tornister gestattet die leichte und elegante Befestigung am Fahrrade. Um auch jenen Herren gerecht zu werden, die sich von den Glasplatten nicht trennen können, wurden diese auch für Hand-Apparate in hochstehender Form gebaut. Früher musste man ferner, um die schon mit Aufnahmen versehenen Platten aus der Kamera zu entfernen und wieder neue einzusetzen, einen dunklen Raum und eine Lampe mit rotem Lichte benützen Auch von diesem Apparat ist man nun befreit: Auf freiem Felde entladet man die Kamera und setzt wieder eine neue Rolle ein! Da das Gewicht der Rollen nur wenige Gramm beträgt, kann man in der Tasche genügend viel mitnehmen, um nach Herzenslust Aufnahmen zu machen.

Es ist naheliegend, dass viele Radfahrer sich dieser verbesserten und leichten photographischen Apparate bedienen.

Zudem ist neuerdings ein eigenes Instrument konstruiert worden, d. h. ein «Velocipedstativ», auf welchem der Apparat leicht auf

der Lenkstange der Maschinen festgeschraubt werden kann, während das Stativ selbst zugleich als Luftpumpe dient.

Für Velocipedisten empfehlen sich besonders, ihrer Leichtigkeit und praktischen Einrichtung wegen, folgende Apparate:

**Pocket Kodak.** Der niedlichste photographische Apparat, auch für Damen, sowie für alle diejenigen, welche eine ganz unauffällige Camera wünschen. Bildgrösse 445 cm; wiegt geladen für 12 Aufnahmen nur 180 gr nud ist 6×7×10 cm gross. Mit Leder überzogen, Verschluss für Moment und Zeit; haarscharf zeichende Linse, guter Sucher. Bei jedem Tageslicht zu laden und zu entladen; in jeder Tasche leicht mitnehmbar.

Aehnlich konstruiert, nur etwas grösser, ist die

**Bulls-eye-Camera.**

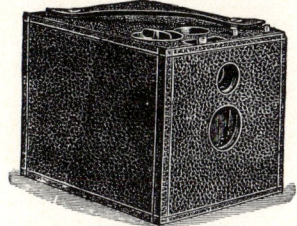

Diese giebt Bilder von 9×9 cm, ist geladen 600 gr schwer, und stets zur Aufnahme bereit. Wird ebenfalls bei Tageslicht geladen und entladen und ist mit schwarzem Leder überzogen.

Für noch grössere Aufnahmen, — die Grösse des Photogrammes beträgt 10×12 cm, — ist der Bulls-eye-Apparat Nr. 2, IV eingerichtet. Derselbe wiegt geladen 1 kg und schliesst sich in allen Vorteilen den zwei kleineren Nummern an. Derselbe besitzt bestes achromatisches Objektiv und ist mit einer Einstell-Skala versehen, welche genaues, scharfes Einstellen von 2 m Entfernung an bis ins Unendliche gestattet.

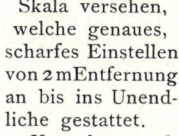

Bulls-eye IV.

Um aber auch jenen Amateuren gerecht zu werden, welche gerne mit Platten arbeiten, empfiehlt sich durch ihr elegantes Aussehen, geringes Gewicht und ihre ausserordentliche Leistung die **Alpha-Camera.**

Die Handhabung ist die denkbar einfachste, da mit einem Griffe (Druck auf einen Knopf) die Wechselung der Platte vor sich geht und sowohl diese als auch der Moment- und Zeitverschluss, das automatische Zählwerk etc. unbedingt sicher funktionieren.

In München führt die vorbeschriebenen Apparate die Firma M. Obergassner, Neuhauserstrasse 9, welche jedem Amateurphotographen zu Rad und zu Fuss empfohlen werden kann.

Auch die Optische Anstalt v. C. P. Goerz in Berlin - Schöneberg, besonders renommiert als eine der grössten Fabriken photographischer Apparate, erstellt einige für den Radfahrer-Photographen zweckdienliche Neuheiten.

In erster Linie ist dies der vielgenannte **Goerz-Anschütz-Klapp-Moment-Apparat,** benannt nach seinem Erfinder Ottomar Anschütz in Lissa, welcher in der Technik und Wissenschaft rühmlich bekannt ist durch seine hervorragenden Serienaufnahmen von in schnellster Bewegung befindlichen Objekten (springende und fliegende Tiere, Geschosse u. dergl.).

Der Goerz-Anschütz-Moment-Apparat für Platten 9×12 cm eignet sich deshalb vorzüglich für Radfahrer, da derselbe in einer besonders hierfür konstruierten Tasche bequem nebst 4 Kassetten untergebracht und im Rahmen des Rades mitgenommen werden kann. — Die Tasche ist mit wasserdichtem Segeltuch überzogen, sehr solid gearbeitet, mit festen Riemen und gutem Schloss versehen, enthält ausser dem Raum für den Apparat und die Kassetten auch eine Abteilung für das Werkzeug des Radfahrers. Das Gewicht der Tasche beträgt 1 Kilo; dazu das Gewicht des Goerz-Anschütz-Klapp-Moment-Apparates nebst 4 Kassetten 1200 Gramm, so dass das Rad durch Mitnahme eines vollständigen photographischen Apparates nur um 2200 Gramm erhöht wird.

\* \* \*

**Neue Fernrohre und Feldstecher für Radtouristen.** Ein kluger Radtourist wird ebenso wenig ins Blaue hinausfahren, als der gute Alpinist die Terrainschwierigkeiten an sich herankommen lässt. Für beide ist zweckmässige Aussicht ins Gelände, eine möglichst umfassende Wegaussicht von höchstem Wert und zum mindesten mit Zeit- und Kraftersparnis verbunden. Dafür muss man aber Instrumente besitzen, welche etwas taugen und welche namentlich «zu Rad», wo mit jedem Gramm Mehrbelastung zu rechnen ist, die durch erstere be-

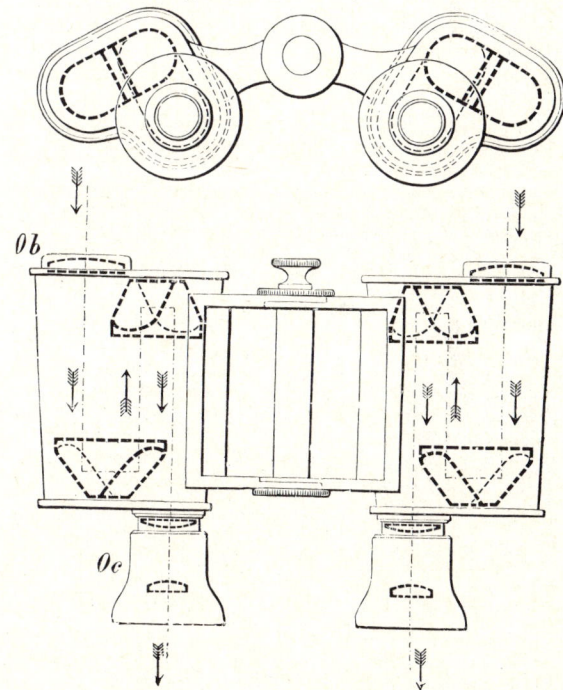

dingte Mehrbelastung rechtfertigen, ja notwendig erscheinen lassen. Bei unseren bisherigen Operngucker-Feldstechern traf dies nicht zu, da war es schade um jede Trittverschärfung, und wer gar mit einem Fernrohre dahergefahren wäre, den hätte man eher für einen radelnden Sterngucker als für einen Radtouristen gehalten. Dabei strengt namentlich das Fernrohr das Auge bekanntlich in geradezu schädlicher Weise an.

Nun ist vor einigen Jahren das durch seine Mikroskope weltberühmte Universitäts-Institut, bezw. die Optische Werkstätte von Karl Zeiss in Jena mit zwei **Doppel-Fernrohrarten** auf den Markt getreten, welche in Militär- und Sportkreisen gleiches Aufsehen erregten. Es sind dies **Zeiss'sche Feldstecher** einerseits und die **Relief-Fernrohre** andererseits.

Für den Radtouristen kommen namentlich die Feldstecher in Betracht, über deren Prismenanordnung etc. die Illustration auf Seite 237 Aufschluss giebt. Beiden Gattungen liegt als optisches Grundprinzip die Linsenanordnnng des sog. astronomischen (Kepler'schen) Fernrohrs zu Grunde.

Ein Sachverständiger bemerkt hierzu folgendes:

«Durch diese Anordnung wird schon von vornherein einerseits Kürze und Handlichkeit, andererseits ein grosses und scharfes Gesichtsfeld erzielt. Das letztere ist im Durchmesser dreimal, in der Fläche bis zu zehnmal so gross als das eines gleich starken Opernguckers. Weil nun aber astronomische Fernrohre umgekehrte Bilder geben, so sind die Zeiss'schen Rohre derartig eingerichtet, dass eine viermalige Spiegelung durch sogenannte totalreflektierende (Spiegel) Prismen stattfindet. Eine einmalige Spiegelung vertauscht bekanntlich rechts und links, ohne an der umgekehrten Lage des Bildes etwas zu ändern; bei paarweiser Spiegelung ist der ersterwähnte Fehler gehoben. Um aber das durch die Wirkung des Objektivs auf den Kopf gestellte Bild wieder aufzurichten, sind zwei Paare von Spiegeln nötig, die natürlich von bester Beschaffenheit sein müssen, damit das Bild durch sie nicht matt (lichtschwach) und unscharf wird. Die Sehrichtung bleibt hierbei die natürliche.

Diese vierfache Spiegelung, deren Einrichtung aus unserer Figur am besten ersichtlich wird, bringt nun weitere, zum Teil ganz erhebliche Vorteile mit sich. Einmal wird dadurch bei den Feldstechern eine ausserordentliche Kürze und Handlichkeit erreicht, welche nicht nur die eines sonst gleichen astronomischen Fernrohres, sondern sogar die der bisherigen Operngucker noch übertrifft. Sodann wird dadurch bei beiden Gattungen, besonders aber bei den Relief-Fernrohren, die Objektivdistanz gegenüber der Augendistanz bedeutend vergrössert, so dass der Beschauer seine Umgebung sozusagen mit den Augen (d. h. mit dem Augenabstand) eines Riesen sieht. Dies geht bei den Relief-Fernrohren so weit, dass die Augendistanz verfünffacht ist, und da das Tiefenunterscheidungsvermögen dem Produkt aus Augenabstand und Vergrösserung proportional ist, so gewährt ein Relief-Fernrohr von achtfacher Vergrösserung auf eine 40mal so grosse Entfernung, als die unbewaffneten Augen sie besitzen, die Fähigkeit, Gegenstände plastisch zu sehen.»

Die Zeiss'schen Feldstecher werden in 7 Grössen und Stärken konstruiert:

Mit 4facher Vergrösserung. Gewicht ohne Etui 350 gr. Preis 120 ℳ.
» 6 » » » » » 380 » » 140 »
» 8 » » » » » 410 » » 160 »
» 5 («Jagdglas») » » » 770 » » 200 »
» 7½ » » » » » 750 » » 200 »
» 10 («Feldstecher») » » » 730 » » 220 »
» 12 » » » » » 730 » » 220 »

Die Relieffernrohre in 2 Modellen:

Mit 8facher Vergrösserung, Gewicht ohne Etui 590 gr. Preis 180 ℳ.
» 10 » » » » » 710 » » 210 »

Die Etuis der Feldstecher schwanken zwischen 155 und 370 gr, die der Doppelfernrohre zwischen 265 und 310 gr.

Bezüglich der äusseren Form beider Instrumentarten verweisen wir auf die in der Ankündigung der Firma Zeiss im nächstfolgenden Kapitel XVI enthaltenen Illustrationen etc.

Auch die Doppelfernrohre der bereits erwähnten optischen Anstalt von C. P. Goerz, Berlin-Schöneberg, verdienen hier Erwähnung. Die Firma bringt dieselben unter dem Namen «Triëder-Binocles» auf den Markt. Sie folgen den nämlichen Konstruktionsgrundsätzen wie die Zeiss'schen Fabrikate (cfr. die Abbildung im Kapitel XVI) und werden in vier verschiedenen Grössen erstellt und zwar:

Nr. 10 mit 3fach. Vergrösserung. Gewicht ca. 500 gr. Preis 125 ℳ.
» 20 » 6 » » » » 600 » » 150 »
» 30 » 9 » » » » 750 » » 178 »
» 40 » 12 » » » » 900 » » 200 »

Der hohe Preis sowohl der Zeiss'schen als der Goerz-schen Instrumente wird bedingt durch ihre vorzügliche Konstruktion und durch die Qualität ihrer Linsen und Prismen. Wie dieselben alle bisherigen Fernrohre und Feldstecher völlig in Schatten stellen, so ist selbstredend auch ihre Herstellung eine ungleich teurere. Ihre Anschaffung dürfte aber keinen Touristen je gereuen

\*   \*   \*

Aus der weiteren Menge praktischer Gebrauchs- und Ausrüstungsartikel für den Radfahrer heben wir noch hervor:

Die sogenannten **Revolver-Kravatten** von Kronenberger & Klett in Pforzheim, deren Vorzug für den kravattenbedürftigen Sportsmann darin besteht, dass der unter dem Kinn gelegene oberste Teil stets verschoben werden kann, wenn er trüb, verschwitzt oder unsauber geworden ist.

Zur guten Fahrt gehören auch Proviant und «geistige» Stärkungsmittel. Speciell gegen Erschöpfung werden die Kolapräparate, hergestellt aus der Kola- oder Guru-Nuss, sehr gelobt, und vom Radfahrer sowohl in der Gestalt des bekannten «Kau-Kola» wie als «Kola-Nuss-Liqueur» mitgeführt (Vergl. die Annonce der Firma A. Reiter-München im Kap. XVI.)

In sehr kompendiöser und für Touren zweckmässigster Weise stellt ferner die Firma Korntheuer-München (cfr. Kap. XVI) kleine Dosen mit **Radfahrerproviant** zusammen, welche nicht nur stärkende und erfrischende Präparate für die Fahrt enthalten, sondern auch bei schlechter Bedienung Ersatz oder Würze bieten.

Dem Grundsatz endlich, «Wer sein Rad liebt, putzt es», trägt der «**Triumph-Glanz**» der Firma E. Blum-München Rechnung, und damit wäre so ziemlich für alles gesorgt, was selbst ein verwöhntes Radlerherz begehren kann.

# XVI. Geschäftliche Ankündigungen und Miscellen.

IN dem nachstehenden Teile unseres Werkes soll der **deutsch-nationalen Fahrrad-Industrie** und **allen** damit zusammenhängenden Ge-werbezweigen Gelegenheit geboten werden, ihre Erzeugnisse und Fabrikate dem Leser vor die Augen zu führen

Dieser Teil bildet demnach eine grosse **radsportliche Ausstellung** in litterarisch-graphischer Form. Fast alle bedeutenderen Firmen sind in hervor-ragender Weise daran beteiligt und so enthalten die folgenden Blätter sehr vieles, was manchem Leser noch fremd, für jeden dagegen von grossem Interesse ist. Um diesen Abschnitt noch mannigfaltiger und lebendiger zu gestalten, sind in denselben zahlreiche interessante und anziehende **kleinere Mitteilungen aus dem Radsport-Wesen und Leben** eingestreut, welche die grossen Leit- und Hauptartikel nach vielen Richtungen ergänzen und gewissermassen illustrieren. —

## Geschwindigkeiten in einer Stunde.

Nachstehend geben wir nach «The Hub» (aus Centralblatt für Radsport und Athletik) eine interessante vergleichende graphische Darstellung der Stundenleistungen in
englischen Meilen, umgerechnet in Kilometer auf den verschiedenen Gebieten.

| | |
|---|---|
| Schwimmen . . . . . | 3218 m |
| Gehen (Rekord) . . . | 13 km 121 m |
| Segelschiff . . . . . | 16 km 90 m |
| Laufen (Rekord) . . . | 18 km 589 m |
| Schlittschuhlauf (Rekord) | 25 km 749 m |
| Traben (Rekord) . . . | 32 km 186 m |
| **Hochrad** (Rekord) . . | 34 km 526 m |
| **Dreirad** (Rekord) . . | 37 km 745 m |
| Automobile . . . . . | 40 km 233 m |
| Dampfschiff (Rekord) . | 43 km 250 m |
| **Zweier-Niederrad** (Rekord) | 50 km 444 m (jetzt 61 km)! |

**Adler-Fahrradwerke,** *vorm.* **Heinrich Kleyer, Frankfurt a. M.**
Vertretungen auf allen bedeutenderen Plätzen.

**Tod eines Weltumfahrers.** Der Weltumradler Hans
Knoll, der anfangs August 1895 München verlassen hat,
um in östlicher Richtung die Erde zu durchqueren, ist am
4. April in Teheran gestorben. — Der Amerikaner Frank
Lenz, der einige Jahre vorher denselben Plan ausführen
wollte, wurde bekanntlich in Armenien ermordet. Dagegen
ist Heinrich Horstmann aus Barmen, der für den
«Radfahr-Humor» München in westlicher Richtung seine
Erdenrunde antrat, nunmehr glücklich zurückgekehrt.

**Der Kilometerweltrekord,** seither mit 1 Min. 10 Sek.
im Besitze des Holländers Jaap Eden, wurde am Dienstag
auf dem Pariser Seine-Velodrome von dem Franzosen
Lambrecht aus Lyon geschlagen; derselbe legte den
Kilometer in 1 Min. 9¹/₅ Sek. zurück. Die Zeit wurde von
einem offiziellen Zeitmesser der U. V. F. genommen und
kommt einer Schnelligkeit von 52¹/₂ Kilometer in der Stunde
gleich. Während des Trainings soll Lambrecht sogar bei
einem nicht offiziell kontrolirten Versuche nur 1 Min.
8 Sek. gebraucht haben.

**Eine Schnelligkeit von 61 Kilometern in der
Stunde** erreichte, ebenfalls im Pariser Seine-Velodrom, der
siegreiche Zweisitzer Leneuf-Dernaucourt, welcher
die letzten 200 Meter in 11⁴/₅ Sekunden zurücklegte, bis
jetzt war die beste Zeit 12 Sekunden, gleich 60 Kilometer
für die Stunde. Die amtlich festgesetzte Geschwindigkeit
der deutschen Schnellzüge beträgt 75 Kilometer per Stunde.

**Der Radsport in Amerika.** Schätzungsweise giebt
es in den Vereinigten Staaten jetzt ungefähr 4 Millionen
Radfahrer, in New-York allein mehr als 200,000. Im ver-
flossenen Jahre wurden etwas mehr als 1 Million Maschinen,
sowohl Zwei- als Dreiräder, von mindestens 250 Fabrikanten
verfertigt. Ungefähr eine Viertelmilliarde Mark Kapital ist
in den Fahrräderfabriken Nord-Amerikas angelegt, welche
75,000 Personen Beschäftigung geben.

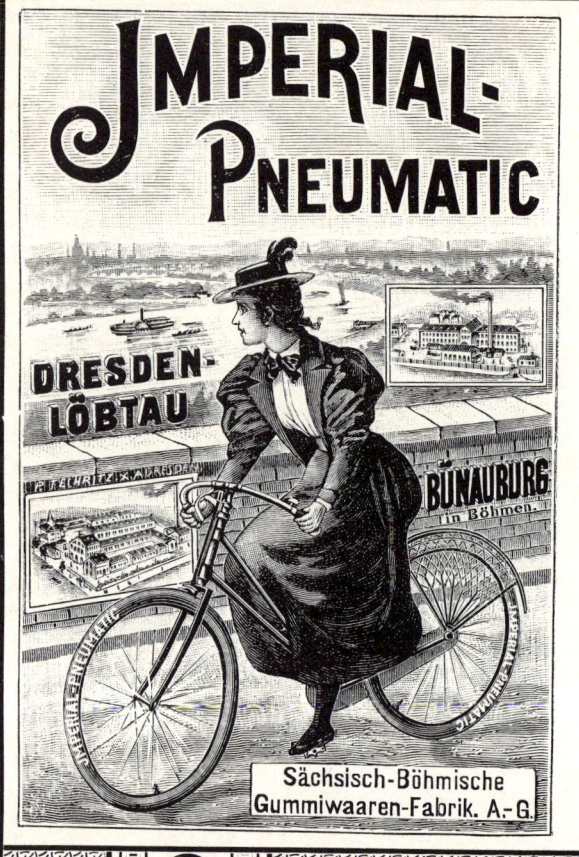

## Ziffern und Daten aus dem englischen, amerikanischen, französischen und schweizerischen Radfahrsport.

Englands Fahrräderexport. Aus London wird gemeldet: England hat im letzten Jahre für 1,860,972 Pfund Sterling Fahrräder ausgeführt, gegen 1,386,420 Pfund Sterling in Jahre 1895. Der grösste Konkurrent Englands auf diesem Gebiete sind die Vereinigten Staaten.

Vom amerikanischen Radmarkt wird allerdings berichtet, dass im letzten Jahre die Produktion die Konsumtion weit überschritten hat, und dass dies Jahr ein Rest von 350,000 unverkauften Rädern an den Mann gebracht werden soll. Daher alle die amerikanischen Modelle in Europa! — Eine New-Yorker Zeitung behauptet, es gäbe nur drei Arten von schweren Verbrechern: Einbrecher, Mörder und auf öffentlichen Strassen hetzende Radfahrer!

Nach den Berichten der französischen Verwaltung der indirekten Steuern überschritt die Zahl der gefahrenen Niederräder in Frankreich zur Zeit der 89er Ausstellung kaum 50,000; 1892 zählte man 119,000, 1893 132,000. Am Ende des Jahres 1894 waren die Steuern von 160,000 Maschinen bezahlt worden, und im Jahre 1895 von 189,000.

Eine von ungefähr 3000 Radfahrern unterzeichnete Petition wurde dem Magistrat der Stadt Genf eingereicht. In der Bittschrift wurde über den schlechten Zustand der Strassen der Stadt Klage geführt und um Abhilfe gebeten. Dieselbe hatte zur Folge, dass sofort eine Summe von 280,000 frcs. zur Verbesserung der Strassen der Stadt und deren Umgebung angewiesen wurde. Das wenn's in München gäbe!

 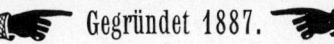

**Wie Damen das Radfahren erlernen.** Ueber die Frage, wie Damen das Radfahren erlernen, hat ein Mitarbeiter des «Neuen Wiener Tagblatts» den Lehrer einer Wiener Radfahrschule einvernommen:

«Lernen die Damen rasch?»

«Die meisten. Die Hauptsache ist, ihnen Vertrauen zu geben. Um dies zu erreichen, achten wir vor allem darauf, dass die Schülerin niemals falle. Keine der Damen, die wir in unserer Obhut haben, ist während dieser Zeit vom Rade gestürzt.»

«Glauben Sie aber nicht, dass einige kleine Stürze geeignet sind, das Lernen zu erleichtern?»

«Gewiss; aber die meisten Damen wünschen, dass der Prozess des Lernens sich absolut schmerzlos abwickle, und wir müssen dem Rechnung tragen.»

«Wie viel Lektionen braucht eine Dame durchschnittlich?»

«Einige können schon nach sechs Lektionen fahren, andere nehmen zwölf und mehr Stunden. Vor kurzem brachte ein Herr seine Ehehälfte zu uns und wünschte, dass sie das Radfahren so schnell als möglich erlerne. Während ich die Dame zweimal herumführte, sah er zu, und dann sagte er, er wolle sie selbst unterrichten. Ich hatte natürlich nichts dagegen, und so unterrichtete er sie denn in seiner Weise — was so viel hiess, als dass er sie gute paarmal hinfliegen liess. In zwei Lektionen von je einer halben Stunde konnte sie fahren. Ich wünschte, dass wir solch eine radikale Unterrichtsmethode allgemein anwenden dürften. Aber die Damen würden sich's nicht gefallen lassen.»

«Glauben Sie, dass die Damen nur deshalb Radfahren lernen, weil es jetzt gerade Mode ist?»

«Einige mögen wohl mit dieser Idee beginnen, ich habe aber immer gefunden, dass Damen, wenn sie einmal das Rad gut beherrschen, das Radfahren wirklich lieben — viel mehr, als manche Männer . . .»

---

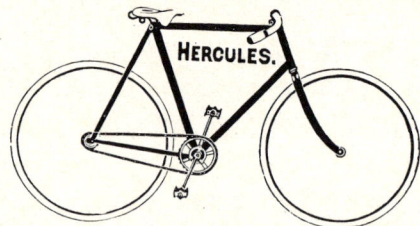
**Radfahrer-Unfall-Statistik.** Nach einer Statistik der «New-Yorker Sektion der amerikanischen Radfahrer-Liga» übersteigen die Gefahren des Radfahrens bei weitem jene des Reitens. Die Statistik zeigt, dass nahezu 50 Prozent der Velocipedisten wenigstens einmal im Jahre entweder selbst einen grösseren oder geringeren Schaden nehmen oder doch zum mindesten an ihrer Maschine eine Reparatur oder dergleichen vornehmen müssen. Arm- und Schenkelbrüchen, Verletzungen am Hinterhaupte, Wirbelbrüchen, Arm- und Fuss-Verstauchungen, Muskelzerrungen, Hautschürfungen, um nur die häufigsten Havarien hervorzuheben, ist der Radfahrer ausgesetzt. 80 Prozent der Radfahrer im Staate New-York fahren «zu ihrem Vergnügen», und diese liefern das grösste Kontingent. Wohl tragen an den Unfällen öfter Leichtfertigkeit und Sorglosigkeit schuld, doch haben schon vorsichtige und geschickte Fahrer ernste Unfälle erlitten. Auch in Europa bringt das Velofahren bekanntlich zahlreiche und oft zum Teil schweren Folgen begleitete Unfälle. Eine einzige englische Unfallversicherungs-Gesellschaft hat i. J. 1895 für 460 Unfälle an verwundete Velocipedisten und für zwei durch Velocipedisten verursachte Todesfälle Entschädigungen bezahlt.

**Warnung für Radfahrer wegen Hundequälerei.** Von der Polizei einer grösseren Stadt wird folgendes bekanntgegeben, das allenthalben von den Behörden gleich gehandhabt werden dürfte: «Es wurde kürzlich den Radfahrern empfohlen, sich der nachlaufenden fremden Hunde durch deren Besprizung mit Ammoniak (Salmiakgeist) aus einem zu diesem Zwecke mitzuführenden Gummiballen zu erwehren. Ein solches Anspritzen begründet wegen seiner Schmerzhaftigkeit nicht nur eine Tierquälerei, sondern involviert auch eine Gefährdung der körperlichen Sicherheit der Passanten, besonders der auf der Strasse sich herumtummelnden Kinder. Es ist also der Anwendung dieses unzulässigen Abwehrmittels entgegenzutreten und je nach der Sachlage die entsprechende Amtshandlung einzuleiten.»

**Radler-Verdienste im Jahre 1896.** Deutschland hatte im abgelaufenen Jahre ungefähr 50 Geldpreis-Rennfahrer und ebensoviele Ehrenpreis-Rennfahrer; aber nur ein Viertel der ersteren hat es über 2000 Mk. gebracht. Von den zwölf besten hat Arend 6400, Jörns 6000, Heimann 4400, Breitling 4100, Habich 4000, Herty 4000, P. Mündner 3350, F. Verheyen 2800, W. Koch 2600, Weeck 2500, A. Verheyen 2400 und Heidenreich 2250 Mk. an Preisen eingenommen. Dazu kommen Gratifikationen für einen Rekord oder eine Meisterschaft, deren die zwei ersten je vier errangen, und Prämien von den Fahrrad- und Reifenfabrikanten; auch lässt mancher Veranstalter von Radrennen sich das sichere Erscheinen einer ersten Kraft etwas kosten. Demgegenüber stehen aber auch ganz bedeutende Ausgaben für Einsätze und Transportkosten. Alles zusammen genommen stehen die Einnahmen unserer deutschen Rennfahrer in keinem Verhältnis zu denen im Auslande; z. B. nahm der beste französische Fahrer schon im ersten halben Jahre 50,000 Frcs. ein, und für den Januar wurde in Amerika ein Rennen ausgeschrieben, wo der erste Preis mit 15,000 Mk. dotiert war.

**Praktisches Beispiel für die Kraftersparnis durch Kugellager** (cf. pag. 31 ff.). Die grossartigste bekannte Verminderung der Reibung dürfte diejenige sein, mit deren Hülfe der Granitblock transportiert wurde, auf welchem die Bildsäule Peters des Grossen in St. Petersburg steht. Der Block wog über 3 Millionen Pfund und wurde auf metallenen Kugeln fortgeschafft, so dass mit Anwendung anderer mechanischer Vorrichtungen nur so viel Kraft zum Bewegen dieser ausserordentlichen Last erforderlich war, als gewöhnlich zum Bewegen von 2000 Pfund.

## Deutsche illustrierte Zeitung.

In „Ueber Land und Meer" findet der Leser

**Unterhaltungslektüre** gediegenster Art durch Romane und Novellen der ersten zeitgenössischen Schriftsteller, zahlreiche unterhaltende und belehrende

**Interessante Original-Artikel** von hervorragenden Sachmännern aus allen Gebieten des Wissens, der Kunst, Technik, Industrie u. s. w. Unter der Rubrik „Unter uns" findet der Leser

**Viel Nützliches fürs Haus,** ferner unter der Rubrik „Für müßige Stunden": Geistige Spiele aller Art, wie Schach, Räthsel, Charaden, Nösselsprünge u. s. w.

„Ueber Land und Meer" ist zugleich aber auch eine

**Chronik der Zeitereignisse** in Bild und Wort, die über alles Sehens- und Wissenswerte in lebendiger Darstellung berichtet. Herz und Geist werden gleichermaßen erfreut durch

**Herrlichen Bilderschmuck:** zahlreiche schwarze und farbige Bilder und Artikel-Illustrationen, namentlich aber durch in technisch vollendeter Weise ausgeführte

**Kunstbeilagen in vielfarbigem Holzschnitt.** So ist „Ueber Land u. Meer" in der Fülle und Mannigfaltigkeit des Gebotenen unerreicht, es ist unbestritten

## ein Weltblatt in des Wortes vollster Bedeutung — ein Lieblingsblatt des deutschen Hauses.

✱ ✱ ✱  „Ueber Land und Meer" erscheint in folgenden Ausgaben:  ✱ ✱ ✱

**a) Großfolio-Ausgabe in Wochennummern:**
Alle 8 Tage erscheint eine Nummer von 20 Seiten.
☛ Preis vierteljährlich 3 M. 50 Pf. ☚

**b) Großfolio-Ausgabe in 14tägigen Heften:**
Alle 14 Tage erscheint ein Heft von 40 Seiten.
☛ Preis jedes Heftes 60 Pfennig. ☚

**c) Oktav-Ausgabe:**
Alle 4 Wochen erscheint ein Heft von 120 Seiten.
☛ Preis jedes Heftes 1 Mark. ☚

---

### Deutsche Romanbibliothek.

**Sorgfältigst ausgewählte, spannende Unterhaltungslektüre.** Der Jahrgang 1897 bringt u. a. folgende Werke: „Die Familie Rizzoni" von Annie Bock — „Der König von Kuritanien" von Anthony Hope — „Charon" von Fr. Jacobsen — „November" von A. Osterloh — „Der Kraft-Mayr" von Ernst von Wolzogen — „Eine Künstlerin" von Hinrik Endorff — „Die Libelle" von Anton Freiherrn von Perfall — „Durchlaucht Jff" von Friedrich Fürst Wrede etc. etc. Die „Deutsche Romanbibliothek" ist

**die interessanteste und billigste deutsche Romanzeitung.**

Alle 8 Tage erscheint eine Nummer von 20 Seiten.
☛ Preis vierteljährlich 2 Mark. ☚

Alle 14 Tage erscheint ein Heft von 40 Seiten.
☛ Preis jedes Heftes 35 Pfennig. ☚

### Illustrierte Welt.
#### Deutsches Familienbuch.

In der „Illustrierten Welt" findet der Leser alles, was Herz, Gemüt und Auge erfreuen kann: Große spannende Romane und Novellen, wie auch kleinere Erzählungen ernsten und heiteren Charakters, zahlreiche allgemein verständlich geschriebene Aufsätze aus allen Wissensgebieten.

**Eine vortreffliche Familienzeitschrift,** die unbedenklich auch der heranwachsenden Jugend in die Hände gegeben werden kann.

Jährlich erscheinen 28 Hefte von je mindestens 24 Seiten.
☛ Preis jedes Heftes 30 Pfennig. ☚

**═ Das erste Heft ═**
dieser Zeitschriften ist durch jede Buchhandlung auf Verlangen zur Ansicht zu erhalten.

---

### Deutsche Revue.
Herausgegeben von **Rich. Fleischer.**

Eine Monatsschrift, die sich durch die anerkannt hervorragende Bedeutung ihrer Mitarbeiter (Staatsmänner, Politiker, Gelehrte, Künstler und Schriftsteller) den großen außerdeutschen Revuen würdig zur Seite stellt. Das „Magazin für Litteratur" schrieb über die „Deutsche Revue": „Es ist dies

**eine der vorzüglichsten Revuen, die es heutzutage giebt.**

Für die Zeitgeschichte ist sie ein unbezahlbarer und unersetzlicher Schatz."

Monatlich erscheint ein Heft von 128 Seiten.
☛ Preis vierteljährlich (für drei Hefte) 6 Mark. ☚

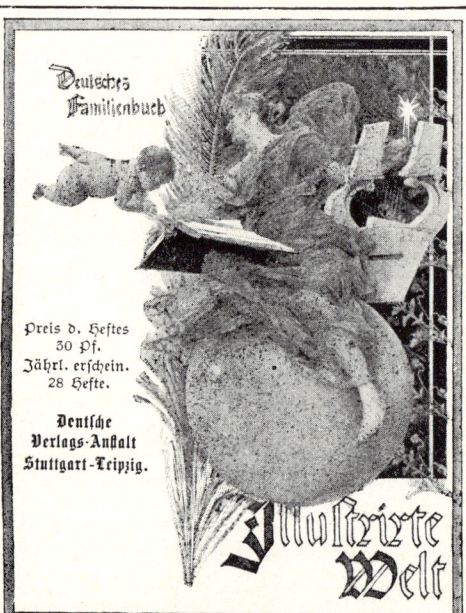

Deutsches Familienbuch

Preis d. Heftes 30 Pf.
Jährl. erschein. 28 Hefte.

Deutsche Verlags-Anstalt Stuttgart-Leipzig.

Illustrirte Welt

---

### Aus fremden Zungen.

Unterhaltungszeitschrift vornehmster Art, ausgezeichnet durch geistigen und poetischen Gehalt, Vielseitigkeit und vorurteilslose Haltung. Der Jahrgang 1897 bringt u. a. die Werke „Unser Herz" von Guy de Maupassant und „Juda, der Unberühmte" von Thomas Hardy. „Aus fremden Zungen" ist

**die einzige deutsche Unterhaltungszeitschrift, die ausschließlich Werke moderner ausländischer Schriftsteller in deutscher Uebersetzung veröffentlicht.**

Monatlich erscheinen zwei Hefte von je 48 Seiten.
☛ Preis jedes Heftes 50 Pfennig. ☚

### Illustrierte Welt.
#### Deutsches Familienbuch.

Die „Illustrierte Welt" bringt Rezepte fürs Haus, die Küche, den Keller, den Garten, sodann Humor, Spiele für jung und alt, Räthsel etc. Unerreicht ist die „Illustrierte Welt" in der Zahl und der Schönheit ihrer schwarzen und bunten Illustrationen und Kunstbeilagen in vielfarbigem Holzschnitt.

**Ein wahrer Hausfreund,** der überall willkommen geheißen wird wo er einkehrt.

Jährlich erscheinen 28 Hefte von je mindestens 24 Seiten.
☛ Preis jedes Heftes 30 Pfennig. ☚

**═ Abonnements ═**
auf diese Zeitschriften nehmen alle Buchhandlungen und Postanstalten entgegen.

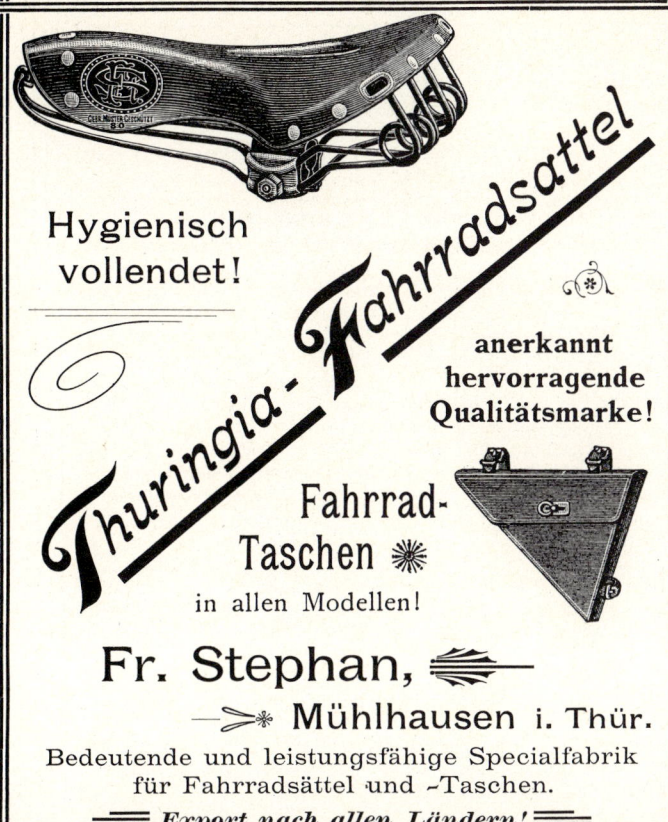
**Ein Schutzheiliger der Radfahrer.** In Frankreich lassen die vorjährigen Lorbeeren der Photographen die Radfahrer nicht schlafen. Die Photographen haben sich nämlich eine Schutzheilige erkoren, die heilige Veronika; in ihrem Schweisstuche sahen sie die Anfänge der Photographie. Die Radfahrer wollen nun das Beispiel nachahmen, schwanken aber noch zwischen einem Heiligen und einer Heiligen, zwischen dem heiligen Germanus und der heiligen Katharina. Jener, St. Germain, langte eines Tages aus der Bretagne auf einem Pflugrade im Hafenstädtchen Dielette bei Cherbourg an und tötete mit seinem Blick ein Ungeheuer, einen Drachen, der dort in einer Höhle wohnte und wöchentlich ein Kind verspeiste. Seitdem hiess er der heilige Germanus vom Rade, «St. Germain de la Roue». Die heilige Katharina steht aber auch mit dem Rade in einer womöglich noch innigeren Beziehung, denn sie ward aufs Rad geflochten; zum Glück kam ein Engel vom Himmel und zerbrach das Rad. Die Radfahrer sollten daher schon aus Galanterie nicht zögern und zugreifen; indessen spielt in ihre Sache nachteilig eine französische Redewendung hinein: coiffer Saint Catherine, sich die Haube der heiligen Katharina aufsetzen, heisst soviel wie: in die Gereonskiste kommen, ledig bleiben!

Ausserdem beschäftigt man sich auch in Deutschland mit der Frage. Interessant ist die Anregung, die der Germanist Dr. R. Sinner im Jahrbuch für Deutschlands Radfahrer: „Das Rollen der Begebenheit" in dieser Hinsicht giebt. Unstreitig eine der anziehendsten Gestalten aus dem Kreise des Artushofes ist „Wigalois, der Ritter mit dem Rade", den der fränkische Ritter Wirnt von Gravenberg im ersten Jahrzehnt des 13. Jahrhunderts zum Helden eines (1819 durch Benecke trefflich herausgegebenen) Epos erkor. Die mannigfachen Abenteuer des Wigalois, aus denen er jedoch allzeit sieghaft hervorgeht, erinnern in der That wie durch eine wunderbare geschichtliche Vorahnung an die bunten Erlebnisse unserer grössten heutigen Bicyklisten; auch an Damen fehlt es in der Gesellschaft dieses ältesten deutschen Radlers nicht.

## Württbg. Metallwaaren-Fabrik Geislingen

Fabriklager

**MÜNCHEN**

Maffeistrasse 6 u. 18.

——·:··:·——

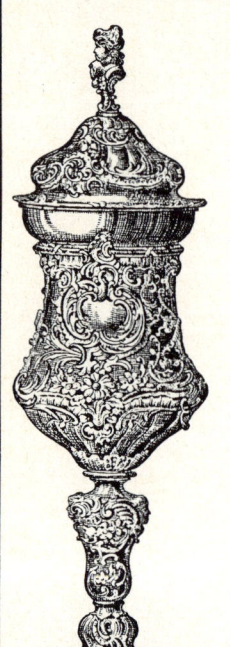

**Versilberte**

und

**vergoldete**

**Metallwaaren.**

Pokale, Humpen,

Schreibzeuge, Rauchservice etc.

Galvanoplastische Bronzen.

**Ehrengeschenke** und **Preise**

für **Radfahrer.**

---

**Die Schädlichkeit des sportmässig betriebenen Radfahrens.** Ueber dieses zeitgemässe Thema sprach vor kurzem auf Grund eigener Beobachtungen der Berliner Arzt Dr. Albu in der dortigen Medizinischen Gesellschaft. Albu hat auf der Rennbahn bei Halensee insgesamt 12 Rennfahrer vor und nach jeder Fahrt untersucht, deren Dauer zwischen 5 bis 30 Minuten schwankte. Bei allen Rennfahrern fand er, wie auch durch frühere Beobachter bereits festgestellt ist, Erscheinungen akuter Herzerweiterung. Der Puls war nach der Fahrt kolossal beschleunigt, zeitweilig bestand Atemnot, Lippen und Gesicht waren blausüchtig gefärbt. Dass die Fahrer sich aufrecht erhielten, schreibt Dr. Albu nur ihrem starken Willen und der Gewöhnung zu. Die Herzerweiterung hält oft mehrere Stunden an, und bei den wiederholten Trainierungen und Beteiligung an Rennen liegt die Gefahr vor, dass die vorübergehende Herzerweiterung allmählich chronisch wird. Ferner hat Dr. Albu ohne Ausnahme nach jeder Rennfahrt, auch der kurze Zeit währenden, ziemlich reichliche Eiweissausscheidungen gefunden und erblickt darin das Symptom einer Nierenkrankheit, der chronisch schleichenden Nephritis. Dr. Albu fügte hinzu, dass diese Beobachtungen und die Folgerungen daraus für etwaige Schädlichkeiten nur für excessives sportmässiges Radfahren gelten, während er das Radfahren, verständig und mässig betrieben, im allgemeinen als gesundheitfördernde Leibesübung betrachtet. — Die an den Vortrag anschliessende Diskussion ergab im allgemeinen keine neuen Momente, da das Wesentlichste bereits im vorigen Jahre im Verein für innere Medizin erörtert worden war. Professor Virchow griff kurz in die Debatte ein, um auf die Wichtigkeit der Haltung des Radfahrers aufmerksam zu machen. Stark vorgebeugte Haltung müsse zweifellos eine Beeinträchtigung der Unterleibsorgane herbeiführen.

---

# Justus Waldthausen

## München.

*Comptoir und Lager:*
**Schommerstrasse 16.**

## Fahrradtheile en gros.

*Eigene Patente der Fahrrad- und Nähmaschinenbranche.*

*Man verlange Prospect und Preisliste von eingegangenen Neuheiten.*

☞ *Siehe Besprechung eigener Neuheiten Kapitel XV dieses Werkes.*

*Modell XV./1897.*

# „Waffenrad"

# Waffenrad Steyr.

Die
**Fahrradtheile**
sind mit
denselben **Maschinen**,
denselben **Arbeitern**,
derselben **Präcision**
erzeugt
wie die **Gewehrtheile**
von der
**Oesterr. Waffenfabriks-Gesellschaft,**
**Steyr.**

## „Velo"

## Fahrrad = Grossvertriebs = Unternehmen zu Volkspreisen,

*bezweckt durch bedeutende Abschlüsse bei altrenommirten Fahrradwerken gute und erstklassige Fahrräder unter eigenen Marken zu möglichst billigen Preisen zu liefern.*

## Solvente Fahrradhändler,

*welche dem Unternehmen beizutreten wünschen, beziehungsweise den Vertrieb der Räder übernehmen wollen, belieben sich sofort an untenstehende Adresse zu wenden.*

„VELO." Haasenstein & Vogler,
Frankfurt a/M.

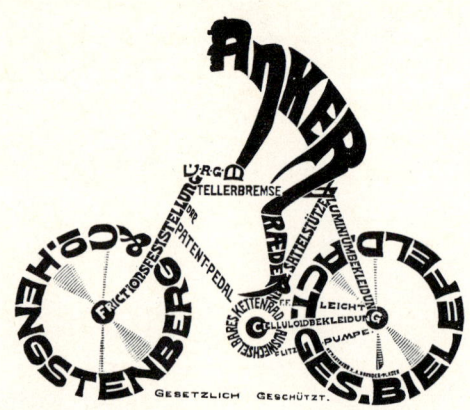
**Fahrrad-Aktien in England.** Nach sehr lebhafter Aufwärtsbewegung in der Gründungsthätigkeit wie in den Kursen hat das Gebiet der Fahrrad-Aktien wie vorher in Nordamerika, so jetzt in England eine fühlbare Abschwächung aufzuweisen. Die zweifellos sehr starke Zunahme im Begehr nach Fahrrädern hatte in England eine Hochflut von Gründungen und Emissionen zu Tage gefördert; die Summe aller derjenigen Aktienbeträge, die im Zusammenhang mit der Fahrradindustrie während des letzten Jahres an den Markt gebracht wurden oder zur Emission vorbereitet worden sind, wird im Londoner „Economist" auf nicht weniger als 25 Millionen Pfund Sterling veranschlagt. Dieser Uebereifer führte naturgemäs zu immer neuen Umwandlungen und Gründungen, sowie zum Entstehen einer sehr grossen Zahl von kleineren Fabriken. Natürlich werden nicht alle sich als lebensfähig erweisen, ein Rückschlag steht daher um so mehr zu besorgen, als das Angebot an Fahrrädern allmählich stark zunehmen muss. Deshalb scheint schon seit einiger Zeit das englische Kapitalistenpublikum mehr zu realisieren als hinzuzukaufen. Das genannte Blatt stellt aus den notierten Shares und Debentures, die sich auf nahezu 200 belaufen, eine Reihe von Kursen zusammen, um zu zeigen, dass sie seit Ende 1896 nur vereinzelt noch kleine Kursbesserungen aufweisen, zumeist aber schon Abschwächungen, darunter manche recht empfindliche. Dabei seien die Kursnotierungen unverlassbar, so dass zwischen denen von London, Dublin und Birmingham oft sehr starke Unterschiede bestehen und das Angebot nicht immer glatt zu placieren ist. Auch die Aktien der verschiedenen Motorgesellschaften sind über ihren „Boom" schon sehr lange hinaus; die Shares der British Motor Car, die im letzten November zu 3 £ angeboten wurden, seien jetzt nur noch 30 s notiert und selbst dazu kaum unterzubringen.

17*

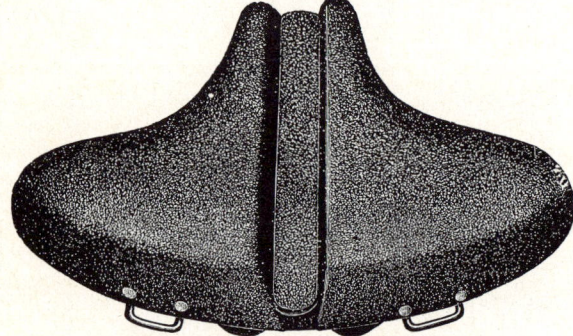
**Menschenquälerei.** Der Unfug der Sechs-Tage-Rennen, die in Chicago und Madison-Square infolge Uebermüdung der Fahrer die empörendsten Scenen herbeiführten, hat nun auch in Amerika energische Gegenmassregeln hervorgerufen. Der gesetzgebenden Körperschaft im Staate Illinois liegt bereits ein Gesetzentwurf zur Beschlussfassung vor, durch den die Dauer eines Rennens auf höchstens 12 Stunden beschränkt werden soll. Zuwiderhandlungen sollen mit einer Geldstrafe von 25 bis 300 Dollars und mit Gefängnis von 3 Monaten bis zu 1 Jahre geahndet werden. Bei grösseren Rennen muss nach 12 Stunden eine Pause von mindestens 6 Stunden eintreten. In anderen Gebieten der Vereinigten Staaten sollen zum Teil noch schärfere Gegenmassregeln in Vorbereitung sein. Das zeitgemässe dieser Massregeln erhellt am besten aus den Schilderungen des letzten derartigen Rennens in New-York: Die armen Schelme, die über die nötige Energie verfügten, 144 Stunden ohne Schlaf, ohne Ruhe und in steter Aufregung im Sattel zu bleiben, werden vielleicht den Rest ihres Lebens brauchen, um sich von den Anstrengungen zu erholen. Das amerikanische Sechs-Tage-Rennen unterscheidet sich von unseren europäischen Sechs-Tage-Rennen dadurch, dass es den Konkurrenten überlassen bleibt, Pausen zu machen, wann sie wollen, während die europäischen Rennen dieses Genres den Fahrern nur gestatten, täglich sechs oder fünf Stunden zu fahren. Dass die Anforderungen, welche das erstere Rennen an die Teilnehmer stellt, fast übermenschliche sind, liegt klar auf der Hand. So konnte der Sieger — Hale — am letzten Tag nur mit Mühe und unter Anwendung aller erdenklichen künstlichen Mittel dazu gebracht werden, das Rennen fortzusetzen und schliesslich bekam er sogar Hallucinationen. Er legte trotzdem die ungeheure Strecke von 3073 Kilometern 800 Metern zurück.

  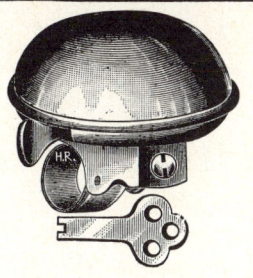  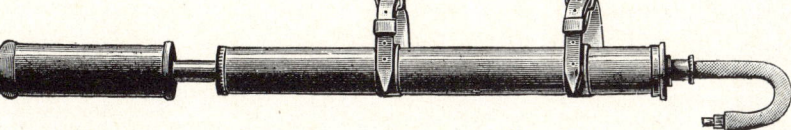

  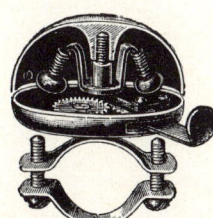  

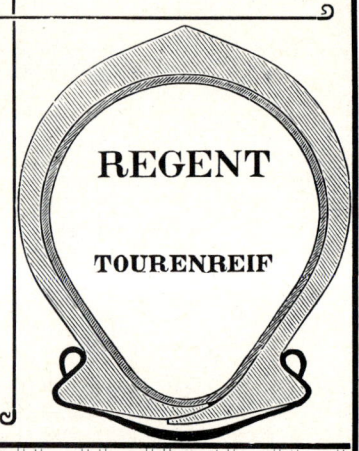

**Die Besteuerung der Fahrräder in Italien.** Der Finanzminister Branca hat dem Parlamente einen Gesetz-Entwurf betreffend die Besteuerung der Radfahr-Maschinen zugehen lassen. Die Steuer soll für jede Maschine jährlich 12 Lire betragen, wovon die eine Hälfte dem Staate, die andere Hälfte den Gemeinden zufällt. Diese neue Steuer ist auf jährlich 300,000 Lire veranschlagt, wird aber höchstwahrscheinlich noch einen weit höheren Betrag ergeben, da bereits 50,000 Zweiräder im Gebrauch sind und deren Zahl noch immer ganz erheblich steigt.

**Export deutscher Fahrräder.** Ueberall in der Welt trifft man deutsche Räder. Selbst in halbcivilisierte Länder, in Gegenden, die des Europäers Fuss selten betritt, dringt das deutsche Rad vor. Vor einiger Zeit machte eine Sendung „Brennabor"-Räder mit Continentalpneumatikreifen einen weiten Weg und zwar auf Kameelrücken, um an der fernen Grenze der Mongolei die Vergnügungen des Radsports zu ermöglichen. Es sind dies wohl die ersten Fahrräder, die zu Lande 6500 Kilometer weit an ihren Bestimmungsort befördert wurden.

**Der Fahrradverkehr im Grossherzogtum Hessen.** Im Kreise Darmstadt sollen bekanntlich besondere Radfahrwege, je nach den örtlichen Verhältnissen neben dem Fahr- oder neben dem Fussweg längs der Chausseen angelegt werden. Zunächst werden nach der „Darmstädter Zeitung" die Strecken Darmstadt—Messel durch den Park, die Strecke von den Hirschköpfen nach dem Einsiedel und von hier nach Eberstadt mit Radfahrwegen versehen. Ebenso plant die hessische Regierung eine staatliche Regelung des Fahrradverkehrs. Dieselbe legte der zweiten Kammer einen Gesetzentwurf vor, nach welchem die Regelung des Verkehrs der Radfahrer auf öffentlichen Wegen, Strassen, Plätzen im Verordnungswege erfolgen soll.

Ansicht

der

# Brennabor-

## ✳ Werke

Gebr. Reichstein

### Brandenburg a. H.

Gegründet 1871.
Arbeiterzahl 2150.

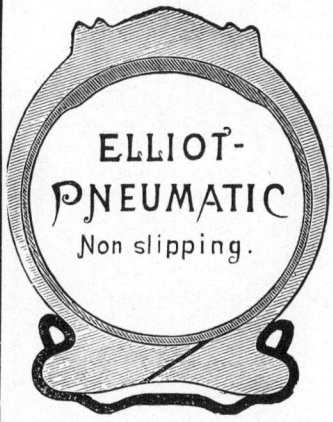

## Zur Frage der Radunfall-Versicherung.

Eine wichtige Entscheidung in Sachen **Unfallversicherung und die Radfahrer** hat das Reichsversicherungsamt vor kurzem gefällt. Es hat sich dabei auf den Standpunkt gestellt, dass das Fahrrad dermalen nicht mehr als ein Gegenstand des Sportes, sondern zufolge seiner weiten Verbreitung und seiner grossen Bedeutung für manche Gewerbebetriebe als Verkehrsmittel anzusehen sei. Dasselbe müsse somit als ein der Gepflogenheit der Bevölkerung entsprechendes Beförderungsmittel anerkannt werden, und es seien solchen Gewerbetreibenden, die in ihrem Berufe sich des Fahrrades bedienen und dabei einen Unfall erleiden, Renten zuzuerkennen. Die Privatversicherung thäte gut, sich mit den Konsequenzen dieser Entscheidung, respektive mit den Folgen, welche sie daraus ziehen kann, zu befassen; es wären hier besonders die Fragen zu erwägen, ob es nicht im Sinne obigen Erkenntnisses läge, das Fahrrad als gewöhnliches Verkehrsmittel in die Unfallversicherung ohne Zuschlagsprämie einzuschliessen und ob speciell bei der Reiseversicherung das Reisen auf dem Fahrrade mit inbegriffen sei. Wenn ja, dann müsste in letzterem Falle zweifellos die Prämie erhöht werden, wenn in den Policen nicht ausdrücklich die zulässigen Verkehrsmittel angeführt werden.

*Oesterr. V.-Z., 12. IX. 96.*

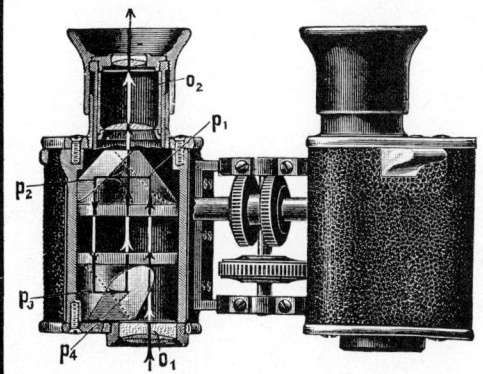

# E. HÄRTING

Kgl. bayer.  Hoflieferant

## MÜNCHEN.

**Ausstellungshallen:**

Färbergraben 25. —⊗— Schellingstrasse 41.

Telephon-Ruf: 690.  Telephon-Ruf: 690.

*Vom 1. Oktober a. c. ab: Neuhauserstrasse 7.*

Hauptvertrieb der:

## Olympia-, Wanderer-, Opel-, Columbia- und Duplex-Fahrräder.

Fahrschule   I: Velodrom mit Gartenfahrbahn, Rosenheimerstrasse 34 (Schleibingerkeller);
Fahrschule  II: Innere Wienerstrasse 19 (vis-à-vis vom Hofbräuhauskeller);
Fahrschule III: Dachauerstrasse 33 (Kaisersaal);
Fahrschule IV: Schellingstrasse 41 (Gartenfahrbahn);
Fahrschule  V: Nordendstrasse 55 (Turnhalle);
Fahrschule VI: Volksgarten Nymphenburg.

**Steigen der Gummipreise.** In den letzten Monaten ist der Rohgummimarkt ausserordentlich fest gewesen und namentlich auch jetzt sind die Rohgumminotierungen so hoch, wie sie seit Jahren nicht gewesen sind. Nach den vorliegenden Berichten wird Fein Para in Brasilien gegenwärtig mit 3 s 8 d Londoner Preis gehandelt, was gegen den vorjährigen Durchschnittspreis eine Steigerung von nahezu 25 % bedeutet, und im gleichen Verhältnis haben auch die Preise der übrigen Rohgummisorten angezogen. Hiervon abgesehen kommt noch der Umstand in Betracht, dass infolge der rascheren Dampfverbindungen das Rohgummi in neuerer Zeit wesentlich feuchter in Europa ankommt als in früheren Zeiten, und zwar ist dieser Unterschied so bedeutend, dass, während man früher bei Fein Para durchschnittlich mit einem Wasch- und Trockenverlust von 17 bis 18 % zu rechnen hatte, jetzt durchschnittlich 22 % verloren gehen. Ja, es sind sogar Partien vorgekommen, bei denen der Verlust nicht weniger als 28 % betragen hat. Es bedeutet dies eine weitere Verteuerung des Gummi um etwa 10 %. Unter solchen Verhältnissen werden die Fabrikanten, wie uns aus deren Kreisen geschrieben wird, sehr bald zu einer Erhöhung ihrer Preise gezwungen sein.

Es ist ferner nicht unwahrscheinlich, dass sich demnächst in England ein «Gummiring» bildet. Die Ursache bildet ebenfalls der **enorme Gummiverbrauch für Fahrräder.** Im Jahre 1886 gab es in England 68 Fahrradfabriken. Seit der Zeit hat sich die Zahl um das Zehnfache vermehrt. Der Ring könnte, wenn er zustande kommt, eine Zeit lang die ganze Fahrradindustrie lahm legen. Wie gross der Gummiverbrauch zu dem angegebenen Zwecke ist, erhellt aus der Thatsache, dass im letzten Jahre an 100,000,000 Gummibäume wegen ihres Gummis vernichtet wurden. Gummibaumanpflanzungen giebt es bis jetzt wenige, obgleich sie sich doch lohnen sollten.

 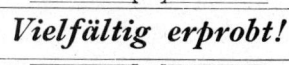 

**Die Erfindung der pneumatischen Reifen** wird bekanntlich dem Iren Dunlop zugeschrieben. Einer neuerlichen Mitteilung zufolge sollen dieselben aber bereits vor 50 Jahren, allerdings zum Gebrauch für gewöhnliches Fuhrwerk, von einem Herrn Robert William Thomson, Ingenieur in Middlesex, erfunden worden sein. Dieser nannte sie damals «geräuschlose Reifen». Sie waren aus Leder gefertigt und wurden von der Londoner Zeitschrift «Mechanic's Magazine» einer sehr wohlwollenden Besprechung unterzogen; das Blatt stellte die Berechnung auf, dass bei gleichschweren Wagen auf glatten Wegen mit den Patenträdern 60 %, auf beschotterten Wegen 300 % an Fortbewegungskraft erspart würden. Diese Berechnung blieb jedoch lediglich Theorie, denn zur praktischen Verwendung sind derartige Reifen damals nicht gelangt, sondern die Erfindung des Herrn Thomson und einiger anderer Erfinder — denn auch in Deutschland war sie schon vor mehr als hundert Jahren im Prinzip bekannt — geriet, ebenso wie das Patent des ersteren, wieder vollständig in Vergessenheit. Es bestätigt also die obige Mitteilung nur die Behauptungen einer längst eingegangenen deutschen Fachzeitschrift für Radfahrer, die beim Auftauchen der Dunlop-Reifen für Fahrräder gleichfalls von dem hohen Alter dieser Erfindung zu berichten wusste, wobei sie jedoch den etwas gewagten Schluss zog, dass die Luftreifen, die schon wiederholt aufgetaucht, aber niemals erfolgreich gewesen wären, auch diesmal bald wieder verschwinden würden. Dass diese Schlussfolgerung irrig war, wissen wir heute. Die Dunlop-Reifen haben sich die Welt erobert. Und wenn auch, wie Rabbi Ben Akiba behauptet, alles schon einmal dagewesen ist, so beeinträchtigt das doch in nichts das Verdienst des irischen Veterinärarztes Dunlop, der aus sich selbst heraus den nach ihm benannten «Pneumatischen Reifen» zum erstenmale eine praktisch verwendbare Form zu geben wusste und damit dem Radfahrsport und der gesamten Radfahrindustrie gänzlich neue Bahnen wies.

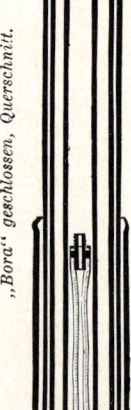

## Der radelnde Stierkämpfer.

In Mexiko wurde ein Stierkampf auf dem Zweirad veranstaltet. Eines Morgens kündeten riesengrosse bunte Plakate den Mexikanern an, dass der berühmte Toreador Manuel Garcia den grössten und wildesten Stier, der je nach der Hauptstadt gekommen, auf dem Zweirade bekämpfen werde. Die Aufregung des Publikums war ungeheuer und unzählige Zuschauer strömten zur Arena. Der Stier raste nach den ersten Anreizungen durch Lanze und Pfeil in tollster Wut in der Bahn umher. Da erschien Manuel Garcia in glänzendem Kostüm auf einem nickelfunkelnden Rade unter dem donnernden Beifall der begeisterten Menge. Der wütende Stier rannte sofort auf ihn los, aber gewandt bog Manuel aus und der Stier schoss an ihm vorüber. Die Arena dröhnte von Applaus. Als der Stier sich zu neuem Angriff wendete und heranstürzte, wollte Manuel wie vorher mit eleganter Nachlässigkeit ausbiegen, zugleich aber dem Stier den tödlichen Stoss von der Seite her versetzen. Aber die Maschine liess sich nicht beherrschen, wie ein gutes Pferd. Er triumphierte zu früh. Ein Steinchen hielt einen Augenblick das Zweirad auf, einen Augenblick nur, aber in der nächsten Sekunde sitzen die Hörner zwischen den Rädern, um Maschine und Toreador in hohem Bogen über die Bande mitten unter die entsetzten Zuschauer zu schleudern. Die Maschine wurde durch die Wucht des Sturzes in ihre einzelnen Bestandteile zerlegt. Von dem Helden Garcia sagt ein Lokalberichterstatter, er habe ausgesehen, als wenn er durch eine Kopierpresse gezogen worden wäre. Bis auf weiteres scheint dem Zweirad eine Verwendung beim Stiergefecht verschlossen zu sein.

# Doppel-Fernrohre neuer Construction D. R.-P. No. 76785 und 77086.

## Feldstecher

von compendiöser Form, grossem, durchaus achromatischen Gesichtsfeld und **gesteigerter Plastik der Bilder**:

| Vergrösserungen: | 4 fach | 6 fach | 8 fach |
|---|---|---|---|
| | **M. 120.—** | **M. 140.—** | **M. 160.—** |

## Neu: Feldstecher von **besonders grosser Lichtstärke**, bezw. starker Vergrösserung:

| Vergrösserungen: | 5 fach | 7 ½ fach | 10 fach | 12 fach |
|---|---|---|---|---|
| | **M. 200.—** | **M. 200.—** | **M. 220.—** | **M. 220.—** |

## Relief-Fernrohre

berechnet für **besonders starken stereoskopischen Effekt (Plastik)** und Möglichkeit des Beobachtens aus gedeckter Stellung (hinter Mauern, Erdwällen, Bäumen u. dergl.)

Vergrösserungen:

| 8 fach | 10 fach |
|---|---|
| **M. 180.—** | **M. 210.—** |

Obige Preise verstehen sich pr. Stück netto, gegen Baar, inclusive **festem Rindleder-Etui.**

**Winke zur Auswahl** enthält unser ausführliches Preisverzeichniss über **Doppel-Fernrohre,** welches gratis und franco abgegeben wird.

## Photographische Objective für alle Zwecke der Photographie.

**Anastigmate D. R.-P.**

**Mikroskope** und **Nebenapparate.**

Optische Messinstrumente für phys., chem. und technische Zwecke.

═══ **Astronomisch-optische Instrumente.** ═══

Ausführliche illustr. Kataloge gratis und franco.

Lieferung durch jede gute Handlung in optischen Artikeln oder direkt durch:

„Satz-Anastigmat 1:6. 3, f. = 179 mm. ca. ³/ natürl. Grösse."

# Carl Zeiss, Optische Werkstätte,
## JENA.

**Berlin,** Dorotheenstr. 29, II. **London,** 29 Margaret Street, Regent Street W.

**Zweirad oder Einrad.** Die Verdrängung unserer modernen Zweiräder, die im Laufe des letzten Jahrzehnts zu so ungeahnter Bedeutung und grosser Verbreitung gelangt sind, durch Einräder soll nur noch eine Frage der Zeit sein. Schon jetzt treten vereinzelt Konstruktionen von solchen Monocycles auf, die sich mit der Zeit ebenso mehren, verbessern und einführen werden wie gegenwärtig die Zweiräder. Neuerdings ist wiederum ein neues Einrad patentiert worden, das infolge seiner Eigenartigkeit Beachtung verdient. Dasselbe besteht in einem Hauptradkranz, in dem ein den Sattel, die Lenkstange und das Kurbelgetriebe tragendes Gestell an fünf kleinen Rädern bezw. Rollen läuft. Die unteren Rollen sind mit dem Gestell durch Federn verbunden, während die oberen Rollen an oberhalb des Radmittelpunktes drehbaren Armen gelagert sind, die bei Belastung des Sattels durch Schnüre gegen den Radkranz gedrückt werden. Hierdurch erhält das Rad eine gewisse Stabilität.

**Reiter und Radfahrer.** Um das Schnelligkeitsverhältnis zwischen Reiter und Radfahrer auf kürzere Strecken festzustellen, veranstalteten zwei Offiziere des in Prenzlau garnisonierenden Regiments ein Rennen über 1400 Meter auf einer glatten, bergab gehenden, also für Radfahrer sehr günstigen Chausseestrecke. Der Reiter übernahm von Anfang an die Führung; er liess den Radfahrer, welcher ein zu diesem Zwecke hergerichtetes Rad mit einer Uebersetzung von 104 fuhr, weit hinter sich und schlug ihn um 200 Meter. Auch bei einem nochmaligen Rennen, an welchem sich noch mehrere andere Offiziere auf dem Zweirad beteiligten, blieb der Reiter allen voraus. Auf grosse Strecken vermag bekanntlich, wie das Rennen Wien—Berlin seinerzeit bewiesen hat, der Reiter dem Radfahrer nicht zu folgen.

Beste Tourenreifen!

Beste Halbrennreifen!

# Vereinigte Gummiwaaren-Fabriken Harburg-Wien
vorm. Menier — J. N. Reithoffer.

**Fabrikation für Deutschland:** | **Fabrikation für Oesterreich:**

**Harburg** a. d. Elbe. | **Wien I,** Deutschmeisterplatz 1.

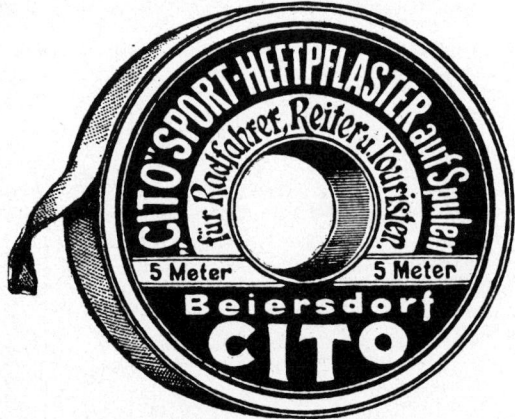
**Fahrradsteuer in Berlin.** Wie deutsche Blätter melden, steht die Einführung einer Fahrradsteuer für Berlin bevor. Wie verlautet, soll der dortige Magistrat ein Herrenfahrrad mit 10, ein Damenfahrrad mit 25 Mark jährlich zu belasten beantragt haben.

**Neue Rekorde und Zeiten.** Der Weltrekord über 2000 Meter, um den bekanntlich L e h r und auch K o c h e r so heiss gekämpft haben, ist von Bruno B ü c h n e r in Wien auf 2 Minuten $10^3/_5$ Sekunden herabgedrückt worden, nachdem er seit dem vergangenen Spätsommer von dem ehemaligen Tandempartner Büchners, dem Belgier H u e t, mit 2 Minuten $19^2/_5$ Sekunden gehalten wurde. Büchner hatte zwei Viersitzer zur Führung und günstiges, windstilles Wetter. Ein Versuch S e i d l s, den 400 Meter-Weltrekord (bisher Morin $24^3/_5$ Sekunden) zu verbessern, gelang gleichfalls. Unter vorzüglicher Führung durch einen Viersitzer mit Büchner als Steuermann gelang es dem Wiener, die Strecke in $20^1/_5$ Sekunden zurückzulegen. Weniger glücklich war B r e i t l i n g, der den Rekord der englischen Meile zu verbessern suchte. Er vermochte den von Amerikaner Hamilton mit 1 Minute 39 Sekunden gehaltenen Weltrekord nicht zu erreichen, doch gelang es ihm, den von Büchner aufgestellten deutschen Rekord von 1 Minute $52^3/_{10}$ Sekunden um $5^1/_5$ Sekunden zu verbessern.

Bei der grossen **Relais-Radfahrt von Triest nach Hamburg** über eine Strecke von 1394 Kilometer, welche in 19 Abschnitte eingeteilt war, legten die Fahrer trotz der hohen Terrainschwierigkeiten, welche zu überwinden waren, durchschnittlich 23 Kilometer in der Stunde zurück. An einem Samstag früh 6 Uhr verliess der erste Radfahrer Triest und am darauffolgenden Montag 7 Uhr abends war der letzte Fahrer in Hamburg.

**Die Sprengung des amerikanischen Bicycle-Preis-Kartells.** Die Tagespresse meldete vor kurzem in Extratelegrammen den Zusammenbruch der amerikanischen «Bicyle-Kombination». Die Pope Company hat den Preis der Columbia-Maschinen von 100 auf 75 Dollars erniedrigt, die anderen grossen Kompagnien müssen folgen. Ein heftiger Kampf hat begonnen. Einige von den starken Firmen sind gewillt, selbst unter dem Kostenpreise zu verkaufen, bis die Konkurrenz erdrückt oder der Pool bezw. die «normale Preislage» nach ihrem Geschmacke rekonstruirt ist. Inzwischen dürfte der Preisfall die Zahl der Radfahrer im Lande verdoppeln. Es darf dieses industrielle Ereignis auch in Deutschland Beachtung finden, wo die Preise eher höher geschraubt als verbilligt werden.

---

**Belästigungen von Radfahrerinnen** werden von den Gerichten in erfreulicher Weise immer strenger bestraft. In Berlin wie in München wurden in letzter Zeit verschiedene Rohlinge mit und ohne Glacéhandschuhen, welche radfahrende Damen angriffen oder denselben beleidigende Bemerkungen nachriefen, empfindlich abgestraft. Solche Bemerkungen, wie sich viele gegen Radfahrer überhaupt noch erlauben, braucht man sich absolut nicht gefallen zu lassen: Absteigen, die Beleidigung feststellen und den Beleidiger notiren lassen, ist das allerbeste. Nur einige Exempel und der Unfug hört auf!

# Hartzendorff & Lehmann, Berlin S.O. 33.

**Fabrik von Fahrradlaternen und Fahrradzubehörtheilen.**

Blitz-Scheinwerfer (gross).

Miniatur-Kerzenlaterne.

Blitz-Scheinwerfer (klein).

D. R. P. Reizende Neuheiten in kleinen, sturmsicheren, gut leuchtenden Kerzenlaternen! D. R. P.

Alleinige Fabrikanten der rühmlichst bekannten **Silberglasreflectoren,** hitzebeständig, unzerbrechlich, unveränderlich im Gebrauch.

*D. R.-Gebr.-Musterschutz und Patente im Auslande.*

Unsere sämmtlichen Fabrikate sind mit unserer eingetragenen Schutzmarke versehen, worauf wir beim Einkauf zu achten bitten.

H&L

# Carl Schug

## Wien VI, Ammerlinggasse.

*Schug's Fahrräder sind in ganz Wien bekannt und beliebt.*

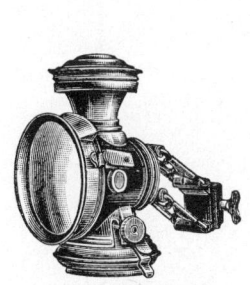

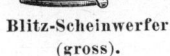

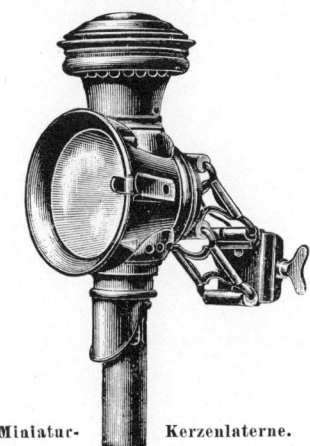

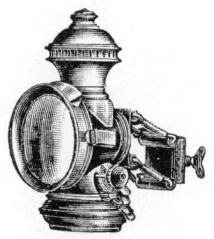

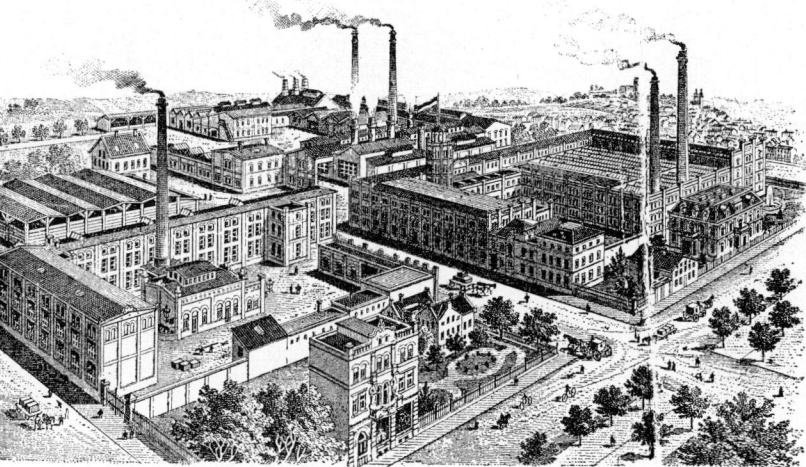